Beira-Mar

A marca FSC® é a garantia de que a madeira utilizada na fabricação do papel deste livro provém de florestas que foram gerenciadas de maneira ambientalmente correta, socialmente justa e economicamente viável, além de outras fontes de origem controlada.

Beira-Mar

Pedro Nava

POEMAS
Alphonsus de Guimaraens Filho
Nei Leandro de Castro

APRESENTAÇÃO
André Botelho

COMPANHIA DAS LETRAS

Copyright @ 2013 by Paulo Penido / Ateliê Editorial
Publicado sob licença de Ateliê Editorial.
Estrada da Aldeia de Carapicuíba, 897, Cotia, SP — 06709-300
Copyright da apresentação © André Botelho

Todos os direitos reservados

Grafia atualizada segundo o Acordo Ortográfico da Língua Portuguesa de 1990, que entrou em vigor no Brasil em 2009.

Capa e projeto gráfico
Elisa von Randow

Imagem de capa
Obra sem título de Marina Rheingantz, lápis de cor sobre papel, 14,8 x 21 cm.

Imagem de quarta capa
Fundação Casa de Rui Barbosa/ Arquivo Museu de Literatura Brasileira.
Reprodução de Ailton Alexandre da Silva

Pesquisa iconográfica
André Botelho
André Bittencourt

Imagens do Acervo da Fundação Casa de Rui Barbosa / Arquivo Museu de Literatura Brasileira.
Reprodução de Ailton Alexandre da Silva

Preparação
Jacob Lebensztayn

Índice onomástico
Luciano Marchiori

Revisão
Huendel Viana
Ana Maria Barbosa

Dados Internacionais de Catalogação na Publicação (CIP)
(Câmara Brasileira do Livro, SP, Brasil)

Nava, Pedro, 1903-1984.
Beira-mar / Pedro Nava. — 1ª ed. — São Paulo : Companhia das Letras, 2013.

ISBN 978-85-359-2224-0

1. Autores brasileiros — Biografia 2. Memórias autobiográficas 3. Nava, Pedro, 1903-1984 I. Botelho, André. II. Título.

13-00041   CDD-869.98

Índices para catálogo sistemático:
1. Autores brasileiros : Memórias : Literatura brasileira 869.98
2. Autores brasileiros : Reminiscências : Literatura brasileira 869.98

[2013]
Todos os direitos desta edição reservados à
EDITORA SCHWARCZ S.A.
Rua Bandeira Paulista, 702, cj. 32
04532-002 — São Paulo — SP
Telefone: (11) 3707-3500
Fax: (11) 3707-3501
www.companhiadasletras.com.br
www.blogdacompanhia.com.br

Canção da manhã mais matinal
por Alphonsus de Guimaraens Filho   9

Lendo Pedro Nava
por Nei Leandro de Castro   11

O modernismo barroco de Pedro Nava
por André Botelho   13

Beira-Mar

1. Bar do Ponto   33
2. Rua da Bahia   155
3. Avenida Mantiqueira   271
4. Rua Niquelina   387

Anexo I — Sete palmos de terra translúcida   503
Anexo II — Sou a Sabina...   509
Anexo III — Brotoeja literária   511
Índice onomástico   513

Peu à peu conservée par la mémoire, c'est la chaîne de toutes les impressions inexactes, où ne reste rien de ce que nous avons réellement éprouvé, qui constitue pour nous notre pensée, notre vie, la réalité [...].

MARCEL PROUST, *Le temps retrouvé*

Um livro de memórias não tem lugar para piedade.
RIBEIRO SOMENTE
sobre o livro de Brousson:
Anatole France en pantoufles

Je n'ai pas dénigré mes ennemis, je n'ai pas loué mes amis; j'ai dit leur conduite envers moi.

EUGÈNE SUE, *Mathilde*

[...]
Pastor de palavras festivas como sinos
Que tocam no embalo do ciclo imaginário
Com que suplanto a morte e teço o meu destino.
JOÃO CARLOS TEIXEIRA GOMES, "Dezembro"

Canção da manhã mais matinal

Alphonsus de Guimaraens Filho
(Do livro inédito *O cão e o osso*)

No de sempre amigo Passeio
Público, eu e Pedro Nava,
Luís, Mestre Valentim,
na manhã de ubérrimo seio,
cada qual a si buscava
em outra manhã sem fim.

Depois — no Outeiro da Glória
na Glória do Outeiro pura
no seu cheiro de memória,
eu, Pedro Nava e Luís
Alphonsus, na manhã feliz
de glória, sol, aventura.

Que em alacridade imerso
eu cante a manhã que vi
pulsando em nós, Pedro Nava,

quando cada qual buscava
— como dizê-lo no verso? —
ver no que em redor de si

era chama do passado
com o presente confundida,
ou era calor de vida
com o silêncio misturado
do que era morto e já ido,
no fundo de nós perdido.

Sim, no mais fundo de nós
cavando com mão (solerte?)
e com uma estranha voz
na manhã mais matinal
animando o que de inerte
mais parecia irreal.

Nunca mais esquecerei
essa manhã, Pedro Nava,
Luís, Mestre Valentim,
em que cada qual buscava
o que sabia, e eu bem sei,
inatingido e sem fim.

Lendo Pedro Nava

Nei Leandro de Castro

*Lá vem de novo o danado
desse homem me deixar
acordado a noite inteira
sem piscar, sem bocejar,
me embrenhando no seu mundo
memórias, fotografia
ampliada em quatro cores
por sua sabedoria.
Lá vem de novo esse homem
recuperando destroços
de repente redivivos
num profundo baú de ossos.
Me embalo no seu balão
cativo. Ah, me cativa
cada página que às retinas
se transforma em sensitiva
exposta ao mundo, rosácea,*

caleidoscópio girando
que continua o seu giro
na mente, até mesmo quando
a gente para de ler.
Lá vem o padeiro imenso
distribuindo fornadas
de madeleines. Se penso
no homem, um ser mortal
mas, dotado de memória,
torço, suplico, imploro:
Ó Nava, repete a história
(lenda?) de Matusalém.
Vive quinhentos, mil anos,
e põe as recordações
nos teus livros, nos teus planos.
Eu quero o teu chão de ferro
pra nele me aprofundar.
Quero mais livros depois
do fundo à beira-mar.
Eu quero a polifagia
Com acepipes na mesa:
cúmulus do seu toucinho,
os suspiros sem tristeza,
divinos papos de anjo,
o feijão sobre a pimenta,
montanhas de gulodices
que o garfo derruba lenta-
mente, muito lentamente,
terraplenando os pratos.
Eu quero ver, ad nauseam,
o perfil dos teus retratos.
Ah, Pedro Nava, teus livros
são pedronavamania
(uma espécie contagiante
de mental ninfomania).
A gente para de lê-los
e a mente não fica em paz.
Sed non saciata, grita:
— Eu quero mais! Quero mais!

O modernismo barroco de Pedro Nava

André Botelho

QUARTO VOLUME DAS *Memórias* de Pedro Nava, *Beira-mar* é o livro da juventude do narrador. Dentre as experiências nele recriadas, com a maestria de sempre, destacam-se aquelas que formariam o modernismo mineiro, que encontra neste livro um tipo de roteiro sentimental e historiográfico. Compreende o período que vai de 1921 a 1928, a que o último capítulo do volume anterior, *Chão de ferro*, já servia como um tipo de prólogo. Numa entrevista ao Caderno B do *Jornal do Brasil*, de 12 de julho de 1976, Nava referia-se ao final deste terceiro volume das suas *Memórias* como o prelúdio de uma "sinfonia mineira" que seria executada em *Beira-mar*, livro que o leitor tem em mãos. Não foi a única vez que o autor enfatizou a continuidade de um volume a outro da história que vinha contando e que, enfim, parecia como que liberta a ponto de ele próprio se colocar como mais um leitor cuja expectativa pelo desenrolar da história estava difícil de conter. Também não foi a única vez que empregou a metáfora musical da "sinfonia" para se referir à obra que vinha dando vida — embora esse repertório autorreferente e metafórico seja muito vasto, reflexivo, afeito às alusões do grande cultor da língua que é Pedro Nava. Não sendo exclusiva, porém, a metáfora da "sinfonia mineira" é mesmo muito boa para pensar as Memórias como um todo e, em especial, Beira-mar.

Reforça a sugestão, a ideia de "noviciado mineiro" que Nava emprega em Chão de ferro para caracterizar o período da sua volta a Belo Horizonte após cinco anos no Rio de Janeiro, e as experiências de reconversão do narrador a Minas Gerais, como observei na apresentação daquele volume das Memórias. Suas experiências aí rememoradas são marcadas por uma redescoberta sensível e afetiva de um modo de ser ou um modo de aparecer que o narrador entende poder distinguir os mineiros, flagrado, sobretudo, na sua "linguagem incomparável". Familiarizado novamente com essa linguagem, cuja oralidade Nava sabe como poucos explorar, o narrador está pronto para executar a anunciada "sinfonia mineira".

Não resistindo eu mesmo à força das metáforas, permito-me a qualificar a "sinfonia mineira" de que se trata: talvez não exatamente a clássica que acabou se rotinizando, mas a sua antecessora barroca (que, aliás, sobreviveu na abertura das óperas). Em sua forma básica de movimentos de andamentos tão contrastantes (o primeiro e o último rápidos), a narrativa da juventude de Pedro Nava e, por meio dela, do modernismo mineiro ganha sentido e reverberação. Beira-mar condensa, por assim dizer, toda a complexidade polifônica do barroco com que Nava soube recriar em linguagem literária modernista as suas memórias. Como bem observou um dos críticos de primeira hora de Beira-mar, Nogueira Moutinho, em resenha publicada em 22 de abril de 1979, na Folha de S.Paulo:

> Texto cortado de largas perspectivas, vincado de longínquos pontos de fuga, planos sucessivos, propriamente pleturais, Beira-mar constitui eminente exemplo de relato antilinear. Nada em suas páginas é epidérmico, superficial. Ao contrário, cada lembrança busca o nível específico à sua natureza, atraída pela força de gravidade ou de levitação da linguagem. Assim, sua representação gráfica não é a linha reta; é, antes, serpeante e flexuosa curva, voluta ramificada em deltas que banham margens opostas, praias de diversas topografias, precipitando-se a variedade das paisagens na foz abissal e unificadora da memória.

Não há mesmo narrativa linear nas *Memórias*. Elas mais se aproximam das volutas barrocas. Como já observado, se é possível contá-las como a história de formação de Pedro Nava, isso não significa que o trajeto recriado seja simplesmente linear, dando apenas a ideia de um aperfeiçoamento progressivo de um indivíduo. Ao lado da história da formação de Pedro Nava, muitas outras e variadas histórias disputam a todo momento a atenção do leitor, persuadindo-o a perder-se da cronologia histórica e a entregar-se às diferentes temporalidades que compreendem. Como em volutas barrocas da memória, esses são momentos em que a empatia do leitor com os pontos de vistas desse narrador mineiro tão afeito à oralidade, à conversa de pé de ouvido, se expande e as *Memórias* se realizam como experiência estética e interpretação do Brasil. Pontos de vistas no plural, pois é disso mesmo que se trata: não meramente de incoerência, mas de contrastes, alguns deles violentos, cujo efeito é não apenas a vertigem, mas certa desorientação dos sentidos.

O narrador das *Memórias* mostra-se o narrador cordial por excelência da literatura brasileira, cujas preferências, amores e ódios formam o eixo do exercício em nada pretendido imparcial de recriar o passado. Sua força está antes na parcialidade que assume. Assim, nem sempre vemos simpatia e compaixão para com os tipos ironizados pelo narrador — e a ironia é um dos motivos da narrativa, como o que a põe em movimento. Mas isso não significa, porém, que o narrador necessariamente se julgue superior aos outros, ainda que eu não veja motivos suficientes para descartar a sério certos esnobismo e bovarismo de sua parte. Mas, antes, talvez, porque olhasse com simpatia para os costumes que insistia em questionar — e esse é um aspecto central da narrativa de *Beira-mar*, e por isso a ele voltaremos adiante. Movimentos contrastantes, enfim, dão forma à narrativa, como sugerido pela metáfora da sinfonia barroca. Mas contrastantes não quer dizer aqui, isto é, em relação à *Beira-mar* (e às *Memórias* como um todo), necessariamente conflituoso. Ao contrário, e isso aprofunda a metáfora do barroco, conflitos são harmonizados, arestas são arredondadas o tempo todo, como veremos. É preciso radicalizar a parcialidade do narrador para encontrar o ponto de fuga sociológico, por assim dizer, dessa recriação do modernismo mineiro e seu papel na modelagem da moderna cultura brasileira.

MODERNISMO POLIFÔNICO

Desde o lançamento do primeiro volume das *Memórias*, têm sido observadas as raízes intelectuais modernistas de Pedro Nava. Com razão, já que a sua experiência literária, iniciada na década de 1920 em Belo Horizonte, tem várias relações com o movimento modernista, e deu-se na companhia de colegas que se tornariam não apenas amigos de toda a vida, como poetas de renome, como Abgar Renault, Emílio Moura e Carlos Drummond de Andrade. O próprio Nava, aliás, fez publicar naquele contexto alguns poemas seus em *A Revista*, o veículo modernista do grupo, mas ficaria rotulado como "poeta bissexto" em função de algumas de suas mais notáveis realizações poéticas, como "Mestre Aurélio entre as rosas" e "O defunto", reeditadas por Manuel Bandeira na *Antologia dos poetas bissextos*, em 1946.

Não se compreenderá, porém, o papel do modernismo mineiro dissociando, na apreciação de *Beira-mar*, forma e conteúdo da narrativa. Se o modernismo é tema central do livro — insistamos: figurado por meio da recuperação das experiências de juventude do narrador e de seu grupo, que já conheceremos —, essa centralidade não se esgota no plano do assunto; mas, antes, só ganha sentido por meio do emprego bem meditado de certos recursos formais, forjados e compartilhados por aquela geração modernista, que permitem certos efeitos estéticos e intelectuais, e não outros. O modernismo inscreve-se, assim, na forma e no conteúdo de *Beira-mar*.

Sendo assim, comecemos, então, por reconhecer sua ligação estreita ao modernismo em geral, para depois tentar especificar seu possível sentido particular. Quanto aos processos formais de composição, seu pertencimento ao modernismo pode ser entrevisto, especialmente, a partir do emprego de recursos eruditos mesclados aos populares, ligados, por exemplo, à pesquisa da linguagem oral, a que também a obra de Nava deve em grande parte sua notável expressividade gestual, como o leitor poderá conferir. Pode-se lembrar nesse sentido, por exemplo, da enumeração que, ao lado de outros recursos formais, permite a ampliação do campo de significação das memórias individuais de Pedro Nava, fazendo com que elas acabem por ganhar o sentido de trama do mundo social numa relação reversível particular-universal.

Recurso estético também imemorialmente presente na cultura popular brasileira, como nas louvações e nos cantadores nordestinos, registro a partir do qual já havia sido transposta e transfigurada para o plano narrativo com efeitos estéticos semelhantes aos alcançados pelas Memórias de Pedro Nava. Refiro-me a Macunaíma (1928), de Mário de Andrade, no qual a enumeração constitui recurso crucial para relativizar a pretensão enfática do temário europeu, retirar ao temário localista a inocência da marginalidade, e dar sentido calculado e cômico aos desníveis narrativos que assinalam o desencontro dos postulados reunidos no livro.

Vale lembrar a propósito que, em 1929, Pedro Nava ilustrou com oito guaches o exemplar de Macunaíma que havia recebido do próprio Mário, talvez motivado pela provocação da dedicatória do autor (A/ Pedro Nava,/ pouco trabalhador/ pouco trabalhador)! De todo modo, não parece ter sido apenas esse o conselho de Mário que Nava acabou acolhendo, como sugere a correspondência trocada entre eles. Numa das cartas nos longínquos anos 1920, cinquenta anos antes do início da publicação das Memórias, Mário o aconselhava novamente a trabalhar muito, pois o fundamental seria chegar a uma organização "geral" da linguagem (literária?) capaz de incluir "todos os meios brasileiros burgueses e populares". Lição de "geral devoração" a seu modo meditada e formalizada nas Memórias. Nessa aproximação, contrapunha-se e, na verdade, contribuía para esvaziar a distinção costumeira entre norma culta — a língua portuguesa escrita de acordo com as regras gramaticais estabelecidas a partir de Portugal — e a língua portuguesa falada, adaptada e recriada no cotidiano brasileiro. Movimento para o qual a valorização das mais diferentes práticas culturais populares tornou-se o vezo de abrasileiramento e de contraponto às visões que opunham (e opõem) o erudito ao popular como figurações antitéticas e excludentes. Uma conquista modernista não apenas estética, mas também social e política, atualizada de modo particular nas Memórias de Pedro Nava, que cabe especificar.

Mário de Andrade, a propósito, é um dos personagens evocados em Beira-mar, quando da sua passagem por Belo Horizonte em 1924 junto a outros modernistas paulistas e seus mecenas. A viagem que incluiu, entre outros, Oswald de Andrade, Tarsila do Amaral, Paulo Prado, Olívia Guedes Penteado e também o poeta franco-suíço Blaise Cendrars passou para a crônica do modernismo como uma "descoberta do Brasil". O carnaval passado no Rio de Janeiro e a semana santa nas hoje cidades históricas de Minas Gerais foram verdadeiras revelações para os modernistas paulistas, cuja valorização do primitivo aprendida com as vanguardas europeias contemporâneas começava a fazer sentido. A descoberta fundamental foi a de que o primitivismo estético, em nosso caso, encontrava-se não em lugares distantes e exóticos, mas como que entranhando em nossa própria sensibilidade. Descoberta que teve consequências cruciais para o modernismo em geral, e também efeitos profundos na pintura de Tarsila do Amaral, na poesia programática de Oswald de Andrade, e também na poesia de Mário, notadamente em *Clã do jabuti* e nos rumos do seu trabalho artístico e crítico como um todo.

Beira-mar transcorre em quase sua totalidade em Belo Horizonte. A Belo Horizonte dos anos 1920, a Faculdade de Medicina, o modernismo mineiro, o emprego no funcionalismo público e, claro, a vida boêmia na companhia dos amigos do "Grupo do Estrela" nos salões, pensões de estudantes, clubes, cinemas, livrarias, redações de jornais, cafés, bares, cabarés, bordéis e ruas da então nova capital mineira são recriados vivamente e em detalhe em quatro capítulos: "Bar do Ponto", "Rua da Bahia", "Avenida Mantiqueira" e "Rua Niquelina", que fazem a crônica afetiva de toda uma geração intelectual e do próprio modernismo mineiro. Assim, como nos demais volumes das *Memórias*, a organização da narrativa de *Beira-mar* se dá na forma de um sistema de lugares ao qual estão associados vários sentidos sociais, morais, ideológicos que o qualificam de modo complexo. São basicamente três os sistemas de lugares principais de *Beira-mar*: a Faculdade de Medicina, o palácio do governo estadual e suas secretarias e as ruas de Belo Horizonte, cujo epicentro era o Café e Confeitaria Estrela. Entre eles transcorre a juventude do narrador e as experiências afetivas, intelectuais e sociais que modelam o modernismo mineiro.

O GRUPO DO ESTRELA

O núcleo principal do modernismo mineiro tal como reconstruído em *Beira-mar* é formado pelo "Grupo do Estrela", assim chamado numa referência ao café de mesmo nome localizado na rua da Bahia. Embora não reivindique para si protagonismo central na formação do grupo, é o narrador quem detém autoridade suficiente para reordenar aquela experiência e lhe conferir o sentido de um movimento cultural com consequências cruciais para a vida cultural brasileira. É ele quem pode, por exemplo, determinar quem fazia parte do grupo:

> [...] do Estrela saíamos [o narrador e o poeta Carlos Drummond de Andrade] a vaguear pelas ruas de uma Belo Horizonte deserta de homens mas cheia de sombras e cheiros vegetais e finalmente escalávamos todos os infinitos — inclusive o de cada um de nós. Só ele e eu? Não. Era enorme o grupo a que o Carlos me apresentou. Era composto do próprio poeta, de dois moços da casa da *Madame* — Francisco Martins de Almeida e Hamilton de Paula e mais de Abgar Renault, João Guimarães Alves, Heitor Augusto de Sousa, João Pinheiro Filho, dos irmãos Alberto e Mário Álvares da Silva Campos, de Emílio Moura, Mário Casassanta, Gustavo Capanema, Gabriel de Rezende Passos, João Alphonsus de Guimaraens e Milton Campos. O tempo traria ainda para nossa convivência Dario Magalhães, Guilhermino César, Cyro dos Anjos, Luís Camilo e Ascânio Lopes.

Ou ainda, esclarecer quais foram os principais veículos e publicações do modernismo mineiro, como *Verde*, do grupo de rapazes de Cataguases, no interior do estado, e *A Revista*, do próprio grupo de Belo Horizonte. Sobre esta, aparecida em 1925, observa judicioso o narrador:

> *A Revista* foi, cronologicamente, a terceira publicação dos novos surgida no Brasil. Só foi antecedida por *Klaxon*, de maio de 1922 e *Estética*, de setembro de 1924. Em Minas foi a primeira e seu aparecimento, em julho de 1925, marca data histórica na nossa literatura. Tanto a do estado como a nacional. Seu interesse é extraordinário não só porque revelou ao Brasil a existência de um grupo característico e atuante, como deu a esse próprio grupo a consciência de sua força e seu valor. Eu não posso dizer exatamente de quem foi sua ideia — provavelmente de Carlos Drummond de Andrade. Sua aparição, fora de dúvida, deve-se à influência da visita da caravana paulista e às sugestões de Mário de Andrade na sua correspondência com Drummond. Várias vezes tenho lido

que fui um dos seus fundadores. Não é verdade. Já tomei o bonde andando. Seus verdadeiros criadores foram os dois primeiros diretores — Francisco Martins de Almeida e Carlos Drummond de Andrade e os dois primeiros redatores — Emílio Moura e Gregoriano Canedo. Para esclarecimento de suas origens talvez seja interessante lembrar que o Almeida, o Emílio e o Canedo moravam juntos e que eram, os três, hóspedes da Pensão Lima, à avenida João Pinheiro nº 571. Tomei conhecimento de *A Revista*, como coisa decidida, certa tarde de *Café Estrela*, ouvindo os planos de seus fundadores. Discutia-se o título e entre vários sugeridos prevaleceu o dado pelo Carlos — assim o verdadeiro padrinho de batismo da publicação. Foi quando meti minha colher achando o nome muito seco. Vá por *revista* — dizia eu — mas acrescente-se alguma coisa. Exemplificava. *Revista Modernista*, *Revista de Arte Moderna*, Revista disso, Revista daquilo. O Carlos foi inflexível. Tinha de ser Revista e só *A Revista*. Foi. E hoje vejo que ele tinha toda a razão. Não havia motivos para dar um programa desde o título — sobretudo, como veremos adiante, porque não tínhamos um programa definido. Tudo era e foi: difuso, nebuloso e às vezes até contraditório.

Perceba-se que nessa reconstrução das experiências modernistas mineiras Carlos Drummond de Andrade aparece como elemento central do Grupo do Estrela, posição confirmada no conjunto dos episódios evocados no livro. Ainda que o narrador afirme que outras três figuras polarizassem o grupo, no sentido de que em função delas as pessoas foram se conhecendo e o grupo sendo formado: Alberto Campos, Emílio Moura e Milton Campos. De cada um deles e de outros, o narrador apresenta retratos minuciosos dando-nos a conhecer traços de suas personalidades, contribuição ao modernismo mineiro e atuação posterior. A força do grupo não estava apenas naquele que melhor encarnaria o seu sentido, mas também no conjunto que apenas eles formavam. A comprovação da importância daquilo que fizeram na juventude, quando apareciam vagamente como rebeldes — "futuristas" ou "nefelibatas" — para eles mesmos ou aos olhos da tradicional família mineira (TFM) — parece vir do papel de destaque que cada um deles acabaria tendo no futuro, na vida cultural e política do Brasil. Assim, visto do presente da narração, o próprio Nava afeta se impressionar com o destino dos amigos de juventude: "Escrevendo o nome desses amigos de mocidade e vendo o que eles foram depois — não posso deixar de dizer do orgulho de ter pertencido a grupo tão ilustre".

Sem fazer exatamente concorrência a Drummond, mas antes completando muito harmoniosamente a experiência coletiva, sobretudo dos mais moços em que ele se incluía, está Aníbal Machado, com cujos conhecimentos sobre arte moderna e biblioteca eles sempre podiam contar. Rememorando a primeira vez que foi apresentado a Machado na casa deste, embora já o conhecesse "de vista", como, ademais, parece acontecer com praticamente todos na Belo Horizonte de *Beira-mar*, diz o narrador:

> E comecei ali, com ele, a conversa que só terminaria quarenta e dois anos depois quando a Morte nos separou. Deste escritório eu levaria de empréstimo e apresentados por Aníbal — Anatole France, Rémy de Gourmont, os Goncourt, Mallarmé, Samain, Verlaine, Rimbaud. Precisamente nesse dia saí com dois livros de Daudet — *Jack* e *Sapho* que gosto de reler até hoje pelo que eles me devolvem de mocidade, daquele escritório, da casa do coronel Virgílio, da rua dos Tupis e da continuação da França que me começara a ser mostrada por meu tio Antônio Salles e por meu mestre Floriano de Brito. Foi nesse mesmo gabinete que, meses mais tarde, eu veria um exemplar do escândalo da época — *La Garçonne* — brochura rósea com um desenho de mulher de cabelos curtos, da magreza da época, com os grandes olhos verdes cheios de éter e cocaína luzindo dentro de olheiras duma profundidade bordelenga e noturna. Foi ainda no porão dos Machado que ouvi, ainda mais tarde e do próprio Aníbal, a notícia da morte de Proust. Proust? Quem, Proust? Ele explicou. Outro nome surgido no dia dessa minha primeira visita. O de Drummond. Carlos Drummond. Eu não conhecia e foi-me aconselhado conhecê-lo.

É impressionante a lista de autores de cujo conhecimento o narrador atribui a influência de Aníbal Machado, e mais ainda porque nela estão, seguramente, uma das maiores influências de Pedro Nava: Marcel Proust. E, claro, o próprio Drummond, de quem ouve falar pela primeira vez na casa de Machado. Mais importante ainda, ao menos no que se refere ao modernismo mineiro, a ideia de que foram Aníbal Machado e Drummond que "ensinaram" ao narrador a distinguir o que era e o que não era "moderno". Diz ele:

> Naquele Belo Horizonte de 1922 havia vagas e escassas notícias de uns chamados futuristas. Durante algum tempo confundi-os com certos livros analógicos que lia na ocasião como *Certains*, *À rebours*, *Là-bas* e outros diabolismos de Huysmans, como os esteticismos de Jean Lorrain em *Monsieur de Phocas* e as cambalhotas de Oscar Wilde no *Dorian Gray* — tudo que era cremado intelectualmente pela Família Mineira. Devo ter saído desse erro pela mão de Aníbal Machado e Carlos Drummond de Andrade a quem fiquei devendo noções menos confusas da literatura moderna e do movimento que se esboçava.

Ao lado das suas próprias experiências, e mais do que as dos outros moços, são, sobretudo, de Drummond as experiências pinçadas no passado pelo narrador para compor o Grupo do Estrela. Lá estão, por exemplo, episódios antológicos que atualmente, mas não quando Nava publicou *Beira-mar*, tornaram-se praticamente quase arquétipos da mitologia do modernismo mineiro. Como o hábito do jovem poeta voltar para casa na Floresta em cima do viaduto Santa Teresa:

> Essa construção de cimento armado comporta um grande vão e sua estrutura é levantada por enormes arcos de concreto que têm largura de cerca de metro. Sua altura é vertiginosa. Pois era esse o caminho escolhido pelo poeta de minha geração quando ia tarde para sua casa, na Floresta. Em vez da pista ponte escolhia suas parábolas de sustentação e passava por cima delas aos ventos vendo rolar embaixo os trens da Central. Um dia foi interpelado, cá de baixo, por um guarda-civil. O senhor não pode usar esse caminho — e *esteje preso*. Das alturas veio resposta anuente. Aceito a prisão mas o senhor venha me prender cá em cima. O guarda topou o desafio, aliviou-se das botinas, da túnica e começou a subida. Ao fim duns poucos metros deu-se conta da elevação em que se achava e tomado de vertigem e daquela doçura frouxa do

períneo que nos vem na borda dos abismos, ajoelhou, pôs-se de gatinhas, atracou firme no semicírculo e deixou-se escorregar de marcha à ré. Embaixo recompôs-se e para salvar a face, gritou para as negruras da noite que relaxava a prisão. O poeta tranquilo iniciou sua descida pela outra vertente.

E por falar em descer, como não observar esse centro da sociabilidade boêmia da Belo Horizonte dos anos 1920, crucial para a geração modernista aquela altura ainda chamada vagamente de "futurista", a ponto de tornar-se quase mítica, que foi a rua da Bahia. "Descer" e "subir" a rua da Bahia era "arte delicada", como afirma Pedro Nava no célebre "Evocação da rua da Bahia", escrito para homenagear o poeta e amigo da vida toda Carlos Drummond de Andrade em seu cinquentenário. Esses verbos representam toda uma dinâmica social, afetiva e sensorial da juventude que a evocação pretende restaurar, em fragmentos por certo. "Descer", em especial, codifica o hábito da rapaziada em frequentar os bordéis localizados na parte baixa da rua da Bahia, como esclarece o narrador de *Beira-mar* sobre a geografia afetiva da cidade:

> Afinal chegou a hora de *descermos*... Aurélio, no seu dicionário, dá vinte e oito acepções do verbo *descer*. Não cita a vigésima nona, a que tinha curso em Belo Horizonte, a partir de dez e meia da noite. Dessa hora em diante, descer era fazê-lo para os cabarés, os lupanares — para a zona prostibular da cidade, em suma. Nessa hora notava-se como que um *branle-bas* no *Clube Belo Horizonte*, onde encerravam-se as rodas de jogo, esvaziava a sala de leitura, passava o último cafezinho, as luzes iam se apagando; no *Trianon*, onde vários habitués pediam suas notas, arrastavam as cadeiras, levantavam-se e davam até amanhã aos que ficavam, ao Otaviano, ao Mário e tocavam. Acontecia o mesmo no *Bar do Ponto*, no *Fioravanti*, no *Estrela*. Formavam-se grupos e todos tomavam a mesma direção, em Afonso Pena, sob os fícus, até virarem em Espírito Santo, Rio de Janeiro ou São Paulo que eram os caudais que desaguavam no quadrilátero da zona. Esse compreendia tudo que ficava entre Bahia, Caetés, Curitiba e Oiapoque, vasta área de doze quarteirões de casas. A partir da crista de Caetés, as ruas ladeiravam até despencarem no Arrudas. Assim, esse trecho da cidade

ficava numa depressão. Para nele chegar era preciso marchar rampas abaixo e daí o significado especial de descer dado pelos belorizontinos à ação de ir à zona, à patuscada, à farra, ao cabaré lá embaixo — e, por extensão, à de ter coito. Vamos descer. Há dias que não desço. Esse mês tenho descido demais. Você desce? hoje. Desço. Não desço. Não sei se desço. Descer ou não descer — eis a questão...

Como nas *Memórias* em geral, a reconstituição quase etnográfica dos episódios sentimentais da juventude em *Beira-mar* só se torna possível na medida em que se assenta, ao lado da prodigiosa imaginação e habilidade literária do narrador, em copiosa documentação material. Neste caso, concorreram sobremaneira os questionários que Nava preparou e submeteu aos colegas de geração sobreviventes quando escrevia as *Memórias*. As perguntas do questionário informam (e traem) seu objetivo de reordenar as experiências da juventude em termos de um movimento cultural — ainda que a afirmação tanto do caráter contingente das experiências rememoradas quanto da relativa ignorância dos atores a respeito do papel que estavam desempenhando seja fundamental para a narrativa. Mais do que garantir a verossimilhança, porém, os questionários talvez tenham desempenhado papel simbólico muito mais relevante, agregando ritualmente os sobreviventes da juventude em torno da lembrança do passado e afirmação da sua construção social do modernismo mineiro. Esses questionários integram hoje, junto a outros cerca de 6100 documentos, o arquivo Pedro Nava da Fundação Casa de Rui Barbosa, no Rio de Janeiro, e foram em parte reproduzidos no caderno de imagens deste volume.

Embora em muitas passagens seja explícita a intenção programática de *Beira-mar* no que se refere ao papel do modernismo mineiro na modelagem da moderna cultura brasileira, contendo toda sorte de informações, dicas e apelos a futuros estudiosos, em suma, conformando verdadeiro roteiro minucioso de pesquisa, sua força narrativa não se reduz ao aspecto didático que também encerra. Pode-se até mesmo ponderar que, se fosse assim, o livro teria pouco interesse como narrativa, valendo no máximo como fonte historiográfica. Mas *Beira-mar*, como os demais volumes das *Memórias* de Nava, aliás, consegue atender plenamente o segundo aspecto, sem descuidar do primeiro, seja no andamento geral ou nos detalhes. Mais uma vez a qualidade da narrativa, e o próprio êxito do programa que encerra, está na capacidade de conferir generalidade à experiência individual de Pedro Nava. Retomemos, então, esse vezo da narrativa.

UM MOÇO DA TRADICIONAL FAMÍLIA MINEIRA

Já observei, noutra oportunidade, o quanto as *Memórias* de Pedro Nava devem, talvez, a posição relativamente subalterna do narrador em relação aos grupos sociais dominantes de que fazia parte. Ao menos a posição social intermediária em que se encontrava na infância e juventude, espremida entre as elites dominantes, cujos estratos inferiores integrava, e a massa de pobres de uma sociedade polarizada sem nenhuma classe média significativa, favorecia a constituição, entre o ressentimento e o desejo de distinção, de uma perspectiva para observar o movimento geral da sociedade e desnaturalizar hierarquias, desigualdades e valores. Posição ambígua decorrente, em parte, do falecimento precoce do seu pai, que estava em condições de reproduzir e, talvez, ampliar em novas bases a fortuna material e o prestígio social que seus antepassados desfrutaram. Todo o desenvolvimento do narrador traz essa marca da sua posição social ambígua.

Desprovido de fortuna material própria e detendo ainda significativo capital social e cultural característico das elites dirigentes de então, a educação formal se afigurou desde cedo não como um, mas, talvez, o principal, senão o único caminho para a ascensão social. Mais uma vez, ao lado da comovente tenacidade da mãe, para a consecução da educação formal do filho mais velho, seja no Colégio Pedro II, seja na Faculdade de Medicina, sempre concorreram as relações sociais que sua família mantinha direta ou indiretamente com os poderosos aos quais poderiam recorrer como "quase" iguais. O favor recebido e devido parece ter constituído, assim, o meio pelo qual se logrou reatar, simbólica e materialmente, o curso da existência social a que o narrador estava destinado por nascimento, quebrado pela morte do pai. Curioso mesmo como ao menos o narrador insiste nessa forma de reconhecimento intersubjetivo. Em geral, os membros bem-postos das elites dirigentes a que recorrem parece compartilhar, por empatia de classe, o reconhecimento da injustiça afligida ao rapaz, ainda que a implementação das demandas não se façam desacompanhadas de certos rituais de humilhação aos quais, orgulho ferido, o narrador promete jamais esquecer.

Mas a elite dirigente a que se recorre é apenas a intermediária; no fim, no lugar do pai ausente, está o Estado, provedor de posições e benesses. Mesmo que humildes, como apenas um lugar no funcionalismo público como o narrador de *Beira-mar* consegue para, desse jeito, viabilizar sua formação como médico. E o funcionalismo público, como sugeri, é um dos núcleos que organizam a narrativa de *Beira-mar* e das *Memórias* daí em diante. A certa altura, o narrador chega a confessar que a "vida funcionária" foi "uma das mais fundas impressões de minha vida", a ponto de, em 1949, ter chegado a tentar o início de um "romance burocrático" que, embora não tenha passado das primeiras páginas — publicadas como anexo a *Beira-mar* —, estariam na origem das *Memórias*.

Assim, embora dependesse dos rendimentos do Estado para manter-se na Faculdade de Medicina, a colocação obtida pela mão de amigo influente da família junto à Diretoria de Higiene do Estado de Minas Gerais nunca foi levada assim tão a sério pelo narrador. Sabia, de um modo ou de outro, que a posição consistia em situação provisória, até que obtivesse seu diploma em medicina, fim último que justificava mesmo aquele meio. Não que tenha prevaricado no cargo público. Não tendo sido muito sérias, suas faltas, porém, mostram bem o continuum entre privado e público e, sobretudo, o modo patrimonialista de lidar com o público em nossa cultura política. Assim, por exemplo, cansado dos horários de trabalho na repartição, a que, a bem da verdade, o jovem nunca conseguiu atender muito pontualmente, não apenas por efeito indesejado da boemia, diga-se a seu favor, mas muitas vezes pela própria sobreposição de horários entre a faculdade e a repartição — vemo-lo, no livro, o tempo todo a correr de um lugar a outro, da faculdade para a secretaria, desta para a aquela e, no meio dos trajetos, sempre o Estrela ou o Bar do Ponto —, a certa altura decide, por conta própria, que estava na hora de gozar umas férias. Assim, aproveitando as festas do Centenário da Independência, em 1922, "que se anunciavam soberbas" na então capital federal, e que sua avó paterna viria do Ceará para o Rio e lhe pagaria as despesas de viagem para que a encontrasse no Rio, o narrador pede licença para se afastar por uns dias da repartição, pedido negado pelo chefe, professor Samuel Libânio, de quem deixa memorável retrato, bem como de outros colegas do serviço público e também dos professores e colegas da Faculdade de Medicina. Mas, afinal de contas, por que se submeter à arbitrariedade de um chefe insensível? "Saí murcho mas quando voltava para casa, resolvi a situação. No dia seguinte àquele em que chegou o vale postal de minha velha avó, fiz uma carta ao seu Deolindo Epaminondas, dando parte de doente, que ele fizesse o favor de me desculpar junto ao professor e mais isto e mais aquilo e que ele avaliasse meu incômodo, minha mortificação. À noite embarquei para o Rio, de noturno."

O desfecho do episódio mostra bem o sentido patrimonialista do sistema de relações que estamos caracterizando, afinal, acaso do destino, surpreendido pelo próprio chefe no Rio de Janeiro, embora envergonhado de sua mentira ou desculpa, dependendo do ponto de vista, o narrador se decide por mais uns dias de férias e, ao voltar à repartição, se amargou alguma sanção, esta esteve mais para a punição com sentido educativo que um pai se vê obrigado a impingir a um filho traquinas pelo bem das aparências. Vale ver a passagem deliciosa do flagra do narrador, que como um estudante gazeteava feliz pelas ruas do Rio:

> Foi uma satisfação rever os meus e repalmilhar o velho Rio. Imagine-se agora meu azar. Havia na galeria Cruzeiro, encostado à Americana, um corredor ocupado por longa fila de cadeiras de engraxate. Querendo dar polimento aos meus borzeguins — para torná-los dignos da avenida, entrei e sentei-me em vaga, ao fundo. Quando o italiano estava dando os estalos finais do brilho de minhas biqueiras, quem? santo nome de Deus, vejo entrar e sentar-se na primeira cadeira — o próprio professor Samuel Libânio. Eu quis fazer cera, mergulhei no jornal que trazia mas o lustrador puxou uma, duas vezes a bainha de minha calça. Eu tinha de sair. Fi-lo encolhido mas, ao passar diante do meu chefe, olhei e vi que ele também me fitava. E com expressão de nojo... Tirei o chapéu, nem sei se ele respondeu e perdido por um, perdido por mil — resolvi dar-me quinze dias de férias em casa dos tios. Passava as manhãs na praia, nadando, deitando ao sol, bronzeando e vendo as primeiras audácias das roupas de banho das moças.

ENTRE CONTESTAÇÃO E TRADIÇÃO

Tal como recriado em *Beira-mar*, o modernismo mineiro parece constituir fundamentalmente um ímpeto contestador, tanto na estética quanto no comportamento da juventude. Atitude voltada especialmente contra a sociabilidade da "tradicional família mineira", tomada como fundamento moral e social, senão do gosto estético, do status quo. Atualizando em *Beira-mar* processos mais amplos de contraposição que estruturam a narrativa das *Memórias* em geral, a oposição entre juventude/modernismo *vs.* tradicional família mineira merece ser radicalizada para que se possa chegar o mais próximo da posição sempre parcial do narrador e do sentido sociológico próprio que encerra. Desse modo, *Beira-mar* parece contar, em grande medida, a história de moços bem-nascidos, mesmo que empobrecidos, que chocam a tradicional família mineira, da qual são membros legítimos e a partir de cujo horizonte se colocam no mundo social que se desenha à sua frente. Aos menos favorecidos do mesmo estamento, era possível recorrer ao emprego público, de modo transitório ou não — como, em verdade, parece ser o caso de quase todos os rapazes do círculo do narrador, ainda que em diferentes patamares, como sugere a história dos abastados irmãos Melo Franco.

Essa combinação entre "*épater la bourgeoisie*" e emprego público certamente não é restrita ao modernismo mineiro e possui significados distintos em diferentes experiências do período. O mais interessante em *Beira-mar*, porém, e que nos ajuda a configurar sua posição própria, é que mesmo sendo a formalização das lembranças e esquecimentos de um idoso que volta à juventude, período em geral tomado como o auge de uma existência individual, a melancolia parece relativamente ausente do livro. Melancolia de quem parece ter se preparado praticamente toda a vida para a busca do tempo perdido e que, ademais, é tão característica das *Memórias* de Pedro Nava como um todo. Mas se, contrariando a regra, não há melancolia na recuperação dos seus anos de juventude, estes, apesar do ímpeto característico contra a tradicional família mineira que alardeava, tampouco parecem ter implicado grandes rupturas no plano social. Um estranho ímpeto contestador que parece mais voltado contra o passado do que para o presente, tamanha a força da tradição sobre suas existências. Uma vanguarda cuja ação vai aparando arestas e acomodando possíveis conflitos e que, ao fim e ao cabo, parecer querer reconciliar passado e futuro. Algo daquela convivência de inconciliáveis — "o democratismo e o privilégio, o racionalismo e o apego à tradição, o impulso confessional, que exige veracidade, e o temor à luz clara" — identificada por Roberto Schwarz em *O amanuense Belmiro*, de Cyro dos Anjos, o romance sobre funcionalismo público por excelência da literatura brasileira e sabidamente baseado na geração modernista de Belo Horizonte, estrutura também *Beira-mar* e o modernismo em que aqueles anos de juventude se metamorfoseiam.

Memórias constituem modalidade de narrativas do eu que, quando centradas na autobiografia, atuam na modelagem e cultivo de um *self* individualizado, mas também coletivo, quando operam, como nas *Memórias* de Pedro Nava, como um autorretrato ou nos quadros da arte clássica da memória, onde menos que individualizar o sujeito, está em jogo sua construção como parte de uma totalidade mais vasta que o transcende. Nesse sentido, *Beira-mar* busca encarnar toda uma ontologia mineira da geração modernista de Pedro Nava e reivindica o papel dessa geração na modelagem da própria moderna cultura brasileira. É verdade que a geração de Pedro Nava, e alguns dos seus melhores amigos, já havia não apenas frequentado o gênero das memórias, como é o caso de Afonso Arinos de Melo Franco, que inicia suas memórias com *A alma do tempo*, de 1961, como ainda contribuído para a ampliação dos seus significados sociológicos e propriamente estéticos, como Carlos Drummond de Andrade com *Boitempo* (1968) e *Menino antigo* (1973) e Murilo Mendes com *A idade do serrote* (1968). Todos eles mineiros, ligados ao movimento modernista daquele estado, como mineiro é ainda o já citado Cyro dos Anjos, que com suas memórias *Explorações no tempo* (1963) também recria lembranças da infância refletindo sobre a estrutura patriarcal mineira. Se o gênero foi historicamente cultivado em Minas Gerais, favorecido pelas suas condições urbanas precoces em relação ao Brasil, como sugeriu pioneiramente Antonio Candido, nenhum desses livros, porém, teve o impacto social e intelectual das *Memórias* de Pedro Nava, e nenhum deles, também, teve mais êxito até o momento como roteiro historiográfico do modernismo mineiro.

Não deve nos escapar, de todo modo, a possibilidade de essa construção intelectual do modernismo mineiro ter sido amparada ou compartilhada também com os amigos dos tempos de juventude e outros escritores em diferentes círculos intelectuais de que Nava participou ao longo da vida. De que são exemplares os saraus literários promovidos pelo advogado e bibliófilo Plínio Doyle em sua casa em Ipanema aos sábados entre 1964 e 1984 — os, por isso, chamados "Sabadoyles". E o "grupo mineiro" composto por Nava, Drummond, Afonso Arinos, Alphonsus de Guimaraens Filho e Cyro dos Anjos era dos mais proeminentes nos Sabadoyles, que incluía ainda Prudente de Morais, neto e outros remanescentes do modernismo brasileiro. Mas, entre todo o grupo, contando membros e visitantes, nenhum outro confrade parecia mais notável que, mais uma vez, Carlos Drummond de Andrade. Na ata do dia 19 de maio de 1984, redigida por Alphonsus de Guimaraens Filho, registra-se com muito pesar a morte de Nava, que estivera presente no sábado anterior à confraria, como de costume desde o seu início, à qual Drummond acrescenta os seguintes versos que dedicou ao morto, seu velho amigo: "Ariel despede-se do corpo/ que fizera sua alma escrava./ Mas há sempre uma luz no rosto/ — distanciado — de Pedro Nava".

De *Beira-mar*, enfim, no jogo complexo da objetivação da subjetividade por meio da escrita memorialística e seus códigos e convenções literárias, de que são exemplares a técnica da enumeração e a pesquisa da linguagem oral, que realizam a aproximação do erudito e do popular, o papel secundário do modernismo mineiro é deslocado para uma posição central na modelagem da moderna cultura brasileira. Posição secundária que, seja no que diz respeito à deflagração do movimento, quando comparado aos modernismos paulista e carioca, entre os quais titubeou no início dos anos 1920, seja em relação à inovação estética que trouxe, dá lugar à celebração de sua longevidade e à afirmação de sua persistência e atualidade no contexto intelectual brasileiro da época de publicação de *Beira-mar*. E se é verdade que Mário de Andrade constitui a influência externa mais reconhecida sobre o modernismo mineiro, este amigo, correspondente e paciente de Pedro Nava, é tomado mais como "nacional" do que como especificamente "paulista" (simultaneamente regional e cosmopolita), posição que no livro parece reservada mais a Oswald de Andrade. E, mesmo assim, a influência de Mário aparece quase sempre mediada por Drummond, que a teria decantado e aperfeiçoado, como demonstraria a notável correspondência por eles trocada. Drummond, que em *Beira-mar* aparece desde o início vocacionado como aquele que seria "o maior poeta brasileiro".

BIBLIOGRAFIA SELECIONADA

AGUIAR, Joaquim Alves de. *Espaços da memória. Um estudo sobre Pedro Nava*. São Paulo: Edusp/Fapesp, 1998.

ARRUDA, Maria Arminda do Nascimento. *Mitologia da mineiridade. O imaginário mineiro na vida política e cultural do Brasil*. São Paulo: Brasiliense, 1990.

BOMENY, Helena. *Guardiães da razão. Modernistas mineiros*. Rio de Janeiro: Editora da UFRJ/ Edições Tempo Brasileiro, 1994.

BOTELHO, André. *De olho em Mário de Andrade. Uma descoberta intelectual e sentimental do Brasil*. São Paulo: Claroenigma, 2012.

CANÇADO, José Maria. *Memórias videntes do Brasil. A obra de Pedro Nava*. Belo Horizonte: Editora da UFMG, 2003.

SENNA, Homero. *O Sabadoyle. Histórias de uma confraria literária*. Rio de Janeiro: Casa da Palavra, 2000.

SCHWARZ, Roberto. "Sobre O Amanuense Belmiro". In: *O pai de família e outros estudos*. São Paulo: Companhia das Letras, 2008, pp. 9-21.

SOUZA, Eneida Maria de. "Nava se desenha". In: SOUZA, Eneida Maria de; MIRANDA, Wander Melo (Orgs.). *Arquivos literários*. São Paulo: Ateliê, 2003.

1. Bar do Ponto

PONTO — PORQUE ERA O LOCAL DA ESTAÇÃO DOS BONDES. Vejo-a ainda, construção meio de tijolo, meio de madeira, com três entradas sem portas, pintada a óleo e dotada dum torreão para o relógio. Seu verde era semelhante ao dos pistaches e contrastava, qual outra cor, com os verdes dos seis renques de árvores da avenida Afonso Pena e com os mais numerosos do Parque. Porque a estação debruçava-se sobre ele, naquele ponto de inflexão da rua da Bahia. Todo esse trecho urbano tivera seus logradouros regularizados à custa de aterros e o grande jardim ficara lá embaixo, acessível, aí, pela escadinha por onde desciam condutores e motorneiros para sua mijadinha nas folhas e à noite, pares, sob a vista gorda dos gerentes da estação que emprestavam as chaves do portãozinho mediante pecúnia e que nunca viam quem descia depressa, se agarrando e subia depois, separado e a passo de cada dia. Bar — pelo café que lhe ficava em frente, escancarado para a vida pública. Só entravam senhores. Logo à frente, à esquerda, um armário quiosque de metal brunido como ouro vivo, aquecido por forninho inferior e em cujas prateleiras estavam sempre quentes os bolinhos de carne, os pastéis, as empadinhas de galinha. Eram o fino do fino e custavam respectivamente tostão, tostão, duzentão. O balcão e a estante dos cigarros — Londres, mistura especial, maço, pacote. O roliço 17. Petit Londrinos. Yolanda verde, Yolanda azul, Liberty oval ou redondo. *Bout-dorées, boutes de rose. Pour la Noblesse*, a 2$000, para a freguesia certa e selecionada: Pedrinho Moreira, o Zinho Fonseca, Serafim Loureiro, Marcelo Brandão, os Pimentéis e os Melo Franco quando vinham a Belo Horizonte. Fósforo Pinheiro e Brilhante, dos grandes, dos pequenos, de pinho-do-paraná ou dos de cera — com fama de darem peso. As filas de mesas cujos pés de ferro fundido imitavam o ensarilhado rústico de três galhos de madeira sobre os quais repousavam os tampos de mármore. As cadeiras pretas. A freguesia habitual do cafezinho e da conversa. A especial e mais demorada, das cervejadas ostensivas ou da cachacinha pudicamente tomada em xícaras, para não escandalizar a Família Mineira passando na rua. Os garçons já conheciam os fregueses envergonhados e traziam a talagada dentro da louça inocente — só que o pires vinha sem colher. Geralmente a turma da bebida ficava mais para o fundo, junto da porta que dava para os depósitos, para a latrina sempre quebrada, descarga enguiçada, cheia até às bordas; para o mictório de cimento cheirando à amônia de sua nata esbranquiçada que a água não lavava. No terço central do café, a clientela do dito, da conversa de negócio ou de ócio e a gritaria da turma do futebol. Torcedores e jogadores do Atlético, do América, do Yale, do Palestra; veteranos do Dezessete de Dezembro, do Sport Club ou dos times do campeonato de 1904 — os do Vespúcio, do Colombo, do Plínio, do Mineiro, do Estrada. Na fila da frente, os mirones que apreciavam o movimento, a passagem das moças. O café chamado *Bar do Ponto* estava para Belo Horizonte como a *Brahma* para o Rio. Servia de referência. No Bar do Ponto. Em frente ao Bar do Ponto. Na esquina do Bar do Ponto. Encontros de amigos, encontros de obrigação. O nome acabou extrapolando, se estendendo, ultrapassando o estabelecimento, passando a designar o polígono formado pelo cruzamento de Afonso Pena com Bahia — local onde termina também a ladeira da rua dos Tupis. Enraizou-se tanto na toponímia da cidade que fez desaparecer, imaginem! o nome do alferes — praça Tiradentes — que figurava nos antigos mapas de Belo Horizonte. Além de usurpar a do herói, a designação Bar do Ponto excedeu-se psicologicamente e passou a compreender todo um pequeno bairro não oficial mas oficioso: o que se pode colocar dentro do círculo cujo centro seria o da praça e cujo raio cortasse a esquina de Goiás, um pouco de Goitacases, o cruzamento de Tupis com Espírito Santo, que tornasse a Afonso Pena, descesse Tamoios, entrasse no Parque defronte ao início do viaduto Santa Teresa e voltasse à origem depois de reincursionar na espinha dorsal de Afonso Pena. Dentro deste círculo, tudo é Bar do Ponto. Moro no Bar do Ponto — poderia dizer o seu Artur Haas. Minha farmácia é praticamente no Bar do Ponto, informaria licitamente o seu Ismael Libânio. Fora destes limites, logo fora, seria absurdo falar em Bar do Ponto porque as referências já seriam o Poni, o Colosso, o Estrela, São José e, no lado oposto, o Palácio da Justiça.

Considerado como o vazio formado pelo cruzamento e encontro de três logradouros e desenhado por retas de esquina a esquina, o Bar do Ponto é um vasto hexágono irregular que tive várias vezes a honra de atravessar, no tempo em que se o fazia flanando, conversando, sem esperar o *pare!* e o *siga!* da luz vermelha, da verde, das mangas brancas dos guardas e do trilo de seus apitos. Quem saía da Estação, sob a sombra das árvores da sarjeta, entrava sob a dos fícus (ramalhudos como as faias de Virgílio!) e chegava ao primeiro renque de palmeiras. Parava. Olhava os lados do Mercado, cujo arvoredo denso fechava o horizonte. Para os do Cruzeiro, no alto. Lá estava a parede da serra do Curral lembrando, daquele ponto, um pássaro caído e de asas abertas. O albatroz de Baudelaire — repetindo comparação que já fiz no meu *Balão cativo*. Hoje as casas — de tanto o galgarem — como que baixaram à altura do *cercado*. Ainda parado, olhava os altos de Tupis onde começava o céu, quando acabava a rua. Azul, de dia. Ourissangue, de tarde. Outra vez palmeiras, fícus, árvores da beira da calçada. A esquina de seu Artur Haas. Dali, quem atravessa Bahia, pisa no trecho mais importante de Belo Horizonte. As lajes de Afonso Pena que vão desse canto ao de Tupis. Nela se abriam as portas de três instituições. Eram a elegantesíssima casa de artigos masculinos, a *Sapataria Central*, propriedade, primeiro, dum lusíada chamado Albino e, depois, de Joaquim Meirelles; a *Papelaria e Livraria de Oliveira & Costa*, sucessores da razão Oliveira, Mesquita & Companhia; finalmente, o café, o nosso *Bar do Ponto*. Quem passava nesse trecho ilustre de Afonso Pena (e passava Belo Horizonte inteira) era varado pelos fogos cruzados dos olhares e comentários dos que estavam dentro daquelas três casas e grupinhos formados à beira da calçada. Às vezes, vinha-se alvoroçado, de dentro, correndo até à porta, para assistir à passagem de uma das melhores das boas — menina e moça irresistível no seu grande chapéu de tagal enfeitado de largas fitas, no seu vestido de palha de seda, nas meias marrons moldando bem-aventuradas pernas e combinando com a cor dos sapatos rasos ainda sem salto alto.

Senhoras da alta. Catraias inexplicavelmente desgarradas àquela hora do dia em tal lugar. Desaforo! A famosa mulata Iracema dos olhos profundos, dos sorrisos promissores e das nádegas de turbilhão. As linguinhas trabalhavam, sobretudo dentro do Bar do Ponto. Que pernas, que seios os desta garota. Pode ser vesga, mas em toda a zona não há outra de cama como ela. Pague cinquentão e experimente. Esta é larga e úmida. Dizem que aquela madama está dando. Quem está comendo é o. Esta, agora, não. Cada uma recebia seu comentário e os meus contemporâneos de Belo Horizonte poderiam escrever um nome exato debaixo de cada esboço que estou fazendo. O último seria o da esfaimada que passeava seu furor uterino do Bar do Ponto ao Mercado, do Mercado ao Bar do Ponto até apanhar um bagre na tarrafa de sorrisos e olhares que atirava em cima de tudo quanto era macho solto debaixo dos ficus. Os senhores também não escapavam. Nem os moços. Aqueles dois agora estão inseparáveis — parece que deram pra putos. Será possível? Juro pela felicidade de minha mãe. Depois da galhada dos veados, a especificação de outros chifres. Curtos e polipontais como os das girafas, elegantes e finos como os dos monteses, torcicolados e zodiacais como os de Áries, imensos e ornamentais como os de Amon e mais os de rena, hipotrago, boi, touro, bode, carneiro. Estudavam-se as pontas, as curvas, as espirais convinháveis a cada biotipo e temperamento. As que calhavam aos bravios, aos complacentes, aos mansos, aos que não sabiam, aos sonsos, aos cabrões escrachados. Fungava-se de rir quando se concluía que cada corno tem o chifre que merece. Até os mochos encontravam símiles. Na rua cruzavam-se homens e mulheres. Uns se conheciam, se comentavam, se cumprimentavam. Outros não se sabiam mas todos se olhavam e faziam chispar no ar da cidade (do mundo) os fios das pupilas carregados de vigilância, precotela, desconfiança, curiosidade, indiferença, antipatia, inimizade, interesse, chiste, desejo, concupiscência, tédio, ódio gratuito, intenções de bater e vaga vontade de matar.

Quem queria ir até as lindes do *Grande Bar do Ponto* podia descer um pouco de Bahia, renteando o triângulo ocupado pelo Correio antigo. Era justamente o lado onde se abria o portão que dava entrada ao misterioso *Colis-Postaux* e logo se batia de cara com a reta do viaduto Santa Teresa. Essa construção de cimento armado comporta um grande vão e sua estrutura é levantada por enormes arcos de concreto que têm largura de cerca de metro. Sua altura é vertiginosa. Pois era esse o caminho escolhido pelo poeta de minha geração quando ia tarde para sua casa, na Floresta. Em vez da pista ponte escolhia suas parábolas de sustentação e passava por cima delas aos ventos vendo rolar embaixo os trens da Central. Um dia foi interpelado, cá de baixo, por um guarda-civil. O senhor não pode usar esse caminho — e *esteje preso*. Das alturas veio resposta anuente. Aceito a prisão mas o senhor venha me prender cá em cima. O guarda topou o desafio, aliviou-se das botinas, da túnica e começou a subida. Ao fim duns poucos metros deu-se conta da elevação em que se achava e tomado de vertigem e daquela doçura frouxa do períneo que nos vem na borda dos abismos, ajoelhou, pôs-se de gatinhas, atracou firme no semicírculo e deixou-se escorregar de marcha à ré. Embaixo recompôs-se e para salvar a face, gritou para as negruras da noite que relaxava a prisão. O poeta tranquilo iniciou sua descida pela outra vertente. Depois de Bahia o passeante podia continuar a circular os Correios, agora subindo Tamoios no trecho de que já falei, onde ficavam a casa do dr. Haberfeld e a dos irmãos Caldeira. (A um, vi morto quando eu era menino e ele me assombra até hoje. Já contei essa história — uma das gêneses de meu poema "O defunto".)

  O prédio ocupado pelo antigo Correio era uma linda edificação que ficava dentro do triângulo formado por Bahia, Tamoios e, à frente, pela avenida Afonso Pena. Era róseo, de arestas pintadas de branco, alternando largos janelões com elegantes janelas finas. Tinha porão habitável, dois pisos e seu maior requinte estava no vestíbulo cuja altura era a dos seus dois andares, juntos. As escadas e a galeria circundante superior eram de uma serralheria tão graciosa como as antigas e muito semelhantes, as cariocas, da *Garnier* e da *Torre-Eiffel* — na velha rua do Ouvidor. Entrava-se na repartição postal por Afonso Pena e caía-se na doçura luz do hall, tamisada pelas imensas claraboias. Era grande como praça pública e servia para encontros de toda sorte, inclusive os de amor. Era deserto e discreto. O magnífico exemplar de arquitetura da belle époque foi derrubado para dar lugar a um arranha-céu e a repartição passou para defronte, sempre na avenida, para outro próprio federal — o da Delegacia fiscal, por sua vez mudada para casarão quase pronto — que vinha sendo levantado como obra de santa Engrácia, no mesmo logradouro, na esquina defronte do *Automóvel Clube*. Quem chegava às larguras da travessia de Espírito Santo e Tamoios sobre a avenida contemplava dali as cercaduras — dum lado, do templo protestante e do outro, da matriz de São José. Essa igreja é bem-proporcionada e antigamente suas três torres destacavam-se no céu livre de Belo Horizonte. Hoje ela encolheu, perdeu altura, esmagada pela paliçada de arranha-céus construída nas suas costas. Da via pública subia-se ao adro por escadaria imponente — trinta e oito degraus, interrompidos por três patamares. Assim como o viaduto de Santa Teresa ligou-se à história do modernismo pelas acrobacias do poeta da geração dos 25, aqueles degraus pertencem também à história do admirável grupo dito de 45. Um dos seus componentes era aficionado a descer e subir, de automóvel, a rampa escabrosa. E era sentados nos seus degraus, na noite impossível de Belo Horizonte, que Fernando Sabino, Paulo Mendes Campos, Alphonsus de Guimaraens Filho, Murilo Rubião, Otto Lara Resende e Hélio Pellegrino — puxavam sua angústia. Como nós, vinte anos antes, na esquina de Álvares Cabral e Bahia, abancados nos degraus da Caixa Econômica. Como deveis ter feito também, moços de 1965. Como o fareis, meninos de hoje que tereis vinte anos em 1985. E assim para o sempre de todo o sempre. Amém. Outro caminho para chegar aos confins do *Grande Bar do Ponto* era subir a ladeira de Tupis. Pouca coisa para ver. Do lado esquerdo, virando a esquina, a porta do *Hotel Globo*: seus cômodos e dependências ocupavam todo o andar que correspondia, embaixo, à Sapataria Central, ao Oliveira & Costa, ao café *Bar do Ponto* e, em Bahia, à loja do Giacomo Aluotto. Logo depois da porta do hotel vinha uma farmácia de cujas portas assisti, certa noite, alegre partida para Venda-Nova, do automóvel aberto dirigido pelo *Mata-Feio*. O mulato queixudo e simpático levava grupo ruidoso de duas prostiputas da Olímpia e dois boêmios dos mais façanhudos da cidade. Já tinham se abastecido de vinho e vitualhas no *Estrela* e agora vinham acabar de carregar na botica. Nesses tempos, anteriores à fiscalização dos tóxicos, era fácil e ostensivo. Os moços nem desceram. Gritaram para os caixeiros: "Vamos, depressa, uma garrafa de éter, um pacote de algodão e dois bonecos de cocaína". E chisparam por baixo dos fícus, demandando a estrada subúrbio com seu luar de prata e a nevasca das prises geladas. Tempo aquele...

O resto da rua era deserto e pacato. Na outra esquina de Tupis ficava a *Joalheria Diamantina*. Para cima, à direita, corria um muro cinzento, ou melhor, mureta arrematada por pequenas colunas e seu parapeito. Dava tudo para os fundos da antiga Delegacia Fiscal, depois Correios e Telégrafos (estou me referindo à segunda sede dos Correios e Telégrafos não à terceira e atual). Pois testemunhei ali um salto olímpico de meu saudoso Lucas Machado que jamais poderei esquecer. Era dia de motim e queima de bondes. De estudantes corridos pela cavalaria. Um grupo fugiu por Tupis. Eu consegui me acoitar nas folhagens do jardim da casa da esquina do Espírito Santo, onde mais tarde moraria o seu Roberto Corrieri. Foi dali que divisei um Lucas Machado subindo rente ao chão que, justo no momento em que ia ser apanhado por espaldeirada fulgurante — bateu a mão em cima do muro, levitou-se e pulou para dentro das trevas do terreno da Delegacia Fiscal. Mal sabia meu colega que o nível dessas terras fora alterado e que ficava a alguns metros abaixo do da rua. Despenhou num abismo. Lumbago consequente, dente quebrado e tornozelo torcido. Dois meses sem jogar no América. A modos que essas fintas, fugindo de milícia enfurecida, eram uma especialidade de Machado. Afonso Arinos e eu ouvimos do pai de Lucas, do vero coronel Virgílio, que ele, um dia, assistia no largo de São Francisco a corrimaças da soldadesca imperial e de moços da Politécnica. Eis que vê um praça cavalgar contra ele, de ferro ao vento. O coronel estava junto ao Patriarca e num salto mortal de costas (de que ele próprio não sabia como fora capaz!) caiu dentro dos matos que havia atrás do gradil — entre cujas moitas moitou. Nessa volta que estamos fazendo do *Grande Bar do Ponto*, se por Tupis virarmos para a esquerda e continuarmos o círculo imaginário, vamos sair em Goitacases, perto da casa da baronesa de Caldas (que vejo ainda com seus cabelos de neve, magra, sempre de preto e olhos Ribeiro da Luz). Continuando, cortamos Bahia, mais o Teatro Municipal e os terrenos baldios de sua retaguarda, reatravessamos Afonso Pena, entramos no Parque e dele saímos em cima do viaduto Santa Teresa. Subimos uns metros e novamente estamos na esquina de seu Artur Haas. E agora, sim, vamos pisar solo sagrado: o quarteirão de Bahia que vai do Bar do Ponto propriamente dito até às esquinas fronteiras de Goiás e Goitacases. Vamos, Pedro. Dá teus braços de dezessete anos ao Cavalcanti, ao Chico Pires e retoma com eles essa ladeira. *Três moços subindo a rua da Bahia*.

> Todos os caminhos iam à rua da Bahia... Da rua da Bahia partiam vias para os fundos do fim do mundo, para os tramontes dos acaba-minas... A simples reta urbana... Mas seria uma reta? ou antes, a curva? Era a reta, a reta sem tempo, a reta continente dos segredos dos infinitos paralelos. E era a curva. A imarcescível curva, épura dos passos projetados, imanência das cicloides, círculo infinito...
>
> PEDRO NAVA, "Evocação da rua da Bahia"

Se bem que Bahia começasse muito mais embaixo, na zona ferroviária dos seus limites confusos com Januária, o que ia daí, passando pelo jardim da Estação, não contava e o primeiro quarteirão do logradouro era o que descrevemos e que vamos subir, agora, peregrinando no tempo. Estamos em 1921 e no lado ímpar. A primeira porta encontrada era a da casa de seu Artur Haas. Logo acima, no número 893, ficava a *Bonbonnière Suíça*, onde o simpático Carlos Norder e sua família forneciam doçuras às moças que sempre entravam ali, pretexto para demorar um pouco na rua da Bahia. Motivo para suas calçadas viverem cheias de almofadinhas que dardejavam sobre os intangíveis olhares hipnóticos e vez que outra arriscavam sua palavrinha. Não me lembro bem se depois da Suíça vinha o Coscarelli de baixo ou o Trianon ou se esse é que se instalou onde tinha sido a alfaiataria. Outros técnicos em rua da Bahia, como o Teixeirão e o Chico Martins, que esclareçam a dúvida. O Trianon era outra instituição. Desde cedo, seu proprietário, chamado Otaviano Soares, nortista palavroso, convivente e duma pilhéria prodigiosa, e o Mário, seu gerente e dono de uma chalaça irresistível — desdobravam-se para a clientela. Havia a hora cheia do aperitivo da manhã tomado em pé, no lado da loja onde se vendiam frutas, por cavalheiros que se abasteciam das ditas para levar para as senhoras. Aquilo era tapume para uma cervejinha rápida, para a cachachinha disfarçada, ou o conhaque, o uísque, o Porto, o Madeira, o *otonjim* (*old-tom-gim*). Depois morria o movimento e todo o dia era de freguesia familiar e escassa. Senhoras com suas filhas e pimpolhos para degustarem sorvetes e alagarem-se de soda, de gasosa. Às quatro da tarde, quando se fechavam as repartições e desciam os funcionários, começava o movimento mais firme dos aperitivos e da cerveja com as maiores, as melhores, as mais suntuosas empadinhas que já comi no mundo. Eram pulverulentas apesar de gordurosas, tostadas na tampa, moles do seu recheio farto de galinha ou camarão. Desfaziam-se na boca. Difundiam-se no sangue. Também custavam quatrocentos réis — preço absurdo para a época. Outra hora oca, correspondendo à da janta da Família Mineira. Nova enchente à noite. A freguesia transitória dos sorvetes, depois das sessões de cinema; a mais prolongada das cervejadas pachorrentas com descidas periódicas das escadas de trás, para a visita aos mictórios incomodamente colocados no porão. Tinha de se chegar a eles sempre a vau, pulando pelas zonas secas do chão alagado das mijadas incoordenadas e sem pontaria do pessoal cheio. Havia os que cervejavam noite inteira, uns ostensivamente, a mesa atufalhada de garrafas, sob o olhar reprovador do velhote cheio de compostura que bebia horas a fio, sempre correto e conveniente, mas de meia em meia brahma de que o garçom tinha de tirar o casco vazio e só noutra viagem trazer nova meia garrafinha. De meia em meia, a galinha enche o papo. Às onze em ponto ele retirava-se lotado, subindo a rua num zigue-zague cheio de austeridade. Havia os do uísque prolongado, geralmente a turma que ficava ali fazendo hora para *descer*. Havia moradores que ingressavam às quatro e saíam depois de meia-noite quando o Otaviano mandava cerrar. Tudo que se passava no Trianon era minuciosamente observado em frente, das janelas da d. Sinhá do seu Avelino e da varanda da d. Lulu Fonseca. Sabia-se assim a ordem em que tinham passado por lá eu, o Cavalcanti, o Chico Pires, o Zegão, o Isador, o Cisalpino, o Chico Martins, o Renato, o Tancredo, o Plínio, o Batista, o Abel, o Omar, o João Franco, o Las Casas, o Loureiro, o Aroeira, o Vicente, o Chico Leite, o Dormevil, os Pimentéis, o Raul Franco, o Juca Ferraz, o Alves Branco, o seu Jorge Vilela. Um por um. Era como se nossos nomes ficassem num livro de ponto. E as senhoras da frente e suas convidadas, para assistirem de palanque ao espetáculo das libações, sabiam exatamente o que e o quanto cada um bebia ou consumia de empadinhas ou o que levava de frutas e latas gratulatórias para as esposas trancadas nos gineceus. Vinha depois o Fioravanti com freguesia mais ruidosa de estudantes e famílias menos grã-finas, passava-se um gradil e chegava-se à esquina de Goiás e ao Municipal. Havia os andares de cima do bloco formado pelas lojas que descrevemos. Escritórios de médicos, advogados. Uma só família: a Alevatto. O seu Alevatto era italiano mas parecia um mouro, de tão moreno e do negrume natural dos cabelos e dos bigodes. Usava sempre chapéu de palha, vivia mamando seu charuto, era tão taciturno e avaro de cumprimentos como a esposa era extrovertida e amável: senhora de feições moças, com os cabelos quase brancos, contrastando com os do marido. Tinham vários filhos e filhas. Destas, além de Hilda e Lina, lembro de Marta e Clélia, principalmente de Clélia, que eu admirava ao piano e na graça com que dançava. Dançar tão bem quanto ela as danças da época — tango argentino, tango brasileiro, puladinho, mazurca, ragtime, o foxtrote ortodoxo e suas variantes *fox-red* e fox-blues — só conheci outras duas: Bebê Pedro Paulo e Ceci Dolabela.

Quem atravessava Bahia na altura de Goiás ia dar direto na esquina de Goitacases onde ficava a Casa Narciso. Aí acabava o Grande Bar do Ponto. Para retornar ao seu miolo temos de descer pelo lado par. Por cima do térreo do seu Narciso ficava a residência da família Rocha Melo. As moças faziam questão de que fossem sílabas agudas as duas primeiras dos seus nomes e corrigiam sempre quem as chamava de *Dôlôres* ou *Mêrcêdes*. Eu me chamo *Dólóres* e minha irmã *Mércédes*. Ou vice-versa. Seguiam-se prédios de um andar onde ficavam no 936 a *Papelaria e Tipografia Brasil*, do Sila Veloso, no 928 a Farmácia Americana do plácido e amável seu Ismael Libânio. Era a mais importante de Belo Horizonte. Fornecia para o Estado e era representante exclusivíssima da Casa Lutz Ferrando & Cia. Concorria para sua popularidade entre os rapazes a simpatia do Heitor da farmácia,* que pela amabilidade e pelo trato foi um precursor das relações públicas de hoje. Era mais discreto que um túmulo quando fiava aos moços do clube as aspirinas e os sais de frutas das ressacas; os preventivos — camisa de vênus e pomadas de Metchnikof; os curativos — arsenobenzóis, Aluetina, permanganato, coleval, oxicianureto, os pipos; o denunciante iodofórmio ("Leve xerofórmio — é mais caro mas não fede tanto a remédio"). Logo abaixo o mais novo prédio do quarteirão, o segundo Parc-Royal — hoje, talvez, a mais velha

---

* Heitor Gomes dos Santos.

entre as edificações do local. Ainda descendo era a Casa Decat, artigos dentários, onde o proprietário parecia um convalescente: ar sempre exausto, fisionomia desanimada de quem acaba de levantar de doença grave. Em cima dessa loja morava o comendador Avelino Fernandes, cônsul de Portugal, nosso amigo. Encostado era a charutaria Flor de Minas e nos seus altos vivia a família de outro comendador, o seu Fonseca, sempre visível à varanda, saboreando o movimento da rua. Muito alinhado, estava permanentemente de colarinho, gravata e vestido num paletó de fazenda fresca e clara. Era casado com a d. Lulu, irmã do velho Olímpio Moreira. Tinham vários filhos mas vale mencionar desde já o Zinho, com sua cara de ator português e o moço mais elegante da cidade. Achava Belo Horizonte impossível e só vestia do Rio de Janeiro. Merecera até quadrinha de João Guimarães Alves.

> Zinho, eu não falo por mal,
> não andes só, Zinho, assim.
> Olha que o Parc-Royal
> te pega pra manequim...

Seguia-se o prédio fabuloso cujo andar térreo era o *Cinema Odeon*, que tinha a honra de ser sobrepujado pelo piso do *Clube Belo Horizonte*. Nada por enquanto sobre esses templos onde teremos de voltar várias vezes. Últimas portas desse trecho de Bahia, as do Giacomo Aluotto, com o balcão das loterias, dum discreto joguinho de bicho e a fileira de cadeiras de engraxate — onde era freguês diário, invariavelmente tronando no primeiro assento e logo depois do meio-dia, o dr. Hugo Werneck. Polidos os sapatos, ele subia a pé para o consultório que ocupava todo o prédio vizinho da Farmácia Abreu. Tais a moralidade e a prudência do ginecologista ilustre que nenhuma porta do dito consultório era dotada de fechadura ou tramela: todos de vaivém. Da Casa Giacomo virava-se a esquina e era novamente o Bar do Ponto. Essa zona que acabo de descrever era o centro da vida citadina. Ali desfilava toda sua população a pé, de bonde, de automóvel, nos últimos carros puxados por magras parelhas. Passavam. Dos Desembargadores da Relação ao Mingote; do presidente do estado ao Parreirinhas; dos senhores deputados cavando simpatia aos agiotas atarefados, tocaiando seus devedores mais relapsos — funcionários dos Correios, dos Telégrafos, da Delegacia Fiscal. Ficavam de alcateia nas esquinas, caçando os retardatários a quem sussurravam ameaças de protesto. Eram o apoplético Murta, o dulçoroso Moreira, o lépido Randazzio que, apesar da perna seca e da muleta, andava mais depressa que muito são. Passavam os automóveis fechados dos secretários e à noite, os de capota arriada da Olímpia, da Rosa, da Leonídia, da Carmem, da Petronilha e da Brunatti, exibindo a mercadoria chegada no último carregamento e que vinha encomendada dos empórios dos rufiões de São Paulo e do Rio. Eram uruguaias, espanholas, francesas, polacas, italianas. Não falando no elemento nacional. Aquela exibição indignava a Família Mineira. Essa também se representava à hora das compras ou à hora do cinema, as mães comboiando as filhas inabordáveis. E o enxame dos estudantes contando histórias, falando, rindo, olhando as amadas, sofrendo ou sentindo-se subitamente transportados. Bastava um olhar. Eu conheci esse pedaço do belo belo Belorizonte, nele padeci, esperei, amei, tive dores de corno augustas, discuti e neguei. Conhecia todo mundo. Cada pedra das calçadas, cada tijolo das sarjetas, seus bueiros, os postes, as árvores. Distinguia seus odores e suas cores de todas as horas. Seu sol, sua chuva, seus calores e seu frio. Ali vivi de meus dezessete aos meus vinte e quatro anos. Vinte anos nos anos 1920. Sete anos que valeram pelos que tinha vivido antes e que viveria depois. Hoje, aqueles sete anos, eles só, existem na minha lembrança. Mas existem como sete ferretes e doendo sete vezes sete quarenta e nove vezes sete trezentos e quarenta e três ferros pungindo em brasa.

Não tinha jeito de o homem ficar quieto. Sua vida seria sempre um ir e vir sem parar. Refiro-me ao Major, meu avô materno. Um belo dia ele chegou com prima Gracinha, de Antônio Dias Abaixo para onde se mudara para manter a posse das sesmarias deixadas pelo Halfeld. Mas agora desistia de tanta demanda, estava velho, ia para sua terra e esperaria tranquilamente a hora da morte. Essa sua mudança foi pretexto dum verdadeiro *branle-bas* nos seus guardados e ele passava o dia distribuindo objetos, jogando fora roupas velhas, suas fardas da Briosa, suas espadas ferrugentas, as do pai Visconde — do Paraguai, da Corte. Chegou a vez dos retratos de família e da papelada do Halfeld. Passava com maços tirados de suas gavetas, atravessava sala de jantar, copa, cozinha e despejava tudo nas latas usadas de querosene que nos serviam de lixeiras. Aquela liquidação apertou meu coração. Ousei pedir. Se ele não quisesse mais eu guardava aqueles documentos e os retratos. Querer não quero, a prova é que estou pondo fora. Agora se você se interessa por esse restolho todo, fique com ele. Só que não quero ver mais essa porcariada na minha frente. E que lhe aproveitem. Aproveitaram. Sem esse arquivo eu não teria podido completar a história de minha família materna e seria impossível o *Baú de ossos*. Amarrei tudo em pacotes e arrumei o que sobrara do "escritório do Jaguaribe", dos armários de minha avó Maria Luísa, na casa de Juiz de Fora, em dois dunquerques da sala de visitas e tornei-me assim proprietário legítimo desse espólio. Em agosto o Major, a mulher e o enteado seguiram para o Ceará. Pouco se demoraram na Fortaleza e estabeleceram-se em Lavras, daquele estado, terra da madrasta de minha Mãe e onde o seu pai ocuparia o posto de inspetor geral dos Telégrafos até cair para morrer. Para seu embarque, tinham chegado do norte de Minas o Nelo, tia Dedeta, as filhas. Ele também estava farto do sertão e vinha tentar Belo Horizonte. Ficamos, pois, morando todos juntos, na casa do Major. Ele não exigiu aluguel. Tínhamos assim teto garantido. Meu tio que era homem de enorme atividade logo meteu-se com a colônia italiana, virou, mexeu e começou com empreitadas que lhe davam para viver. Além disso tinha um bico na Secretaria da Agricultura que, ao apagar das luzes, o Major lhe arranjara por intermédio do dr. Álvaro da Silveira. Ficamos meia a meia na casa da rua Caraça 72. Apesar de auxiliada pela família de meu Pai e de desenvolver um trabalho sem parar, apesar de eu estar para me empregar, cedo vimos que na divisão de contas sempre nos endividaríamos com os Selmi Dei. Foi quando minha Mãe decidiu aumentar nosso orçamento tornando-se funcionária pública. Aliás essa era a segunda vez que isso lhe passava pela cabeça. Da primeira, conversara com o pai. O Major concordara, mexera-se e viera com o que lhe fora possível. Minha Mãe seria nomeada professora de trabalhos no Grupo Escolar de Arassuaí, por obra e graça de um seu amigo, potentado no norte de Minas, o coronel Franco, que já conversara com o coronel Fulgêncio, que estava de acordo. Obrigado coronel Franco! Obrigado coronel Fulgêncio! Minha Mãe, no seu juízo, respondeu ao Pai que Arassuaí, não. De jeito nenhum. Ela continuaria lutando para se manter num lugar onde os filhos pudessem se educar e ser gente. O Major teve o bom caráter de concordar, de dar razão à filha. Coitado do Major! Teria de continuar a aguentar a carga que Deus lhe dera devolvendo-lhe a filha viúva. Eu soube dessa história muito pouco tempo antes da morte de minha Mãe. Quando ela me contou o caso tive uma espécie de visão do que seria nossa vida na aspereza daquele cu do mundo. Citadinos transportados para a roça, seríamos sempre olhados de lado como todo estranho que chega em cidade mineira, mesmo que mineiro seja. Já nos acontecera assim em Belo Horizonte e só anos decorridos é que o Bar do Ponto, a rua da Bahia, a Boa Viagem, a Santa Casa, o *Clube Belo Horizonte* e o *Cinema Odeon* tinham permitido nossa incorporação. Imagine-se agora Arassuaí. Uma viúva pobre e carregada de filhos. E que teríamos? naquela cidade, senão passeá-la aos domingos, apreciando a beleza da casa do dr. Túlio Hostílio, da Matriz, da rua Direita, a perspectiva chiriquiana das portas do Mercado, o encontro dos dois rios e o porto de barcaças do velho Calhau... Ai! de nós pedras soltas, seixos, que rolaríamos no burgo perdido, cercados pelos serrotes das Candongas, do Piauí, do Jatobá; encarcerados ao norte, por Fortalezas e Salinas, ao sul, por Teófilo Otoni, ao leste, por Jequitinhonha, ao oeste por Grão-Mogol. Jamais sairíamos dali, venerando o senhor bispo dom Serafim, cumprimentando baixo os Fulgêncio, os Jardim, os Murta, os Paulino, os Gusmão; interessados nada mais que no caracu, no indiano, no junqueira, sonhando com vagas abastanças na labuta da água-marinha ou dos cristais. Depois duma vida de viola e cachaça para mim e meus irmãos, de beatério e costura para minhas irmãs — nossos ossos acabariam num canto qualquer da Itinga, do Pontal, do Comercinho ou do Bom Jesus do Lufa. Estremeci de medo retrospectivo naquela tarde de laranjeiras em que minha Mãe contou essa aventura por pouco realizada. Como o Raposão, com o da titi, tive uns longes desejos de ir a São João Batista para apedrejar, também, o mausoléu do Major que só por um acaso, um nada, uma palavra de nossa Mãe, deixou de abrir sua mão para nos soltar no vácuo. Depois esqueci e retomei os contornos que eu já petrificara dentro de mim do avô pitoresco, errante, entretanto estimável...

Mas como eu ia dizendo, minha Mãe voltou a pensar em ser funcionária pública. E citava o exemplo de sua contemporânea Alice Lage, de Juiz de Fora — e olhem! que a Alice era filha dos viscondes de Oliveira e nora de Mariano Procópio — que se vira na contingência de ensinar canto, piano, e depois de ser a primeira mulher brasileira funcionária, nomeada no governo Hermes para o Ministério da Agricultura. Tudo

isto porque ficara reduzida a nada, quando lhe morreu o esposo fazendeiro. Ora, sua fazenda — a melhor do Paraibuna — estava hipotecada a um filantropo de Juiz de Fora, seu contraparente, que fizera executar a viúva "poucos dias após a morte" do marido, apoderando-se da propriedade rural e mais o rol do que se incluía como penhor da dívida: "objetos particulares, móveis, louças, cristais etc.". Novo parêntese. Quando minha Mãe contava essa história eu pensava que ela estava repetindo exageros da má vontade de minha avó contra o credor implacável. Mas nãosíssimo! meus senhores. Ela estava contando certinho conforme apurei depois, ouvindo o caso, em todos seus detalhes, de Roberto Lage, filho de Alice e Frederico Ferreira Lage, tornado meu afim por seu casamento com minha prima Maria Adelaide Horta (Tita). Mesmo recebi dele o livro de Wilson de Lima Bastos (de quem tirei o que antes pus entre aspas) onde a coisa vem tim-tim por tim-tim — inclusive com o nome do beneficiário da hipoteca. Negócios são negócios.*
Mas voltemos a minha Mãe... Ela conversou sobre a ideia de tornar-se funcionária com sua companheira de infância Julina Rosa França (filha do dr. Rosa da Costa, do *Baú de ossos*) que era casada com Lafaiete França. Essa falou ao marido sobre o desejo da amiga, ele escreveu o caso ao juiz-forano Antônio Nogueira Penido, que era então diretor-geral dos Telégrafos e que não tendo nada a recusar ao Lafaiete — nomeou minha Mãe para sua repartição, como auxiliar de estações, com a diária de quatro mil-réis. Eram cento e vinte por mês e isso era quantia naquela ocasião. Diga-se desde já que as voltas do mundo, vinte e dois anos depois, fariam de mim genro do dito Antônio Penido.

Nunca minha Mãe abriu o bico, jamais fez a menor censura às omissões e passagens para trás que sempre sofrera dos pais e das irmãs. Aos primeiros, por princípio não discutia, às segundas sempre serviu com dedicação exemplar. Que devia perceber, devia, justamente por ser a mais inteligente e mais fina da sua família. Tenho a impressão de que não passava recibo porque estava na situação dos doentes que querem se iludir com o próprio estado, que fingem acreditar nos circunstantes, no médico e que acabam acreditando mesmo que estão ótimos. Filha

---

* Wilson de Lima Bastos, *Mariano Procópio Ferreira Lage/ sua vida/ sua obra/ sua descendência*. Juiz de Fora: Edições do Caminho Novo, 1961.

exemplar e irmã admirável, minha Mãe recalcaria suas queixas para poder manter intacta a adoração que tinha pelo Major, pela inhá Luísa e a profunda amizade que dedicava às irmãs. Via, entendia, apagava e esquecia. Decerto que era querida pelas irmãs — porque devia ser assim e queria que fosse assim. Então fazia de conta que era. Só a vi perder as estribeiras uma vez, justamente a propósito de sua nomeação, quando recebeu da absentíssima tia Bertha carta em que esta advertia sua irmã sobre seu desejo de colocar-se. Estava certo que o fizesse mas que devia tratar de *arranjar emprego que não envergonhasse a família*. Minha Mãe leu a missiva baixo, para si mesma, e depois para nós, em voz alta. Vocês já viram? maior desaforo que este, da Tanzinha. Logo quem? querendo me traçar normas de vida. A que me deve mais favores. O pai de vocês foi médico de graça da família do *Bicanca*, os anos todos que moramos em Juiz de Fora. Ele e eu demos sempre de favor cômodo da nossa casa da rua Direita para o Antônio pôr consultório dentário. Fui enfermeira da Stella, ajudei seu pai a salvar sua vida e peguei dela a infecção puerperal que quase me matou... Nada disto conta e agora me vem o desaforo desta carta. Dá vontade de responder que emprego que envergonha família só conheço o de biraia. Ela vai ver o que vou lhe escrever de poucas e boas. Não escreveu. Rasgou as letras da mana. Passou a raiva. Esqueceu, por sua vez, os desmemoriados de Juiz de Fora e pouco tempo depois chegavam a Laliza e tia Bertha para passar uns tempos na Serra. Espairecer, porque aquilo lá estava d'uma choqueira... O Constantino? Fora para a *Creosotagem*. Ia ficar com o Antônio. Fazerem caçada juntos com as matilhas recebidas de São Paulo. Fora ideia do Joãozinho, só para quebrarem a castanha na boca do dr. Penido que pensava que só ele é que tinha cachorrada boa no Paraibuna inteiro. Evidente que minha Mãe recebeu a irmã e a sobrinha muito bem. A raiva passara e a impertinência já não contava. Aliás seria sempre assim. Minha tia continuou pelo futuro a usar e abusar da bondade de minha Mãe — sistematicamente chamada pela irmã — deixando assim de atender a si e aos filhos — quando no Juiz de Fora havia desaguisado, guerra entre Santo Antônio e rua Direita, entre rua Direita e Creosotagem, entre Creosotagem e Santo Antônio. Quando sucedia vexame, doença ou festa enguiçada — como foram as bodas de ouro do Paletta, a cujo jantar só compareceu a filha mais moça com o marido. As duas mais velhas, seus cônjuges e filhos esnobaram o cinquentenário do casamento dos pais e avós. Minha Mãe referia seu assombro, quando percebera o "dr. Paletta" chorando, à sobremesa...

Mas já ia chegando o fim de 1921 e era época de começar a cavação para os exames. Era hábito dos estudantes da Faculdade de Medicina de Belo Horizonte levarem o curso na flauta até às férias do meio do ano. Garantia-se apenas a frequência e ia-se remanchando um estudozinho no mole. No mês de agosto começava a virada das leituras até de madrugada, durante o dia, a cada instante que se tinha livre. Nada de cinemas, Bar do Ponto, negras, perda de tempo. Eu acompanhava com cuidado os trabalhos práticos, tomava minhas notas, fazia meus pontos e principalmente — segundo o salutar conselho do dr. João de Freitas — temia o Chiquinho que era inexorável nos exames. Erro, admitia, nenhum. Assim eu seguia mais atentamente sua matéria, estava bom na mineral, na orgânica, sabia de cor os princípios gerais de química filosófica do livrinho do padre Franca e graças a trabalho publicado na *Radium* por Antônio Carlos de Andrade Horta, a explicações e apontamentos que me fornecera o Chico Pires — eu estava uma autoridade em cálculo estequiométrico. Comecei a me tranquilizar e fiquei cheio de orgulho quando fui procurado pelo Isador e pelo Cavalcanti que queriam rever toda a matéria comigo até o fim do ano. Reuníamo-nos todas as noites em Caraça e atacávamos a matéria do Lisboa, do Pimenta, do Magalhães — de sete e meia da noite até às onze e meia. Era a hora dum café para espantar o sono, da conversinha mole, dos devaneios e pegávamos de novo até uma e meia, duas horas. Um lia, os outros escutavam. Lia vinte minutos, meia hora, passava o livro para o segundo, este para o terceiro.

Que fase deliciosa a desses estudos. De íntimo passei a intimíssimo do inigualável Joaquim Nunes Coutinho Cavalcanti. Muito novo, ele tivera de aumentar a idade, de pôr calças compridas, para fazer exame de admissão — com quinze anos incompletos. Cumprira-os já matriculado, no dia 1º de março de 1921. Na época desses nossos estudos conjuntos eu tinha três anos mais do que ele mas, se eu lhe dava aulas de química ele, muito precoce, dava-me lições de vida. Mas nesse sentido nós dois ainda éramos discípulos do Isador que nos intervalos do estudo e ao café tinha sempre uma sem-vergonhice para contar.

Recentemente fora preso por dois cavalarianos que patrulhavam o Cruzeiro quando ele e o Cisalpino tinham arrastado para aqueles desertos as namoradas. Imaginássemos agora que a dele, Isador, era virgem consagrada e que a do Cisalpino era sobrinha dum deputado. Esta chamava-se Clitrides, tinha o apelido caseiro de Clitó mas ele, Cisalpino, só a tratava de Clitóris. *Clitoris qui tollit peccata mundi* — acrescentava rindo. *Virgens consagradas* eram meninas que as mães, por promessa, votavam à castidade e que não deviam casar nunca. Geralmente a educação e a opressão familiar venciam e as pobres moças atravessavam a vida num celibato de freiras e cumprindo deveres religiosos como se estivessem dentro duma ordem. Pois o Isador tirara a sua dessa oblação e ela e a Clitóris iam com ele e o Cisalpino fazer tudo nas escuridões. Tinham sido apanhados numa noite mais clara, boca na botija e só escaparam porque a virgem consagrada tivera um ataque, ficara dura como morta e os soldados assustados, vendo que era família, tinham ido embora levando só mil e quinhentos réis que os dois tinham reunido e a capa de gabardine nova em folha de que o Isador se despojara e que entregara ao praça, ainda com a calcinha da menina no bolso. Vocês não imaginam nosso aperto! contava ele a mim e ao Cavalcanti. Mas deixemos disso e vamos à matéria do Chiquinho. Era minha vez de ler. Começava com voz adequada e monocórdica suprimindo toda a pontuação: *O cálculo estequiométrico tem por fim determinar a quantidade ponderável dos corpos que entram numa reação química e resolver certos problemas* — desperta! Cavalcanti — *baseando-se nas equações e nas fórmulas químicas tendo-se em consideração o peso atômico e molecular das diversas substâncias* — claríssimo, hem? pelo amor de Deus Zozó, acorda aí esse puto do Dodó que tá cochilando — *quando se tratar de corpos gasosos deve-se ter em vista a temperatura 0 grau e a pressão normal de 760 milímetros ou uma temperatura qualquer t e pressão H* — claríssimo! negos, prestem atenção: temperatura qualquer t e pressão H. Mas era inútil. A atenção de todos chegara ao fim e as sinapses estavam se desengatando. O que queríamos era parar. Fechávamos os livros, eu abria a minha porta devagar para não acordar o pessoal todo dormindo, a da rua, e geralmente acompanhava os dois amigos dentro da noite estrelada até à esquina de Chumbo. Descíamos a barranca, atravessávamos a pinguela ouvindo cantar as águas da cachoeira do nosso corgo, subíamos do outro lado, subíamos até à esquina (a brasa solta dos cigarros como fogos caídos se tortuosando da marcha dos fumantes). O Isador, comovido com o silêncio, os lumes do céu e o alfanje minguante recitava baixinho, para seu próprio deleite.

> Maroca tu deste um peido
> na casa do Nicolau.
> Rebentou quatro girau,
> dois bode fugiu de medo,
> passou um bafo de cu,
> o mundo ficou azu...
> Maroca tu deste um peido
> Maroca tu-rum-tum-tum...

Ríamos, felizes e descuidados, indenes às bandalheiras e escatologias que repetíamos, impenetráveis à maldade, puros na noite de puros estrelumes piscando. A água caía como se rasgando nas pedras e aparecia vagamente branca — dum resto de luz da cidade, dumas réstias de luz das alturas cintilantes que eram jogadas no riacho. Às vezes uma estrela era captada pela catadupa. Num inapreciável segundo sua flor santelmo expandia e logo apagava na tinta negra do banheiro. A cachoeira se torcia, se afinengrossava desvanecia — leve, branca, quase não sezível, se abria, se conjuntava fantasma fantasma. Até amanhã! ma'vam'pegá essa merda desse estéquio pra valer, gente. Até amanhã, Navinha. Eles desciam. Seus passos falas risos iam se perdendo. Eu voltava. Só, eu tinha medo de olhar, de ouvir e subia o barranco a toda — Ave Maria cheia de graça o Senhor é conVosco...

No dia seguinte recomeçávamos. *A estequiometria, dentro da química, é a parte que trata, substância por substância, de suas proporções ponderáveis* — seguíamos por aí vinte, trinta, quarenta minutos e o cálculo começava a funcionar como narcótico. Pegávamos o primeiro pretexto e as ideias fugiam por outro caminho. Chegou a hora de estabelecer as ponderabilidades dum sal de ouro. A palavra ouro levou-nos para longe e para os lobisomens. Só podem morrer se atirados por revólver bento carregado com bala de ouro — pelo menos em Pernambuco — dizia o Cavalcanti. Eu respondia que em Minas também e que o Major não viajava sem armas nestas condições, pistola de dois canos com a preciosa munição que tinha recebido o sinal da cruz da mão do padre

Luís Donato Revecchio. Até que matara bicho destes em barra do Jacinto, ali na margem do Jequitinhonha. Vinham casos de morte. As mulheres feras da cachoeira do Brumado que receberam dos irmãos a língua dum inimigo do pai, que fritaram e comeram. Teriam comido o próprio morto se ele não tivesse ficado de cara no pó, à lua nova do caminho onde fora tocaiado. Safado... E o pontilhão de Três Corações do Rio Verde? onde o escarmento era pregar orelha de inimigo abatido na vendeta. Vinham casos das namoradas. Por falar nisso, Isador, tome cuidado em não aceitar café na casa da sua. A mãe dela tem fama de pegar genro dando a eles a bebida passada em calcinha suja ou pano de paquete. Parece que até o açúcar vem misturado com pó do pentelho torrado das meninas. O Isador queria se formalizar mas púnhamos água na fervura voltando ao cálculo estequiométrico. Chega de conversa fiada, gente! vamos voltar ao texto do nosso Horta — *Estudemos o caso por meio dos seguintes problemas primeiro quantos litros de O produzem quinhentas gramas de cloreto de potássio? Sim? quantos? você agora Isador.* Passava-lhe o número amarrotado da *Radium* e ele pegava a deixa como se viesse lendo de antes — *Sabemos que a fórmula do clorato de potássio é $KClO_3$ e que ele decompõe-se pelo calor produzindo clorureto de potássio KCl e oxigênio assim $KClO_3 = KCl + 3O$ em uma molécula de KCl_3 há pois 3 átomos de O* mas vamos respirar um pouco e tomar o cafezinho da d. Diva, que eu estou caindo de sono. Onze e meia. Tomávamos o cafezinho. Mas lá vinham os casos do Isador. Sucedera-lhe há dias. Ele era de possuído comprido e fino e ao estocar uma crioula ouvia dela reprovação à sua natureza. Isso assim é horrível, filho! Não conforta e corta a gente toda. Nossa Senhora! faz mais devagar, assim, agora sim. O Cavalcanti retrucava com uma do Cisalpino que ele achava muito boa. Encontrara o amigo indignado pela dificuldade de comprar sacos para seu dito nas farmácias. Sempre levava errado. Os caixeiros por amabilidade ofereciam uns embornais enormes ou ele, por complexo de inferioridade, escolhia uma sacoquinha de nada e assim ora nadava no vácuo ora era atracado pelo arrocho dum garrote. Não havia jeito de acertar. Ah! Tempo... Éramos três nas portas da vida. Se o livro de Mário de Andrade já tivesse saído eu diria que éramos três Macunaímas. Mas voltando ao clorato de potássio... Não e não! Por hoje chega, porra! — berrava o Isador — não posso mais; ainda se fosse permanganato de potássio. Uai! gente, olha a ideia. Hoje largo tudo e vou descer... Ia. Eu com o Cavalcanti insistíamos. *O peso atômico do K é 39,10, do Cl 35,46, do O 16 assim temos...*

Afinal começaram os exames. As coisas correram inteiramente normais em física e história natural médicas. Plenamente em ambas. O último exame era o de química. A banca era presidida por Aurélio Pires — manso e suave de coração. À sua direita sentava-se Aníbal Teotônio Batista, professor do curso de farmácia. Creio que de bromatologia. Tinha uma vasta testa lisa e quadrada como a de estátua marmórea e impassível. Maçãs salientes, queixo avançado, boca largamente fendida, grande cabeça e seus olhos amendoados davam-lhe vagas semelhanças à cara de um mandarim. Era pálido, não ria nunca e de estatura média. À esquerda do presidente assanhava-se o Chiquinho. Manhã de dezembro abafada e carregada. Ia chover. A minha turma sentou-se espavorida, todos de cara amarela como na iminência de uma catástrofe. Foi tirado o ponto. Dissertação sobre cloro. O que é o cloro? Sobre a série benzênica. Um cálculo estequiométrico. Eu, o Cavalcanti e o Isador tínhamos nos embolado no fundo da sala, nossas colas prontas. Nem foi preciso usá-las. Os três tínhamos estudado e entramos de braçada primeiro no cloro, contando sua descoberta por Scheele em 1774, que era um gás vagamente verde-amarelo-verdoengo, perigoso à respiração e, em grandes quantidades, sufocante; que era o elemento químico número 17 cuja massa atômica $Cl = 35,46$; passamos para os seus compostos, demoramos no ácido clorídrico HCl e vogamos por aí abaixo e patati patatá tró ló ló pão duro. Olhamo-nos entendidamente, um pouco de cor nas faces e atacamos resolutamente a família do benzeno, descrevendo o aspecto hexagonal do seu núcleo e a coroa dos seus seis carbonos. Falamos em Faraday, nas funções nucleares e extranucleares, entramos nos benzodissulfônicos, nos benzenossulfínicos, nos benzenossulfocloretados e sorrimos, confortados, já com toda cor na face. Num dado momento os olhos de verruma do Chiquinho fixaram-se no Isador que cinicamente fez o nome do padre e retomou da caneta com ímpeto e contrição. O professor mostrou uma fisionomia agradada. Era dum catolicismo feroz, à Torquemada, e olhava com simpatia os moços que se punham a seu lado ou à sua vista na missa que ele frequentava. Era o que faziam os dois primos Dodó e Zozó e que eu, insensato, alma perdida, descuidara de fazer. Além do mais eu era autor de várias molecagens em aula — que não escapavam à argúcia do nosso mestre. À hora do cálculo estequiométrico o Cavalcanti e o Isador começaram a dar sinais de inquietação e a sussurrarem. Não acerto. Eu também não. Eu ia adiantado nas minhas contas e tranquilizei os amigos. Que sossegassem, fossem escrevendo um rascunho qualquer e logo que eu tivesse o meu a limpo, passá-lo-ia às suas mãos, deles dois. Foi o que fiz e saímos da sala aliviados. A prática foi uma brincadeira. Cada um de nós deu seus chorados dois mil-réis ao Curinga e logo ele revelou-nos o sal diluído no provete que coubera a cada um. Fizemos, por desencargo de consciência, umas reações sob o olhar fiscalizador e irônico do Jurandir Lódi e entregamos nossas respostas no quadradinho de papel que recebêramos. Imaginem agora que o meu fora cloreto de sódio — o vagabundo sal de cozinha. Julguei-me roubado pelo *Curinga*. Devia ter provado eu mesmo... Veio a oral. Era por ordem alfabética e entre outros, fomos chamados, do nosso grupo o sr. Isador Coutinho! mais algum tempo e reboou na sala o nome do sr. Joaquim Nunes Coutinho Cavalcanti! Enquanto esperava minha vez, lembrei-me das advertências do dr. João de Freitas e comecei a entrar em pânico. O sr. Pedro da Silva Nava! e eu aos bordos caí numa cadeira diante do Aníbal Teotônio. O senhor tire o ponto. Tirei. Sais de chumbo e urotropina. O professor de bromatologia com a mão na testa, cabelo em desalinho, máscara de Fouquier-Tinville, ficou repetindo sais de chumbo sais de chumbo sais de chumbo até que eu comecei dando a fórmula do cloreto de chumbo $PbCl_2$, sal branco, do sulfureto de chumbo PbS, negro, que constitui a galena que é o principal minério do chumbo sais de chumbo. O céu da manhã estava cor de chumbo e começaram a cair lá fora as primeiras gotas pesadas como grãos de chumbo Paula Sousa — disparados de cima. Era fuzilaria de chuva grossa de verão. O chão seco jogou para dentro da sala um cheiro de moringa nova quando ouvi o estou satisfeito do examinador. Saí e precipitei-me para o corredor quando fui novamente gritado pelo Jurandir Lódi. Reentrei na sala e Aurélio Pires disse-me sorrindo que eu ainda não tinha terminado o exame nem dado todo o ponto. Que me acalmasse e me sentasse diante do professor Magalhães que ainda não tinha me arguido. Pedi desculpas e completamente perturbado tornei a sentar. Era a hora. Moço, *um quim* é a *unrotropina*? Dei a fórmula $(CH_2)6Na_4$. *Num* é isso *quim*, perguntei. E ficou rubro quando insisti dando soquinhos na mesa — um *quim* é a *unrotropina*? Perdi a cabeça de todo e isto era justamente uma das habilidades dos professores de outrora — mesmo justos, mesmo honestos. Porfiavam em tontear o aluno touro metendo-lhe uma, duas, três, sem-número de farpas. O exame tinha de ser uma charada. Respondi que a urotropina era a formina. Não era isso que tinha sido perguntado. Que era a hexamina. Não era isso que tinha sido perguntado. Louco, com três farpas no lombo passei a perguntar se era antisséptico urobiliar? Ainda não era isso que o professor queria. Lívido arrisquei — combinação do amoníaco com o formol? *Nonsinhor*, moço! O *sinhor num* sabe nada e tinha de responder que a *unrotropina* é o hexametilenotetramina. Tou satisfeito. Levantei-me numa tonteira e saí da sala aos trambolhões, esbarrando nas carteiras, nas portas, nas paredes, nos colegas que não reconhecia. Veio depois a leitura das sentenças no saguão. Uma distinção, duas plenamente, um monte de simplesmente, uma reprovação. A minha! Bomba. Anos mais tarde soube por Aurélio que ele, quando via o Chiquinho querendo reprovar, tinha sempre meio certo de apazigar o colega e salvar o paciente. Meu caro Magalhães hoje é dia de são não sei mais o quê, que distinguiu-se pela paciência. Vamos fazer uma coisa em honra dele. Não reprovar ninguém e dar carradas de simplesmente. Geralmente o expediente dava certo e o Chiquinho depois de relutar, negacear, teimar acabava concordando. Quando eu saí da mesa como se fosse cair de quatro, Aurélio quis me salvar com o velho estratagema. Magalhães, hoje é dia de são Miguel Estrôncio, santo de nome químico e em honra dele vamos... Mas o Chiquinho não queria saber de lérias. Deixe disso Aurélio, hoje não é são Miguel Estrôncio e sim santo Urbano, papa, mas *num* adianta: esse Nava, nem Cristo, Aurélio! Nem Cristo. Vai ser bomba. Foi. E desde que sofri essa injustiça clamorosa, essa imerecida reprovação, descri para sempre do exame e do concurso. O futuro me reservava a docência, o professorado interino, a cátedra, o grau emérito que tenho hoje. Pois de 1936 a 1975, que foi o período da minha atividade didática em três faculdades, examinei sem-número de alunos, vários concursos para cátedra e docência e jamais reprovei ninguém. Minhas notas sempre foram de oito a dez para, apenas, não roubar os bons, os melhores. Todos os que passaram por meu favor devem-no a Aurélio, Chiquinho e a santo Urbano, papa. Também como jurado acabei posto fora da lista por juiz que surpreendeu minha balda de absolver todo mundo. Graças também a Chiquinho, Aurélio e santo Urbano, papa. Mas voltemos, como eu contava, ao dia desse eleito, naquela chuvarada de dezembro de 1921. Tomei pela Ceará, tão zonzo que não abri o guarda-chuva e fui encharcado pelas cataratas do céu. Sentei no Abrigo onde fiquei com as mãos na cabeça e chorando até três da tarde. Morto de fome, arrastei-me à *Gruta Serrana*, em frente, e pedi ao Rodolfo dois pastéis e *uma com fernete*. Outra, *sem fernete* e pegando fogo por dentro, senti-me de talho a ir contar tudo a minha Mãe. Subi Afonso Pena, desci trilhas, subi outras, parei um instante na fieira casinhas *Chalé das Viúvas*. Boca rente à parede caiada, beiços orbiculados, eu soprava e aspirava — quase lambendo a cal — feito cachorro ofegando. É remédio de primeira para tirar o bafo. Cheguei em casa cheio de barro, ensopado e ainda sem sentar gritei a desgraça a minha Mãe. Ao contrário do que eu esperava, ela, em vez de enfurecer-se contra mim, enfureceu-se contra o Chiquinho. Em altos brados reclamou a injustiça e redobrou de cólera quando eu disse que Isador tivera distinção e o Cavalcanti nota plena com as escritas coladas da minha. Vendo a disposição de minha Mãe botei fogo na canjica, dizendo que o Zozó e o Dodó aprovados, tinham aprendido comigo; exagerei a beleza de minha prova prática, o agrado do Aníbal Teotônio, o entusiasmo de Aurélio Pires, para desabar tudo, tudo, diante do capricho do Chiquinho. Minha Mãe espumava. Isto não pode ficar assim. Hoje mesmo vou escrever à Noemi do Mário Magalhães contando esse negócio ponto por ponto (era a nossa prima casada com o primo do Chiquinho). Amanhã mesmo vou procurar a Cymodócea e reclamar. E *deixeu* encontrar esse "Cara de dr. Paletta" que vou dizer-lhe poucas e boas. Pois disse, um dia de domingo, em que topou o Chiquinho saindo da missa. Falou em injustiça, perseguição, parcialidade, arbítrio e iniquidade (minha Mãe ficava de verbo fácil na hora da raiva). Ele, muito educado, vermelho como um camarão, cortejou tirando o chapéu marrom e apressou-se.

Aquela reprovação, legalíssima, no ponto de vista dos juízes da época e do Chiquinho, quando era obrigação do professor enredar o aluno, confundi-lo e acuá-lo até à bomba — era, no meu, injustiça e clamorosa porque eu tinha estudado e sabia a matéria. Ensinara o estequiométrico ao Cavalcanti, o estequiométrico ao Isador, eles passavam e me deixavam pra trás... Que decepção! essa, a primeira que eu tive da vida médica (nunca as tive da medicina), que prejuízo louco! de tempo e dinheiro, em nossa vida com tão pouco. A solidariedade de minha Mãe em vez de me tirar dos ombros uns quilos de peso, ao contrário, aumentava-o de arrobas de desespero. Que ódio! Desapareci, sumi da rua, fui para a cama, para silêncio de águas espessas, o silêncio uterino de meu quarto e chorava de vergonha. Eu, laureado do Pedro II — bomba! Eu, de quem tio Salles esperava tanto — bomba! Desistir. Mandar aquela patacoada de curso e de ser doutor às berdas merdas. Trabalhar num ofício, numa profissão onde não houvesse desses escolhos. Mas ao terceiro dia ressurgi dos mortos com a visita de pêsames do Zegão, do Cavalcanti, do Sá Pires, do Isador. Vinham me confortar e puseram fogo no estopim de minha Mãe. Injustiça, d. Diva. A senhora mesma viu as noites que passamos aqui cavando nos pontos do Nava, no cálculo estequiométrico, nos três volumes do Pecegueiro — clamava o Isador. Quando os amigos souberam que eu queria largar o curso ficaram indignados, apelaram para meu bom senso, para minha Mãe e saíram decepcionados com minha falta de combatividade, principalmente — berrava o Cavalcanti — porque havia a segunda época e mesmo com nova reprovação eu poderia me matricular no segundo ano como dependente da cadeira de química. Mas eu estava irredutível e naquele momento decidido a mandar tudo às urtigas, a voltar para o Rio. Trabalhar em jornal, cursar as Belas-Artes, aproveitar meu jeito para o desenho. Minha mãe, de acordo.

Ora, no dia seguinte aparece para nos visitar a d. Mariquinhas. Mal falou comigo e foi direta ao assunto, com minha Mãe. Que ela não podia se sacrificar daquele modo, que devia me tirar da faculdade e que tinha de me botar no comércio. Ofereceu seus préstimos. Que o marido já fizera favores ao seu Albino, da Sapataria Central, que falaria com ele, que haviam de obter um lugar de caixeiro. É o comércio, Diva, essa é que é a carreira que dá dinheiro. Você pense, resolva e apareça para decidirmos tudo. Olhe, vá tomar café lá em casa amanhã. Ora esta, não há de quê. As amigas são para horas assim. O Roberto está morrendo de pena do Pedrinho. Ah! Lá em casa estamos orgulhosíssimos com ele. Passou admiravelmente nos três exames. Pois é, Diva, estou a sua espera. Quando a d. Mariquinhas desapareceu na esquina da casa da Valentina, minha Mãe já tinha tomado sua resolução. Lembrou o interesse da amiga dissuadindo-a de me matricular no Anglo, e querendo que eu fosse para o Claret. Mas seus filhos já estavam inscritos no aristocrático colégio do Sadler... Aquilo ficara-lhe na cabeça sete anos e vinha agora afirmá-la nas suas convicções adquiridas. Deixou passar um tempo e de repente virou-se para mim. Disse que meus amigos estavam certos, que eu devia continuar estudando, que me preparasse para a segunda época. Não sou eu que vou aconselhar filho meu a trabalhar em sapataria. Eu já me vira um instante sentado no banquinho baixo, calçadeira na mão, ajudando os fregueses, aguentando-lhes o chulé, recolocando as botinas e sapatos nas caixas e as caixas nas prateleiras. Assim, anuí logo à vontade de minha Mãe porque esta vontade era também a minha, a profunda. Voltaria à faculdade. Logo nesse dia planejei procurar o Sá Pires, o Cavalcanti, os outros e participar-lhes que continuaria com eles. Encontrei-os à noite, à porta do *Odeon* e quando anunciei minha volta atrás foi uma festa. Sobretudo do Cavalcanti que ria de orelha a orelha com aquela sua cara parecida com a de William Powell que nesse tempo estava aparecendo na tela, em *bits* de vilão mas que, depois, seria o grande artista a fazer até aos anos 1940, até aos 1950, papéis nobres, papéis de Cavalcanti.

Aquela visita da d. Mariquinhas havia de ter revolvido outras mágoas de minha Mãe. As coisas de que ela não falava mas que sentíamos e adivinhávamos. Ela própria deu a deixa quando fez as contas de suas visitas e da amiga. Ela continuara a procurar a casa do dr. Lourenço com regularidade até notar a retração de quase um ano, da esposa dele. Agora lá vinha ela, entrava, mal esquentava o lugar, para trazer aquela embaixada. E que embaixada! Quem não te conhecer que te coma — soltou minha Mãe, repetindo frase muito do uso da inhá Luísa. Realmente, várias amizades de senhoras de Belo Horizonte tinham tomado outro tom desde que minha Mãe se tornara funcionária pública. Naquele tempo só havia duas profissões admissíveis para mulher: professora ou puta e minha Mãe, tendo escolhido o emprego público, constituíra-se numa espécie de aberração social que a Tradicional Família Mineira custaria a sancionar. Ela talvez tenha sido a primeira mulher funcionária de Belo Horizonte, de Minas. Ninguém lhe tira esse pioneirismo. Seu exemplo foi seguido e atrás dela entraram para os Telégrafos Glória Sales, Dulce Pimenta, Lavínia Pereira e até a Zezé Andrada — durante o governo do tio, o grande presidente Antônio Carlos. Mas na época em que minha Mãe arrostara o grupo social a que pertencia, entrando para uma repartição, ela sentira, por isso, uma espécie de banimento que atingiu também, a nós, seus filhos e que dava para percebermos. Sobretudo quando ela resmungava contra certas *impostoras* da cidade. Hoje, as secretarias estaduais, os ministérios federais, as autarquias regurgitam do elemento feminino e não passa pela de ninguém estabelecer um *capitis diminutio* à mulher que trabalha e produz — como fez minha nobre Mãe. Outros tempos. Mas por falar em emprego, lembro que, narrando, eu me deixei, na última linha do meu *Chão de ferro*, diante das escadas da diretoria de Higiene do estado de Minas Gerais. É tempo que eu retome sua subida e conte da repartição onde ia trabalhar.

A impressão da vida funcionária sobre minha natureza até então em constante mudança, aquela entrada num ramerrão repetido dia a dia e duma igualdade de encher linguiça, foi uma das mais fundas impressões de minha vida. Durou tanto (dura até hoje) que em 1949 cheguei a tentar o início de um romance burocrático que, por várias circunstâncias, ficou em suas primeiras páginas — páginas que não deixam de ser um pouco das camadas profundas de mim mesmo, de onde veio a ideia de escrever estas memórias.* Mas chega de atalhos e voltemos ao caminho principal. Subi a escada que era inteirinha de madeira, corrimões apoiados em colunas torneadas, tudo envernizado de castanho-avermelhado e dei na portaria da minha futura repartição. Era setembro de 1921. Pouco depois de onze da manhã. Quando cheguei ao topo da escada, caí numa sala ocupada, à direita de quem chegava, por uma mesa bem-arrumada — tinteiro, penas, lápis, borracha, papéis, tudo no lugar e em situação de destaque — que nem missal em estante de altar — um livro comprido e aberto, para a assinatura do ponto diário dos funcionários. Ocupava-a, majestosamente, um senhor moreno, cabelos encaracolados muito pretos, cuidadosamente abertos do lado e fazendo topete; bigodinho; terno de brim cáqui; camisa muito alva, gravata preta; botinas muito bem tratadas. Era sério sem ser carrancudo. Olhando do topo da escada, divisava-se, ainda, uma porta e entre ela e as janelas laterais do prédio, um banco corrido onde estava sentado um homem muito ver-

---

* Ver anexo I.

melho, bigodes e cabelos dum castanho casca de urucum. Tinha não um (como o tipo anterior) mas dois topetes, pois penteava com risca aberta ao meio. Era baixo, troncudo, movia-se com a precisão segura e os gestos firmes do que se sabe dotado de músculos hercúleos. Usava farda cáqui, dólmã abotoado de modo irrepreensível. Estava sentado no banco. O primeiro, como o saberia depois, era o sr. Policarpo Novaes, porteiro da repartição. O segundo chamava-se Fortunato Carcavallo e falava com forte sotaque italiano. Adivinhando a hierarquia pela vestimenta, dirigi-me ao do paletó. Disse meu nome e que trazia um bilhete do secretário do Interior com ordens de só entregá-lo pessoalmente, ao Libânio. O porteiro com ar de assentimento apontou o banco ao mesmo tempo que me propiciava a primeira lição que recebi de urbanidade burocrática. O senhor sente-se, porque vai ter de esperar. *O senhor diretor, professor Samuel Libânio, só chega por volta de uma hora.* Aprendi e sentei-me. O burocrata estudou-me, sem disfarçar, da cabeça aos pés: cara, gravata, paletó, calça, botina. Deu-se por entendido e daí por diante desconheceu-me. Logo bateu um tímpano e o servente sumiu na porta de vaivém que dava para outra saleta de espera onde já se sentavam postulantes mais altos. Abancado como estava, eu tinha duas janelas à esquerda e uma à minha frente. Por essa eu via o perfil dianteiro do Palácio da Liberdade — janelas abertas, varandas vazias, ar de coisa encantada. Pelas da minha esquerda divisava-se o fundo e o serpentário da filial do Instituto Osvaldo Cruz e logo adiante o vermelho-tijolo da ala direita da Secretaria do Interior. A secretária do dr. Afonsinho — pensei com simpatia. A minha Secretaria — descobri com orgulho. A nossa Secretaria. Bateu meio-dia, meio-dia e meia — tempo que eu passei olhando o Palácio, vendo o movimento dos empregados do Instituto, botas altas, enganchando com varapaus terminados por LL de ferro, serpentes que logo seguravam pelo pescoço, sujigando-lhes a cabeça contra uma espécie de pires resplandecente que entregavam a figuras de avental branco que levavam para dentro a peçonha retirada. Olhava também a secretaria, o relógio de parede que coroava a mesa do porteiro e contava o número de vezes que batia a campainha e que o servente erguia-se com pachorra e precisão para atendê-la. Desde que eu chegara até um quarto para uma, retinira cinco vezes. Faltando cinco minutos para o relógio bater nova pancada, ouvi passos precisos e leves subindo os degraus de madeira. Aquele ritmo devia ser conhecido porque, antes que alguém aparecesse, o servente levantou-se e segurou bem aberto um dos batentes de mola e o porteiro pôs-se de pé, posso mesmo dizer que perfilado, apesar de leve inclinação de pescoço, e sorriso obsequioso — numa postura a um tempo marcial e como que tocada de unção religiosa. Sentado estava, sentado fiquei e vi emergir da escada a figura dum homem moço, bela face de olhos azuis, mais aprofundados pelo levantar da parte interna das sobrancelhas — o que lhe dava, a um tempo, o ar dos gênios causticados pelos pensamentos sublimes e o de um tocador de saxofone. Tinha o nariz regular, bigode quase louro e muito mais claro que seus cabelos ondeados. Era corpulento, sem ser gordo, de boa altura, estava vestido com apuro num terno de tussor de seda condizente com a estação e apesar do colarinho alto, da gravata impecável, do paletó, do colete e da calça admiravelmente talhados, das botinas de pelica e verniz — olhando-o, tive a impressão anômala de que lhe faltava qualquer coisa, como se ele tivesse esquecido em casa peça essencial do vestuário, as calças, por exemplo, ou as meias, um sapato. Logo atinei — quando ele passou apressado, sério, tenso, carregando uma pasta atochada. Bom dia! sr. Policarpo, bom dia! senhor diretor! bom dia senhor diretor! Bom dia! Fortunato — logo atinei, dizia, quando o vi de costas. Tinha o dorso eclesiástico e o que sentia-se era a ausência de vestes episcopais. Compreendera quem era mas o Policarpo, visivelmente só para seu próprio regalo, condescendeu em sussurrar-me que era o professor Samuel Libânio. Já o Fortunato sumira e reaparecera, não percebi bem de onde, com uma bandeja reluzente coalhada de xicrinhas, açucareiro ao centro e o bule de café na mão direita. O cheiro bom da rubiácea misturou-se ao leve traço de lavanda que deixara a passagem do senhor diretor.

Levantei como aprontando-me para segui-lo. Logo o Policarpo foi me dissuadindo. O senhor ainda tem muito que esperar, moço. O diretor ainda vai *despachar*. Tomei outra vez o banco e tentei adivinhar de quem eram agora os estrupidos dos passos que faziam ranger a escada. Apareceu uma figura negra e vasta encimada pela cabeça pequena e pela cara de placenta do monsenhor João Pio. Parecia brincadeira! O mesmo que se eternizara com o dr. Afonsinho no dia de minha audiência. O mesmo que ia certamente se infindalizar com o diretor de Higiene. Foi logo entrando, sem esperar, um Policarpo gentil adiantando-se para abrir-lhe as portas envernizadas do Paraíso. Acolitou e voltou visivelmente satisfeito para ir logo me dizendo que com o monsenhor era coisa de pelo menos duas horas. O senhor não prefere vir noutro dia? Não senhor! espero. Esperei. O relógio bateu as duas, as três, os ponteiros marcavam as três e meia, eu louco para mijar, quando o reverendo saiu. O Policarpo entrou e uns três minutos depois entreabriu o vaivém e fez-me sinal para acompanhá-lo. Atravessei a tal salinha de espera com mobília austríaca clara; outra, com uma vasta mesa desocupada; outra, com uma secretária das de fechar e abriu novos batentes de mola que davam para o *sanctum sanctorum*. Era o "Gabinete do diretor" como eu tinha lido nos vidros foscos que terminavam em cima as duas portas. O Policarpo introduziu-me mas não se retirou. Encontrei o diretor já de chapéu na cabeça, pasta debaixo do braço direito — a que atribuí o fato dele não me estender a mão. Seus olhos azuis fitavam-me com indiferença e eu adivinhei mais que ele demonstrou que eu tinha de ser breve, que o homem estava com pressa. Aviei-me. Senhor diretor, trago aqui um bilhete que o dr. Afonso Pena Júnior recomendou muito que entregasse em suas mãos. Já o entreguei aberto. O dr. Samuel tomou-o com a sinistra, leu, virou-se para o porteiro e mandou que o sr. Policarpo fosse chamar o sr. Deolindo. Este entrou logo, encaminhou-se à janela para onde se tinha afastado o diretor que sem uma palavra passou-lhe o bilhete do secretário. Cochicharam um instante. Vi quando sr. Deolindo espalmava as mãos e o diretor levantava levemente os ombros. Olharam um instante para mim — empalado no meio da sala — e foi o sr. Deolindo quem me despediu. Está bem, moço — consultou novamente o papel — está bem, seu Nava, pode começar a trabalhar amanhã. Apresente-se na repartição faltando dez para as onze. Fiz uma vênia para as duas estátuas e fui conduzido até à portaria, já acolegado com o homem que me abrira os pórticos do templo. Até amanhã! seu Policarpo. Até amanhã! seu Nava. Desci feliz aquelas escadas. Atravessei a rua e fiquei um instante olhando as cobras através das colunetas do Instituto. Eram gordos crótalos, bótropos, cielagros e constrictores espapaçados ao morno da tarde, dir-se-ia dormirem não fosse a vigilância que se lhes adivinhava no botão preto dos olhos e no entrar e sair da língua bífida; eram laqueses *fausses-maigres* acompanhando cada sombra com a cabeça triangular — as surucucus de tecido veludoso como os musgos e as cascavéis cintilando escamas de vidrilho miúdo, vibrando seus chocalhos; eram filódrias e pirajás cor de sépia; corais, feito joias sinuosas; outras ourivesarias em vermelho, verde, cinza ou parecendo galhos vegetais; ora curtas, ora longas, reptavam, se embolavam, desembolavam, jaculavam seus botes, nadavam com graça silenciosa e deslizante no canal que cercava o serpentário. De vez em quando, duas pareciam se abraçar, se amar, mas era o arrocho e o preparo da muçurana na sua refeição ofiofágica da que parecia lhe entrar na boca ativamente, como se estivesse irrumando a que a comia. Estive a olhá-las distraído e àquela hora não atentei no símbolo que se oferecia da minha futura vida de doutor. Ai! de mim. Lidaria com seus símiles na profissão e homens me dariam todas as analogias — no seu rastejamento, sinuosidade, frieza, fascínio, enlaçamento, sufocação, baba e veneno.

Atravessei outro trecho de rua e achei-me diante de minha Secretaria. Considerei sua fachada avermelhada. Parei defronte, contei os degraus de sua escadaria — que como as do Palácio da Justiça e as das outras duas repartições congêneres da praça da Liberdade invadindo e adiantando-se pela calçada davam a impressão de que o arquiteto tivesse errado a colocação do risco. Colunas rosadas limitavam os três arcos da entrada. Levantei os olhos: sobre elas, subindo, uma varanda e outros pilares que sustentavam o teto das sacadas do gabinete do secretário: àquela hora meu amigo dr. Afonsinho estava lá em cima, trabalhando... Continuei, vi que o terceiro andar recuava e que sobre ele, bem ao centro, havia uma meia cúpula (que dava ao prédio redondos do que José Lins do Rego chamava o *estilo bunda*) oca e pintada de azul, por dentro. Servia de nicho para um busto da República. Ora essa! Então havia dois? desses ícones na praça. Obliquei e fui verificar bem a do Palácio da Liberdade: coroada de raios como a do porto de Nova York, aquela era a Liberdade. Eu a ouvira quando procurara o dr. Artur Bernardes e maravilhado com suas palavras, não atentara na sua coroa radiária e simbólica. Voltei à praça tomando-a mais ou menos à altura onde fica hoje o monumento ao velho Bias, cujo busto está desrespeitosamente colocado num soclo que parece, de confundir os transeuntes, uma entrada de mictório. Nesse tempo isso não existia. Continuei descendo o lindo jardim de outrora. Um pouco pelo caminho perto da pista central, com seu renque de palmeiras-imperiais sob as quais passeavam as moças elegantes no footing do domingo. Quanto namoro começou ali, quanto casamento surgiu desses namoros... Déa Dantas, Milton Campos... Do outro lado, renque de palmeiras se repetindo e a aleia dos pobres, do povinho, onde passeavam as morenas e deleitáveis domésticas de Belo Horizonte.

Havia estudantes aficcionados uns — ao lado das mulatas, outros — ao lado das brancas. Havia, também, os ecléticos, como o Cisalpino, o Zegão, o Isador que frequentavam os dois. Tornei a me embrenhar no jardim do lado do Interior e das Finanças. Vi a moça de mármore se inclinando para olhar a face no espelho líquido dum tanque; o repuxo com suas Três Graças e suas duas sereias; o busto de Azevedo Júnior. Tudo envolto na luz de sangue diluído que vinha da bola vermelha do sol — dum sol especial e próximo — se destacando redondo, imenso, como feito a compasso e não alumbrando quem o olhava. É que era setembro, tempo das queimadas, tempo da fumaça e todo o céu japonês ficava denso, úmido, plúmbeo, assim cor de tempestade. Atravessei diante do quarteirão onde termina João Pinheiro e tomei o outro lado do jardim. Olhei muito a Secretaria da Agricultura, a mais bonita das três e parecendo (vá lá!) um palácio francês — uma fatia do Louvre? uma ala de Chantilly? Eu disse antes três secretarias porque eram só três. A de Segurança não fora criada e seu palácio foi construído muito depois (nesse tempo era só chefatura de polícia, era na rua da Bahia e dependia da Secretaria do Interior). Eu andava agora no lado mais bonito da praça. Já tinham tirado o *Itacolomi* e a fonte que havia em frente à Agricultura (creio que na reforma feita para receber o rei dos belgas) mas lá estava o Coreto teto de linhas orientais, pintado de prata — ao instante recoberto duma camada pó de púrpura; o belo tanque onde se refletiam cada dia as cambiantes do céu mais lindo do mundo — àquela hora cheio do sangue real do sol. Saindo dentre folhas e galhos o perfil violento e lupercal dum semideus — não era Pã, mas Bernardo Guimarães em bronze. A tarde fabulosa só tinha duas cores — cinza e vermelho quando desci a avenida Brasil até Afonso Pena. Virei para a direita, ganhei os longes do *Abrigo Ceará*. Cláudio Manuel. Chumbo. Caraça. Minha Mãe esperava na janela, correu, abriu a porta. Então? meu filho... Começo a trabalhar amanhã às dez pras onze. Já sou funcionário. E que tal o dr. Samuel? Formidável, formidável. Era realmente a opinião que eu tinha formado. Um homem formidável. Habitualmente desconfiado e extremamente susceptível eu tinha reparado, tinha, no modo do diretor de Higiene ter me recebido de saída, chapéu na cabeça e de não ter me estendido a mão para apertar. Diluí isto na mansidão dos seus olhos claros e dei tudo à conta de sua distração de sábio. Porque o dr. Samuel era um sábio. Eu tinha lido num jornal a notícia recente dos festejos dum ginásio do interior onde ele paraninfara os bacharelandos em ciências e letras. Publicava-se o discurso do orador da turma e impressionou-me sua chave de ouro. "Termino, meus senhores! Mas tende ainda e deixai-me dizer, deixai-me clamar, deixai-me bradar: que se o mundo teve Beaconsfield, Minas tem Artur Bernardes! Se o mundo teve Pasteur, Minas tem Samuel Libânio! Agora, sim: tenho dito. *Ite!*" Mais do que esse tropo oratório me impressionara fotografia que eu vira estampada no primeiro número de *Radium*, a revista do Centro Acadêmico da Faculdade. Representava meu novo diretor com ar sereno, diante de mesa redonda onde se desordenavam periódicos científicos, ao lado e à direita de Carlos Chagas — então no apogeu de sua glória. Era outro sábio e também distraído. Pagava o café que bebia em casa, pondo um tostão na bandeja que lhe trazia d. Íris. Um dia esquecera-a, a ela, d. Íris, no teatro e recolhera descuidado a Paissandu. Eram assim os sábios e o dr. Samuel não podia escapar da regra. Também era homem para escaldar o relógio, marcando os minutos de ovo em punho. Daí o chapéu na cabeça, a pasta debaixo do braço direito e a mão ocupada. E *queu* queria mais? Fora admitido sem discussão e ia ter 120$000 por mês. Somados aos cento e vinte de minha Mãe eram duzentos e quarenta que com os juros camaradas que o dr. Estêvão dera, no Hipotecário ao que sobrara da venda de nossa casa ao Paletta, iam a quase duzentos e sessenta por mês. Nessa mesma noite minha Mãe escreveu para os tios do Ceará dando notícia de meu novo estado e para depois agradecer muito, dizer que não precisava mais da mesada que eles tinham mandado durante os dez anos que durava sua viuvez.

No dia seguinte madruguei na repartição. Tão cedo que a porta de baixo estava apenas entreaberta e ainda apanhei o Fortunato de mangas de camisa, acabando a limpeza. Terminada esta, ele compôs-se e foi ler o *Minas Gerais* no seu lugar habitual — o banco da portaria. Como ninguém tivesse chegado fiquei por ali aí e quando ele acabou com o periódico puxei conversa. Ele tinha realmente nascido na Itália e fizera a Guerra Mundial nas hostes de Cadorna. Contou-me logo as façanhas do seu regimento, da sua companhia, lembrando a figura de seu capitão que quando a peleja a baioneta era favorável a eles e os inimigos queriam se render levantando os braços, mandava-os *trafurare* nessa posição mesma, urrando seu habitual — *Non voglio prigioneri! Non voglio prigioneri!* — e ele, Fortunato e os companheiros banhavam-se em sangue

— a *uccidere*, a *amazzare*... Ria contando isto, com seus dentes perfeitos e tive a penosa impressão de estar diante de verdadeira besta-fera. Só o tempo iria mostrar-se o delicado Fortunato que se escondia sob as estórias do matador de austríacos. Estivera em Caporetto. Que merda! Se correra? Como nó? Ele, os companheiros, *gli uffiziali, il capitano, il generale, tutti*. E largando as armas, tirando até a roupa, desabalados, zonzos naquele Isonzo afora. Foi quando dera baixa, ferido. Acabara a guerra, viera para o Brasil. *Sanpaolo*, Minas, conhecera o *Dottore Libánio*, naturalizara, fora nomeado. O dr. Libânio? Um santo. Ele é que colocara quase todos da repartição, exceto uns poucos que vinham dos tempos do dr. Abílio de Castro, do dr. Zoroastro Alvarenga. O mais, tudo Libânio e é por isso que o diretor contava com a admiração incondicional e a dedicação de toda a Higiene. Um santo — repetia o Fortunato enquanto eu me sentia vagamente culpado de ter entrado assim sem mais nem menos e sem o dr. Pena ter sequer consultado o dr. Samuel. Tive um vago pressentimento. Cometera um erro? *"Faute grave, crime peut-être inexpiable, je n'avais pas suivi la voie hiérarchique."* Às dez em ponto chegou o impecável Policarpo Novaes, sempre de cáqui e bem engomado na roupa branca. Bom dia, seu Policarpo! Bom dia, seu Nava! Chegou cedo, hem? Foi guardar o palheta, voltou e sentou no seu trono. Levantou-se logo depois, levantamo-nos para salvar o seu Deolindo Epaminondas que dava sua entrada. Quis acompanhá-lo. Fui detido pelo porteiro. O senhor espere até ser chamado. Realmente, minutos depois, a campainha tocava, o Fortunato sumia e voltava logo após sorrindo e dizendo que o senhor amanuense estava me chamando. Atravessei a primeira sala, a segunda, e na terceira, o Fortunato, que me precedia, mostrou-me porta à direita. Penetrei numa peça enorme e logo entendi que estava na verdadeira nave daquela catedral. A sala era um despotismo de comprida, o dobro da sua largura, talvez dez metros de ponta a ponta. O meu doravante chefe estava à minha espera, postado na sua mesa que ficava no extremo lateral do cômodo, diante da porta de entrada. Levantou-se, falou comigo afavelmente, fez-me umas perguntas e logo está bom, está bom! vou encarregar o senhor da folha do pagamento, do Livro de Registro de Diplomas, do Livro do Protocolo e consequentemente do Arquivo. Depois explico como tudo isto tem de ser feito. Hoje não posso. Muito ocupado. Talvez amanhã, se acabar, com o dr. Abílio, as tabelas e estatísticas do Relatório do senhor diretor. Agora tome conta desta mesinha, sente-se e espere a hora da saída. Só às quatro. Abanquei-me e comecei a estudar a sala. Já disse o seu tamanho, apenas diminuído pela quantidade de móveis. Logo ao centro, alta como um catafalco, erguia-se carteira duns seis metros de comprimento onde podiam escrever de pé ou perchês sobre altos tamboretes uns cinco funcionários de cada lado. Tinha forma superior dum caixão de defunto, daqueles bons, dos antigos. Em cima uma superfície plana, larga de mais de palmo, para os potes de cola, as obreias, os tinteiros, as canetas, os lápis, as raspadeiras, as borrachas; como um telhado, era de duas águas com rebordo para a papelada e livros não caírem. Pés torneados — seis, interligados por largas traves de sustentação e feitas adrede, para dar canelada. O monumento era de jacarandá rosado escurecido pelo tempo e pelas manchas da tinta de escrever derramada anos e anos. Envernizado de há muito. Não havia tamboretes e aquele móvel, que devia ter vindo das administrações de Ouro Preto, servia para nele serem empilhados os livros imensos do expediente. Eram peças antiquíssimas encadernadas em couro cru. Comecei a corrê-las curiosamente e logo descobri um volume mais fino, sempre da mesma encadernação, suas duzentas folhas, com um rótulo que fora vermelho e cujo título de letras ainda douradas e destacadas mostrava que era o do Registro de Diplomas. Levei-o para minha mesa. O seu Deolindo fez um meio sorriso de aprovação. Vendo que minha curiosidade, transformada de repente em zelo, era aprovada pelo chefe, prossegui. Vi registros de entrada de medicamentos, outros para o material mandado pela Lutz Ferrando (para a sede, para o Posto de Sífilis, para o Isolamento, para os hospitais regionais), para autos de infração, transcrição da correspondência despachada, fornecimento de remédios, compra de material de escrita e finalmente um, imenso, desmedido, mais novo, vestido de percalina preta — era o missal do Protocolo. Levei-o para minha mesa no exato instante em que o Fortunato, sem que lhe encomendassem — entrava para mim. Espanou cuidadosamente minha cadeira, minha mesa, pregou sobre ela três folhas superpostas de mata-borrão verde, colocou o vidro de goma-arábica, o tinteiro de duplo recipiente com tampas de ebonite, encheu-os, um, de tinta azul, outro, de vermelha, dispôs ainda um lápis bicolor, uma borracha, um berço, uma raspadeira nova, uma régua e o par dos faber números 1 e 2. Vendo os livros de que eu me apossara, foi à espécie de caixote de alça onde trouxera sua parafernália burocrática, tirou um bolo de estopa e desempoeirou-os cuidadosamente esfregando, batendo, abrindo e fechando. Agora o senhor assine aqui o recibo desse material para eu ir pagar o seu Vilela. É o almoxarife, o senhor vai conhecê-lo depois. Assinei, agradeci e o Fortunato retirou-se sorrindo para mim, para o Deolindo — com suas passadas de militar que sacudiam todo o piso. De repente chegou o Policarpo e sussurrou perto da mesa do amanuense que o dr. Abílio já tinha chegado. O Deolindo pegou uma maçaroca de papéis e precipitou-se. Só, naquela sala, comecei a indagá-la. Toda a parede à minha direita era ocupada por armários enormes com portas de vidro. O conteúdo logo me informou que era o Arquivo, meu futuro domínio. Levantei-me e segui até a uma porta fechada. De curiosidade, torci a maçaneta e abri. Era a latrina. Saleta escura, mas espaçosa, onde vi uma parede ocupada até o teto por estante cheia de amarrados de papéis amarelados pelo tempo. Não havia outra comunicação para fora senão a porta e a falta de arejamento mantinha ali um relento de trampa e urina. Quem se trancava tinha de acender a lâmpada elétrica. Fi-lo — para minha mijada inaugural. Voltei sobre os passos e vi quatro estantes noutra parede, e agora em minha frente. Eram modernas, dessas de tampa de vidro que se levanta e faz deslizar sob a parte inferior da prateleira de cima. Continham numerosas obras de higiene em alemão, revistas médicas na mesma língua, *traités-d'hygiène*, porção, todos em francês, a coleção completa da revista de Manguinhos, luxuosamente impressa, com suas capas verde-escuras características e os números todos, desde o primeiro, de 1881, de *La Semaine Médicale* (mais tarde eu saberia que o volume 26, de 1906, era precioso para os médicos bibliófilos brasileiros porque lá está à página 25 um prínceps — o artigo *Le souffle systolique de l'insuffisance aortique pure* — assinado pelo dr. Miguel Couto / Professeur à la Faculté de Médecine de Rio de Janeiro). Eram de lombada de couro vermelho e cartonados com uma arte que se perdeu, na oficina de encadernação da Imprensa Oficial do estado de Minas Gerais. Vinha em seguida a mesa sempre ordenada do Deolindo, com os processos que ele informava para a assinatura do diretor. À sua esquerda uma janela abria-se largamente. No extremo oposto da sala, outra, iluminando secretária ainda vazia. No largo espaço entre as duas, uma mesinha encimada por máquina Remington daquelas antigas, umas que pareciam de dois andares, altas como os fordes de bigode. Aproveitando o silêncio e o deserto, fui me inteirar do resto da repartição. Voltei à sala que tomara para entrar na minha. Nela davam outras portas: a primeira abria numa peça com três mesas dispostas duas ao fundo e uma fronteira, atulhadas de papéis, de mais papéis, de papéis que enchiam os altos duma estante, as cadeiras, empilhando-se mesmo no chão, ao lado das giratórias que deviam ocupar os donos das mesas. Toda a parede do fundo era tomada por mapa gigantesco de Minas Gerais tendo várias localidades marcadas por bandeirinhas cujo cabo era um alfinete longo e grosso. Eram de cores variadas — havia verdes, brancas, vermelhas, amarelas. Ousei entrar os pórticos do "Gabinete do diretor". Sua secretária estava aberta e primorosamente arrumada, as borrachas, raspadeiras, vários lápis de cor, as canetas, o tinteirão de cristal, o berço do mata-borrão — dispondo-se com esmero e fazendo uma composição lustrosa e nítida como as coisas e móveis que aparecem nos quadros dos mestres holandeses. Podia entrar na tela de Keiser e servir para a cena de *O burgomestre e os magistrados municipais de Amsterdam recebendo o embaixador da rainha Maria de Médicis*. Abri a portinha no canto: eram a latrina e a pia privativas do senhor diretor. Tudo ali reluzia de limpeza e a banca do fundo parecia uma cátedra, um assento curul, uma estala de coro, um trono, uma sédia. Não tinha, em cima, o dossel que procurei mas uma caixa de descarga de que pendia corrente a prumo dotada dum precioso punho de louça colorida. Uma toalha engomada e mais rendada que um paramento de igreja pendia do lado duma pia positivamente batismal. Retornei à saleta, fui andando até à portaria e divisei por batentes abertos o seu Deolindo no fundo duma sala, conversando com um senhor muito magro, pele do rosto vermelha e dum polimento como se tivesse sido envernizada. Através de óculos grossos e cintilantes dois grandes olhos mansos e bons encontraram os meus. O seu Deolindo chamou-me. Entre aqui e venha conhecer o dr. Abílio de Castro, nosso antigo diretor, um dos esteios desta casa. Apertei a mão que me era estendida e senti-a entre meus dedos — firme, decidida e fina e longa como a dum pianista. Reparei melhor no homem, agora um sorriso benevolente na face. Tinha um princípio de calva, cabelos muito crespos grisalhando, era magro, mostrava dentes magníficos, vestia-se sem elegância mas com asseio e decência. Quando ele tornou a sentar-se descansou ambas as mãos sobre um vasto papel quadriculado cheio de dezenares, centenares, milhares de risquinhos de todas as cores do arco-íris. Era sua maneira de tabular as estatísticas sanitárias da pequena parte do Estado onde já tinham chegado uma tênue Saúde Pública e uma rala Profilaxia Rural. À sua frente os lápis apontados, mais finos que agulhas, com que ele fazia aquela policromia de Seurat, de Cross, de Signac. Sua voz era agradável e bem timbrada. Então o senhor é o novo colaborador? Pois eu lhe desejo muitas felicidades no trabalho. Já sei que é estudante de medicina. Quando tiver intervalo no que vai fazer, se precisar alguma informação ou conselho, entre sempre nessa sala. Ah! dr. Abílio... muito obrigado! O senhor nem sabe... Parei. Também, eu não podia dizer, diante do Deolindo, do prazer que eu tinha de estar encontrando uma criatura humana — destas de quem nos tornamos amigos à primeira vista, por espontâneas, não estanhadas e impermeabilizadas. Foi o caso. Grande dr. Abílio! Comecei a bem querer nosso amanuense — pela apresentação. Foi rindo sozinho que voltei para minha sala, para minha mesa, onde tive de repente a desagradável impressão de um retorno ao Internato e de estar privado de saída pelo Quintino. Para desafogar fui respirar a uma das janelas. Elas davam nuns restos de cidade, depois nuns barrancos e trilhas de terra vermelha, num cerrado dentro do qual, muito longe, levantavam-se edificações, muros, puxados pintados de róseo e encimados por torreão passado à mesma tinta. Perguntei ao Deolindo que entrava o que era aquilo. Era o Posto Veterinário. Ah! torre cor-de-rosa... mal sabia eu que um dia ela parecer-me-ia um farol dentro de vastos mares — farol que eu namoraria por tabela. Ah! cor-de-rosa. Rosarrosa rosalando exalando o perfume que impregnou minha mocidade. Lá é que...

Ouvi nitidamente o relógio da portaria dar onze horas. Logo, como se houvesse a regência de um contrarregra, começaram a entrar na sala os figurantes que eu sempre vi chegarem à mesma hora, durante os anos em que eu assistiria à representação diária daquele pedaço de vida. O Deolindo cortesmente ia me apresentando a cada recém-chegado. Primeiro a um cidadão de longos cabelos muito crespos e bem amansados a brilhantina. Tinha o nariz muito fino, levemente arrebitado, boca pequena, olhos miúdos e sorridentes. Vestia de escuro e seu paletó muito longo lembrava longinquamente a dignidade das sobrecasacas. Era rápido, magro e seus ombros pontudos levantavam as mangas como se fossem cabides. Sr. Mourão! este é o seu Nava, nosso novo colaborador. Completou: o sr. José Cintra Mourão. O qual e eu tivemos muito prazer em nos conhecer e ele foi abancar-se à máquina de escrever onde retomou imediatamente o repiqueteio de trabalho que vinha da véspera antisdonte trasantonte de sempre que continuaria amanhã depois e depois e depois no sempre dos sempres. Outra entrada, essa de passos compassados e solenes. Sr. Horta! *Esté* o seu Nava, nosso novo colaborador. Arrematou: o sr. Antônio Carlos de Andrade Horta. Mas os senhores devem se conhecer porque são ambos estudantes de medicina. Eu conhecia de vista e admirava de longe. Apertei comovido a mão do autor do ponto publicado na *Radium* e que estava me abrindo os mundos do cálculo estequiométrico. O Horta era um moço alto, moreno--claro, cabelos muito lisos e bem penteados, de um castanho desbotado condizente com a pele mas contrastando com a qualidade das sobrancelhas e das pupilas muito pretas. Parecia um retrato de sépia que capricho do pintor tivesse terminado usando para os olhos o retinto dos nanquins. Vestia-se bem e quando adiantou-se para ocupar a mesa do fundo notei o ligeiro descaído de seus ombros e que o pé de seu cabelo perdia-se dentro dos atrás do colarinho da camisa de fantasia riscadinha. Sentou-se e mergulhou na leitura dum livrão que trouxera. Súbito o Deolindo tornou a sair dizendo a todos, a ninguém, às paredes, talvez a si mesmo que voltava ao dr. Abílio. Só se ouvia na sala a metralhadora de escrever disparada numa espécie de fúria pelo Mourão.

Cerca de uma hora cavou-se um silêncio, houve movimento de atenção e uma expectativa ansiosa, feito a que antecede ao estouro esperado duma bomba. Eu não estava entendendo bem aquilo. Os funcionários apressados, se levantandosse secolocandosse no caminho do gabinete do diretor. Só compreendi quando o vi passando numa pressa, sempre de chapéu na cabeça e carregando sob o braço a pasta volumosa. Cresceu um sussurro de simpatia e o entrechoque de bons-dias! bons-dias! bons--dias! pra lá pra cá como o tinido de cálices nas saúdes. Mas houve um tinido mesmo, o da bandeja de café do Fortunato se embarafustando no gabinete para confortar logo o chefe com um cafezinho — antes do mesmo engolfar-se no trabalho e naquela maçada de receber as partes. Compreendi que a chegada do dr. Libânio marcava uma pausa no trabalho. Porque depois de servir no Olimpo, o Fortunato descia à planície e vinha de sala em sala trazendo o cafezinho de cada funcionário. Quando ele entrou na nossa foi direto à mesa do Deolindo, o primeiro a ser servido. Em seguida circulou, foi ao Mourão, ao Horta, finalmente chegou-se à minha mesa. Enquanto tomava minha xicrinha fiquei apreciando o modo como o Deolindo degustava a sua. Fazia-o lentamente, espalhando os golinhos na boca, como se fosse bochechar. Demorava um pouco, encorpando, depois engolia. Fazia isso olhos perdidos fitando sem ver pontos vagos à sua frente, na sala ou nos ares lavados infinitos lá fora. Depois voltava à realidade, preparava um palhinha e chupava-o a baforadas fortes e contínuas, tragando todas, sem tirar da boca o cigarro consumido até quase lhe queimar os beiços incendiar as guias da bigodeira. Antes de voltar ao trabalho tinha sempre conversa curta com o Mourão. Justamente àquele dia, este trouxera, para mostrar-lhe, uma verdadeira raridade. Uma carta de brasão aberta em pergaminho, passada por dom João v ou dom José i a um antepassado do nosso colega. Não lembro bem mas parece que eram as cores e os metais da varonia dos Ulhoa tendo, à sinistra alta, a brica distintiva. Enquanto os dois discutiam heráldica e genealogia, levantei-me e fui à mesa do Horta. Dei-lhe senhorio mas ele logo me pôs à vontade, dizendo que o tratasse pelo nome pois éramos companheiros de faculdade. Curioso, perguntei sobre o livro enorme que ele estava lendo. Era o Testut e pela primeira vez abri os pórticos do majestoso tratado. Pasmei para suas ilustrações admiráveis. As peças amarelas do esqueleto. Sua combinação nas articulações de ligamentos brancos e sinoviais azuis. Finalmente, a carne viva dos músculos que dão vida e movimento aos diversos segmentos. Eram gravuras prodigiosas e aqueles bíceps, peitorais, gêmeos e glúteos assim perfeitos só poderiam pertencer a deuses antigos ou aos esfolados realizados pela Arte, tais os de Bandinelli, de Houdon, de Gigoli, Bouchardon, Salvage e os mais atrevidos e dramáticos — atribuídos a Miguel Ângelo. O Horta falava com entusiasmo da anatomia, descrevia suas manhãs passadas no anfiteatro para onde corria outra vez, logo que a repartição fechava e onde ficava dissecando até a noite descer. Aconselhou-me fazer o mesmo quando chegasse ao segundo, ao terceiro ano e devo talvez àquela conversa na repartição minha paixão futura pela anatomia e indiretamente, a influência desta quando, muito mais tarde, escolhi uma especialidade essencialmente morfológica como é a Reumatologia. Nunca mais esqueci a frase do anatômico insigne e que me foi mostrada pelo colega. Aquela em que ele fecha o prefácio das sete primeiras edições do livro monumental e reclama dos médicos, um pouco mais de atenção para "...*cette Anatomie Humaine, si delaissée de nos jours qui est non seulement une science utile, mais aussi une science aimable quand on la comprend bien*". A advertência tem todo cabimento: pois não tive? um assistente, formado pela *Praia* — que nunca empunhou o escalpelo, dia nenhum entrou num teatro anatômico, jamais dissecou um cadáver — mas que teve seu *accessit* na cadeira de Descritiva.

Conversei mais com o Horta. Disse meu entusiasmo por seu artigo sobre cálculo estequiométrico. Descobrimo-nos longínquo parentesco e lamentei quando ele me disse que sua passagem na Higiene era transitória. Estava apenas substituindo funcionário efetivo, seu irmão Gustavo Horta, afastado do trabalho para operar de uma pansinusite rebelde. Pansinusite? Sim, inflamação generalizada dos seios da face. E logo abriu novamente o Testut para mostrar-me uma por uma aquelas cavidades pneumáticas: os vários tipos das maxilares destacando-se topograficamente, em azulado, sobre o amarelo ósseo, entre os dentes arreganhados do último riso e as órbitas ocas; os das duas frontais, também entre os buracos esvaziados dos olhos, uma em vermelho, outra em blau, parecendo ora pequenas bilhas, ora par de flores acopladas, ora dois pedaços de serpente encimados pelo crânio. Mas já o Deolindo retomara seu trabalho e a máquina de escrever do Mourão sua cavalgata. Fui logo para minha mesa e comecei a folhear os livros de que já me apossara — o de Registros dos Diplomas e o do Protocolo.

O registro de diplomas fazia-se transcrevendo literalmente a carta do doutor que queria se fixar em Minas. Mencionava-se de saída: armas do Império ou armas da República e em seguida vinha a chapa imemorialmente adotada pelas faculdades do país: *Eu, o dr. Fulano de Tal dos Anzóis Carapuça, professor dessa ou daquela cadeira, diretor da Faculdade de Medicina da Bahia, do Rio de Janeiro, do Rio Grande do Sul ou de Belo Horizonte, tendo presente o termo de colação de grau de doutor em medicina conferido no dia tantos de dezembro de mil e oitocentos ou novecentos e quantos ao senhor... mandei passar-lhe, em virtude da autoridade que me conferem... este diploma etc. etc. etc.* Seguiam-se as assinaturas do diretor, do secretário da faculdade em questão, do doutorando. Indicava-se o fitão auriverde que prendia a caixa de prata com o lacre onde se imprimira o timbre da instituição. O distintivo mais frequente era o da Faculdade de Medicina do Rio de Janeiro — onde Esculápio reclina-se, não sob árvore clássica mas sob uma da terra, segurando com a sinistra o caduceu com a serpente da Prudência e com a destra, escudo onde se incisa o latinório — *Ad Cives Servandus* — divisa tantas vezes esquecida! À frente da figura divina, canta o galo de Apolo. No dorso, a coleção dos registros de todos os estados já palmilhados pelo periodeuta. Tudo aquilo tinha de ser transcrito *verbatim*. Vi que ali meu serviço não tinha dificuldade — era só de cópia e, além disso, provavelmente, eu teria de levá-lo ao visto do diretor-geral e entrar assim no seu gabinete a cada canudo que chegasse para o registro. Não eram muitos. Minas era de grande tenuidade médica a julgar pelo livro que eu tinha em mãos: era de umas duzentas páginas, vinha do século xix, de Ouro Preto e estava escrito só até a metade. Mas fascinou-me o nome do funcionário que nele escrevera do próprio punho seus termos de abertura e fechamento e que rubricara página por página — Raimundo Correia — o próprio, o de "As pombas" e do "Mal secreto". Onde? andará hoje essa preciosidade. Nela, indigno, escrevi e registrei diplomas, pondo minha pata sobre as páginas marcadas por chancela tão ilustre. Depois do de registro dos diplomas inteirei-me do conteúdo do cartapácio do *Protocolo*. Suas páginas pautadas eram divididas de altabaixo por travessões que marcavam os espaços, as colunas finas ou largas onde deviam ficar consignados os seguintes dados: número de ordem de entrada, ano, mês, dia, origem, assunto, despacho, observações. Por exemplo, número tanto, 1921, novembro, dia tal, cidade qual, telegrama, carta ou ofício do dr. Beltrano solicitando a remessa de não sei quantas doses de vacina antivariólica. Despacho: Deferido. Mande-se metade das doses pedidas. Ao almoxarifado para atender. Nas observações: enviada embalagem de madeira contendo o material concedido a... Vi que por esse lado meu trabalho não seria difícil. Continuei a folhear a parte escrita do livro e logo a coluna *Origem* fascinou-me e nela comecei a viajar prodigiosamente na toponímia das gerais. Havia cidades de nomes escuros como tocas, noturnos antros, poço — Aiuruoca, Itaúna, Mutum; outras, tinham-nos de desolação partida adeus e descampado — Abre Campo, Além-Paraíba, Bonfim, os dois Carmos (de Parnaíba e do Rio Claro), as duas Dores (do Indaiá e da Boa Esperança); de degredo, perigo e desterro — Extrema, Serro, Monte Carmelo, Tremedal, Passa Tempo; de preciosidades secas, estreladas de pedrarias — diamante do Abaeté, Grão-Mogol, Estrela do Sul, Lavras, Diamantina, Minas Novas; das riquezas do metal diabólico — Vila Rica, Ouro Preto, Ouro Fino, Cocais; das espirais de conchas cheias de eco no bojo recurvo — Caracol, outra vez Aiuruoca, Guaranésia, Jequitinhonha, Manhuaçu, Paraopeba, Pirapora, Cataguases, Guanhães; das alegrias sonoras, promissoras de noites mineiras de lua, violões, cachaça e canções — Campista, Frutal, Palma, Prados, Oliveira, Minas Novas, Sete Lagoas; de dura agressividade — de novo Pirapora, Rio Casca, Itapecerica, Carangola, Três Pontas. Lindas de nome, de nomes peito aberto, sugestivos de figuras maternais ou dos vultos das amadas — Palmira, Leopoldina, Mariana, Januária, Patrocínio, Bárbara, Luzia, Quitéria, Rita e Conceição. Os achados que eu ia fazendo me encantavam e vi que meu trabalho marcharia inseparável da poesia geográfica da minha Minas. Fui verificar o arquivo: era só ir colocando os telegramas, ofícios, cartas, memoriais, relatórios, representações, inquéritos e abaixo-assinados com o mesmo número do registro, de baixo para cima (para cima, sempre os mais recentes) e juntá-los em amarrados de cem em cem. Bem enfronhado nos livros examinados de trás para diante, lidos, relidos, percorridos nos seus meandros, esperei firme a lição do Deolindo. Uns três ou quatro dias depois ele acabou com o dr. Abílio e quis me doutrinar — mas quando ele chegou com o milho eu mostrei-lhe o fubá. Isso mesmo! Muito bem! Penetrou exatamente na coisa. Pode começar. Tem expediente acumulado na minha mesa, já despachado pelo professor, tem também dois diplomas de médico e um de farmacêutico para registrar. Tome. Peguei o bolo de papéis e os três canudos. Uma hora depois do cafezinho do Fortunato estava tudo pronto e arquivado o que era para arquivar. O Deolindo conferiu, teve nada para dizer mas surripiou-me a oportunidade de ver o diretor — ele mesmo levando-os à assinatura sempre traçada num cursivo inglês com finos e grossos preciosos.

Dr. Samuel Libanio

Eram duas e um quarto. Pensei que trabalho acabado, pé na estrada. Até amanhã, seu Deolindo. Uai! *Ondé* que o senhor vai? Seu Nava. Não pode sair não. Sente-se. Mesmo sem ter o que fazer sua obrigação é esperar o fim do expediente. Me gozando: e se o dr. Libânio, de repente, quiser despachar com o senhor?

Finalmente chegaram as quatro pancadas do relógio e eu atirei-me livre escada abaixo, às liberdades da praça da Liberdade afora. Logo comecei a inventar caminhos variados pra voltar pra casa. Às vezes descia Bahia a pé, até ao Bar do Ponto. Visão de fachadas que ficaram na minha lembrança como caras de velhos amigos. A da residência senhorial dos Carneiro de Rezende, a dos Junqueira, a chefatura de polícia, Lourdes, o Claret. As dos Tamm, do seu Augusto Halfeld, da viúva José Pedro Drummond. Num futuro próximo levantar-se-iam entre as duas últimas os pórticos gregos do consultório e palacete do dr. Borges da Costa e o novo bangalô, da própria d. Madalena Drummond (bela senhora, cabelos grisalhos, lindas pupilas azuis que faziam minha Mãe dizer: a viúva do dr. Zé Pedro tem olhos de Pinto Coelho). Em sua frente ficava a portinha modesta onde batia seus couros o calzolaio Balena, pai da bela moça Perina e irmão do professor famoso. Esse ponto era o da esquina de Timbiras, descrita no meu *Chão de ferro*. Vinham a casa de dom Leonardo, a do dr. Bernardino. Mais recuadas, nos seus bicos de ruas, dum lado a do senador Bernardo Monteiro e do outro, a estação telefônica. A redação do *Diário de Minas*. Os Ourivio. Os Labarrère. O Grande Hotel e o Conselho Deliberativo. A Farmácia Abreu, o consultório do dr. Hugo, a Livraria Alves. O Café Estrela, o Poni e do outro lado a entradinha furtiva do *Colosso*. Encontro de Bahia, Goiás e Goitacases e era o quarteirão dos quarteirões desembocando no Bar do Ponto. Ali eu tomava o Serra que ficava esperando entre os Correios e a Estação para depois tomar a sua *via Bahia*. Subia vagaroso, rangendo da ladeira, contornava a praça da Liberdade, descia as amplitudes de Cristóvão Colombo, virava na esquina de Tomé de Sousa, Paraúna, Abrigo Ceará, Cláudio Manuel, Chumbo, ponto final. Eu continuava a pé até Caraça. Estava em casa. Às vezes, quando obrigatoriamente no calcante, sobretudo fim do mês cobres curtos — escolhia outros itinerários. Percorri-os anos e anos sempre que ia para nossa rua Caraça. Geralmente tomava por Cláudio Manuel. Às vezes dava uma entrada nos Baeta Neves, cuja casa ficava nessa rua, para conversar com o Roberto, que era meu companheiro da faculdade. Ele perdia-se em indagações filosóficas vida morte ser não ser naquele período em que se abriu a fase hamletiana de sua curta vida. Sua moradia era moderna, americana, diferente do padrão das construções de Belo Horizonte. Entrava-se num vestíbulo onde havia assentos, peanhas e em exposição, como num museu, lembranças da inesquecível viagem do dr. Lourenço aos Estados Unidos. Entre as peças destacava-se carta elogiosa de Nabuco, então nosso ministro naquela República. Larga porta à direita e era a sala de visitas dominada por enorme óleo do Lourencinho, cópia de antigo, representando a *Agonia no horto*. Do vestíbulo ia-se à sala de jantar que conduzia, à direita, ao cômodo mais largo e aprazível da vivenda — coisa desconhecida em Belo Horizonte — um living cheio de cadeiras, outra mesa que servia para o pingue-pongue e para o lanche, mesinhas para xadrez e damas, estantes, o piano de d. Mariquinhas e da Lilinha. Eu não demorava. Tornava a sair. Tomava para a direita, via em frente as residências das famílias Coutinho e Dayrell, passava diante da dos Mallard, atravessava Alagoas e pegava o quarteirão onde moravam, frente a frente, Aurélio Pires e d. Alice Cortes Sigaud, viúva do engenheiro Pedro da Nóbrega Sigaud. A vivenda do mestre Aurélio fora, nos princípios de Belo Horizonte, também sua farmácia e servia para atender com remédios à tênue população do Bairro dos Funcionários — nome daquela parte da cidade. Saudade. Descobri isso já nuns futuros, vez que fazendo o trajeto, verifiquei que a casa estava em reforma para substituição da varanda. Pois a retirada da antiga deixava ver a pintura primitiva (que ficara intacta entre telhado e forro do alpendre). Fora de cor marrom e sobre essa se destacavam restos de letras muito grandes fazendo frase de cabala — MACIA DE AUREL — que era o que sobrara do primitivo dístico PHARMACIA DE AURÉLIO PIRES. No terreno ou na varanda atarefava-se o vulto pequenino e simpático de d. Sazinha, sempre irrepreensível na sua saia escura e na matinê branca muito engomada. Era a mãe do meu inimitável Xico Pires. A casa de frente, como disse, pertencia à família Sigaud. Seu falecido chefe era de ascendência ilustre, neto de José Francisco Xavier Sigaud que foi um dos médicos de dom Pedro II, um dos fundadores da Academia Imperial de Medicina e autor dum clássico insigne de nossa Arte — *Du climat et des maladies du Brésil ou Statistique médicale de cet empire*. Sua descendência foi mais de engenheiros, artistas. Só conheci, dentro da tradição do antepassado, dois bisnetos seus, ambos médicos e filhos da Faculdade de Belo Horizonte. O primeiro era Eugênio Cortes Sigaud, da turma de 1918 que, em recuadas épocas, eu vi dançando, de casaca, no *Clube Acadêmico*, à rua Goiás, com sua futura esposa, Materna, filha do coronel Germano — o mesmo do meu *Balão cativo*. O segundo, seu irmão, foi meu contemporâneo. Formou-se em 1928 e chamava-se César

Cortes Sigaud. Seguia por essa rua e tomava seu outro pedaço depois do *Abrigo Ceará*. De outras vezes eu descia só um quarteirão de Cláudio Manuel mas virava à esquerda, até chegar à avenida Brasil. Era para admirar varanda que parecia gaiola de moças e meninas. Uma delas, Andira, seria um de meus futuros pares nas partidas do *Clube Belo Horizonte*. Todas as outras tinham também nomes botânicos, florais, vegetais — eram Azarina, Anêmia, Analcima — esta, a mais velha, parecida com Maria Antonieta de França. Ela sabia disso pois em certo Carnaval fez sucesso, fantasiada com as roupagens e o chapéu que madame Vigée-Lebrun pôs num dos seus inúmeros retratos da rainha malfadada. Da esquina do dr. Álvaro da Silveira, eu descia a ladeira de Brasil e tomava Afonso Pena na praça Tiradentes (a segunda e atual). Chegava ao *Abrigo Ceará*, vingava o trecho ladeira de Cláudio Manuel e seus quarteirões, feudos dos Coelho Júnior, do coronel Figueiredo, dos Tavares, do seu Marçola. Em Chumbo aparecia o telhado do dr. Cícero emergindo das mangueiras que lembrava-me o da casa de Janina, soberana do mar, duma estória de *O Tico-Tico*. Era encantada: sempre visível mas cercada de florestas onde não se achava caminho que nela chegava. Só Paulino o encontrou. Daí para cima era em sua companhia, braço dado com ele, que eu seguia até ouvir nossa cachoeira e entrar em Caraça 72. Como você demorou, meu filho...

Os dias continuaram sempre iguais na repartição onde não se sentia passar o tempo. Era como se ele não existisse e como que tudo ali, homens, móveis, livros, papéis estivessem embebidos de eternidade. Nem os horários variavam. Já mostrei a sequência da entrada de quase todos os funcionários — do diretor ao Fortunato — que abria as portas. Falta mostrar a entrada de outras *dramatis personae*. Coincidente à do dr. Libânio, minutos antes, minutos depois, era a turma da Profilaxia Rural. Essa comissão federal funcionava sinergicamente à Higiene estadual e as duas tinham a mesma direção. Uma espécie de monarquia dual como a da Áustria-Hungria e excelente oportunidade para os médicos e funcionários do peito mamarem logo em duas tetas — a estadual, muxiba, a federal, ubérrima. Pertenciam à mesma, na sede, os drs. Ernâni Agrícola e Casimiro Laborne Tavares. O último era um rapaz alto, corpulento, claro, cabelos dum castanho alourado, apurado no trajar e extremamente bem-educado. Muito cerimonioso, sua maneira de tratar os outros com fria urbanidade e imutável atenção levantava uma espécie de muralha em torno dele. Todos porfiavam em corresponder ao como eram tratados e dessa forma, ele, se não era querido com exageros, também não era aborrecido por ninguém e vogava sempre em mares de simpatia e boa vontade. Sentia-se que era homem firme e suas insinuações ou pedidos eram sempre contemplados como se fossem ordens. Chegava, sentava-se à mesa, via a papelada que lhe fora distribuída, informava, levava ao diretor, não demorava despachando e voltava para sua cadeira. Retomava o estudo dos processos, olho neles e olho na porta. Quando por esta passava o diretor batendo em retirada para *despachar com o senhor secretário* — o que se dava entre três e um quarto e três e meia — o dr. Laborne também se levantava, despedia-se e ia para seu consultório oftalmológico. Era formado pela nossa faculdade e tivera a prerrogativa alfabética de ter sido o primeiro a colar na mesma, o grau de Médico, em março de 1918. Já seu companheiro de sala, o dr. Ernâni Agrícola, era formado em 1919 e a tese que defendera — *Da punção ganglionar no mal de Hansen* — dera-lhe fama belorizontina de ser um dos maiores leprólogos contemporâneos, segundo me informara o Horta dando o nome da tese ao tempo que esboçava uma expressão de entusiasmo incontido — sorriso de êxtase entrefechados olhos. Repetia: *Da punção ganglionar no mal de Hansen...* Ao que fui apurando, o nosso Agrícola era um moço do maior mérito, que estudava à própria custa, trabalhando como bedel no *Colégio Cassão*. Desta fase difícil e do lidar com meninada indisciplinada e sempre marota, ficara-lhe uma extrema desconfiança de tudo e todos que ele não podia esconder e que lhe transparecia nos olhos arregalados, no olhar suspicaz e na pupila negra e miúda que ele não despregava da cara do canalha do interlocutor. Restara-lhe ainda o hábito de mandar sem admitir discussão num tom que ficava logo abaixo do grito mas num registro acima da voz alta. Tinha a mirada fixa, piscava pouco, ria menos e quando o fazia era dum jeito todo especial — não contraía os *risorius novus* de Santorini mas sim os elevadores próprios do lábio superior, os caninos e o orbicular dos lábios. Assim, seu raro riso em vez de fazer abertura transversal da boca, como a da moça que diz LI no anúncio da LUGOLINA, fazia era um círculo como o da que pronuncia GO. Através deste O via-se o que ele tinha de perfeitos, invejáveis e realmente belos — os renques dos dentes magníficos. Quando fui trabalhar na Higiene e o conheci, ele estava formado de dois anos, era moço, mas grisalhava precocemente. Vestia-se sempre de escuro, geralmente duma casimira *tête-de-nègre* e lembrava no seu todo um pastor metodista. Taciturno e moreno, lia o pensamento alheio, era estimado pelos chefes e odiado pelos subordinados. Trabalhava como máquina e fez jus ao conceito que desfruta entre os sanitaristas do Brasil. A Profilaxia Rural, então incipiente em Minas, repousava nos seus ombros, na sua atividade. Era com ele, depois de irem trocar salamaleques com o diretor, que se entendiam, para assuntos sérios e providências técnicas, os chefes de posto do interior quando vinham a Belo Horizonte. Recordo alguns. Éder Jansen de Melo, um seu parente, Mário Jansen de Faria, outro Faria — Ladário de Faria, Custódio Ribeiro de Miranda, José Alves de Castilho Júnior, outros juniores — Camillo Lellis Ferreira Júnior e José Felicíssimo de Paula Xavier Júnior, Guilherme Libânio do Prado, dois Mários — Mário Barreto e Mário da Nóbrega Dias. Os outros ficaram no Tempo mas fora do raio de minha lembrança. Com os drs. Laborne e Agrícola, na mesma sala, trabalhava o excelente Horácio Guimarães (não confundir com seu homônimo, filho de Bernardo Guimarães e redator do *Diário de Minas*), moço do sul de Minas, aparentado de Silviano Brandão e da senhora do nosso diretor. Era o encarregado da correspondência e de dar forma potável às ordens de serviço, avisos, ofícios e relatórios. Redigia bem, escrevia com simplicidade e elegância. Entregavam-lhe umas latas de água barrenta. Ele a devolvia linfa límpida e clara, cintilando dentro de copos de cristal.

  Além do *pessoal da Profilaxia*, entrava à mesma hora o do *Isolamento* — depois *Hospital Cícero Ferreira*. Seu diretor, o dr. Levi Coelho. Seu assistente, o médico encarregado do tratamento dos infecciosos, o dr. João Afonso Moreira. O primeiro era formado no Rio de Janeiro e o segundo pertencia à primeira turma da nossa faculdade. Levi Coelho da Rocha era um homem mais para alto que para baixo, a quem a magreza fazia parecer mais comprido que realmente era. Todo ele era feito de ossos, nervos, músculos e pele. Gordura nenhuma. Era calvo, nariz judaico, fino bigode retorcido nas guias pequenas, sobrancelhas de extremos levantados. Lembraria Mefistófeles se não fosse a expressão ridente e bondosa dos seus olhinhos miúdos. Usava quase sempre gravata-borboleta, vestia-se de escuro, pisava bem, era desempenado de espinha e possuía porte elegante. Quando passava na cidade, chapéu de lebre batido de lado e ar ovante, tinha um quê de duelista que passeia. Poderia ser um — pela tradicional bravura que sempre mostrava e que afinal lhe foi funesta. Tinha sido aluno da Faculdade do Rio de Janeiro em fins do século passado e princípios do nosso, fora contemporâneo de meu Pai e a ele e ao que me contaria depois devo as descrições do físico, do moral de Francisco de Castro, de Pedro Severiano, Feijó Filho, Rocha Faria, Chapot-Prévost, a história da Sabina, da luta dos estudantes de medicina a seu favor, luta em que ele, Guayba Rache e meu Pai tomaram parte — tal qual contei no meu *Baú de ossos*.* Os versos da Sabina me foram transmitidos por ele. João Afonso Moreira, seu auxiliar no *Cícero Ferreira* a essa época, estava formado só de há quatro anos mas já se distinguia por seu preparo, sua inteligência, sua compostura e tudo, nele, prenunciava o grande clínico e o grande professor que seria. Seus cabelos já começavam a rarear apesar de não terem brancas; era pálido, de olhinhos espertos, mais para baixo que para alto e um conversador infatigável. Falava dum jeito engraçado, ao modo das pessoas que o povo diz que têm a língua presa. Tinha presença de espírito, resposta pronta e não levava nenhuma para casa. Redarguia na base do taco a taco. Entrando um pouco pelo futuro, quero dizer logo que fiz de ambos — Levi e Moreira — bons amigos. Fora da Higiene os dois frequentavam a Santa Casa pela manhã. O primeiro era assistente de Borges da Costa, na Clínica Cirúrgica, e o segundo, de Alfredo Balena, na Medicina Interna e ainda achava tempo para acompanhar Melo Teixeira na Pediátrica Médica que funcionava no *Hospital São Vicente*.

    Havia ainda os que eu viria a conhecer depois, como o seu Jorge Vilela e o Manuel Libânio que não saíam nunca do Almoxarifado, o grupo do *Posto de Sífilis* e um funcionário de qualidade — Mário Casassanta — pertencendo ao quadro e à casa, mas com prerrogativas de frequência livre. Vinha uma vez que outra ou quando era chamado para escrever a correspondência mais difícil e delicada, a que envolvia assuntos interestaduais, os discursos do diretor e para dar os retoques finais de estilo aos relatórios anuais que, aliás, já saíam perfeitos das mãos de Abílio de Castro. Só que o nosso dr. Libânio preferia os floreados clássicos do Casassanta ao estilo romântico e enxuto do dr. Abílio.

* Ver anexo II.

> Eu sou trezentos, sou trezentos-e-cinquenta [...]
> MÁRIO DE ANDRADE, "Eu sou trezentos"

Vim por aí afora contando duas estórias. Minha vida no primeiro ano da faculdade. Minhas experiências iniciais de funcionário público. Parecem coisas separadas porque foram narradas separadas. Mas, cronologicamente, as duas se enroscam uma na outra como cordeletas para formarem cordas e estas se torturam para fazerem a arquicorda, o cabo, o camelo, o enrolo de nossa vida que nunc' é una mas o tecido de fios fios fios, trezentos fios, trezentos, trezentos e cinquenta... Mas tudo tinha de sair junto, despejar-se nas férias que sucederam aos exames. E justamente nestas férias aconteceram fatos que marcariam. Vamos a eles. Num dos primeiros dias de janeiro eu estava em frente ao *Cinema Odeon* sapeando a entrada quando — quem? me aparece: o grande Paulo Machado, recém-chegado do Rio. Ainda não tinha acabado seu curso no *Colégio Militar*, tinha feito bem seus exames e agora, até março, ficaria em Belo Horizonte. O Paulo, nessa ocasião, era dotado de basta cabeleira encaracolada e negra, como a de dom Pedro I. Já usava o pincenê que dava caráter especial a sua fisionomia. Era muito míope e como todos os Machado dotado de *sense of humour*, inteligência, gosto pelas coisas de arte e principalmente daquela convivialidade que sua família, sua irmandade levavam a um requinte igualado por pouca gente. Ele, Paulo, era a alegria em pessoa e a hospitalidade. Logo me emprazou para o dia seguinte, em sua casa, queria que eu fosse para o café e para conhecer o irmão de sua admiração — Aníbal. No dia seguinte lá estava. Fui logo conduzido pelo amigo à sala de jantar patriarcal onde fui apresentado a suas irmãs Anita e Sinhá, ao seu irmão Lucas — porque ao Aníbal, eu já conhecia de seus tempos de namoro, na Floresta, com Araci. Ela lá estava, esposa, com aqueles seus olhos Jacó — os de qualidade azul, palhetados de ouro, parecendo turquesas em engastes de longas garras do metal. Olhos que passaram intactos, replicados, como eles eram, para suas filhas Maria Clara e Maria Ethel (os de Maria Celina são da mesma cor — mas com a bruma da expressão Machado). Depois do café, pão com manteiga, sequilhos, bolos, brevidades da d. Marieta, descemos ao porão onde ficava o escritório do Aníbal. Era peça clara, lado do poente, batida de sol durante a tarde, cheia de livros — umas quatro ou cinco estantes contendo cerca duns quinhentos volumes, principalmente de literatura francesa, portuguesa, revistas de arte sobre decoração, serralheria, pintura, escultura, música, teatro e cinema, de que o Aníbal foi, no Brasil, um dos primeiros a captar a prodigiosa mensagem estética e de que, com o tempo, seria um dos melhores conhecedores e dos mais agudos críticos. Onde estarão? seus artigos de imprensa sobre os filmes suecos, italianos, franceses, alemães e americanos. Quando aparecerá? um estudioso que os procure em nossas velhas coleções de jornais — para reviver essa — entre as tantas facetas desse prodigioso intelectual. Mas estamos no seu escritório inícios de 1922. Entre livros, álbuns, quadros e desenhos na parede. Lembro particularmente dum, muito afeiçoado por Aníbal, crayon vigoroso, rico de claros-escuros, representando cabeça guedelhuda, testa luminosa, o queixo fino e a expressão angustiada e pensativa de um homem moço. Era retrato. O de certo estudante russo que Genesco Murta conhecera em Paris e de quem fixara os traços que eu tinha à minha frente. Havia cadeiras, um divã de palhinha, dos antigos, dos estofados, com os roletes cilíndricos das extremidades. Ficamos no dito, eu e Paulo. O Aníbal, à sua mesa. E comecei ali, com ele, a conversa que só terminaria quarenta e dois anos depois quando a Morte nos separou. Deste escritório eu levaria de empréstimo e apresentados por Aníbal — Anatole France, Rémy de Gourmont, os Goncourt, Mallarmé, Samain, Verlaine, Rimbaud. Precisamente nesse dia saí com dois livros de Daudet — *Jack* e *Sapho* que gosto de reler até hoje pelo que eles me devolvem de mocidade, daquele escritório, da casa do coronel Virgílio, da rua dos Tupis e da continuação da França que me começara a ser mostrada por meu tio Antônio Salles e por meu mestre Floriano de Brito. Foi nesse mesmo gabinete que, meses mais tarde, eu veria um exemplar do escândalo da época — *La Garçonne* — brochura rósea com um desenho de mulher de cabelos curtos, da magreza da época, com os grandes olhos verdes cheios de éter e cocaína luzindo dentro de olheiras duma profundidade bordelenga e noturna. Foi ainda no porão dos Machado que ouvi, ainda mais tarde e do próprio Aníbal, a notícia da morte de Proust. Proust? Quem, Proust? Ele explicou. Outro nome surgido no dia dessa minha primeira visita. O de Drummond. Carlos Drummond. Eu não conhecia e foi-me aconselhado conhecê-lo. Depois passei para o quarto do Lucas. Era mais velho que o Paulo. Estudava medicina com a seriedade e a paixão que fizeram dele uma de minhas fortes influências. Estava na quarta série, era meu veterano. Os anos vindouros estreitariam nossa amizade e fui, em certo período duro de sua vida, dos seus companheiros mais assíduos e ele, o melhor conselheiro nas minhas perplexidades acadêmicas. Já trabalhava a esse tempo na enfermaria de Hugo Werneck, de cuja escola seria um dos grandes continuadores. Conversamos um pouco e tornei ao Bar do Ponto com o Paulo. Não senhor! Faço questão de levar você até ao bonde. Perguntou o que eu fazia de noite. Quando lhe disse que saía pouco, geralmente ficava na Serra, em casa, ou visitava os Gomes Pereira, o Paulo gargalhou e disse que eu estava levando vida de donzela. Que diabo! Tínhamos de ver a cidade, à noite. Esses conselhos coincidiam com os que me sussurravam o Isador, o Zegão, o Cisalpino, Cavalcanti, Chico Pires, Satã. O Paulo não os conhecia? Conhecia e gostava de todos. Podíamos debutar sábado próximo. *Desceríamos* depois da segunda sessão do *Odeon*. Ficho? Fichíssimo. No dia seguinte preveni minha turma.

> Hoje é sábado, amanhã é domingo
> A vida vem em ondas, como o mar [...]
> Impossível fugir a essa dura realidade!
> Neste momento todos os bares estão repletos de
> homens vazios [...]
> Há uma tensão inusitada
> Porque hoje é sábado
> Há adolescências seminuas
> Porque hoje é sábado
> Há um vampiro pelas ruas
> Porque hoje é sábado [...]
> VINICIUS DE MORAES, "O dia da criação"

Aquele hoje era um sábado dos ontens. Às sete e trinta já estávamos diante do *Odeon* vendo quem entrava para aguardar a segunda sessão que começava às oito e terminava às dez. O cinema ficava num belo prédio de dois andares cujo lado esquerdo (de quem o olhava) abria para o sobrado do comendador Fonseca (em cima) e para a *Charutaria Flor de*

Minas (embaixo). Pelo lado oposto fazia parede-meia com a loja do Giacomo Aluotto e a ala das janelas do *Hotel Globo* que, no primeiro andar, davam para Bahia. A edificação bem estilo belle époque, das mais elegantes daquele trecho, era pintada dum pardo-claro, realçado pelas saliências e ornatos da fachada, passados também a óleo — mas creme. O cinema tinha cinco portas. Ficavam abertos, na hora dos espetáculos, apenas os gradis da do centro (entrada) e da extrema direita (saída). Os outros, sempre trancados, eram tapados do lado da rua pelos enormes cartazes com uma cena do filme que estava sendo levado, seu título, o nome dos astros em garrafais e mais a especificação do número de suas partes. Todas essas portas eram guarnecidas por bandeirolas de serralheria prateada semelhantes às das três sacadas de cima, do salão de baile do *Clube Belo Horizonte*.

Pois misturados aos outros mirones estávamos eu, o Paulo e o Cavalcanti à espera do resto do grupo. Como às dez para as oito eles não dessem sinal de vida, — já cansados de estalar sob as solas os caroços que choviam das bagas deiscentes das árvores — resolvemos entrar. O preço era *pila-e-cem* (1$100 réis) e pagava-se numa bilheteria toda de metal amarelo, brunido que nem ouro. Seu portãozinho da esquerda, invariavelmente fechado. No da direita, recebendo as entradas pessoalmente, ficava um dos proprietários da casa de diversões, o próprio Agenor Gomes Nogueira, bem penteado, bem vestido, bem barbeado, tratando com urbanidade e cumprimentos os senhores, as senhoras e senhoritas que entravam e com uma altura olímpica e desconfiada a multidão de rapazes e estudantes. Sua presença tornava impossível qualquer tentativa de carona.

Paulo Monteiro Machado. Já descrevi sua fisionomia sorridente de míope. De altura, era mediano como todos os Machado. Um pouco mais alto que Mário e Aníbal. Um pouco mais baixo que Cristiano, Zoé, Otávio e Lucas. Falava pelos cotovelos. Ria a bandeiras despregadas. Decerto que era sujo de boca como todos de minha roda. Punha os pontos nos ii e dava às coisas os nomes que as coisas têm. Como nós, do Pedro II, tinha a linguagem desabrida do *Colégio Militar* de que, nessa época, tinha passado para o quinto ano. O sexto ele fá-lo-ia em 1923, quando deixou a instituição com o título de agrimensor e voltou definitivamente para Belo Horizonte, começou a trabalhar com o pai e matriculou-se na Faculdade de Direito. Seus colegas de turma, no secundário e os grandes amigos sempre citados eram Carlos Palhares, Waldemar Paixão e Luís Gregório de Sá. Nascido a 10 de outubro de 1904 ele tinha naquela frente do *Cinema Odeon* dezessete anos.

  Joaquim Nunes Coutinho Cavalcanti, conhecido em casa como Zozó, foi uma das almas mais largas e abertas que já conheci. Era inteligente, generoso e bom. Nascera em Pernambuco mas era ladinoso como mineiro, pois habitara desde muito pequeno Lafaiete e Barbacena onde seu pai trabalhara quando viera do Recife e antes de mudar-se para Belo Horizonte. Tinha feito os preparatórios parceladamente, quatro por ano, como se permitia então. Nascido a 1º de março de 1906 tinha realizado essa façanha em 1918, 1919 e 1920. Talhara seu primeiro terno de calças compridas (já o contei) para apresentar-se ao exame de admissão da nossa faculdade, tendo quinze anos incompletos. Já os tinha naquela noite de sábado. Como o Paulo, não era alto. Mas era duma elegância física pouco comum — fino, desbarrigado, bem-proporcionado e pisando como um rei. Bonito de cara? Não. Até mesmo que não: tinha-a meio quadrada — e quando anos mais tarde fui ao Museu Nacional de Antropologia, do México, identifiquei o companheiro já sumido no tempo numa cabeçorra testemunha da cultura olmeca — cuja boca lembra a das onças e dos pumas (*The mouth is shaped like a jaguar's* — dizia o livro de arte que me servia de catálogo). Mas tinha belos olhos, soberbos dentes e muito precoce, parecia mais velho e fazia um sucesso estrondoso com o mulherio. Aproveitava e aquilo eram priapadas sem conta. Quinze anos do Zozó, dezessete do Paulo e meus dezoito naquela alvorada de 1922... E era sábado.

  Entramos na sala de espera do cinema, furiosos com o bolo do Chico Pires, do Isador e do Cisalpino. Pior para eles. Aquele vestíbulo do *Odeon* era empapelado de verde e vermelho, tendo nas paredes, também colados, grandes painéis coloridos de filmes da Nordisk. Lembro dum, particularmente. Representava cena de teatro onde se via, no palco recurvo, a figura duma mulher em espartilho, rendas aparecendo por baixo, um pouco das grossas coxas e das ligas verdes segurando meias pretas que se perdiam em altos canos de botinas claras. Um enorme chapéu e *pleureuse*. Arredondava boca de canto, dedinho no ar e era devorada pelos olhares de senhores no camarote rente ao palco, de que um dirigia os raios do monóculo aos regos do seio da artista e o outro, mais para baixo, para o ponto apontado pela ponta do colete *devant-droit*.

A mulher parecia com as heroínas de nossos livrinhos de safadeza no colégio. Os homens, *bel-amis*, lembravam todos personagens de Maupassant. Ao fundo da sala de espera, fonte rústica luminosa, com tanque cheio de peixinhos vermelhos. Duas escadas de grades prateadas levavam a uma sacada de orquestra e às duas portas que davam para os balcões. Era o suco da uva. A sala de espera estava cheia. Olhávamos e éramos olhados. Estávamos no trinque dos almofadinhas da época. Chapéu enterrado até às orelhas, colarinhos altos com gravatas-borboleta ou longas e se perdendo, estas, depois de parábola ousada, no alto colete de doze casas de que a inferior nunca era abotoada. Paletós cintadíssimos e compridos, atochados de enchimentos nos ombros e nos peitos. Calças largas em cima e apertadíssimas embaixo (a medida da boca era tomada pelos alfaiates, freguês sem sapato — do alto do tornozelo ao calcanhar: só o necessário para o pé passar todo estendido). Polainas. Calçado ponta de agulha. Flor no peito, como os outros moços e como eles quase todo o lenço para fora do bolso alto do paletó. Acabou a primeira sessão. Esvaziada a sala de projeções, abriam-se batentes de púrpura da cortina de veludo das duas portas que lhe davam acesso. Campainhas tinindo, entrava o pessoal da segunda. Já estava sentado na última cadeira da fila do alto do balcão esquerdo o dr. Álvaro Astolfo da Silveira. Assistira à primeira sessão e, como era seu hábito, ia repetir o filme, na segunda. Ninguém ousava tomar sua cadeira, que aquilo era lugar cativo. E se algum imprudente o fazia, o dono do assento chegava e seco, intimava o abancado a dar o fora. Era obedecido imediatamente porque todos sabiam que ele não brincava. Outra dona de cadeira cativa, na plateia, era a *Chichica*. Chamava-se com essa familiaridade à grande dama d. Francisca de Oliveira, irmã do ministro Cândido (Luís Maria) de Oliveira, um dos exilados de 1889. Esse banimento do mano com a família imperial brasileira criara uma legenda em torno da Chichica. Diziam que fora açafata da princesa Isabel, íntima do Paço onde tinha as grandes e pequenas entradas, veterana do baile da ilha Fiscal. Tinha mais duas irmãs em Belo Horizonte: d. Maria do Carmo (Sinhá), também solteirona e outra de que só lembro o apelido — d. Nhanhá, casada com Antônio Augusto de Oliveira e Costa. Eram os pais de Odilardo Costa, popular artista amador. Vi-o fazer o principal papel de *O emigrado* na ribalta do *Municipal* da capital mineira. Mas voltemos à Chichica. Sempre de veludo preto, azul ou roxo — combinando com o chapelão posto muito para atrás e descobrindo bem a face. Não se maquilava, antes caiava-se como um pierrô e empapava os cabelos de negrita. De traços lembrava, e já o referi, o *Esopo* de Velázquez, que está no Museu do Prado.

    A sala de projeções estava à cunha. Antes de a luz apagar, era costume dar um espaço de tempo para as famílias se repararem. A orquestra afinava. O pianista percutia continuamente o lá do diapasão normal e os instrumentistas de corda iam apertando e respondendo. De vez em quando um pio de flauta, outro de clarineta. Como vários rapazes, o Paulo, eu e o Cavalcanti permanecíamos de pé e corríamos os olhos nas moças sentadas entre seus pais e mães e tias solteironas. Isoladas como dentro duma vitrine. Os leques se agitavam, subia um perfume de pó de arroz e os namorados começavam a trocar suas greladas ofidianas. De repente eu vi luzirem (positivamente luzirem!) uns cabelos de ouro. Eram curtos e viraram-se em duas pontas na face levemente picada de sardas de uma menina de narizinho arrebitado cujos olhos escuros contrastavam com o metal de sua cabeça. Foi como se eu assistisse uma flor desabrochar, um cristal se precipitar, nascer uma estrela, subir o sol. Tive a impressão de uma pedrada no peito, coração galopando no peito. Quando eu ia perguntar aos amigos quem era, a luz apagou, começou a projeção. Esperei o intervalo, cinema novamente iluminado e mostrei-a ao Paulo. Nunca tinha visto. Ao Cavalcanti. 'Pera um pouco, tenho ideia de conhecer de vista. Não sei se de Ceará, se de Gonçalves Dias... 'Xa ver — isso, isso mesmo. Ceará e Gonçalves Dias, acho que mora na esquina das duas ruas... Apagou tudo de novo. A cada intervalo eu olhava desesperadamente. Ela passou um olhar distraído e rápido no nosso grupo. Me estiquei como quem chama mas sua mirada se foi, se perdeu adiante, para o outro lado, não voltou. Parou numa roda de frangotes onde gesticulavam, riam, se mexiam — Baby Baeta Neves, Abdon Hermeto, Luís Couto e Silva, o Gil César, o Alysson de Abreu. A Chichica, nos intervalos, tinha vezes que levantava e andava dum lado para o outro, conversando com um, com aquele, com senhoras, com os rapazes. Ela tinha esse hábito ou então o de ficar repimpada na sua cadeira (grupo do centro, meio do cinema, extrema direita) onde vinham cortejá-la seus amigos de todas as idades. Por um instante tinha-se uma impressão de Ópera de Paris e de que ela voltara a tempos imperiais e qual duquesa, estava ali *agréant des compliments dans sa loge*. Acabou a fita. Precipitei-me decidido a acompanhar no bonde o astro que vira. Mas inexplicavelmente ela sumira na multidão, como lua cheia de repente tragada por nuvem pesada e meu mundo remergulhou na escuridão. Entretanto o Paulo providenciava. Ainda era muito cedo para *descermos* e ele propunha *Clube Belo Horizonte* para tomarmos o lastro de uma cervejinha. O Zozó concordou. Boa ideia, isso, uma cervejinha amiga porque, como diz o Chico Pires — de bitáculas apagadas não se navega. Eu ainda olhava os últimos grupos na rua, saindo do *Trianon*, do *Fioravanti*, ou esperando os bondes. Nada. Fora-se a incomparável visão... Obtemperei que não éramos sócios, o Cavalcanti e eu. Mas o Paulo disse que com ele entrávamos — não fosse esta a dúvida. Subimos os dois lances da escadaria de ferro que se angulavam no corredor — entre o prédio do clube e do cinema e o muro da casa do comendador Fonseca. Amigos... comigo — soltou o Paulo, ao tempo que dava as boas-noites ao porteiro que riu, fez gesto que entrássemos, pois não podia falar de apiançado da sua asma (tinha sufocações tão terríveis que mais tarde tentaria duas vezes contra a vida. Escapou a primeira vez, da estricnina — que lhe deixou cãibras e arrocho maior no peito. Foi à segunda jogada e dessa vez acertou, com a formicida que jamais engana). Entrei comovido na instituição por corredorzinho estreito que dava numa espécie de galeria larga, clara, cheia de espelhos, paredes recobertas de papel com desenho de tapeçaria heráldica onde predominavam os espaços ouro e goles. O Paulo começou a fazer as honras da casa.

Parece que o *Clube Belo Horizonte* saíra de um primitivo *Clube das Violetas* — grupo mundano da nova capital. Crescera, se firmara e tivera de transformar-se em instituição definitiva. Isso é o que corria no meu tempo e que aprendi da tradição. Como *Clube Belo Horizonte* fora inaugurado em 1904, tendo sido seu primeiro presidente o dr. David Moretzsohn Campista. Era a casa onde se reunia a elite da cidade e funcionava, quando o conheci, como já ficou dito, nos altos do *Cinema Odeon*. Logo no corredorzinho de entrada o Paulo mostrou porta à esquerda. Essa é a sala de leitura. Era alegre, empapelada de cinzento-claro com frisos brancos, larga mesa central redonda, com todas as revistas e jornais fornecidos à leitura dos sócios. Estes e aquelas eram presos em longas varas de madeira — dobradiça na extremidade e cadeadinho na outra, para as folhas não desaparecerem. Sofá, poltronas, cadeiras de palhinha. Nas paredes, retratos dos presidentes e beneméritos do fino grêmio. Numa bela moldura e confirmando a filiação ao *Clube das Violetas*, fotografia de uma diretoria do mesmo entre cujos membros se destacava a figura, ainda muito moça, mas de maiores bigodes, do meu amigo dr. Afonso Pena Júnior. Desta sala passamos à da frente, a dos bailes, com mobiliário preto torneado e muito belle époque, sofás e cadeiras ao longo das paredes. Duas *jardineiras* com altos espelhos se defrontavam — uma em cada parede lateral. No canto direito de quem entrava, um estrado para a orquestra, onde se viam as estantes das partituras e fechado, um belo *Pleyel* espelhante e negro. Peanhas nas paredes para jarros de metal prateado, mais faiscantes sobre o fundo musgo. Como era dia comum, o salão estava servindo para as concentrações cerebrinas dos jogadores de xadrez. Havia quatro mesas mas só uma ocupada por dois homens silenciosos que ora olhavam agudamente o tabuleiro e as pedras, ora um ou outro e então, com rancor. Em voz baixa, como numa igreja, o Paulo disse o nome dos jogadores. O moreno era o Carneiro, da revisão do *Diário de Minas*, gaforinha desmanchada — aqui e ali riscada de prata — e que levou bem dez minutos para mudar de quadrado a torre branca que tinha na mão. O louro, careca e vermelho era o coronel Drexler, militar suíço contratado para dar instrução germânica à polícia de Minas. Mas vamos saindo porque eles não gostam de *sapos*: se mexem, palpitam, perturbam o raciocínio dos jogadores, atrapalham os lances, comentam. Prudentemente recuamos para a galeria onde nosso guia mostrou porta próxima à do salão. Abriu mas não entrou e nem nos deixou entrar. Aqui ficam o toalete e a privada das moças. É habito ninguém penetrar aqui nem usar a banca sacrossanta. O bidê então! nem se fale... Cada sócio considera isso, por parte do outro, um desrespeito às senhoras e moças da própria família. De mais a mais vocês já imaginaram? o perigo que seria um engalicado sentar na latrina onde dias depois, talvez no mesmo dia, se sentasse uma donzela arriscando apanhar um cancro, um esquentamento, um cavalo. O Cavalcanti e eu concordamos e recuamos, andando de costas como diante de altar ou da rainha d'Inglaterra. Perlustramos a galeria larga e cheia de espelhos. O Paulo continuava indicando outras entradas. Aqui as das salas da diretoria, da secretaria, ali a do uaterclose dos homens. Entramos, para exonerar. Eram duas salinhas pintadas de óleo escuro servindo de fundo a frisos mais claros que corriam como traçados de rio nos mapas. Na primeira, os cabides e uma pia. Na segunda, a retreta com tampa de verniz e mictório parecendo uma queixada prognata e aberta. Na parede, cuidadosamente erigido a lápis-tinta, erguia-se, enfático, vanglorioso, soberbo e arrogante um daqueles despropósitos. Sua base perdia-se num emaranhado donde pendiam ovos tamanhudos como os das avestruzes. Das guelras abertas saíam-lhe os pingos e o *esguincho* da *langonha*. Rimos muito lendo, primorosamente caligrafados, embaixo, os conhecidos versos de Bocage.

> Verga, e não quebra, como o zambujeiro;
> Oco, qual sabugueiro tem o umbigo;
> Brando às vezes, qual vime, está consigo;
> Outras vezes mais rijo que um pinheiro:
>
> À roda da raiz produz carqueja:
> Todo o resto do tronco é calvo e nu;
> Nem cedro, nem pau-santo mais negreja!

Ainda fungando entrabrimos as salinhas de jogo. A primeira, com uma mesinha para o cuncamplei e a mais comprida e solene da pavuna. Um barulhinho de fichas nervosamente chocalhadas crepitava no ar e um grupo tenso seguia as mãos que colocavam vagarosamente as cartas nas pilhas do ponto e banca. A segunda sala, como a primeira, azul de fumaça, mostrava dois grupos em mangas de camisa entranhados no pôquer e *chorando* lentamente seu joguinho — todos caras de pedra. Saímos para admirar do outro lado dependência com toucador de grande espelho — destinada para retoque da toalete dos cavalheiros e mais a entrada da copa-cozinha. No centro das peças descritas por último, era o bufê e abancamos a um canto, enquanto o Paulo parlamentava com o garçom e ordenava três botelhas geladíssimas. Tinindo, amigo. Uma *antártica* e duas *brahmas*. As garrafas chegaram. O Paulo palpou-lhes a temperatura. Isso, isso. Batuta! Ali degustamos lentamente a bebida, contando estórias no princípio sérias, depois rolando inevitavelmente na porcaria. Casos de português, de papagaio, de cornos, de cu e de Bocage. Guardei a cara dos amigos nessa ocasião, sua saúde, sua mocidade, seu riso, nossa alegria. Depois o tempo rolou, muita água passou debaixo da ponte, vi os olhos do Cavalcanti se empapuçarem, sua bochecha ficar espessa, funda tristeza invadir seus olhos cansados e a morte esculpir sua última máscara. Vi. Assisti o Paulo adquirir brancas, ganhar rugas, perder o cabelo, ser envultado pela moléstia. Assisti. Mas à medida que os anos correm sobre o desaparecimento desses amigos exemplares (tão cedo! meu Deus! tão cedo) — um mecanismo generoso de minha memória vai apagando essas imagens de degradação e de fim — só deixando subir-me à tona da lembrança aqueles irmãos como eles eram na aurora daquela noite daquela cervejinha. Afinal chegou a hora de *descermos*... Aurélio, no seu dicionário, dá vinte e oito acepções do verbo *descer*. Não cita a vigésima nona, a que tinha curso em Belo Horizonte, a partir de dez e meia da noite. Dessa hora em diante, descer era fazê-lo para os cabarés, os lupanares — para a zona prostibular da cidade, em suma. Nessa hora notava-se como que um *branle-bas* no *Clube Belo Horizonte*, onde encerravam-se as rodas de jogo, esvaziava a sala de leitura, passava o último cafezinho, as luzes iam se apagando; no *Trianon*, onde vários habitués pediam suas notas, arrastavam as cadeiras, levantavam-se e davam até amanhã aos que ficavam, ao Otaviano, ao Mário e tocavam. Acontecia o mesmo no *Bar do Ponto*, no *Fioravanti*, no *Estrela*. Formavam-se grupos e todos tomavam a mesma direção, em Afonso Pena, sob os fícus, até virarem em Espírito Santo, Rio de Janeiro ou São Paulo que eram os caudais que desaguavam no quadrilátero da zona. Esse compreendia tudo que ficava entre Bahia, Caetés, Curitiba e Oiapoque, vasta área de doze quarteirões de casas. A partir da crista de Caetés, as ruas ladeiravam até despencarem no Arrudas. Assim, esse trecho da cidade ficava numa depressão. Para nele chegar era preciso marchar rampas abaixo e daí o significado especial de descer dado pelos belorizontinos à ação de ir à zona, à patuscada, à farra, ao cabaré lá embaixo — e, por extensão, à de ter coito. Vamos descer. Há dias que não desço. Esse mês tenho descido demais. Você desce? hoje. Desço. Não desço. Não sei se desço. Descer ou não descer — eis a questão...

Seguimos lentamente a avenida sob a sombra espessa e cariciosa dos fícus. Um perfume errava no ar, a folha farfalhada, a galho podado, casca, cerne, broto, resina — cheiro fresco da noite de Belo Horizonte. Luzes. Maravilha de milhares de brilhos vidrilhos. Uma calma no ar... Era a antexistência do poema de Mário de Andrade. Fomos até São Paulo, atravessamos a avenida do Comércio — iluminada como *La Rambla*, *La Gran Via* — a rua Guaicurus que era um pedaço de Marselha jogado no sertão; uma Torre de Babel deitada, onde se falavam todas as línguas: francês, espanhol, brasileiro do *nóou(r)te*, *dô sull*, mineiro de Pirapora, Januária, Montes Claros, do Centro, do Triângulo, da Mata, das terras verdes e das terras das águas; olhamos as portas abertas da Petronilha, da Leonídia e, mais embaixo, em Oiapoque, a fachada misteriosa da Elza Brunatti, fechada e cadeado no portão: aquilo era sinal de deputado, senador, desembargador, secretário ou então, quem sabe? — se deliciandosse lá dentro. Dobramos à direita contornando o *Palácio das Águias* e diminuímos o passo diante do portão também inacessível da Olímpia e da fachada acachapada do *Curral das vacas* — esse ao nível de todas as bolsas: 5$000. Porque nos outros citados o michê era de cinquenta. Uvas verdes... Continuamos na noite estrelada. Fomos pelas escuridões de Oiapoque até Bahia. Passamos diante da fachada apagada do hoje *Instituto de Tecnologia*, naquele tempo contendo toda a Escola de Engenharia. Volteamos em Guaicurus e apreciamos o movimento prodigioso daquele açougue chamado *Curral das éguas* — cujas vedetes eram a Geralda Jacaré, a Zezé Bagunça e a Maria Bango-Bango — covil de preço vil: dois *pilas* — e assim, guarida de vagabundos, estudantes no fim do mês, descuidistas, gente de banga-la-fumanga, desocupados na bica de gatunos. De dentro vinha gritaria de pura alegria ou de pancadaria de rufiões em puta ou de polícia em todos — saber quem hade? — e trocando chufas com mulatas, pretas e brancas debruçadas nas janelas balões acesos da rua festiva, chegamos ao destino que nos propuséramos: o baile da Rosa. Seu bordel era um vasto casarão quadrado, suas cinco ou seis janelas de frente, pintado de claro e àquela hora fervendo de gente no portão do lado esquerdo. Esse dava para escadas de que um lance subia para o andar do prédio e outro mergulhava para o porão habitável. Entrava-se neste e era um deslumbramento de salão. Pé-direito baixo. Luzes profusas, teto coalhado de lanternas japonesas, correntes de papel de seda, fios de bandeirinhas multicores, festões laçadas de serpentinas, franjas de flores. Espelhos na parede multiplicavam as luzes, as sete cores, os oiros dos instrumentos de metal, as pratas das flautas e clarinetas. Não era orquestra mas banda de música e aquilo ia do trombone ao flautim, da bombardina à flauta, do fagote ao bumbo, aos tambores ao triângulo. Mais tarde eu vi a Galeria dos Espelhos, em Versailles e passeei de alto a baixo no foyer dourado da Ópera de Paris. Minha impressão foi profunda. Não tão profunda, entretanto, como a que tive penetrando os umbrais da sala de danças da Maciela, da sabarense Rosa Maciel. Ah! idade... Era uma peça comprida onde se abafava porque todo o ar vinha da porta de entrada e doutra que saía para os fundos do prédio. A frente do salão não arejava já que dava para os quartos de baixo, cujas portas abriam um instante e logo se fechavam para o trabalho horizontal, fatigante e benemérito das moradoras. O ar estava pesado de calor, de perfume barato, acrimônia de suor, relentos de cerveja e dos cheiros mais agudos do éter, dos vinhos, dos vermutes, do *anis escarchado* e do *Kümmel* — que era então o chique do mulherio. Sentamo-nos num canto, perto de uma mesa de sala de jantar oval, ocupada pelo coronel Drexler (que pelo visto descera antes de nós) e o grupo dos seus amigos. A cerveja ali jorrava em cachoeira. Ele, muito animado posto que carrancudíssimo, dava vozes de comando à banda (onde havia vários instrumentistas seus subordinados). *Agorra o Canjerrês. Agorra Essa negrra querr me darr.* Ou o *Pé de Anjo*, o *Me leva me leva*, o *Pois não*, o *Vou me benzer*, o *Pemberê*. A orquestra atacava de rijo. Era o ritmo conhecido da dança excomungada: um maxixe. Logo o Mingote saiu com a Maria-dos-Olhos-Grandes. Ele atracou-a pela cinta, braço esquerdo levantado, caras coladas, sem ao menos cuspir a ponta do charuto que quase lhe queimava os beiços arroxeados e rompeu nos passos. Começou deslizando depressa ao tempo que vogava e remexia as cadeiras sintonizado ao movimento empolgante das nádegas do par. Olhos semicerrados, face de êxtase onde se gravara um sorriso de beatitude canalha, ele de repente baixou o braço, a dama abriu as pernas, o cavalheiro meteu-lhe o joelho entre as coxas (bem lá nela) e com imperceptível impulso elevou-a nos ares. Ela descreveu, levitada, um hemicírculo de cento e oitenta graus, caiu sem alterar o ritmo batido que a levava. Aí ela passou os dois braços pelo pescoço do macho e esse colou suas mãos simetricamente, *à plat*, aplicando-as em cheio sobre cada metade da bunda dançarina. Começaram a rodar no mesmo lugar, cada vez mais depressa e executaram o *parafuso* mais perfeito a que já assisti. Foram desatarrachando, subindo outra vez, fizeram mais dois vaivéns e estacaram hieráticos um diante do outro, no momento que a banda parava num longo de flautim e num ponto final de bumbo. Todos os outros pares tinham dado o fora quando o Mingote entrara na rinha. Era o hábito, porque tudo desaparecia diante de sua coreografia espantosa e vencedora. Cessada a dança, da mesa em que nos colocáramos com mais cerveja, entoamos com as palmas e pude reparar melhor na soberba morena que arfava em triunfo. Era uma puri. Duas partes de índio, uma de negro e uma de branco. Aquilo explicava a pureza de seu perfil, a finura dos traços, o cabelo ondeando — com preguiça de chegar à própria ponta. Sua pele não era do escuro da das mulatas nem do roxo das negras. Parecia polida numa madeira preciosa, uma palissandra escura e sem reflexos. Tinha alguma coisa de baço, como os velhos jacarandás bem lixados e ainda não envernizados. Apesar desse fosco, aquele tegumento ressumava saúde pelo seu liso, seu cheio e seu turgor. Sentia-se-lhe embaixo o calor do rio subterrâneo de um sangue radiante. Os beiços eram quase negros sob o vermelhão que os untava. As gengivas escureciam mais, ao brilho leitoso dos dentes prodigiosos. Ela ria e pantelava, da dança, do sucesso. Tinha olhos indescritíveis, enormes, cintilantes, negros como duas entradas das galerias das minas d'ouro-origem do seu nome de guerra. Maria-dos-Olhos-Grandes. Vestia de cetim cor-de-rosa e sentia-se que a roupa estava em cima da pele, nela se colando pelo suor e detalhando um seio, outro seio, seus bicos levantados de teta de cabra, as duas nádegas generosas, o ventre esculpido, a espinha suçuarana, as coxas torres. Era um prodigioso ser humano, um instante genial do entrelaçamento das *três raças tristes*. Não resisti. Quando rompeu um cateretê fui convidá-la para dançar. Com inaflorado riso de *Gioconda* fez que não com leve movimento de cabeça ao passo que abria-se num riso inteiro para um velhote com quem logo saiu aos saltos pelo salão. Era um dos da mesa do *Suíço*, vermelhinho e lustroso, pincenê de trancelim equilibrado na nariganga, fraque duma casimira preta riscadinha de branco, riscos tais que se ajustavam em vvv na costura das costas, na costura das mangas. Eu o conhecia de vista, do bonde de Serra, tinha-o na mais alta consideração e fiquei bestificado de vê-lo saracoteando assim, naquele deboche. O Paulo e o Cavalcanti gozaram muito minha lata. Não é pro nosso bico. Isto é pitéu de *coronel*. É preciso vir de dia, quando elas descansam fazendo paciência, jogando crapô, agradar, pedir e lá um dia, por desfastio, elas dão. Fora disso é neca. E aquele desengonçado é michê em dobro. Dizem que dá cem. Os amigos riam ainda quando cavou-se uma espécie de silêncio na sala — como quando o Sadler chegava no refeitório do Anglo ou o Quintino fazia uns passos no recreio do Pedro II. Estava entrando a rainha da colmeia. Era a própria Rosa, soberaneante e triunfante, que vinha honrar o seu salão. Alta e pujante mulata, cinquenta por cento de carne curtida no eito, cinquenta por cento de sangue dos navegadores. Era bonita, elegante, olhos rasgados, estava abaçanada de pó de arroz, usava penteado alto de grande dama. Vinha cingida num vestido *princesse* de renda irlandesa, através de cujas aberturas via-se, ao fundo, o doble de cetim azul-claro. Sapatos do mesmo. Lantejoulava, latejava, refulgia, dos olhos, dos pivôs incrustados em ouro (que davam uma espécie de ar sacana ao seu riso); do adereço de rubis — chuveiros de brilhantes — as bichas, o colar, a pulseira dos braços, a dos tornozelos e as fivelas dos sapatos. Correu o salão, foi cumprimentar a roda do Drexler, a do doutor delegado, falou a todos os coronéis, sussurrou baixo ao *leão de chácara*, deu norte e sul às borboletas, concedendo ainda a cada estudante, caixeiro ou gigolô um sorriso, um gesto, um aceno — estadeando ali o que é necessário a uma dona de lupanar (a bela palavra!) de delicadeza, energia, capacidade de comando, valentia, savoir-faire, inteligência, senso comercial e diplomático — indispensáveis ao seu sucesso empresarial. Dizia-se que ela era teúda e manteúda de certo Bartolomeu Horta das Balsas e que o gigolô cuja paixão era tolerada seria o próprio Mingote. Não sei senão por ouvir dizer. Realmente foi com o tal Bartolomeu que ela sentou numa mesa especial. Contrastava o aspecto dos dois. A exuberância daquela mulata e o ar desmilinguido do coronel — homem de meia-idade, dum amarelado de manteiga, cabelos ralos e bigodeira escorropichada a Clyde Cook. Era evidente que ela tinha necessidade de mais homem. Eu olhava fascinado a figura da *tenancière* e conjeturava sua vida secreta e fabulosa. Seus rubis, ali e as outras joias. O coronel. Os coronéis. Os gigolôs. A administração bancária da pensão. O relax do amor feito sobre almofadões, no chão, ou dos *cunnilinctus* em cadeira de balanço (que tinham a vantagem de não cansar demais o pescoço do outro agente) — segundo estória que sussurrava o Zozó (que a ouvira, positivamente a ouvira! dum que assistira à cena) à hora em que se pôs novamente em movimento o quadro de Chagall que era a banda de música. Seus instrumentistas, liberados da lei da gravidade, era como se subissem pelas paredes tocando, pendessem do teto tocando, tocando redeslizassem até ao assoalho. Já não eram canos de sopro brandidos por mortais — o que lhes pendia das mãos. Dir-se-ia que alguns desses objetos eram mamados, como o saxofone. Outros chupados, sugados e lambidos. Ou cuspinhados com a interposição — tut tut tut — da língua. Nos intervalos, os músicos, reagrupados no solo, separavam as tubas em duas partes e deixavam a água do vapor do bafo e o cuspo escorrerem. Recomeçavam. No piso recoberto de raspas de vela de estearina as dançarinas voltarinas retomeleixavam re-to-me-le...

> Quand on est jeune, on a de magnifiques reveils, avec la peau fraîche, l'oeil luisant, les cheveux brillants de sève.
>
> GUY DE MAUPASSANT, *Rencontre*

No domingo, depois desse sábado inaugural, acordei numa alegria e num bem-estar como talvez nunca mais tenha sentido na vida. Lembrei detalhe por detalhe minha aventura iniciática com o Paulo e o Cavalcanti. Abençoei aqueles minutos. Nenhum remorso. Eu tinha entrado pela janela e d. Diva nem dera por minha ausência. Dor de cabeça? Gosto de cabo de guarda-chuva? Enjoo? Ressaca? Nem por sombras naquele compasso e naquela eurritmia de meus dezoito que os anos não trazem mais. Pronto para outra. Nesse tempo eu estava dormindo no quarto da frente de nossa casa, o que dava, adiante, na varanda, atrás, no de minha mãe, à esquerda, na sala de visitas. Mesmo deitado abri a janela de par em par e a manhã represada inundou meu quarto. Estava um sol de domingo, confeitando toda a paisagem. Tão claro, tão violento, tão cintilante que todas as formas — árvores, capim, casario longe da cidade, horizonte, altos do Palácio diluíam seu contorno e resolviam-se só em cores. Minha mãe entrou com o agrado que nunca deixou de fazer aos lordes seus filhos. A bandeja servida na cama. Ah! pão francês de véspera, posto no forno para amolecer, árido de casca, miolo fumegante, úmido, cheirando a trigo e campo, derretendo a bola de manteiga. Ah! café-com-leite-de-açúcar-queimado cuja receita morreu com a inhá Luísa e suas filhas, oloroso, grosso, fazendo verniz na enorme xícara que fora da casa de minha avó. Era uma louça barata, rosada e dourada dessas que trazem um dístico. O da nossa dizia *amizade*. Saudade! Comi, levantei para arear os dentes, voltei para a cama domingo. Peguei o livro que estava lendo, emprestado pelo Aníbal. *Sapho* de Daudet. Era o capítulo do encontro de Jean com a tia Divone. *C'est toi, Jean?... tu m'as fait peur...* Olhei a ilustração solar de Myrbach onde o solo amolece e as árvores são leves como se fossem sua própria sombra, onde a folhagem se amalgama em branco, em prata, em açúcar, em clara de ovo batida para suspiro. Olhei para fora onde o sol nosso de cada dia belorizonte fazia paisagem de Renoir aquelas figuras caminhando mergulhadas no mar da erva entre árvores se esfumaçando debaixo dum céu solvente — a paisagem que eu vira numa reprodução enquadrada e pendurada no escritório de Aníbal Machado. Era o *Chemin montant dans les hautes herbes* — que eu tinha ali, ao vivo. Jamais pude rever suas reproduções sem reviver aquela manhã depois daquele sábado de glória, o próprio Aníbal, a orquestra de metais amarelos do baile da Rosa Maciel, os personagens de *Sapho*. Quando tirei os olhos do claro dia para retomar minha leitura, as letras sumiam na página tornada de repente azul. Aos poucos fui acomodando, o livro, de escuro desmaiou para laranja, rosado, novamente branco e o texto negro ressaltou preto no branco. Não tive paciência para continuar. Fiquei vendo as figuras e atentei na de Fanny abrindo a porta e entrando com sua braçada de folhas, ramos e flores. Olhei novamente minha janela e imaginei que nela descia vulto — aerangélico vindo no vento. Era o da Tininha cujos traços logo se borraram e foram se precisando nos da menina e moça que eu vira no *Odeon*. "*Maintenant dormons...*" *dit-elle en éparpillant sur le lit cette odorante fraîcheur de la flore matinale...* Fechei os olhos cegos de tanta luz, creio mesmo que tornei a dormir um instante para logo acordar minha mãe repetindo a frase do Major que nos arrancava do leito aos brados de — *Uma hora dorme um santo, duas horas dorme um justo* e nunseiquimáisuquê e acabava no *sete horas dorme um porco* e *oito horas dorme um morto!* Vivo, levantei, mal me aprontei engoli o almoço e foi pé na estrada. Ia ao Cavalcanti. Queria que ele me mostrasse a tal casa de Ceará ou Gonçalves Dias. A dele era baixa e ficava perto do *Colégio Arnaldo*. Saiu comigo e tornamos a subir a rua. De repente ele parou e apontou um prédio de esquina. Era caiado dum amarelado que se avermelhava do ferro da terra mas sua fachada era realçada de azulejos verdes que reluziam. E apurei o nome da menina — disse o Zozó. Ela é xará duma cidade, brincou. Chama Leopoldina. E mais um sobrenome comprido que dá impressão de ser o duma senhora. Perguntei hoje ao velho Peregrino para dar a ficha toda ao meu Pedrinho. É Leopoldina Schlüssel da Costa e Silva. Eu caí de pasmo. Uai! Isso é gente de Juiz de Fora que não sai da boca de minha mãe. Zozó, Zozó — estou feito. Ai! de mim que não estaria feito. Mas olhei bem a casa toda fechada, sua fachada fechada, dura dos azulejos, a escada lateral, o portão, a grade, o jardim — que viveriam para sempre na minha lembrança. Fecho os olhos e revejo, quina por quina, tua casa fechada, ingrata Leopoldina. Tua casa hoje sovertida, tua casa como ela era... E nós como nós éramos.

Batemos para a casa do Paulo Machado. Ele disse que tinha certeza que não deixaríamos de aparecer. Para comentar. Comentamos. Gabamos principalmente o conforto e o chique da pensão da Carmem onde tínhamos entrado depois do baile da Rosa. Aquilo é que era. A Carmem era uma espanhola ou argentina ou uruguaia provecta mas ainda frescalhota — nos galeios da corda bamba da menopausa. Como ela própria confessava não podia ver rapazinho. Morria logo de *tessón* [sic]. De modo que quando entramos (atravessando o túnel por baixo das escadas) no seu salão improvisado numa loja cujas cortinas de aço tinham sido condenadas, ela largou a paciência que fazia com um baralho ensebado e veio radiosa ao nosso encontro. Nossas idades somadas faziam exatamente os seus cinquenta anos. Riu-se toda que nem ogre que encontra a presa prelibada e, assaltada do imediato *tessón*, fez logo sua escolha de carne tenra. Providenciou para os sobrantes mais *espanholas* (das que não eram para o nosso bico), proclamou que tudo era no vote mas que tínhamos de andar depressa para não atrapalhar a onda de michês que chegaria depois de se fecharem os cabarés. Estava quase na hora. Todos tínhamos nos aviado e gozado aquele conforto de abajur vermelho, cama cheia de almofadas, água morna com *ocianureto*, sabonete novo, toalhinha macia. Resumindo a impressão ali declaramos que o Isador, o Zegão e o Cisalpino que continuassem a viver naquela imundície de negra na beira do Parque e na margem do córrego Leitão. Naquela falta de delicadeza moral do pedido da prata adiantada, do clássico "bunda no chão, dinheiro na mão", naquela falta de asseio do depois, nos perigos de doença ou de emporcalhamento em poia de merda como já sucedera ao próprio Isador — dentro de moita. Nós é que não. Dali em diante era só bordel elegante. E na carona. Então nossa idade seria lá coisa de desprezar? Ríamos de alegria e ali mesmo combinamos outra expedição para o sábado que vem. Fui cedo para casa e à noite, com ar pudibundo, fui com d. Diva fazer uma visita aos Gomes Pereira.

Com a maior habilidade preparei um interrogatório que fui sacarrolhando aos poucos, de minha mãe. Como é mesmo que chamava? aquela família que morava encostado à casa de d. Calina, em Juiz de

Fora. Era Costa e Silva. Conferia com as informações do Zozó. Por quê? Nada não, lembrei. Será que mudaram da rua Direita? Mudaram, isto é, quem mudou foi o Adeodato, o que casou com a Marianinha. Foram primeiro para o Rio, depois vieram para Belo Horizonte. Você visita eles? Não, meu filho, nos perdemos um pouco de vista. Muita festa quando encontramos mas visita, não. Amizade do tempo de seu pai. Minha vida hoje é tão diferente... Eu fiquei entendido e resolvi refazer essas relações por minha conta. Ia tentar ficar conhecendo, dizer que era de Juiz de Fora patati patatá e tinha certeza que acabaria transpondo o portão da casa dos azulejos verdes. Abri-me com o Cavalcanti, ele aprovou e dias depois mostrou-me no Bar do Ponto o dr. Adeodato da Costa e Silva. Um homem muito magro, espigado, elegante, apurado no trajar que era sistematicamente visto naquele sítio, todas as tardes, depois que saía da delegacia fiscal, onde trabalhava. Era simpático, risonho, nariz muito arrebitado, bigodinho curto num lábio superior que predominava e ficava na esquina, vendo o movimento da rua, braços cruzados, e fazendo grandes *bondes* com o Acácio Almeida, o Teixeira de Sales, o Nero Macedo, o Tancredo Martins, o Plínio Mendonça — mas certo como um relógio, às cinco e quarenta e cinco, quando começava a cair o sereno, largava a roda, tomava o *Ceará* e batia para sua casa. Comecei a admirá-lo dos pés à cabeça, das botas de ponta fina ao chapéu sempre muito puxado para a testa e, sobretudo, aos cigarros que ele fumava. Eram finos como palitos e o maço inteiro, com vinte, era pouco mais grosso que o dedo maior de todos. Agora, como abordá-lo?

Conforme ficara combinado, no outro sábado reunimo-nos à mesma hora, o Paulo, o Cavalcanti e eu — enriquecidos pela companhia do Isador — decididos a programa mais grandioso. Iríamos ao *Eden*, o famoso cabaré da Olímpia. Em vez do *Odeon*, fomos ao *Comércio*, velho pulgueiro da rua Caetés, frequentado pela turcalhada das lojas da vizinhança e suas famílias. Esse cinema era o segundo na hierarquia dos de Belo Horizonte. Abaixo dele vinha o *Floresta* — aliás o mais velho da cidade. Os outros ainda estavam nos limbos. Tinha havido um, na Zona, o *Parque Cinema*, alguma coisa como a *Cervejaria Dona Amélia*, ao Mangue, onde os habitués viam filmes enquanto cervejavam. Só que o de Belo Horizonte era melhor; só passava fita de sacanagem. Infelizmente não conheci essa casa grandiosa, que fez furor na segunda década, senão na saudosa reminiscência de velhos boêmios da cidade. Pois depois da sessão do *Comércio*, decidimos *descer* imediatamente e tomar nossa cerveja de guerra (antes da audácia de entrar no *Eden*) num estabelecimento vizinho, sito em plena avenida do Comércio. Esqueci o nome desse lugar histórico. Era um restaurante nos moldes do *Guarani*, bem mais modesto, com grande mesa central cercada de outras menores. O clássico balcão do fundo, com as estantes da bebida. Grande geladeira Ruffier atochada de barras de gelo e das garrafas esmeralda e topázio da *Antártica* e da *Brahma*. Era violenta e cruamente iluminado e quando entramos havia um bruaá como se ali estivessem umas duzentas pessoas. Não eram tantas mas faziam tal esporro como se fossem tantíssimas. Sentamos no nosso canto e estudamos invejosamente o ruidoso grupo. Logo o Cavalcanti mostrou-nos um dos que gargalhavam mais alto, moço de plastron e polainas, enorme cabeleira, enormes costeletas, forte prognatismo superior, belos olhos muito grandes, fisionomia flupínea, mãos finas e compridas alongadas por unhas em ponta e tratadas a polidor. Ele é que ordenava a renovação das garrafas, recomendando ao garçom que as trouxesse bem geladas ou tomaria conhecimento com seu "material de fazer apendicite". E mostrava ao moço apavorado ora uma imensa lambedeira sacada da cava esquerda do colete, ora uma navalha aberta retirada do bolsinho do paletó onde estufava o lenço de seda. Murmurou com respeito seu nome: Luís de Araújo Morais — Romeu de Avelar de pseudônimo literário, Lula, para os íntimos e aos costumes disse mais que era um alagoano da peste, estudante de veterinária e muito amigo de seu irmão Luís Leopoldo Cavalcanti. A mesa dobrava de gargalhadas e no outro lado um moço muito louro e muito fino secundava o do punhal, puxando da cinta um revólver que ameaçava disparar em direção às lâmpadas, à vidraria dos espíritos, aos espelhos. Esse, o Paulo conhecia. Tinha sido seu contemporâneo no *Colégio Militar* e era filho duma inglesa de Morro Velho que se casara com um membro da família Brandão. Chamava-se Roberto Stonehaven Brandão mas tinha o nome sempre estropiado para *Estoneive*. Por minha vez identifiquei conhecidos de vista do Bar do Ponto. O Caraccioli da Fonseca, o Aldo Borgatti, o Evaristo Salomon, o Batista Santiago, os irmãos Horta. Além destes, um farrancho de *nortistas* da curriola do Luís de Araújo Morais, aliás Romeu de Avelar, aliás Lula. Ainda no meio da turma, um moço, muito calado, óculos redondos, aros de tartaruga, olhos muito claros, pele muito branca. Parecia fraco, pela magreza. Mas atentando bem sentia-se-lhe a forte ossatura e os músculos ágeis, finos e rijos como tiras de couro. O Paulo baixou a voz para dizer quem era. Drummond. Carlos Drummond, o amigo do Aníbal e que este me recomendara conhecer. Justamente eu tinha lido na *Radium* colaboração sua que me enchera de admiração. Era um pequeno conto chamado "Rosarita" e dedicado a Álvaro Moreyra, notação de importância porque já mostra, em 1921, o Poeta ligado ao diretor do Paratodos que, à sua maneira, foi dos nossos primeiros órgãos modernistas. O trabalho aparece num número de revista a um tempo científica e literária como era o mencionado *órgão oficial* do Centro Acadêmico da Faculdade de Medicina de Belo Horizonte — ao lado de um grave estudo de Leopoldo Neto sobre o dr. Bernardes; de sonetos bem-comportados de Honório Armond, Amedée Peret, Abílio Barreto, Aggeo Pio Sobrinho, João Guimarães Alves, da Costa e Silva, Murilo Araújo e Tolentino Miraglia; de erudito ensaio de Leopoldo Pereira sobre Plínio, o antigo; de sábia memória linguístico-fisiológica de Carlos Góes; de linhas proféticas de Aurélio Pires a respeito da "Universidade de Belo Horizonte" (devaneio do velho humanista que Antônio Carlos concretizaria seis anos e três meses depois); de monografias tratando das fístulas do pescoço, estrabismo, ausência congênita do pulmão esquerdo; de aula inaugural e retórica de Melo Teixeira na cadeira de pediatria; e de uma seleção de trechos da sacrossanta mensagem presidencial ao Congresso mineiro. Ora, dentro desse ramilhete de rosas, cravos, lírios, agapantos e louros do cientificismo, do conservadorismo literário, do academicismo mais compassado, da imanência do respeito à Tradicional Família Mineira — o conto de Carlos Drummond surgia como um apanhado de folhas de urtiga. Queimando e dando coceiras. Na forma, seria alguma coisa huysmansiana, wildiana, lorrainiana e *fin-de-siècle* — o instrumento mais à mão para protestar contra o parnasianismo, o imobilismo, o sonetismo que curarizavam o Brasil. Mas entre suas linhas, aqui e ali, já se sente a força de quem seria o maior poeta brasileiro. Mas a importância histórica do trabalho de Drummond está na sua audácia, no seu desrespeito ao *consentido*, ao *consagrado* em Belo Horizonte e em Minas — quando aparece com uma produção inçada de paradoxos, onde se consome champanha, absinto e cocaína, onde se cuida de cabarés, da beleza nascendo da luxúria, do estupro duma menininha branca por adolescente negro — por sinal que chamado Crispim. Em suma — provocação, desafio à delicadeza da cidade — provocação e desafio que podemos pôr como marco inicial do movimento modernista em Minas. Era julho de 1921. Verdade que conhecemos, antes, um pré-modernismo — de que depois falaremos.

Mas voltemos à cervejada festiva que eu e meus companheiros acompanhávamos com inveja e de que, no nosso canto, procurávamos imitar o formidável elance. Num dado momento vi que o Cavalcanti não resistia mais, levantava-se, ia se apresentar ao Lula. Passou por trás, bateu-lhe no ombro e o nortista logo pulou, ficou em pé com a mão na cava esquerda, para ver que diabo aquele *pélanco* queria com ele. Quando soube que era o irmão do seu amigo Luís Leopoldo, abriu-se num riso rasgado, fez lugar entre ele e o Evaristo Salomon, mandou sentar-se o Zozó, serviu-o duma dose cavalar de *anis escarchado* e os dois começaram a trocar saúdes. A essa o Paulo não se conteve e decidiu ir falar ao Drummond. Explicaram-se, confraternizaram, o nosso amigo sentou a seu lado, em seguida veio nos buscar a mim e ao Isador. Procederam-se às apresentações gerais. Foi assim que conheci na mesma noite Carlos Drummond de Andrade e Luís de Araújo Morais. Coloco o evento em fevereiro de 1922 — o mesmo mês em que estava acontecendo em São Paulo a *Semana de Arte Moderna*. O resto da noite foi confuso e só quando o Estoneive quis começar a disparar salvas festivas para o teto é que tive a revelação de que seu revólver era de verdade.

> Estrela distante, astro erradio, espírito das ondas,
> Alô, Alô. Eleita!
> JOÃO ALPHONSUS, "Poema de Ponte Nova"

A d. Alice Neves tinha arranjado uma verdadeira pechincha naquele Carnaval de 1922. Amiga de um dos mandões da *Moline*, pedira a ele um dos seus caminhões para fazermos o corso. Em Belo Horizonte isto limitava-se a uma fila de carros e automóveis que seguia a passo, veículo atrás de veículo, formando uma corrente ligada por serpentinas que subia a rua da Bahia até ao Conselho Deliberativo, virava nesse ponto, descia, pegava Afonso Pena até a praça Sete, voltava e retomava Bahia na esquina do Bar do Ponto. Durava de quatro às seis, sete horas da noite. Formamos um alegre grupo. Decorosamente de paletó e gravata, eu e o José Horta. Ainda de paletó mas desbragadamente sem gravata, o poeta Evágrio Rodrigues e o Alvinho Neves — este, de carapuça de malha. Conservando a compostura da gravata mas licenciosamente em mangas de camisa, meu primo Lauro de Alencar Marques e Silva, Fábio Sena, Francisquinho Pinto de Moura e Afonso Arinos de Melo Franco. Todos de cabelo empoado. O Zezé Pinheiro, empoleirado em sapatos de salto alto de sua irmã Virgínia — estava de Luís Quinze. Um numeroso grupo de *pierretes*: Rolinha Xavier, Mariquinhas Baeta Viana e Julininha Rosa Correia — em preto, de pintas brancas; Tita e Dorinha Neves — às riscas pretas e brancas. Maria Mendonça, de *alsaciana*. Célia Neves e Manuelito Rosa Correia — pierrôs brancos de borlas pretas. Tita Baeta Viana de gola à marinheira e boné de oficial. Outros, outras — a nos namorarmos confusamente, a atirar confetes, a nos esguicharmos de *Vlan* e *Rodo*. Às seis em ponto o *Moline* que nos carregava tinha ordem de deixar seus passageiros nas equidistâncias desertas da praça da Liberdade. Desapeamos na esquina de Finanças. Eu e o Afonso Arinos nos preparávamos para descer João Pinheiro quando passou, de subida, um *Ceará*. Estava apinhado de gente que vinha do corso e ia para seu jantar. Olhei o bonde maquinalmente e súbito senti-me literalmente arrebatado. Na plataforma de trás, num bando de pássaros e anjos, vi destacar-se luminosamente a figura de Leopoldina. Estava de *siciliana* ou de *tirolesa*, de *arlesiana* ou do que quer que fosse. Trazia longa saia rodada de seda verde, cálice de que emergiam a flor de seu busto de menina-e-moça, seu pescoço um pouco forte e a pureza daquele perfil onde o nariz se arrebitava ligeiramente todo pintadinho das sardas mais lindas que já vi nesse mundo. Seus olhos asterestelares eram tornados mais negros pela nuvem dos cabelos louros ou eram os cabelos que ficavam mais poeira de ouro ao contraste do veludo noturno de suas pupilas. Siderado sentei-me na beirada da calçada, acompanhando o elétrico que sumia na curva defronte da Agricultura — levando o último raio do sol. A noite caiu. Era hora de irmos nos preparar para o baile do *Clube Belo Horizonte*. Fui para a Serra, vesti-me e às dez horas apresentei-me esplêndido, na casa do senador Virgílio, para encontrar o amigo. Estávamos os dois de pierrô azul-claro de borlas e gola negras. Entramos a pé por Goiás, descemos solenemente Bahia e subimos a escada de ferro do clube que coruscava de luzes e de apanhados de serpentina. A primeira figura que percebi foi a de Leopoldina entre o pai e a mãe, num canto do salão. Naquele tempo pedir a uma moça para dançar era todo um cerimonial. O Afonso Arinos me apresentou ao tabelião Plínio de Mendonça e este comboiou-me até a presença da d. Marianinha e do dr. Adeodato da Costa e Silva. O notário disse meu nome imediatamente festejado e foi logo gostava muito de seu pai e como vai? a d. Diva há tanto que não a vemos e mais isto mais aquilo e que prazer de saber que você está estudando medicina. Eu bebia aquele néctar e quando pude falar pedi licença para ser apresentado à filha deles. Fui. Solicitei a honra da próxima contradança como não? com muito prazer. Sem saber mais falar fiquei esperando, olhos fixos na tabuleta da orquestra. Naqueles inícios dos vinte, havia o hábito, no *Clube Belo Horizonte*, de se afixar, antes dos instrumentos atacarem, o que ia ser. Tango argentino. Tango brasileiro (samba e maxixe eram palavras obscenas). Valsa. Mazurca. Quadrilha. Não fosse eu me esparramar em dança difícil como o argentino cujo passeado era, segundo João do Rio, verdadeira extração de raiz quadrada com os pés. Dei um suspiro de alívio quando li ragtime. O maestro rompeu, estendi a Leopoldina a mão do lado do coração (e ele de quebra), com o lenço de seda aberto onde ela pousou a sua direita enquanto minha trêmula destra mal tocava a renda de sua blusa e meu braço era aflorado de leve pela sua esquerda. Entre nós dois, uma distância de quase meio metro. Ela era desembaraçada, inteligente, começou logo a conversar. Não, não tinha me visto no *Cinema Odeon*. Elogiei sua fantasia, ela agradeceu sorrindo. Quando quis elogiar seus cabelos e seus olhos ela cortou com um obrigado! ponto final e passou a falar de William Farnum e da *Sessão Fox*. Apesar de muito nova, menina de doze, vi que ela era tão precoce de espírito como de aspeto e que sabia se defender. Quando acabou o ragtime, conforme meu direito, dei-lhe o braço para voltearmos a sala par atrás do outro, esperando a música seguinte. Reparei na farândula de *noites, pierretes, marquesas, castelãs, tirolesas, colombinas* e *fadas* que passavam braço dado aos rapazes. Fingi não ver o Cavalcanti, o Chico Pires e o Paulo Machado me gozando, dum vão de sacada. Atrás deles o Isador e o Cisalpino tomavam prises maciças de lança-perfume e começavam a ver anjos fazendo *loopings, piquês* e voando de cabeça para baixo. Meus amigos estavam todos de terno comum e só o Paulo envergava velha casaca do coronel Virgílio e tinha na cabeça um turbante branco com egrete desmesurada fincada numa pelota ourivesada onde se enrolava o colar de pérolas verdadeiras de sua irmã Anita. Estava do que Marques Rebelo chamaria, num conto futuro, de "Rajá diplomata". Mas a orquestra afinava e a tabuleta anunciou — mazurca. Dancei novamente com a Leopoldina, dei nova investida sobre os cabelos, os olhos, recebi novo obrigado! mais árido que o primeiro, passamos a mais William Farnum e ela reiterou que positivamente não se lembrava — não se lembrava mesmo de me ter visto no *Cinema Odeon*. A música parou, fui levá-la aos pés dos pais (cujo sorriso mostrou que meu bailar decoroso tinha agradado), agradeci e fui desabafar com o Cavalcanti, o Paulo e o Chico Pires. O Isador e o Cisalpino já estavam imprestáveis. Queixei-me amargamente da indiferença e da inabordabilidade da Leopoldina. O Cavalcanti sussurrou qualquer coisa desagradável sobre a "instituição família" e que o baile estava mesmo é muito peroba. O Cisalpino, pastoso, propunha que deixássemos aquela *mé-erda* e que fôssemos tentar uma carona no *Eden*. Fui chamar o Afonso para ir conosco. Ele recusou chafurdar. Mas eu e os outros cinco *descemos* — o Paulo, interceptado à saída e despojado das pérolas do turbante pela sua prudente proprietária.

Pássaro ubíquo de prodigiosa envergadura, caravela mágica navegadora do espaço e do tempo, abre tuas asas enfuna empanda tuas velas, duplica tuas penas e teus panos, decuplica-os dupladecuplica-os para que eu possa voar contigo, ir e vir, estar na mesma hora 1922, 1923, 1924 acompanhando o rastro e a cabeleira loura de Leopoldina. Três anos indo a sua casa, vendo-a nos cinemas, nas ruas, nos bailes, no dia e na noite de Belo Horizonte, batendo à porta que não se abria, gemendo e chorando, pedindo que sim, que sim e tendo só o não e não e não... Como lembro sua figura sempre a mesma e sempre sucessiva. Falei antes de seu pescoço firme, um pouco forte. Não acho outra expressão. Era realmente o segmento que convinha àquela deusa compacta e delicada — moldada com o decisivo, a densidade, o ritmo, a proporção, o anforilíneo da *Vênus Cirenaica* do Museu Nacional Romano. Esta não tem nem a cabeça nem os membros superiores mas para compor por inteiro a linha divina de Leopoldina, eu ia buscar para ela o que lhe faltava, no galbo, no envasamento, no requinte de acabamento das terminações dos braços, antebraços, mãos, dedos, falanges da *Afrodite com Eros e Pã* do Museu Nacional de Atenas. Corria mais galerias, achava na Borghese e trazia para completá-la, a cabeça em que Raphaelo Sanzio iluminava a face divina de *Madalena Strozi*: Καρα νειον... Essa comparação, essa busca erudita de fragmentos da estatuária e da pintura é o que me ocorre, seria o símbolo do inatingível daquela "alta e irreal" paixão. Eu vivia um puzzle. Quando pensava tê-lo composto faltava-me o essencial e ela, Leopoldina, se esfarelava em negativas nos mil e noventa e cinco dias que sualma habitou a minha e a envultou. Às vezes parecia-me que vinha. Eu caio. Então cai, meu bem! Mas não caía e nunca a achei senão em pedaços de museu. Jamais inteira como ela está, em pé, toda de branco na fotografia de 1923 — tirada defronte da Escola Normal. Estranha estrela fugitiva que parecia perto ali quando estava mais longe. E isto não é figura de retórica. Lembro. Desesperado eu me examinava sofregamente no espelho procurando o aleijão, a lepra, a marca, a tara, a repugnância que a afastavam. Não achava. O vidro devolvia uma imagem quase elegante, de tão magra, nada bonita, mas aceitável pela expressão, pelos cabelos, pelos dentes resplendentes e, sobretudo, pela arma do riso, da palavra da lábia... Mas então por quê? por quê? esse sempre não. Assim de porque em pergunta fui levantando sua ficha e descobri, desesperado, que nada obtinha porque a Leopoldina estava possuída do mesmo mal que eu. O que eu sentia por ela, ela o sentia por Rui — certo Rui Augusto Nogueira de Matos — moço do meu conhecimento e relações que também a trazia donjuanescamente em esperanças e desesperanças, quase vindo e não vindo. Eu caio! Então, cai! Mas ele se chegava e se afastava reproduzindo em espelho o que Leopoldina fazia comigo. Houve dia que estive por um triz e compreendi o desejo legítimo de aniquilar tudo, de matar e me matar. Foi quando ela me pediu para interceder junto ao galante. Aplacá-lo. Ah! Leopoldina — você já pensou? na maldade do que está me pedindo... Estávamos dançando e ela respondeu — a mão gelada apertando a minha mão de gelo. Pensei, Pedro e só peço porque te conheço e sei a quem estou pedindo. Seus olhos estavam imensos nos meus e tenho certeza que naquele curto instante ela me quis como eu a queria. Relâmpago. Fui, chamei o Rui e imperialmente! levei o rei para junto da rainha. Mas continuei só vendo a ela e ela em tudo como na canção que ela cantava me matando dia a dia. Eu morria de curiosidade, já não digo dela mas de tudo que se referia a ela. Não importava só seu corpo, mais seu pensamento. Eu sentia necessidade de saber de sua vida toda, hora por hora, minuto por minuto. Queria seu sono e sua vigília. Sua saúde e suas doenças. Morria de não ser sua água, seu pão, de não saber de suas gavetas, suas coisas, seus guardados peça por peça. Não digo os vestidos: esses, os sapatos, os chapéus — posso descrevê-los um por um, passados já uns anos além de meio século. Principalmente os chapéus. Lembro entre todos, um enorme, de tagal, cujas fitas ora eram de sedas escocesas, ora de veludo marrom, ora de veludo negro. E voavam ao vento. Justamente uma tarde, querendo ficar dentro do halo magnético do espaço inconsútil que ela ocupava (como abelha pretendendo se trancafiar na flor que penetrou raspando as asas) eu a acompanhava de bonde. Ela sentara-se à beira dum banco e eu ia pendurado no estribo, um pouco para trás para não aborrecê-la com a insistência de minha presença. Um sopro, vindo dos altos de Bahia, levantava as fitas (nesse dia pretas) e uma delas enroscou roçou meu pescoço meus olhos cara boca. Como se da dona e por intermédio do pano corresse uma força elétrica eu perdi as pernas e resvalei de bonde abaixo num meio desmaio cheio de doçura. O que me valeu é que o veículo subia searrastando seaderindo feito lesma naqueles íngremes de frente da Livraria Alves. Levantei meio aturdido, fui descendo, entrei ainda cego como Saulo, na sombra do *Estrela*. Fui atendido pelo Epitácio. Uma cervejinha, Epitácio. Ele serviu. Ficou me olhando. Quando *pendurei* e dei até logo! é que ele considerou que agora sim, que minha cara tinha melhorado. O senhor quando entrou, poxa! tava cor de defunto. Mas retomo o assunto da minha curiosidade pelas coisas que satelizavam na órbita de Leopoldina. Seus cadernos, seus livros que eu via como partessuas quando ela descia a pé para a Normal e eu a espionava de longe. Por falar em livro... Depois de muito bajular o dr. Adeodato no Bar do Ponto ousei pedir para ir a sua casa uma dessas noites, doutor! para apresentar meus respeitos a d. Marianinha. Pois não, apareça. Apareci. Danei-me de aparecer até me tornar num verdadeiro monstro de aparecer. Amiudava as visitas. Eu não tinha coragem, conversando com a Leopoldina, senão de vagas alusões e diluídas insinuações. Engasgava. Foi quando me ocorreu tomar como cúmplice o poeta Rui Ribeiro Couto. Comprei um exemplar do *Jardim das confidências* e grifei com um lápis audacioso tudo que se aplicava a minha situação e tive a coragem suprema de escrever uma dedicatória e passar o livro de versos à divina menina. Agradeceu, leu, mas não se deu por achada. Ela era perfeita na nossa camaradagem, no nosso relacionamento — mas como se policiava e quanto! Nunca me encorajou. Tudo que eu fazia era inútil. Era ficar só naquilo, naquele namoro por tabela, conversando horas e horas com o dr. Adeodato, a d. Marianinha, com seu mano Aloísio. Mas eu tinha necessidade disso como do ar. De amar. De amá-la. De amar sua família como ela era agora, como tinha sido nos entões do tempo, nas gerações acima. Meu primeiro amor pela Bahia é que de lá viera a d. Marianinha e lá é que se tinham fixado os tedescos Schlüssel a quem eu e o mundo devíamos as tranças de ouro da Leopoldina. Depois dessas visitas decepcionantes a sua casa (onde eu demorava mais do que devia) saía, descia a rua, ia buscar o Cavalcanti mais embaixo e trazia-o paciente, amigo e confidente até defronte da fachada bem-amada. Fechada. As luzes apagando uma por uma. Onze horas, meia-noite, uma da madrugada... Eu estudava as janelas, contava os degraus da escada, decorava o jasmineiro, chorava de ternura palpando o cadeado, as duas voltas da corrente e passando para cima e para baixo minhas mãos no frio do gradil. Isso em noites de luar, de escuro, de vento, de chuva. O Cavalcanti com uma paciência evangélica aguentava o que podia daquela espessa dor de corno. Acabava cansando. Você não acha que chega? Pedrinho. E olhe: o melhor remédio que conheço para amores puros e incorrespondidos como o seu ainda é a safadeza rasgada. Paixão platônica é ferida que cura com pomada de cona de puta. Você não acha melhor *descermos*? Eu concordava e seguia-o sucumbido para os açougues noturnos. Ora, pois...

> *Mais ça use, vois-tu, un amour pareil...*
> ALPHONSE DAUDET, Sapho

Jamais poderei dizer que a Leopoldina me pertenceu um instante. Nunca, jamais atravessei as léguas de sua indiferença. Nunca? Talvez naquele fulgurante segundo de esquecimento e tensa amargura em que ela precisou de mim para chegar ao Rui. Um instante estivemos suspensos no ar, como na crista das ventanias onde eu esqueci as reações inseparáveis do ciúme — suicídio assassinato depeçagem. Fraco (heroico? santo?) abri as próprias veias e a dor entrou em mim como furacão em ruína escancarada. Talvez naquele momento de sacrifício consentido ela tenha se apiedado de mim como Desdêmona do Mouro e uma ponte se estabeleceu entre nós que durou o fuzilar de uma estrela cadente. Talvez ali eu tenha chegado ao plenilúnio do amor mas também ao auge do cansaço, do uso, do gasto e tenha esvaziado o coração exausto. Há sentimentos que acabam mortos pela sua própria intensidade como fogo que passa depressa — quanto mais consumidora foi sua chama. Não percebi no momento, no preciso momento a morte do molusco pois a concha nacarada ficou esplendendo em todas as cores da vida e ainda esplende da gloriosa lembrança. E teria sido necessário que eu a possuísse? numa palavra, num gesto, num olhar. Inútil pois duvido que outro tenha tido como eu a compreensão de seu instante de beleza e adolescência. Assim a tive como ao sol que é de todos, como ao vento, à luz, ao luar, ao trovão, às ondas, ao mar — que são de todos. Interpretei-a captando sua beleza transitória, que preparou minha alma — fecundando-a para o amor seguinte. Para os amores seguintes e para todo o sempre... Eu em tudo todateamei, Leopoldina! e isto me basta no espaço e no tempo. Tudo isto se não se configurou com nitidez deve ter se esboçado naquela tarde. Aquela tarde como as outras em que eu rondava de longe sua casa sua esquina. Cheguei a meio quarteirão e senti o inesperado. Em vez de vê-la, ela só, LEOPOLDINA — enxerguei, divisei, olhei todo o ramalhete de moças em flor que estava em sua companhia. Elas corriam e se movimentavam na esquina como figuras escuras sobre o fundo escarlate da tarde mais polida que um vaso grego. Ao sol que morria, sua teoria se alongava, se juntava, se afastava ao capricho do jogo em que dançavam. A palma da mão percutia — táaaa — a socada peteca que subia, cintilava de todas as cores de suas penas, se sustinha um instante no ar, retomava sua parábola procurando nova batida doutra mão feliz — táaaa. Continuava, era vaivoltadada, atirada, repalmada, estrelejada — irrompente, palpipulsava, girava, subia, descia até que mão mais canhestra errasse e a deixasse sesborracharse coisa morta na laje da rua. Estavam todas vestidas de modo igual, uniforme de colégio, blusa branca, saiazul, meias pretas, sapatos rasos do mesmo negro das gravatas e duma longa fita de tafetá que era a quarta fieira junto às três madeixas que faziam duas tranças para cada cabeça. Na ponta de cada uma o laço que abria duas asas borboletas voejando em roda de cada penteado negro, ou castanho, ou louro. Detalhei uma por uma as companheiras de Leopoldina. Comparei. Reconheci crescida e botão de rosa figura que eu vira menina, na entrada da faculdade dentro do grande carro do pai que descia para dar sua aula. Isso me fazia recuar a dois anos atrás, a 1922. Ela tinha olhado um instante o pátio cheio de rapazes, seus olhos tinham parado um átimo de segundo sobre mim. Eram imensos, pareciam dois lagos tranquilos verdiazulinos num findidia. O carro era um chandler cor de garrafa, um chandler dos bons tempos de outrora, cinco lugares, aquelas duas cadeirinhas de dobrar em frente ao verdadeiro sofá de trás, os correames segurando a capota, feito cordagem duma galera, vidrinhos para flores nas costas do banco da frente e aos lados do amplo assento de popa. Os para-lamas largos como alerões eram intermediados pelas plataformas dos estribos. Tinha da locomotiva e do automóvel e nele cabiam largamente sete pessoas: chofer, ajudante e cinco membros da família. Com ela estava uma senhora ainda moça com seus mesmos olhos — mas já passando. Tinha o nariz um pouco proeminente que com os anos e o conhecimento de sua gente eu veria como traço familiar comum se repetindo nas fisionomias com a identidade de uma peça de brasão. Agora, naquele exato instante, o sol mandou-lhe um raio mais luminoso e ela cresceu dentro da tarde e dentro de mim. Aproximei-me num momento em que a peteca caía no chão como um sapo esparramado e pela primeira vez dirigi-me desembaraçadamente a Leopoldina para salvá-la, dar boa-tarde (a presença do dr. Adeodato na janela e do mano Aloísio no portão sancionavam meu gesto e minha parada). Ela riu naturalmente, como se compreendesse, de repente, que eu era apenas um amigo e não mais o candidato importuno. Logo apresentou-me a suas companheiras. Você não conhece? Pedro. Maria José, Hélcia, Nair, Heloísa, Palmira. Havia mais três — três Marias. Fiquei no meio delas até começar a escurecer e não se jogou mais peteca àquela tarde...

Disse que a moça dos olhos verdes me fizera voltar à menina de 1922. Justamente tínhamos começado a falar desse ano e eu o deixara naquela noite de carnaval do *Clube Belo Horizonte*. Vamos retomá-lo chegando março e os exames de segunda época. Esse período tinha marcado fase extremamente infeliz da minha vida. Terror cósmico dos dezoito anos, crise terrível de idade, descobertas em mim e nos outros — tudo isto somado à fase paroxística de minha dor de corno pela insensível Leopoldina — e mais o desvendar do mundo e suas surpresas levaram-me a desistir do exame de química. Foi assim que matriculei-me no segundo ano médico como dependente da cadeira do Chiquinho. Tratei de ter, na mesma, comportamento exemplar, de sentar-me entre os cus de ferro da primeira fila, de fingir que tomava notas sôfregas de tudo que dizia o professor e de fazer cara de quem estava bebendo suas palavras. Em casa recordava o Pecegueiro. O estequiométrico perdeu todos seus segredos para mim. Ajudava de monitor voluntário o Jurandir e o *Curinga* nas aulas práticas. Aos poucos comecei a sentir um fundo de simpatia dentro das verrumas dos olhos do próprio professor Francisco de Paula Magalhães Gomes. Meus planos estavam feitos. Faria química na primeira de 1922, as duas cadeiras do segundo ano em março de 1923: não teria ano perdido. Mas as disciplinas que me subjugavam eram a anatomia descritiva, com Luís Adelmo Lódi; a histologia, com Carlos Pinheiro Chagas; e a fisiologia, com Otávio Coelho de Magalhães.

> *Sur la nature même établir le vrai Beau*
> *Et de l'Anatomie emprunter le flambeau...*
> CLAUDE-HENRI WATELET, *L'art de peindre*

Dotado de espírito visual, dono de uma memória óptica que poucas vezes falha, a ponto de saber, até hoje, se na página da direita ou na da esquerda de um livro que li muitas vezes (o Testut, por exemplo, descritiva e topográfica) e na dita página, se no alto, meio ou embaixo, está a figura ou o trecho que procuro — essa prenda concorreria para fazer de mim o grande estudioso de anatomia que sempre fui. Se eu tivesse tido conselheiros vocacionais a orientar-me no curso médico — não teria hesitado entre a clínica externa e a interna, tampouco entre as especializações, para escolher finalmente a reumatologia. Teria ficado com minha primeira namorada do curso superior — a morfologia do corpo humano. Para isto teria concorrido minha curiosidade profunda pela nossa estrutura, curiosidade jamais saciada e que em mim, mesmo no erotismo, se junta a uma espécie de *animus dissecandi* — se se permite esse macarronismo latino. Em mim o amor se junta a uma pergunta pela entranha e pela função que devo à marca profunda deixada pelos estudos de anatomia humana. Nesse ponto de vista e mutatis mutandis, também é possível que minha libido tenha me empurrado para o gosto pela descritiva, para o gosto pela topográfica. Estou fazendo uma confissão e não importa que os psicanalistas descubram nesse depoimento traços de um *Jack-the-ripper* incubado, associado a um esboço de sargento Bertrand... Tudo é possível. Resta-me o consolo de convidar os psicanaliticamente normais a atirarem a primeira pedra...

O estudo da anatomia humana e a manipulação do cadáver, no dizer de René Laclette, é que nos conferem o primeiro grau do status médico. Nos anfiteatros aprendemos não só ciência como também a dominar o nojo pela podridão e o terror do morto. Treinamos a recalcar no nosso mais recôndito esses sentimentos e começamos ali a estanhar nossa fisionomia, a dominar nossa mímica, de modo que nenhum músculo da face nos traia na hora da santa e piedosa mentira médica. "*Je suis médecin. Je tiens boutique de mensonges. Je soulage. Je console. Peut-on consoler et soulager sans mentir?*" Nos anfiteatros começamos mentindo a nós mesmos, a aprender a bem mentir aos outros, a perjurar, a dar nossa palavra de honra, nosso por-tudo-que-há-de-mais-sagrado — sorrindo e sem corar — aos agonizantes em pânico em quem asseguramos estarem vendendo saúde; a afirmar que estão com boa cara os cancerosos em plena apoteose das metástases que explodem como o fósforo metaloide jogando fogo para todo lado. Você está excelente, meu filho (ou minha filha) — mais uma semana fica em pé. E Miguel Couto é acreditado. Em situação idêntica o médico que não mentir bem e não for crido — não é Miguel Couto nem nada. Disse antes que mentimos a nós mesmos, que acabamos convencidos que aqueles defuntos que manejamos são simples carne inerte como a dos açougues. Medo de quê? Entretanto bem no fundo conservamos o horror do contato cadavérico. Em mim, dominei, conscientemente, esse pânico e muitas vezes dissecava tão absorvido na região estudada que não atentava se o estava fazendo num resto de homem ou de mulher e nem ao menos olhava as partes ou a cara do macabeu. Entretanto, estava subconscientemente sempre aterrado com o que fazia! como me mostra certo pesadelo que se repete em mim e onde vejo mortos que se movem, mortos de expressão hedionda e simiesca — boiando, afundando lentamente ou equilibrando-se como peixes dentro de aquários imundos. E o curioso é que esse sonho me restitui sempre o mesmo lugar: o ângulo do fundo, à direita, do térreo da primitiva Faculdade de Medicina de Belo Horizonte. Outro aprendizado não anatômico, que nos vem do cadáver, é nossa melhora pessoal e o inconsciente, progressivo despojamento que fazemos de nossa agressividade — ao cortar e mutilar a coisa mais indefesa que existe: o morto. Os bicos de seios lacerados, os pênis e escrotos decepados, os grandes lábios retalhados, os narizes passados a fio de escalpelo, as orelhas golpeadas e os olhos vazados dos cadáveres dos teatros anatômicos — mostram que neles alguém andou se melhorando porque destruiu em si um pouco da força de acometimento, que já não precisará mais se derramar no próximo menos defendido, por exemplo, o doente, o fraco, o pobre, a criança, o velho.

Com esses sentimentos (posto que ainda mal definidos) é que nos sentamos num dos primeiros dias de abril de 1922 no grande salão da faculdade, onde íamos ter a primeira aula de anatomia humana. Nos acomodamos rindo e galhofando descuidados quando escutamos um rolar de carrinho de mão e vimos entrar na sala, empurrado pelo servente Joaquim Matos, estranho veículo. Quatro rodas pequenas de metal, trepidando sobre os ladrilhos e sustentando estrutura metálica composta de longa haste recurvada de onde saíam quatro braços terminados por argolas como de algemas. De cima vinha um gancho cruel de pontas recurvas para segurar a cabeça, fincando suas pontas nos parietais; para os lados os grilhões de aço niquelado que apertavam os dois tornozelos, os dois pulsos. Tudo isto prendia um corpo humano cavalgando espécie de espeque que saía da haste principal. Àquela entrada nossa conversa morreu e fixamos os olhos na aparição hedionda. O Joaquim colocou a aparelhagem na nossa frente e começou a acionar sua manivela. A esse movimento a haste foi tomando devagar posição vertical e elevando o CADÁVER engastalhado. Estava escuro da impregnação do formol, ressecado nas suas partes mais delgadas e finas como as pontas dos dedos, as pálpebras, as orelhas, o nariz, os beiços (que pareciam de pedra entalhada sobre os dentes foscos e brancos). Ria. Mas só do andar inferior da face porque os olhos guardavam um esboço da última expressão do vivo que fora. Dor. Rapado e glabro, aquilo parecia um boneco de resina, de cera, de árido betume. Sobre o *santo-antônio* do aparelho, penduravam-se uma piroca de pergaminho e uma sacaria de papel amassado. Estava todo aberto para estudo e à medida que tal espantalho se punha em pé pegado pelo crânio e pelos quatro membros, caíam-lhe dos braços e pernas franjas de pelanca e as tiras escuras dos músculos esfolados. Na superfície da pele percebiam-se zonas em que esta aderia desidratada como a das múmias e outras bursufladas onde persistia como que um frêmito, um tremor de vida. Fascinado fui olhar esse movimento de perto e vi que era vida: por sob a derme deslizavam pequenas larvas em restos ainda úmidos de tecido orduroso. Eram os pontos de que o formol já se volatizara e onde imediatamente entrara e começara a podridão triunfante. Fui sentar com o estômago revolvido pela terrível coisa cheirando a aldeído e a decomposição. Olhei mais. Parecia um empalhado, um morcego áptero, um pterodáctilo esfarrapado, um hepiornix estraçalhado e vindo do fundo das idades, ali pousado e cheio da escuridão dos tempos que já tinham sido. Eu não podia tirar os olhos daquela massa contorcionada e grotesca, tão retorcida que parecia movente. De repente vi que todos se punham de pé e a sala foi atravessada por moço muito claro, perfil adunco de personagem dum quadro do Quatrocentos, uma decisão de raça pura nos traços da fisionomia que era séria sem ser carrancuda, comprido de pescoço, alto e desempenado de espinha. Tinha a pele clara e saudável, os olhos apertados e escuros, vestia avental imaculado abotoado para trás e movia-se elegantemente sem fazer ruído, como se deslizasse. Logo notei que essa marcha silenciosa devia-se à sola de borracha dos sapatos *Neolin* que ele preferia e que eram moda na ocasião. *Ele* — era o professor que entrava. Chamava-se Luís Adelmo Lódi. Era mineiro de Ouro Preto, onde nascera a 23 de março de 1894, de pais italianos. Tinha, pois, nessa época, apenas vinte e oito anos, era pouco mais velho que seus alunos. Formara-se na segunda turma de nossa casa e tomara parte na Primeira Grande Guerra como integrante da nossa missão médica. Fui seu discípulo de anatomia descritiva em 1922, 1923, 1924, de anatomia topográfica em 1926 e jamais o vi variar sua atitude. Era calmo, adelmo, impassível, inalterável, duma exação exemplar, duma severidade fria e duma justiça só comparável à pureza da linha reta. Reprovava, aprovava, ouvia respostas ineptas e orais cheias de inteligência com a mesma máscara imutável com que se tinha apresentado a nós naquela aula inaugural. Já descrevemos sua entrada na sala. Chegou junto à mesa onde havia ossos e segurou um, longo, que eu logo saberia que era o da cana do braço. Com voz agradável, elocução fácil e rápida, começou a falar. Não mudava de tom, jamais mostrava entusiasmo, arrebatamento ou dava a impressão de cansaço. Naquele nosso contacto inicial seu cumprimento limitou-se ao gesto soberano de nos mandar sentar. Osso em punho, começou a prelecionar e a mostrar com a ponta de um estilete os acidentes anatômicos que descrevia um por um como se o Testut, que ele tinha de cor e salteado, estivesse escrito na peça esquelética que ele lia face por face, bordo por bordo, rugosidade por rugosidade, crista por crista, buraco por buraco, extremidade por extremidade. Ouço até hoje sua voz branca e revejo minuto por minuto daquela primeira aula. Nem ao menos disse: meus senhores! — indo direto a: *O esqueleto do braço consta de osso único, o úmero. Dirigido obliquamente de cima para baixo e de fora para dentro, o úmero é um osso longo, par e não simétrico que oferece ao estudo, como todos os ossos longos, um corpo e duas extremidades uma superior e outra inferior. Corpo: o corpo do úmero é quase retilíneo, mas parece torcido sobre seu eixo, donde a presença de um canal, impropriamente chamado canal de torsão, muito nítido na parte posterior e externa...* Mostrava. No osso que tinha na mão ou no meio descoberto do cadáver descascado que parecia um demônio crucificado em aspa de santo André. O professor seguia invariável, ineloquente mas persuasivo. Seco e didático. Vieram as faces do osso, os bordos, a extremidade superior com a descrição do colo *cirúrgico*, do colo *anatômico*, do troquim, do troquiter, da corredeira bicipital. A inferior, fazendo aparecer palavras de extrema elegância como olecrânio, côndilo, tróclea, suas terminações — επὶ — epicôndilo, epitróclea. As inserções musculares eram demonstradas nos farrapos que pendiam do corpo ereto no aparelho. Finalmente um úmero serrado em dois para que o víssemos por dentro, nas arquitraves de sua construção catedralesca. O mestre continuava, acabava. *As trabéculas que constituem a epífise inferior afetam na sua maioria direção vertical, seguem o eixo do osso e caem perpendicularmente ou quase, sobre a superfície articular, ora do côndilo, ora da tróclea.* À palavra *tróclea* e ao ponto final que vinha depois dela, ouviu-se a primeira pancada das nove horas da manhã e o professor retirou-se como entrara, sem olhar para os lados. Tomou à direita, pelo corredor e trancou-se no seu gabinete. Estávamos bestificados: fora como cronômetro — uma hora de aula — entre a primeira palavra de oito horas e a última das nove — tróclea — sincrônica ao romper das badaladas. Pano. Logo o monitor o levantou e explicou que havia ossos a nossa disposição, no gabinete de osteologia — para quando quiséssemos estudar.

Aproveitamos essa autorização. O Isador, o Cavalcanti e eu madrugávamos na faculdade. Nem passávamos um avental. Ficávamos em mangas de camisa, afrouxávamos as gravatas, recebíamos o osso que queríamos. Acompanhávamos pari passu as aulas do Lódi. Ele dava-as de manhã, sempre o mesmo, tão igual que parecia não ter ido para casa e ter ficado no seu gabinete com o mesmo avental e o mesmo *Neolin* — como se sua vida fosse só aquela. Progredíamos. Ao úmero sucederam os ossos do antebraço, os da mão, os da pegada dos membros superiores no tronco — clavícula e omoplata; depois fêmur, tíbia, perônio, o esqueleto do pé, a bacia com os lindos nomes de ílion, ísquion e púbis, toda a coluna vertebral e finalmente a complicação do crânio e face. A voz do Lódi não se alterava. Implacável e pontual. Era aquela hora três vezes por semana, do primeiro ao último minuto. Às vezes batiam as nove e ele era apanhado pela badalada no meio da frase. *A zona externa do temporal nos oferece ao exame a extremidade da apófise mastoide, a face interna desta...* Neste ponto vibrava o gongo do relógio. Ele cortava o período como quem deixa cair uma lâmina de guilhotina e no depois de amanhã — preciso, imutável, com memória que não falhava, continuava onde tinha parado... *e logo, limitando essa face, uma ranhura profunda, o canal digástrico, onde se insere o músculo digástrico pelo seu ventre posterior.* Era simplesmente alucinante. Uma verdadeira máquina. Quando chegamos ao esfenoide e ao etmoide nossa admiração pelo professor chegou ao máximo. Aquelas formas de cunha — $\delta\phi\tilde{\eta}\nu$ — e de crivo — $\dot{\eta}\theta\mu\grave{o}\varsigma$ — eram decompostas em regiões, faces, bordos, porções, ranhuras, buracos cada qual com um nome. Os delicados ossos, tão delicados que cabiam nas mãos — eram motivo de páginas e páginas do *Testut grande*. Este era o adotado porque folhear o *testizinho* era considerado desonroso. Suas páginas arrancadas só serviam como lembrete-cola nas provas escritas. Porque colávamos — meu venerável Mestre! e agora posso confessá-lo.

As aulas teóricas do Lódi se desenrolavam sempre no grande anfiteatro da faculdade e com a presença do indispensável espantalho atarrachado na suspensão metálica. Fomos nos acostumando a ele, já era um companheiro que, à medida que passava o tempo, ia escurecendo e se racornindo mais, suas zonas de roquefor dando lugar a estruturas de arenque defumado, de bacalhau, de polvo seco. Ia passando de cor em cor até chegar à das madeiras escuras, dos jacarandás. Aquela posição de defunto em pé facilitava certas dissecções do professor para, no decurso das aulas de osteologia, mostrar num golpe presto de bisturi um ponto de inserção e o músculo preso na ruga que ele acabara de indicar no osso seco. O Lódi ali, manuseando aquele cadáver levantado

— lembrava as grandes gravuras clássicas em que os escalpelamentos eram procedidos em corpos pendurados como estão os do frontispício da *Anatomie der wterlich deelen van het Menschik Michaem Dienande* — de Jacob van der Gracht; do *Nouveau recueil d'ostéologie et de myologie* — de Gamelin. E mais os das *Tavole anatomiche annesse agli elementi di anatomia*, de Bertinatti; o das gravuras de Hogarth, na série dos *Four stages of cruelty*, na cena da dissecção do condenado à morte; o do retrato de Vesalius, por Esteban Calcar — Vesalius trabalhando os músculos do antebraço dum macabeu içado como mostrado no *De humani corporis fabrica*. Quando folheei essas preciosidades nas bibliotecas das faculdades de Paris, Buenos Aires, da Universidade de Coimbra, da Ambrosiana e do Museu Britânico — lembrava sempre nosso morto alegórico e nosso mestre vivíssimo — estourando saúde por todos os poros.

Disse que com o Isador e o Cavalcanti estudávamos nos corredores da faculdade, sentados num canto, osso na mão, *Testut* na mão. Um ia lendo, o outro achando e mostrando ao terceiro. Acabado um ponto, o livro mudava de mão, o osso passava adiante. Depois mais uma vez porque leitura e manuseio tocavam a todos. As peças esqueléticas assim manipuladas cada ano por dezenas de alunos iam tomando um lustre precioso de marfim. Depois passamos a estudar em casa, quando o seu Peregrino deu ao filho um meio-esqueleto de presente! Seus ossos foram se perdendo, se dispersando. Não sei por que capricho da sorte o crânio ficou comigo. Andou por onde eu fui, de seca-e-meca e hoje jaz embrulhado em jornal velho, num dos meus armários da rua da Glória.

Finalmente o Lódi deu por findo o esqueleto e passou imediatamente às articulações. Para estudá-las tínhamos de pescar as peças conservadas num grande tanque do anfiteatro de anatomia e foi aí que fomos nos deixando de galinhagens e de nojos. Mergulhávamos a mão naquele caldo turvo e procurávamos dentro do picles ardido. Vinha uma coxofemoral. Não era a desejada. Depois um joelho. Não. Um segmento vertebral. Ainda não. Finalmente o almejado cotovelo com os dois tocos inferiores do rádio e cúbito e o superior do úmero. Mesma técnica de estudo. Leitura de um, demonstração do outro com a ponta da unha ou duma tenta-cânula-cápsula, ligamento tal ou qual, restos de músculos e os olhos e as narinas do que tinha a peça começavam a escorrer e a avermelhar da emanação urticante do formol. Diartroses, anfiartroses, sinartroses, cápsulas, sinoviais, meniscos, cartilagens articulares tudo se superpôs ao que já sabíamos do esqueleto. Já conhecíamos os ossos, aprendemos como eles se articulavam, agora íamos ver o que os movia. E depois das férias do meio do ano o Lódi iniciou suas lições de miologia.

Memento mori.
Advertência dos Trapistas

Esse nosso madrugar na faculdade fizera-nos a mim, ao Isador, ao Cavalcanti e mais ao Zegão que aderira ao nosso grupo, os íntimos do Joaquim Matos, do Otaviano de Jesus e dum seu Domingos de quem jamais soube o sobrenome. O primeiro era tatibitate, o segundo, um mulatão eugênico e simpático; o terceiro, um magricela mal-humorado e fanho. Eram os serventes de Anatomia e acolitavam o Lódi nas salas de descritiva e topográfica. Foi assim que pudemos ver o trabalho horrendo das *coulisses* dos anfiteatros. Já às sete estavam abertos os batentes de vasta porta posterior da faculdade. A essa hora começavam a chegar as oferendas da noite da Santa Casa. Vinham em carrinhos-padiola, subiam a rampa (nessa parte não havia escadas) e davam de frente no anfiteatro pequeno que servia a um tempo às cadeiras do Lódi e do Carleto Pinheiro Chagas. Os pobres mortos traziam restos de roupa, curativos, cabelos, a última expressão do último arranco do último sofrimento — a máscara do término da agonia. Bocaberta. Olhaberto. Iam agora passar pela toalete que os desumanizava e transformava de restos de gente em bonecos para nosso estudo. Perito era o Joaquim Matos. Não posso esquecê-lo nas cenas que presenciei, que me horrorizaram na hora mas que ajudaram a blindar minha alma de médico. O Joaquim metia mãos à obra com um tesourão. Cortava os destroços de veste e punha tudo nu em pelo. Com a mesma tesoura tosava os cabelos da cabeça, bigodes, barbas, axelhos e pentelhos. Separava as madeixas compridas das mortas, amarrava-as e guardava numa caixa. Eram vendidas a um sujeito que vi uma vez: saudável, alegre, vermelhinho, narigudo, míope, de fraque e chapéu-coco — que comprava cada quilo de cabeleira longa a 5$000 e revendia aquela fiapada aos peruqueiros argentinos que as importavam de todos os países da América do Sul. Pixaim não servia. O homem risonho passava uma vez por mês, pesava as tranças, pagava, dava adeus! até *outrrra fez* e sumia com sua mala. Depois da tosquia, vinha o retoque da navalha e os glabros bonecos iam passar à segunda parte da operação. O Joaquim atracava-os braço a braço, dobrava-os, desdobrava-os, repuxava, fletia, defletia, lutava contra a rigidez cadavérica. Às vezes atirava os macabeus ao chão, amolecia-os um pouco com os pés descalços, imprimia-lhes solavancos e movimentos de chicote com baques surdos do quengo no mármore das mesas e ladrilhos do piso. A primeira vez que surpreendi o nosso servente nessa labuta, pensei num sacrilégio, numa profanação, numa quebra criminosa do selo real da morte e começava a verberá-lo quando ele desatou a rir. *Qué isso? doutor.* Tou só amolecendo os boneco pro formol correr direito e engordar os bichinho por igual. Era verdade. Meti a viola no saco, assisti curioso o resto da sessão de amaciamento e vi depois a perícia com que o Joaquim em dois ou três golpes achava a femoral ou a carótida e amarrava a cânula que ia servir ao embalsamamento. Aquilo ligava-se a longa borracha vermelha que ia até irrigador enorme com três litros de formol em soluto concentrado e meio litro de glicerina. Esta era para dar maior flexibilidade aos defuntos que iam servir aos treinos operatórios. Lá ia o Joaquim na sua escada e pendurava o recipiente no alto do pé-direito. Voltava. Passava a outro corpo, às vezes ao terceiro, ao quarto, se tanto os havia da safra hospitalar da noite. Depois esperava o líquido escorrer e via que tudo estava bem quando a derme começava a fazer pequenos rosários e conglomerados de bolinhas de formol, estufando o tecido e a superpressão, criada pela injeção nos pulmões, fazia os defuntos golfarem pelas narinas e boca todo o catarro e pus que traziam nos peitos. O servente ia lavando a porcariada com um esguicho, ligava ao fim, peritamente, a artéria com um barbante, amontoava os corpos num carrinho e levava-os para os grandes tanques onde os mergulhava na caldivana verde e formolizada. Engordados de cerca de três quilos, descontados dos três e meio introduzidos, aí seus quinhentos gramas de monco e sangue perdidos.

    Outra habilidade do Joaquim. *Fazer esqueleto*, preparar ossos. Vi-o várias vezes nesta obra. Curioso inquiri dos seus segredos. Só serve cadáver sem formol, doutor, senão manch'ososso e num fica branquinho. O Joaquim *descascava-os* literalmente com um facalhão de autópsia amolado como navalha. Corria o fio rente aos ossos e quando o esqueleto estava a nu, arrancava os olhos, esvaziava as vísceras, inclusive as do tórax, por baixo, para não estragar as costelas. Depeçava aquele *pantin* sinistro e sangrento, desarticulando-o, com virtuosidades de cirurgião. Depois ia tudo para baldes no pátio de trás da faculdade onde fervia dias seguidos em água de potassa renovada constantemente. Ao fim, os ossos limpos eram postos para secar ao sol, ficavam de marfim, seguiam para os armários da sala de osteologia e dali vinham a nossas mãos para estudo — conservando meses, muito tempo, morrinha rançosa. O Joaquim quando entregava-se a esse trabalho ia de vez em quando a um armário de seus domínios, tirava uma garrafa e bebia no próprio gargalo sua talagada para dar coragem na tarefa hedionda. Um dia perguntei se ele não tinha medo dos defuntos que descascava. Nenhum, *doutor*, vou fazendo e vou rezando pra eles. E ajudado pela pinga, vai. Outra cena em que vi o Joaquim tomar parte no anfiteatro pequeno foi a de ter mão num cadáver. Foi assim. Enfiada de feriados e o defunto não foi formolizado. No primeiro dia útil depois dessas férias já havia urubus forçando a tela das janelas. O cadáver estourara da barriga e as tripas luziam como balões cravejados da ourivesaria fervilhante de milhares de moscas. O corpo inchara tanto que perdera a forma humana. Parecia um balão e o zumbido dos insetos fazia sair dele zumzoeira como a de um órgão sustenindo e mantendo nota que não fosse mais parar. Aquilo não cabia no *envelope* de pinho e empestava tudo. Foram o Joaquim, o Otaviano e o seu Domingos que deram jeito naquele defunto animado da vida maldita da putrefação. Os três com luvas de Chaput, uma toalha passada como mordaça devido ao fedor do formidável podrejar, armados de facalhões, desarticularam os presuntos das pernas, os dos braços, estriparam, descarnaram e meteram tudo em dois caixões — porque um só não bastava. Pensam que estou contando esses horrores para fazer sensação? Nada. É pela lição que eles me deram, eles, horrores, e todo o estudo da anatomia. A lição de humildade nascida da porcaria transitória que somos e da certeza do cutelo semelhante que está suspenso sobre a cabeça do rei e do vilão, do milionário e do pobre. Da minha. Da vossa. Isso aprendi e jamais esqueci frequentando as aulas de mestre Luís Adelmo Lódi. Ainda voltaremos com ele ao resto do curso.

> CHIBATÃ. S. m. Bras., N. E. a C. Árvore grande, das matas secas, cerradas e caatingas, da família das anacardiáceas (*Astronium fraxinifolium*), de caule ereto e casca alvacenta, flores pequenas e alvas, e que fornece madeira de lei, usada em marcenaria; ubatã, aroeira-vermelha, sete-cascas, gonçalo-alves.
>
> AURÉLIO, *Novo dicionário da língua portuguesa*

> Da imprensa e da política só conheci as tempestades, assim como os cegos só conhecem do sol o calor e a queimadura.
>
> VIRGÍLIO DE MELO FRANCO, "Discurso do cinquentenário"

Em meados de 22 tive a grata oportunidade de reencontrar Afonso Arinos. Nessa ocasião ele ficou hospedado no Grande Hotel com seus irmãos e data de então meu conhecimento com Virgílio Alvim de Melo Franco. Nascido a 10 de julho de 1897, ele ia pelos seus vinte e cinco anos. Era um moço extremamente elegante e tudo que usava e punha em si era coisa do mais perfeito bom gosto e sempre originária das grandes alfaiatarias, das grandes casas de artigos masculinos, das maiores chapelarias, dos melhores sapateiros. Mas seu supremo chique era parecer não sê-lo e estava na naturalidade, na simplicidade com que ele parecia vestido. Lembro particularmente seus suspensórios. Nessa ocasião, em que já se permitia andar sem colete, ele não tendo as cavas do dito para meter os polegares, quando conversava em pé, fazia-o acompanhando a fala de dois cacoetes — levantar-se, alternadamente sobre a ponta dos pés e bater sobre os saltos enquanto esticava e afrouxava o elástico das alças. Estas eram sempre tiras de seda, acompanhando a cor do terno e combinando-se à das meias e da gravata. Referimos um dos seus jeitos de conversar e isto nos leva ao modo seu de falar. Fazia-o pausada e vagarosamente, com um movimento nítido e explicado da boca, como querendo prestar-se a uma leitura labial. Assim desenhava cada sílaba (num modo muito dele e dos seus, caracterizando o que Afonso Pena Júnior chamava "a boca festiva dos Melo Franco"). Usava sempre certo jargão especial de sua família, cuja frase bem-feita é a de uma construção nitidamente queiroziana, sobre a qual se incrustassem mineirismos sertanejos e arcaísmos saborosos; "palavras imaculadas" e palavrões oportunos. Tenho para mim que essa língua (que não vi falada pela Donana nem pelo senador), nasceu na geração seguinte, possivelmente inventada pelo primeiro Afonso Arinos, por Gastão da Cunha e Eduardo Prado. Aquele passou-a aos irmãos João, Armínio, Adelmar, Afrânio e estes à descendência e um pouco aos amigos da casa. Por falar em Afrânio de Melo Franco: nunca o ouvi dizer *também*; era *tóm(b)em* em que o B era apenas pressentido, ao modo como ouvimos um inglês culto pronunciar a palavra *lord*: é sempre *ló(r)d*, em que o R é simplesmente suspeitado. Mas íamos dizendo que Virgílio falava geralmente lento. Só de quando em vez mudava e na indignação, na cólera, no entusiasmo ou no desfechar de caso burlesco, anedótico e imprevisto — sua frase passava a correr rápida, eriçada e ainda mais precisa na escolha dos termos que usava. Um detalhe: jamais levantava a voz — agradecia, agradava, pilheriava, lia para os ouvintes, contava casos, descompunha ou soltava palavras coléricas — sempre no mesmo tom. Nessas últimas circunstâncias, o que mudava era a cor da pele clara e a expressão do seu olhar. Parava de piscar, o veludoso de suas pupilas era substituído por quina de prisma afiado. E os traços de repente de pedra. Falamos nos seus olhos e sua pele. Isto nos leva à descrição de seu físico. Não era alto, tinha os ombros um pouco caídos mas sua espinha sempre erecta, o pescoço longo, as proporções de seu corpo e sua magreza davam a impressão (como a seu pai) dele ser mais comprido do que o era na realidade. Tinha cabeça grande, o que também não se notava porque o que logo chamava a atenção eram seus cabelos lisos e caindo com ss de que um se opusesse ao outro, aos lados da testa ampla e apenas vincada; e eram os olhos negros, rasgados, mansos, imensos e duma luminosidade estelar. Tinha boca larga que mostrava, ao falar ou no riso franco, os dentes brancos e perfeitos — tornados mais nítidos pelo nanquim deixado entre eles pela nicotina. Sério, mostrava boca voluntariosa e o queixo obstinado.

Moço de sociedade, globe-trotter, aficionado de corridas de cavalo, homem de esporte e prazeres — não se podia adivinhar no jovem aparentemente descuidado que estava ali, as faces que o destino configurar-lhe-ia do insubmisso, do conspirador, do subversivo, do revolucionário, do cabo de guerra, do líder, do político na pureza rara do termo, do homem de ação, do cavaleiro sem medo e sem mácula e finalmente, do mártir — mártir, sim! repito o termo — tão injusto e boçal foi o seu até hoje! não esclarecido assassinato. Na ocasião em que o conheci, ele já se ocupava de política, levado a isto por uma espécie de posição hereditária e gosto pessoal. De jornalismo e literatura também. Com seu nome ou com o pseudônimo de *Gonçalo Alves* assinara ensaios de que destaco o escrito sobre o tio Arinos, Nabuco e Eduardo Prado. Nos jornais, logo que subira o fascismo na Itália, ele, com alma profética, começara a combater o movimento que antevia não italiano mas universal e fadado "[...] à formação de uma classe destinada a reunir os desclassificados de todas as classes..." — conforme escreveria anos depois. Mas deixemos esses anos depois, voltemos ao 22, mais precisamente ao salão do *Grande Hotel* onde o conheci numa roda de palestra formada por Afonso Arinos e Afraninho de Melo Franco, por Cristiano Machado, Gumercindo Vale e Justino Carneiro. Já estávamos salvando o mundo há algum tempo quando Virgílio chegou e abancou-se. Ficou ouvindo, calado, abrindo e fechando maquinalmente grosso tomo que trazia nas mãos. Olhei para a encadernação cinzenta característica, com título e nome do autor impressos em tinta branca. Era um volume de *Os sertões*, de Euclides da Cunha. Perguntei se estava lendo? e a resposta foi que não — mas relendo e aí pela quarta ou quinta vez. E acrescentou a propósito do autor: "Esse, sim, tinha uma pitada da poeira do gênio". Data dessa frase minha iniciação no grande clássico nacional. Eu ainda não o tinha lido e logo no dia seguinte, passei no *Alves* e com sacrifício infinito comprei *Os sertões*. Naquela noite, no *Grande Hotel*, uma força me fora infiltrada por Virgílio de Melo Franco com sua definição de Euclides e de sua obra-prima. Gênio. Pouco me importa que seja discutida sua figura, posto em balança seu valor, controvertida sua posição nas nossas letras. A palavra me tinha sido passada como tatuagem. Gênio. Assim o tive e tenho a esse amigo de uma leitura de toda a vida. Durante muito tempo coloquei *Os sertões* como meu livro de cabeceira. Fiz com ele o que os protestantes fazem com a *Bíblia*, o que faço hoje com Proust. Depois de reler, que eu me lembre, Euclides umas vinte vezes e a *Recherche* seis — toda noite, umas páginas ao acaso do livro apanhado na estante. Foi em Euclides que vi citado pela primeira vez o nome de Juvenal Galeno. Escrevi a respeito a meu tio Antônio Salles. Resposta: um presente precioso: as *Lendas e canções populares*, na sua segunda edição, a mais completa e a melhor — raridade bibliográfica de 1892 que mostra a que perfeição Gualter Silva fizera chegar, no Ceará, "a bela arte da imprimissão".

Mesmo com o regresso de Paulo Machado, ao Rio, não cessaram meus motivos de continuar a frequentar sua casa. Ia lá principalmente por causa de Aníbal. Eu conhecia seus horários e entrava sem pedir licença. Atravessava o jardim, um segundo portão que dava num pátio de trás, também ajardinado e, pela porta de baixo, sempre aberta, ganhava o corredor onde estava o escritório do amigo. Já batia com a cara pra dentro — com licença? Aníbal. A casa é sua, Nava. Nossa amizade, no princípio dependente da minha e do Paulo — já se desprendera e se tornara autônoma. O mesmo sucederia logo depois com Lucas e Otávio. A essa hora — duas, três da tarde, o nosso Aníbal lia, estudava ou escrevia no seu escritório. Parava para me ouvir, para me falar, sempre atencioso. Nessas visitas que comecei a lhe fazer em 1922 ele já estava às voltas com o seu *João Ternura* — lírico, satírico, pungente, chapliniano, autoanalítico — que foi livro de mocidade, maturidade e velhice. Aníbal o escreveu, alterou, mudou, desprezou em partes inúmeras, reformou outras, poliu e repoliu, sempre descontente e a obra só sairia em 1965, ano seguinte ao de sua morte. Marco aqui a data da edição para deixar claro que não foi a da obra. Esta vinha de mais longe, de 22, 21, talvez de anos antes desse período, talvez dos tempos da promotoria em Aiuruoca. E espanta o aspeto de sua atualidade ao tempo da impressão. Contribui para isto a permanência do humano, a eternidade dos sentimentos que Aníbal transfundiu no personagem que o confessa. O que ele, autor, homem reservado, não diria aos mais íntimos (como Rodrigo ou Dante Milano) — Ternura espalhou pelo mundo. Como Aníbal não desgostasse de mostrar aos amigos seus escritos ali, no porão da rua Tupis, ouvi vários trechos do *João Ternura* — trechos que, quando li o volume completo e quando releio suas páginas, identifico a meio pela sugestão que me trazem do já visto, por certa impressão de duas horas e do sol virando, pelo aparecimento no fundo da memória da cabeça do estudante russo, da gravura de Renoir nas paredes e do gosto do café que a d. Marieta não deixava de fazer descer. João Ternura nasceu de todas as idades que Aníbal ia atravessando e é o resumo poético de sua fabulosa experiência através da vida. Além de mostrar o que estava escrevendo, ele, seguindo uma vocação irrefreável de professor de arte e literatura, aconselhava e indicava leituras que eu fazia, levando livros emprestados de sua biblioteca. Já disse que ele me introduziu em Alphonse Daudet com *Sapho* e depois com *Jack*. Maupassant inteiro.

Mirabeau inteiro. Depois destes vieram *Adolphe*, de Benjamin Constant, Flaubert, com *Madame Bovary* e a *Education sentimentale*, os russos e que eu deixasse para o fim *Guerra e paz* para avaliar o que é um romance não mais tendo como personagem um tipo, uma família, um bairro, uma cidade, um país — mas a Europa inteira, um continente sobre o qual Napoleão se desencadeara como cataclisma de proporções telúricas. Foi ainda Aníbal quem me apresentou a Laforgue, Samain, Verlaine e Rimbaud. Eu não entendia o último e foi no escritório do amigo e ouvindo-o que passei a captá-lo e aos seus blocos herméticos, a seus versos cifrados, a suas palavras mágicas como elemento declanchante de emoção analógica posto que impassivelmente literal. Poesia... Entendi a verdade de Cocteau — "*La poésie est à l'inverse de ce que les gens estiment être poétique*". Se falei em analogia, fi-lo de propósito e com a maior adequação. Pensando no quadro de sensações levantado pelo fisiopatologista-clínico Martinet. Dou só um exemplo. Ele considera tônica idêntica — análoga — a que nasce do cheiro do café, do tabaco, do anis, da hortelã; do gosto da carne, da ostra, do limão; da audição de músicas cadenciadas de registros médios sobretudo as executadas em instrumentos de corda. Assim um assado pode se parecer com uma escala de violoncelo e letificar por igual o coração do homem. E se conseguíssemos fundir nossos sentidos num só — poesia das poesias, tudo seria poesia... Assim eu ia aprendendo com mestre Aníbal. Não era só literatura. Às vezes partíamos de um gesso que ele possuía, moldagem de *La pensée*, de Rodin e a conversa tomava rumos de escultura. Ou da gravura que reproduzia um Renoir, e entrávamos pela pintura, sobretudo pelo impressionismo, sua paixão mais recente. Lá vinham o próprio Renoir, Manet, Monet, Pissarro, Sisley, Degas, Cézanne. Fui sendo apresentado a um por um. Foi por esta época que comecei a comprar no *Alves*, dois, três por mês, uns livrinhos cartonagem cinzenta de divulgação dos quadros mais célebres. Tricromias e texto, este num papel grosso, poroso, que bichava. Foram-se perdendo assim comidos, nas minhas andanças. Salvei algumas gravuras dos mesmos, em cuchê. Primorosamente impressas e coloridas. Consegui resguardar umas reproduções dos Brueghel (Pieter, o Velho; Pieter II e Pieter III, os do Inferno; e Jan, chamado o Brueghel de Veludo), de Memling, Van Eyck, Goya, Turner, Daumier, Burne-Jones. Hoje são fichas que me auxiliam a lembrar Aníbal Monteiro Machado de cuja boca, primeiro, lhes ouvi os nomes.

Nascido em 9 de dezembro de 1894, Aníbal tinha no meio daquele 22 seus vinte e sete para vinte e oito anos. Reconstituo sua figura, ajudando a memória com um retrato da época tirado por ocasião de um jantar no *Colosso*, oferecido a Da Costa e Silva. Era quase o mesmo que conhecemos no fim porque nunca vi mocidade prolongar-se tanto nos traços e no porte como nesse querido amigo. Tinha mais cabelos, isso tinha, apesar das entradas bem adiantadas. Lembro que antes das brancas eles eram dum castanho arruivascado, mistura do louro do pai e das tranças negras da mãe. Cabeçudo. Não muito alto de corpo mas espigado, de boa ossatura, sobretudo as das mãos — que eram grandes, pálidas, viris e francas no aperto. Tinha uma grande doçura no olhar aumentada ainda pela vaguidão de míope. Às vezes como que fenda num vidro e a expressão mudava quando ele tinha de exercer a sua argúcia. Era duma bondade máscula e profunda, um amigo exemplar, companheiro inigualável e exato, homem de honra e de convicções inabaláveis. Além de ter ajudado a apurar meu gosto nestas palestras do seu escritório fiquei a dever-lhe mais um favor — o conhecimento, no decurso de uma delas, de Antônio Tavares de Almeida que tanta influência teria em minha vida dez anos depois. Ele estava de passagem por Belo Horizonte, horas, e tinha ido ver de perto aquela coisa das mais importantes da cidade: Aníbal e seu estúdio.

Já contei a noite memorável em que Paulo Machado, Joaquim Cavalcanti, Isador Coutinho e eu tínhamos confraternizado com o grupo em que estavam Carlos Drummond e Romeu de Avelar. Este fascinou inicialmente o Zozó e foi na sua companhia que comecei a frequentar a pensão em que morava esse extraordinário alagoano. Era um vasto casarão térreo e quadrado que ficava à esquina de Espírito Santo e Paraopeba, fazia muro com o sobrado do desembargador Barcelos Correia e onde se localizava a hospedaria de rapazes explorada por francesa de andar e ademanes muito aveadados, um pouco estrábica, mas bem-posta de carnes e ainda potável. Ninguém pensava em conhecer seu nome. Era chamada simplesmente *Madame*. Mostrava-se sempre muito amável com os hóspedes e quando saía e atravessava o Bar do Ponto toda de organdi — causava sensação. Em sua casa moravam o supracitado Romeu, seu irmão Delorizano de Araújo Morais, o juizdeforano Hamilton de Paula, o poeta Santiago Batista, José Veloso, Francisco Martins de Almeida, o esteta Florinécio Filho, um mato-grossense estudante crônico, conhecido pela alcunha de *Sabiá* e tempos depois, lá teria penates o fluminense Carlos Conceição, poeta de grande voo lírico. Vivia-se ali uma vida entre familiar, pelo bom trato dado a todos e pela ordem mantida pela Madame e a boêmia clássica sob a chefia inconteste exercida triunviradamente pelo Romeu, pelo Florinécio e pelo *Sabiá*. Já disse que Romeu de Avelar era o pseudônimo literário de Luís Araújo Morais, para os íntimos simplesmente Lula. A nem todos ele consentia esse tratamento mas a mim, ao Cavalcanti, ao Isador e logo depois ao Zegão que começara a frequentá-lo — ele o concedeu. A nós ele chamava *pélancos*, aliás designação genérica que ele reservava aos principiantes da vida boêmia, assim como colocados no primeiro degrau, o que em francomaçonaria seria o correspondente do *aprendiz*. Companheiro, no caso, seria o Florinécio Filho, que se intitulava *homem do mundo, homem formado em dificuldades*. Nesta hierarquia, mestre, mestríssimo, seria o próprio Lula. Todos nós *pélancos* morríamos de rir com as chalaças dos chefes do grupo e orientados pelo Romeu começamos a admirar Téo Filho, Jaime de Altavila, Osman Loureiro, Benjamim Costallat, a reverenciar o portuga Albino Forjaz de Sampaio, a estudar Émile Zola como os marxistas estudam *O capital*. Quase todas nossas horas livres eram passadas na pensão do Lula. Almoçávamos lá e nos desmandibulávamos com as peças pregadas à *Madame*. Exemplo duma. Antes de ir para a mesa o Florinécio se catava e trazia embrulhados num papelzinho uns dez a doze chatos bem nutridos na floresta do seu púbis. Espalhava-os na toalha e o Romeu ia buscar a *Madame* para protestar. Mostrava a pediculada e reclamava contra o asseio da casa. A *patronne* olhava, identificava, não se encolerizava e mandava tudo às favas. *Et vous avez la tête de me déranger pour ça, Monsieur Loula. Mais ils sont à vous, ce sont vous qui les semez les petits papillons d'amour. Allez donc vous faire faire ailleurs, espèce de salops.* A mesa rasgava-se de rir e atirava-se ao trivial da *Madame* que, generosa, não cobrava extraordinários dos convidados dos seus hóspedes. Veloso, o estudante de medicina, belos olhos negros, testa rareando e a careca principiada disfarçada pelo desalinho intencional do resto da cabeleira, não dizia nada e nem ria — dobrado sobre os pratos comia por dois, por três, pedia mais e tomava o que sobrava da porção dos companheiros: as batatas do sóbrio Martins de Almeida e a farofa do delicado Hamilton de Paula. Uma de suas especialidades era farejar velórios, entrar compungido, dar pêsames à família e empanturrar-se à hora da ceia. Se o Lula tinha plantão da tarde nos Telégrafos, dispersávamos. Senão e se nós próprios gazeteávamos a faculdade, ficávamos no quarto do amigo onde ele nos lia trechos ou contos inteiros do seu *Tântalos* ou do nunca publicado ensaio *Quem é Albino Forjaz de Sampaio*. Foi por essa época, entusiasmado pelo realismo desses contos, pelas leituras de Zola e estimulado pelo Lula que escrevi também três pequenas histórias onde havia cenas cruas, atrações em pelo e descabaçamentos no mato. Foram entusiasticamente aplaudidas nas tertúlias na casa de *Madame* mas eu, desconfiado, fui mostrá-las ao Aníbal. Ele ouviu-as com paciência, os óculos mostrando a fenda dura, fazendo *hum — hum — hum*, e acabou dizendo, enquanto esfregava o polegar nos outros dedos, que ali havia matéria, substância, havia, havia, mas que talvez valesse a pena cortar um pouco dos trechos mais crus, suprimir isso, aquilo e mais a cena da moita de bananeiras; a outra melhor ainda, da beira do córrego Leitão; e mais forte, a do paiol porque senão eu não conseguiria publicar nada daquilo em Belo Horizonte. Está tudo muito bom, Nava, tem substância como eu disse a você. Mas você mesmo sabe, a Família Mineira… Fiquei indignado com o Aníbal, resolvi privar o mundo de minhas obras-primas e meti tudo tudo numa gaveta da escrivaninha de onde elas desapareceram misteriosamente. Revolvi céus e terras a sua procura. Nada. Tinham sovertido, entrado chão adentro. Conforme eu soube muitos anos depois, as laudas tinham sido confiscadas por d. Diva, incineradas, conforme ela própria me contou já aqui no Rio, pouco antes de morrer. Eu não podia deixar aquelas porcarias na gaveta dum móvel de seu pai e debaixo do mesmo teto de suas irmãs. Santa d. Diva! por que você não queimou? também os originais *De um homem que não existe*, verdadeira merda que saiu na *Ilustração Brasileira* em maio de 1923. Com o passar dos tempos comecei a ter horror desse cadáver no armário e julgava meu crime prescrito quando imaginem! correndo 1975, em casa de Plínio Doyle, o Drummond, malicioso, me passa um envelope. Talvez você goste de possuir essa obrinha. Descerrei. Era o meu conto! Trouxe-o para casa com a intenção de matá-lo outra vez, desta feita, enterrá-lo. Antes resolvi reler. Perdi a coragem, não rasguei, guardei com amor porque aquela tolice tinha com ela uma ou outra coisa sofrida e preciosa: um ar de meus vinte anos e de sua estética balbuciante…

Mas bom mesmo era quando chovia e ficávamos na pensão do Lula jogando o sete e meio. As cartas ensebadas eram dum baralho Grimaud. O roubo era tolerado e mesmo de regra. Praticado por todos, restabeleciam-se as condições de igualdade. A sorte era dos de melhor memória e que guardavam de cor as marcas feitas na trama vermelha das costas das cartas. Ou então havia truco gritado e xingado. O berreiro fazia sair a *Madame* de sua toca. *Est-ce que vous voulez faire venir les flics? espèce de cons. Silence! ici ou je vous mets tous à la porte. Est-ce que vous vous croyez? chez la Olympia ou la Rosa*. Ríamos, calávamos, e o Florinécio passava à roda seu frasquinho de cachaça. É que estava frio como o diabo e era preciso aquele *capote interno*. Levantávamos para desengurdir as pernas. O Florinécio, o Isador e o Zegão, logo acesos com a bebida, desciam para uma matinezinha de emergência. O Cavalcanti e eu íamos para casa. O Batista aí organizava um pôquer, esse sério, sem cartas viciadas, com o Veloso, o *Sabiá*, o Hamilton e o Almeida. O Lula sapeava um pouco e depois recolhia-se ao quarto para continuar seu romance. Porque ele trabalhava de rijo em literatura e entre os escritores que conheci, nunca vi nenhum mais disciplinado. Todo santo dia lia durante duas horas e sentava-se à mesa para escrever outro tanto. O resto do tempo sim, era para estudar, ir às aulas da Escola de Veterinária, para o plantão dos Telégrafos, para a boêmia e para o mulherio. Dava pra tudo. Nunca soube ao certo a idade do Romeu de Avelar nem ele admitia conversas a esse respeito. Por cálculos indiretos, idades que soube de seus irmãos e irmãs, ordem do nascimento de todos, cheguei à impressão de que ele teria naquele 22 seus vinte e sete para vinte e oito anos. Era bem mais velho que nós. Entretanto esse homem de mocidade eterna parecia mal saído da adolescência. Tinha uma fisionomia impressionante. Bela cabeleira leonina, castanha, ondeada, descendo sobre as orelhas, atirada para trás, excedendo a nuca, cobrindo colarinho e gola do paletó. Era cabeleira como usam os moços de hoje mas, àquela época, figurava moda a Byron ou a Brumel. Além de descer no pescoço ela prolongava-se dos dois lados do rosto por costeletas das mais bem fornidas. Pele magnífica. Olhos muito grandes, negros, de expressão morteira dada pela comissura palpebral externa mais baixa que a interna. Sobrancelhas muito levantadas para fora e depois descendo num risco ponta de asa de ave. Nariz regular e curvo mas de largas narinas que pareciam aspirar deleitosamente a vida. Forte prognatismo superior valorizava o lábio de cima e fazia-o exceder o inferior. Fisionomia móvel, *xótáque fóutemente alagóuano*, era duma chalaça indescritível e tinha uma graça genial e toda sua para contar suas anedotas e suas estórias. Gargalhava longamente, dobrando a risada, triplicando-a, prolongando-a em oitavas cada vez mais altas. Era vaidoso das mãos que tinha delicadas e terminadas por unhas pontudas, sempre muito bem tratadas. Admitia intimidade amistosa mas jamais a familiaridade. Era muito reservado sobre sua pessoa e sobre os seus. Apesar da fama de boêmio era homem de ordem, estudava à própria custa e jamais foi visto pedindo dinheiro ou devendo-o a quem quer que fosse. Nem ao Zano — que era como ele chamava o mano Delorizano. Agora um pouco sobre suas roupas. Invariável chapéu de lebre ou peludo, batido para a direita. Colarinhos em pé, dos ditos de *bunda virada*. Gravatas decorosas, de preferência os plastrons. Jaquetão, colete debruado de branco e calças sempre vincadas. Cores discretas: verdoengo, cinza, azul, *tête-de-nègre*. Botinas de verniz cano de pelica clara ou recoberto de polainas cinzentas. Em suma: um *dandy* ou para usar termo da época, um almofadinha. Dentro das dobras do lenço de seda do bolsinho do paletó portava sempre a navalha e na cava do colete uma longa lambedeira nordestina. Gostava de andar preparado mas nunca revólver, pistola ou garrucha — sempre com armas brancas. Valente até à loucura, dizia que *home résorlve no coulpo a coulpo e no ferro*. Era respeitado e temido. Tinha além do sotaque alagoano típico e adocicado, um linguajar todo dele e tão penetrante que insensivelmente se transmitia a sua roda e ia sendo falado pelos seus amigos. O Cavalcanti e eu nunca abandonamos certas expressões aprendidas do Lula. Mas quem o imitava servilmente, de confundir, era o Florinécio Filho: tanto, que chegava a ficar parecido com o modelo — não como retrato mas virando sua caricatura. Também era nortista e devia o nome extraordinário a uma avó Florinda e a um avô Idalécio que tinham gerado Florinécio pai cujo sobrenome de família era Itacu. O filho deste quando estudante e começando a versejar, implicara com essa rima de cu e passara assinar-se Florinécio Filho. Esse *filho* dera-lhe direito ao uso dum monóculo sem grau, para seguir o exemplo de Téo Filho. Não lhe descrevemos o físico porque seria retomar a descrição do Lula. Só que Florinécio ia ao superlativo. Dobrara a cabeleira, triplicara as costeletas, usava colarinhos monumentais, falava *lula* correntemente e em vez da navalha e do punhal, trazia no bolso um *box* eriçado de puas de aço nos anéis e não se separava duma bengala de estoque. Até para o banho ia com ela. Como o Lula tivesse publicado um livro de contos chamado *Tântalos*, ele, Florinécio, saíra-se com uma coleção de estórias sob o título de *O filho de Plotea* — onde o complicado, a palavra difícil, o falso clássico, a ordem inversa e a falta de imaginação corriam parelhas. Era contudo aplicado como o modelo e disciplinadamente, seguindo-lhe as pegadas, escrevia três a quatro horas por dia, enchendo cadernos e cadernos de contos, novelas, romances, ensaios e poesias que pretendiam ser gênero Augusto dos Anjos mas só contendo de aproximável uma pseudolinguagem científica jejuna da angústia, do pessimismo, do niilismo do desesperado vate. Tinha uma série de sonetos sobre assuntos viscopegajosos e títulos repulsivos: "O escarro", "O catarro", "A hemoptise", "O pus", "O fecaloma". Sobrava-lhe tempo para elocubrar pois o velho Itacu era rico e fornecia-lhe gorda mesada. Era vagamente estudante de medicina, reprovado duas vezes pelo Chiquinho, quatro pelo Lódi, uma pelo Carleto. Mas não se importava porque destinava-se à psiquiatria e sendo assim, dizia, não precisava saber *besteidades*. Exemplificava com seus ídolos, Juliano é Juliano, Afrânio é Afrânio e nenhum deles sabe bulufas destas merdas das cadeiras básicas. E quem é que os vence? na *pissiquiatria* e na *médicina légáu*. Assim ele ia dentro duma ilusão e traçando romances e poemas sem número. Carregava a mão. Onde o Lula usava o famoso traço realista do Eça, o nosso Florinécio mandava pornografia pura. Pura, não, disfarçada, porque ele jamais escrevia a palavra. Principiava a dita e as reticências encobriam suas rabadas. Exemplos. *Arreganhou as polpas da bun.../ Abriu as pernas e pôs à mostra as belbas do con.../ Meteu-lhe o car... até à raiz só deixando de fora os col.../* Tapava o sol com essa peneira de largas malhas e quisera entrar de box na cara do Isador, certa noite de leitura dessas obras e em que solicitada a opinião do Dodó, este meio cheio e muito franco, declarara tudo aquilo uma grande bosta e que melhor seria se ele, Florinécio, cavasse mais um pouco a sua anatomia topográfica porque o Lódi... Foi preciso que o Cisalpino, o Zegão, o Cavalcanti e eu contivéssemos o afrontado autor, já de mão guarnecida. Declaramos sua prosa superior à de Zola e o Isador uma besta e um porco a quem ele estava dando pérolas em vez do capim da manjedoura e das misturas ardidas do cocho. Não se importasse. Expulsamos o contraditor e pedimos mais daquela prosa. O Florinécio recomeçou sua leitura ainda ofegante, pálido da raiva que sentira e rugindo que outra vez que, se aquela imundície lhe aparecesse pela frente arrancava-lhe o olho a ponta de garfo!

Sob a batuta do Florinécio vimos o fundo do fundo de Belo Horizonte. Ele conhecia bordéis mais vagabundos que o *Curral das éguas*, espalhados no Calafate, atrás do Doze; na Floresta, nos caminhos de Pipiripau; no Quartel, entre a rua Niquelina e o Raul Soares (este mantido por uma negra enorme que o Sá Pires chamava a *Menor Teodora*); no Bonfim, sobrepujando o Cemitério; no Carlos Prates, nas veredas da Gameleira, do Matadouro, do Acaba-Mundo, da Lagoa-Seca, da Lagoa-Santa, do Vira-Saia, do Quebra-Bunda. Eram lugares perigosos cheios de desordeiros, duma negralhada suspeita, de foragidos, de meganhas e de praças. Aparecia uma ou outra mulata gloriosa mas de permanência efêmera, logo seduzida pelas atentas caftinas e escalando os degraus das promoções: Carmem, Rosa, Lió, Petró, o generalato da Olímpia e o marechalato da Elza. As bebidas eram cachaça pura, cachaça com fernete, *anis escarchado*, um vinho pedregoso, cerveja preta, cerveja branca. A ceia, pedaços de linguiça, ou de salame ou de toucinho tostados dentro de frigideira cheia de pinga a que se atava fogo. Era tudo mastigado com farofa. O Florinécio achava que frequentar esses Pátios dos Milagres alumiados a lampião de querosene, era praticar a grande boêmia — dizia ele — a Byron, a Musset, a Álvares de Azevedo. Chamava nosso grupo o "dos amigos de Coimbra" e prometia repetir a façanha queiroziana e quentaliana de, numa noite de raios, relógios à mão, emprazar o *fulmen* de Deus. Naquelas cloacas, além do perigo para o pelo, havia o perigo para a saúde pois cada uiara desses antros era um saco cheio de treponemas, gonococos, bacilos do cancro mole, germes do jacaré (linfogranulomatose) fora a arraia-miúda dos chatos, da sarna, da muquirana. Foi numa destas noites que assistimos entre curiosos e aterrados o nosso Florinécio *tomar a sua neve* — como ele dizia. Rasgou uma beira de jornal, dobrou-a cuidadosamente ao meio, fazendo espécie de calha, encheu-a por igual duma boa pitada de cocaína, espalhou bem os cristais dentro do diedro que formara e depois passou a tira de papel pra lá pra cá, de fio a pavio, sob ventas que aspiravam ruidosamente. Daqui a pouco estava de olhos vidrados, de vez em quando fungando e esfregando com força os narizes com as costas da mão. Queria que experimentássemos. Eu tive horror daquela mistura de vício com farmácia, coisa que me parecia um sacrilégio contra o REMÉDIO — um dos santos da religião que eu escolhera — a medicina. Nada de misturá-la, nada da aviltá-la. Os outros companheiros também recusaram. Mais fica — dizia o esteta, transportado e brandindo o *boneco*. E muito excitado fez questão de voltar a pé dos confins de Niquelina ao Centro, só interrompendo de dizer que sentia nuvens de borboletas brancas a lhe saírem do cu para recitar, ao luar soberbo, coplas da Mimi Pinson.

> *Mimi Pinson est une blonde,*
> *Une blonde que l'on connait.*
> *Elle n'a qu'une robe au monde,*
> > *Landerirette!*
> *Et qu'un bonnet.*

> *Mimi Pinson porte une rose,*
> *Une rose blanche au côté.*
> *Cette fleur dans son coeur éclose,*
> > *Landerirette!*
> *C'est la gaité!*

Cedo o Sá Pires, o Cavalcanti e eu começamos a achar tudo aquilo pulha demais e escolhíamos para nosso relax de sábado coisa melhor, gênero Carmem. O Zegão, o Isador e o Cisalpino, muito criouleiros, é que ficaram definitivamente com o Florinécio no grupo dos "amigos de Coimbra".

Eu disse atrás de minha frequência ao escritório de Aníbal Machado. Descrevi depois o estreitamento de minha camaradagem com o Romeu de Avelar e minhas idas a sua casa. Lidos, são acontecimentos que parecem de fases sucedentes. Nada disto. Eram simultâneos, coincidentes e muitas vezes eu saía de Tupis para Espírito Santo, isto é, da casa dos Machado para a pensão da *Madame*. Mas há ainda um aspecto importantíssimo na minha vida, também coevo das idas ao Aníbal e ao Lula. Foi a simpatia e logo a amizade que começaram a me unir a Carlos Drummond de Andrade. Subseguindo nossa confraternização na noitada que descrevi, encontrava-o frequentemente na calçada do *Odeon* esperando a segunda sessão, íamos a ela, depois ficávamos à espera dos jornais na esquina da casa do seu Artur Haas, dali subíamos ao Estrela, do Estrela saíamos a vaguear pelas ruas de uma Belo Horizonte deserta de homens mas cheia de sombras e cheiros vegetais e finalmente escalávamos todos os infinitos — inclusive o de cada um de nós. Só ele e eu? Não. Era enorme o grupo a que o Carlos me apresentou. Era composto do próprio poeta, de dois moços da casa da *Madame* — Francisco Martins de Almeida e Hamilton de Paula e mais de Abgar Renault, João Guimarães Alves, Heitor Augusto de Sousa, João Pinheiro Filho, dos irmãos Alberto e Mário Álvares da Silva Campos, de Emílio Moura, Mário Casassanta, Gustavo Capanema, Gabriel de Rezende Passos, João Alphonsus de Guimaraens e Milton Campos. O tempo traria ainda para nossa convivência Dario Magalhães, Guilhermino César, Cyro dos Anjos, Luís Camilo e Ascânio Lopes. Escrevendo o nome desses amigos de mocidade e vendo o que eles foram depois — não posso deixar de dizer do orgulho de ter pertencido a grupo tão ilustre. Dele sairia, já nos anos 1920, a contribuição mais importante de Minas para o movimento modernista. Tínhamos o hábito de nos reunir na Livraria Alves e principalmente no Café e Confeitaria Estrela. Daí, além do pejorativo *futuristas* que nos davam os infensos, a designação de *Grupo do Estrela* — como nos chamavam os indiferentes. Mas tudo isto é uma longa história...

No segundo semestre o Lódi retocou e recordou aqui e ali a artrologia e entrou, em cheio, no estudo da miologia. As aulas teóricas eram sempre dadas no grande salão da faculdade que já descrevemos. Mas passávamos o maior do tempo dedicado à anatomia descritiva no anfiteatro de dissecções. Era uma peça de vastas proporções, alto pé-direito, largamente iluminada por quatro janelões virados para o poente e onde o sol entrava filtrado por telas finas de defesa contra as moscas. Isso nos dias azuis de Belo Horizonte. Se havia o cinzento da chuva, acendiam-se quatro lâmpadas possantes, pendentes do teto e desprovidas de abajur. No lado desse salão — o que dava para a frente da faculdade, ficavam o aparelho de suspensão que já descrevemos e cujo cadáver especado era substituído assim de duas em duas, ou de três em três semanas, a caixa-tanque dos corpos formalizados e os cabides que continuavam a série dos corredores. Na parede do fundo, quadro-negro e um relógio mostrando no seu alto esculpido — a carreira imobilizada dum belo cavalinho. As duas entradas ficavam uma em cada extremo e junto às portas, com escovas de unha grosseiras e pedaços de sabão português da qualidade mais ordinária. Nove mesas de dissecção — cinco de um lado, quatro do outro. Essa assimetria deixava um vão onde era colocada a secretaria da banca no dia funesto dos exames. As referidas mesas eram fixas ao chão e suas guarnições e pés constituíam o sistema de encanamento pelo que descia a caldivana que dessorava dos macabeus, à medida que os abríamos. Era um líquido sanguinolento que ia escorrendo pelos regos do marmorite onde deitavam os corpos mortos e que todos convergiam para ralo de metal amarelo sempre reluzente da esfregação a sapólio do Joaquim Matos. Seja dito que tudo ali brilhava de asseio, graças aos cuidados dessa flor dos serventes. O chão de ladrilhos, formando desenhos hexagonais, espelhava da limpeza diária. Consigo refazer esses detalhes do nosso anfiteatro — que era pintado de cinza-claro — graças à fotografia que me foi mandada recentemente por Jovelino Amaral onde estamos ele, eu, Manuel Fulgêncio Neto, José Martinho Kascher, Melchíades Duarte da Silveira, Evandro Baeta Neves, Sócrates Bezerra de Menezes, Antônio de Sena Figueiredo, Ademar de Meira, Libério Soares, Clodoveu Davis, Caio Libano de Noronha Soares, João Galdino Duarte, Joaquim Coelho Filho, Otávio Marques Lisboa, Joaquim Nunes Coutinho Cavalcanti e mais o radioso e malfadado Roberto Baeta Neves — o primeiro dos nossos que iria se encontrar com os cadáveres que dissecávamos — espichados ali e tendo cepos de madeira por travesseiro. Era o retrato da terceira turma do segundo ano médico. Traz uma data: 13 de julho de 1922. Ao centro da sala, como rei nos seus domínios, o Joaquim Matos — fisionomia hílare e mãos cruzadas sobre o largo peito. Os defuntos esticados sobre as mesas eram duros como feitos de pau — não do rigor mortis mas do inteiriçamento dado pelo formol que também lhes roubava o *algor*, pondo a todos do mesmo pardo de escultura em jacarandá. Nenhum dava a impressão mordente dos que figuram nos quadros clássicos das dissecções de Rembrandt ou no mais dramático do escalpelamento de Gérard David que está no *Museu Comunal* de Bruges. Também não lembravam os mortos evocados por Carco na sua descrirreconstrução do patíbulo de Montfaucon e do cemitério dos Santos Inocentes de Paris. Só mais tarde iríamos ver símiles dos últimos nas cadeiras de anatomia patológica e medicina legal onde triunfam os estufamentos monstruosos e o molho pardo da putrefação. Eram como bonecos. Assim queríamos acreditar. Entretanto, profundamente, surdamente, sentíamos que estávamos manejando corpos nos quais palpitara uma vida. A ideia da própria morte se entremostrava nos fundos da consciência de cada um mas era recalcada pelo transbordamento de vida que subia na forma duma alegria tumultuosa, do entrechocar de palavrões, do raconto das anedotas porcas e do castigo da morte no morto — pela profanação. Num, de bocaberta, metia-se a ponta dum pão. Antes de sairmos e depois de lavados, fiscalizávamos cuidadosamente cada bolso onde era frequente encontrarmos orelhas, narizes, dedos, lascas de clitóris, um colhão, pelancas de saco, belbas, aparas de piroca. Jogávamos tudo fora nos baldes, no jardim da faculdade e se a porcaria era descoberta em casa — latrina e descarga. Afetávamos o maior desrespeito e o esnobismo da porcaria. Já contei que descascávamos laranjas com o bisturi que estava sendo usado naquela salsicharia hedionda e que tomávamos a mesa de marmorite (empurrando o defunto pra lá) como mesa de refeições. Saíamos dali fedendo formol a ponto de empestarmos os ambientes onde entrávamos depois das tardes de exercício prático. Logo no princípio apareciam sempre uns requintados com a frescura de luvas de borracha. Eram obrigados a tirá-las e a meterem a mão diretamente na frialdade azeda dos mortos magros ou no macio rançoso da adiposidade dos mais gordos. Havia quem comprasse todo o estojo de dissecção. A maioria fazia como eu — um bom bisturi de cabo vazado, uma pinça dente de rato, outra simples, tentacânula, agulha de coser sacos, barbante — e estava completo o material dos anatômicos iniciantes. Percorríamos o fabuloso livro de Testut e nos embasbacávamos principalmente com as pranchas de Devy, Dupret, Boulenaz, Deruaz, Amiel e Blanadet que são os autores dos desenhos e gravados dos músculos. Que diferença da fiapada desnutrida que púnhamos à mostra nos corpos sofridos dos tísicos, cancerosos, cardíacos e supurados que nos eram mandados pela Santa Casa. Era preciso esforço para aproximar o que víamos da musculatura de deuses e deusas que aqueles artistas tinham posto no tratado do mestre de Lyon. Para encontrar músculos e forros conjuntivos iguais aos daquelas gravuras teríamos de ter esfolado vivos o *David* de Miguel Ângelo, o *Perseu* de Canova, os *Pugilistas* de Canova, o *Hércules Farnese*, o *Hércules castigando Diomedes*, o corpo ululante do *Laocoonte*, o *Efebo de Subíaco*, o dorso de *Paulina Bonaparte* do Museu Borghese, as coxas da *Vênus agachada* do Vaticano, os peitos da *Sabina* de Gianbologna, os ventres retesos, os seios empinados e a bunda eloquente do *Torso* de Maillol. Todos esses complementos eu os achava nos álbuns que me emprestava o Aníbal Machado que, sem querer, foi um dos meus instrutores de anatomia artística. Minha mania pela morfologia humana era tal que, numa fase paralela de produção de desenhos, eu só fazia figuras de esfolados. Tenho pena de ter perdido e dispersado esses esboços de que só resta o de uma espécie de bailarina desvairada que está nas mãos de Carlos Drummond de Andrade. Creio que era projeto de capa para seus *Vinte e quatro poemas da triste alegria* — título jamais aproveitado em sua poesia.

O Lódi levava muito em conta, nas nossas dissecções, as vias de acesso que tínhamos de escolher com toda liberdade porque ele achava que o aluno devia ter conhecimento da extensão das regiões que ia pôr à mostra, para poder acompanhar cada músculo até sua inserção posta, às vezes, em regiões anatomicamente diferenciadas (o bíceps braquial, por exemplo, que vem, embaixo, ao antebraço e mistura-se em cima aos elementos da espádua). Assim desunhávamos antes o Testut, sobretudo os pontos extremos de cada elemento da zona que nos propúnhamos a descobrir para, numa abertura simples ou conjugada a outras compreensivamente inventadas, valorizarmos e podermos acompanhar cada unidade morfológica em toda sua extensão. Outra coisa que ele não perdoava eram os *bifes*. O aluno tinha de retomar a dissecção até apresentar trabalho perfeito. O mestre não confiava essa inspeção aos monitores. Vinha em pessoa, sereno, taciturno e impenetrável — tirava o pedaço de saco molhado com que mantínhamos a umidade da peça, desfazia um ou dois nós do barbante com que tínhamos prendido a pele e com uma longa pinça simples ia afastando cada parte dissecada. Fazia perguntas e não dava mostras de aprovar nem reprovar as respostas. O que é isso? O grande glúteo. Por que está ele dividido? por esse corte semicircular. Para mostrar os músculos profundos. Isto? A aponefrose femoral. Isto? O médio glúteo. Isto? O pequeno glúteo. Isto? O gêmeo superior. Isto? O gêmeo inferior. Isto? E assim por diante: obturador interno, quadrado crural, tensor da *fascia lata*. Esta saliência óssea? O ísquion. Essa? O grande trocanter. O senhor não limpou bem as gorduras e bifou o gêmeo superior. Pode passar para o lado esquerdo e repetir a dissecção de toda a região. Tínhamos ódio. Hoje agradeço profundamente a lição de precisão e capricho a que todo médico tem de se acostumar desde o princípio do curso. Assim eu conheceria um invariável Lódi novamente em 1923, em 1924 e 1926. Vamos retomá-lo dentro em pouco e mais às aulas do Carleto Pinheiro Chagas e Otávio Coelho de Magalhães.

É muito difícil caracterizar um *pré-modernismo* mineiro num determinado espaço de tempo que tivesse sucedido sem transição ao chamado *passadismo* e tenha sido substituído, depois, pelo inicialmente denominado *futurismo*. Essa fase de inquietação confunde-se com a anterior e a posterior. É por assim dizer no seu início e fim — contemporânea das duas épocas artísticas — a que ia morrendo e a que estava nasce não nasce. Podemos, entretanto, apontar pelo menos *fatos* pré-modernistas sucedidos em Belo Horizonte. O primeiro foi a exposição de pinturas de Zina Aita, feita sob o patrocínio de Aníbal Matos e pessimamente recebida pelos comentários da imprensa local. Essa mostra realizou-se, segundo Paulo Krüger Correia Mourão, em princípios de 1920 e ele transcreve, no seu livro, frase acerba contra a pintora, saída num jornal da capital mineira a 5 de fevereiro daquele ano. Araci Amaral no seu trabalho *Artes plásticas* na *Semana de 22* informa que Zina Aita tomou parte nas exposições da mesma e que se tornou amiga de Anita Malfatti, Tarsila, Oswald de Andrade e no Rio, de Manuel Bandeira e Ronald de Carvalho. Que retornou contra sua vontade para a Itália, em 1924. Que voltou episodicamente ao Brasil, em 1952 e 1953. Zina era belorizontina tendo nascido em 1900. Faleceu em Nápoles, no ano de 1967. Forçando um pouco podemos considerar como manifestação pré-modernista a publicação, no primeiro *Estado de Minas*, do romance em folhetins *O capote do guarda*. Sua urdidura, pelo que contém de blefe, de insólito, de inesperado, suspense e mistura do macabro ao burlesco — não se parece nada com a literatura convencional. Infelizmente não consegui localizar no *Arquivo Público Mineiro* a coleção daquele periódico. Meu irmão José Nava achou uma, mas em mãos de particular que não facilitou sua consulta. Finalmente consegui tirar xerox do que ficou com a escultora Lívia Guimarães Prazeres — onde o romance está, infelizmente, incompleto. O que eu vi mostra a narrativa composta de dezenove capítulos e os que li foram escritos por Carlos Góes (VI, XIII, XIX), Ernesto Cerqueira (VII, XIV), Laércio Prazeres (VIII, XV), Berenice Martins Prates (IX), João Lúcio (XI, XVII), Aníbal Machado (XII, XVIII) e Milton Campos (XVI). Aniro Prazeres informa que o primeiro capítulo teria sido escrito por Mário Brant. Também não consegui localizar a data de publicação dos folhetins, pois os recortes de Laércio não estavam datados. D. Lívia, entretanto, diz que o romance, ideia de seu marido em fase difícil do jornal, foi escrito depois de seu casamento, realizado em 1921 e antes de sua mudança para o Rio, em 1924. Sendo assim, *O capote do guarda* é uma contribuição pré-modernista possivelmente contemporânea da *Semana de Arte Moderna* ou de 1923 — quando se definiam os futuristas de Belo Horizonte. O capítulo de Milton Campos já se parece estilisticamente com o "Fundo de gaveta" publicado no primeiro número de *A Revista* e deixa entrever o *antropófago* do discurso posterior a Carlos Drummond de Andrade. O de Aníbal Machado, contendo a um tempo episódios fúnebres e a pirueta de Carlito, está cheio de fatos históricos da gripe de 18 em Belo Horizonte, epidemia de que ele se aproveita para matar vários personagens do romance, deixando na maior dificuldade a colaboração subsequente dos outros autores. Os dois capítulos de Aníbal já mostram situações do *João Ternura*, de *Tati, a garota* e de *A morte da porta-estandarte*. Para terminar essa digressão sobre as possibilidades de um pré-modernismo em Minas, ocorre citar curiosa circunstância. Vale mencioná-la. Os críticos que tirem suas conclusões. Alphonsus de Guimaraens, respeitado pelos literatos de Minas do seu tempo, era-o também pelos modernistas. Mário de Andrade, em 1919, fez uma peregrinação a Mariana, especialmente para conhecê-lo. Nós, os iconoclastas do *Grupo do Estrela*, tínhamos o maior interesse pela sua poesia e o maior respeito por sua grande vida de poeta.

    Eu terei de voltar a esse pessoal do Estrela, falando de cada um e da importância que esses rapazes tiveram desde aquele momento, na revolução literária e artística passada pelo Brasil nos anos 1920 e que se desdobrou, com repercussões sociais, nas décadas porvindouras. Mas antes disto vamos dizer alguma coisa em conjunto, de sua vida e suas atividades. Eram todos estudantes de modo que suas manhãs eram passadas nas respectivas faculdades. Seus encontros começavam de tarde e aconteciam principalmente em locais que teremos de descrever. A *Livraria Alves*; o *Café e Confeitaria Estrela*; o *Cinema Odeon* — sobretudo às sextas-feiras, cujas noites eram ocasião de verdadeiro acontecimento social semanal, a chamada *Sessão Fox*; a calçada em frente à casa do seu Artur Haas; e a esquina de Bahia com Álvares Cabral, nos diantes da *Caixa Econômica*. Logo se verá a importância desses locais e o que eles representavam para a jovem roda. A sucursal do livreiro Alves ficava no segundo quarteirão à direita de quem subia a rua da Bahia, de que era, nesse ponto, o penúltimo prédio. Um simpático sobrado pintado de claro e manchado da poeira sépia de Belo Horizonte. Tinha duas numerações: 1052, a livraria e 1062, portãozinho que subia para o andar residencial de cima, ocupado pelo dr. Pedro Paulo Pereira, quando esse médico mudou-se de sua aprazível residência à avenida Afonso Pena, 2484. Já descrevi a livraria na minha "Evocação da rua da Bahia" que foi incorporada ao *Chão de ferro* e meu irmão José Nava ocupa-se da sua ambiência no trabalho em que descreve a abertura dos caixotes e o encontro num deles, dos livros que introduziram a *Recherche* em Belo Horizonte.* A entrada da loja fazia-se por duas portas laterais — a do meio tendo sido aproveitada para nela engavetar-se a vitrine onde os livros desbotavam ao sol mineiro. Essa fechava-se com cortina de aço. As outras duas com portas simples. Dentro, sombra e silêncio propícios ao manuseio dos livros nas estantes dos lados e na banca central. Ali folheávamos até escolher o volume que levávamos pagando normalmente ou nos entendendo com o excelente Kneipp para pendurá-lo e pagarmos a prestação — negócio particular entre esse caixeiro e nós — desconhecido pelo gerente da loja, o severo Antônio Salvador de Castilho que trabalhava ao fundo, numa espécie de escritório separado do corpo da loja por cercadura de madeira com altas grades torneadas na parte superior. Ali poucos entravam. Só os fregueses qualificados a quem ele concedia sua amizade. O resto, não. Mas não eram só as duas citadas a maneira de adquirir livros. Eles eram obtidos também pura e simplesmente por furto. Lembro da afobação do Zegão que, positivamente, não conseguia dinheiro para adquirir o indispensável *Précis d'histologie* de Branca e que para isto aceitou trabalhinho da habilidade prestidigitatória do Isador Coutinho. Então? Zegãozinho. Aflito? porque não pode comprar o livro. Pois vam'dá um jeito. Vce. me espere às duas na porta do Alves que eu virei preparado para obter o volume. Às duas em ponto os amigos estavam juntos, apesar do calor, o Isador vestido num amplo capote dotado de bolsos internos da dimensão de mochilas.

* José Nava, "Brasileiros nos caminhos de Proust", *Revista do Livro*, n. 17, ano v, março de 1960, pp. 109-26.

Foram à estante, cada um pegou um livro, ficou folheando, o Zegão interpôs-se entre o olhar suspicaz do Castilho, a vaga e perdida mirada do Kneipp enquanto o Isador elegantemente transferia o atochado Branca para um dos vastos abismos do seu capote. E ainda entrou, foi até à grade e fez questão de cumprimentar. Boa tarde, seu Castilho, então? nada de novo? Quando é? que temos caixotes fresquinhos. O Castilho saudou cerimoniosamente e remergulhou na sua escrita, contrariado com a familiaridade daquele fedelho desconhecido. Os dois larápios desceram e foram se refrescar no Colosso. E assim, conforme as necessidades dos colegas, o prestante Isador fez passar pelos bolsos do seu capote até volumes do tamanho dos do Testut, do Martinet, do Gley, do Gaston Lyon. Anos depois, já nos 1970, numa de minhas viagens a Belo Horizonte, passando diante do *Lua Nova* vi o Kneipp degustando um chopinho. Entrei para falar com ele e conversar sobre os velhos tempos do Alves. Aludi rindo, aos larcínios e caí das nuvens quando ele me disse que percebia tudo, que o Isador não era gente pra iludi-lo. O que acontecia é que ele tinha pena e deixava. Fingia que não via, doutor... Vocês eram todos estudantes muito pobres e o Alves tinha as costas largas... Grande e excelente Kneipp...

Pois mais ou menos entre duas e três horas, além dos aludidos, de outros estudantes de direito e de engenharia, nosso grupinho enchia o Alves. Ficava-se fazendo bonde até a hora de descer para uma estação rápida (cafezinho) ou demorada (cervejota) em torno às mesas do *Estrela*. Se éramos muitos, juntávamos familiarmente duas ou três e abancávamos em roda. Quem subia Bahia e atravessava Goiás, passava o Poni, o Andrade e dava diante das cinco portas do querido bar, confeitaria e café que elegêramos para nosso ponto de encontro. Ficava no térreo do belo e confuso sobrado, cujos andares de cima serviam de residência a rapazes que não queriam morar na bagunça das repúblicas nem queriam se dar ao luxo dos hotéis mais caros. A freguesia era de estudantes remediados ou abonados, ou de senhores sós. Lá morou Nilo de Freitas Bruzzi, o poeta do *Luar de Verona* e do nunca publicado *Lírio de Bombaim*. Lá morou Afonso Loureiro, o estudante mais rico e mão-aberta de Belo Horizonte. Foi para esses altos de prédio que o Nilo Brüzzi convidou um dia o Isador e o Zegão para tomarem no seu quarto o néctar satânico dum absinto verdadeiro. Ele serviu-se e aos amigos dose homeopática num copo grande. Completou com água que ficou leitosa e logo os três começaram a beber aos golinhos e a recitar Samain. Os dois estudantes de medicina quiseram mais mas o Nilo negou. Não senhores! Isto só aos bocadinhos e de vez em quando. Vocês tão pensando quisso é cerveja? Ora esta! Estamos provando do absinto francês, legítimo, do absinto de Verlaine, de Rimbaud e daquele casal devastado do quadro de Degas. O poeta guardou a garrafa e desceu com os dois amigos. Esses é que não se conformaram, fingiram que tinham de subir Goitacases e quando o Nilo sumiu na esquina do Bar do Ponto, regalgaram seu quarto, abriram a porta de entrada e a do armário de roupas por efração e regalaram-se daquela essência diabólica e com gosto de dentifrício. Logo se sentiram transportados, quebraram no chão a garrafa vazia, os copos, o jarro, a bacia do toalete, arrancaram do guarda-roupa e da cômoda as elegantes vestes do Nilo, empilharam tudo com os livros derramados das estantes de mistura com a papelada da escrivaninha, atiraram por cima o *mancebo*, o retrato encaixilhado de Roberto Gomes, os travesseiros, colchões, roupa da cama, as tábuas desarmadas da mesa, o leito desmantelado e as gavetas dos móveis desmandibulados. Pensaram em tocar fogo no todo mas nenhum dos dois tinha fósforos. Desceram e subiram até à pensão da *Madame* para contar o desmando ao Romeu. Este os aprovou ruidosamente, disse que aquilo sim, aquilo é que era boêmia e se o *pêlanco* descobrisse os autores do massacre que contassem com ele e sua *lambedeira*. Passaram-se dias até que uma tarde, no Bar do Ponto, os meliantes encontram-se com um Nilo grave, de carão severo e que pedia que subissem um pouco Tupis, para conversarem à vontade. O poeta estava paternal e homicida. Não alterou a voz para passar seu repes, como amigo mais velho e delegado de polícia que era. Inútil negar porque sei que vocês é que depredaram meu quarto. Agora escutem. Foi a primeira e última vez. Outra que façam, fuzilo os dois no Bar do Ponto, de dia, diante de todo o mundo. Entendido? Então vamos descer e tomar um cafezinho. Os amigos é que conservaram dúvida eterna. Será que tinha havido perigo de tiro? O Nilo estaria brincando? Depois esqueceram e tudo ficou como dantes no velho quartel de Abrantes e os dois, cínicos, até galhofavam com o poeta, perguntando se ele tinha recebido outra garrafinha da autêntica. Ele, sem rancor, ria, que não e que se quisessem entravam no *Estrela* para um *oxigené paulista* que era a porcaria que ambos mereciam. Nesse dia eles entraram justamente na sala aberta do café para onde eu tinha começado a conduzir minha narrativa.

O salão do *Estrela* era um prodígio de decoração belle époque. Mal comparando, pelo luxo das madeiras entalhadas e pelos espelhos — aquilo era a *Confeitaria Colombo* de Belo Horizonte. Havia cinco portas de frente. Serviam só as três do meio porque as dos extremos tinham sido viradas em vitrines onde se exibiam bebidas caras, queijos estrangeiros, latarias. Quem entrava dava logo a vista num par de estantes, uma de cada lado do café, com prateleiras circulares que diminuíam de tamanho na medida que se sobrepunham. Pareciam fruteiras antigas, altas de metro e meio. Eram torneadas na mesma madeira preciosa dos outros ornatos. Também serviam para a exposição das salsicharias, queijos e vitualhas. Na parede do fundo abriam-se duas portas para entrada dos detrás do café: copa, cozinha, depósitos. Entre estas, de passagem, as dos armários em cujas prateleiras ficavam os espíritos. Via-se através dos vidros renques das garrafas empalhadas do *Chianti* e do *Nebiolo Gran Espumante*, da vinhaça portuguesa, dos vinhos franceses e deitados, os botelhaços da *Veuve Clicquot* com seu rótulo branco e o estanho dourado das coberturas das rolhas e gargalos. Em cima destas estantes via-se um largo painel de madeira preciosamente entalhado. No centro, relógio redondo do tamanho duma lua. Aos lados deste, frente a frente, um par de grifos ou dragões, cada um com duas patas de galinha cheias de garras dilacerantes, rabos e línguas armados de ponta como as das setas. Corpo de penas e escamas. Bico, olhos ferozes, crista, asas membranosas, unguladas no extremo de cada dobra. Dos grifos ou dragões ao teto e às paredes laterais — florões heráldicos envolviam o par de monstros nos seus anéis cheios de graça e nobreza ou de curvas como as que se estilizam nas plumas dos paquifes dos brasões. Esse painel de madeira era reluzente da limpeza e do verniz avermelhado que o lustrava. Do mesmo material e sempre ao fundo era o balcão com a máquina registradora e embaixo mais armários cheios das delicadezas de confeitaria, das empadinhas, dos pastéis, das coxinhas de galinha, dos sonhos, das brevidades, dos camarões recheados, das famosas *bombas* de creme ou de chocolate que eram a tradução vernácula dos *éclairs* que são a honra dos doceiros de França. As paredes laterais eram cobertas de espelhos onde se escrevia com tinta branca, ou rósea, ou azul — as especialidades do dia. Sorvete de tamarindo. De abacate. De manga. De pequi, umbu, pitomba, gabiroba, bacuparipanã pequi tucum sapoti pinha buriti araçá araticum catulé licuri maracujá jatobá araçá goiaba bacaxi amora caju marmelo pêssego. Que sei mais? E refrescos de quase todas essas frutas e cocos tão bons e tão finos como os sucos de hoje feitos nos liquidificadores. Naquele tempo eram afinados a mão. Espalhadas na loja, suas vinte, vinte poucas mesas de "cândido mármore". Ali entrávamos sempre, depois do Alves — uns para o cafezinho, outros para a cerveja acompanhada de salgados; esses para os refrescos, os sorvetes, ou as médias de café com leite com torradas, brioches, sonhos, pão de queijo, bomba de creme, bomba de chocolate, brevidade. Saudade. Literatura, escultura, pintura, filosofia, sistemas políticos, religião, religiões, tudo passava nas conversas do grupo. Também política e mais a oposição sistemática ao governo, o achincalhe do Legislativo, Executivo e Judiciário. Confidências sobre as amadas. Planos de saque com os agiotas. Projetos de descer ou não descer, de noite. Havia silêncios também. Suspiros ranger de dentes da dor de corno. As mesas brancas me tentavam. Eu sacava do lápis e ia enchendo o mármore de meus esboços, tal qual contou Drummond em poema recente e magistral.

> [...]
> Tua cerveja resta no copo, amarga-morna.
> Minas inteira se banha em sono protocolar.
>
> Nava deixou, leve no mármore, mais um desenho.
> É Wilde? É Priapo? Vem o garçom apaga o traço.
> [...]

Era sim. Figuras de bailarinas escalpeladas e mostrando musculatura a nu. A cara de feijão de Verlaine, parecida com a do dr. Modesto Guimarães. A da descoberta recente, Wilde, revelação do Carlos e cuja cabeça eu reproduzia como melancia de olhos fechados, os símbolos em fuso, em pregas divergentes como raios dum solzinho e os inevitáveis e gordos e afoitos pimbaus se erigindo de pentelheiras abertas como asas de arcanjos. Os garçons que apagavam o traço eram os nossos amigos Bazzoni, carcamano muito branco ou o patrício Epitácio, mineiro duma palidez de barranca de rio. Eles eram governados pelo gerente da casa, Simeão, muito falante, muito prosa, olho muito vivo, magrinho, cabelo mastigado e reluzente de brilhantina, pele do mesmo verniz das armações do *Estrela* e que nos dava amplo crédito. Pendurávamos muito com seu assentimento amável e a infalível complacência do "modesto Bazzoni" e do "singelo Epitácio" — todos nossos amigos e tantas vezes participantes do *bondinho*. Mesmo assim eram às vezes vítimas de nossas farsas. Lembro até de um assalto. Foi o caso de ceia preparada em casa da *Madame* com um peru roubado da d. Julina e do seu Lafaiete França, que o Lula sugeria fosse antecedido de um prato de frios, talvez uma salada de pepino com rodelas de cebola, ovo cozido, atum e sardinha. Tudo bem picante para preparar as vias para a bebida. Mas onde? o atum, onde? a sardinha. Evidente que no *Estrela*. O diabo é que não havia dinheiro, nossa conta andava carregada, o Simeão era capaz de rebarbar... Mas havia imaginação. Reunimos os níqueis para comprar uma cabeça-de-negro reforçada. À noite fria de maio o Cavalcanti e eu tomamos lugar no *Estrela*, em mesa vizinha de uma das estantes circulares cheias de lataria e marcamos onde estava o material. Cafezinho, Epitácio amigo. Éramos os únicos no deserto. Onze horas e a rua da Bahia congelava casas fechadas. O *Sabiá* tinha se encarregado da bomba e fê-la estourar na hora H à esquina do Poni. Ao estrondo sucedeu-se curto silêncio e depois a gritaria alarmada que vinha das casas de Goitacases, a da família Brandão, a dos Baeta Viana, da Baronesa de Caldas. Parece que foi tiro. Tiro? Tiro. O Simeão, o Bazzoni e o Epitácio correram para ver o *morto*. Calmamente o Cavalcanti e eu soltos dentro do café escolhemos do bom e do melhor em latarias, recheamos os bolsos dos nossos capotes, saímos deixando na mesa o duzentão, dos cafés, subimos Bahia, Paraopeba e fomos recebidos pela ovação do Lula, do Florinécio, do Veloso, do Conceição, do Almeida, do Batista e da própria *Madame*. Mas voltemos ao *Estrela* para descrever sua sacristia, seu santo dos santos e parte mais secreta. A entrada do prédio era do lado, portãozinho de ferro que dava numa passagem. Era nessa que se abriam duas portas. A mais ao fundo, para as escadas que levavam os moradores ao primeiro e segundo andar. A mais da frente dava para uma sala discretíssima, com quatro mesas, um espelho e a oleografia representando *Otelo e Desdêmona* ao instante em que ele vai sacrificá-la. O cômodo comunicava para o serviço por portinha de cortina dando na copa. Era nele que vinham tomar sua cervejinha e sua cachacinha os homens de respeito de Belo Horizonte. Até secretários, até desembargadores traçavam ali o seu porrinho, atendidos na bebida pelo Simeão em pessoa. Ora, certa noite estavam libando ali dois dos mais graves do nosso grupo (o *Céptico* e o *Clássico*) quando irromperam na sala, para seu profundo desagrado, o Zegão e o Almério Prado, outro desmandado, ambos já bem *altos*, numa bebedeira ruidosa, a um tempo confraternizante e litigante. Sentaram sem convite à mesa dos quase bacharelandos. Não sei bem o que se passou durante a conversa entrecortada, interrompida e a fogos cruzados. De repente os dois melhores homens do mundo estavam lívidos de raiva e sugeriram que os contraditores fossem para casa curtir. Foi o bastante para o Almério arrancar o *Otelo* da parede e, lívido também, declarar que sairia depois de fazer a cabeça de um ou do outro ponderado atravessar vidro, oleogravura e papelão. Canga. Foi inútil a intervenção do Simeão. Os ajuizados acabaram rindo e achando de boa política aumentar a mona dos indiscretos até derrubá-los. A ordem partiu do *Clássico*. Tire essa vidralhada quebrada, Simeão. Mande apanhar esses cacos de copo do chão, mudar a toalha, renovar nossas cervejas. Para os nossos amigos traga gelo e uísque. Cavalo branco. E pode deixar a garrafa na mesa. Acabaram os quatro, braços passados pelos ombros, declarando-se os maiores homens da terra. Pelas duas o Simeão veio avisar. A casa está cerrada, *doutores*. Eu já vou. Quando os senhores saírem encostem a porta e fechem o portão da rua. Até amanhã. Todos berraram a saudação que era hábito dirigir-lhe. Até amanhã, *pediatra*. E ele, rindo: pediatra, mas ativo. Notem bem — ativo! Lá fora, num céu frio, as nuvens eram raspadas pela proa do "bergantim de prata" do Zé Osvaldo... Este era o bar frequentado duas vezes ao dia, de tarde, depois do *Alves*, de noite, depois do *Odeon* pelos moços da rua da Bahia — o chamado *Grupo do Estrela*.

Em outros lugares destas memórias já descrevemos amplamente o *Cinema Odeon* na sua sala de espera e na das projeções. Mas havia um prolongamento da casa de diversões, na rua, que é preciso conhecer. A calçada cheia dos estudantes e senhores que sapeavam a entrada das oito horas todas as noites. Essa pequena multidão era mais numerosa às sextas-feiras quando ocorria o fino do fino que era a chamada *Sessão Fox*, porque nela se passava sempre filme novo da Fox. Ah! noites... As calçadas ficavam cheias e como o tráfego de Bahia era escasso, seus declives e a subida até a linha de bondes eram ocupados pelos rapazes esperando a entrada das namoradas para seguirem-nas, entrarem juntos e postarem-se em cadeira favorável ao namoro e às longas greladas. Na rua, havia como que uma técnica de colocação segundo se esperavam grupos familiares vindos de Bahia ou de Afonso Pena. Logo para os lados do Giacomo Aluotto, uma primeira roda tendo ao centro o Chico Negrão, sempre muito bem-arrumado, geralmente vestindo tonalidades desmaiadas, chapéus cinza, sapatos bicolores de verniz preto e camurça branca (os chamados depois à Al Capone). Sempre cercado de rapaziada séria como Dute Penna, o Ethel Nogueira de Sá, o Gualter Gonçalves. Logo em seguida, mais para perto do centro, o bando ruidoso e alegre do Eurico e Chico Martins, do Ticolau, do Perácio, João Las Casas, Áureo Renault. Seguia-se o trio invariável dos portugueses do comércio de quem só se sabia, em Belo Horizonte, os apelidos. Eram o *Cara de Cavalo* — alcunha que dispensa a descrição do tipo. Era bem aplicada. Vale lembrar seu pescoço de pangaré metido em colarinhos descomunais. O outro era um pequenitote, arreganhado, chapéu de palha sempre posto para a nuca feito auréola de santo — era conhecido como o *Churrasco*. O terceiro era o *Zezé Leone*, assim chamado para valorização dos contrários pois era fisicamente horrendo. Apesar da feiura era atiradiço e diziam que estava papando boníssima senhora. Os três eram duma jovialidade zurrante e duma chalaça irresistível. Todos fumavam charutos e por *boquilhas* — como está no figurino de Eça de Queirós. Inseparáveis, o Caio Sales sempre parecendo múmia, o Álvaro Monteiro com seu grosso chapelão de palha e seu mano Zé Mariano, muito pálido, todo de preto, ar funerário como se fosse não ao cinema, mas meter-se no caixão para o próprio enterro. Mais outros moços rindo e galhofando sem parar: Chico Pires, Rodolfão, Cavalcanti, os Colaço Veras, o Zegão, Cisalpino, Las Casas, Manso — todos cercando os *nortistas* chefiados pela dupla Romeu e Florinécio. Os Lisboa. Os Jacob. Mais para a periferia estudantes austeros como o Canabrava, o Maurilo, o Teixeirão sempre em companhia de um senhor cotó e esverdeado, cara muito fechada que falava com ar de autoridade e como se estivesse de cima duma cátedra, dos altos dum púlpito. Guardei bem seu jeitinho e a carinha de feto engerizado mas... e seu nome? Passeavam isolados indo de magote em magote e não parando muito tempo o Alexandre Macedo, o Vevete, o Monsã, o Chico Leite. Outros: os Pinto de Moura, o Alkmim, o Behrens e o Juscelino. O grave Ernani Negrão. O Rafael Paula Sousa. O *Grupo do Estrela* ao completo, mais acima, sempre cheio de risos contrarregrados pelo Abgar, pelo Hamilton, pelo Alberto. De repente diminuía o tom das conversas e ia-se cavando silêncio boquiaberto diante das beldades que desciam Bahia ou entravam por Afonso Pena acompanhadas de mães, tias, irmãos, pais — como torres — tornando-as sempre distantes e inabordáveis. As Lagoeiro, com a vigilantíssima tia Eugeninha. A Maria Geralda, com d. Florentina. Os Barbará, ele muito alto, ela muito pequena, a filha casada com o Hortêncio Lopes, Marina, ainda solteira. O casal Cecílio Fagundes. A Palmira e as Lisboa com d. Naninha e d. Alice. A Marocas Rezende Costa — muito loura, muito séria, de olhos muito claros, habitualmente de marrom e chapéu de astracã, entrando sem olhar para os lados, que nem a princesa de Guermantes, na Ópera de Paris. Essa senhora distinguia-se de longe pela elegância do modo inimitável de pisar, pela distinção dos gestos e o *decorum* de sua atitude. Vinha acompanhada de uma das irmãs — ora d. Ladinha Hermeto, ora d. Mariana Pena — ou do ramalhete de suas sobrinhas Elim (rosa vermelha) e Maria Pena (rosa branca) e Elza Hermeto (amor-perfeito). Como ar hereditário de família, todas pisavam com a segurança e a graça da Marocas. E esse andar régio e característico dos Rezende Costa não ficava só na linha feminina. Era com ele que trafegavam na Cidade de Minas o Argemiro, o Urbano, o Batista, o Abel e o João Rezende. Quase não mexiam os braços, a coluna, a bacia. O forte do movimento concentrava-se rápido e alterno, dos joelhos para baixo — como no nado do *crawl*. Era um *andar crawl*, com alguma coisa de barco fendendo as águas. A viúva Macedo com as filhas — gente pioneira da cidade, do dr. Américo de Macedo, um dos construtores de Belo Horizonte, falecido muito moço. O dr. Pedro Paulo e d. Henriqueta com as filhas solteiras Bebê, Sílvia e Célia. O Israel com as irmãs. O Jonas com as irmãs — a doce Efigênia, a morena Estela, a flor dos altos nevados Edelweiss. Às vezes a tia Margarida Alves, parecendo irmã das sobrinhas. Os drs. Levi Neves, Pitangui, Olavo Pires, Gabriel Cerqueira e Castorino, com as senhoras. Minha amiga d. Alice Neves com as filhas Nena, Tita, Dorinha, Célia. Súbito, um clarão como se a lua tivesse caído ali, mais as estrelas. Era Zilá Pinheiro Chagas chegando e com ela entravam no cinema cortejos das *Mil e uma noites*, as migrações humanas, as nebulosas mais puras, as galáxias e tudo que o homem já viu de mais radiante na sua acanhada terra: a Rosa, a Laranja, o Ovo, o Ouro, o Diamante. Ah! onde? estais flores doutrora, onde? *neiges d'antan*? Onde? estais nossas Heloísas Brancas Bertas Beatrizes Haremburges Joanas...

Nosso grupo era o último a entrar. Tínhamos, como o dr. Álvaro e a Chichica, nosso lugar cativo. À esquerda, bem na frente, ocupando as partes externas da primeira e segunda fila. Ao piano, Arigo Buzzachi ou Vespasiano dos Santos. No celo, Targino da Mata, clarineta, João Zacarias. Fazendo corpo com seu violino, circulando nele e rimando com ele — Flausino. Mas quem me dirá? os nomes do flautista e do homem triste do contrabaixo, cujos cabelos correndo, bigodes correndo, suores correndo, davam a impressão da figura do egresso dum entrudo. Parecia sempre ensopado. O Abgar sentava na frente, rente à orquestra, para passar *touyaus* (sempre de acordo com o desenrolar do drama) ao Flausino que os transmitia ao Buzzachi, ao Vespasiano. Agora a quinta de Beethoven, Flausino. Agora, coisa leve, valsa de Strauss. Agora, "Momento musical" de Schubert, Flausino. Chopin. O "Largo" de Haendel. Está acabando, Flausino, pode entrar com seu tango. Era "La carcajada" com que a orquestra tinha o hábito de encerrar o espetáculo à hora que o beijo final desmaiava aos poucos e que começava a se desenhar tremulando e ficando cada vez mais nítida e vibrante a bandeira americana — propaganda que entrava em qualquer drama dos diretores de Hollywood como Pilatos no Credo. Aquela combinação do andamento do filme com música identificante ficava, por delegação nossa, com o Abgar. Ele era Castro, por sua mãe. Por esse lado era neto de músico, o velho José Herculano de Castro. Sobrinho de pianista insigne, Pedro de Castro. Não sei se o nosso Abgar cultiva a música. Mas desse gosto sente-se impregnada sua poesia e a estranha virtuosidade com que ele dedilha as palavras mais puras da língua.

Nosso grupo era de aficionados do cinema. Direi mesmo de descobridores da importância de sua mensagem. Naquele tempo estavam no apogeu Katherine Mac Donald, Eva Novak, Viola Dana, Betty Compson, Glória Swanson, Evelin Brent, Alice Terry, Geraldine Farrar, Mae Murray, Bárbara Lamarr, Joan Crawford, Janet Gaynor, Valeska Surat, Pola Negri, Theda Bara. Deixo de prosseguir para não imitar o prodigioso poema de Carlos Drummond de Andrade — feito com a evocação e a enumeração do nome de artistas daqueles vinte que foram nossos vinte anos. Elas estrelavam ao lado de Jack Holt, John Gilbert, Buck Jones, Ramon Novarro, George Walsh, William Farnum, Conrad Nagel, Thomas Meighan, Adolphe Menjou, William Powell, Rodolfo Valentino. De vilões como Stuart Holmes e Nat Crosby — que pelo incomensurável das abas de seu chapéu o Abgar chamava o *Abaúdo* — palavra a cujo só enunciado morríamos de rir. Era o tempo do apogeu e últimos anos do cinema mudo e o momento em que Charles Chaplin dava os retoques finais ao tipo de *Carlito* — na sua pungência, na sua solidão. E não é só Carlito que vive o drama do isolamento humano. Todos seus comparsas, idem. Ele braceja num mundo de solitários como suas amadas, seus algozes, os *boxeurs*, o dono do circo, os donos da vida e mesmo os polícias que os garantem. O drama de todos é eterno e o do homem só.

Depois do cinema era a compra dos jornais do Rio. Giacomo mandava ser feita sua venda, não dentro de sua casa, já fechada, mas na calçada fronteira onde ficava o sobrado do seu Artur Haas. Os mais abonados adquiriam as folhas que iam passar de mão em mão, durante uma segunda estação no *Estrela*. Comentavam-se as notícias do dia. Reprovava-se sempre o governo. País perdido... Beira do abismo... Lembro a propósito dessa passagem dos periódicos a indignação do Milton quando o seu era devolvido folhas espandongadas e desajustadas, tudo dobrado pela última página aberta. Ele não dizia nada, apenas olhava sério o que lhe devolvia o bagaço de jornal, alisava suas folhas, alinhava-as, punha tudo em ordem e dobrava a primeira página, à frente, com todo esmero. Durante essa operação não perdia de vista o lambazão como a dar-lhe com sua mirada certeira aquela aula de limpeza e capricho. Do *Estrela* era hábito subir lentamente até à esquina da *Caixa Econômica*, ou seja, a de Bahia com Álvares Cabral. Era um prédio de dois andares, estilo art nouveau, pintado de óleo verde-gaio. Cimalha toda ornada. Tinha, em cima, três sacadas de serralheria, que correspondiam às entradas embaixo. A bem do centro (hoje desaparecida e fechada — a portada transformada em três janelas) descia até o piso da rua por dois ou três degraus de mármore. Era onde nos sentávamos para a conversa horas e horas de noite adentro os que se demoravam mais na rua. O próprio Milton. Carlos Drummond de Andrade. Emílio Moura. Abgar Renault. Martins de Almeida. Eu. À fachada daquele prédio e ao declive daquela esquina confiamos tudo do tudo de nossa sensibilidade, inteligência, desejos, ansiedades, angústias e dúvidas. Às duas, três, dispersávamos. O Milton entrava no seu portão, logo acima. O Almeida recolhia-se à *Madame*, muito perto. O Emílio e o Abgar subiam juntos para suas casas galgando Bahia lentamente ritmando os passos pela cadência dos versos afiados à noite: "A alma de Schumann na tua alma/ e a minha alma nas tuas mãos,/ por uma tarde sentimental...". Eu descia com o Carlos até o Bar do Ponto. Ele ia para suas aventuras do viaduto em direção à Floresta. Eu virava de frente para o muro da serra do Curral e seguia olhando as duas filas de luzes convergentes que se encontravam no Cruzeiro. Vivalma. Nada. Eu e o ruído de meus passos Afonso Penacima...

2.Rua da Bahia

1922. SE O NOSSO GRUPO TINHA ASSUNTO PARA DISCUTIR... E quanto! O político, por exemplo, com a campanha acesa no Brasil inteiro e com repercussões que indignavam Minas. Aquela coisa hedionda que fora o banquete para leitura da Plataforma — a vaia homérica no candidato e seus acompanhantes nos automóveis abertos — inermes, dados às feras — entregues às chufas, aos cascudos, aos escarros, aos encartolamentos, à saraivada de tomates e ovos podres. Os mais radicais do nosso grupo riam à socapa — pois éramos todos sectários do antibernardismo do Pedro Aleixo, do Milton, do Rodrigo. O episódio das *cartas falsas*. Nesse ponto acreditávamos piamente que tudo aquilo era uma burla e que o homem jamais escreveria linhas que só poderiam indispô-lo com os militares. Não havia dúvida. Tudo forjado. Até há tempos recentes quando me contavam que inda hoje dois tenentes de 30 — um brigadeiro e um marechal — não davam o braço a torcer e que continuavam firmes e crentes de que o autor das missivas era o próprio Bernardes, eu sorria desses exageros e de tanta teimosia. Ora, acontece que em 1973 eu também comecei a ficar da opinião das altas patentes a que me referi. Foi quando Afonso Arinos publicou o seu *Rodrigues Alves* e que eu li varado de pasmo a transcrição de trechos de uma carta dirigida por Bernardes, já presidente da República: "Ao muito Ill. e Resp. Conselho de Apóstolos da B. P." (Ao muito Ilustre e Respeitável Conselho de Apóstolos da *Burschenschaft* Paulista). É a mesma linguagem das *cartas falsas*. O mesmo descomedimento verbal e o mesmo ódio quando na última ele se refere ao "nível a que desceu a política republicana de nossa terra e quanto o Brasil necessita do concurso de patriotas para levantar-se do charco em que os maus brasileiros o vão sepultando". Os maus brasileiros eram os adversários de sua candidatura e de sua posse. Cheguei a uma conclusão: assim como quem ouve a *Bohemia* e a *Tosca* sabe que são óperas diferentes mas de autor único, no caso, Puccini (o estilo é o homem); quem lê as cartas do tempo da campanha e a mandada depois à diretoria da *Burcha* tem de chegar a uma conclusão. Falsas ou autênticas, foram escritas pela mão de um só (o estilo é o homem). Não se pode negar a Bernardes os seus lados positivos mas é preciso não ser fanático e transformá-lo em santo, taumaturgo, Antônio Conselheiro. Seu nacionalismo prestou os maiores serviços à Amazônia. Pena que não tenha acordado mais cedo, quando das grandes concessões de terra paranaense a Lord Lovat. Mas mesmo assim deu tudo certo pois a essa última entrega ficamos devendo a explosão fantástica de Londrina tal como aos *grileiros* a ocupação e o estouro de progresso do oeste paulista. Deus é brasileiro... Mas desviamo-nos um tanto do assunto que era 1922 e o que ele nos dava para falar. Falar e cantar pois em Belo Horizonte modulava-se às escâncaras o "seu Mé". Lembro dum baile na casa de Herculano César, adversário do presidente e cuja residência ficava rente ao *Palácio da Liberdade* e do que ali dançamos e vocalizamos a marchinha famosa, aos urros, madrugada adentro. Impossível não ter sido tudo ouvido do Palácio e do quarto do presidente que ficava na ala vis-à-vis da rua do prédio festivo do oposicionista de Diamantina. O ano de 1922 foi o da transmissão do governo de Minas a Raul Soares. Mais motivos para o oposicionismo do *Estrela* manifestar-se. Recordo a figura impressionante desse político. Era um homem de belas feições, cor de marfim, nariz muito regular, o olhar de míope filtrado através das lentes do pincenê. Aquela palidez, se eu a visse hoje, levar-me-ia logo a um diagnóstico e a um prognóstico. O tempo viria mostrar que quando Raul Soares tomou posse seus dias de cardiorrenal já estavam contados. Vestia-se com elegância, sempre de escuro. Lembro dele entrando nas sessões do *Cinema Odeon* — o que ele fazia com relativa frequência. Entrava deixando passar à sua frente d. Araci e na sala de espera, à sua vista, todos se descobriam. Ele respondia com barretada profunda. Via-se então sua alta testa de intelectual e a calvície disfarçada por umas repas tomadas emprestadas quase de cima de uma das orelhas. Sério, trocando raras palavras com a esposa — ninguém ousava dirigir-se a ele em público, nem os outros políticos, nem mesmo os secretários de governo — às vezes também presentes no cinema. Frio e distante ele parecia o retrato esmaecido de um *podestà*, dum *dogge*. Tomava, depois da sessão, o automóvel que ficava a esperá-lo na esquina do Teatro Municipal, de onde tinha descido a pé, muito agasalhado no sobretudo preto e no *cache-nez* de seda branca, desacompanhado de ajudantes de ordens ou de guarda-costas. Sua figura era a da respeitabilidade absoluta. Foi o anticaricatura. Nessa época de charges jornalísticas quando faziam sua imagem ela era sempre mais retratal que outra coisa. Tinha-o visto também durante sua campanha. Era orador fluente: prendia e impunha principalmente pela voz vibrante profunda. Quem quiser ter uma ideia do seu poderoso registro, lembre-se do mais recente de Carlos Lacerda ou duma mistura dos que ouvimos todas as noites na televisão: os de Cid Moreira e Sérgio Chapelin. Isso quer dizer que a dicção de Raul Soares era perfeita. Não afirmo com tudo isto que ele fosse popular. Era mais temido e respeitado que querido. Sua morte representou uma guinada política que nos conduziu a rumos que, ele vivo e atuando, nunca seriam seguidos. Com Raul pode ser que houvesse um 1930 mas... sem Minas.

Mudando de assunto, 1922 foi também o ano em que travei minhas primeiras relações de pura amizade feminina. Tinham chegado a Belo Horizonte umas moças da Bahia que passaram a ser conhecidas genérica e coletivamente pelo nome de sua família. Eram "as Bevilacqua". Muito simpáticas, muito cheias de curiosidade intelectual, eram também muito sociáveis, muito bem-educadas e livres de carrancismos. As portas de sua casa abriam-se a gente moça que lá aparecia atraída pela boa conversa e pela hospitalidade perfeita delas e de seus pais. Eram muito frequentadas por Carlos Lobo, Delorizano de Morais, Batista Santiago, Nilo Bruzzi, Moacir Deabreu — todos amigos do seu irmão poeta. Fui levado lá por Carlos Drummond de Andrade e logo tornei-me mais íntimo da Marianinha Bevilacqua a quem, por minha vez, apresentei o Roberto Stonehaven Brandão e meu primo Zegão — logo tornados diaristas. Coloco esse amável conhecimento em 1922 pela conotação de desenho que fiz no álbum da Marianinha. Ela queria que eu guarnecesse uma página com decoração que deixasse lugar para um poema a ser escrito embaixo. Uma *arte nova* — dizia ela. Fiz. No alto, em silhueta (e porque era 1922), os personagens do Grito do Ipiranga em azul diáfano, se destacando sobre sanguínea dum crepúsculo de Belo Horizonte. Mas isso nos leva a novas recordações...

Aproveitando as festas do Centenário que se anunciavam soberbas, minha avó paterna veio do Ceará com sua irmã Marout e sua filha Dinorá. Ficaram hospedadas com meus tios Bibi e Heitor Modesto em sua casa da rua Vera Cruz, 375, em Niterói, para os confins de Icaraí e princípios do Canto do Rio. Todos os anos esses tios iam para a casa da Frau Kuhl, no verão e quando ela vendeu sua pensão, eles resolveram estabelecer-se definitivamente na capital do estado do Rio. Até ficava mais cômodo para tio Heitor, do que vir de Pedro Ivo para o trabalho. De Niterói era um pulo até às Barcas e do lado de cá ele ia a pé para a Câmara. Não contando a delícia da travessia e a vantagem dos banhos ano todo. Pois minha avó escreveu-me, pedindo que fosse vê-la, que não deixasse de o fazer, que se sentia muito velha e que queria ver pela última vez o filho de seu filho. Venha, meu neto querido e não se incomode que sua velha avó lhe mande o dinheiro da passagem apesar de você estar homem-feito e barbas na cara é sempre menino para mim. Venha, sim? O dinheiro dado por mim, Marout e Dinorá para sua viagem segue em vale postal. Ah! minha avó — se vou. Se tivesse asas saía direto e ia beijar suas rugas macias e mergulhar no seu peito gordo e bom. No dia seguinte fui ao meu diretor, o professor Libânio, e expus o caso. Ele ouviu toda minha história sem dizer palavra e quando acabei deu logo uma ducha fria. Não senhor, no momento o senhor não pode deixar o trabalho porque seus serviços são indispensáveis na repartição. Saí murcho mas quando voltava para casa, resolvi a situação. No dia seguinte àquele em que chegou o vale postal de minha velha avó, fiz uma carta ao seu Deolindo Epaminondas, dando parte de doente, que ele fizesse o favor de me desculpar junto ao professor e mais isto e mais aquilo e que ele avaliasse meu incômodo, minha mortificação. À noite embarquei para o Rio, de noturno. Era um trem imundo, segundo a velha tradição da Central. Asqueroso de dar aflição e eu só escapava dessa penosa sordidez debruçando nas janelas para apreciar nas curvas que deixávamos para trás ou que tomávamos pela frente o contraste dessa sujeira com o polido e repolido do aço sempre novo dos trilhos a que o atrito do rolamento do comboio conferia tonalidades de prata viva. Foi uma satisfação rever os meus e repalmilhar o velho Rio. Imagine-se agora meu azar. Havia na galeria Cruzeiro, encostado à Americana, um corredor ocupado por longa fila de cadeiras de engraxate. Querendo dar polimento aos meus borzeguins — para torná-los dignos da avenida, entrei e sentei-me em vaga, ao fundo. Quando o italiano estava dando os estalos finais do brilho de minhas biqueiras, quem? santo nome de Deus, vejo entrar e sentar-se na primeira cadeira — o próprio professor Samuel Libânio. Eu quis fazer cera, mergulhei no jornal que trazia mas o lustrador puxou uma, duas vezes a bainha de minha calça. Eu tinha de sair. Fi-lo encolhido mas, ao passar diante do meu chefe, olhei e vi que ele também me fitava. E com expressão de nojo... Tirei o chapéu, nem sei se ele respondeu e perdido por um, perdido por mil — resolvi dar-me quinze dias de férias em casa dos tios. Passava as manhãs na praia, nadando, deitando ao sol, bronzeando e vendo as primeiras audácias das roupas de banho das moças. Tinham deixado as antigas vestes de sarja azul. Usavam uma espécie de sunga de calças até o meio das coxas e prolongando-se por blusa decotada e com manguinhas soltas, por onde podia-se arriscar um olho até à sovaqueira que graças a Deus! ainda não era moda raspar. Para disfarçar as rotundidades da bunda esse traje era completado por um saiote muito pregueado que ia até à altura da boca dos calções. Já se viam os joelhos. Ainda havia conchas arroxeadas como equimoses sobre a prata da praia sua areia. Almoçava. Papeava com a família. Ouvia estórias dos Pamplonas e Costa Barros contadas por minha avó enquanto a Marout rezava empenhadamente seu rosário diante do oratório de lamparina acesa. O lanche era uma festa e nas suas prosas é que pude aquilatar como era inteligente minha tia Dinorá. Um dia ela veio ao Rio, comigo, de barca, para ir conhecer o dr. Duarte de Abreu no seu cartório. Mas geralmente eu navegava sozinho. Andava a avenida, de Mauá ao Monroe, devorando as vitrines. Gozava Ouvidor e Gonçalves Dias. Ia ao Crashley, ao Alves, ao Garnier. Ao *Cinema Pathé*. Ao *Avenida*, *Odeon*, *Parisiense* e ao novo, creio que o *Império* — o primeiro a inaugurar-se numa Cinelândia nascente nos baixos do único arranha-céu ali já levantado. O quarteirão Serrador estava engatinhando. Mas o que me encantava era a Exposição do Centenário. O pórtico monumental amarelouro com a divisa que nos fazia enfunar o peito, em letras garrafais e resplandecendo luminares milhares brilhos cintilhos dos fortes holofotes.

INDEPENDÊNCIA OV MORTE

Aquele U estilizado em V me dava a maior ectasia. Eu lia alto fazendo valer o V. ...ov morte! OV MORTE! E naquela hora daria todo meu jovem sangue pela ingrata pátria. Entrava heroico e corria a me munir de cartões patrióticos para escrever a minha Mãe, meus irmãos, aos amigos de Belo Horizonte, tio Salles, tia Alice. Postais representando a República, a União Luso-Brasileira, as figuras de 1822: dom Pedro I, José Bonifácio, Martim Francisco, Antônio Carlos, José Clemente, Hipólito da Costa, Ledo, Labatut, Cockrane, cônego Januário e frei Francisco de Santa Teresa de Jesus Sampaio. Encontrei uma noite o Zegão. Junto nos extasiamos de pátria e luz. Atravessamos o pórtico OV MORTE. Perto, o Monroe todo iluminado, parecia balão prestes a desprender-se, a subir. Quem diria? que um dia eu o veria descer — retalhado, decepado, picaretado à toa, à toa e derrubado para desonra da cidade. Saudade. Com o Zegão vi o pavilhão francês, o inglês, a Casa do Trem tremeluzindo resplandecente, a Torre das Joias, todo aquele trecho reverberava e se refletia no mar como cachoeira de pedras preciosas. As multidões também com a presença também de mulatas começando a se valorizar também. Ela era seca, enxuta e imperial. Altos seios hemisférios pequeninos três dedos, quatro, abaixo das clavículas. Nem percebi como o Zegão a abarracou, não sei da conversa que tiveram. Ele assumiu o comando da expedição. Chamou-me e disse que eu o esperasse ali porque ele ia sair com a Pergentina (já lhe sabia o nome!) por passagem ainda em obras do desmonte que dava em Santa Luzia. Foram andando. Resolvi acompanhar. Eles vadearam um lameiro, curvaram-se para passar debaixo de dois canos enormes que conduziam os restos do Castelo para o aterrado. Na medida em que as luzes diminuíam a figura dupla tornava-se unenlacestreitada. Fascinado continuei acompanhando a sombra de longe até que ela incorporou-se ao tronco de um dos fícus da Misericórdia. Foi uma rápida posse em pé — de galo, na rua escura. Quando me cheguei a eles, já estavam compostos — só que separados e já com um ar de ligeiro enfado. É o enfado do DEPOIS. "A carne é triste depois do coito" — advertem os moralistas. Só que naquela idade a tristeza durava no máximo dez a quinze minutos. Os três seguimos calados em direção à luz. Aí ela foi-se. Perguntei e o Zegão respondeu. Comi. Quanto custou? Você tá maluco? Pedrinho. Ora essa! Gigi. Vamos agora? ao Beco. Nessas saídas diárias para ir à Exposição, uma tarde encontrei o Coelho Lisboa parado debaixo do relógio da galeria Cruzeiro. Xico! Nava! Aquele abraço que me deixou sem ar. Contei onde estava e que ia-me indo para Niterói. Essa, não. Você vai ficar aqui comigo esperando o Massot com quem tenho encontro às sete horas. Vamos jantar juntos e você, conosco. O Massot chegou logo e batemos os três para a *Brahma*. O que conversamos naquela noite, engurgitando chopinhos, depois roquefort com manteiga, pão preto e duplos, finalmente traçando bifes a cavalo. Sempre aborreci dois ovos de uma vez e pedi ao garçom que o meu prato viesse com um só. Ele varou a cervejaria cheia de conversas e do barulhinho seco dos dados do *leg-leg* com um grito de clarim. Salta três a cavalo, dois sangrentos e um camões bem passado. Sim, Camões: ovo só — olho só. Lembramos o colégio, as feijoadas, o dormitório, nosso Lino, nosso Candinho, o Açu e o Mirim, o Lafaiete, o Tifum, o Bené, o Pissilão. Trocamos nossos endereços, prometemos escrever sempre, nos ver sempre, rever sempre sempre… Eles tomaram juntos um bonde cheio de francesas fazendo sua volta para pegar michê e eu atravessei, rindo ainda, a avenida, embiquei por São José, por puro deleite entrei um pouco nos mistérios de dom Manuel e Clapp, passei a borboleta de entrada nas Barcas. Tomei a *Icaraí*, atravessei vendo cada lâmpada da Exposição fincada na água e se prolongando até o fundo como punhal luminoso e duro sua imobilidade vertical contrastando com as espaldeiradas que davam no céu, os faróis da torre das Joias cintilando multicor. Ria, lembrando os amigos. Ah! eu precisava vir mais ao Rio para vê-los. Viria. Até breve, Xico! até breve, Massot! Quem me diria? o jamais e o para sempre. Até breve não, Pedro. É adeus. Adeus! Antero de Leivas La Quintinie Massot de Messimy. Adeus! Francisco de Oliveira Gabizo Pizarro Coelho Lisboa. Adeus, amizade. Saudade.

Quando retomei meu trabalho na Higiene o seu Deolindo chamou-me à parte e avisou que o professor estava safado da vida com meu procedimento. E com carradas de razão — acrescentou por conta própria. Mandara contar todas as minhas faltas e descontá-las em folha. E que eu tomasse cuidado, muito cuidado! porque estavam todos de olho. Recolhi à minha mesa, humilhado. Havia expediente acumulado. Cinco diplomas. Registrei-os e fui levar o livro para o "visto" do diretor. Ele olhou-me severamente, dalto, como de cima duma nuvem, a boca vincada numa contração de repugnância. Escreveu, assinou e disse que quando eu tivesse mais papéis para sua chancela [sic], que não viesse trazê-los pessoalmente. Mandasse o expediente pelo seu Policarpo ou pelo próprio Fortunato. Assim Deus escondia de mim a sua face. Pus em dia o Protocolo, o Arquivo, sem merecer nenhum louvor do seu Deolindo. Quando acabei fui desabafar com o dr. Abílio. Ele, muito afável, disse que realmente eu errara funcionalmente. Mas que com exação e capricho no trabalho tudo se diluiria e ficaria esquecido. Que eu não ficasse nervoso e que não pusesse as coisas mais negras que elas realmente eram. Ai! de mim. Breve estaria noutra e ficaria para sempre desacreditado na repartição. Parecia que um demônio me envultara e que me arrastava para a perda irremediável. Sabem? como ela se deu. O delegado fiscal do Tesouro Nacional em Belo Horizonte era o dr. Levi Neves. Tratava-se dum diamantinense. Homem pequenino, pálido, moreno, de olhos verdes, fisionomia austera e porte empertigado. Tinha o apelido de *Petit ministre* porque quando tomara posse do cargo dissera em discurso que a repartição que ia dirigir era um *petit ministère* e que ele faria valer essa qualidade. Começara a tratar muito de cima os antigos companheiros de trabalho e chegara ao ponto de ter sido tão áspero com seu velho amigo Acácio Almeida que este se vira forçado a exemplá-lo dentro do próprio gabinete *ministerial*. Aquilo fora um escândalo em Belo Horizonte. O Acácio tinha sido suspenso mas seus companheiros de trabalho fizeram-lhe manifestação de desagravo e deram-lhe, na ocasião, um precioso pateque de ouro. O Cisalpino (que era da Diamantina), comentando o caso, dissera que o verdadeiro nome do Levi Neves não era assim tão curto e que ele, na realidade, era Raimundo Levi de Nossa Senhora das Neves. Nunca apurei se isso era verdade. Boato ou não foi *verdade* consequente no fato que vou relatar. Eu estava uma tarde resumindo o expediente quando chegou a vez de um ofício do delegado fiscal ao diretor de Higiene. Ao lançá-lo na coluna própria do Livro do Protocolo não resisti à tentação e escrevi — ofício do dr. Raimundo Levi de Nossa Senhora das Neves ao dr. Samuel Libânio... Nesse ponto parei e achei que ficava pouco para o nosso diretor e que tinha de equiparar seu nome ao do delegado fiscal. Assim continuei: ...ao dr. Samuel Libânio Gomes Teixeira comunicando que a verba tal da Profilaxia rural fora liberada etc. etc. Consignei depois um telegrama de Barbacena, em seguida um ofício do presidente da Câmara de Arceburgo, logo outro de Monte Carmelo, com reclamações do coronel Mundim. Eis senão quando surge uma comunicação do município de Leopoldina. Suspirei fundo, parei um pouco o trabalho e meu pensamento voou não para a cidade de Leopoldina mas para a figura gentil da minha ingrata Leopoldina. LEOPOL-DINA. Não, aquele eu não ia protocolar às pressas e aos garranchos. Aquele fabuloso nome merecia caligrafia caprichada e passei a fazer o registro como quem escreve carta de amor. Numerei, pus a data em lindo cursivo e na coluna de *origem* desenhei o nome Leopoldina com os cuidados de quem enche cada letra com os relevos dum bordado inglês.

Leopoldina

Registrei mais umas baboseiras, terminei o trabalho do dia e fui esperar a hora de sair, palestrando com o excelente dr. Abílio. Estava a ouvi-lo deleitado quando o Fortunato chegou e disse que o diretor queria ver-me — imediatamente! O coração me bateu apressado. Devia ser uma reentrada em graça... Saí correndo e — com licença! — empurrei as portas de vaivém do professor Libânio. O sorriso me fugiu da face quando vi a cara do meu chefe. Seus olhos geralmente duma grande doçura estavam duros como topázios. Cenho franzido, um pouco pálido. Ao lado dele, um seu Deolindo granítico e um dr. Ernâni de pedra. Sobre a mesa, o Livro do Protocolo aberto. Ele começou por baixo, sem elevar a voz mas rouco de raiva. Por que é? que o senhor escreve Barbacena, Arceburgo e Monte Camelo com letra quase ilegível de tão ruim e Leopoldina dessa maneira caprichada. Calei sem explicação. A voz continuou. Será? que o senhor quer debochar de minha repartição. Um suor frio me corria pela espinha. E isto? Eram os dois nomes, o dele e o do delegado fiscal. Mas aí eu tinha resposta e dei-a com impudência. Porque este é o nome todo do dr. Levi Neves e quanto ao do senhor, não vi mal em colocá-lo inteiro no protocolo. Sei que sua família é a dos povoadores de Santa Ana, Sapucaí, Alfenas, Campanha, que se colateraliza com os Brandão, os Silva Araújo, os Prado, os Ribeiro da Luz e os Lobo Leite Pereira, que descende de bandeirantes e dos Toledo Piza que transmitiram a suas gerações o sangue contal dos Oropejas e o ducal dos Alba de Tormes. Disse tudo em tom de discurso e perorei: não! positivamente não vejo mal, dr. Samuel, em escrever seu nome todo. Sangue azul não é vergonha. A esta julguei tê-lo embuchado. Houve um silêncio em que senti pesarem em mim três pares de olhos. O indiferente do Deolindo Epaminondas, o encolerizado do meu diretor, o encarniçado do dr. Ernâni. Todos imóveis como soldados dum pelotão de fuzilamento. Um toque de corneta límpido e vibrante, vindo dos lados do Palácio, cortou o dia que nem um dardo. Aí o chefão afrouxou as cordas retesas e retomou a palavra. Está bem — disse com voz neutra — volte para sua mesa. Voltei aliviado, pensando que a leitura que eu fizera recentemente do Silva Lema, volume v, título *Toledo Pizas* (emprestado pela tia Joaninha), ia me salvar e que tudo ficaria nisso. Ledo engano. Logo no dia seguinte o seu Deolindo me chamou e disse que eu ia passar uns tempos com o dr. Teixeira de Freitas, no Serviço de Estatística (repartição sinistra à avenida João Pinheiro, com fama de reformatório) e que fosse me apresentar a ele no dia seguinte levando — esta carta. Às onze, nem minuto menos, nem minuto mais, o senhor esteja lá e fique informado que sujeito a ponto, como aqui. Estava desterrado para a Costa d'África. Fui e depois de horas o dr. Teixeira de Freitas mandou me apregoar. Cara muito séria, cabelos muito pretos, barba tão escanhoada que lhe dava um queixo de porcelana azulada, pincenê de grossas lentes escuras — parecia o grande inquisidor-escreve-à-luz-dum-círio. Informou sem transição. O senhor veio a mandado do seu diretor para ser castigado e executar, sob minhas vistas, um mapa de Minas assinalando cada cidade onde haja serviços sanitários com símbolo diferente para "delegacia de saúde", "posto", "hospital regional", leitos de estrada de ferro e cursos de rios com trens e barcos sanitários. Eu estava bestificado. Não com o que ouvia mas com o que via. O cara que falava parecia uma estátua, um busto, um ícone, um potiche — coisa preciosa, trabalhada e rara — com a mandíbula de Sèvres incrustada num rosto de marfim, ele, rosto, engamblado num crânio de ônix. E o adamante dos óculos, como brilhantes lapidados em rosácea octaédrica — luzindo e deixando passar (luzindo mais) os dois fios duros do olhar de míope.

    Dei-me por entendido e levei quinze dias nesse labor e redespachado por Teixeira de Freitas, voltei a Libânio. Não recebi o menor elogio pelo desenho que modéstia à parte... A prova foi o número de suas reproduções — aos milhares, na Imprensa Oficial. Retomei meu trabalho e só senti os efeitos do *police verso* quando fazendo a folha de pagamento verifiquei outro desconto de oito dias. Eram os das tardes em que eu saía para aulas e voltava correndo — o que até então fora tolerado. Falei ao seu Deolindo que foi seco e preciso que nem manchete... A faculdade e as aulas são problema seu e o horário do expediente problema nosso. As ordens do diretor são taxativas a seu respeito. Eu ainda quis argumentar. Mas seu Deolindo, o Casassanta... Ele riu de gosto. Ora, seu Nava... O senhor não vai querer se comparar ao Mário. Mais modéstia, rapaz.

Voltando a Belo Horizonte depois das grandezas do Centenário, de Icaraí, do reencontro com a gente de meu Pai, com a que seria minha última visão do Coelho Lisboa e do Massot — grande aborrecimento com a notícia dada pelo Cavalcanti: o nosso inimitável Chico Pires, escorraçado, exilado, para não casar, antes da hora, com garota que ele amava mas que sua família achava de nível abaixo. Tudo partira do Gudesteu, que não admitia mesalianças. Mestre Aurélio tivera de concordar e lá seguia o nosso Chico transferido para a faculdade do Rio. Ia ficar morando à rua Tamandaré, em casa e sob as vistas do tio Francisco Sá. O Cavalcanti contou-me o caso quase em lágrimas, referiu a lancinante dor de corno do nosso amigo e finalmente relatou sua última tarde de Belo Horizonte. Para você ver o coração e o caráter do velho Aurélio — disse. O Chico embarcara para a capital, pelo noturno. Pois seu pai, depois do almoço, chamou o réu. Vamos, meu filho, dar uma volta nas ruas de Belo Horizonte antes de você seguir para o Rio. Saíram. Tomaram um bonde na praça, desceram Bahia, depois seguiram Afonso Pena a pé, viraram em Amazonas e chegando perto de certa casa o nosso professor parou e disse seriíssimo: entre, meu filho, vá despedir-se de sua namorada. Eu fico a sua espera meia hora, na esquina de Afonso Pena. Vá e não se esqueça da hora. O Chico fora pontual e digno. Trinta minutos depois encontrara o pai. Os dois calados seguiram a pé até Cláudio Manuel. O tempo de chegar o automóvel inexorável do Gudesteu e irem todos em charola para a Central. O Cavalcanti estivera presente à saída do noturno e foi ainda ele que descreveu-me a amada solitária, distanciada, cabeleira ao vento, em pé na ponta da plataforma. O Chico debruçado, quase caindo, bracejando desesperadamente adeus! adeus! adeus!

Passou setembro, passou outubro, entrou novembro e eu estava dando a última demão nos meus pontos de química, no Pecegueiro e no documentário que reunira sobre o estequiométrico quando comecei a sentir-me todo zorô e esquisito. Hoje, fazendo o diagnóstico retrospectivo das doenças que tive nesse fim de ano, coloco entre seus agentes etiológicos e dominando a constelação — a estafa em que eu vivia. Para economizar nos bondes, só andava a pé. Cedo descia da Serra para a faculdade. Acabadas as aulas da manhã ia para casa, no calcanhar. Almoçava às pressas. Despencava novamente da Serra para a praça da Liberdade. Durante o trabalho, fugida para a faculdade. Sempre a pé-perepepé. Volta à praça da Liberdade e descida até o Bar do Ponto. Aí eu me concedia o luxo de gastar um tostão de bonde para ir à casa jantar e outro tostão para descer até Bahia, os amigos, o cinema, o botequim. Depois, nova subida a pé para a rua Caraça. Eram quilômetros por dia. Fora disso, o estresse moral do medo dos descontos, de minhas falhas atingirem nível que impedisse exames de primeira época. Magro, exausto, agreste e preocupado — eu vivia correndo, por falta dum tiquinho de tolerância dos bestalhões meus superiores na repartição, pela dureza do regulamento da faculdade, pela passividade dos estudantes que curvávamos o lombo a toda essa tirania miúda. Eu vivia atazanado pelo espetro da FALTA e pelo fantasma do DESCONTO. Tinha de dançar na corda bamba entre a faculdade e a Higiene. Era obrigado a tapear as duas. Conseguia três vezes em quatro e na última, lá era apanhado boca-na-botija pelos professores ou pelos meus chefes, na repartição. Não contando a da OPINIÃO que se generalizava a partir dos dois lados: como funcionário eu era relapso; como estudante, vagabundo e vadio. Aproveito a ocasião para protestar bem alto contra essa dupla infâmia. Sempre fui funcionário exato e bom estudante. O que me faltava era um círculo de indulgência em vez do carcão de ferro da má vontade em que eu vivi encarcerado pela indiferença ou garroteado pela antipatia. A essas duas merdas eu respondi pelo ódio que ainda sinto por alguns raros vivos e que enfio de cova adentro na dos muitos que já bateram o pacau. Que a terra lhes seja leve — como dizia meu parente Ennes de Souza — com o Pão de Açúcar por cima e o Corcovado de quebra...

Dessas marchas a pé havia uma que eu fazia com prazer. Era a da noite, indo para casa. Sempre só, seguia Afonso Pena pela beirada perfumosa do Parque ou pelo passeio fronteiro. Passava pela esquina de seu Artur Haas e logo depois era um murimenso até às paredes em construção da Delegacia Fiscal. Novo terreno baldio (ainda não havia Automóvel

Clube). Depois era o Palácio da Justiça todo negro e fechado. Vinham as casas seguintes. A do dr. Rodolfo Jacob; depois a deliciosa edificação em que residiriam sucessivamente o dr. Francisco Peixoto, o dr. Bolivar, a d. Alice Neves; a quase igual, do dr. Balena. Em seguida o baldio onde seria levantado o Conservatório Mineiro; a casa amarela do maestro Flores que sublocava o porão habitável para nele funcionar a primeira sinagoga que houve em Belo Horizonte; finalmente, o lote ainda vazio onde construiria o dr. Orozimbo Nonato. Subia-se e começava aquele sussurro que depois era franco ruído de máquina e fábrica. Era a *Distribuidora* (no triângulo formado por Timbiras, Afonso Pena e Alagoas), através de cujas portas abertas, mas defendidas por gradis de ferro, viam-se as engrenagens que moíam ouro para o Carvalho Brito. Parecia que toda aquela mecânica trabalhava magicamente. Eu parava para olhar e jamais vi vulto que fosse acionar qualquer alavanca ou tomada. Tudo ia por conta própria num ruído de turbinas. Eu pensava que o *Nautilus* devia ser assim para o professor Aronax. Ele, o capitão *Nemo*, ele e a tripulação inaparente. Ali era menos. Só eu na noite de Belo Horizonte e a Companhia Mineira de Eletricidade com seus operários sovertidos. Logo adiante, um pouco para cima e do outro lado outra casa mágica de janelas gigantescas, cheias de luz branca, de ruídos. Era a oficina do Gás-Pobre também plena de sons em surdina e manobrada por fantasmas. Ficava como a outra, num triângulo: o demarcado por Pernambuco, Afonso Pena e os ondes quando Guajajaras virava Carandaí. Naquele ponto o céu era o mais longínquo do mundo e as estrelas palpitavam em alturas inconcebíveis. Eu andava dum lado para o outro da avenida como imantado por tal ou qual polo de atração. Depois do Gás-Pobre, atravessava quarteirões e quarteirões. Esquinas de Bernardo Guimarães, Gonçalves Dias, depois, no cruzamento de Paraúna e Afonso Pena, eu hesitava entre dois rumos. Nas noites escuras ou de chuva, tomava Cláudio Manuel, Chumbo, logo acima da esquina de Palmira dava com o Louco da Noite sempre parado debaixo dum poste de iluminação, pasmo, recebendo aquela luz voltaica e as águas do céu — sem ir, vir, esconder-se, voltar, falar. Imóvel, fora do tempo, estuporado, catatônico. Todos temiam-no na Serra. Mas ele era manso e tímido. Olhava sem expressão quem passava, deixava ir sem virar a cabeça — chapelão negro cheio de goteiras, escorrendo água nos ombros encharcando paletó escorrendo pelas calças entrando no lameiro onde ele próprio ficava afundando afundando até raiar o dia e virem-no buscar de sua casa como um bloco congelado. Nas noites claras eu ia devagar até o Cruzeiro, dali tomava as vielas, declives despencados, aclives mais íngremes por onde chegava aos *Chalés das Viúvas* — palpava com os pés procuraprocurando chão desguarnecido e achava as picadas que abriam de repente em Caraça. No alto, imóvel, a lua redonda e longínquos estalos ruflaflados no ar como se gigantes — palalanplanplaaan — estalassem sudários. Ora, numa noite que vinha assim do Centro, minhas pernas começaram a doer tanto e duma dor tão cortante e ardelosa que mal pude me arrastar até ao *Abrigo Ceará*. Fiquei ali sentado, dobrado sobre mim mesmo até passar o primeiro *Serra* que subi ajudado pelo condutor. Desci no ponto e já em frente do dr. Aleixo, a dor veio voltando às pernas de pedra negando os joelhos desmentindo mas fuindo fuindo no calvário até em casa minha Mãe me pondo na cama e o cataplasma nas costas que também tinham começado também. Dias e dias que andei me arrastando e dobrado como um esquadro. Até hoje não sei a causa daquela lombociática e só posso atribuir o estufamento de disco à estafa de andar a pé correndo correndo para chegar depressa aos meus verdugos da faculdade e da praça da Liberdade. Oh! Liberdade! Liberdade! quantos passos troquei em teu nome... Faltei dez dias a ambas. Consegui justificar a ausência nas aulas mas, na Higiene, o Deolindo foi irônico. Outra vez no Rio? Seu Nava. Ah! Não? Pois o professor em pessoa mandou marcar dez falhas neste mês. Dias depois, outra rebordosa. Agora da garganta. A engolida sempre mais dolorosa, a boca fechando no trismo invencível, a febre subindo e descendo cada vez mais e entrando afinal no zigue-zague amplo da supuração. Quarenta, quarenta e um de duas em diante, suores gelados de madrugada, um descanso até a hora do almoço diluído e posto para dentro como trabalho de parto às avessas e de novo a febre subindo e aumentando a modorra até um meio sono povoado de larvas de marteladas falas isoladas de interlocutores — quem são? ou é palavra solta? sem hora, sem frase, rolando em estado de pureza, livre de sentido, saindo das bocas que descobrimos nas caras que crescem da parede onde as deixou o pincel da pintura grossa. Dessa vez foi preciso chamar médico. Veio nosso amigo dr. David Rabelo. Eu o vi chegar, baixo, troncudo, atarracado, pescoceira forte, alegre, mais colorido do que nunca. Não sei se era efeito da febre mas seu castanho de cabelos pareceu-me cheio de cintilações metálicas e dum vermelhouro de *henné* que repetia-se nas sobrancelhas, nos bigodes. Em torno aos seus largos olhos, nas pestanas a tonalidade carregava como se os pelos tivessem sido passados ao antimônio do *kohol*. Suas pupilas cor de âmbar cintilavam e toda sua pele era dum rosado forte, feito vinho. Assim, Príncipe Persa, saído das *Mil e uma noites*, ele acercou-se, pediu uma colher, baixou com seu cabo minha língua, forçando, fazendo-me mal atroz e perguntou rindo, se eu queria ir ao cinema aquela noite. Quero só que o senhor me tire essa dor, dr. David. Ele galhofou outra vez. Em duas? em três horas? serve? Foi conversar baixo com minha Mãe, deve ter feito recomendações expressas porque ela ouvia e ia fazendo que sim, que sim, que sim cada vez mais convencida e sacudindo a cabeça. Ela própria foi buscar o remédio no seu Ismael e às duas e pouco começou a ministrá-lo. Era um pó cor de terra de que ela abriu um papel dentro duma xicrinha de café. Vamos meu filho — o dr. David mandou dar às colheradinhas, uma de dez em dez minutos. Comecei. Aquilo, dentro da rubiácea que ia esfriando, tinha um gosto infecto, cada vez pior, tornado sempre pior pior por espécie de salivação mais abundante e fluida que eu ia babando numa toalha passada pelo pescoço que nem guardanapo de português. De repente uma vaga náusea. Apavorado chamei minha Mãe. Mamãe! mamãe! parece que vôvumitar e aí nem sei se vou aguentar de tanta dor. Então mais duas colherinhas, meu filho. Vamos. E a náusea crescendo e as colherinhas implacáveis. Finalmente senti a coisa vindo do fundo de mim e a primeira golfada bolsou um pouco pela boca cerrada e o resto pelo nariz. A mão de minha Mãe na testa ensopada da agonia. Outro arranco, outro e ao quarto eu senti como se me rasgassem as goelas e um esguicho franco de vômito a que se misturava o gosto denso e o cheiro pútrido de pus pusando e empestando. Eram cheiro e gosto cuja correspondência estaria na palavra *buzina* se el'olorasse e fosse sápida. Dois copos d'água, uns arrancos de vômito já quase sem dor depois sem dor. Encostei nos travesseiros, dormi. Às cinco da tarde acordei varado de fome, tomei café na xícara *Amizade* e comi, quase inteiro, um pão de duzentos réis. Foi quando minha Mãe deu a explicação do enjoo. O dr. David tinha mandado dar remédio que na inocência do meu segundo ano (dependente de química) eu não conhecia nem no aspecto nem nas propriedades. Era ipeca em pó. Eu tomara essa miséria na dose de duas gramas, no café, justamente para ter vômitos e para, nos arrancos eméticos, estourar os abscessos periamigdalinos. E o resultado fora brilhante. Como anunciara o médico, em duas horas eu estava bom. Cadê? a febre. Experimentei abrir a boca e fi-lo sem dor ou quase. Jantei — ogro. Às oito em ponto, como anunciado pelo facultativo — fui ao *Odeon*. No dia seguinte, na Higiene, encontrei oito dias cortados no ponto. Era demais. Fui procurar o dr. David na avenida João Pinheiro. Ele recebeu-me na sua biblioteca estantes até o teto que ficava no porão habitável, separada da rua por grades de serralheria. Sentou-se, quase estourou de rir quando contei o estouro do meu abscesso, e jurou que eu nunca mais esqueceria a ipecacuanha. E agora? o quê? mais. Contei os descontos da repartição e pedi, a medo, um atestado. Como não? É já. Enquanto ele escrevia eu olhava atrás dele o mundo de livros. Pregada à prateleira de cima, uma placa de ágate branco com letras em azul onde se lia — *Parva domus, magna quies*. Meu latinzinho do Badaró dava para entender. Casa simples, grande tranquilidade, quietude — ponhamos felicidade — que era o que lhe cabia tão merecidamente, ali, naqueles altos de João Pinheiro; com os filhos, os livros, d. Amariles e sua vida benfazeja de médico exemplar. No dia seguinte, triunfante, pus diante dos olhos do seu Deolindo o jamegão do atestado. Ele leu, pensou, foi ao gabinete do diretor, voltou e ao fim da tarde concedeu dizer. O professor Samuel resolveu abonar suas faltas. Não é lá pelo atestado... Eu disse a ele que o senhor estava mesmo muito abatido e o nosso diretor ficou com pena. O senhor conhece o coração dele... Agradeci mas, dentro de mim, pois sim! acendeu-se como em letras luminosas a frase que vivia na boca de tia Alice. *Talvez te escreva, mas não é certo...*

> Eruma vez três.
> Dois polacos e um francês.
> O espanhol puxou da faca,
> O inglês siarrepiou...
> Pensam que siacabou?
> Vou começar outra vez.
>
> Eruma vez três...
> LUDOLALIA

Eu estava mesmo de urucubaca naquele fim de ano. Lombociática, uma. Amigdalite aguda, duas. Pensam que se acabou? Vou começar outra vez.

Agora é a história de uma hepatite. Naquele tempo tinha outro nome: icterícia catarral. Comecemos dizendo que o Heitor da farmácia* vendia o garrafão de coleval juntamente a seringa de encher por trás, êmbolo, tarraxas e pontas de ebonite. Esta era arredondada e imitava cone de larga base e pouca altura. Nenhum perigo de entrar demais ou fincar. E o "prático" amigo dava, de quebra, as explicações necessárias, cara muito séria, voz baixa, ar cúmplice. É muito simples: encher a seringa, atarraxar, encostar a ponta no meato e injetar vagarosamente, relaxando como quem vai mijar. Duas seringadas. Demorar bem e depois urinar naturalmente. É claro que a urina sai cor de coleval — tal qual solução de biochênio. Na correria que eu andava casa faculdade trabalho faculdade trabalho Bar do Ponto casa Bar do Ponto casa eu tinha mais o que fazer que prestar atenção naquela tonalidade cada vez mais escura, ao passo que as fezes iam virando pasta brancacenta feito massa de vidraceiro. E só mesmo muita mocidade para aguentar aquela moleza… Quem fez o diagnóstico foi o Chico Martins, uma tarde, à porta do *Clube Belo Horizonte*. Uai! Nava. Você tá com os olhos que nem gema de ovo. Isso é icterícia. Era. Cheguei em casa, mostrei e minha Mãe confirmou. Mais dois dias e eu não podia mais levantar de tanta lombeira. Era preciso médico e eu pedi que fosse chamado nosso vizinho, o dr. Otávio.

Esse tão simplesmente chamado o "dr. Otávio" era o genro da d. Carolina e nem mais nem menos que meu mestre de fisiologia, o professor Otávio Coelho de Magalhães. Esse homem excelente, além de seus encargos na faculdade e na filial do Instituto de Manguinhos, em Belo Horizonte, exercia uma vasta clínica na Serra, tratando todos os moradores da região. Só exigia duas coisas: primeiro que ninguém perdesse a paciência com seus atrasos já que homem ocupadíssimo; segundo que não lhe falassem em pagamento nem lhe dessem os habituais presentes de hortaliça, fruta, ovo, frango e porquinho. Fazia questão de servir inteiramente de graça. É por tal razão que era visto cedíssimo ou tardíssimo, depois de seu trabalho de todo o dia, correndo as picadas empoeiradas ou barrentas do nosso bairro e a buraqueira do *Pindura Saia*, na sua faina caridosa de médico operador e parteiro de toda gente pobre. Chamado por minha Mãe ele chegou em nossa

---

* Heitor Gomes dos Santos.

casa e eu passei a engrossar o bando dos seus ossos. Perguntou, reperguntou, espiou muito, baixou minhas pálpebras — olhe para cima! — insinuou sua esquerda sob a parte posterior de minhas costelas e logo a destra começou seu passeio no meu hipocôndrio direito. Está doendo? Aqui? Aqui? *Afrouxe* bem a barriga, mais um pouco, dobre os joelhos, barriga mais mole, mais mole, mais... Depois percutiu, foi aos pulmões, ao coração, ao pulso, pôs o termômetro. Levantou o rosto, ajeitou a cabeleira, sorriu e disse que não era nada. Icterícia catarral. Pelo menos um mês de cama, porque sempre exigia repouso absoluto. Não senhora, d. Diva, só leite com açúcar intercalando com caldo de lima. Absolutamente mais nada. Duas colheres por dia de *salicilato de sódio do dr. Clin.* Das de sopa. E três cálices de suco de picão. Não é suco do que o leitor está pensando não. O picão em questão é outro nome vulgar do cuambu ou guambu — cientificamente batizado por Lineu de *Bidens pilosa*. O próprio dr. Otávio foi ao nosso terreiro, apanhou uns três ou quatro pés de carrapicho, lavou bem suas raízes, pediu um almofariz e socou a primeira dose que ia ministrar. Era um sumo obtido pela pisagem de toda a planta — acúleos, folhas, talos, raízes. Aquela palanganada depois de passada num pano, dava cálice grande duma caldivana verde-escura como a matéria espremida das lagartas do colégio. Bebi. O cheiro era de mato cortado e o gosto acre, espalhado e infecto. Logo verifiquei que o caldo consentido devia vir depois daquela beberagem cujo sabor nefando era lavado pelo aroma e pelo adocicado levemente amargo da lima-da-pérsia.

 Então começaram a correr contadas uma por uma as horas enormes e ocas daqueles dias longos do repouso. Eram quase todas marcadas por copázios de leite entrecortados pelos três cálices odiosos do sumo de picão, cujo sujo na língua era logo apagado pela onda clara do caldo de lima. Eu ficava esperando os outros copos e os outros cálices, as colheradas adocicadas e sem graça do salicilato. Minha cama era perto da janela e eu, no seu fundo, de costas, aguçava o ouvido para os ruídos da rua e mandava os olhos paras perspectivas que iam até os altos da cidade. Praça da Liberdade. Ouvia a manhã da Serra, seu dia, sua tarde, o princípio de sua noite. Logo cedo, depois dos galos, era o Quinca Rolha com seus burros, o tropel abafado na estrada fofa da poeira, às vezes um ornejo, o tinido límpido de ferradura em quina de pedra e os beiços contínuos fazendo aquele beijado alto que animava as alimárias, lhes apressava a marcha o trote. A carroça do leiteiro rodando sobre calhaus soltos. Uma quietude meio vazia à hora indecisa do almoço, depois, do meio-dia mal-assombrado. O sol, do pino, ia descendo para os lados da tarde e entrando devagar no meu quarto. Subia minha cama, desviava como tocado a compasso, mudava para a parede do fundo e eu olhava seu holofote nítido em feixes pela janela e tindalizando à sua frente uma poeira pulverulência que luzia fazendo dentro do quarto sistemas infinitos de astros galáxias. Minhas irmãs cantavam no terreiro brincando de coroar Nossa Senhora e eu escutava, vindo do caramanchão, o pacpac do pingue-pongue jogado pelos companheiros do bairro que depois passavam na varanda para cumprimentar. Ei! Pedro. Ei! Nonô. Ei! Cumba. Ei! Alberto. A tarde ia virando e a rua se animava vozes vindo do trabalho. O sol descendo além da praça, para os lados do Calafate e o ouro da manhã, o azul do dia, o róseo iam virando noutro banho de ouro fundido amarelo, cor de cobre, depois de sangue arterial, sangue azulado de veia, roxo e a primeira estrela estava de repente. Logo chegava a outra noite e a cadência de espera daquele repouso carcerário. O concerto dos cachorros uivando à lua. Eu pensava sempre temeroso. A morte. Só ela certa. A morte com que eu passara a conviver na faculdade. E não eram só os cadáveres do anfiteatro e o espantalho retorcido especado das aulas de anatomia. Parecia-me que as pessoas todas que respiravam aquele ar morriam mais depressa e eu temia que aquela coisa ictericia coisa ocre tivesse chegado para me carregar atrás do pessoal docente que eu vira morrer. Uns depois dos outros como se aquilo fosse ofício de quem trabalhava na nossa escola.

 Primeiro fora o dr. Cícero. Eu ainda não estava na faculdade mas quando me matriculei a mesma estava ainda sob o impacto do desaparecimento do seu grande criador, a 14 de agosto mês de desgosto de 1920, com cinquenta e nove anos. Relativamente moço. A *Radium* publicara fotografias do seu enterro. O saimento da casa que ele fundara, a bandeira a meio pau, todas as janelas fechadas, os padres, a multidão. A subida do churrião pela ladeira do Bonfim, as coroas, os *crocque-morts* de cartola, o cortejo. Finalmente a vista do final, hora da cova, dos discursos de despedida, da absolvição derradeira e do vácuo de silêncio que se cava para a descida — só o barulho das correntes, dos couros e do *requiescatinpace*. Eu não vira a cerimônia mas assistiria mais tarde à inauguração do seu busto no pátio da faculdade e ouviria o discurso em que mestre Aurélio iria reprisar à morte estoica de Cícero. Logo viera o ano de 1921 e mais dois óbitos nos surpreendendo. O do nosso inspetor, dr. Guilherme Gonçalves a 25 de agosto e o do secretário João Batista de Freitas, a 4 de novembro. Eu tiritava na noite, suando amarelo do medo e do pigmento biliar. Depois via passar no escuro a figura de Álvaro Ribeiro de Barros. Era o professor de neurologia. Conhecia-o muito de vista, de seguir com os olhos sua travessia do nosso pátio, muito sério, muito alto, magérrimo, ossudo, sempre segurando às costas o guarda-chuva de que não se separava, fizesse chuva ou bom tempo e que ele sustentava pelas extremidades. Tinha os olhos fundos e tristes, as maçãs salientes que, mais a mandíbula forte, davam-lhe a figura que vim a encontrar anos depois no *Museu de Antropologia* do México: Mictlantecuhli — "*...the lord of Death [...] recognisable by the fleshless jaws*". Era popularíssimo entre os alunos pelo que esses proclamavam de sua inteligência, seu preparo, sua inflexibilidade em pontos de honra. Nascera em São Gonçalo, estado do Rio, a 20 de dezembro de 1879 e morrera ainda moço, quarenta e três anos, a 30 de maio de 1922. Fui ao seu velório no grande anfiteatro da escola, ao seu enterro no Bonfim. Era uma tarde fria, cheia de ventos e dando os sangues dos crepúsculos de inverno em Belo Horizonte. Impressionado, ouvi as palavras de despedida de Otávio Coelho de Magalhães que leu seu discurso baixo, chorando e depois, no cemitério o verbo inflamado do quartanista Luís Hermógenes Pereira diante da cova hiante cuja beira ele galgara. Lembro sua figura transtornada, sua voz trêmula quando teatralmente protelou um instante o sepultamento para falar, o cadáver ainda à flor da terra: "É cedo ainda, oh! pálidos coveiros! Detende-vos um pouco, obreiros dos lúgubres ofícios e não cumprais o vosso mister sombrio, sem que depositemos a nossa lágrima dolorosa de homenagem última, ao grande varão que se submeteu ao peso formidando da fatalidade". Pervagava ainda na minha noite de terrores a figura de Ezequiel Caetano Dias. A este eu conhecera só de vista e de cumprimentar. Ele era aureolado por tal fama de saber, eram tão célebres seu cunhadio e colaboração com Osvaldo Cruz que sua pessoa só era vista dentro dum halo de adoração pelos discípulos. Desde a primeira vez que o vi encarei-o fascinado e no bonde sentava no banco caradura só para apreciá-lo, no chapéu do chile muito descido sobre os olhos, nestes a mansidão meio irônica e sorridente; nos bigodes levantados e no cavanhaque que terminava triangularmente o rosto fino; no corpo alto e magro; na postura elegante; nos colarinhos duros muito altos; no colete fechado; no decoro da roupa escura — geralmente azul-marinho. Minha admiração era tal que ficava a encará-lo quase com impertinência. Um dia ele notou isto, surpreendeu-se, considerou-me também mas o que ele leu na minha fisionomia embasbacada deve tê-lo agradado porque sorriu a meio e tocou de leve o *couvre-chef*, a sua aba. Logo desbarretei-me com espalhafato e começaram daí nossas relações de cumprimento. Eu ansiava pelo terceiro ano e pela hora de ser seu aluno de Microbiologia e de ouvindo-o, ter a impressão que ouvia um eco da voz gloriosa de Osvaldo Cruz. Os dois eram casados com duas irmãs, Ezequiel era da primeira hora de Manguinhos e só por motivos de saúde deixara o Rio por Belo Horizonte. Doutorara-se com tese inspirada pelo cunhado e chefe, como tinham sido as de Marques Lisboa e Carlos Chagas. Esses trabalhos versaram assuntos de hematologia e fazem de seus escribas os inauguradores dessa disciplina em nossa terra. Além de autor de numerosos trabalhos, Ezequiel Dias foi o fundador da filial de Manguinhos em Belo Horizonte. Como Álvaro de Barros ele era fluminense, de Macaé, onde nascera a 11 de maio de 1880. Falecera a 22 de outubro daquele 1922 — tendo apenas quarenta e dois anos. Como eu fosse companheiro de seu sobrinho Inar Dias de Figueiredo fui ao velório na sua casa da rua Gonçalves Dias, 344. A essa armada na sala de visitas estava vazia e cercada de tocheiros apagados. Pedi explicações daquilo ao amigo. É que o tio, como Osvaldo Cruz, deixara recomendações que a família estava seguindo à risca. Que seu corpo fosse amortalhado num lençol e que ficasse sem flores, longe da vista de todos. Mas a chamado do Inar, fui vê-lo num pequeno quarto. Luz apagada, só uma vela ardente permitia ver o morto que destituído de aparatos dava a impressão sereníssima de tranquila majestade. Saudade.

> *Eagerly I wished the morrow...*
> EDGAR POE, "The raven"

É como eu ficava depois dessas noites com os mortos. Aos poucos o céu negro no quadrado da janela ia se acinzentando. Aquilo era sinal de sol dentro em pouco e da vassourada nos fantasmas. Tomava cedo meu copo de leite e adormecia à hora que começavam os primeiros ruídos vida da Serra. Só acordava tarde com o dia alto e vibrante. Cada dois, três, era a visita do dr. Otávio. Examinava como no primeiro dia. Queria sempre ver a urina. Mirava-a contra a luz, dentro do *marreco*. Sua atenção e expressão sempre me voltam à mente quando vejo as gravuras clássicas representando os médicos urinólogos do passado. Recomendava sempre a dieta, o picão, a lima, o salicilato. Passara a conversar um pouco, depois do dia em que me surpreendera lendo, com um Anatole France em punho. Me olhou também de outra maneira, desse dia em diante. O sinal de que eu ia curando era a urina cada vez mais clara, mais disposição e minha repugnância crescente pelo cigarro marca Dezessete que eu vinha fumando desde que começara as dissecções. Seu gosto confundira-se com a sensação biliosa do agudo da doença e foi nessa ocasião que mudei para o *Iolanda oval*. Sentia-me mais forte, queria levantar mas o mestre inflexível impunha repouso absoluto. Furioso, eu tinha de obedecer. O leite não chegava mais para minha fome canina e eu levantava noturnamente para roubar carne no guarda-comidas. Durante o dia, burlando minha Mãe, comia furtivamente as cataplasmas de angu que usava contra vagador que sentia no hipocôndrio direito. Eram insossas e repulsivas. Um dia que eu lhe pedi para temperá-las (ao menos assim, já seria angu), ela pensou que eu estivesse variando e veio encostar sua testa na minha, procurando febre. Neres. Finalmente chegou o dia da urina clara, das fezes escuras, da esclerótica branca e do dr. Otávio dar alta. Pode levantar e começar a se alimentar de tudo. Só não pode gordura. Mas esse dia já era janeiro, tinha passado dezembro e eu perdera a chamada de primeira época e com ela, o ano. Tinha de fazer química e passar de qualquer jeito em março e, paciência! repetir o segundo ano. Na Higiene não houve descontos. Logo que eu caíra doente pedira um atestado ao dr. Otávio e recomendara que minha Mãe fosse levá-lo na repartição, mas entregando-o em mãos, ao dr. Abílio de Castro, explicando tudo. Ele fora amabilíssimo. A senhora deixe por minha conta... O Nava que se cure logo...

Passei as férias dobrado na química. Repassei como a pente fino todo o cálculo estequiométrico. Tinha que ser aprovado. Entretanto, no dia do exame, desci para a faculdade tomado do velho pânico que eu conhecia das ocasiões de todas as minhas provas. Éramos uma meia dúzia na sala para a escrita e aquilo dava à segunda época um ar de intimidade que espancou um pouco os meus temores. Os professores conversaram um instante conosco, antes da instalação da banca. Mestre Aurélio achou-me um pouco pálido. Era ainda vestígio da doençada do fim do ano mas apanhei a deixa no ar e disse alto, cinicamente, que eram as noites de vigília, a química, que quanto mais se estuda menos se sabe... Disse e soslaiei para o lado do Chiquinho. Tive a impressão de surpreender olhar agradado. Fiquei mais tranquilo e esperei. Tirado o ponto caíram o cobre, o glicogênio e o inevitável estequiométrico. Resolvi bem este último, dissertei sobre o cobre, tendo a malícia de jamais escrever esse nome mas de usar sempre o seu belo símbolo químico — Cu. Caprichava na caligrafia e era Cu praqui, Cu pralá, Cu isso, Cu aquilo. Por via das dúvidas colei primorosamente o glicogênio, transcrevendo verbatiníssimo as páginas arrancadas do Pecegueiro. Reli a prova antes de entregar e essa lambida da cria tranquilizou-me completamente. Aquilo era coisa pra dez ou nove. Antes da oral, o Jurandir nos segredou as notas — a minha tinha sido seis. Respirei aliviado. Seria impossível não fazer mais dois pontos, igual a oito que dividido por dois dava simplesmente quatro. Enfrentei a mesma banca do outro ano. O Aníbal Teotônio despachou-me rápido depois de umas perguntas sobre um Ouro de bom augúrio. Ia passar para o Chiquinho, quando mestre Aurélio me interrompeu e disse que queria também me arguir. Aquilo era aquele santo, preparando terreno para me aprovar. Dito e feito. Ele começou elogiando minha prova escrita e principalmente a maneira como eu resolvera o cálculo estequiométrico. A propósito: como é que o *doutor* (era hábito dos professores nos darem esse tratamento, em exame ou aula, desde o primeiro ano) — como é que o doutor define estequiometria? Respondi na ponta da língua que era a parte da química que tratava das relações ponderais observadas no decurso de uma reação, isto é, a parte da disciplina que dizia respeito às proporções exatas, donde sua qualificação no adjetivo *estequiométrico*. Ilustrei dando o exemplo de uma análise quantitativa — se se dosa A com B há de haver B suficiente para a transformação total de A para AB; ou usando outra expressão: $A + B = AB$. Passei os olhos em roda e vi um ar de incredulidade pasma no Aníbal Teotônio, um sorriso franco nas barbas do mestre Aurélio e prodígio! uma expressão de alívio enorme na fisionomia do Chiquinho. Desmandado continuei. Estequiométrica não é expressão apenas química. Em física é a agulha que marca a sombra em um relógio solar — agulha estequiométrica. Em ciência, os elementos abstratos em geral como o ponto, a linha. Em gramática, a unidade de escrita, a letra, não como caráter isolado do alfabeto mas como elemento constitutivo da sílaba ou da palavra. Em retórica, estequiométricos são os assuntos principais aos quais se reporta uma demonstração. Em astronomia, os planetas. Vem do grego, professor! do grego, tem etimologia ilustre — e então, inteiramente possuído, levantei, tomei do giz e escrevi galhardamente no quadro-negro στεχῖον + μετρον. Eu mesmo, *d'autorité*, dei por encerrado o interrogatório de Aurélio Pires e sentei-me frente a frente ao professor Francisco de Paula Magalhães Gomes. Pronto para o pior, caiu-me a alma aos pés quando ouvi a voz mansa do Chiquinho dizendo que eu tinha ido muito bem com os outros membros da banca e que ele ia arguir por arguir. Até ia sair um pouco do ponto e só queria que eu lhe respondesse sem errar — sem errar! moço — o que era a urotropina? A pergunta que me reprovara no exame anterior! Dei um berro e respondi quase chorando — a urotropina? professor, a urotropina é o HEXA-METILENO-TETRA-AMINA. *Muinto* bem, *muinto* bem, *podir, monço*.

Esperamos pouco no corredor. Logo chegou o Curinga com as notas. Plenamente para todos. Eu estava literalmente pasmo com a atitude do Chiquinho, aquela mansuetude, aquela benevolência... De repente tive uma iluminação. Ele me reprovara antes, dentro da sua justiça e da velha técnica usada nas provas, do examinador acuar o examinado, pô-lo com a língua de fora e babando, para desfechar-lhe então a bomba. Mas houvera aquele espalhafato de minha Mãe, com cartas à Noemi do Mário Magalhães, visita de amargas queixas a d. Cymodócea, o esparramo da igreja e o Chiquinho não tinha a menor vontade de recomeçar aquelas cenas. Não que ele me aprovasse se eu me apresentasse em *branca numvem*. Isso nunca. Assim, seria reprovação por todos os séculos dos séculos amém. Mas era forte maçada e quando ele viu minha escrita razoável para boa, minhas respostas ao Aníbal Teotônio e sobretudo meu brilho com Aurélio Pires e mais a escrevinhação grega no quadro-negro, sentiu-me já aprovado e fizera, por fazer, aquela pergunta cuja resposta ele sabia que eu trazia gravada nos miolos a letra de fogo. Ia me aprovar e sem sair de seus princípios inflexíveis. Ia me aprovar e ficar livre daquela sarna. Eu, por mim, estava inteiramente reconciliado com o professor. Fui ao seu gabinete. Professor Magalhães, agora que fiz a química, desejo cumprimentá-lo. Ele recebeu-me quase sorridente, já não mais parecido com o tio Paletta. *Muintum bem monço*, desejo que seja muito feliz no resto do curso. Mas *um sinhor pricisa ter mais juízo, muito juízo* e deixar de fazer *pinlhéria de tundo*. Ai de mim! saudoso mestre que, insensato! não ouvi seus conselhos e vim pela vida afora rindo de tudo e todos e, por semelhante balda, tomando aqui e ali novas *bombas*. E, relapso, não me arrependo. Mas voltemos ao assunto. O Cavalcanti, o Zegão e o Dodó que tinham vindo torcer por mim, fizeram-me ovação no corredor. Resolvemos comemorar e descer à noite. Dessa vez iríamos à Olímpia.

> *Vinum bonum laetificat cor hominis...*
> Salmo CIV, 15

Pois começamos jantando no *Colosso*. Uma sólida macarronada acompanhada dum *chianti*, gratificante como hemorragia às avessas, transfundindo no sangue ectasia que levantou nossos corações. À sobremesa fizemos nossas contas. Eu, durante o dia, tinha vendido na *Joalheria Diamantina* um velho relógio que fora de meu avô paterno, patacão comprado na Suíça, vidro revestido por cobertura preciosa de ouro, duplo fechamento posterior também de ouro, como a cercadura e a argola. As duas tampas com monograma igual e primorosamente gravado: PSN. Ainda era dos de dar corda mas perdera-se a chave e ele, relógio, virara num objeto inútil. Lembro do cerimonial de sua venda, quando fora desarmado, esvaziado do miolo, testado no seu metal, pesado e pago. O Isador negociara no Bar do Ponto, outro relógio, esse pulseira e propriedade de sua mana, com um chofer, que dera dez mil-réis pela pinoia que só andava depois de sacudida. Verdadeira manta. O Cavalcanti e o Zegão estavam abonados. Nossas fortunas juntas faziam (pago o jantar) a quantia fabulosa de mais de noventa mil-réis. Donos da vida, descemos devagar a rua da Bahia, viramos em Afonso Pena e fomos conversando, rindo, gabarolando e recitando sob os galhos dos fícus abertos como braços amigos. Deles escorria o perfume da noite belorizonte. Viramos em São Paulo e descemos. Na avenida do Comércio embicamos para o meio do quarteirão de entre a última rua e Rio de Janeiro e às onze e meia chegamos aos pórticos do *Éden* — que este era o nome paradisíaco do cabaré da Olímpia. Um parêntese. Não vou descrever essa casa de baile como ela era precisamente naquele março de 1923. Entrei tanto ali, que guardo de cada vez um fragmento que é como um dos múltiplos clichês que se batem uns por cima dos outros, pondo cada vez uma cor para no fim, pela reunião ou superposição das mesmas, completarem figura policrômica. Ponha-se, sobre essa multiplicidade de imagens, a ação aberradora da lembrança e do tempo e teremos assim a evocação multiposta de ocasiões sem número. Isso pode explicar certos anacronismos que seriam imperdoáveis no historiador mas que são o lote do memorialista e até seu direito. O mesmo seguirá acontecendo quando chegar a vez de entrar no *Palace*, também da Olímpia, aberto quando o *Éden* acabou. Com essa advertência entremos no cabaré da famigerada espanhola. Disse que tínhamos chegado aos seus pórticos. Vamos reduzir para portão. Nele estava de sentinela um mulatão muquiço, alto de dois metros, trunfa, costeletas, peitorais deltoides bíceps estufados de rasgar a roupa, modos suaves, falas macias, olhos doces e queixada bestial. Esse gigantopiteco, assim um dobro de gorila, era conhecidíssimo na cidade. Andava sempre com chapéu de cowboy ou palhetas do tamanho de rodas de carro. Fora motorista, tira, atleta de circo, capanga eleitoral e surdinava-se que tinha duas mortes. Nenhum como ele para agarrar um rixento, um bêbado ou um caloteiro pelos colarinhos, fundilhos e estatelá-lo na sarjeta da avenida do Comércio. Só raramente precisava empregar pontapés de granito ou socos homicidas. Para bom apanhador, meia surra basta. Salvamo-nos com bons modos. Boa noite! Maciste. Boa noite! meus patrões, vamos entrando... Fizemo-lo por um largo corredor posto entre os prédios de cada lado e que ia até o vasto palhabote levantado no meio do quarteirão, certamente depósito em outras eras e que fora transformado em centro de patuscada. Era sem janelas, arejado por imensos vãos entre os topos das paredes e o telhado de zinco. Uma escadinha conduzia à pista e aos seus dois lados havia uma espécie de plataforma que corria de fora a fora. À direita de quem entrava viam-se, encarapitadas nela, figuras de secretas, de dois ou três soldados de polícia e às vezes as dos próprios doutores delegados. Ora a catadura fechada do dr. Waldemar, a indiferente do dr. Múcio, a mansueta do dr. Orlando ou a esfingética do dr. Álvaro com o olho direito meio fechado pela fumacinha do cigarro crônico. À menor ameaça de rolo (de gente sem importância) ouviam-se apitos trinados, surgiam como por encanto mais soldados e todos investiam contra a sala espancando a esmo — de chafalho, refle, tacape de tira e bengala três-folhas de delegado. À esquerda ficava a tribuna da d. Olímpia fiscalizando tudo com um olho agudo de falcão e não desdenhando, quando preciso, entrar no rolo e descer seu homem com arma conhecida: uma bola de bilhar dentro de meia de futebol. Ela investia rodando essa fronda e afundava o crânio de seu contrincante. Era temida pela valentia, pela impunidade e pelas misteriosas proteções de que dispunha. Fomos cumprimentá-la e ela correspondeu geladamente àquela corja sem dinheiro para as consumações de champanha. Vestia-se com simplicidade quase sórdida, não se pintava, era pálida, tinha pele de marfim ou de alabastro, belos olhos muito negros, nariz fino, boca pequena, dentes perfeitos. Seria uma mulher bonita não fosse a expressão fria e cruel de sua fisionomia — tão imóvel e amímica, a ponto de imitar a máscara de porcelana untada do parkinsonismo. Lembrava Mata-Hari, não a do esplendor mas a dos retratos de identificação, frente e perfil, da *Surêté de Paris*. Tinha voz impaciente e esganiçada. Sua testa curta testemunhava sua obstinação e a pouca inteligência que não excluía a esperteza nem a velhacaria do estado. Chegara a Belo Horizonte mundana comum, exercera, juntara dinheiro, abrira sua pensão, amealhara mais, dera as primeiras danças no porão habitável do seu bordel da avenida Oiapoque, economizara furiosamente, investira abrindo o *Éden Cabaré*, fora logo de vento em popa. Entrando pelo futuro digamos que ela ganharia mais ainda, quando mudou para o andar do alto duma esquina de São Paulo e avenida do Comércio abrindo o *Palace* e ulteriormente, para Guaicurus, inaugurando o *Cassino Montanhês*. Nestes o dinheiro se multiplicou em proporção geométrica, sobretudo no período Vargas de jogo aberto e consentido. A roleta e a pavuna moíam ouro para a Olímpia. Depois de quase quarenta anos de prostituição, lenocínio e tavolagem ela aposentou-se, refez uma honestidade, adotou a caridade e morreu como grande dama e udenista *enragé* a 7 de março de 1972. Tinha oitenta e quatro anos, pois nascera em Segóvia correndo 1888. Essa grande belorizontal deixou sua fortuna milionária a uma órfã e... à Prefeitura da capital de Minas. Nunca se soube é como o mobiliário de quarto em que dormiram os reis dos belgas no Palácio da

Liberdade passou para o balacobaco de sua pensão da avenida Oiapoque. Seu nome todo era Olímpia Vasques Garcia. Mas deixemos de futurosidades e voltemos atrás. Como eu ia dizendo, entramos no cabaré.

    Sentamos numa das numerosas mesas de ferro pintadas de bege tendo escrito — BRAHMA — no tampo. O Isador pediu cerveja recomendando geladíssimamigo! Veio. Apesar de nossa animação sentíamos em roda o gelo do cabaré quase deserto. Uns poucos fregueses nas mesas do fundo, onde se sentavam os *coronéis* e os homens de respeito. Meia dúzia de gatos-pingados abancados em torno à pista. Começara de repente a chover o que explicava a vazante. Os pingos aumentavam e tamborilavam violentamente no zinco que cobria o vasto barracão. Foi essa freguesia escassa que permitiu ao Zegão obter de uma bela mulher que ela viesse se sentar em nossa mesa. Em dia comum e de boa freguesia jamais teríamos conseguido criatura igual ombreando-se conosco. Ela veio, divertida, seja tudo que Deus quiser, naquele deserto e começou a conversar. Logo respondeu que era italiana da Emília, bolonhesa e para nosso pasmo acrescentou — *Bononia docet!* Tinha pois latim e conversa, mostrou-se inteligente e amiga das letras. Mencionou o Ariosto, o Tasso, Metastásio e Goldoni. Falou em Manzoni, D'Annunzio, Pirandello e Papini. Citou autores franceses, espanhóis, ingleses e tedescos. Bestificado prestei atenção naquele reboque do Zegão. Do ponto de vista da profissão podia ser considerada como passadota pois era visível que estava na casa dos quarenta. Tinha os cabelos lindamente castanhos, olhos muito rasgados e o perfil voluntarioso de Lourenço, o Magnífico — como ele é representado pelo Ghirlandaio, ao lado do doador, à direita do segundo afresco da capela Sasetti, em *Santa Trinitá*, de Florença. Era tão bem-feita quanto bem-falante. Vestia cetim preto sem qualquer roupa por baixo e deixava adivinhar seios, cintura, nádegas e coxas admiráveis. Sapatos da mesma fazenda, saltos cravejados de brilhantes de fantasia. Grilhão d'oiro no tornozelo. Fumava por piteira de dois palmos e como entendêssemos mal seu italiano, pior seu português, perguntou qual a melhor língua para nós se alemão, inglês ou francês. O diabo ainda era poliglota! Opinamos pelo último idioma e passamos a lhe dar "Madame", exceto o Zegão que logo a tratou de *mon p'tit*. Quando ela nos contou que tinha exercido na Indonésia e Java, que fora cocote em Xangai, animadora dos cafés-concerto de Alexandria, Bagdá, Atenas e São Petersburgo, que conhecera Rasputin, Madame Viroubova e o grão-duque Cirilo, mais, que muito jovem fizera a Grande Guerra no Serviço Secreto Italiano e que seu trabalho de contraespionagem obrigara a contactar a Agente H-21, a própria Mata-Hari — nossa admiração não conheceu limites. Fora de qualquer dúvida estávamos diante de uma continuadora da grande linha Bela Otero, Liane de Pougy, Emilienne d'Alençon e tínhamos de recebê-la com champanha e pompa. Consultamo-nos baixo, o dinheiro não dava. Logo o Isador levantou-se, foi a uma mesa do fundo, paramentou com o Mingote, foram os dois até ao púlpito da Olímpia que, ela própria chamou o garçom e mandou que nos servisse *até* duas garrafas de *Veuve Clicquot*. O Isador sentou-se triunfante, sem o anelão de ouro, sem o relógio do dito e sem a pérola da gravata, mas os botelhaços vieram dentro do seu balde coberto de alvo guardanapo e ao estouro, todos olharam aquela roda de boiardos *dechaínés*. As garrafas de cerveja tinham sido retiradas, fora posta toalha e comovidos provamos da bebida dos coronéis. A chuva rufava no zinco mas ríamos mais alto que ela e à segunda garrafa o Zegão arrancou um dos sapatos da Nicoleta e bebeu por ele como em divina taça. Sentíamo-nos nas *Folies Bergères*, em Paris e um por um dançamos com a grande mulher. A mim coube um ragtime e deslizei; ao Cavalcanti, um maxixe; ao Isador um blues. Foi quando a Mimi Selvagem que fazia as vezes de *cabaretière* ordenou à orquestra um tango e o famoso Francis, um dos maiores dançarinos do argentino, veio buscar a nossa "Madame". Logo assentimos porque ele era sem rival e o próprio Zegão, dono da peça, cedeu a vez e recolheu-se de boa vontade.

Falei na Mimi Selvagem como *cabaretière* e isso implica uma parada. Impossível citá-la simplesmente sem dedicar-lhe um parêntese e procurar fixar os traços dessa grande figura. Tratava-se de mulata rosto linhas empastadas, muito gorda, entretanto leve e bem-feita de corpo, dotada duns olhos negros que rivalizavam com os da Maria-dos-Olhos--Grandes. Tinha dentadura magnífica, era uma companheira estupenda mas evitassem contrariá-la. Enfurecida ela investia como homem e não havia macho que lhe fizesse frente. Ficara famosa sua ligação com figura muito conhecida nas rodas boêmias de Belo Horizonte, que vira o ruço nas suas mãos. O ciúme. Foi o que levou-a certa noite a ir buscar o bem-amado onde ele morava — debaixo de vara. A residência dele era o *Hotel Globo*, em pleno Bar do Ponto, que a Mimi invadiu armada de tala e faca, disfarçada de homem, chapelão de cowboy e capa de matuto. Obrigou o moço transido a acompanhá-la de fininho até ao bordel onde, depois de seviciado, retomara com mais fogo a amigação que queria acabar. O Sá Pires, o Fábio Andrade e eu, depois disso, ajudamo-lo uma noite que ele fugia da amante e tomou andando o estribo da *erskine* verde em que descíamos a rua São Paulo. O que dirigia, pensou ter atropelado alguém e ia parar quando ouviu a imploração lancinante: Corra Fabinho! pelo amor de Deus, corra! porque a Mimi quer me bater. Fomos levá-lo em casa e à porta estranhamos que ele não reagisse. Reagir? está mesmo se vendo que vocês não conhecem a tala da Mimi. Descreveu-nos o instrumento feito com barbatana de baleia, longo, largo de ponta, inquebrável, silvante, aderente e de arestas cortantes como fio de navalha. Muito pior que vergalho de boi. Mas ela era eclética e usava outras armas. Tranca de porta, por exemplo. Foi armada duma que interpelou amigo nosso que queria pagar na tabela da casa. Olha bem pra minha cara, seu puto! e vê se eu sou mulher de 20$000. Ele ainda quis trastejar mas à primeira porrada teve de executar-se com cinquentão — que era o preço na Olímpia, na Petronilha, na Leonídia. Saiu descambado. Pois a nossa Mimi quando necessário, nas emergências, substituía o *cabaretier* ausente, impedido ou despedido. Era insuperável no entusiasmar a festa e quando se oferecia a ocasião, ajudava o *leão de chácara* e quebrava com perícia queixos recalcitrantes. No exercício daquelas funções, afrancesava o nome e virava *Mimi Sauvage*. Mas geralmente o cargo era exercido por profissionais. Lembro particularmente de dois grandes animadores. André Dumanoir, vindo dos *café-conc'* de Paris, que passara pelo Rio, São Paulo, Porto Alegre e que acabara demorando em Belo Horizonte atraído pela sua amenidade e pelo clima moral reinante em Guaicurus. Aqui, além de suas funções na zona, exerceu a de jornalista, foi fundador e diretor do hebdomadário *Risos e Sorrisos* meio-termo entre *La Vie Parisienne* e a nossa *Revista da Semana*. Era um francês espirituoso, fisionomia arrebitada, pesadão de corpo, mas leve de chiste. Depois houve um fuão Ramos, argentino, com um físico soturno e maneiras que davam mais a impressão soleníssima de um condutor de pompas fúnebres que de um ducante de casalegre. Numa de suas passagens em Belo Horizonte (onde ele esteve mais de uma vez) trouxera um *filho*, *El Ramitos*, que dançava fantasiado de espanhola e cantava *flamencas* batendo castanholas. A ternura paternal do Ramos por ele era comovente mas não convenceu a polícia que houve por bem deportar o travesti. Finalmente o cargo de *cabaretier* da Olímpia sempre exercido em comissão, passou a sê-lo de modo vitalício por outra cuia que se fixara na capital mineira. Era uma italiana de meia menopausa chamada Piereta d'Azzuri, redondota, diziam que muito boa de cama e famosa pela prenda de manejar corretamente dezesseis idiomas. De posse desse número de línguas — ela própria dizia — era capaz de entender qualquer outra que falassem em sua frente. Ah! tempo aquele... Lembrando a Piereta ocorrem-me outras figuras. Onde terão acabado? Em quê? hospital ou asilo de velhas? tereis terminado os dias — oh! Bella Greka, oh! La Birichina, Atenas, Pingo de Ouro, Iracema, Sarita, Emília, Dolores, Poupée de Marny, Turquinha, Paulette, Alzira do fulano (que era *sapatona*), outra Alzira — essa do beltrano, a Alzira loura, a Alzira Caolha, Carmem del Castillo, Conchita Moreno, Maria-dos-Olhos-Grandes, Maria-das-Madeixas, Maria Turca, La Sylbia, La Soberana, La Faraona, a *Ptótica*, a Geralda Jacaré, a Geralda Bagunça, a Maria Bango-Bango, a Maria-sem-cu. Duas eu lembro que acabaram na mesa de autópsias: a suicida Odette Monedero (cocaína e champanha) e a trespassada Esperanzita Gonzales (ferimentos penetrantes por projetil de arma de fogo). Outras, sem-número de outras, perderam os nomes no passado e aparecem num requebro, num dente acavalado, numa trança, num riso, numa cara inteira, num empinar de bunda, num remeleixo de cadeiras... Deusas de nossa alegria — dando e fufando... Tempo aquele... Mas vale a pena duas palavras sobre par de catraias citado acima. A Alzira Caolha, pela profunda consciência profissional que fazia dela algo como um Torres Homem, um Castro, um Couto da putaria. Ela era puta e era-o plenamente como os grandes citados eram médicos, Frontin engenheiro e Clóvis Bevilacqua jurista. Mestra egrégia. A Maria-sem-cu exercia no *Curral das éguas* e sobrepujava as companheiras roídas de *Bruna lues venerea*, cristas de galo, mulas, cavalos, jacarés, úlceras de canela, supurinas de esquentamento, fístulas anais, ragadias — por ter um ânus ilíaco e deixar-se sodomerdar por ele. Não conto isso por gosto da indecência, do imundo sem nome mas, pelo gosto sim, de mostrar do que é capaz o *Homo sordidus* quando repudia a sabedoria sobrenatural para aderir às fúrias do conhecimento preternatural de Satã.

Mas é tempo de voltarmos ao tango Nicoleta e Francis. Os dois saíram entranhados um no outro, ele muito teso e ela coleando e entrando nas concavidades da silhueta do macho. Ambos na atitude que convém adotar quando se oficia a dança portenha. El *hombre malo* com as clássicas costeletas de *bas-fonds*, empunhava a companheira de modo ao mesmo tempo apaixonado e arrogante, alternando esboços de gestos brutais e olhares de ríspida ternura — a traduzirem a superioridade e o predomínio do cafetão de quem pode vir *un beso* apaixonado, um *bofeton en la raca o puñazo en el mate*. Ela com flexuosidades de cobra e a sensualidade elétrica dos roçados de gata medrosa — era uma entrega total de *su cuerpo, su potien* — dando tudo, até *su pasto si fuera* necessário. Toda sua mímica era a do medo de pancada, da submissão incondicional — que não excluíam o ar inspirado e a face pré-orgástica que convém exibir enquanto se desliza no andamento moderado, no binário e na figuração rítmica do compasso colcheia pontuada e semicolcheia *del gotan*. Raramente *hablaban* e quando o faziam deveria sê-lo em *las palabras* de *vesre del lunfardo* — que é o argô dos malandros, ladrões, meretrizes, rufiões, marginais e *compadrons de la orilla* de Buenos Aires — lama de que brotara incomparável a florazul do tango. Azul, sim porque essa é sua cor noturna vizul e mais seu cheiro e seu som. O par hierático e sacerdotal, enroscado e ágil tinha a forma de um ser de quatro patas sincrônicas. Corria às vezes dando dois três passos num só compasso. Ora o homem se empinava e como que empalava a fêmea que se escanchava sobre ele enquanto um pé, qual flor, subia no ar. Ora eram passos laterais saindo uns de dentro dos outros como na sorte de tirar cama de gato. A orquestra fazia prodígios e a combinação era tão perfeita que os violinos, as guitarras, as flautas, o piano y *el bandoneon* pareciam emitir fumaça sonora de ara — que era como se fosse única e nascida de desconhecido instrumento (só mais tarde e sob influência do jazz o tango se enriqueceria com os gemidos do saxofone, os apelos lancinantes da trompa e a marcação mais precisa da bateria — só que se arrastando e arranhando de leve). Tocavam a *Media Luz* e o fabuloso tango descrevia suas espirais cheias das curvas e ângulos das *malagueñas*, zarzuelas, candombes e milongas da metrópole; das *habaneras*, rumbas e *cuecas* ameríndias; dum leve tempero negro — tudo cortado às vezes por longos de flamenca e altos minaréticos da voz reta de muezins chamando à prece. A música parecia não ter fim, a Nicoleta e o Francis não paravam de tanguear, não saíam daquele êxtase que é a um tempo dançar, cantar, *llorar, sufrir zelos, tener ganas de matar o desear murir de placer, de placer*... Mas impossível descrever, sequer representar a música e a dança senão na trilha sonora dum filme que juntasse tudo. Só quem viu as casas de tango da Boca, em Buenos Aires ou o cabaré da Olímpia no Belo Horizonte dos 20, pode entender esse triângulo musical que comporta um ângulo macho, um ângulo fêmea e um ângulo bicha. O Éden tinha escurecido para o tango e a altura do barracão dobrara em abismos ascensionais de bojo de catedral. Havia nessa pasta azulada um revolutear de borbolestrelas que subiam desciam e rodavam vindo de uma bola cravejada de espelhos que rodava pendente do teto, à luz dos refletores. Os floreios complicados da música obrigavam aos da dança e havia um dueto entre instrumentos e bailarinos, que nem o da flauta e das sopranos, nas óperas. Havia sincopados violentos, aberturas isoladas de piano repentinamente afogadas pela onda da orquestra em conjunto, momentos de quase silêncio em que *el bandoneon* se rastejava embaixo de *los pies* a que dava o ritmo e cuja batida imperiosa mas abafada, ou arrastado langue mas cadenciado, são ouvidos como se saíssem de outro instrumento ajuntado à banda. Vinham brincados de piano pianíssimos que chamavam a resposta das guitarras *triunfales*. O ritmo obsidente às vezes parece que vai parar como que cortado por cimitarra, mas logo continua num fino de violindo infindável como *la pampa mía* ou por golpes sucedentes de uma enxó metronomados sobre madeira sonora. Os pares saíam da sombra e a ela voltavam como se estivessem prestes a — porque o tango é a dança que sugere mais de perto a movimentação do coito. Caíam do ar ourivesado, como grandes frutos maduros, pedaços de letras e títulos dos *arrabaleros* que sabíamos. *Vengo. Pebeta, Langosta. Angustia. Abandonao por el outro. Noche negra. Rajito de oro. Alma de fantoche. Muñeca. Hermanos. Pecho de piedras. Madre. Mi rompo todo. Me mamo bien mamao. Puñales. Rechisflau. Amor propio. Madre, madre, madre! Mi mato también. Caminito. Noche de Reyes. Maipu. Pato. Garua. Choclo. Madreselva. Ai! madrecita mia...*

Afinal a "Madame" voltou para sentar-se à mesa. Nesta hora o garçom chegou ao pé do seu ouvido sussurrando. Logo ela levantou-se, foi falar com a Olímpia, depois com um coronel solitário em quem reconheci o pincenê e o fraque escuro cheio de vezinhos brancos do tal dançarino que furara minha chapa com a Maria-dos-Olhos-Grandes, no baile do porão da Maciela. Depois veio novamente e tornou a sentar-se com ar já provisório. O Zegão aceso propôs-se levá-la para casa. *Há! non mon gros, pas aujourd'hui, je me sens toute chose. Mais... attends, viens demain à la maison sur le coup de trois heures. Oui? Bien.* Dito, ela saiu na frente e minutos depois o tal coronel. Esse contratempo fez o Zegão beber mais a fundo. Foi-se a grandeza da champanhada e voltou a correr cerveja. O Isador muito bêbado cantava baixinho para seu próprio deleite.

> Comprei um penico
> pro José meu mano.
> Ficou pequeno,
> pois houve engano,
> eu não sabia
> que o tal de mano
> tinha cu tão grande
> igual a de americano.
> Ai! meu Deus que boca pequena
> esse penico tem:
> Quando ele caga o pau fica de fora,
> quando ele mija o cu fica também...

À primeira estiada e à parada da chuva sobre o zinco, o Cavalcanti e eu demos o fora. O Isador e o Zegão ficaram para chafurdar.

No dia seguinte, na porta do *Odeon*, soubemos dos amigos o resto da história. Também tinham recolhido cedo depois de rápida passada no *Curral das éguas* e às três da tarde o Zegão não falhara ao randevu da Nicoleta. Encontrara-a na sala de jantar da pensão fumando *Pour la Noblesse* e fazendo a mais difícil das paciências — a *Santa Helena*, que diziam ter sido inventada por Napoleão no desterro. O Zegão, sem nenhuma, urgiu a amiga de Rasputin para a cama onde tiveram uma matinê adorável. Por erro técnico do Zegão, a parceira acabou primeiro, urrando como leoa e contorcendo-se que nem escorpião pisado. Para respirar, ela pediu que ele tirasse um pouco e esperasse. Depois, ao voltarem à carga, ela queria fazê-lo vir-se como gostavam fulano, beltrano, sicrano — e citou o nome de três meias-bombas — um vice-presidente da República e dois presidentes do Parlamento. Ele não quis, apesar do alto exemplo, porque sempre sentia-se muito sem apoio daquele jeito.

Queria mesmo dentro. Foram a elas e ele, como de costume, fizera sua performance: duas sem tirar. E terminou declarando-se enrabichado. E quanto? você pagou. Nada, uai! Carona. Mal sabia o pobre do Zegão que aquela vez seria única. A mulher tinha cedido pelo capricho de um dia e depois deu em desconhecê-lo. Passava por ele, no cabaré, sem mesmo olhar — apesar de suas lamúrias e das citações literárias gritadas no seu rastro de princesa longínqua.

Quoi! Sans un mot d'adieu! Quoi! Sans tourner la tête!
Quoi! Pas même un regard [...].

Mas estavam acabando as férias. Era hora das matrículas. Para mim o pior não foi perder o ano mas os companheiros do primeiro ano de 1921, com os quais fizera o segundo em 1922, na qualidade de dependente. Deixava para a frente amigos como Caio Libano de Noronha Soares, Paulo Gomes Pereira, Otávio Marques Lisboa, Guy Jacob, João Manso Pereira, a alegria esportiva de Clodoveu Davis, Edmundo Burjato, José Rodrigues Zica Filho e sobretudo Joaquim Nunes Coutinho Cavalcanti — "meu irmão Karamazov", irmão que o foi até o fim de sua vida. Tive, digamos, a grande compensação de entrar numa turma formidável onde ia readquirir a companhia de Moacir Cabral, Artur Carneiro Guimarães; conquistar a amizade, o companheirismo e a convivência de Raimundo Alves Torres, Antônio Hélio de Castro, Odilon Behrens, Artur de Carvalho Meirelles, João Batista Gaudêncio, Flávio Marques Lisboa, José Maria Figueiró, Pedro Drummond de Sales e Silva, Juscelino Kubitschek de Oliveira e, posteriormente, a de Rafael de Paula Sousa. Em pouco tempo estava fanatizado por esses colegas, dando o que eu sempre dei ao exercício da amizade. Dando tudo, sem exigir nada em troca. Mesmo assim, recebi dos meus colegas de turma a paga de minha dedicação. Mas se não tivesse recebido daria no mesmo porque sempre venho fazendo pela vida imutável raciocínio. Aqueles a quem me outorguei, serão? meus amigos. Não me interessa: o importante não é *ter* ou *fazer amigo* — é *ser amigo*. É exercer essa função moral com a plenitude que usufrui fisicamente o ser cheio de saúde. O consolo, a gratificação, a devolução residem na própria consciência de quem oferece e dá. No caso de meus colegas de turma creio que o equilíbrio foi perfeito. O que mandei, voltou — e na mesma proporção. Formei-me sendo amigo de todos e tendo todos como amigos. De uns fui mais, não preciso dizer de quais (pois amigos não se classificam). O que eu vou escrevendo mostrará minhas referências e até minha preferência. *Badate! lettore.*

Com essa nova turma refiz as três cadeiras que já conhecia de 1922. Anatomia, histologia e a primeira parte da fisiologia humana. Já descrevi o que foi meu estudo anatômico e para não fragmentar a imagem dessa matéria e, principalmente, a de seu grande professor, vou me adiantar um pouco no tempo, entrando no que foi o seu estudo de esplancnologia, em 1924, e de anatomia topográfica, em 1926. O estudo descritivo das vísceras torácicas, abdominais, pelvianas e dos órgãos do sistema nervoso central era muito menos penoso que o da miologia com suas dissecções. Víamos primeiro tudo em seus lugares nos cadáveres largamente abertos — o plastron esterno costal retirado quase pelas linhas axilares anteriores direita e esquerda e o abdome amplamente fendido por dois profundos cortes — um xifopubiano e o outro lado a lado, passando pelo umbigo. Diante dessas janelas escancaradas pra dentro do que somos, um lia o *Testut grande* e o outro ia metendo a mão naquelas molezas e mostrando o que era lido, as conexões das vísceras e órgãos uns com os outros, como neles entravam as artérias, saíam as veias e a maneira por que o sistema nervoso simpático tomava contato com cada porção do nosso todo para superintender seu funcionamento mais lento, mais rápido, sincrônico ou sucessivo. Depois dessa visão em conjunto da casa arrumada, passávamos a receber do Joaquim Matos as largas gamelas de madeira com os miúdos que queríamos estudar. Estômagos achatados e molengos. A minhoca gigantesca dos intestinos cheios de merda. Os dois feijões dos rins, com o fiapo dos ureteres e a bexiga parecendo uma rã, aplastada e ainda com restos de urina; úteros abrindo trompas para dois ovários franjados; colhões, pirocas para serem postas em fatias, mostrando sua triangulação — uretra e os corpos cavernosos — cuja turgência, em vida, entesa aquela tromba e disso resulta tudo que a humanidade tem para dar: poesia, arte, amor, inveja, desejo, ciúme, ódio, despeito, guerra, gênio, ciência, transcendência e a rara paz; baços cor de cinza; fígados que o formol tornava pardacentos mas cuja parte inferior se esverdeava pela transudação da vesícula cheia da bile persistente. O andar de cima dava-nos os dois pulmões como esponjas de cor sem nome que, espremidas, chiavam e deixavam babar uma espuma de catarro. No meio deles a manga-rosa do coração só que de cor murchipodre e cuja calda eram restos de sangue transformado em aguadilha lívida e borra de café. Os assistentes serravam o crânio, esnocavam o canal vertebral e ofertavam à nossa curiosidade a sequência branquicenta riscada de vasos cheios de sangue endurecido pelo aldeído que apareciam de sépia, sobre fundo cera. Eram o cérebro em forma de bunda e todo vermiculado das circunvoluções, o cerebelo como um cará-do-ar simétrico, o bulbo e a medula com as raízes, como vasta lacraia cheia de patas acabando por um rabo de cavalo. Sempre a mesma técnica de estudo. Um lendo, o outro de pinça e tesouras finas, grossas, retas, curvas; escalpelos pequenos, médios, maiores e facas anatômicas — abrindo, decepando, cortando verticalmente, transversalmente para exibir as estruturas trabalhadas como desenhos, os revestimentos internos delicados como vidros flexíveis, sedas, cetins, belbutinas e veludos. Os resíduos eram raspados a lâmina de escalpelo, a unha, escorriam dentro dos alguidares de pau e untavam nossas mãos de uma pegajosidade que lubrificava primeiro, secava depois, em crostas — que mesmo após a lavagem deixavam a morrinha especial de cada porcaria e do formol predominante. Fedíamos saindo dessas sessões. Fumávamos o tempo todo, sem tirar o cigarro da boca. Sujeitávamo-nos a todas as contaminações e o fantasma da infecção cadavérica só era mantido a distância pela alta capacidade germicida da mistura de conservação perfundida naquelas carnes mortas. Conversava-se alegre e obscenamente. Ria-se de tudo — do grotesco dos cadáveres inclusive, das caricaturas simiescas em que o tempo, a putrefação insistente, o ressecamento das extremidades, o capricho dos fungos iam transformando em coisas as figuras de início humanas que manipulávamos. E não era menor agente de transformação a nossa descarga de agressividade às vezes desorelhando, desnarigando, desbeiçando, capando os defuntos, fendendo-lhes as bochechas e abrindo-lhes bocarras de gárgula. Ou esvaziando-lhes uma ou as duas órbitas. Tudo isto compondo o grotesco com que tentávamos soterrar a noção incômoda e sempre presente da morte. Entretanto ela estava ali, junto de nós, inexoravelmente DENTRO DE NÓS. Dentro de nós que queríamos nos dar a ilusão do eterno e da perenidade da vida. Era dessa latência sinistra que nasciam nossas reações de alegria brutal. Era esse relento que levava a mim, ao Zegão, ao Cavalcanti, ao Isador, ao Sá Pires e ao Cisalpino à ânsia pelo prazer, ao relax boçal dos sábados com cervejadas ruidosas, ceias pantagruélicas e priapadas memoráveis com as mulatas de Guaicurus, Oiapoque, São Paulo, Rio de Janeiro. E esse rebolcar, esse atolar, espojar e animalizar-se pedia o contraste que buscávamos em amores de uma pureza impossível — passados entre harpas, astros distantes e luares de luz de pérolas pulverizadas... Pobres! de nós — meninos com medo, homens em pânico.

Topográfica é a parte da anatomia que estuda não mais as relações das vísceras e partes constituintes de toda a fábrica humana entre si, mas sua posição e relacionamento topográficos, segundo as várias regiões. Para boa compreensão do leitor leigo digamos que é uma espécie de transparentificação. Assim, por exemplo, se se traspassa com chuço um peito ou uma barriga, compete ao médico presumir o que foi atravessado — pele, músculos da parede, órgãos das cavidades. Também olhando o furo de entrada de uma bala e seu rombo de saída, imaginar o que foi atingido num crânio, numa virilha, numa nádega, num joelho, no dorso dum pé, numa palma de mão. Esta arte se aprende dissecando topograficamente, ou seja, segundo regiões estabelecidas convencionalmente ou dispostas naturalmente. Região da nuca. Região do punho. Hipocôndrio direito. Flanco esquerdo. Boca. Vulva. Com aquela matéria estudava-se também a prática das ligaduras arteriais, das neurotomias, das desarticulações e amputações comuns ou plásticas como as de Gritti e Pirogoff que fabricavam cotocos magníficos para o joelho (retirada a perna) ou para esta (avulsado o pé). Essa disciplina estudamos no quinto ano, 1926.

Não tenho nada de particular a contar sobre nossos exames em descritiva e topográfica senão, nesta última, o fato de burlarmos os mestres à sua vista. Para fazermos as ligaduras ou as neurotomias era preciso conhecimento seguro das regiões. Ora, essa confusão dentro de músculos era dificuldade vencida por cumplicidade e compra do servente, seu Domingos, que, como *cirurgiões*, chamávamos para nosso auxiliar. Ele vinha com afastadores preparados adrede, isto é, dotados em vez de ganchos rombos, de cortantes — afiados por ele. Quando o homem chegava, fazia gesto furtivo e mostrava local e tamanho de nossa incisão. Depois, enquanto de pinça e bisturi fingíamos dissecar e *operar* ele ia cortando e abrindo com as pontas aceradas dos seus *Faraboeufs* até nos apresentar a artéria ou o nervo que cingíamos com o porta-fios curvo — para exteriorizar, amarrar ou cortar. Os examinadores de olho comiam mosca. Eles eram recrutados entre as cadeiras de medicina externa e assim o Lódi tinha sempre como companheiros, ora o Zoroastro, ora o David, o Otaviano, o Borges — jamais o Werneck que não estava disposto para tais amolações. Geralmente eles ficavam mudos, intervindo com uma pergunta ou outra nos casos excepcionais que mereciam distinção. O examinador era o Lódi, com aquela fisionomia impassível e a frieza aparente de sempre. Examinava em tempo estrito os que sabiam e longamente os que estavam em branca nuvem — parecia maldade mas era benevolência oculta, querendo dar chance à besta de acertar alguma coisa. Seu critério de reprovação, aprovação simples, plena ou distinta era de precisão miligrâmica e ele a usava invariavelmente. Quando era preciso reprovava dois, três anos seguidos. Nesses casos, se percebia, como percebeu uma vez, que era ele que perturbava o aluno com sua presença temida, dava uma desculpa e na hora da arguição deste, passava a palavra a outro examinador e saía da sala. Isso ouvi desse mestre no dia em que ele me disse também que, hoje, tinha vergonha do excesso de suas exigências. Daqui lhe respondo. Todas elas eram razoáveis, cabíveis e pertinentes. Luís Adelmo Lódi foi um dos professores mais exatos, mais honestos, mais justos que honraram a cátedra na nossa escola. Marcou indelevelmente todos que passaram por suas mãos com o gosto do conhecimento do corpo humano — base de toda a medicina. Não há um seu discípulo digno do grau, seja internista ou externista, que não lhe deva seus bons cinquenta por cento da formação. Ele é nosso credor. Um testemunho de seu valor está na escolha de seus pares quando o elevaram a diretor da faculdade e depois a magnífico reitor da Universidade de Minas Gerais. Assim como ao professorado — ele engrandeceu esses cargos e deles não recebeu mais lustre que o que já tinha. Mestre.

Uma coisa deleitável que fiquei devendo aos estudos do meu segundo ano de 1923 foi o aprofundamento de minhas relações com Flávio Marques Lisboa, minha entrada em sua casa e na intimidade de sua família. Eu já o conhecia desde 1914, no Anglo, onde ele fora meu companheiro de primário — só que um ano mais atrasado. Já contei no meu *Balão cativo* o que lhe fiquei devendo em matéria de conhecimentos de Júlio Verne. Li-o quase todo na sua coleção. Quando nos reencontramos na faculdade, foi como se tivéssemos nos separado na véspera e retomamos adolescentes a mesma simpatia que tinha nos ligado em meninos. Ele era de 1906, nascido a 23 de março, portanto mais moço que eu três anos. Fisicamente era um rapaz muito claro, pele extremamente saudável, cabelos dum belo castanho, olhos muito negros e sempre ridentes — isto é, tendo uma agradável expressão de riso mesmo quando o resto da fisionomia estava séria. Isso nascia da sua alma boa e do que ele sentia da alegria de viver. Não era muito comprido, antes meão mas forte, atlético e bem constituído. Era diferente dos irmãos que todos tinham um acentuado tipo Eiras. Parecia física, intelectual e moralmente com o pai, nosso mestre Henrique Marques Lisboa e como ele era dotado de gosto pela ciência e pela investigação. Tinha o espírito cartesiano, professava a dúvida sistemática, era dum ateísmo militante e cheio dum espírito tão jucundo, prazenteiro e jovial — que tenho certeza que sua negação era capaz de agradar ao próprio Nosso Senhor. Além de inteligente e espirituoso, era esportivo e cultivava a saúde do corpo como a saúde da alma. Foi um dos homens mais puros e honrados que já conheci. Já falei de seu pai e contei, no meu *Chão de ferro*, como ele foi meu iniciador na medicina. Terei de voltar ainda a sua figura quando contar do tempo em que ele regeu, para nossa turma, a cadeira de patologia geral. A mãe do Flavinho (era esse o nome carinhoso que lhe davam todos os colegas) era uma senhora carioca, d. Alice Brandon Eiras Marques Lisboa. Era filha do farmacêutico dr. José Carlos Fernandes Eiras, irmão do famoso psiquiatra Carlos Fernandes Eiras, os dois, filhos do médico pernambucano Manuel Joaquim Fernandes Eiras, fundador da Casa de Saúde que ainda tem o seu nome e que lá continua ladeando a subida do Mundo Novo. O farmacêutico José Eiras era casado com d. Evelina Luísa Brandon, de origem inglesa. Moravam ambos com os Lisboa. D. Evelina era filha de Manassá Brandon que teve um filho que foi o pai de d. Clarisse Brandon, esposa do médico Waldemar Schiller. Fica aí explicado, para os amantes de genealogias e da nossa crônica médica, o parentesco dos Schiller, Brandon e Fernandes Eiras. D. Alice era irmã, entre outros, de d. Dora Werneck, esposa de Hugo Furquim Werneck — o que fazia nosso Flavinho filho e sobrinho de dois professores da Faculdade de Medicina de Belo Horizonte. Conheci todas essas pessoas e lembro muito os traços do avô materno do meu colega, seus olhos muito azuis e o longo nariz reto e arrebitado que é traço indestrutível de sua família — encontrado em todos os descendentes. Era um belo velho e um belo conversador, tradicionalista, cheio de anedotas sobre o imperador e dos tempos em que ele, moço, era convidado dos serões em São Cristóvão ou no Paço da Cidade, para danças íntimas com as princesas solteiras e outras moças da Corte. Contava que ninguém as tirava e que elas, sim, é que escolhiam os cavalheiros que valsavam com as duas — os únicos pares a fazê-lo sobre um grande tapete no meio do salão. O resto deslizava nas tábuas do assoalho. Os irmãos do Flavinho eram Otávio, que fora meu companheiro de ano até 1922, e Gilberto. Meus amigos até hoje, como o são suas irmãs Heloísa e Nair. Heloísa, morena, cabelos e olhos castanhos. Nair foi uma das mais peregrinas moças em que já pus os meus olhos. Os dela, prodigiosos, de um azul esbatido de linha mar e céu — onde a bruma confunde os limites do aéreo com o limite das águas. Só que iluminados como se dali fossem nascer sóis de turquesa com cintilações de água-marinha. Toda ela era cor de camélia, tinha boca de flor purpúrea, os mais lindos dentes e o mais lindo riso. Quando corava, adquiria como que uma luminosidade que ia do colo aos olhos, feito o lume maior que nasce das achas em brasa quando o ar se move e sobre elas perpassa de leve. Sua essência era de uma flor entreaberta, de um botão de rosa, de uma rosa, uma rosa uma rosa uma rosa... Entretanto sem orgulho, antes modesta e pendendo graciosa e tímida como as violetas. Como conjunto de família jamais encontrei gente mais simpática que os Eiras Lisboa — educada sem afetação, fina sem empáfia, cordial sem familiaridade, simples sem nenhuma vulgaridade. Ser recebido como fui em sua casa é prerrogativa que jamais esqueci.

Os Lisboa moravam na rua Ceará, 1305, no velho casarão onde em tempos tinham sido os penates do terrível desembargador Tinoco. Ali entrei pela mão do Flavinho como já se verá. Logo que retomei a osteologia, a miologia e a artrologia do segundo ano, minha experiência do período anterior tornou-me companheiro disputado no anfiteatro e nos corredores. Fiquei exercendo uma monitoria moral da cadeira do nosso Lódi. Estudava com esse, aquele e acabei me fixando como companheiro definitivo do colega citado acima. Quando se aproximou o período da virada de julho em diante ele convidou-me para estudarmos juntos em casa dele. Aceitei e foi em 1923 que pus os pés pela primeira vez em casa dos Marques Lisboa. Ponhamos isto em julho ou agosto.

Entrava-se pelo lado, subia-se escada de largos degraus até varanda que corria a casa de fora a fora. O jardim de poucas flores lembrava um jardim tropical cheio de folhagens, gramas e palmeirinhas. Da varanda passava-se para o escritório do Lisboa, primeira peça da casa que conheci. Estou a vê-lo. Dava para um corredor que o cercava em ângulo reto; tinha no fundo uma estante que fazia corpo com sofazinho central e subia até o teto, cheia de livros de biologia. Lembro Malpighi, Leeuwenhoek, Spallanzani, Cuvier, Saint-Hilaire, Claude Bernard, Darwin e Mendel. Lembro junto com estes cientistas de duas coleções completas de literatura: a das obras de Renan, a das de Anatole France — por quem o dono da casa sentia uma atração apaixonada. Mais duas estantes com livros médicos, principalmente de microbiologia e patologia geral. A um canto, entre a porta e a janela aberta sobre a varanda, a secretária do Lisboa que passou a ser nossa durante as sessões de estudo. No diedro da parede um daguerreótipo esfumado onde distinguia-se um moço, fisionomia já desmerecida, vestido de claro e altas botas. Era o pai do meu mestre nos seus tempos de Barbacena e de engenheiro da estrada de ferro Dom Pedro Segundo.

Nosso estudo seguia a rotina de sempre. Para ossos, um lia, enquanto o outro, fêmur, esfenoide, tíbia ou cuboide na mão, ia mostrando ao ledor ranhura por ranhura, buracos de penetração vascular, cristas, cada detalhe, cada acidente. As articulações e músculos que já tínhamos visto no anfiteatro iam em leitura corrida. Quando um cansava, molhava as goelas num copo d'água e trocava de lugar com o companheiro, ia para a mesa do Lisboa, onde descansava o cartapácio do Testut. Foi assim que realizamos a façanha — *believe it or not* — de ler o primeiro volume do morfologista de Lyon exatamente vinte vezes. E olhe! que é preciso estômago, para tal façanha... O estudo da tarde durava de duas às cinco e trinta, seis horas. Era interrompido cerca de quatro por d. Alice, sempre lépida, muito arrumada, muito risonha, magrinha, seu tipo Eiras muito acentuado, que vinha nos chamar para o lanche. Eram xícronas de café fraco à mineira, mate ou chá, pão francês aquecido no forno e escorrendo manteiga dourada. Um cheiro de trigo enchia o ar da sala de jantar simples que o sol descendo iluminava mais. Sentávamos todos à mesa comprida, d. Alice à cabeceira, o Flávio, eu, Otávio, seus companheiros de estudo (que eram Haroldo e Péricles Pereira), Gilberto, as duas mocinhas logo nossas amigas. Eu lembrava a primeira vez que vira a Nair dentro da *chandler* do pai, no pátio poeirento da faculdade, num dia cinzento que ela subitamente iluminara. D. Alice contava-me estórias da *Casa de Saúde* do dr. Eiras, do sobradinho vizinho de seu pai e das visitas que o meu, então interno do seu tio, gostava de fazer ao dr. Juquinha e d. Evelina para ouvi-la a ela, Alice, ao piano. Bons tempos! dizia rindo. Realmente bons tempos os da mocidade. É o que penso agora, de mim para mim. De mim para meus companheiros de geração. Ah! Nós não somos mais nós. Nós éramos aquela fúria e aquela chama que o tempo aplaca e apaga — deixando na boca esse gosto de cinza. Mas ainda não tinham chegado essas cogitações, tudo era futuro e eternidade e íamos estudar mais um pouco ao fim da tarde. O Flávio lia e eu ouvia. Nessa hora atentava no passeio da Nair de ponta a ponta da varanda, indo, vindo, jamais olhando para dentro do escritório pela janela largamente aberta que sua passagem longe de sombrear mais aclarava como se toda ela fosse aérea e transparente e luminosa. A leitura dos pontos de inserção do tríceps sural continuava implacável. Minha atenção fugia para lá, para cá, o Flávio percebia e chamava-me à realidade. Vamos, Pedro! Pés na terra e escute, senão esses músculos não entram na sua cabeça. Eu ria e fazia mímica de concentração mas minha cabeça zinia cheia de cigarras na tarde que ia enrubescendo como se fosse moça corando... Saía às seis, ia jantar, voltava às sete e meia, oito, para a virada da noite. Mesma coisa. Lá para as dez e meia: descanso. Pegávamos no porão os Pereira e o Otávio. Saíamos juntos para Ceará. Descíamos até o *Colégio Arnaldo*, parávamos um pouco no pontilhão da esquina de Carandaí. Ouvíamos o murmurar do riacho, olhávamos as estrelas longínquas, inundávamo-nos de lua cheia e do cheiro das árvores que farfalhavam à brisa de Belo Horizonte. Um perfume nos seguia que era o da cidade-menina. Meia hora depois voltávamos para ler até uma hora, uma e meia. Nas noites de frio e chuva esses trinta minutos de passeio eram substituídos por outro tanto de música. Os do porão habitável subiam, o Flavinho e eu atravessávamos o corredor e encontrávamos o resto da família na sala. Um parêntese. O dr. Lisboa mudara para Belo Horizonte por motivo de saúde. Sentia-se gravemente doente e seu pavor era não viver bastante para educar os filhos. Assim decidiu dar a cada um um ofício que lhe permitisse viver por conta própria. Aproveitando pendor natural na família, fez de cada um músico. O Otávio tocava violoncelo, o Gilberto violino, o Flávio flauta, a Nair piano. Depois o Lisboa curara, encaminhara a família e o que era obrigação virou em gosto. Assim, nas noites em que não saíamos, aproveitávamos a pausa do estudo para sessões melódicas. Eu gostava do quarteto mas preferia os solos de piano da Nair. Guardei duas músicas que ela tocava. Um *Minueto* de Beethoven e o *Momento musical* de Schubert. São minhas *madeleines*. Não as ouço sem rever a sala de visitas dos Lisboa, seu grupo de sofá e cadeiras a um canto, outros móveis, dois quadros da parede, duas miniaturas, pintura francesa do século passado. Um representava uma cena de quintalejo de província onde havia, creio, vasos quebrados, galinhas e palhas. E sinto as noites mais ásperas de Belo Horizonte, o vento na rua — valorizando o aconchego da sala povoada de notas musicais. Havia uma estante de partituras. Certa noite d. Alice tirou de lá vários álbuns de música clássica com dedicatórias de meu Pai a ela. Lá estava sua bela letra nos cadernos de Beethoven, de Chopin, de Mozart.

De tarde ou de noite eu saía da casa dos Lisboa cheio de anatomia e sonho. Escolhia sempre para voltar o melhor caminho para meu estado de espírito. O do Cruzeiro, das buraqueiras do *Pindura Saia*, das escarpas do *Chalé das Viúvas*, das ribanceiras de Pirapetinga e Caraça. Parava sempre no Cruzeiro. Olhava de tarde, os lados do Palácio e do crepúsculo. Fitava até ao deslumbramento o sol descendo devagar e naufragando aos poucos dentro dum oceano de púrpura e ouro fundido. Só me desprendia ao seu último clarão e, meio cego, esperava a vista voltar. Seguia. De noite escura ia numa treva que eu sentia de doce flanela e dentro da qual eu caminhava como doente de gota-serena habituado a cada acidente de seu quarto sua casa. Ou ouvia estrelas. Ou era banhado pelo luar prodigioso de Minas. E escutava longínquas falas, estalos, bramidos, ruídos, assopros, trons e o quebrar das ondas aéreas dos altos ventos ventando perto dos astros. Assim foi em todos os anos letivos em que estudei com o Flávio até terminarmos o curso. Assim foi esse 1923, como seriam 1924, 1925, 1926, 1927. Mas teremos muito que falar ainda para vencer esse espaço de tempo. Só quero marcar o ponto luminoso de minha vida que foi a frequência da casa de mestre Lisboa e a poesia que eu consegui introduzir nas nossas infindáveis leituras das matérias do curso médico. Saudade.

A cadeira de Histologia era de Carlos Pinheiro Chagas. Esse mestre tinha exatamente trinta e seis anos quando nos lecionou pois nascera em Oliveira, no ano de 1887. Parecia mais velho — pelo crânio completamente despojado. Já descrevi seu físico e já disse que pertencia a ilustre família de políticos e fazendeiros daquela zona de Minas — vindo a ser primo em segundo grau de Carlos Ribeiro Justiniano das Chagas. Suas aulas eram na sala de histologia e anatomia patológica, vasta peça muito clara pela manhã e dum azulado doce à hora da tarde. Vamos descrevê-la. Tinha duas portas de entrada, uma condenada, de modo que para ganhá-la tomava-se pela do fundo. Logo à esquerda de quem penetrava, um vasto armário percorria a parede. Era dividido em prateleiras e, através dos vidros das portas, viam-se teorias de bocais transparentes, tampas coladas com massa adesiva e todas contendo exemplos. Eram formidáveis degenerescências de tecidos, fantásticas alterações de órgãos, inflamações prodigiosas, ateromasias espantosas e sobretudo os mais lindos tumores. Um, belíssimo, estava num recipiente maior, continha uma cabeça inteira, decepada cerce como a dum guilhotinado. Mostrava uma metade de expressão dolorosa do lado direito e todo o lado esquerdo era de partes inidentificáveis pois avultava enorme, estufado, pálpebras distendidas por um blastoma que transformara essa metade numa caricatura hedionda. A distorção fisionômica era ainda aumentada pelo achatamento das partes apertadas contra o vidro: a ponta do nariz, o queixo, toda a massa tumoral. Era um sarcoma orbitário. Pronto. Eu só me pergunto qual era a vantagem de ser guardada aquela cabeça separada do corpo dela encurtado, podre há muito, sumido, enquanto ficava aquele resto de condenado chinês que eu vi na sala de histologia e anatomia patológica até o fim do meu curso. Ainda a vejo nesse fim de vida, talvez ela continue no seu bocal bebendo formol, os pelos do rosto e os cabelos lisos de caboclo, levemente subindo, levemente descendo levemente às vibrações que lhe chegavam do movimento imperceptível do piso sob nossas solas entrando e saindo.

O lado da sala que dava para fora tinha largas janelas e era acompanhado por mesa ladrilhada por cima, contendo microscópios Zeiss para uso dos estudantes, paralela a outra do mesmo tamanho e igual, também carregada de microscópios. Ambas tinham diante de cada cadeira as baterias de vidros com o material para desidratação e coloração das lâminas que cada um recebia para sua coleção de cortes histológicos. Esses já vinham para nossas mãos *montados* pelo professor ou seus auxiliares e a nós competia fixá-los e corá-los. Era preciso aprender de cor e eu repito até hoje a litania que o Carleto nos ensinava a rezar e os banhos sucessivos da lâmina. Método da hematoxilina e eosina: xilol, álcool absoluto, álcool a 90, álcool a 80, água, solução de Lugol, álcool comum, banha de hematoxilina, água, água alcalina, água, banho de eosina, água (rápido), álcool a 80, álcool a 90, álcool absoluto, xilol fenicado, xilol, amém. Estava fechada a rosca. Completava-se com uma gotícula de bálsamo do canadá e a colocação da lamínula. Microscópio e era o deslumbramento. Custava a crer que eram pedaços dos nossos cadáveres nauseabundos as tramas de estampados raros e corados em vermelho e azul-índigo que nós víamos e mais o esparramado dos ramilhetes de crisântemos, cravos, hortênsias, lírios-roxos, tulipas, íris, dálias, rosas que nos eram oferecidos pelos cortes de pulmão, fígado, rim, músculo, baço e outras vísceras jardins. Aprendíamos nomes mágicos da família que adotáramos e que passavam aos líquidos que manipulávamos — o de Marchi, o de Fleming, os de Orth, Zenker, Hermann, Bouin, Müller, Renaut, Foa e o mais precioso sugerindo um filtro mágico — o de Van Gehuchten-Sauer. Eu estudava os métodos de inclusão, fixação e coloração num velho livrinho de meu Pai — *La technique histo-bactériologique moderne*, do dr. Lefas. Era de 1904, mas naqueles tempos de marcha lenta da medicina, conservava toda sua atualidade dezenove anos depois de sua publicação. Os livros adotados pelo Carleto eram ainda o velho Mathias Duval e o mais moderno *Précis d'histologie* de Branca. Esses cortes nos eram mostrados pelo professor, em aula, num sistema especial creio que inventado por ele e que é o que conheço de mais antigo como ilustração visual de uma preleção. Ele instalava a lâmina no microscópio com objetiva de imersão, dobrava-o até reta paralela ao solo, iluminava com foco potente e ajustava, pela ocular, a projeção do corte, na pintura clara do muro. Acompanhava o lindo derramamento de cores com sua voz demonstrativa e agradável. Os senhores veem aqui seção da parede do intestino grosso, da mucosa propriamente dita à *muscularis mucosae*. Atentem bem, coradas em roxo, nas ditas criptas de Lieberkün... Eu exultava a esse nome de bruxo. Mais tarde saberia sua graça inteira — Johann Nathanael Lieberkün — diziam-no alemão mas meu julgamento dar-lhe-ia a internacionalidade que é o lote dos sábios e benfeitores da humanidade, cujas ideias não pertencem a um país mas a todos — dum simples fixador histológico aos segredos de polichinelo atômicos.

Carlos Pinheiro Chagas — o Carleto — era popularíssimo entre os alunos pelo seu cavalheirismo, sua bondade, sua paciência, seu verbo elegante e eloquência em aula. Era sério sem ser carrancudo e agradavam-nos seus modos francos, sua roupa americanizada e seu andar meio inclinado para o lado, mão esquerda fortemente enterrada no bolso da calça. Era atitude com que ele disfarçava a postura lateralizada da lombociática que o atormentava. Há pouco tempo, conversando com Paulo Pinheiro Chagas, estivemos tentando um diagnóstico retrospectivo do que na época chamavam a "doença na espinha, do Carleto". Para espondilite anquilosante, ele já estava muito maduro; para espondilartrose, muito novo. Provavelmente era uma ligamentite-artrose, a dita *terceira moléstia de Forestier*. Convivemos com o excelente mestre em 1923, ele dando a estrutura de células e tecidos, nos mostrando em micro o que o Lódi descrevia em macro. Mais dramaticamente teríamos sua companhia em 1925, no quarto ano, quando ele nos daria a inesquecível cadeira de anatomia patológica. Melhor que a citologia do primeiro ano, que a histologia do segundo, seria essa disciplina para a qual o Carleto tinha mais gosto e que chegara para nos ensinar, afiado pela viagem que fizera aos Estados Unidos em 1924 com uma bolsa para professor da *Rockefeller Foundation*. Naquela república ele estagiara em Colúmbia com William Mac-Callum que fora aluno de Welch, por sua vez discípulo de Marchand, de Leipzig. Era um dos fundadores da *American Society for Experimental Pathology*, grande estudioso do metabolismo do cálcio nas suas relações com as paratireoides, da febre reumática, do raquitismo, da artério e da aterosclerose. A ele ficou o Carleto devendo sua estrutura de fisiopatologista. Ainda em anatomia patológica ele estagiaria com Elmer Mac-Collum, outro especialista em questões de nutrição e raquitismo. Os dois nomes sempre citados desses Macs — um Callum e o outro Collum — traziam-nos em constante confusão. Na cadeira de que estamos tratando eram estudadas as lesões, avarias, desgastes produzidos pela doença no nosso organismo. Causava pasmo, às vezes, o seu aspecto mínimo, dependendo, para conduzir à imensidão da morte, do simples capricho de sua localização. Era ensinada quando já tínhamos passado, no terceiro ano, pela cadeira de propedêutica e nos iniciávamos, no quarto, nos segredos da clínica médica. Assim era comum encontrarmos na mesa de autópsia — defunto — um que medicáramos vivo, na véspera. Isso no princípio era chocante, impressionava, aterrava. Depois esse sentimento foi sendo empurrado para as profundas do subconsciente, para jazer latente até que nosso terror o desenterre no pesadelo ou na consciência da nossa precariedade. A aventura da autópsia era uma estória de horrores bem mais terrível que a da dissecção. Nesta os cadáveres chegam tratados a solutos mumificantes e ratatinizantes que dão-lhes lustres de madeira, aspecto de coisas imitando mortos e não mais o jeito de mortos. Sua protelada e tímida putrefação fede a azedo, a ranço e sobretudo a formol. Naquela os cadáveres conservavam sempre um aspecto do que tinham sido. Não eram raspados, às vezes ficavam-lhes peças de vestuário — pé de meia, por exemplo. Eram frequentes medalhinhas de alumínio, bentinhos ensebados, os curativos. Esses eram retirados na hora da autópsia e descritos minuciosamente nas liquescências, sanguinolências e purulências que deixavam escorrer. Era tudo consignado no protocolo do exame do cadáver que, sem formol, fedia para valer. Porque ao contrário do que se pensa, os mortos fedem imediatamente e não esperam a convenção das vinte e quatro horas. Basta fendê-los. Eu entrei de rijo nesse mundo pegajoso pois tinha sido admitido pelo Carleto como seu monitor voluntário. Cabia-me abrir os corpos e eu fazia-o com perfeição. Incisava o tórax-abdome — em T, correndo a faca de ombro a ombro e depois noutro corte que ia até ao apêndice xifoide, continuava pela barriga e só parava no obstáculo ósseo do púbis. Descascava depois o tórax (como o Joaquim Câncio fazendo esqueleto) rebatendo para os lados o livrabertaomeio dos peitorais e das partes moles de todo-tronco. Depois, com faca mais curta decepava as costelas de fora a fora e então é que entrava o Carleto com seu avental imaculado e suas luvas de Chaput. Ele eviscerava com técnica, puxando a língua, os órgãos profundos do pescoço, traqueia esôfago a massa pulmões e coração. Ligava o cárdia e começava a desenrolar a naja gastrintestinal desde seu alargamento superior, seguindo suas dobras nacaradas no delgado, cinzentas no colo e armando o bote na sigmoide. Aí ligava junto ao ânus e aquela sucuri ia para uma pia, e para as mãos de seu Domingos que abria-a de fora a fora sob o jorro da torneira. Um cheiro de merda mais forte atroava os ares misturando-se ao enjoativo da decomposição começada das carnes frescas e dos miúdos.

Enquanto isto o Carleto continha um coração que parecia querer pular ainda depois de morto, abria-o, ventrículos, aurículas, mostrava a seda das válvulas, as cordoalhas, raspava a aorta e apontava o esbranquiçado de cera da ateromatose que tirava a elasticidade daquele macarrão. Passava para a língua, abria esôfago e depois a traqueia-artéria, brônquios e era um niágara de catarro. Cortava maciamente cada pulmão que recalcitrava sob a faca, chiando de leve e de fatia em fatia, fazia surgir o vácuo das espeluncas ou a renitência das pneumonias e dos cânceres. Sob as pleuras corriam os desenhos japoneses da pneumoconiose traçados a bico de pena pelo fumo, pelas poeiras, pelos resíduos das oficinas. De víscera em víscera o nosso mestre passava seu exame, ditando com voz fria e igual os termos padronizados do relatório. Pesava órgão por órgão. Descascava-os (ruído de seda da cápsula renal arrancada), decorticava-os, fazia-os lascas e mostrava a lesão que tínhamos ontem palpado, percutido, auscultado. Esse encontrar do doente no cadáver foi minha melhor escola clínica e tal conhecimento, nova fonte do martírio que me acompanha — diagnosticar sem querer na cara dos amigos e parentes queridos o que lhes rói e ver através de seu corpo, para mim translúcido, aquelas lesões hediondas que nos mostrava o professor de anatomia patológica. É verdade que também compensa ver certos sinais nas caras e nas orelhas transparentes dos desafetos... Terminada a evisceração, eu sempre me espantava com o pouco, o nada que ficava. Afinal é só isto? Onde estamos nós? nós, mesmos? a chama de nós mesmos? Para quê? para quê? afinal tanto dano tal celeuma... Estava tudo ali, o zero, à minha frente nas cores luxuosas, cintilantes e decorativas daquelas vísceras molhadas de sangue rútilo, pus dourado e monco sinopla. Tudo ali. Os intestinos colhendo para o fígado, esse dando ao sangue, o sangue como um Nilo fecundo fazendo nascer calor, vida, pensamento do cérebro e nutrição dos pulmões que separam o oxigênio para dá-lo ao mesmo sangue. Tudo para o movimento dos músculos, a fome, a força, o sexo. Olhava-os. Os das mulheres como pelancas às vezes deixando escapar corrimentos, os dos homens com a incongruência de trombas moles pendendo. Tudo aquilo — então turgente — se encontrava em vida, para a fabricação incessante das putinhas rosadas e dos bandidozinhos tenros que no futuro continuariam putas e bandidos só que não tenros que não mais rosados. Ásperos. Agora estava ali o sexo para sempre inútil e seus donos reduzidos ao fim. Os ingleses sabem disso: o morto não é *he* nem *she* — fica neutro e vira *it.* Coisa. *CAro DAta VERmibus.* Cadáver. Prontos e despidos para a grande gala da putrefação. Esse triunfo de vida na morte. Está começando. Dentro em pouco a multidão de vermes ainda presa na forma — como população de uma Babilônia cercada de muros. Mas logo sua derrocada, o estouro e o fogo de artifício de miríades de vidas saindo da morte individual de cada um de nós. Arco-íris versicolor das cores da podridão — cor de molho de carne estragada e cor de vinho virando vinagre.

Nossas aulas de anatomia patológica, as práticas como as teóricas, eram de três da tarde em diante. Quando as acabávamos eram quatro e meia, cinco e eu gostava de sair só e descer a avenida Mantiqueira sem companhia. Seguia pela poeira do logradouro cor de ferrugem e sangue coalhado. Tomava a beira do Parque cujas árvores estavam coroadas no alto pelo ouro do sol começando a descambar enquanto dos seus pés e do chão começavam a subir as sombras. Virava em Afonso Pena, subia Álvares Cabral, passava em frente às casas do Bernardo Monteiro, do Milton, do Levi Neves, dos Continentino, do *castelinho* do Waldemar e ia parar na confluência daquela avenida com Timbiras e Espírito Santo. Dali olhava o sol imperial descendo na sua glória. Depois das imagens de morte eu tinha necessidade de me sentir vivo ali, vivo e estuante, ainda vivo e estuante. Respirava fundo, sentia o ar me penetrando docemente, tomava o próprio pulso e percebia que todo eu latejava ritmadamente. Ouvia um burburinho que vinha da rua da Bahia, doce música de bondes subindo e vagas vozes descargas de auto klaxons distantes. Um perfume de mato subia dos barrancos de Timbiras, aquele fim de rua se esfarelando a meus pés. Longe, para lá do Calafate era a chegada maricéu do pôrdossol. Havia reentrâncias de continentes de rubi, mares de aço derretido singrados por galeras doiro. Eu olhava o sol que pulsava e tremia para descer, tirava os olhos, olhava de novo, fechava os olhos e de cada vez, dentro de minha pálpebra, era uma nova estrela azul. Outra, outra, até o rei esconder-se e subir do horizonte a névoa violeta que esbatia os véus superpostos da púrpura e do amaranto. Os céus apaziguados deixavam passar a primeira prata e Vésper luzia. Cheio de mim, de minhas vísceras, EU ERA.

Meu sofrimento com os estudos de descritiva e patológica não foi pequeno. Eu compreendia que não podia profanar em vão aqueles pobres cadáveres. Precisava justificar-me aos meus próprios olhos. Fi-lo, estudando e transformando-me como aluno, em bom anatomista e bom patologista. Conhecia o fino do fino daquelas cadeiras e por isso passei com notas boas nos exames finais de todas, no segundo, terceiro, quarto e quinto ano. Para acompanhar esses estudos fui obrigado a *enjambements* cronológicos e é tempo de voltarmos a 1923 para descrevermos como se aprendia fisiologia. Vê-se como era bem seguido nosso estudo das cadeiras básicas. Primeiro a química e a física e a biologia com os rudimentos da unidade vital, a célula. Depois vinha a forma do homem através das suas estruturas, sua relação parte por parte, conjunto por conjunto. Paralelamente o funcionamento da fábrica e a maneira como a moléstia a alterava. O dito funcionamento ou fisiologia era cadeira de Otávio Coelho de Magalhães. Esse mestre, por todos os títulos ilustre, era do Rio, nascido a 31 de janeiro de 1890. Tinha assim, trinta e dois, trinta e três e trinta e quatro anos quando fui seu discípulo. Parecia um pouco mais porque encanecera precocemente e, já nessa idade, ostentava cabeleira quase inteiramente branca. Usava-a grande e ajudado por certa semelhança física, estilizava um pouco sua aparência pela de Osvaldo Cruz. Só que seus olhos eram muito verdes, cheios de brilho, bondade e piedosa ironia. Usava bigodinho curto, retorcido e esse, muito negro. Já disse de sua bondade e simplicidade como médico quando o descrevi à minha cabeceira, durante a icterícia que me fizera perder o ano. De sua caridade, relatando seu comportamento com o povo da Serra. Ele morava lá com a sogra, d. Carolina Dias de Figueiredo, a irmã de Ezequiel Caetano Dias. Foi dos nossos catedráticos mais moços pois já o era em 1913. Sempre muito moço, em 1921, fora diretor do Posto Veterinário de Belo Horizonte e diretor do Instituto de Higiene de Pelotas, no Rio Grande do Sul. Ilustrar-se-ia na filial de Manguinhos em Belo Horizonte, tendo começado como seu médico e sendo seu chefe até a transformação por que passou essa instituição — tão radical que correspondeu ao seu como que fechamento. Otávio Magalhães morreu em 1972 depois de vida gloriosa de cientista, professor e homem de bem. Lembro que ocupei-me de sua biografia em 1963 tendo levantado, na ocasião, uma bibliografia de 273 títulos de trabalhos elaborados por ele. Dono de uma das vidas médicas mais bem cumpridas do Brasil e autor de uma das mais vastas obras escritas na nossa história científica, o que impressiona em Otávio Coelho de Magalhães é a multiplicidade prodigiosa com que ele tratou dos vários ramos da medicina e sempre com mão de mestre. Experimentador, biologista, fisiologista, microbiologista, micologista, anatomopatologista, piretologista, sanitarista, administrador, educador, professor, acadêmico e humanista — sua contribuição é enorme em cada um desses terrenos de nossa atividade intelectual. Discípulo de Ezequiel Dias, ele foi um dos criadores da experimentação em Minas. A ele devemos a solução do problema do escorpionismo em Belo Horizonte; as bases da campanha antiofídica em Minas Gerais; a melhoria de nossa agricultura, pela debelação de várias pragas vegetais; a conservação de nossos rebanhos pela repressão de numerosas epizootias. Mais do que isto ainda, impressiona em sua existência o sentido que ele lhe imprimiu de trabalho infatigável e atividade desinteressada. Foi esse o exemplo que ele nos legou. Vejamos agora sua atividade de professor de fisiologia.

As cadeiras de anatomia que estudamos paralelamente à sua ou depois dela eram um risco permanente para nós. Em sã justiça devíamos, os médicos, contar o nosso tempo de estudantes para aposentadoria e melhor salário pois nossa atividade é como ação de guerra. Se não sentimos zunir as balas, sentimos o perpassar das bactérias. Não há risco de granadas mas há o permanente, do contágio. Nosso estudo era ameaça maior que o das atividades dos acadêmicos de engenharia e direito que víamos em Belo Horizonte. Quem sabe? por causa dessa noção de perigo os estudantes de medicina eram os mais alegres, os mais pândegos e os mais frequentes nos cabarés da cidade. Mas onde queríamos chegar era no nenhum dano que tínhamos na cadeira de fisiologia. Nesta ele pertencia aos cães, gatos, coelhos, cobaias, ratos, camundongos, sapos e rãs sacrificados diariamente na vivissecção e nos experimentos. As aulas de Magalhães começavam às oito e prolongavam-se até às dez, dez e meia da manhã. Não era estabelecida diferença muito grande de turmas e os alunos do terceiro ano misturavam-se aos do segundo nas aulas teóricas e práticas — só pelo prazer de ouvirem a eloquência do nosso *Magalhãesinho*, como era chamado carinhosamente o mestre. Pois o nosso *Magalhãesinho* dava entrada na sala, logo transformando algazarra em silêncio — sempre solenemente. Cabeleira ao vento, a gola do avental levantada atrás, como as dos retratos de Catarina de Médicis ou de Joana d'Albret, sentava-se e em voz calma e musical fazia a chamada e logo depois dizia o seu clássico — Meus senhores! Falava bem e sentia-se seu gosto pela elegância da frase, via-se sua gratificação quando improvisava com felicidade e fazia brilhantes achados verbais. Lembro de suas aulas como se as estivesse assistindo. As sobre sangue que duravam quase ano todo, obrigando-o a deixar, para o outro, muito da matéria do programa; as sobre a emoção, as sobre as localizações encefálicas. Oficiosamente estudávamos a matéria numas apostilas impressas que eram atribuídas a notas de aula tomadas pelo nosso colega Mário Mendes Campos* quando aluno de fisiologia. Oficialmente os livros eram o velho tratado de Gley e a *Physiopathologie clinique* de Grasset — Joseph Grasset — que tanta influência teria em mim pelo rastro Montpellier e Vitalismo que deixou no meu espírito. É por causa dele e de sua escola que sempre professei que a vida antecede à organização. Mas não é esse o lugar para demonstrar esse aforisma dos vitalistas e voltemos ao nosso Magalhães. Além de médico e mestre, ele foi humanista de primeira qualidade. Prova disto é o que se insinua como obras de conhecimento geral nas bibliografias de seu *Ensaios* — que é uma espécie de relatório de sua vida de médico. Esse raro e precioso volume tem como pontos altos os estudos crítico-biográficos sobre Adolfo Lutz, Carlos Chagas, Eduardo Claparède, Miguel Osório de Almeida, Ezequiel Caetano Dias; o histórico sobre a filial de Manguinhos em Belo Horizonte; os ensaios sobre "Cultura e civilização", "Inteligência e instinto" e aquele estranho conto chamado "O inimigo do povo" — onde sob as roupagens da fantasia literária se conta terrível caso verídico sucedido em Belo Horizonte. Aproveitei muito do espírito humanístico do *Magalhãesinho* em nossas conversas de bonde em fins da tarde belorizontina. Tomávamos o mesmo *Serra* na praça da Liberdade, ele saindo de seu Instituto e eu, da Higiene. Gostávamos de sentar no último banco, o de fora, o do condutor. A conversa nasceu depois de minha doença, no princípio ceri-

---

* Mário Mendes Campos nasceu em Tocantins, Minas Gerais, a 28 de julho de 1894. Farmacêutico pelo *O'Granbery* em 1913, médico pela Faculdade de Medicina de Belo Horizonte em 1923. Poeta, crítico, historiador, médico, sanitarista e patologista — foi diretor do Departamento Estadual de Saúde no governo Milton Campos. É professor catedrático jubilado da cadeira de patologia geral da nossa faculdade.

moniosa, depois mais íntima, entusiástica e às vezes polêmica sobre arte, literatura, religião, filosofia, ciência, experimentação e clínica. Nunca se falou em política — a não ser concordantemente mal. Guardei muito destas palestras e até hoje elas ecoam em opiniões minhas.

Uma das coisas que fiquei devendo à mistura de segundo e terceiranistas nas aulas do Otávio Magalhães foi o conhecimento que fiz de colega que frequentava turma superior à minha. Era Tolentino Miraglia.* Foi em 1922 que conheci esse ítalo-brasileiro exemplar, mais velho que os colegas e por eles tido no maior acatamento. Era cheio de corpo, suave de modos e apesar de não muito alto e de ser gorducho — era elegante de pisar. Fazia-me lembrar o personagem de Hugo, Oloferno Vitelozzo, e nunca eu o realizava bem nas roupas pretas que sempre usava e tinha tendência a vesti-lo nos veludos renascentistas do personagem de *Lucrèce Borgia*. Estou a vê-lo, aos seus olhos sorridentes, aos dentes magníficos, à boca saudável, à pele admirável — que como no personagem de Eça de Queirós testemunhavam os hábitos puros e a vida higiênica. Ele refletia no corpo e na fisionomia sua personalidade moral. Foi o fundador da revista acadêmica *Radium* que, pela importância documental adquirida com os anos, merece um comentário mais demorado que simples referência passa por cima. Foram sucessivamente diretores dessa publicação Tolentino Miraglia e Lucídio de Avelar e membros de sua redação Clemente Medrado Fernandes, Renato Franco, Alderico Andrade, Mário Mendes Campos, Armando Pereira, Aggeo Pio Sobrinho, Antônio Alves Passig, Moacir Linhares, Hermínio Ferreira Pinto, Vicente Soares e Massilon Machado. As numerosas fotografias que ornam os seus números devem-se a dois outros colegas — Laurindo de Carvalho e Carlos Nunes. Os desenhos mais raros que aparecem no texto foram do estudante de

---

* Nascido a 5 de março de 1890 em San Nicola Arcella, Itália. Veio para o Brasil e seus pais fixaram-se em São João da Bocaina. Estudou preparatórios em Ouro Preto. Na capital de Minas fundou a revista *Radium*, um dos mais preciosos documentos históricos sobre nossa faculdade. Clinicou em Jaú onde foi professor de humanidades e morreu a 22 de dezembro de 1958. Publicou numerosas traduções e volumes de produção própria em português e italiano.

medicina Ademar de Meira e dos artistas Mora, Felipo Borsetti e Aldo Borgatti. Seu gravador foi Zevictor Ferreira Lopes. Cito os nomes de todos para salientar aqueles a quem ficamos devendo a melhor revista acadêmica que até então se tinha publicado no Brasil. Imagina-se o que foi o esforço de Miraglia para reunir todo o material que hoje é de consulta obrigatória para quem quer que queira escrever sobre a história de nossa faculdade, seus professores, hábitos, roupas da época — sobretudo dos estudantes, instalações hospitalares etc. etc. A revista existiu durante seis números, de setembro de 1920 a outubro de 1923. Conta com copiosos anúncios de natureza médica e do comércio em geral — a que o tempo deu o valor de documentário importantíssimo sobre a vida da cidade. O mesmo podemos dizer dos flagrantes fotográficos de pessoas, casas e ruas — que não existem mais. Os assuntos tratados vão do ensaio médico, das observações clínicas, das digressões de patologia assinados por professores e alunos, à publicação de biografias como as de Cícero Ferreira, Eduardo Borges Ribeiro da Costa, Aurélio Egídio dos Santos Pires, João Batista de Freitas, Guilherme Gonçalves e Álvaro Ribeiro de Barros; a fatos da história da faculdade, risco da planta da velha sede demolida depois, retratos de todos os membros da Congregação em 1920; a noticiário sobre os governos Bernardes e Raul Soares; a editoriais, relatórios, mensagens do Poder Executivo, música, artes plásticas, literatura. Nesse terreno a messe é enorme. Há que destacar uma produção pré-modernista de Carlos Drummond de Andrade que está no número 3, julho de 1921, e outra de ataque ao modernismo assinada por *Alter Marius* que está no número 5, setembro-outubro-novembro de 1922. O artigo é comedido, discreto e irônico — mas sem descer ao nível de virulência atingido depois pelo ataque de *João Cotó*. Mais abundante que a de prosa é a colheita de versos. Contamos a colaboração nada menos que de cinquenta e três poetas da cidade, do resto de Minas, do Rio e São Paulo — entre os quais surgem nomes que iriam ficar ligados ao movimento modernista em Minas e no Brasil como os de Tasso da Silveira, Manuel Bandeira, Abgar Renault, João Guimarães Alves, Emílio Moura e João Alphonsus. Essa revista é uma grande contribuição que ficamos devendo principalmente à tenacidade de Tolentino Miraglia. Dela disse Rui Barbosa — que compreendeu aquele esforço e idealismo de moços — *Radium*... "Nasceu em terra mineira, debaixo de auspícios felizes e, assim, há de ser luminoso, há de ser honesto, há de ser crente, como o povo que deste ambiente se nutre." Por motivos que ignoro, desapareceu em fins de 1923. Só em agosto de 1926 surgiu outro órgão oficial do nosso Centro Acadêmico. Chamou-se *Medicina*, foi organizado por Rafael de Paula Sousa e por mim, dentro dum espírito mais oposicionista e contestatório que *Radium*. Nasceu e morreu no número 1 do ano I... Teve vida curta e seu exemplar único consta de uma *Apresentação* assinada por P. N. que logo se vê quem era; uma biografia — *Cícero Ferreira*, de Aurélio Pires; uma aula, "Do casamento", de Cícero Ferreira e dada à redação por seu filho Ari Ferreira; outra, "Tumores", de Henrique Marques Lisboa; um artigo, "Um caso de lesão cerebral por trauma obstétrico", de João de Melo Teixeira; uma comunicação, "Mecanismo dos sopros cardíacos", de Osvaldo de Melo Campos; resumos, noticiário e, infelizmente, do necrológio de um querido colega — Oséas Antônio da Costa Filho — a cuja personalidade teremos que voltar. Para terminar com essa evocação da imprensa médico-estudantil de Belo Horizonte devemos nos referir a dois jornaizinhos humorísticos que existiram no meu tempo. Primeiro *O Esqueleto*, onde brilharam Francisco de Sá Pires, João Manso Pereira e Joaquim Nunes Coutinho Cavalcanti, depois *A Caveira*, onde havia um romance de folhetins cheios de alusões malignas aos professores e colegas. Quando deixei, magoadíssimo, seu internato residente, anunciei a publicação de *Os mistérios da Santa Casa* que nem cheguei a começar — pressionado por Júlio Soares. Quem sabe? não teriam sido meus primeiros passos de memorialista.

> Tu só, tu, puro Amor, com força crua [...]
> CAMÕES, *Os lusíadas*

> Entre os rosais vermelhos tua boca
> Era a rosa mais linda e mais vermelha
> E como, em torno dela, inquieta e louca,
> Ia e vinha uma abelha!
> RONALD DE CARVALHO, "Romance"

Enquanto copio essas epígrafes vejo na página dos *Poemas e sonetos* teu perfil desenhado por mim, aí por volta daqueles nossos 24 ou 25. Justamente em cima do "Romance" que eu lia com pensamento posto em tua face — parecida com a de Carole Lombard. Mas... como te chamas? Beatriz? Laura? Natércia? Inês? Heloísa? Persistente sombra — *Persombra* chamar-te-ás.

....

Já contei no *Chão de ferro* como vi Persombra primeira vez. Num dia enevoado, no pátio de nossa faculdade, dentro dum auto cor de garrafa, um carro dos bons tempos de outrora, cinco lugares, aquelas duas cadeirinhas de dobrar em frente ao verdadeiro sofá de trás, os correames segurando a capota, feito a cordagem duma galera... Era num dia cinzento e feio mas seus olhos como dois abismos de ultramar logo transformaram aquela coisa poeirenta em pulverulência ourivesada, num espoamento de carbonato de cobre, cobalto, cianureto, índigo, indium e tornassol. Depois, páginas atrás, contei como, tentando ver Leopoldina, descobri a mesma menina-e-moça em sua companhia e como elas e uma teoria de outras *jeunes filles en fleur* faziam estalar e subir ao sol poente a peteca que de mão em mão era como um pássaro multicor e maltratado. Depois, em 1923, mais ou menos na mesma época de meus estudos anatômicos, passei a encontrá-la com desesperadora frequência. Devorava-a com os olhos e ela passava com os seus longe postados, glaucos, vazios, vagos como a fímbria esbatida do ceoceano quando o sol começa a inclinar-se de leve, depois de cintilar no zênite. Daí por diante posso descrever não sei quantos dos nossos encontros. Eu tinha às vezes a noção de que não estava vendo uma pessoa, mas um retrato, um quadro e que aquela visão de segundos devia entrar no sempre e ser inesquecível. Alguma coisa dizia — guarda, não deixa fugir essa imagem porque rememorá-la será como se tivesses cativado um instante do tempo insezível. E eu guardei assim uma série de seus retratos. Sob as árvores de Afonso Pena na dourada manhã de Belo Horizonte. Visão fugitiva nos seus bondes, de dia. Figura tranquila nas sombras de sua varanda ou alada diante do piano de sua sala. Imagem suavizada pela noite, na sua rua ou redourada pelas lâmpadas do *Cinema Odeon*, do *Clube Belo Horizonte*. De branco, na dança. Os longos cabelos de castanho riscados de fios de cobre vivo ou de ouro em chispa. Os cabelos cortados depois, para seguir a moda, trocando os nastros serpentinos de Botticelli nos *accroche-coeurs* do penteado *à la garçonne* e logo enterrados sob seu primeiro chapéu de mocinha que era de cetim marrom com as abas viradas e coladas na copa — subindo na frente como cimeira de um casco antigo. Os vestidos de todas as cores — sempre claras — verde de folha nova, azul matinal, róseo do miolo da rosa, amarelo de marfim visto à luz da madrugada, branco lunar ou de espuma borbulhando ao meio-dia. Nas dela — da pele, das mechas, da boca, dos dentes, tudo imitava essas tonalidades. Tudo em Persombra era suave e doce e tranquilo como suas linhas sem violência, sua atitude tímida e levemente inclinada tal a de flor sobre hastil menos consistente. Tudo isto guardei mas desespera-me! não ter podido saber até hoje a qualidade de seus olhos cuja cor ia da ametista à turquesa, mudando conforme mudava a luz do dia. Safira e miosótis pela manhã. *Bleuet* e lápis-lazúli durante o dia. Mármore turcino, sal de cobre, genciana, íris, pervinca, violeta nos noturnos e dilúculos. E não era só o dia que mudava seus olhos. Ela própria e seu róseo ora de rosa multiflora ora do róseo de areia calcária — por contraste, aposição e vizinhança *viravam* a cor nas suas pupilas, como uma tinta modifica outra ao desejo do pintor.

    Escaldado com o que me acontecera com a Leopoldina eu me aterrava com a ideia de uma recusa de Persombra. Antes a morte. Assim resolvi guardar aquele sentimento como coisa preciosa e oculta, pedra rara, perfume em dobra de lenço que se fecha para que se não evole. Como cópia fotográfica que não tivesse recebido a marca do fixador. Não me lembro de ter feito confidências a seu respeito senão ao Cavalcanti e ao abelhudo do Chico Pires que cinquenta anos depois foi meter tudo nos ouvidos de uma filha dela. Escondia aquela flor delicada aberta em mim ("*dans mon coeur éclose*") de todos os ventos todos os conhecimentos. Idiota! Mal sabia que todo eu era um cartaz, uma fachada iluminada, um estandarte, um letreiro neon, um anúncio, proclamação, mensagem, revelação, indício, pregão, bando, recado, um berro, um grito — do que sentia. Todos percebiam, na rua, no cinema, nas festas, em minha casa, na dela, seu pai, sua mãe, seus irmãos e principalmente ela, ela e ela. E o sentimento parece que era recebido com agrado e eu, tapado! eu que não percebia nada. Ela passava, eu olhava saindo pelos olhos desde os calcanhares virando pelo avesso. Ela passava sem olhar mas, se me sabia perto, mandava-me as notas de piano das serenatas e minuetos que ela conhecia de minha predileção porque eram-no da sua. E dizer-se que fiquei trancado nesse caramujo durante mais de três anos

— até ao irremediável. Meus desesperos. Minha dor de corno aguda como nervo exposto. O caldeirão onde se ferviam os bruxos relapsos. A chama onde estouravam os heréticos, como porcos. Nada disso foi poupado ao bestalhão que trancava os queixos com medo de retomar calvário igual ao que subira às mãos de Leopoldina e que assim subia outro pior e mais longo. Logo se verá de queda em queda o que passei por vias de puro amor da força crua. Persombra.

> Mas não éramos felizes. Fomos as primeiras vítimas de nossa própria ironia e, impiedosos com o próximo, não nos perdoávamos a nós mesmos nenhuma fragilidade.
> CARLOS DRUMMOND DE ANDRADE, "Recordação de Alberto Campos"

Chegou ao fim 1923. Os exames de histologia e anatomia descritiva correram bem para mim. Em fisiologia passava-se para o terceiro ano, por promoção. Entramos em 1924 e eu, durante as férias, continuei minhas relações com os jovens literatos da rua da Bahia. O já formado *Grupo do Estrela*. A alguns desses moços eu já conhecia da década dos 10. De vista, de cruzar na rua, mesmo pessoalmente. Desde 1914 tinha conhecido Alberto Campos, como já contei antes. Nesse mesmo ano divisara, na Gameleira, Abgar Renault, durante uma visita dos meninos do Anglo aos alunos do Instituto João Pinheiro de que seu pai, Léon Renault, era o diretor. Durante minha moradia em Timbiras conhecera de vista e logo de como-vai? meus vizinhos Milton Campos e João Pinheiro Filho — este ainda de calças curtas. Já deviam ser relações uns dos outros, dessa década, muitos de tais rapazes, uns residentes em Belo Horizonte quase desde seus primeiros tempos, outros naturais da cidade, os a ela chegados para o Arnaldo ou outros colégios como Aníbal Machado, Carlos Drummond de Andrade, Emílio Moura, Gabriel Passos, Gustavo Capanema, João Alphonsus de Guimaraens, seu primo João Guimarães Alves, Mário Alvares da Silva Campos. Faltava a aproximação de todos. Ela foi acontecendo das carteiras escolares ao Bar do Ponto. O que posso afirmar é que em 1923 e 1924 o grupo já estava constituído e como eu disse na minha "Evocação da rua da Bahia" — unido particularmente pela amizade unânime que todos dedicavam aos quatro grandes aproximadores que foram Alberto Campos, Emílio Moura, Milton Campos e Carlos Drummond.

Alberto Álvares da Silva Campos era filho de Jacinto Álvares da Silva Campos e de d. Azejúlia Alves e Silva Campos (d. Julica). Mineiro do cerne, descendente da matriarca Joaquina do Pompeu, pertencia a uma das famílias mais ilustres, ramificadas e poderosas do nosso estado e era parente das estirpes coloniais dos Valadares, Pinto da Fonseca, Castelo Branco, Abreu e Silva, Pinto Ribeiro, Sousa Machado, Álvares da Silva, Cunha, Adjuto, Capanema, Maciel, Lopes Cançado, Melo Cançado, Melo Campos, Melo Franco e de outros troncos de origem bandeirante. Era natural de Dores do Indaiá onde viera ao mundo em 13 de fevereiro de 1905. Em 1924 matricula-se na Faculdade de Direito de Belo Horizonte de que sairia advogado em 1928 — já no regime universitário. Tinha pois dezenove anos no período a que nos referimos. Fisicamente Alberto Campos era redondo de crânio, curto de testa, o que nele, logo se verá, não era sinal de pouca inteligência mas de obstinação e vontade. Tinha sobrancelhas bastas, muito negras e unindo-se sobre a raiz do nariz fino e um pouco arrebitado. Boca pequena, bem desenhada, dentes bons. Sua fisionomia era geralmente séria e grave mas frequentemente amanhecia em sorrisos e conhecia de modo exímio a gargalhada franca. Ria com gosto, alegria e saúde. Tinha a cabeça bem-posta sobre os ombros, mais para fortes que para fracos. Sentia-se nele o intelectual sedentário, situação a que o obrigavam *reliquats* de um Heinel-Medin que lhe haviam afinado e diminuído uma das pernas. Longe de se inferiorizar com isso ele era o primeiro a chamar a atenção para seu defeito quase imperceptível e a levá-lo na esportiva. Era muito claro de pele, um tanto pálido, o que contrastava com o azeviche dos seus cabelos. Aliás era esse o tipo de seus irmãos, exceto o Jacinto e o *Chico do Indostão* (Francisco Álvares da Silva Campos, o morgado) que eram temperados pelo arruivascado dos Álvares. Usava óculos grossos de aro de tartaruga, o que acentuava sua semelhança com o mano Chiquinho (Francisco Luís da Silva Campos) — de quem era o irmão preferido. De fato os dois tinham muito um do outro, inclusive o gosto pela farsa, que os fazia tomarem como vítima durante algum tempo um amigo, um parente, um conhecido até esgotarem a capacidade de chiste que essa pessoa podia lhes oferecer. Nesse esporte iam quase até a crueldade e mostravam certo lado tirânico, asiático e boiardo dos seus espíritos. Eram ambos poderosamente inteligentes se bem que a qualidade intelectual do Alberto ainda fosse mais depurada e fina que a do irmão e modelo. Digo modelo pela influência do Chico Campos na leitura e na cultura do nosso amigo. Era incalculável, na sua idade, o que ele tinha de informação e de conhecimentos de autores como Stendhal e Gide, Claudel e Valéry, Duhamel e Romain Rolland — de que na nossa roda foi dos primeiros leitores. Isso devia-o à biblioteca e ao bom gosto com que o *Chiquinho* o orientava. Sua companhia era, assim, estimulante, seu exemplo vivificante — no que escolhíamos para ler também, de poesia, crítica, ensaio, ficção e estética. Não tinha nenhuma subserviência mental, gostava de ter opiniões feitas por ele próprio através de sua análise fria da vida e do próximo. Como amigo era caloroso, humano, solidário, prestimoso. Não lhe conheci inimigos, desafetos, sequer antipatias. Como gostasse de fazer valer a experiência que ele adquirira de tê-la vivido — era polêmico e nesse ponto inquebrável. Não podemos dizer que fosse um discutidor banal. O que queria era ofuscar com o que era verdade ou o que lhe parecia a verdade. Tinha de convencer o antagonista e para isto usava todos os recursos. Era blandicioso, doce, postulante, insistente, teimoso, inflexível, duro, cruel, irônico, passional. Ia da mansidão à cólera, usando tudo — pedido, ameaça, silogismo, sofisma — até ver seu ponto de vista na supremacia. Era nesse pugilato do espírito que se lhe via a força e o poder. É uma pena que Alberto Campos não tenha nos deixado o recado devido e a mostra completa de sua inteligência.* Publicou, literariamente, ao que eu saiba, pouca coisa. Destaco uma pequena obra-prima na nossa *A Revista*. Chama-se "Duas figuras" e é, na realidade, a reunião de um par de pequenas estórias "O barrete de São Cornélio", onde há um pouco de Machado e um pouco

---

* Alberto Campos, que casou-se com d. Clélia Prates a 6 de abril de 1929, faleceu no Rio de Janeiro, na Casa de Saúde São José, a 18 de junho de 1933. Tinha vinte e oito anos e era advogado do Banco do Brasil. Lembro nosso último encontro e longa conversa numa confeitaria do centro da cidade. Ele estava bastante ictérico, julgava-se portador de uma obstrução calculosa e falava com toda a crença na operação a que ia se submeter e no entusiasmo com que encarava a hipótese de sua cura. Menos de um mês depois tive a triste prerrogativa de ajudar Fausto Cardoso a formular seu corpo para a viagem de volta para Belo Horizonte onde foi sepultado.

de France, e "Simão, o matemático" — estranha figura tendo alguma coisa de personagem de Wilde, de Dostoiévski e do equivalente masculino da trinca edgar-poeiana Morella-Ligeia-Berenice.

> Ser Caetano é como ser mineiro,
> num átimo se nota:
> algo no ar e nos olhos,
> no modo de falar e de buscar nas coisas
> o que as coisas subtraem a quem não sabe olhá-las
> no âmago mais âmago.
> [...]
>
> EMÍLIO MOURA, "Ser Caetano"

> Entre o Brejo e a Serra
> entre o Córrego d'Antas, o Aterrado, o Quartel-General e Santa Rosa
> entre Campo Alegre e a Estrela
> nasce em 1902
> o poeta Emílio (Guimarães) Moura
> alta, fina palmeira
> *Pindarea concinna*: o ser
> ajustado à poesia
> como a palmeira se ajusta ao oeste de Minas.
> [...]
>
> CARLOS DRUMMOND DE ANDRADE, "Emílio Moura de Dores do Indaiá"

Emílio Guimarães Moura era natural de Dores do Indaiá onde tinha nascido a 14 de agosto de 1902, filho de Elói de Moura Costa e de d. Cornélia Guimarães Moura. Como Alberto Campos, seu primo, pertencia ao tronco ilustre dos de Pompeo mas, sobretudo, tinha o sangue que ele também cantou dos Caetano. Era assim parente de caetanos que valiam a pena: Bernardo Guimarães e sua filha Constança "outra que ficaria/ Musa de Alphonsus,/ para sempre no tempo". Alphonsus também era *caetano* e primo; portanto, primos, seus filhos João Alphonsus e Alphonsus de Guimaraens Filho. Mais outro *caetano* da nossa roda — João Guimarães Alves, neto de Bernardo. Seus estudos primários foram feitos em Bom Despacho, Carmo da Mata, Cláudio. Começou os secundários em Dores, no *Instituto Guimarães*, e veio terminá-los em Belo Horizonte, no então chamado *Ginásio Mineiro*. É pela época dos preparatórios, aos quinze anos, que Emílio descobre a Poesia e o Anjo da Anunciação lhe vem com a leitura de Cesário Verde, Antônio Nobre e do nosso Alphonsus — Ave! Emílio, cheio de graça... Quem conheceu Emílio Moura e lê a "Nova Gnomonia" de Manuel Bandeira vê que ele não podia se enquadrar em nenhum dos tipos ali descritos. Não tinha nada de pará, de mozarlesco, de dantas, querniano ou onésimo... Não sendo um gnomonista ortodoxo creio que posso propor aqui a criação de uma nova categoria além das admitidas por Bandeira, Schmidt e Ovalle. Seria a dos *caetanos* e seu *anjo*, Emílio Guimarães Moura. Para mais detalhes ler a epígrafe deste subcapítulo e ver o que se vai dizer adiante desse admirável mineiro.

Nesse princípio de 1924 em que estamos nos situando ele tinha vinte e dois anos. Eu o conhecia de há uns dois e já éramos amigos nessa ocasião. Fisicamente ele teve uma espécie de eternidade e, em vez envelhecê-lo, os anos apenas acentuaram seu tipo fino e característico. Não era destes que a "rolança do tempo" torna irreconhecíveis mas daqueles a quem ela burila, grava, esculpe. Passei uma vez quase vinte anos sem vê-lo e quando fui reencontrá-lo em casa de Lúcia e Antônio Joaquim de Almeida topei com ele apenas mais acentuado, mas emílio, mais caetano. O que nele primeiro se via eram os olhos. Uns olhos especiais fixos, enormes, mansos puxados — claros até onde é claro o castanho e duma cintilação especial de estrela e lágrima. Sua expressão essencial vinha do fato da pálpebra superior apenas tocar o polo de cima da íris. Um degrau a mais e o ar de mansidão seria trocado pelo espantado e colérico da exoftalmia. Quem quiser ter uma ideia de seus traços veja-os onde eles foram acentuados: no *portrait-charge* de Delpino que está no Suplemento Literário do *Minas Gerais* de 12 de abril de 1969; no admirável autorretrato de 1947 saído no mesmo jornal, a 2 de setembro de 1972; e finalmente na trágica fotografia estampada pelo *Estado de Minas* de 30 de setembro de 1971 — onde sua máscara já começara a ser esculpida pela morte. Em todos o mesmo olhar cada vez mais distante, cada vez mais doce, cada vez mais vago. E o anguloso oval do rosto — anguloso, posto que sem uma dura quina. A mandíbula possante, sem ser brutal. Tinha alguma coisa do dom Quixote e, do engenhoso fidalgo, copiava também a ossatura do resto do corpo. Era alto, desengonçado, desempenado e tinha no físico e na alma o comprido — esse comprilongo — a que Carlos Drummond de Andrade emprestou ainda componente moral.

> Meu amigo Emílio Moura
> e seu comprido comprido
> coração de sabiá [...]

Mais ainda.

> [...] rocha sensível em meio à evanescência das coisas
> de que guardas exata memória no coração de palmeira
> solitária   comunicante   solidária.

E continuando:

> Toda palmeira na essência é estranha
> em sua exemplaridade:
> a palmeira que anda, ave pernalta
> a palmeira que ensina, mestra de doutrinas
> líricas disfarçadas em econômicas
> e o mais que esta conta em voz baixa, sussurros
> de viração nas palmas:
> amizade, teu doce apelido é Emílio.

Falava pouco. Mas quando o fazia era bem e rápido e não vagaroso como sua vaguidão fazia supor. Tinha a voz bem sonante e no fim, com a doença, vibrando fundo, como que reboando dentro do peito. Terminava, em cima, por longos braços e pelo extremo das mãos ossudas, delicadas, de pele fina. Embaixo, por infindáveis pernas pernaltas. Àquelas usava para esculpir, modelar, desenhar, pintar, escrever. E infelizmente para outras habilidades: sacar o rolete, a corda do fumo, manejar o canivete cortando-o nos pedacinhos de cheiro acidoce, misturá-los bem na palma, dispô-los na palha que estava pendurada no lábio, enrolar o cigarrinho. Pitá-lo. Um depois do outro ou entremeados dos manufaturados *Pachola*. Pitá-los e ir tragando um pouco de morte a cada baforada que lhe abria nos pulmões o oco cada vez maior do enfisema. Destas se utilizava para andar longamente no dia e na noite mineiras. Andava em longas cismas e a permanência daquele sorriso bom como as coisas doces da natureza: água de ribeirão, afago de vento, cheiro de mato. Andava suave e vagaroso e íamos com ele longe, longe, no seu lento caminhar. Quantas vezes o acompanhei de noite. Descer João Pinheiro, Álvares Cabral, seguir a orla do Parque, ir até à praça do Mercado, virar (puramente) em Oiapoque, chegar ao jardim da Estação — cortado pelo Arrudas que passava luzindo aqui e ali refletindo uma estrela um lampião a brasa acesa do cigarro do andarilho Emílio. Antiafobado, calmo, reservadão. Discreto, mesmo. Não no sentido cauteloso do *caixa-encourada* mas da alma fina que não gostava de atroar o mundo nem de ocupar lugar demais com sua pessoa. Jamais: eu sou, eu serei, eu fui. Sempre a terceira. Ele, ele, ele, vocês. O Capanema e o Gabriel são os políticos de nossa geração. O Abgar será um dos nossos grandes homens. O Carlos, mesmo antes de 22 já escrevia poemas que revolucionaram, poemas que podemos considerar modernos. Vocês são a melhor roda do mundo...

Emílio era a mansidão, a bondade, a desambição, a oportunidade, a reserva, a inteligência, a capacidade de admirar, de querer — em figura de gente. Tinha além dessas qualidades o sentido raro do nada do mundo, do tudo do amor, da angústia do incógnito da vida e da morte. Morrer não é nada — dizia ele — pensar que se vai morrer é que é duro. E tinha a tristeza e se não, a resposta pra todas as dúvidas e perplexidades: possuía a compensação, a vingança e a forra de todo sofrimento do mundo — porque tinha a graça divina da poesia. Ave! Emílio... Mesmo nos seus poemas mais herméticos, naqueles de que nasce a incerteza, ele sabia se fazer de forma clara, cristalina e límpida: a essência é que era a flor de mistério. Deste mistério de tudo, ele tinha verdadeira adivinhação, melhor, captação, naquele ignoto que vivia em sua poesia. Tendo sido modernista da primeira hora do movimento em Minas, nunca fez concessões aos *modismos* literários que eram adotados e foi sempre invariavelmente emílio, palmeira e caetano. Não direi que sua poesia fosse tímida porque ser poeta é em essência ser o antitímido. Não confundamos com timidez o seu pudor e sua discrição a que se misturava alguma coisa de britânico no *sense of humour*. Esse caráter em Emílio era tão sensível para mim — que eu gostava de descansar o espírito passando para inglês macarrônico os trechos mais fundos de sua poesia (aqueles que me lanhavam mais fundo). Lembro.

> *They are crying*
> *those who cant't love.*
> *They are crying,*
> *and singing*
> *and dying...*
> *No one hears the song*
> *that sobs behind the jails...*

A gente conhecia o Emílio pelo que dele fluía. Falava tão pouco de si que seria um desconhecido íntimo se nele não penetrássemos pela sua poesia. É como eu atravessava sua capa de porcelana nas nossas caminhadas ruas noturnas Belo Horizonte, nos nossos encontros na porta do *Odeon*, no Alves, no Estrela, em sua pensão, nas noites da redação do *Diário de Minas*. Ele morava na Pensão Lima, vasto casarão da avenida João Pinheiro, 571, à esquerda de quem subia, próximo à praça da Liberdade. Fui vê-la na minha última viagem a Belo Horizonte. Estava para ser demolida. Fugi com nó na garganta porque as demolições me lembram execuções. Lá moraram depois Gama Filho sucedido por meu compadre Geraldo Gama. Suas paredes tiveram destino de abrigar vários poetas. O último foi Sérgio Gama, filho de Geraldo — que quero ser o primeiro a tratar de genial.* A casa foi cantada num poema de José Patrício, pseudônimo que mal encobre o meu amigo José Figueiredo Silva, ilustre advogado. O poema chama-se "Mestre Emílio" e dá a lista completa dos que habitavam aquela morada entre os quais ele, Figueiredo, Ascânio Lopes, Heitor Augusto de Sousa, Francisco Martins de Almeida (depois da pensão da *Madame*), seu irmão José, Rizzio Afonso Peixoto Barandier, Gregoriano Canedo; lembra os donos da casa Augusto de Figueiredo Lima e d. Ida Rocha Lima — anjos de paciência com os moradores e com as visitas enumeradas uma por uma: as figuras de Domingos Monsã, Romeu de Avelar, Aquiles Vivacqua, João Alphonsus, Carlos Drummond de Andrade, Dario de Almeida Magalhães, Francisco

---

* Escrito a 25 de fevereiro de 1977.

Lopes Martins, Guilhermino César, João Dornas Filho, a minha, a de outros. A maioria ia por causa do Emílio. Eu, por mim, abusava da hospitalidade e várias vezes jantava lá com dia claro ou voltava com ele noite escura para dormir quando a outra cama do seu quarto estava vazia. Dali saíamos de manhã — ele para sua faculdade eu para a minha. Conversávamos de tudo. Eu fazia confidências, Emílio ouvia e calava, incapaz de inconfidências. Dali descíamos certas noites para o *Odeon*, para o *Diário de Minas*.

Eu não fazia parte do jornal mas frequentava-o assiduamente, atraído pela boa companhia e pelos bondes formidáveis feitos na redação. Sabia encontrar lá José Osvaldo de Araújo, Horácio Guimarães, Eduardo Barbosa ("O Bola"), o Carneiro, João Alphonsus, Carlos Drummond de Andrade. Esses, da casa, fora outros habitués para a palestra como Mário Matos, Aníbal Machado, Milton Campos, Pedro Aleixo, Abílio Machado. Ninguém se importava com a cor política do jornal. Acho que nem mesmo os redatores. O essencial era o ponto de conversas... O *Diário de Minas*, órgão oficial do Partido Republicano Mineiro, ficava na esquina de Guajajaras e Bahia. Era um casarão de dois andares, pintado de vermelho. Entrava-se por Bahia no que deveria ter sido o fundo do prédio antes de sua adaptação às necessidades da redação. Dava-se num vestíbulo, na escada para o pavimento superior que eu nunca soube se era casa de família, dalgum vigia, ou a própria sede da famosa *Tarasca*. Talvez fosse tudo isto e a direção do jornal também. Seguia-se enfiada de cômodos uns abrindo nos outros que eram as salas dos redatores e dos revisores. Deles desciam escadas para as oficinas de impressão cujo chão cimentado ficava abaixo do nível da rua. Parece que tinham tirado o assoalho para as máquinas se apoiarem melhor e mais diretamente. Logo que se entrava era aquele barulho de impressão, o cheiro da tinta, misturado ao do tabaco, a luz crua descendo de lâmpadas nuas. Funcionários e visitas iam se abancando, os primeiros acostumados a escrever artigos, corrigi-los, rever provas conversando e sem se perturbarem com as interrupções nem com a barulhada de locomotiva que subia das tipográficas. E começava a prosa até quando todos saíam para os ventos da noite fria deixando o jornal pronto para o dia seguinte. Horácio Guimarães (filho de Bernardo) era grisalho como seus ternos cinza, sempre apurados. Muito calado, muito cortês, ouvia mais que falava. Ficava à sua mesa, intervinha raramente nos debates e era a antítese do seu vis-à-vis, o Carneiro, muito moreno, cabelos revoltos, muito expansivo, que chegava sempre às dez horas, dez e pouco, furioso com os xeque-mates que lhe aplicava ao xadrez o coronel Drexler, no *Clube Belo Horizonte*. Invectivava o "diabo do suíço", contava o jogo, assentava diante do Horácio, resmungava e os dois começavam a revisão da matéria mais importante. A política, a dos discursos, a do Senado, da Câmara, das Secretarias, do Palácio, do próprio partido. Primeira página. O Emílio encarregava-se das *sociais*, o João Alphonsus das *policiais*. Ambos aproveitavam suas secções para nelas introduzirem muito à sorrelfa, o sentido de piada, de blague, do modo literário à modernista. Até que o João não resistiu e duma surra aplicada num grupo de guardas-civis, na zona, fez um legítimo episódio de conto — digno de *Galinha cega, Pesca da baleia, Eis a noite!*... Até eu meti minha colher no caldeirão com crítica de pintura e invectivas aos medalhados. Deu na vista. Vieram ordens de Palácio e as crônicas de sala e rua deixaram de ser *suplemento modernista* do jornal. Aliás quem quiser escrever a história do nosso movimento não pode ignorar esse material. Os outros ficavam de mesa em mesa, palestrando, e ora um ora outro dirigia-se a um patamar da sala da entrada — patamar sem grades, que descia por cinco ou seis degraus para o matagal em que virara o terreiro da casa. Dali, da escuridão, mijava longamente, olhando por entre as árvores a sala de jantar cheia de moças da casa vizinha. Havia uma privada, havia. Mas era no fundo do lote, sem luz. Ninguém se dava ao trabalho de encher a barra das calças de carrapicho, só para ir verter. Fazia dali mesmo e com a gratificação de peneirar as beldades do lado. Esse local passou para nossa literatura de ficção e é o da cena final do "dilúvio de urina" que termina o conto de João Alphonsus "O homem na sombra ou a sombra no homem". Essa redação e aqueles redatores do *Diário de Minas* foram eternizados nas páginas do mestre do conto brasileiro. Foi numa destas noites que ouvi de José Osvaldo de Araújo o relato de sua viagem e a de uma caravana de estudantes de Belo Horizonte, a Mariana, para levar a Alphonsus a coroa de príncipe dos poetas de sua terra. Descrevia a cidade, falava do admirável simbolista, delineava-lhe o físico. Já contei isto na "Evocação da rua da Bahia" que está anexa ao meu *Chão de ferro*. João Alphonsus, presente, retocava este ou aquele detalhe da aparência e da vida de seu nobre pai. Os outros, ouvíamos. Descíamos em seguida até ao *Estrela*... Continuava a conversa. Nosso Emílio era o juiz arguto de tudo que se dizia, nunca perdendo a calma a não ser quando esbarrava em

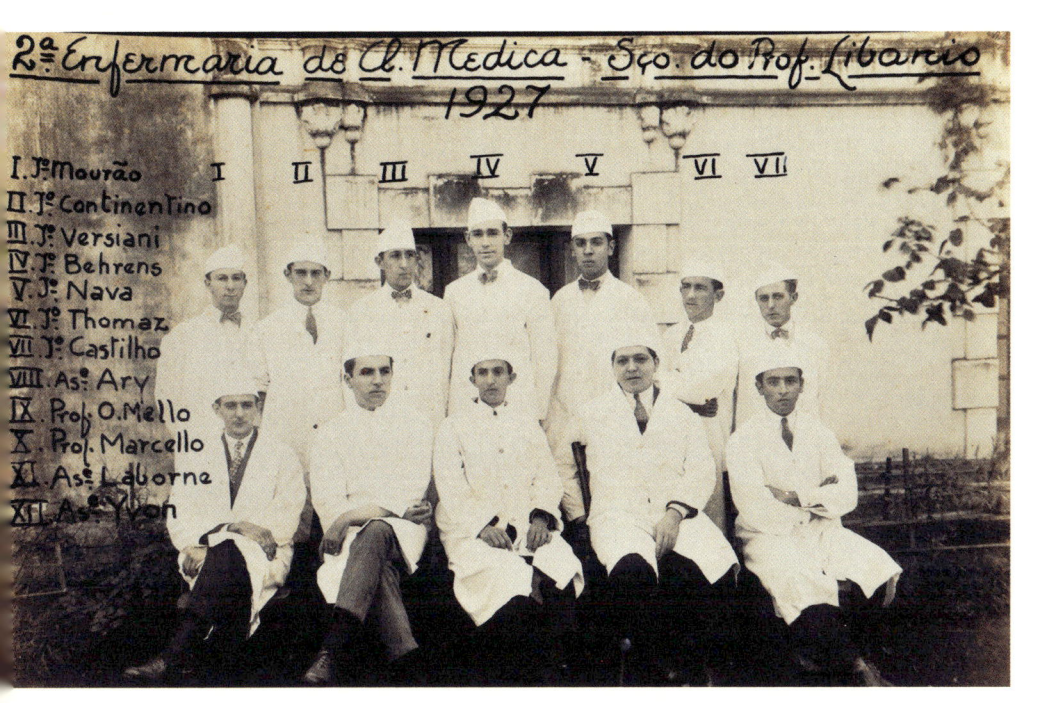

2ª Enfermaria de Cl. Médica – Sço. do Prof. Libanio
1927

I. J° Mourão
II. J° Continentino
III. J° Versiani
IV. J° Behrens
V. J° Nava
VI. J° Thomaz
VII. J° Castilho
VIII. Ass: Ary
IX. Prof. O. Mello
X. Prof. Marcello
XI. Ass: Laborne
XII. Ass: Yvon

Com um grupo de estudantes e professores de medicina (Belo Horizonte, 1927).

Nava com Afonso Arinos em Ouro Preto, durante a Semana Santa de 1936.

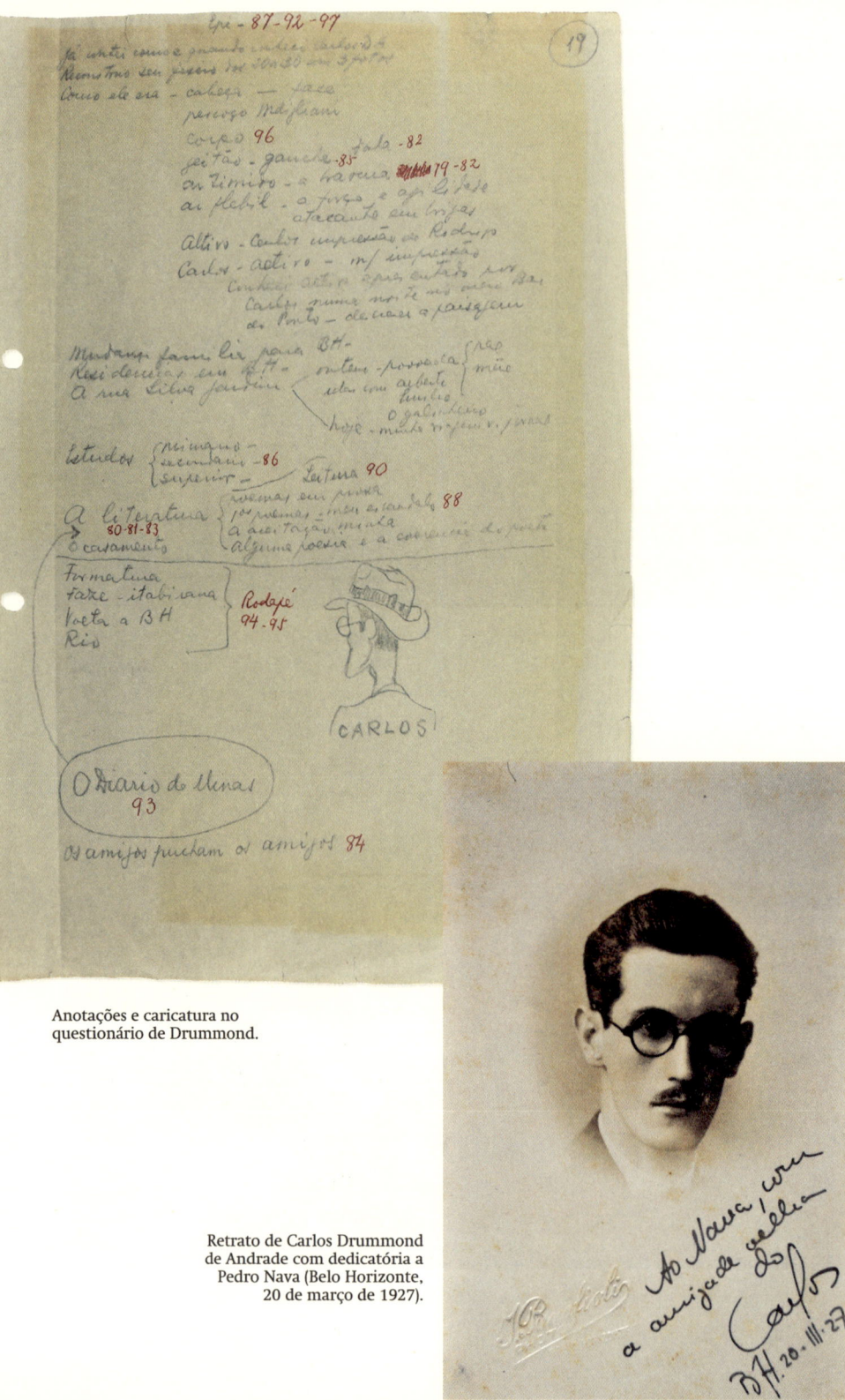

Anotações e caricatura no
questionário de Drummond.

Retrato de Carlos Drummond
de Andrade com dedicatória a
Pedro Nava (Belo Horizonte,
20 de março de 1927).

— feito por —   Carlos

                                                    17

Nome por extenso, pondo em maiúsculas o que adota. (Exemplo: EMILIO Guimarães MOURA): CARLOS DRUMMOND DE ANDRADE

Filho de: Carlos de Paula Andrade

e de Dona Julieta Augusta Drummond de Andrade

Nascido na cidade de Itabira do Mato Dentro (Estado de Minas) no dia 31 de outubro do ano de 1902

Ano de sua mudança para Belo Horizonte: 1919

Matrícula (ano de) no curso secundário: 1916

Instituto onde fez o curso secundário: Colégio Arnaldo (BH) e Colégio Anchieta (Friburgo)

Escola ou Faculdade onde fez o curso superior: Fac. de Odont. e Farmácia de B.H.

Data de formatura: 25.12.1925

Para onde foi depois de formado ? Para Itabira

Voltou para Belo Horizonte ? ~~Em 1926~~ Sim Em que ano ? 1926

Casamento a 30 maio 1925 com Dona Dolores Dutra de Morais

Livros e trabalhos publicados; mencionando a data da edição:

Ver bibliografia que a José Olympio costuma juntar aos meus livros.

Revistas e jornais em que fez parte da redação: "Diário de Minas", "Diário da Tarde", ~~"Estado de Minas"~~ ~~(BH)~~, "A Revista", ~~e~~ "A Tribuna" (B.H)

Revistas e jornais em que colaborou: "O Jornal", "Correio da Manhã", "Para Todos", "Ilustração Brasileira", "Folha Carioca", "A Manhã", etc. (Rio)

Em que ano conheceu ? Abgar Renault (1920±), Alberto Campos (1920), Anibal Machado (1922±), Ascânio Lopes (1927), Carlos Drummond( ), Dario Magalhães (1921±), Emilio Moura (1920), Ciro dos Anjos (1926), Francisco Martins de Almeida (1923), Gabriel de Rezende Passos (1916), Guilhermino Cesar (1927), Gustavo Capanema Filho (1916) Hamilton de Paula(?), Heitor Augusto de Souza (1920±), Henrique de Rezende (?), João Alphonsus de Guimaraens (1920±), João Guimarães Alves (1920±), Austen Amaro de Moura Drummond (?), João Pinheiro Filho (1920±), Luiz Camilo de Oliveira Ne

Anotações no questionário de Carlos Drummond de Andrade.

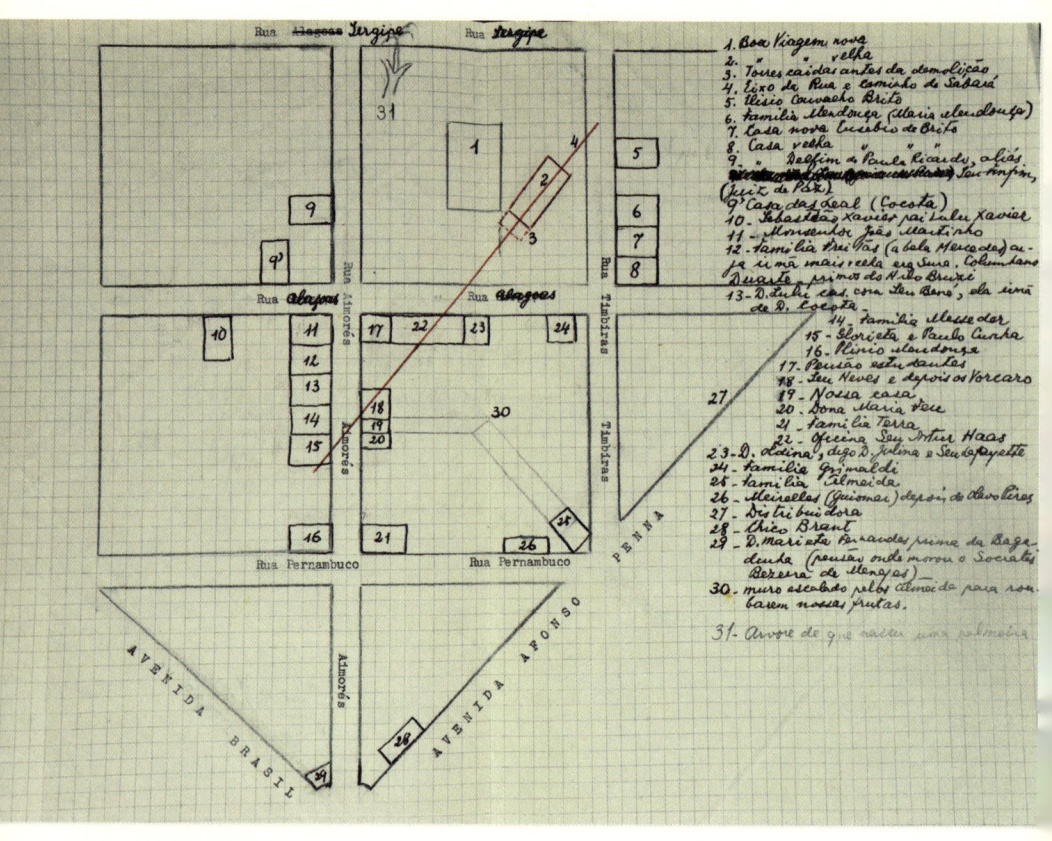

Mapa da capital mineira.

Desenho da fachada e descrição da Casa de Aymorés.

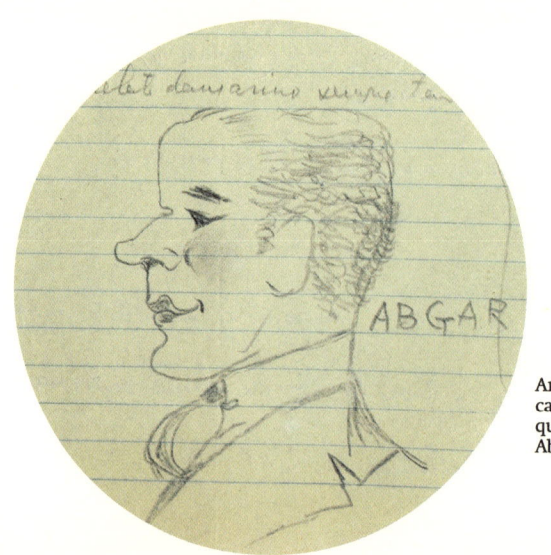

Anotações e caricatura no questionário de Abgar Renault.

1925 (cont)

Nossa mudança.

Meu aumento de ordenado 120$ para 180$ –

Paralelamente o aumento do de minha mãe, que somado ao meu aumentava nossa renda de / (120$ para 200$)
140$.

Logo minha mãe põe em execução plano que obviar ser antigo – nossa mudança – Carta a meu avô que se mudava e deixado Caraça só com os Lebruns.

Lutara 14 anos de viuvez meio dependente mas finalmente ia ter sua casa. **11**

A casa de Aymorés 1016 propriedade seu avelino alugada por   fechada, actual
Casa Tipo B sua descrição (planta)
(v. o desenho)
Como construção tudo que havia de +
e a mais pintada pois tí ahamos habitado mas nossa casa
simples. Descrever nossa ordem:
sala visitas, sala jantar, quarto minha mãe
varanda ─┬─ cosinha
         └─ banheiro
Meu quarto quase desprovido mas iluminado por 3 quadros
A banhista, Die Totenday e 1918 + Laene e Chico de Castro
A visinhança de Aymorés, Pernambuco Timbiras Alagoas. Moradores + distantes – A família D. Maria Ben
A Boa Viagem a nova e a velha **6-13-15**
Os destroços e o arquivo da velha – Demolição
O pátio da nova e o de Lourdes percebi seu absurdo
quando vi as catedrais filhas Chartres, Amiens, Notre Dame,
Sainte Chapelle, Ely. **17**
O Monsenhor.
O mês de Maria da Boa Viagem **3-4** fazer sub fichas. Nereth
As barraquinhas no Boa Viagem   "   "   " – "
Adaptação ao bairro e saudade da
Descida da Serra 10 Ls ⎫ Descrever os bondes.
Subida para "   5, 6 Ls ⎭ **19**

Missa Boa Viagem e o encontro de minha mãe com D. Lilita **2-7-9**
os suicidas

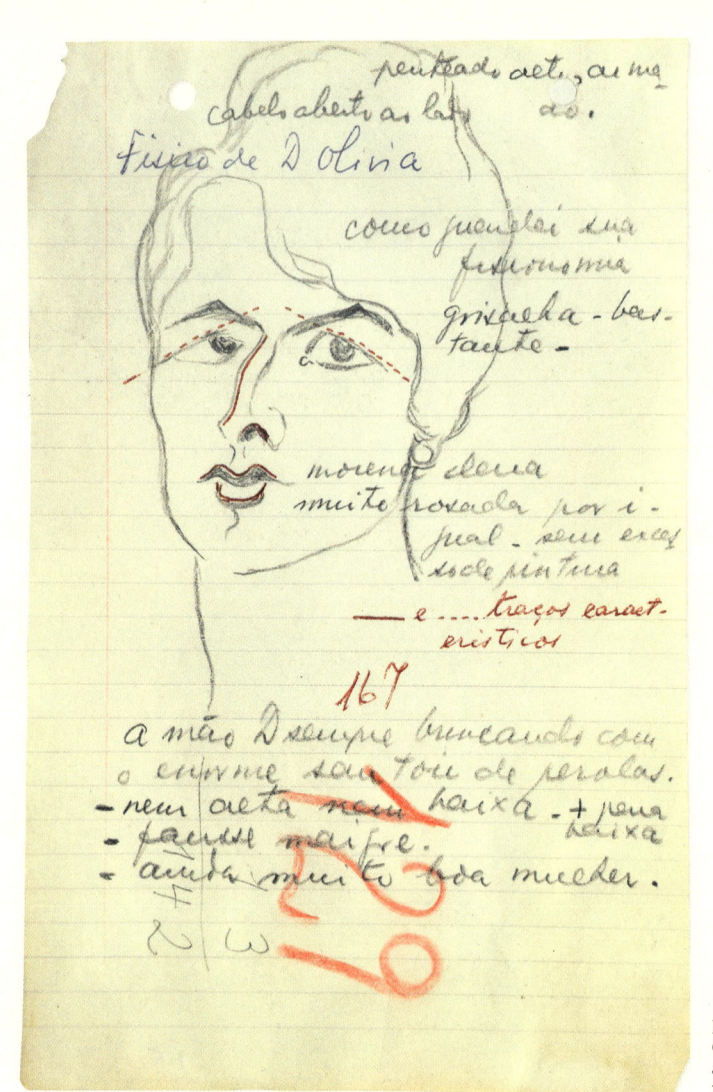

Retrato de d. Olívia Guedes Penteado e anotações sobre sua fisionomia.

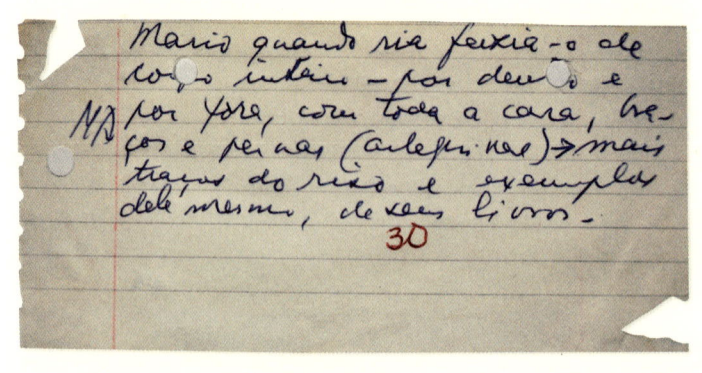

Anotação sobre Mário de Andrade em pequeno pedaço de papel.

Guaches ilustrando o exemplar da 1ª edição de *Macunaíma* (1928) ofertado a Nava por Mário de Andrade.

```
Planta do Estrela ( tanto fiel como possível )
    15 - Entrada para as escadas
    16 - Passagem
    17 - Portão de ferro Rua da Bahia
```

1 e 5 - Portas Vitrines
2,3,4 - Portas para rua da Bahia
6 - Prateleiras descrescentes para latarias, queijos, salsicharia
7 - Mesas   8 - Balcão do Simeaão - Portas p/ fundos
10 - Armarios garrafas e comestiveis
11 - Madeiras esculpidas fazendo painel com as portas p/fundos
12 - Copa -13, 14 - Depositos, cosinha ?
13 bis 1 - Entrada p/ reservadissimo
14 - Reservadissimo c/ oleografia do Mouro onde pilhamos o Milton
     e o Abgar (eu e Alberto Campos)
13 bis 2 - Porta dando para escadas do predio e seus altos.
18 - paredes c/ espelhos e escritos

Planta em três dimensões do Café Estrela, de Belo Horizonte.

opinião contra o *Atlético Mineiro* que era o seu clube. Via tudo com olhos mansos que pareciam não ver nada à sua frente. Guardava tudo que contavam. Quando deixamos Belo Horizonte, ele, que lá ficou, gostava de repetir nossas estórias à geração mais nova. Assim nossa memória prolongou-se amiga em Fernando Sabino, Otto Lara Resende, Hélio Pellegrino, Paulo Mendes Campos, Murilo Rubião, Alphonsus de Guimaraens Filho. Parece que referidos pelo Emílio inspirávamos tal emulação que havia os que queriam se envultar. Eu sou o Carlos do nosso grupo — dizia o mais ambicioso. Eu fico sendo o Emílio. Eu, o Almeida. Emílio Moura* receberia sua carta de bacharel em 1928. Seguiu logo para Dores do Indaiá onde ia começar sua vida no magistério como lente de história da civilização na Escola Normal Oficial da cidade.

> Ter-me aproximado de Milton na fase da vida em que se fazem as descobertas fundamentais e se decide do próprio rumo é uma das maiores riquezas que o ocaso me deu.
>
> CARLOS DRUMMOND DE ANDRADE, "Milton"

Outro elemento de aproximação do *Grupo do Estrela*, na rua da Bahia, Bar do Ponto e adjacências, foi Milton Campos. Milton Soares Campos, de seu nome todo, nasceu em Ponte Nova, a 19 de agosto de 1900 e era filho do magistrado Francisco Rodrigues Campos e de d.

---

* Emílio Moura voltaria depois a Belo Horizonte, onde foi membro do Departamento Administrativo de Minas Gerais, diretor da Imprensa Oficial do Estado, secretário do Tribunal de Contas, professor de história das doutrinas econômicas e depois de literatura brasileira da Faculdade de Filosofia da Universidade de Minas Gerais. Publicou: *Ingenuidade*, 1931; *Canto da hora amarga*, 1936; *Cancioneiro*, 1945; *O espelho e a musa*, 1949; *Poemas* (incluído em parte na primeira edição de *O espelho e a musa*), 1949; *Poesia* (segunda edição de *O canto da hora amarga*, *Cancioneiro* e *O espelho e a musa*), 1953; *O instante e o eterno*, 1953; *Cinquenta poemas escolhidos pelo autor*, 1961; *A casa*, 1961; "Desaparição do mito", "Habitante da tarde" e "Noite maior", inéditos, incluídos em *Itinerário poético*, 1969. Emílio Moura pertencia à Academia Mineira de Letras. Faleceu em Belo Horizonte a 28 de setembro de 1971, deixando viúva d. Guanaíra Portugal Moura.

Regina Soares Campos. Lembro bem de ambos, que conheci de vista quando fomos vizinhos. O desembargador era homem de boa altura, cheio de corpo, pele muito clara e cabelos muito pretos. Usava quase que invariavelmente um largo chapéu do chile, roupas de uma alpaca cinza-escura ou azul, colete branco e sempre belas gravatas de cor discreta. Descia a pé para o tribunal, por Bahia, tomando em seguida Afonso Pena, para alongar o trajeto. Era homem extremamente simpático, grossos óculos de míope, muito maneiroso e respondia os cumprimentos de todos desbarretando-se com cortesia exemplar. Via-se-lhe então a calva respeitável. Usava bigode. Parava às vezes no Alves mas nunca o vi nos cinemas, entrando em cafés ou frequentando nossos clubes. Levava vida muito retirada como aliás toda sua família. D. Regina era uma bela senhora, dos Soares, de Ponte Nova, família de políticos. Também lembro dela na rua da Bahia, descendo ou subindo, só ou acompanhada por uma das filhas. Como o marido, era clara, de cabelos pretos, meã de corpo. Era ágil e tinha um ar permanentemente apressado. Moravam em Álvares Cabral nº 365, prédio vizinho às residências dos drs. Levi Neves e Valdemar Loureiro, fronteira aos das famílias Continentino e Bernardo Monteiro. Era uma construção pintada de verde-escuro, alpendre lateral, por baixo do qual ficava a porta do quarto independente onde o Milton recebia seus amigos. Na época que estamos evocando ele ia pelos seus vinte e dois para vinte e três anos de idade. Era um moço magro e de rosto fino que chamava a atenção, visto de frente, pela inserção larga da raiz do nariz e por esta ficar ligeiramente mais alta que a linha das pupilas. Pincenê, logo depois mudado para óculos de aro grosso. Tinha a boca de corte malicioso, o que se acentuava no sorriso que fazia valer seus sulcos nasolabiais. Rosto estreito — o que lateralizava seus olhos, levando suas comissuras palpebrais externas a quase tocarem o contorno da silhueta facial. Era frapante a curva hebraica do seu perfil e nele a posição dos olhos — que faziam Afonso Arinos e Fausto Alvim compará-lo a uma ave, às vezes, precisando mais, a um pombo. Desde muito moço recebera os primeiros avisos da calvície que fazia avultar sua testa inteligente. Altura média, magro, fino, constituição de intelectual astênico, apresentando ligeira queda de ombros, discreta cifose dorsal, leve projeção da bacia para diante e joelhos um pouco curvos. Tudo isto se acentuava quando ele conversava de pé, braços cruzados — que ele descruzava e frequentemente, para puxar a carteirinha, tirar o cigarro, batê-lo, acendê-lo e ficar com o mesmo entre os dedos finos da mão cuidada. Fumava muito — vício que ser-lhe-ia funesto. Relendo esses traços que estou marcando, de Milton Campos, vejo que construí um puzzle dentro do qual fica uma figura parecendo um tipo feio. Nada disso. Apenas escolhi as linhas significativas de um rosto, um todo e uma postura como caricaturista e não como retratista. Na realidade esse grande mineiro era um tipo que impressionava pela sua harmonia e simpatia — sobretudo pela bondade de sua expressão e pela mansidão de seus olhos castanho-claros. Vestia-se com simplicidade e decência. Completava sua indumentária, como era indispensável na época, o chapéu de lebre escuro, um pouco posto para a direita e para trás, só muito raramente substituído por palheta. Um dos maiores encantos do Milton era sua voz macia, branda, velada, musical e, principalmente, o uso que ele fazia de sua modulação — mais lenta, pausada, mais fluente, rápida, soltando as *palavrasnunfluxúnico* como se fossem ligadas, ou *separando-as* em grupos silábicos ou mesmo martelando-as, *sí-la-ba-por-sí-la-ba*. Não só afastando-as como dando-lhes valor tonal e musical diversos, o que fazia de sua frase coisa profundamente penetrante. Concorria para isto o aspecto de demonstração silogística e arguta que era o sentido de sua sentença — cujo símile eu encontro ainda na sutileza talmúdica e no espírito exegético da conversa do nosso querido Prudente de Morais, neto. Em Milton seria o jeito que José Cabanis empresta a Bergotte, quando comenta os personagens de Proust.

Dize-me com quem andas e dir-te-ei quem és. Esse rifão aplica-se qual luva à quadra de amigos formada na segunda década do século por Cesário Alvim de Melo Franco, Pedro Aleixo, Rodrigo Melo Franco de Andrade e pelo próprio Milton. Não ouvi ainda de homens que se completassem tão bem. Onde teriam se conhecido? No Colégio Cassão? no Arnaldo? no Claret? Em que férias? de Belo Horizonte. Não sei. O essencial é que se encontraram e que as influências recíprocas foram das mais favoráveis. Não estou longe de imaginar que talvez o gosto literário de Milton e Pedro Aleixo proviessem um pouco dos outros dois, saídos de família de letrados, principalmente de Rodrigo, por ser o mais velho e ter tido formação humanística excepcional; vinda do *Lycée Janson de Sailly*, de Paris e de sua moradia e convivência no período em que o cursou, com seu tio, o primeiro Afonso Arinos. É o próprio Rodrigo quem depõe sobre as leituras dos dois antes de 1920: Eça, Fialho, Aquilino, Verlaine, Laforgue, Samain, Rodenbach, Verhaeren, Maeterlinck, Jules Lemaitre, Rémy de Gourmont, a antologia de Léautaud e Van Berger. E, principalmente, Anatole France. Sobre este, o próprio Milton escreveria a Carlos Drummond de Andrade: "Você sabe que eu fiquei marcado demais pelo Coignard" — "Já me haviam obrigado a *amarrar a besta* nele". A estaca, no caso, era o autor de *Balthasar*. Outras convivências de Milton, nesse período de sua vida, seriam Aníbal Machado e Moacir Deabreu. Seu conhecimento literário, que despertou cedo, concorria para dar maior encanto e conteúdo a sua conversa. Outro elemento de igual importância nesse admirável interlocutor era a mobilidade da fisionomia — tão rica de mímica quanto sua palavra de tonalidade. Num encarar, num calar e abrir os olhos, num jeito de sorrir, de imobilizar a máscara e tínhamos novas encarnações à nossa frente.

O que impressionava em Milton Campos não era só a vastidão de sua inteligência; mas sua qualidade e mais o conjunto de predicados com que ela se apresentava na personalidade destinada a ser — na frase de Eugênio Gudin — o modelo intelectual, político e moral duma geração. Era bom, sensível, compassivo, tolerante, indulgente, generoso, amadurecido, lúcido, virtuoso. Essa virtude intrínseca, essa pureza, essa seriedade — inseparáveis dele em todas as horas era que nos levava — e Drummond escreveu isto — a nos perguntar a nós mesmos diante de cada perplexidade, de cada dúvida, de cada escrúpulo: que pensará? o Milton disso assim assim. Que faria? o Milton em tal ou qual situação. E compondo o retrato moral do amigo, sabíamos como proceder de maneira adequada. "Ele era" — continua Drummond — "o orientador involuntário e despretensioso de nossa geração." Essas qualidades não deixavam de ter o tempero da ironia e ficaram correndo mundo, entraram no nosso anedotário, as frases que se lhe atribuem — em que ele num traço, numa palavra, numa inflexão resume uma situação, um tipo. Todos se lembram. A da greve por falta de pagamentos e da baderna de esfaimados atemorizando cidade do interior. Logo lhe propõe o remédio habitual e do gosto de nossos governantes. Mandar um batalhão de polícia. Ele faz recolher o surto de caciquismo com a inocência de sua pergunta — *Não seria melhor mandar o pagador?*/ No do avião que tremia dentro da tempestade ele não pôde deixar de demonstrar sua inquietação. Veio a aeromoça confortá-lo. Está sentindo? falta de ar, senador? *Não senhora — o que estou sentindo é falta de terra.|* Sobre a alegria de viver do grande Kubitschek. *O Juscelino não parece governador; parece o filho do governador.|* A um que queria animá-lo depois de infarto sobrevindo na fase final da doença que o levou. O senhor está ótimo, não tem mais nada. *É sinal, então, que posso voltar à bomba de cobalto.|* Diante da foto dum sovina, cara de frente e corpo de perfil. *Olh'o Fulano economizando o papel da fotografia!|* Desde moço ele acostumara Belo Horizonte a essas *boutades*, que eram espalhadas com entusiasmo como *a última do Milton*. Ele era ainda e essencialmente o anti-hipócrita. Apreciador de sua cervejinha e do seu uisquinho bebia-os tranquilamente, no *Trianon*, no *Bar do Ponto*, no *Fioravanti*, no *Estrela*. Não recorria ao biombo das grandes figuras da magistratura, da política, do direito, da engenharia ou da medicina que gostavam de sua gota e que iam chupá-la de pé, por trás dos balcões de vendas de fora de portas, dentro de reservados de botecos escondidinhos, camuflados nas folhagens do caramanchão da *Gruta serrana*, ou em xícaras de conhaque e pinga fingindo cafezinho, ou chávenas, como era certa secretaria onde o uísque de sua excelência vinha travestido de chá. Politicamente era frontalmente contra o governo e fizeram época sua oposição a Raul Soares e seu antibernardismo que era o mesmo de Rodrigo e Pedro Aleixo. Esse sentimento, via Rodrigo, está nas raízes da hostilidade de Assis Chateaubriand ao "tirano azul acessível e gentil".

Corre por aí um retrato falseado de Milton Campos onde, atrás de sua bondade, insinua-se o bonzinho e dentro de sua tolerância, a falta de combatividade. Engano. Esse cético era na verdade homem bom, mas forte; tolerante, mas enérgico. Era indobrável nas suas convicções democráticas, como veio a mostrar durante a vida política. Tal qual, como literariamente ele aparecia um *fauve* e o antropófago que revelar-se-ia mais tarde, no discurso a Carlos Drummond de Andrade, quando do banquete pela publicação de *Alguma poesia*. Quem não se lembra? do seu ar inocente na ocasião em que nos fazia vir água à boca à pregustação de carne humana. Eis suas palavras: "Acredito mesmo que à política a antropofagia teria aplicação mais útil que nas próprias letras, pela maior amplitude do proveito social resultante. E a tarefa seria talvez mais grata aos paladares. A carne do político, pela flexibilidade e pelos coleios a que a carreira obriga, deve ser mais macia do que, por exemplo, a carne rija de um parnasiano hierático. Haverá pernil de acadêmico que se compare a uma suã de senador?".

Milton foi essencialmente um homem de letras desviado dessa rota, primeiro pela profissão jurídica depois por este destino político a que se entregou — vazio de ambição, cheio de vocação. Logo que se formou, em dezembro de 1922, começou a escolher onde iria advogar. Decidiu por Dores da Boa Esperança e lembro bem do formidável jantar de sua despedida, já bem adiantado o 1923, homenagem que foi feita a ele e Aníbal Machado, que estava de partida para o Rio. Foi no *Pedercini* e havia cerca de trinta talheres. Todos os presentes, depois de largo consumo de vinho, seguiram a injunção do Almério Prado, que achava que cada um devia falar. As libações continuaram pari passu à oratória. O próprio Almério, à sobremesa, foi dando a palavra a um por um dos convivas. Eram brindes entusiásticos, saúdes frenéticas, orações cheias de arroubo. Não sei, até hoje, por que? na minha, invectivei um Aníbal Machado sorridente. Quando chegou a vez do Almério falar ele estava tão porrado que mal se sustinha nas pernas. Mas fez questão de ser amparado até defronte de cada homenageado, para olhá-lo longamente, banhado em lágrimas. O Milton afirmava que o choro era de pura admiração por ele e pelo Aníbal. Embarcaram os dois amigos. O primeiro demorou-se pouco no foro de Dores e já em 1925 tínhamo-lo de volta ao nosso grupo e à rua da Bahia.* O Aníbal instalou-se para sempre no Rio. Nunca deixei de procurá-lo nas minhas vindas à terra, que acabou sendo também meu destino. Na longínqua primeira casa do Ipanema, na

---

* Milton Campos fez seu curso primário em Ponte Nova e Viçosa, o secundário no Instituto Claret e Ginásio de Leopoldina. Bacharel pela Faculdade de Direito de Belo Horizonte, em 1922. Foi advogado geral do estado, membro do seu conselho consultivo. Deputado estadual, foi um dos relatores do Projeto da Constituição Mineira de 1935. Advogado da Questão de Limites de seu estado e dos do Espírito Santo e São Paulo. Professor catedrático de ciência política da Universidade de Minas Gerais e de direito constitucional da Faculdade Mineira de Direito. Signatário do Manifesto Mineiro. Governador do estado de Minas Gerais em 1947. Deputado federal em 1954. Senador federal em 1958. Ministro demissionário da Justiça no governo Castelo Branco. Membro da Academia Mineira de Letras. Faleceu às dezesseis horas de 16 de janeiro de 1972 no Hospital São Lucas, de Belo Horizonte, deixando viúva d. Déa Dantas Campos. Parte de sua obra foi reunida em volume depois de sua morte com o título *Testemunhos e ensinamentos*, Coleção de Documentos Brasileiros nº 154, Rio de Janeiro, Livraria José Olympio Editora, 1972.

rua Barcelos, na Gomes Carneiro e finalmente, na casa definitiva de Visconde de Pirajá, 487 — onde Aníbal continuou, como em Belo Horizonte, a receber, aconselhar, entusiasmar e orientar os novos.

> A casa não é mais de guarda-mor ou coronel.
> Não é mais o sobrado. E já não é azul.
> É uma casa entre outras. O diminuto alpendre
> onde oleoso pintor pintou o pescador
> pescando peixes improváveis. A casa tem degraus
> [de mármore.
> [...]
> Rua Silva Jardim ou silvo-longe?
>
> CARLOS DRUMMOND DE ANDRADE,
> "A casa sem raiz"

Rememoro o Carlos Drummond desta fabulosa década de 1921 a 1930 pela sucessão fotográfica de sua imagem na memória e por quatro retratos que conservei. O primeiro, de 24 ou 25, mostra um moço menos magro que o adulto, ar rápido como se quisesse sair depressa do raio da objetiva da máquina, colarinho duro, roupa escura, os óculos de sempre, a cabeleira basta meio fofa no seu castanho. O segundo já o representa mais magro, colarinho de ponta virada, jaquetão de cerimônia, na tarde de sua colação de grau. O poeta está entre colegas, em pé, atrás de um grupo de moças sentadas, entre as quais Dolores. Está no Álbum de Victor da Silveira e indica a data 25 de dezembro de 1925 — Natal. O terceiro é do tempo de sua volta para Belo Horizonte. A mesma cabeleira frouxa, a face descarnada, a boca bem desenhada meio encoberta pelos bigodes da época. O quarto representa-o sentado, na fila em frente do grupo que fizemos no *Automóvel Clube* de Belo Horizonte, na noite memorável do banquete que lhe oferecemos por motivo da publicação de *Alguma poesia*. Todas essas fotografias mostram um moço de cabeça bem-posta no longo pescoço de figura de Modigliani, a face muito magra e aquela expressão geralmente séria que passava sem transição para um sorriso apenas esboçado ou para gargalhada geralmente explosiva. No seu todo alguma coisa da gravura de Dürer ou do quadro de Cranach representando Philipp

Schwarzerd — o Melanchthon. Era muito reservado, quase verecondioso — o que não quer dizer que deixasse de ser conversador. Apesar de ouvir mais do que falava, quando o fazia, era num jeito uniforme, sem elevar muito a voz substituindo isto — quando queria ser mais preciso ou convincente — pela rapidez com que atropelava as palavras de sua frase. Nessa ocasião também piscava mais os olhos. Era muito magro mas extremamente desempenado, tinha o *gauche* que tornar-se-ia folclórico, um ar de orgulhosa modéstia (não sei se posso colocar juntas as duas palavras, entretanto não acho outras), aparência, à primeira vista, tímida, escondendo o homem dono duma das maiores bravuras físicas e morais que já tenho visto juntas na mesma pessoa. Engana-se quem o julgar pela magreza e pelo franzino. Na realidade esse ser delgado é todo feito de tiras de aço, de couro, de juntas de ferro que servem o homem forte que ele é. O somático que Rodrigo tomou como a redução do seu irmão Altivo. Quando conheci a este (apresentado pelo Carlos na noite do Bar do Ponto) tive impressão contrária; para mim o Altivo é que pareceu um exagero do Carlos. E na ação ele é temível — conforme tive ocasião de ver posteriormente, na tarde da reunião da *Associação Brasileira de Escritores* (onde havia puramente a intenção de nos defenestrarem das alturas do arranha-céu da *Casa do Estudante*), quando foi atacado por dois atletas que pretendiam arrebatar-lhe os livros das atas. Não conseguiram, mantidos a distância por exímios pontapés.

Carlos Drummond de Andrade é natural de Itabira do Mato Dentro, nascido a 31 de outubro de 1902, filho de Carlos de Paula Andrade e de d. Julieta Augusta Drummond de Andrade. Fez seu curso secundário no Colégio Anchieta, de Friburgo, e em Belo Horizonte, no Colégio Arnaldo, onde foi colega de Gustavo Capanema e de Afonso Arinos de Melo Franco.* Do primeiro, apesar de aluno distinto e general na hierarquia dos educandos — foi expulso, por seu espírito de rebeldia e inconformismo à seca disciplina jesuítica. Sua mudança para Belo Horizonte deu-se em 1919, tendo morado em diversas pensões, no hotel Avenida, no Internacional e na rua Silva Jardim, nos números 117 e 127. Esta a casa que frequentei só, com Alberto Campos, com Emílio Moura, para

---

* Cronologicamente, primeiro o Colégio Arnaldo (correção do poeta ao texto de minha primeira edição).

visitar o poeta. Era uma simpática edificação, defronte à igreja da Floresta, pintada de óleo verde, com entrada central, escada de degraus de mármore dando no "diminuto alpendre" cujas paredes ostentavam, como era moda em Minas, afrescos (o do pescador que ornava o prédio do Carlos foi-se, conforme verifiquei em romaria de saudade feita com Ângelo Osvaldo a 16 de dezembro de 1976). Esse alpendre dava para as portas de serventia do domicílio e à direita, para a do quarto independente habitado pelo poeta. Em cima deste quarto, telhado de duas águas fazendo chalé, simétrico ao do lado oposto do imóvel. Os dois ligados pela cobertura da parte central. Tudo isto desapareceu, sendo substituído pela desgraciosa laje de concreto que deu ao edifício, que era gentil, aspecto de caixote. Mas estão lá o mesmo portão de serralheria, os degraus de mármore, a porta onde entrávamos com vinte anos, para conversar sobre tudo que nos vinha à cabeça, para resolver os problemas da terra, planejar arrasamentos, redigir manifestos, delinear depredações, salvar o mundo mundo vasto mundo do poema do próprio *maistre de céans*. Lá é que conheci os pais do poeta. D. Julieta, feições duma beleza angelical, cabelos apenas prateados por um ou outro fio branco, pálida, dessa mesma palidez marmórea que passou a seu filho. Lembro sua voz baixa e suave, fiscalizando a criada que ela mandava trazer o café para os amigos de visita. Vejo ainda a ordem meticulosa de sua bandeja e a grande cafeteira mineira de latão claro brunido como as pratas e luzindo como prata. E dentro, pegando fogo, um dos melhores cafés que tenho tomado. Às vezes nós a víamos passando na cidade, sempre acompanhada da filha, parecida com ela na tonalidade da pele e na cor dos cabelos. Já seu marido tinha um ar mais autoritário e era homem alto, calvície principiada, bigode curto e a mandíbula forte que vemos em mais esculpida (marmórea) no filho. Era todo enxuto, musculoso, rápido, sem risos e na ponta dos longos braços tinha as mesmas mãos largas e positivas iguais às do poeta. Não posso esquecer certo dia de fossa (naquele tempo era mais bonito: dizia-se *blues*) em que o Carlos e eu não nos julgamos nem à altura da casa e que fomos debateblaterar sentados na terra frouxa e ciscada do galinheiro cheio de titica, de aragens finas e peninhas esvoaçando. Um ovo luzia pérola gigantesca dentro dum buraco feito por pedrês. Nós tínhamos vontade de nos matar, de matar. Não sei se o Carlos lembra certo poema.

Merda de galinha sobre a nossa vida.
Constantemente. Incessantemente.

Como chuvinha fina, digna daquela tarde enfumaçada de agosto-setembro. Uma viração vinha do Bonfim sussurrando convites para beber ou para morrer. Um galo correu, saltou e bundou-se vibrando sobre galinha que sestremeceusse toda. Não é que... Foi quando entrou o velho Andrade e verberou o filho. Como é que você tem coragem? de receber um amigo no galinheiro. Vamos para dentro. Não senhores, não posso admitir. Para dentro e vou mandar levar o café. Ora esta!

O Carlos nessa época lia furiosamente. E desordenadamente. Tudo servia, como conta Emílio Moura. Anatole, Pascal, Bergson, Quental, Rimbaud, Ibsen, Maeterlinck. Acrescento a esses a fase Wilde que por intermédio de Carlos veio influir, durante certo período, em meus desenhos. Aníbal tinha me apresentado a Dante Gabriel Rossetti, a Burne-Jones, aos pré-rafaelitas. Carlos ministrou-me a edição de *Salomé* ilustrada por Aubrey Vincent Beardsley. Eu misturei tudo em estilizações contorsivas onde não havia olhos que não fossem pupilas de gatos, torsos sinuosamente laquéses, articulações das mãos fletindo-se onde deviam se estender. Foram estas formas de uma magreza desvairada, dum manieresco alucinado, foram esses beiços roxos, caras exangues que levaram mais tarde Blaise Cendrars a perguntar-me, depois de examinar meus desenhos. *Dites-moi, mon ami. Comment est-ce que vous poudrez votre feijoada? À la farine? ou bien à la cocaïne?* Confesso que, na hora, fiquei safado com o raio do maneta. Mas estávamos nas leituras do Carlos. Evidentemente na sua escolha, ele sofria um pouco da influência da roda, dum Aníbal, dum Milton, dum Abgar mas o que nele espantava era principalmente o autodidatismo que nascia dum instinto prodigioso na descoberta dos bons autores. Seu rápido gosto era certeiro nessa seleção de nomes até ontem desconhecidos. Bastava uma folheada à hora da abertura dos caixotes no Alves, a leitura duma página, dum rodapé, duma nota e o Carlos fazia sua eleição com toda segurança. Abria caminho e nos servia de indicador. O Carlos gostou. O Carlos disse. Desde cedo ele começou a escrever poesia. Versos. Também pequenos poemas em prosa. No princípio esta me atraía mais que a primeira e cometi a gafe fantástica, relatada por Emílio Moura, de dizer a Drummond ele mesmo que a poesia dele era boa mas que seu forte era a prosa. Inexperiência de quem se julgava modernista e ainda não era nada. O insólito da poética drummondiana estava ainda verde para mim. Acabaria virando consciência e me invadindo como aliás a todos nós que éramos liderados por ele. Nossa grandeza é que reconhecíamos isto sem procurar imitá-lo. Não falo em influência. Essa existia e era parte de sua liderança. Existiu em Emílio. Em Ascânio. Existiu nas gerações seguintes e é fenômeno sensível a partir da de 1945. Hoje é avassalador. O curioso na sua poesia é que ela tem uma coerência especial, marcou-se a mesma, desde seus primeiros poemas. Já nasceu mineira e universal em *Alguma poesia*, onde os que conheciam sua produção podem apontar versos da primeira fase da década dos 20. Tinha razão Rodrigo Melo Franco de Andrade quando afirmou — "Entretanto foi logo pela força do seu primeiro livro que Carlos marcou seu lugar na literatura brasileira". Nasceram com suas produções mais remotas sua indagação diante do insondável, o sentido dramático, o suspense desta poesia.

PUNGENTE	LÍRICA	ÉPICA
TEATRAL	DURADOURA	MEDIDA
HUMOURÍSTICA	PERDURÁVEL	PROVOCANTE
SARCÁSTICA	HERMÉTICA	PROVOCATIVA
AMARGA	SATÍRICA	PROVOCATÓRIA
SINCOPADA	LIBÉRRIMA	CHAPLINIANA
SÉRIA	DESENCANTADA	PANTOMÍMICA
TENSA	COLÉRICA	ECUMÊNICA.

Já disse atrás que é indispensável, para quem queira estudar o modernismo no nosso estado, a consulta à coleção do *Diário de Minas* na fase em que ali trabalharam Drummond, Emílio e João Alphonsus. Além da transformação das *Sociais* e das *Policiais* em prosa francamente ao gosto de nossa escola literária, havia as mistificações, as burlas, as blagues que iludiam e depois deixavam prevenidos os próprios membros da roda. Criavam-se polêmicas entre supostos *futuristas* e *passadistas* inexistentes, vitórias de figurões em eleições literárias forjadas, toda sorte de blefes para embair uns aos outros e à população. Quando foi publicado um poema do novíssimo Ascânio Lopes, o Milton pensou que fosse um personagem de ficção e interpelou o Emílio — que está bem, Ascânio e por cima Lopes, tudo certo mas o que quero saber é se o poema é seu ou do Carlos.

Nada disso, Milton, trata-se de um novo de Cataguases — Ascânio Lopes Catorzevoltas. O quê? Sim senhor, Catorzevoltas. Vá lá pelas catorze voltas mas o que quero saber afinal, uma vez por todas, é se o poema é seu ou do Carlos. Ora, essa perplexidade do Milton, essa dúvida — é um dos melhores elogios espontâneos que conheço à poesia de Ascânio Lopes.

Assim se constituiu o Grupo do Estrela. Polarizado por essas quatro figuras. Alberto. Emílio. Milton. Carlos. Por causa deles é que fomos nos conhecendo e tornamo-nos amigos Abgar Renault, Mário Casassanta, Aníbal Machado, Francisco Martins de Almeida, João Alphonsus de Guimaraens, Hamilton de Paula, Pedro Aleixo, Mário Álvares da Silva Campos, Gustavo Capanema Filho, João Guimarães Alves, Heitor Augusto de Sousa, Gabriel de Rezende Passos, João Pinheiro Filho, eu e mais tarde, Dario de Almeida Magalhães, Cyro dos Anjos, Luís Camilo e o poeta Ascânio Lopes Catorzevoltas. Todos penaram na rua da Bahia, naquela subida que ia do *Odeon* ao *Diário de Minas* com o *Estrela* de permeio. Eu terei de voltar a cada um desses queridos amigos.

Carlos Drummond* encerrou sua primeira fase de Belo Horizonte casando-se a 30 de maio de 1925 com d. Dolores Dutra de Morais e formando-se em farmácia pela Faculdade de Odontologia e Farmácia de Belo Horizonte a 25 de dezembro do mesmo ano. E foi para Itabira onde demorar-se-ia uns meses.

Os caprichos de minha narrativa, certas analogias, algumas associações, muita estória puxa estória vieram me trazendo até aos albores de 1924 antes que eu desse por findo tudo que teria de dizer sobre 1922 e 1923.

---

* Carlos Drummond de Andrade voltaria a Belo Horizonte em 1926. Não chegou a exercer sua profissão. Foi professor pouco tempo em Itabira. Tem quase meio século de vida de jornal. Foi auxiliar de Mário Casassanta na Secretaria de Educação de Minas Gerais. Auxiliar e chefe de gabinete de Gustavo Capanema na Secretaria do Interior, na Interventoria Federal no estado de Minas Gerais e no Ministério da Educação até 1945. Nessa ocasião Rodrigo Melo Franco de Andrade leva-o para chefe da Seção de História da Divisão de Estudos e Tombamento do DPHAN. Tem publicados dez volumes de prosa e dezoito de poesia que estão na *Obra completa*, Rio, Aguilar, 2. ed., 1967, e na *Poesia completa e prosa*, Rio, Aguilar, 1973. É o maior poeta vivo da língua portuguesa.

Tinha de ser assim, para narrar meus estudos e a formação do Grupo do Estrela. Para fazer um relato absolutamente cronológico, teria de cair no que tenho evitado, que é o diário. Prefiro deixar a memória vogar, ir, vir, parar, voltar. Para *contar* um baralho de cartas a única coisa a fazer seria arrumá-lo diante do interlocutor, naipe por naipe e destes, colocar a seriação que vai do dois ao ás, ao curinga. Mas, para explicar um jogo, um simples basto, para dizer duma dama é preciso falar no cinco, no seis, no valete, no rei; é necessário mostrar a barafunda das cartas e depois como elas vão saindo ao acaso e organizando-se em pares, trincas, sequências. Assim os fatos da memória. Para apresentá-los, cumpre dar sua raiz no passado, sua projeção no futuro. Seu desenrolar não é o de estória única mas o de várias e é por isto que vim separando os paus de meus estudos, as espadas de minha formação médica, os ouros de minhas convivências literárias e os corações do movimento modernista em Minas. É assim que não posso ser rigidamente seriado. Tenho de subir e descer níveis navegáveis de comporta em comporta — assado abaixo, futuro acima — sempre dentro dum presente passageiro, provisório, erradio e fugitivo. Meu barco sobe e desce, adianta e recua num círculo luminoso cercado de trevas. Como o viajante da imagem euclidiana, vingando a montanha, tenho de olhar para o que vem e para o que foi. Dessa crista do início de 1924 tive de devassar futuros e voltar atrás. Assim andamos em 1922 com as sombras de Álvaro de Barros e Ezequiel Dias. Mencionei meu segundo ano repetido em 1923. Adiantei os estudos de esplancnologia e de patológica de 1924, os de anatomia topográfica de 1925. Cheguei com minha roda até ao *Diário de Minas* mas agora tenho de recuar, buscar mais águas que expliquem bem a sequência desse 1924 que foi dos anos mais importantes para "aqueles rapazes de Belo Horizonte".

Já deixei entendido atrás como o ano de 1922 representou para mim uma espécie de acordar para a verdadeira vida e o abandono dos mundos ilusórios da educação romântica e fantasista que recebera de minha família. Os ensinamentos de minha Mãe, de meus tios, me davam a ilusão de um mundo justo e bom criado a sua imagem e semelhança. Vim descobrir, à minha custa, como eu estava muitamente enganado, isto é, que a vida é má, o semelhante pior, o vizinho quando não indiferente é inimigo, que a inveja é o pão nosso da cinza de cada dia, que o homem domesticado é frequente no imanir e voltar a sua bruteza habitual. Rompidas as amarras familiares e maternas, solto no mundo (e eu mesmo rebentando avidamente os últimos cordões), encontrei-me, em matéria religiosa, descrente no sobrenatural, dum ateísmo que não excluía minha cultura cristã, indiferente a alguns, mas hostil ao senhor bispo e à maioria da padraria. Politicamente, vagamente anarquista, instintivamente infenso aos primeiros vagidos fascistas que comecei a ouvir. Para os governos só conhecia e só conheço uma posição — a oposição. Meus choques com o ambiente e a frustração nossa de cada dia fizeram de mim um pessimista disfarçado por grossa camada de pilhéria e gozação. Iniciei a arte difícil da crítica — por padrões fabricados por mim. Julguei-me e aos meus — severamente. Sei a frequência com que erro, não me julgo melhor (nem sou pior) que ninguém. Olhei rigorosamente minha família. Não aos que aborreci mas aos que amei. E mais os quis quando os verifiquei, não indivíduos perfeitos mas apenas as pessoas menos imperfeitas que conheci. Assim senti-me inteiramente à vontade e nadei de braçada dentro da roda de insubmissos estéticos e políticos em que fui cair (ou que procurei?). Naquele Belo Horizonte de 1922 havia vagas e escassas notícias de uns chamados futuristas. Durante algum tempo confundi-os com certos livros analógicos que lia na ocasião como *Certains*, *À rebours*, *Là-bas* e outros diabolismos de Huysmans, como os esteticismos de Jean Lorrain em *Monsieur de Phocas* e as cambalhotas de Oscar Wilde no *Dorian Gray* — tudo que era cremado intelectualmente pela Família Mineira. Devo ter saído desse erro pela mão de Aníbal Machado e Carlos Drummond de Andrade a quem fiquei devendo noções menos confusas da literatura moderna e do movimento que se esboçava. Uma das primeiras publicações *soi-disantes modernistas* de que me tornei cupincha foi o *Paratodos*, dirigido por Álvaro Moreyra e onde começava a colaborar, com certa frequência, o Carlos. Outro nome que me chamou a atenção nessa revista foi o de Roberto Rodrigues, cujos desenhos me traziam a insinuação violenta e social desprendida de ambientes que me lembravam o Rio, principalmente praça Quinze, rua Primeiro de Março, praça Tiradentes, rua Larga, a Lapa, a Zona. Comecei laboriosamente a apartar a Poesia da merda rala que o burguês considera poético e que é justamente o seu contrário. A ideia não é minha e vem numa frase de Cocteau. Politicamente, a maioria de meus amigos do Grupo do Estrela nutria, pelo menos naquele momento a que nos reportamos, o maior tédio, indiferença ou hostilidade pelo monopólio político do PRM; dizíamos desse partido os horrores que convinham e merecia o mais de nossa animadversão, sua configuração executiva representada pela *Tarasca*. Assim passaram por nós, como coisa irrelevante, como água em pena de galinha, as eleições de Raul e Bernardes em março e suas respectivas posses nos governos do estado e da República, em setembro e novembro do ano. Raul Soares, cuja figura já descrevi, deve ter sido eleito e terá entrado em exercício já doente, pois a moléstia que o levaria do Palácio da Liberdade, pelo tempo que dura, já devia estar em evolução. Foi, nesse ponto de vista, um sacrificado. O 5 de julho nos apanhou de surpresa e sacudiu-nos um pouco para possibilidades antes apenas sonhadas. Olhamo-lo favoravelmente, não tanto por simpatia pelos tenentes mas, sobretudo, por antipatia para aquilo contra que eles se insubordinaram. Depois do *Forte* passamos a atentar em nomes como os de Siqueira Campos e Eduardo Gomes. Creio que vem a propósito dar aqui não digo a nossa mas minha opinião sobre modernistas e tenentes. Há quem estabeleça (como Oswald de Andrade) analogias nas rebeliões de uns e outros. Creio que há apenas coincidência de datas: o fevereiro de 22 da *Semana paulista* e o julho de 22 dos *Dezoito do Forte*. Creio que não há nada de comum entre as duas coisas. O *Tenentismo* busca suas raízes históricas na Questão Militar, vinda do Império, enquanto o *modernismo* tem suas origens em reformas estéticas de importação europeia. Seria aliás de estranhar um movimento comum civil e militar no Brasil, devido ao lamentável erro que assistimos de vermos os dois grupos educados separadamente desde a importantíssima fase dos estudos até há pouco ditos secundários que vêm impedindo a convivência dos civis com os futuros militares praticamente segregados de nossa convivência desde os seus tempos de noviciado nos colégios militares. Isto é nocivo para eles e para nós casacas. Essa separação não é explicável porque as nações devem se basear na unidade e não na distinção de classes ou castas.

Como dissemos, a eleição de Bernardes foi em março e sua posse em novembro de 22. Essas sagrações políticas constavam de quatro cerimoniais cívicos. Eleição e posse como já dissemos. Indicação e plataforma, antecedentes. A leitura da plataforma do futuro presidente da República cercou-se de episódios que nos encheram de satisfação. Houve viagem ao Rio para o gorjeio. Parece que a comitiva já saiu do trem vestida para o banquete, tendo sido crivada, num trajeto tempestuoso, de detritos alimentares e alvo de uma das mais memoráveis vaias que o

Rio de Janeiro já assistiu — dessas de que todos os cariocas têm uma desesperada nostalgia. Episódio que nos divertiu da maneira mais indecente foi o de como foi tratado um dos membros mais conspícuos dos acompanhantes do presidente Bernardes. Estava num carro aberto e houve gaiato bastante audacioso para tomar a traseira do dito e encartolar a grave estátua da adesão. Vendo-se subitamente vendado pelo canudo que lhe descera até ao nariz, cheio de dor pelas orelhas violentamente empurradas para baixo e meio descoladas pela fereza do impulso, o homem levantou-se querendo arrancar a cobertura e urrando de raiva. Foi o bastante para que nele se concentrassem as cacholetas, as cusparadas, os ovos podres, as gargalhadas, as frutas deterioradas. Diziam que não pudera ir ao banquete e que tivera de recolher-se para ser lavado. Estas coisas nos enchiam de júbilo e esse júbilo não era agressividade nossa e sim reação. As agressões tinham partido do ambiente e o que fizemos de desmandos em Minas, de 1922 até cerca de 1925, foi apenas legítima defesa contra uma cidade virada contra nós e contra quem ela, cidade, rompera as hostilidades. No caso, foi a Tradicional Família Mineira quem apresou o *Marquês de Olinda*. Vou contar. Depor.

Belo Horizonte era uma capital profundamente quieta e bem-pensante. Amava o soneto, deleitava-se com sua operazinha em tempos de temporada, acatava o Santo Ofício que censurava por sua conta os filmes, suas moças liam Ardel, Delly, a *Bibliothèque de ma Fille*, a *Collection Rose*, não conversavam com rapazes e faziam que acreditavam que as crianças pussavam nas hortas entre pés de couve, raminhos de salsa, serralha, bertalha e talos de taioba. Havia uma literatura oficial. Os discursos de suas excelências eram obras antológicas. "Minas é um coração de ouro num peito de ferro." "Minas é um povo que se levanta." "A desopilante *Comédia humana*." A *Liga pela moralidade* atava e desatava, tinha lugar certo para suas decisões no *Minas Gerais* — órgão oficial dos poderes do estado. Era um outro poder do estado. Os redentoristas davam a nota com o padre Severino fazendo milagres. Não ler as inépcias canônicas de *O sino de são José* era pecado mortal. O beatério vivia aceso com a criação do Bispado em 1921 e sua instalação a 30 de abril de 1922. A pirâmide estava perfeitamente assentada. Ora, aqueles rapazes desrespeitosos, escrevendo em revistas do Rio e depois de São Paulo, fazendo versos sem rima e sem metro, descobrindo pedras no meio do caminho — só podiam ser uns canalhas. Tudo de malfeito que aparecia lhes era atribuído. Isto é coisa destes filhos da puta dos futuristas — dizia o Raul Franco, como ouvi certa vez. Os escritores, os vates, os pintores, os escultores que tinham o viático do Palácio descascavam em cima da súcia. Além de confusamente tratados de *futuristas*, éramo-lo também de *nefelibatas* — expressão exumada dos velhos insultos aos simbolistas e servindo agora para nós que éramos os que andávamos com os pés fora do chão em vez de casqueá-lo solidamente a quatro patas, da praça da Liberdade ao Bar do Ponto, dando uma paradinha no Conselho Deliberativo (vindo por Bahia) ou no Senado e na Câmara (quem descia João Pinheiro). Pois *futuristas* e *nefelibatas* não éramos considerados melhor que os habitués das tascas, os frequentadores dos cabarés, a ralé dum *Parque Cinema* já inexistente mas conservando seu valor simbólico. Dentro desta onda de hostilidade há que abrir lugar para exceções. Dos literatos da geração anterior éramos entendidos por José Osvaldo, Mário Matos e principalmente por Arduíno Bolivar que está para o modernismo mineiro numa posição equivalente à assumida por João Ribeiro com relação ao modernismo tomado em compacto.

Tínhamos de reagir e como o fazíamos... Eram tardes e noites acintosas de bar com cervejadas, anis escarchado, *kümmel*, conhaque francês, *otongim*, uísque (um roubo! 5$000 a dose), jantares com vinhaça italiana, portuguesa e francesa. Muita galinha, peru, patos roubados para preparação de ceias na *Madame* ou *judeus* no Pedro Sousa, ao *Quartel*. Andávamos em grupo provocante, rua acima, rua abaixo, rindo na cara dos homens graves, fazendo em torno deles danças de comedores do Bispo Sardinha, na sala de espera do *Odeon*, aplaudindo a pontaria para cuspir de que era dotado um dos nossos — que escarrava onde queria nos cavalheiros que desciam para a *Sessão Fox*. Prestem atenção. Vou cuspir na gola daquele. Na manga direita deste. Naquela copa de chapéu. E lá partia a densa ostra que ia estrelar-se exatamente onde nosso amigo tinha prometido. Em caso de suspeita ele seria o último a ser considerado, dentro do seu ar digno de gentil-homem, jeito muito magro, muito aristocrático (não fosse ele de Juiz de Fora) e que quando falava a alguém era na maior seriedade e sempre com urbanidade perfeita. Muitas vezes ele levava seu cinismo a ponto de ir à vítima. Cavalheiro — cuspiram na sua gola, o senhor permita que eu limpe. E fazia-o com o próprio lenço, sério como um desembargador da Relação, enquanto o outro desmanchava-se de reconhecimento. E depredávamos. Casas, jardins, logradouros. Na noite da cidade deserta e despoliciada quem? quebrou uma por uma as vidraças consulares do comendador Avelino Fernandes. Quem? tocava as campainhas, chamava os redentoristas para irem levar o Santíssimo, os Santos Óleos à Lagoinha, Serra, altos do Cruzeiro, descampados do Calafate — quem? E não havia agonizantes... Destruídas todas as mudas da nova arborização de Goiás. Depredadas as roseiras da praça da Liberdade. Invadida a propriedade do sr. Raul Mendes e inutilizadas suas novas enxertias de manga. Vândalos despejam tinta e goma arábica entre as páginas do livro de registros de hóspedes do Grande Hotel. Os estudantes, conduzidos por *maus elementos e gente não pertencente à classe*, incendeiam bondes. Lembrai-vos? maus elementos estranhos à classe estudantil. Grandes quantidades de solução de ácido sulfídrico e empolas de mercaptã são atiradas no salão do *Odeon* durante a última *Sessão Fox* e o odor infecto determina suspensão da projeção e a retirada das famílias indignadas. Quem? assaltava as latarias e reservas alimentícias do bondoso Simeão. E os livros do Alves? Quem? todas as noites trocava de portão as placas do dr. Borges e do dr. Lagoeiro e outras, outras e outras — pondo as de engenheiros em casa de médicos, as de advogados em casa de engenheiros, as dos médicos nas casas uns dos outros — sobretudo se os separava o ódio furioso da classe. Quais? os meliantes que arrancaram numa noite cerca de quarenta placas e foram depositá-las todas na varanda desguardada do chefe de polícia. Quem? destruiu as gaiolas de pássaros do agiota Murta. Quem? soltou suas graúnas, seus cardeais, seus curiós, seus canários. E o viveiro de tinhorões, a estufa de begônias do dr. Gustavo Pena? Quem? espezinhou e pulverizou-lhes as jarras. Quem? Quem? Quem? A Família Mineira ultrajada sabia muito bem bem bem. Mas queríamos mais... Enterremos delegados. Desacatemos o PRM. O delegado era o Valdemar Loureiro depois de tropelias praticadas à porta do Municipal. Faríamos sua inumação simbólica. Quando íamos atacar a funerária para de lá tirar o caixão chegou o dr. Pimenta Bueno que nos dissuadiu do propósito. Pois escapamos de boa. Segundo inconfidência do Teixeirão, ele próprio polícia amador, o cunhado Valdemar, uma cáfila de secretas e um bando de soldados estavam à nossa espera, armas embaladas, com autorização do bondoso dr. Júlio Otaviano, chefe de polícia, que já se entendera com o Palácio. Podiam atirar. Salvou-nos o acaso de termos atendido as injunções do delegado diplomático. O PRM foi desacatado, logo na pessoa de quem?

Do grande, do nosso excelente dr. Afonso Pena Júnior. Ele falava à porta do *Grande Hotel*. Os *nefelibatas*, rentes a ele, interrompiam cada período do seu discurso com um portentoso — Morra! o dr. Afonso Pena Júnior! — soltado à queima-roupa. Ele aguentou firme um, dois, três morras e ao quarto parou para deter a cavalaria que avançava e para responder de cara — que praga de urubu magro não mata cavalo gordo! — ao que retrucamos, já mudados, com um VIVA O DR. AFONSO PENA JÚNIOR! que reboou até o Bar do Ponto. Pazes feitas. Mas queríamos mais... Ateemos fogo a Belo Horizonte. Foi aceso um foguinho por dois que entraram furtivamente no porão das Bevilacqua. O par foi dar uma voltinha na praça da Liberdade para espairecer o *blues*. Ao voltarem à Gonçalves Dias, 1218, verificaram aterrados que o incêndio alastrara e rugia no porão da casa. Os próprios incendiários deram o alarma e misturados à família combateram as chamas. Mas perceberam que eram suspeitados. Desceram arrasados, acordaram o João Pinheiro Filho, pediram palpites, pensaram em fugir para São Paulo mas o conselho do amigo era que fossem dormir e que se fizessem de andré. Ai! dos dois... Logo Belo Horizonte saberia de tudo e o Zegão que tinha culpas no cartório, já no dia seguinte, jantando em casa dos Machado, ouviu o relato da boca indignada de d. Hilda. Tinham ateado o incêndio e por cúmulo da maldade, debaixo dum fio elétrico para provocarem um curto-circuito. Não foi tanto assim, d. Hilda... Com'é que o senhor sabe? Curto-circuito simsenhor! Sei por minhas irmãs que são vizinhas da pobre família. Afinal, de prova em prova ficou claro que tudo aquilo era coisa dos nefelibato-futuristas. E de dois dos mais perigosos... O belo advogado jejuno de causas, o almiscarado Zasparone dei Zasparoni foi à casa das Bevilacqua oferecer-se para processar de graça os dois incendiários e bandidos futuristas (não se dava por menos). Ambos escaparam de uma desmoralização que teria vindo até hoje se a própria família vítima da diabrura não tivesse compreendido tudo, até os móveis dos réus e não tivesse generosamente negado o fato!

Tempos depois Júlio Dantas viria a Belo Horizonte. Pois os *futuristas* falsificaram um telegrama dando notícia de seu passamento vítima de uma indigestão de lulas, goiabas, bacalhau, elas com elas, bananas... A mensagem (com o enunciado da ementa), colocada na tabuleta do Giacomo Alluotto, amotinou a galegada até a chegada do desmentido e, dias depois, da presença do próprio autor de *A ceia dos cardeais*. Foi dessa vez que ouvi do Raul Franco a frase relatada atrás. Tudo aquilo repercutia desfavoravelmente. Na minha repartição já se sabia que eu era *nefelibata* e os meus pontos eram cortados atentamente. Eu dava uma vaga atenção aos meus deveres burocráticos e tomara atitude impertinente com os chefes. Não os saudava na rua. Saía da repartição sem pedir licença. Lixava-me. Se fui à inauguração do *Instituto de Radium* a 7 de setembro de 22 e no ano seguinte à Estação, para levar a comitiva médica que ia para um Congresso na Europa, foi para chamar a atenção do meu diretor pelas gargalhadas insólitas que o Cisalpino, o Isador e eu soltávamos durante os discursos. Nossa gratificação estava na literatura e aquele generoso 1922 nos deu Guilherme com *O livro de horas de soror Dolorosa*, *Era uma vez*; Oswald com *Os condenados*, a formidável sequência dos números de *Klaxon* e a bomba das bombas — Mário com a *Pauliceia desvairada*. Vivíamos enriquecidos por outros nomes de outros cúmplices da máfia — Menotti, Brecheret, Rubens de Moraes, Sérgio Milliet, Carlos Alberto Araújo, Di, Alberto Cavalcanti, Zina Aita, A. C. Couto de Barros e outros, outros, outros. Recitávamos alto sob o túnel dos fícus de Afonso Pena e ao ramalhar das palmeiras da avenida Brasil. Estávamos vingados de tudo. Eram os anos 1920. Nós regulávamos com o século e íamos também nos nossos também anos 20 também. E sem querer estávamos fazendo uma revolução. Essa mesmo. Essa que ainda rola por aí. É por isso que declamávamos alto como o céu.

> Eu insulto as aristocracias cautelosas
> Os barões lampeões! os condes Joões! os duques zurros!
> que vivem dentro de muros sem pulos,
> e gemem sangues de alguns milréis fracos
> para dizerem que as filhas da senhora falam francês
> e tocam o "Printemps" com as unhas!
> "..
> Tarsila, Oswald e Mário revelando Minas aos mineiros de Anatole."
> CARLOS DRUMMOND DE ANDRADE, "Brasil Tarsila"

Uma das coisas mais importantes para a vida de nosso grupo foi a visita, logo depois da Semana Santa de 1924, da *caravana paulista* que andava descobrindo o Brasil depois do Carnaval passado no Rio de Janeiro. Em Minas ela entraria por São João del Rei e sairia por Congonhas do Campo. Belo Horizonte estava no itinerário. Tive notícias do grupo na rua da Bahia, por Carlos Drummond que estava convocando visitantes para irem ver os paulistas no Grande Hotel. Avisara todos mas à noite só comparecemos ao Maletta o poeta Martins de Almeida, Emílio Moura e eu. Fizemo-nos anunciar e subimos para uma espera comovida no salão de cima. De repente vimos entrar com passo apressado e ágil, vindo do corredor que dava para a ala de quartos dos altos de Paraopeba, a figura escanhoada, arrumada e escarolada de um imperador romano de olhos verdes. Era Oswald de Andrade sofregamente perguntando — quais são vocês? Respondemos, cada um enunciando sua graça e a conversa ia começar quando, pela mesma porta, deram entrada seis pessoas. Um menino duns dez anos, duas senhoras, três homens — dois disputando a altura e um, mais baixo, tipo estrangeirado a que faltava o braço direito. Eram Oswald de Andrade Filho (Noné), d. Olívia Guedes Penteado, Tarsila do Amaral, Gofredo Teles, Mário de Andrade e o suíço-francês Blaise Cendrars. D. Olívia Guedes Penteado — chamada por Mário de Andrade *Manacá* e *Nossa Senhora do Brasil* — tinha na época da viagem a Belo Horizonte cinquenta e dois anos. Nascera a 12 de março de 1872, filha dos barões de Pirapitingui, José Guedes de Sousa e d. Carolina Leopoldina de Almeida Lima. Entroncava, assim, na aristocracia cafeeira, no quatrocentismo e na plutocracia paulistas. Justamente o que fizera hesitar Mário de Andrade no princípio, como ele conta numa carta a Manuel Bandeira em que lamenta estar sempre entre ricaços. "Preciso largar dessa gente. Mas como? se são os que eu amo, os que me amam. E não é possível inculpá-los de qualquer coisa [...]." A essa época d. Olívia estava viúva havia dez anos. Perdera o marido, Inácio Penteado, a 8 de fevereiro de 1914. E assim como Mário — quem poderia? vê-la sem deixar de amá-la. Jamais vi pessoa destilar tanto encanto quanto essa senhora. Fisicamente não era muito alta e compensava essa estatura mediana usando penteado que lhe levantava os cabelos fortes, ondeados e grisalhos. Tinha o rosto oval, maçãs e queixo bem traçados, nariz aquilino sem ser grande, boca admiravelmente desenhada, lábio superior gênero *arco de Cupido* e sobretudo tinha os olhos que Deus lhe deu. Eram negros, líquidos, brilhantes, movediços, expressivos e seguiam, melhor, faziam eles mesmos, sua mímica — de que todo o resto da fisionomia era apenas traço acessório. Ria o melhor e mais discreto dos risos, andava bem, pisava bem, sentava bem e nessa hora sempre sua mão ficava enrolando e desenrolando o enorme *sautoir* de pérolas que lhe vinha do pescoço à cinta. Falava baixo e algodoado e parecia se interessar profundamente por nossas estórias e histórias. Logo a roda formou sub-rodas e num canto do salão ouvimos de Oswald detalhes sobre d. Olívia. Não, ela não tomara parte na Semana pois nessa ocasião estava na Europa. Morava em casa famosa, à rua Conselheiro Nébias (demolida em 1943 e onde hoje está o *Hotel Comodoro*). Era senhora de "vastíssimos cabedais" (e a mão de Oswald parecia fazer rolar pilhas de esterlinos enquanto nos confiava as possibilidades da rica dona). Só se convertera ao modernismo inda agora, depois de sua viagem à Europa de 1919 a 1923, de quando datava seu convívio com ele, Oswald, com Tarsila, Paulo Prado, Picasso, Léger, o romeno Brancusi, a turma da Academia Lhote. Tornara-se amiga de Brecheret e Villa Lobos e vendo que o ambiente de sua casa cheia de pintura clássica, porcelanas, rococós, tapetes persas, *petit-points* e *aubussons* positivamente não fazia ambiente para o escandaloso Léger que trouxera da Europa — amenajara as antigas cocheiras de Conselheiro Nébias no pavilhão moderno que frequentavam seus novos amigos de São Paulo e Rio de Janeiro em dias e noites que ficaram famosos na crônica da arte paulistana. Já a aristocracia local continuava a ser recebida para os chás das terças-feiras na sala de jantar da casa na mesma decoração clássica frequentada por Alberto de Oliveira e Aloísio de Castro quando iam a São Paulo. Havia assim nas relações da dona da casa a preocupação da grande dama que não fazia *des impairs* mantendo dum lado a arte acadêmica e do outro, Ronald de Carvalho, Ribeiro Couto, Eugênia e Álvaro, Graça Aranha, Renato Almeida. Vi essa perfeição de d. Olívia se distribuindo quando, terminada a excursão a Minas — fomos levá-la à estação, dois grupos adversos. Dum lado o governo representado por Melo Viana, Augusto Mário, Daniel, Alfredo Sá, Noraldino (*coté aubusson*) e do outro, a tropa desferrada dos *nefelibatas* e *futuristas* (*coté cocheira*). Mas Oswald continuava. Tinham estado em São João e São José del Rei, Divinópolis, Ouro Preto, Mariana. Agora em Belo Horizonte onde fariam pião para Sabará e Lagoa Santa. Depois, iam-se, por Congonhas do Campo e pelos Profetas. Era abril... D. Olívia viajava em companhia dum genro — aquele altão, que está conversando com o Emílio. Chama-se Gofredo Teixeira Leite da Silva Teles. Tem trinta e seis anos. Casado com sua filha Carolina.

O Oswald cintilava conversando. Nós ouvíamos tomados da maior admiração. Admiração por ele, por nós mesmos, de estarmos nos entretendo ali com, no momento, a maior expressão do modernismo. Era Oswald de Andrade, do nome todo José Oswald (Inglês) de Sousa Andrade, filho de José Nogueira de Andrade e de d. Inês Inglês de Sousa de Andrade. Quando ele disse que o pai era mineiro de Baependi emendei dizendo que tinha ascendência na mesma cidade. Logo começamos a puxar nomes, casos, gerações e acabamos nos descobrindo primos. Ele nunca mais esqueceu disto e conta o caso num de seus *Telefonemas* ao *Correio da Manhã*.* Não foi sem ser de propósito que descrevi a entrada de Oswald na sala do Grande Hotel como vulto dum imperador romano. Realmente ele tinha no todo maciço alguma coisa de tribunícia, proconsular, imperial e estatuária. Olhado de conjunto, possuía longínquas analogias com o futuro *Abaporu* antropofágico de Tarsila e dava a impressão de diminuir de baixo para cima ou de aumentar de cima para baixo. Tinha a cabeça relativamente pequena, cabelos abertos ao meio, enquadrando fronte curta. Há retratos posteriores que mostram testa maior — já era a queda dos cabelos maduros e as entradas inexistentes nas fotos de mocidade. Vinha daí o nariz sinuoso que está perfeitamente representado no óleo de Tarsila — que é sua melhor imagem de mocidade. Boca forte, desenhada, larga e ridente. Queixo e pescoço e nuca de busto romano. Era possante e quando o conhecemos estava na força do homem: ia exatamente nos trinta e quatro anos — nascido a 11 de janeiro de 1890. Em 1908 tinha concluído suas humanidades no Ginásio São Bento e dotado da vocação da aventura, dois anos depois foge de casa e das "ordens da mamãe" e vai para o Rio onde assiste, vibrando, os bombardeios e a vitória de Pirro da Revolta do Almirante Negro. Mas fica-lhe o gosto da rebeldia. Toda a variada iconografia que possuo de Oswald — tirada de jornais e revistas — mostram-no sempre

---

* Oswald de Andrade: *Telefonema* (no recorte que conservo estão escritas duas datas — 19 e 24 de setembro de 1947) onde ele marcou: "Ia escrevendo o nome de Pedro Nava, porque não posso falar em médicos sem me lembrar desse meu irmão em poesia e primo em pequeno bandeirismo (somos ambos quintos ou sextos netos do paulista que fundou Baependi). Mas Nava não é de São Paulo, é deste e do outro mundo".

com o ar imutável que ele conservaria — da extrema mocidade à maturidade sólida. Só começa a mudar quando a doença inicia seu trabalho de escultora terrível. No mais é o homenzarrão de olhos verdes e riso triunfal, exuberante de gestos, largo de ideias, amante dos grandes vinhos, das comidas planturosas, das boas mulheres, da poesia e da vida fortemente vivida. Àquela época já raptara, fugira e estava no terceiro casamento. Era admirável. Eu passaria anos sem vê-lo até reencontrá-lo no gabinete de Rodrigo Melo Franco de Andrade — quase quinze anos depois de Belo Horizonte. Podia ser-lhe aplicada a própria frase que ele escreveu em *A estrela de absinto*. "Não envelhecera apesar de tudo. Nem sequer se sentia adulto. De dentro um imutável fundo de adolescência gritava-lhe que era preciso sofrer, viver, morrer, seguir a lei férrea do mundo." Era assim, morreria assim — sem envelhecimento ou senilidade. Mas voltemos ao Grande Hotel... De sua conversa ia se vendo o que ele já fizera e dizia-o rindo. O início no jornalismo em 1912, sua viagem à Europa antes da Primeira Grande Guerra e seus primeiros contatos literários, a volta casado com senhora francesa, o livro de estreia escrito e rasgado. O 1917, ano do conhecimento com Mário de Andrade e Di Cavalcanti, do casamento in extremis, com uma normalista, do bacharelado em direito, da oratória no *Centro Acadêmico XI de Agosto*, da descoberta de Brecheret e da investida contra Lobato em defesa de Anita Malfatti. Já era o modernismo de que ele anuncia um grupo existente e atuante em 1920 e 1921 — época em que lança Mário de Andrade. Sempre conheceria Oswald dentro desse entusiasmo. Só comecei a assistir a sua queda depois dos anos 1940. Foi quando tive ocasião de examiná-lo e verificar as altas de sua pressão e a gravidade do seu diabete.* Mas, como eu ia dizendo, Oswald falava sem parar e agora era o relato dos dias gloriosos da Semana. Aliás esse Minotauro cheio de vida lutaria contra a doença num corpo a corpo semelhante ao que despendera para escrever sua obra até aquele momento e ao que despenderia no seu gigantesco trabalho posterior — a terminação da *Trilogia do exílio*, a com-

---

* Oswald de Andrade: *Telefonema* (*Correio da Manhã*, 25 de setembro de 1947): "Além do que, meu prezado presidente, a minha saúde está bamba. Uma grave crise de hipertensão me colheu em São Paulo. É verdade que Berardinelli e Pedro Nava estão aqui me dando além de outras injeções a de esperança".

posição de *Pau-Brasil*, a adesão ao Partido Comunista, a ruptura com o mesmo, o lançamento de *O Homem do Povo*, da *Revista de Antropofagia* com Raul Bopp e Alcântara Machado, a luta contra a geração de 45, o concurso para a Universidade de São Paulo, sua vida docente, os casamentos sucessivos com Tarsila do Amaral, Patrícia Galvão (Pagu), Julieta Bárbara e enfim as âncoras soltas baía abaixo na quietude da angra Maria Antonieta de Alkmim. *Cântico dos cânticos para flauta e violão*. Ainda: as *Memórias sentimentais de João Miramar*, os padecidos manifestos, as viagens, as reformulações de pensamento, os contatos com Picabia, Aragon, Breton, Desnos, Péret, Éluard, Ernst, Viltrac, Baron, Picasso, Soupault, Tzara e com os demônios dadaístas. A atividade de filósofo, ensaísta, jornalista político, as prisões (uma delas como sedutor e outra, armado de chicote e disposto a conturbar uma posse na Academia Brasileira de Letras). Sua precursão dos hippies (ele foi o primeiro) no sacrifício pessoal aparentemente inútil mas na eficácia de sua desobediência gandhiana. Sua candidatura com carta-desafio à referida Academia Brasileira de Letras da qual ele pensava o pior possível. E não podia deixar de ser assim face à instituição respeitável e insensata. Compreendo a atitude de Oswald porque esta Guarda Nacional intermitente da nossa literatura me faz lembrar grave senhora de Juiz de Fora, cuja história conheço por minha Mãe. Era uma flor de virtudes, um modelo de qualidades excelsas enquanto sóbria. Não havia pessoa mais *stiff* e *dignified* enquanto não se dava à bebida. Porque aí mudava a personalidade e ia toda borrada para rua Halfeld onde confundia o dr. Lindolfo com a Cecinha Valadares, o Albino Esteves com o Periquito, o Pinto de Moura com a d. Otília Braga, o próprio Belmiro com minha avó materna. Trocava os assuntos, dizia a uns as verdades dos outros, era um verdadeiro tendepá. Feito a Academia que quando está no juízo perfeito é a grande casa de Nabuco, Veríssimo, Silva Ramos, Raimundo Correia, Coelho Neto, Alberto de Oliveira, Olavo Bilac. Já nos seus dias de porre é o que se sabe — dana-se de confundir o agudo crítico Alho com o esperto ensaísta Bugalho, Félix (Pacheco) Ferreira com Félix (Ferreira) Pacheco, o professor Jaceguai com o almirante Austregésilo, o romancista Getúlio Vargas com o ditador Machado de Assis, o polígrafo Ataulfo de Paiva com o ministro João Ribeiro, o bispo Miguel Osório com o fisiologista Silvério Pimenta, fica furiosa com os literatos genuínos, dá-se toda à medicina, ao governo, às altas patentes e explica que os medalhões também são filhos de Apolo. No tocante à piada Oswald era um gênio. Idem ao tratar-se de apelidos.

    Mas eu estava dizendo da saúde de Oswald naquela noite do Grande Hotel e da sua luta posterior para manter a vida integral. Porque eu o examinei naquela fase em que os homens exuberantes são sempre maus doentes porque inconciliados com o próprio estado. Quando viram *bons doentes* já estão perdidos. Conformam-se primeiro com os diuréticos, depois com os diuréticos + os hipotensores, depois com o aumento de sua dosagem, com a retirada progressiva do sal, da carne, do álcool, do fumo, do coito, com a digitalização permanente, com os coronário-dilatadores crônicos. Vêm aí a conversão e as comunhões frequentes. Mosteiro de São Bento. Parece que Oswald não tocou toda essa lira. Começou-a apenas — que a morte veio livrá-lo da entrega total. Morreria a 22 de outubro de 1954 com sessenta e quatro anos de uma das mais belas vidas das letras nacionais. Não o chamarei de Ariel mas, fazendo um péssimo trocadilho — de Aríete. Ora, deixemos essas futurosidades e voltemos ao salão de cima do Grande Hotel. Para encontrar a coisa mais linda, senhores! que estava lá: Tarsilalá do Amaralalá. Vocês já imaginaram? o trem divino e inteligente como ela era, aos trinta e quatro anos. Exatamente aquela cara no autorretrato de frente, de frente simétrica direita igual à esquerda para mostrar que aqueles olhos prodigiosos eram mesmo dois, as narinas duas, as conchas das orelhas par, as metades da boca decalques. Deem a esse rosto o oval perfeito, a cabeça lisa cabelos gomalina e a vertical caindo implacável do seu bico de viúva. Ponham tudo isto no corpo mais proporcionado do mundo e ministrem-lhe a voz mais feltrada e musical saindo sempre de dentro dum sorriso e terão o que era na mocidade a maior intérprete da antropofagia. Porque se escrita e na sua forma literária o poema antropófago e a prosa antropófaga tinham sempre o perigo de andar na quina da piada — já a sua expressão em pintura tinha uma seriedade e um tom trágico que fazem de *Antropofagia 1929*, da *Negra 1923*, da *Floresta*, de *Sono* e de *Abaporu* das telas mais ferozes de nossa arte. Perto delas a deglutição do bispo Sardinha vira simples degustação de sorvete. Note-se que alguns desses quadros são proféticos e antecederam o próprio *Manifesto*. Sentia-se que ela e Oswald caminhavam inexoravelmente um para o outro. Tarsila tinha sido aluna de Pedro Alexandrino em 1917 mas, em 1920, já a encontramos, em Paris, na Académie Julien sob Émile Renard.

Procura depois o convívio de Elbert Gleizes, do atelier de André Lhote e sofre as influências de Picasso e de Fernand Léger por quem ela devia estar atuada quando adivinha tão bem as formas arredondadas, maduras e fálicas do seu *Cartaz da Exposição em Moscou em 1931* e antes, naquele ano da graça de 1924, para compreender as nuvens em forma de nádegas dos santeiros das igrejas de Minas Gerais. O traço tarsilesco, passando pelos pintores das gerais, encosta nas redondezas de Léger. Quando a vimos ela estava chegando de São João del Rei onde passara a Semana Santa. Tinha conhecido Oswald e Cendrars no ano anterior de 1923. Quando falamos em *influências* de Léger e Picasso não queremos tirar de Tarsila o que lhe reconhecemos. Uma das mais originais de nossas artistas plásticas. Influência forte, se ela a teve na pintura foi a da forma do manto cônico de Nossa Senhora da Aparecida...

Saímos encantados do Grande Hotel, com encontro marcado para a mesma hora da noite seguinte. Pela tardinha desse amanhã eu descia a rua da Bahia quando encontrei subindo d. Olívia. Estava passeando só pela cidade, naquela hora do acender das luzes de Belo Horizonte em que o céu ainda está empapado dum resto de vermelho do crepúsculo. Logo desbarretei-me, ela sorriu e este sorriso de grande dama a um *enfant terrible* da capital de Minas reside como estrela há cinquenta e três anos na minha memória. Posso descrever-lhe o andar, o chapéu, a mão enrolando e desenrolando o fio de pérolas do longo colar. Depois do jantar estávamos no Maletta e por proposta do Mário decidimos sair a dar uma volta nas ruas de "larguezas" e "enormes coágulos de sombra" esperando serem captados para o poema imortal (e não é? que até hoje não há uma rua em Belo Horizonte chamada Mário de Andrade!). Eu não tinha ficado trombudo com Cendrars com a pilhéria dele sobre meus desenhos. Vá lá que um pouco formalizado... Assim tornei-me felicíssimo à saída do hotel, quando sua mão única travou meu braço direito e ouvi de sua boca palavras amigas. *Ne vous en faites pas à cause de mon mot sur vos dessins, le feijão et la cocaïne. Votre mine me revient tout à fait, parce-que — c'est extraordinaire! — vous avez la tête de Radiguet.* Encantado com a semelhança passei a verificá-la nos documentos que vou tendo em mãos. Realmente quando vejo meus retratos de 1918 e 1919, daqueles vinte, o que me fez Joanita Blank em 1938 e comparo-os à iconografia do autor do *Le diable au corps* e do *Le bal du comte d'Orgel*, os desenhos de Valentine Hugo, de Cocteau, Lucien Daudet e Picasso — não deixo de achar certas semelhanças entre nossas figuras mal-encaradas. Sobretudo quando eu era magro. Curioso é um desenho que orna as capas de todas as brochuras da coleção do Conselho Estadual de Cultura de São Paulo (onde está a *Invenção de Orfeu* de Cassiano Ricardo)* — que parece um retrato de Radiguet ou um retrato meu, conforme queira quem olhar o desenho. Blaise Cendrars — era como assinava o suíço francês Frédéric Sauser. Figura admirável de homem livre, aventureiro e poeta, ele celebrizou-me pela própria obra, pela influência exercida na dum poeta maior — Apollinaire — pela sua ligação com os vanguardistas franceses e os modernistas brasileiros — de que é impossível escrever sem dizer seu nome. Na Primeira Grande Guerra foi soldado da Legião Estrangeira e teve seu braço direito projetado nos céus. Foi um viajante infatigável, correu seca e meca, andou no México, virou meio mundo, transiberiou, visitou o Brasil mais de uma vez. Tinha grande curiosidade pelo Rio de Janeiro que ele, para conhecer até às profundas, pediu auxílio das equipes da Assistência Pública. Saía de ambulância acompanhando os médicos, vendo-os socorrer e agir em pátios-dos-milagres onde ele não entraria sem perigo como turista: Cais do Porto, os morros, o Camerino, General Pedra, o Mangue. Serviu-se do *laisser-passer* de que sempre gozamos no serviço de pronto-socorro. Conheceu o Brasil de fio a pavio — do mais alto, com os Prado, Penteado e Guedes, ao mais baixo, com as luzes do Armenoville e da Lapa. Cendrars nasceu em 1887 e morreu em 1961. Tinha trinta e quatro anos, uma guerra e uma mutilação quando o conheci em 1924. Fisicamente era magro, seco, musculoso, ágil, cara triangular, pele do rosto lustrosa como se tivesse sido envernizada, muito vermelho e de expressão sempre sorridente. Cabelos dum castanho avermelhado e olhos gateados. Conversando, o que dizia era sempre de originalidade saborosa. Seu julgamento era profundamente rápido e arguto. Não se enganava de jeito nenhum em questões de arte, poesia e literatura.

    As idas e vindas da conversa iam nos levando de um a outro dos viajantes paulistas. Não deixávamos um deles sem nosso dedo de prosa. Ora era um grupo só, ora ele subdividia em vários na praça Sete, em Afonso Pena, Bahia. Mas havia um homem ubíquo — que estava sempre em toda a parte. Era um moço falante, gargalhante e tama-

---

* Trata-se de estudo crítico sobre a poesia de Jorge de Lima.

nhoso chamado Mário de Andrade, aliás Mário Raul de Almeida Leite Moraes de Andrade.*

> A verdade é que na História da Literatura Brasileira ele figura como um marco, e marco número 1, a partir do qual se contarão diferentemente os capítulos que datam de 1922 para cá.
>
> LUÍS JARDIM, "Mário de Andrade"

Há trinta e dois anos está morto Mário de Andrade. Vão rareando as fileiras dos que o conheceram em vida e viram como ele era. Assim, uma revisão da sua melhor iconografia e a seleção dentro dela, do mais fiel, não deixa de ser trabalho útil para quem, no futuro, queira ter de sua figura uma ideia mais próxima. Vamos tentar rapidamente essa empreitada, escolhendo apenas o melhor em matéria de pintura e fotografia. O retrato de Portinari, obra-prima de pintura, não dá uma ideia perfeita de Mário. Ele é expressionalizado numa megaforma que caberia melhor ao gigante Wenceslau Pietro Pietra. É tórax demais e queixo demais. Fora isto e faltarem os óculos — a semelhança é quase total. O de Lasar Segall aproxima-se mais e dá ideia perfeita da miopia e do que ela adiciona à expressão. Trata-se de um retrato de mocidade e os olhos de Mário ainda não tinham adquirido a amargura que já transparece no óleo de Flávio de Carvalho, nem a resignada santidade que está no pastel de Tarsila. Outro pastel, o de Anita Malfatti, é dessemelhante e só dá bem a noção de sua postura de pescoço e crânio. Esta ainda aparece melhor nas cabeças esculpidas de Joaquim Figueira e Bruno Giorgi e mesmo na imobilidade terrível da máscara mortuária de Marienorme de Andrade. Destaco dentro de toda a contribuição plástica ao aspecto físico do autor de *Macunaíma*, pela parecença e penetração psicológica que não excluem a criatividade, o admirável desenho de Nelson Nóbrega que vem reproduzido na *Folha da Manhã* de São Paulo, de 22 de fevereiro de 1948. Está também na *Revista do*

---

* O único lugar onde vi seu nome assim completamente grafado foi num artigo de Luís Jardim publicado na *Folha Carioca* de 28 de fevereiro de 1945: "Mário de Andrade".

Arquivo Público Municipal que citaremos adiante. No tocante à fotografia, creio que só merecem escolha duas qualidades de documentos: os instantâneos, pelo aspecto quase cinematográfico da imobilização de um relâmpago de movimento e a fotografia de arte onde o fotógrafo se dobra do psicólogo — esperando, para calcar, o minuto em que se lhe abre a *fenda* proustiana que permite surpreender o momento exato da eternidade psicológica do seu modelo vivo. Entre os primeiros aponto pelo valor documentário de reprodução fidelíssima aquele em que aparece o escritor numa festa de parque infantil, quando era diretor do Departamento de Cultura; outro em que ele está de caneta na mão e cigarro na boca, de chambre, à mesa de trabalho de sua casa em São Paulo (identificável pelo fragmento do quadro de Portinari na parede da peça) e que saiu em *O Globo* de 24 de fevereiro de 1975; um terceiro (provavelmente da mesma data pela identidade da roupa de interior), onde ele surge examinando crucifixo antigo e que é uma das ilustrações da reportagem sobre o filme de Joaquim Pedro e que está em *Manchete*, "As obras-primas que poucos leram — 16"; importantíssimos pelo jeitão inconfundível são os instantâneos de Mário soldado, de Mário turista, de boné — um, ele só, de bengala, diante de azulejos; outro, com d. Olívia durante a viagem ao norte, à porta de uma papelaria; outro de Mário com um amigo, na avenida Rio Branco. Os dois últimos estão no número 54 de *Os grandes personagens de nossa história*. Mencionemos como de toda importância para a iconografia mariana o número especial da *Revista do Arquivo Público Municipal de São Paulo*, CVI, 1946, onde está a prodigiosa foto em claro-escuro de Benedito J. Duarte, de 1930. Muito de indústria deixei para o fim as melhores fotografias de Mário de Andrade. As tiradas por Warchavchik. Qualquer delas é fotografia de arte principalmente difícil de realizar porque apanha o modelo de frente. Entretanto prodígios de semelhança física e de punção psicológica. É o retrato de um homem em plena forma e sem apresentar certos sinais de magreza forçada e de queda de traços traduzindo regime, moléstia e velhice. Mas que retrato... Dividido por uma horizontal que passasse pela ponta do nariz temos embaixo o queixo voluntarioso e possante dum dioníso sorridente. Já a metade de cima é a de uma górgona míope atormentada pelas próprias serpentes. Se fizermos o mesmo jogo com uma vertical, o lado esquerdo é o dum frio e lúcido observador, o olhar agudo e cortante se esgueirando de dentro da deformação habitualmente acarretada pelas lentes dos óculos. A meia boca é irônica e altiva.

Mas a metade direita mostra um olhar morto de sofredor e mártir enquanto o resto de sua boca tem o heroísmo e a endurância de continuar sorrindo apesar de tudo. No conjunto é figura que podia servir de modelo aos santos do Greco e de Zurbarán.*

A fotografia de Benedito J. Duarte a que já nos referimos mostra um homem sorridente e alegre. Mas isto ainda não dá a ideia do que era o riso de Mário de Andrade quando ele o fazia com a bocarra enorme e os dentes sadios, rindo rindo de corpo inteiro, de dentro para fora o riso rindo que lhe roubaram os injusticeiros. Sempre eu tenho a visão profética das pessoas. Quando as conheço sei o que elas vão representar para mim. Identifico logo os canalhas e os que vão ser amigos. Quando me engano é porque quis me enganar — uma vez que sou dono dum maquinismo que não falha. Outro que tinha essa propriedade, segundo ouvi dele mesmo: Afonso Pena Júnior. Pois quando vi Mário de Andrade, no Grande Hotel, morei logo, como se diz em gíria atual. Senti de estalo a imensa simpatia, a amizade em estado nascente e a enorme influência de sua personalidade sobre o raro que eu escreveria em moço e o demais que venho fazendo depois que passei da idade. E vi-o pela vida afora como se estivesse lendo numa bola de cristal. E como é? que falava esse granganzá do Mário. Com a melhor voz e o modo mais macio. Como que lubrificava as palavras babando as sílabas que saíam no seu sotaque provinciano, separadas feito cubos de gelo cujos ângulos e arestas fossem *émoussés* por derreter. Suas sílabas e palavras se arredondavam e escorregavam sobretudo nos seus CHH. Marcha. Marchar. Warchavchik. Chique. Meschick. E tinha a propriedade de falar se rindo — *e ria, comele ria! riaté sem razão*. E era nessa mesma fala de paulistano sem se impostar nem se importar que ele era um intérprete admirável de poesia e prosa. Lembro de tê-lo visto e ouvido ler coisas suas em casa de Rodrigo. Sua construção oral tinha, então, modulações de frase musical. E não era que declamasse, Deus me livre! O que ele era é um dizedor fabuloso até de frase de conversa. Degustava a palavra e essa sua volúpia palatal é que deve ter

---

* Fica aqui a sugestão para um estudo iconográfico de Mário de Andrade enquanto estão vivas algumas pessoas que podem localizar, datar e explicar a *oportunidade* e a motivação do documento, segundo a boa técnica de arquivo fotográfico. Senão, fica peça meio morta.

inspirado seu Congresso de Língua Nacional Cantada — quando diretor do Departamento de Cultura da Prefeitura de São Paulo. Aquele era o homem que sob o pseudônimo de Mário Sobral escrevera o *Há uma gota de sangue em cada poema* e que cinco anos depois daria uma de Mário de Andrade mesmo com a bomba da *Pauliceia desvairada*. Mas antes de falar do literato vamos apenas enunciar o mundo de coisas que foi esse diabo d'homem. Foi primeiro músico. Aluno de música e professor de música. Além disso e coisa diferente o musicólogo insigne e crítico dessa arte no grande sentido. Seu historiador. E ele foi incapaz de mantê-la em compartimento estanque do seu espírito senão que a trouxe inteira como contribuição presente em toda sua poesia. Filósofo na amplitude do termo foi psicólogo, filólogo, esteta da língua, glotólogo dono dos mistérios da palavra, folclorista a que não escapou nenhum detalhe de nossa cultura — fosse na gastronomia e conhecimentos de nossa cozinha e nossos hábitos alimentares, fosse na arte dos fazedores de oragos de pau, de massa, barro cozido, dos desenhadores e esculpidores de ex-votos. Daí o conhecedor profundo de nossa imaginária, dos nossos santeiros e pulando, de nossa talha, de nossa arte arquitetural eclesiástica, civil e castrense. O homem que reuniu os conhecimentos que lhe foram possíveis não podia deixar de se derramar na mestrança da gramática, da literatura e da linguística. Nesse ponto foi um *scriptor classicus* e um escritor popular, cordelesco e trovadoresco como o demonstraria essa obra-prima de arte e ciência de brasileirismo que chamar-se-ia *Macunaíma*. Digo chamar-se-ia porque a essa época Mário de Andrade já estava prenho do prodigioso *herói sem nenhum caráter*. Uns dizem que *Macunaíma* foi escrito em seis dias, outros, em quinze, o que é possível e não tem importância. Importante é conceber essa obra rabelaisiana que disseram "incrustada de Barbosa Rodrigues" e a que eu acrescento incrustada dos cancioneiros portugueses, da poesia popular brasileira, das lendas da península, de gíria porca e neologismos límpidos, do folclore ameríndio brasileiro, de pureza e sacanagem, de Camões e Machado de Assis, das duas Arcádias e do Bocage erótico e putanheiro. Importante é esse caldo de cultura onde fermentaria aquela anedota imensa e prodigiosa que será sempre rapsódia hino nacional desse Brasil que se congrega e separa, se junta e se despedaça como no complexo de depeçagem de seu autor. Lembram? dele mandando jogar mãos desvivas prum lado, sexo pro outro, dividir-se na sua cidade saudade ubiquar-se em trezentos trezentos e cinquenta e à toa à toa, no meio dum período, anunciar-se em pedaços sessoltandosse. EU CAIO. Então cai! E o poeta? O cronista? o contista?

Tudo isto tenho a impressão de ter adivinhado nos relances daquelas noites em que me surpreendi amigo para sempre de Mário de Andrade. Tinha nada que compreendê-lo mais do que ele estava se mostrando na sua fantástica diversidade (trezentos! trezentos e cinquenta!): era adotá-lo em bloco como faziam seus verdadeiros amigos. Como ele adotava os que tiveram a felicidade de terem sido seus amigos. Dizem que ele o era no sentido vertical e fundo. Era. E com a correção que por sua vez não admitia deslizes. Todos sabem como ele sofreu para romper com um amigo mas a implacável atitude que tomou de não voltar atrás no rompimento apesar de ser homem sem rancor. Sem rancor mas sem permissão. Sua *amizade* serviu para ditar-lhe cartas que espalhou pelo Brasil ensinando seus moços. Estava sempre de braços abertos, sempre pronto para a palavra pedida. Todos lhe doíam como o rapaz morto do improviso cujo nome — José Antônio Ferreira Prestes — entra na literatura brasileira por ter podido inspirar a Mário aquele poema que só se lê de garganta presa sentindo os olhos inchando da necessidade das lágrimas — *ah! vaitimbora rapaz morto!*

Vou contar desde já mais alguma coisa de Mário — usando o direito do memorialista de ser profeta do passado ainda não acontecido e colocado num futuro que já é pretérito. Mário foi a alma do Departamento de Cultura da Prefeitura de São Paulo e o prefeito que o afastou desse cargo foi um de seus assassinos. Escrevo essa palavra em plena consciência porque cominar a outro um desgosto e uma amargura incessantes como é hábito dos inconscientes, dos invejosos, dos maus, dos rancorosos, dos ingratos e dos perseguidores — esse bombardeio das artérias coronárias — tem o mesmo valor dum tiro de revólver. A angina de peito de Mário Raul de Moraes Andrade começou na ponta da pena punhal que assinou o ato de seu afastamento do Departamento de Cultura. É por isto que escrevi palavra que repito — assassino. Tive noção disto quando o livro de Paulo Duarte com a correspondência de Mário mandada do Rio revelou-me a extensão do drama de sua solidão em nossa cidade. Solidão que ele ainda povoou — compreendido por Gustavo Capanema, Anísio Teixeira, Rodrigo Melo Franco de Andrade — sendo professor da Universidade criada por Pedro Ernesto para o Distrito Federal, encarregado de projetar a *Enciclopédia Brasileira* para o Instituto Nacional do Livro e um dos autores do plano de que resultou a estruturação do atual Instituto do Patrimônio Histórico e Artístico do Ministério da Educação. O poeta morou no Rio, na ladeira de Santa Teresa, 106 e depois na rua Santo Amaro, 5. Nesta casa existiu e foi retirada não sei por quê uma placa que dava notícia da passagem ali do grande brasileiro. Seu busto também foi retirado e jamais recolocado no seu antigo lugar da praça Paris. Era uma repetição do de Bruno Giorgi e olhava a direção de Copacabana e da Taberna da Glória (hoje demolida) que era, nessa ocasião, o bar preferido por Mário de Andrade. Ali passei noites e noites em sua companhia e na de outros amigos e nada na sua prosa, na sua aparente alegria podiam nos dar ideia do inferno revelado pelo livro de Paulo Duarte e como se consumava ali, a cada minuto, a preparação de sua morte. Foi por essa ocasião que pude examinar Mário de Andrade mais de uma vez e ouvir suas queixas das dores de cabeça e da insônia que o afligiam. Dos males do seu estômago. Nesse tempo sua pressão já não era normal e sujeita a oscilações. Em 1941 é que deu o desespero e resolveu voltar para sua São Paulo. Morreria a 25 de fevereiro de 1945 na sua cidade. Saudade.

> O Conselho Deliberativo é manuelino
> [...]
> Calma do noturno de Belo Horizonte...
> As estrelas acordadas enchem de ahs!... ecoantes o ar.
> O silêncio fresco despenca das árvores.
> Veio de longe, das planícies altas
> Dos cerrados onde o guache passa rápido
> Vvvvvvv... Passou... tal qual o fausto das paragens de
> [ouro velho
> [...]
> O secretário da Agricultura é novo!
> MÁRIO DE ANDRADE, "Noturno de Belo Horizonte"

Infelizmente a última noite dos paulistas em Belo Horizonte foi estragada pelo pessoal do governo visitando d. Olívia no Grande Hotel. Ela e a comitiva tinham sido reconhecidos num restaurante pelo secretário da Agricultura e logo nossos amigos foram acaparados pelos homens importantes. À véspera de sua partida nossa visita foi esfriada pela presença do Poder. Exceção feita do presidente do estado, todo o secretariado estava rente. Melo Viana, Interior; Mário Brant, Finanças; Daniel de Carvalho, Agricultura; mais Flávio Santos, prefeito; Noraldino Lima, Imprensa; Alfredo Sá — chefe de polícia — a olhar desconfiado a malta também presente (e ali tratada em pé de igualdade por d. Olívia, coitada!) de nefelibatas, futuristas da maior periculosidade, certo transgressores, vigaristas, falsários, irregulares, ébrios, desordeiros, bordelengos e incendiários — a que sorria ali, homem de sala, mas de que não sabia bem qual o primeiro que seria metido por ele no xadrez (ai! de mim). Presente e a nos olhar também com fúria, estava um deputado pela bitolinha, um tal Rangel de Azambuja, velho salista dos bons tempos que virara casaca na caçada-de-feiticeiras da era bernardista. Era o mesmo que recebera de dois de nossa roda os versinhos que ficariam famosos em Belo Horizonte. *Futuristas*, já se vê. Sem rima nem metro.*

Ah! eu vejo os rangéis de azambuja zurrando pelas campinas...
e os orfeus de tavares
estúpidos boçais!
lambendo
    os
    l   ú
    o   b
    n   e
    g   r
    o   e
    s   s
    das vacas pestilentas...

O Azambuja conhecia os versos e sabia de sua autoria. Mas continha-se e sorria.

---

* Segundo Carlos Drummond de Andrade em *Confissões no rádio: XV* (*Jornal do Brasil*, 19 nov. 1977), foi o primeiro poema em versos livres aparecido na nossa roda. Os autores eram ele e João Pinheiro Filho. Reproduzo os versos de cor, depois de mais de cinquenta anos e dando-lhes feitio gráfico arbitrário.

Lembro como se fosse hoje. Nós estávamos na salinha de espera do primeiro andar do hotel. De repente Mário de Andrade foi andando para a sacada. Ali estacou, pôs as mãos no parapeito, respirou longamente o ar cheio do friozinho da noite, expandiu-se como folha de vitória-régia, cresceu contra a arquitetura manuelina do Conselho Deliberativo, virou numa espécie de enorme concha eletrônica e começou a captar o canto gigantesco do Brasil condensado num funil que o derramava em Minas e deixava rolarem pela rua da Bahia o estouro dos rios cascata súbita bombarda uivos de águas tombando golpes de remeiros riso de noivos risadas de cascalhos soltos e chocarreiros carreiras carreiras de ventos baque vuque! de ninho de tenenem que cai pesado rompendo outro vento que está vindo dos cerrados longe onde o guache passa rápido vvvvvvv... Passou. Seus óculos pareciam holofotes varrendo a noite de Belo Horizonte que ele povoava da maravilha de centenares milhares de brilhos vidrilhos entre coágulos de sombra rosas despencando das tapeçarias das folhagens braços cabindas da noite. Via estardalhaços de luzes estrelas vias-lácteas constelações lumeiros festivais de planetas caudas de cometas multidões matizadas e à luz de tocheiros o cortejo das gentes aberto por Bárbara Heliodora. Carijós emboadas espanhóis de Felipe IV — agora Marília de Dirceu poetas encarcerados o corpo esfaqueado da filha do coronel Antônio de Oliveira Leitão, também ele, ali, segurando na mão a própria cabeça que lhe fora cortada — ordem da Relação da Bahia. E todos churriavam beijos de ódio cópula fraternidade e falavam na língua do *ão*. E as ventas do poeta se abriam para o cheiro das magnólias, da carne de porco cortada indagora e fumegando da couve rasgada e sua boca para o gosto do tutu, da açaí, do ardume das pimentas. Era o *Nocturno de Bello Horizonte* descendo ali, à minha vista, à nossa vista sobre Mário de Andrade — "esmigalhadoramente" sobre Mário de Andrade — que o sentia cheirava provava via ouvia. No dia seguinte as mesmas rodas paralelas que visitavam os paulistas no Grande Hotel estavam na estação para seu embarque. Sido dias inesquecíveis. Tínhamos feito amigos e principalmente recebido apoio. Ia começar nossa estimulante correspondência com o fabuloso poeta dos cinco sentidos espalhados nas nossas ruas.

Mas ainda não se tinham acabado os dias gordos de 1924. Depois da dos paulistas teríamos a visita de Prudente de Morais, neto e Sérgio

Buarque de Holanda.* Vindo cuidar do lançamento de *Estética* cujo primeiro número, efetivamente, sairia em setembro. Tiveram contato com toda a roda, granjearam farto número de colaboradores e eu fiquei sendo o representante da revista. Minha tarefa era cavar assinaturas. Meu pagamento seria feito por meio da remessa de livros que os editores e autores mandassem à redação. Foi assim que fiquei conhecendo Villiers de L'Isle-Adam e as edições recentes dos seus *Contes cruels* e *Nouveaux contes cruels*. Num verdadeiro *tour de force* consegui cerca de quarenta assinantes. Os companheiros do nosso grupo e cavalheiros extremamente sérios da cidade que eu tive a audácia de ir procurar em suas casas ou seus escritórios. Homens de negócio como o Oscar Marques, o seu Decat, o coronel Jorge Davis; engenheiros como o dr. Lourenço, o dr. Rache, o dr. Artur Guimarães; advogados como o Benjaminzinho, o Aleixo Paraguaçu, o dr. Orozimbo Nonato; médicos, meus mestres, como o dr. Borges, o dr. Aleixo, o dr. David; gente de nossa vizinhança na Serra, como o dr. Estêvão, o coronel Gomes Pereira, o coronel Peixe; pessoas que me deviam ser duplamente sagradas como médicos e chefes na Higiene, como o dr. Laborne, o dr. Pedro Paulo (que tinha substituído o seu Deolindo Epaminondas na chefia do secretariado da repartição) e o próprio dr. Samuel Libânio! E outros, inúmeros outros, sobretudo parentes e amigos de minha Mãe, de meu avô, do Nelo. Imaginem agora a chegada da *Estética* e o modo como ela foi recebida por essas figuras. A coisa foi considerada pura e simplesmente como desrespeito e deboche de minha parte. Não era possível! Impingir uma porcaria daquelas! Só mesmo tipo da minha laia. Fui tomado como espécie de escroque perigoso e só encontrei defesa entre minhas vítimas, nas pessoas dos drs. Arduíno Bolivar e Abílio de Castro. Os outros me acabrunhavam, deploravam a sorte de minha Mãe. Coitada! da d. Diva. Tão lutadora. Não merecia um canalha daqueles entre os filhos. E logo o mais velho... Que exemplo! para os irmãos... Minha cotação na repartição achatara-se a zero.

Esse 1924 seria como um píncaro galgado e um ano simbólico para nós. Simbólico já na morte de Anatole France. Depois seria o ano

---

* Curioso é que a opinião dos contemporâneos dessa visita é discordante. Uns negam e outros admitem a ida de Sérgio Buarque de Holanda à capital de Minas. Por mim estou certo de tê-lo claramente visto na rua da Bahia.

de *Kodak* e *Feuilles de route* (*I. Le Formose*), de Blaise Cendrars; dos *Poemetos de ternura e melancolia* de Ribeiro Couto; dos *Estudos brasileiros* de Ronald de Carvalho que tínhamos no altar desde os *Epigramas*, de 1922. Viera depois o *Manifesto do Pau Brasil* de Oswald e a oposição surgida com o *Verde Amarelismo* e a *Revolução da Anta*. As cartas de Mário nos traziam notícias de seus trabalhos em andamento — *Amar, verbo intransitivo* e *Remate de males* — no estaleiro. Guilherme veio com *A frauta que eu perdi*. Esse enunciado de goiabada misturada com cerveja basta para dar uma ideia da extrema confusão que era o movimento modernista. Cabe repetir a frase de Aníbal Machado. Todos sabiam o que não queriam. Ninguém sabia o que queria. Creio que nossa grandeza estava na divergência. Ainda dentro da literatura e considerando-o como ato de protesto foi o desvairismo de Florinécio Filho, que chefiando grupo composto pelo Zegão, pelo Demetrius Santarém e pelo Isador Coutinho — tentou uma entrada no cemitério do Bonfim em noite de plenilúnio. Pura imitação do que tinham feito intelectuais de Santiago para verem Norka Ruskaia dançar sobre túmulos, ao luar chileno. Só que, na realidade, essa história que escandalizou Belo Horizonte foi uma batalha de Itararé. Não houve. Os boêmios ousaram, como máximo, montarem um instante o muro do campo santo para dali, aterrados com o próprio sacrilégio, retornarem à rua. Só que seu berreiro alertou a guarda e foi tudo em cana. O dr. Alfredo Sá, contemplado afinal — mandou botar o nome de todos nas ocorrências policiais. Para escarmento da canalha futurista. Logo nesses dias seu primo Francisco de Sá Pires retornou do Rio, do exílio e solidarizou-se publicamente com os meliantes.

> *On calme, on use ses chagrins en les confiant. Peut-être en écrivant cette histoire de ma vie, me débarrasserai-je des souvenirs qui m'obsèdent...*
> MARCEL PROUST, *À la recherche du temps perdu*

Retomando o relato das aulas da Faculdade de Medicina nesse ano de 1924 quero marcar que, além de completarmos nossos estudos de anatomia descritiva e fisiologia, tomamos contato com cadeiras novas que iam ampliar conhecimentos sobre nossa dona a Moléstia e principalmente começar o noviciado com esse companheiro de cada pensamento, de cada instante, de cada dia — o Doente. Essas disciplinas foram as de microbiologia, regida por Roberto de Almeida Cunha, clínica propedêutica cirúrgica, por Zoroastro Viana Passos e clínica propedêutica médica, por Marcelo dos Santos Libânio. Quero me deter um pouco sobre esses professores e seu ensino pois das mãos deles recebemos mais um sacramento hipocrático e alguma coisa como a imposição dum carisma, duma confirmação. Cuidando de suas personalidades (tanto quanto o permita minha falível humanidade) quero ser justo, não depondo contra nem a seu favor. Simplesmente deponho. Aliás, continuando a fazer o que tenho procurado fazer até aqui nas minhas recordações — não as escrevendo para agradar nem para transformá-las em investimento de lisonjas. Nesse terreno a sinceridade se impõe porque escrever memórias é um ajuste de contas do eu com o eu e é ilícito mentir a si mesmo. Essa franqueza assenta em quem escreve se amparando, assistindo, socorrendo — na solidão terrível da existência. Seria insensato não aproveitar tal ocasião de darmos a nós mesmos o que pudermos de verdade e companhia. Escrever memórias é animar e prolongar nosso alter ego. É transfundir vida, dar vida ao nosso William Wilson, é não matá-lo — como na ficção de Poe. E essa vida é a Verdade. Com essa digressão tomei atalho dentro do qual devo dar mais uns poucos passos para deixar claro no leitor, a concepção do que considero memórias. Para quem quer escrevê-las sendo leal consigo mesmo — há que fazer tábua rasa das imposições familiares, das vexações do interesse material, do constrangimento idiota da vida social. Impõe-se a tomada cilicial do que João Ribeiro batizou a "filosofia do exílio". Não só no sentido dado pelo mestre ao isolamento necessário ao trabalho, mas principalmente, à obrigatória ruptura com os próximos e destes, sobretudo com aqueles a quem só nos liga escassamente o costume, a convivência, a mera coincidência — jamais a verdadeira afeição. Eu estendo ainda a deportação de João Ribeiro, a um martirológio: a busca voluntária, a tomada da posição de *vulnerabilidade* a tudo que o mesquinho próximo tem para agressão fora da polêmica e do combate a peito aberto. A maledicência, a calúnia, a intriga, a *mise-en-branle* completa da máquina da inveja. É preciso uma resistência sobre-humana para aguentar esse assédio sem entrega e sem degradação das próprias armas. É preciso continuar fiéis a nossa verdade mesmo quando ela aborrece e desagrada porque é assim que ela nos ajuda, paradoxalmente, a praticar ato de amor com os inimigos — fazendo a terapêutica cirúrgica de seu esquecimento. Extirpando-os. Amputando-os. Erradicando-os. Explico o que possa parecer obscuro no meu pensamento invertendo a fórmula de William Peter Blatty no seu best-seller, *In forgetting they were trying to remember*. Não. O que convém dizer é que lembrando estamos provocando o esquecimento. Depois de escrito, o que foi ressuscitado estará, então, definitivamente morto. Tenho experimentado isto com a evocação de personagens que me eram odiosos e que depois de fixados por mim no físico que me desagradava, no procedimento que me revoltou — como que falecem na minha lembrança e até adquirem, quando reaparecem, um aspecto indiferente e às vezes quase tolerável. Um grande bem me chega desses ajustes de contas. Depois de caricaturar meus rancorizados eles perdem completamente o travo e posso pensar neles até com piedade. Liberto-me do ódio. Porque este, em mim, como amor (logicamente, como o amor) — acompanha o defunto também. Se eu amo esta memória? por que? não tenho direito de aborrecer aquela. Esse desagradável sentimento é que tento suprimir. Minha moral, como dizia Mário de Andrade, não é a moral cotidiana. Poderia? escrever sem remorso o que escrevi de certos parentes meus. Sim. Porque para mim eles perdem o caráter de criaturas humanas no momento em que começo a *escrevê-los*. Nessa hora eles viram personagens e criação minha. Passam a me pertencer como pertenci a eles no preciso instante em que me ofenderam, humilharam e fizeram sofrer minha infância. Vivos ou mortos eu tenho de suprimi-los, o que faço ferindo pela escrita — já que esta é a arma que me conferiu a natureza. E o que eu estou dizendo não é uma explicação para os vivos tampouco para os que acham minhas memórias cruéis... Continuarei como comecei e já que estamos no terreno dos esclarecimentos abordo outro aspecto de minhas lembranças. Aliás, já entrei nesse assunto no meu *Balão cativo*. É o do uso do palavrão. Ele tem o seu lugar. Considero tão inconcebível um livro de pornografia pura como o fato de comer cebola, alho e pimenta puros. Mas a expressão chula ou obscena tem valor condimentar e tem de entrar num texto na hora e proporção certas — como o alho no arroz, a cebola no bife e a pimenta na muqueca. A palavra maldita também é tempero... Usá-la no momento adequado é fazer alta cozinha. Mas chega de devaneios e vamos contar meus professores do terceiro ano médico.

Roberto de Almeida Cunha tinha trinta e quatro anos quando nos lecionou a cadeira de microbiologia, em 1924. Era a terceira turma que ele preparava. A primeira fora a de 22, substituindo Ezequiel Dias doente. Com a morte deste, empossara-se catedrático a 10 de fevereiro de 1923 e tomou a segunda já como professor titular. Ele era extremamente zeloso no seu ensino e dava suas aulas no anfiteatro-laboratório da cadeira, cujas janelas abriam para a frente da faculdade. Falava com voz estridente, cheia de altos e baixos de que ele próprio não se dava conta pois era mais surdo que uma porta. Sua elocução era rápida e fácil e assim ele não se atrasava: esgotava implacavelmente o ponto de cada dia. O tratado adotado eram os três volumes atochados do Kohle e Hetch, em tradução castelhana, mas também tinham curso o *Précis de bacteriologie médicale* de Berlioz, o livrinho de Wurtz e o de Thoinot e Masselin. O ensino de Roberto Cunha era a descrição e a história natural do germe patogênico, do seu hábitat, caracteres de sua cultura em placa, gelatina e caldo, da sua aparência celular, dimensão, coloração. Sua identificação. Estendia-se sobre sua ação fisiopatológica e alongava-se nos ensinamentos de imunologia e alergia. Não se interrompia um instante — minucioso, apressado, preciso, bitonal e às vezes nos confundia um pouco porque nunca dizia — germe da tuberculose, da febre tifoide, do tétano. Fazia questão de dar-lhes nome próprio e eram bacilo de Koch, bacilo de Eberth-Gaffky, bacilo de Nicolaïer e mais os micróbios batizados por Talamon-Fraenkel, Neisser, Weichselbaum, Klebs--Loeffler, Hansen, Escherich, Ducrey, Pfeiffer, Yersin e Kitasato. Nestas horas eu nadava e insensivelmente procurava o céu azul da manhã onde grandes nuvens brancas boiavam como amboceptores cheios de franjas citófilas e complementófilas. Perdia-me... Roberto Cunha era alto, magro, espigado, ágil e simultâneo como nos aparecia nas provas escritas, quando corria de cima a baixo a sala, para evitar colas. Ele próprio gabava-se de que com ele não, que não havia espertalhão que o enganasse e a quem ele desse margem de consultar apontamentos. Ledo equívoco. Fazia-se pior. Já falei de sua surdez. Ela permitia que, sorteado o ponto, esse fosse ditado do lado de fora e em voz estentórica, por cúmplice de outra turma. Todos ouviam exceto o arquiludido professor. Ele admirava-se da excelência das provas escritas de seus alunos às vezes contrastando com orais vagabundas. Só um dia deu um zero em escrita. O pobre aluno era mais mouco do que o professor. Esse era cerimonioso e evitava contatos devido a sua dificuldade em ouvir. Assim houve sempre muita distância entre esse homem bondoso e simpático e os discípulos. E era pena pois como vim a verificar muito depois, em viagem que fizemos juntos, voltando da Europa — sua conversa era variada e inteligente. Aos urros no tombadilho. A cadeira de Marques Lisboa já nos dera uma vista do que o parasitismo pode provocar de doenças no homem. Agora, a de Roberto Cunha abria perspectivas mais amplas sobre os grandes flagelos da humanidade. Ele fez passar aos nossos olhos as desgraças das epidemias de peste, varíola, cólera, febre amarela e as do grupo tifo-paratífico; a tragédia das grandes endemias, do paludismo, da lepra, da tuberculose e o problema social das afecções venéreas. Mostrou doenças vegetais como a das vinhas, ameaçando a economia das nações. As animais trazendo consigo o espectro do aniquilamento dos rebanhos e consequentemente o da fome. As epizootias, a raiva e o carbúnculo ameaçando irracionais e podendo passar para o homem. Desenhou-nos praticamente desarmados diante dessas irrupções da moléstia que eram como forças desencadeadas da natureza. Nossas pobres tentativas com os soros, vacinas, a imunidade ativa, a imunidade passiva. As vitórias contra a raiva, a difteria, a varíola e o tétano, abrindo horizontes de esperança. E o professor fazia luzir os nomes de Jenner, Villemin, Pasteur, Ehrlich, Koch, Roux, Calmette — os homens admiráveis cuja glória sobrepuja a dos guerreiros, dos estadistas e só é comparável à dos grandes inventores, dos astrônomos, físicos, químicos, navegadores, criadores, artistas, poetas, escritores. Faltava-nos agora conhecer de perto a Doença, a Moléstia e aprender como distingui-la dentro desse mundo que é o corpo enfermo. Isto fazia-se estudando os sinais e sintomas que as definem nas duas propedêuticas: a cirúrgica e a médica.

Zoroastro Viana Passos foi o professor que nos guiou na introdução à medicina externa. Esse jovem sabarense se doutorara pela Faculdade de Medicina do Rio de Janeiro em 1910. Nascido em 1887 tinha trinta e sete anos quando foi nosso mestre e três de professorado pois se empossara a 20 de março de 1921. Sempre tive a mania de descobrir semelhanças não só entre as pessoas, entre as pessoas com figuras da escultura e da pintura, como também entre personagens da vida real e os da ficção. É assim que não posso reler *Crime e castigo* sem dar a Raskólnikov a aparência do meu colega, o radiologista João Fortes ou a do meu primo João

Batista dos Mares Guia; *Os Maias*, sem envultar Carlos Eduardo (apesar de seus cabelos e barbas pretas) em Rafael de Paula Sousa; *O crime do padre Amaro* e *A relíquia* sem pôr a São Joaneira na d. Bráulia da pensão Mauriti, a Ameliazinha na Nair Cardoso Sales Rodrigues e a titi Patrocínio (que pecado!) na minha santa tia Marout. E assim faço com os vultos de Balzac, Anatole, Proust. Maria do Carmo Nabuco é a duquesa de Guermantes. Pois logo que vi o nosso excelente Zoroastro com suas banhas, seu ventre, suas bochechas, as sobrancelhas cerradas, os óculos, o toutiço, o vulto todo em amplas curvas — não pude deixar de enfiá-lo páginas adentro da ficção, da poesia, pondo-o dum grosso cônego de Eça de Queirós ou duma figura eclesiástica de Guerra Junqueiro — como a do comedor de melros com arroz ou a do reverendo que lavava astros numa pia. Só que o nosso querido professor não tinha nada da obtusidade que esses personagens subentendem. Era um homem admiravelmente inteligente, um orador nato, um intelectual de primeira, grande historiador, grande cirurgião, grande professor. Suas aulas eram verdadeiros espetáculos tanto por sua facúndia quanto por sua chalaça. Foi uma pena que não aproveitássemos tudo que ele poderia nos ter dado como mestre pois como ele não tivesse ainda serviço, suas aulas eram essencialmente teóricas. Mas bem que aprendemos dele a semiologia do aparelho urinário, a dos órgãos contidos na pelve e no abdome. Além disso ele nos prelecionou longamente as doenças cirúrgicas seguindo os passos dos dois saudosos tomos do *Précis de pathologie externe* de Émile Forgue — nos famosos volumes de percalina cáqui da *Bibliothèque de l'étudiant en médecine*. Posteriormente seus alunos aproveitariam mais o ensino prático pois no fim do governo Melo Viana ele obteve seu serviço no Hospital de São Vicente.

Desde meu primeiro ano médico empregava as horas de folga matinal para ir às enfermarias da Santa Casa — sobrar como turista. Olhava de longe e com inveja os professores, assistentes e internos manipulando os doentes nas salas de Werneck, Libânio, Borges, Balena, Otaviano e Aleixo. Na de Borges da Costa tive minha caroara inaugural diante do sangue e da crueza do ferro, vendo o Cavalcanti (ainda segundanista) arrancar duas unhas encravadas dos dedões do nosso amigo João Las Casas. Apreciava principalmente, pelo número de frequentadores, pela impecabilidade dos aventais do chefe e por sua solenidade — o Serviço da Primeira Enfermaria do professor Alfredo Balena. Chegado ao terceiro ano tive desejos de ingressar nele e fui pedir ao excelente dr. Abílio de Castro apresentação àquele mestre. O dr. Abílio com os melhores argumentos dissuadiu-me disto. Deu-me as primeiras explicações sobre a rivalidade de putas, a coisa terrível que são o ciúme médico e a *invidia medicorum pessima*. Explicou-me como funcionavam e governavam nossa profissão esses baixos sentimentos e demonstrou-me que eu, trabalhando na Higiene, ficaria pessimamente colocado se não procurasse introduzir-me no serviço do meu diretor que era a Segunda Enfermaria de Clínica Médica da Santa Casa. Ele mesmo encarregar-se-ia de dar "uma palavra ao Samuel". Deu e no dia seguinte trouxe-me a resposta. Sim. Eu poderia ingressar no serviço como interno — mas voluntário — e que podia ir me entender com seu substituto e primo o professor Marcelo dos Santos Libânio. No dia seguinte, portador dessa mensagem oral, procurei o último. Sua enfermaria era fronteira à de Alfredo Balena e encontrei o chefe literalmente descangotado no fundo duma dessas giratórias com mola para inclinar de modo que ele estava quase deitado quando lhe falei. Ele ouviu em silêncio o recado, perguntou qual era minha turma. Quando eu disse que era terceiranista ele declarou que eu seria seu aluno de propedêutica e que portanto tinha direito a frequentar aquela sala. Agora para as formalidades de ser recebido interno voluntário que fosse me entender com a irmã Salésia para os aventais e com um dos assistentes do serviço. Olhe, procure o dr. Ari Ferreira que anda com dificuldades para arranjar quem o auxilie no pavilhão Koch. Mal sabia ele que magnífico conselho estava me passando ali e de como eu estava recebendo àquela hora, indicações para adquirir uma das mais úteis e melhores amizades médicas de minha vida.

O professor de clínica propedêutica médica era também um moço. Tinha trinta e seis anos. Dava a impressão de mais velho por sua fadiga e lentidão nos menores gestos. Andava devagar, movia-se devagar, falava devagar, opinava devagar. Chamado a ver caso difícil ouvia um por um, mantinha-se calado ou reticente, examinava lentamente o doente dos pés à cabeça, se urgido por uma pergunta, recomeçava os exames com sua conhecida virtuosidade semiológica, demorava-se na escuta do pulmão, eternizava-se na do coração (ouvindo diretamente sem estetoscópio e às vezes sem toalha) aplicando sobre a pele seu ouvido dito "de navalha". Perguntava pelos exames de laboratório, lia-os com atenção, recomendava repetir esse ou aquele na filial de Manguinhos, entrava na famosa encruzilhada dos talvezes, sugeria esperar o quadro ficar mais claro, voltava para sua cadeira e ali espichado alagava-se de café. Reanimava, tirava o avental e saía no seu passo lento. Esse homem avaro de opiniões recebia as alheias sempre com argumentação adversa ou num silêncio onde o sorriso triste era duma gelada ironia. É preciso não ter pressa, dizia ele. A natureza nos mostra inevitavelmente do que se trata um dia ou outro. E o que não descobrimos, a autópsia o desvenda — acrescentava com sua pitada de humor negro. O que temos é de colher os sinais com paciência e esperar. E isto ele fazia como ninguém. Raramente tenho visto examinar um doente como ele. Ia à exaustão. Do paciente que quando era largado caía semimorto sobre os travesseiros. Dele próprio que terminada sua inspecção, palpação, ausculta — tinha de se arrastar para sua cadeira, inundar-se de café, até ter ânimo de levantar e sair. Fisicamente o Marcelo era magro, de meia altura, olhos muito grandes à flor da face e tinha um nariz posto de lado como o dos *boxeurs* — o que inseria sempre um perfil no seu rosto olhado de frente — como acontece em certas figuras das fases finais de Picasso.

> *Trop de poteaux indicateurs finissent par cacher la route…*
> PIERRE VERY, "Un grand patron"

Quando eu me iniciei no estudo da clínica, há cinquenta e três anos, o auxílio do laboratório e dos raios X era incipiente de modo que nossa semiologia física tinha de ser levada às últimas consequências. Tínhamos de aprender a conversar bem com o doente, a olhá-lo melhor, a palpá-lo, percuti-lo e auscultá-lo com um capricho que as gerações atuais desprezam ou ignoram. Marcelo Libânio preferia distribuir essa tarefa de ensino aos seus assistentes, dando uma ou outra aula prática e raramente preleções de anfiteatro. Lembro duma destas. Impressionaram-me sua voz alta e gemente como a dum supliciado e seu espírito de detalhe. A quantidade de matéria em salmigondis que o professor queria que metêssemos cabeça adentro. Foi aula teórica sobre a ausculta dos pulmões. Recordo seus ensinamentos sobre os ruídos da respiração normal, os aumentados ou diminuídos, as diferenças notadas na criança, no adulto, no velho. O valor da expiração prolongada, do sopro tubário, da respiração rude, do sopro cavernoso, da pectorilóquia, da tosse. Do sinal da moeda. Quando o homem entrou nos estertores eu perdi o pé completamente. Entendi erradamente que cada um tinha valor patognomônico e duvidei que me fosse possível aprender a distinguir com minhas incultas orelhas tudo que foi mencionado. Era demais, era como nadar nos planisférios celestes catando estrelas. Como me achar? dentro daquela tempestade de estertores vibrantes, bolhosos, secos, de duração curta, tonalidade variável, duração longa, regulares, irregulares, numerosos, raros; de finos, médios e largos brônquios, da traqueia, do laringe, do ápice, da base, do lóbulo médio; secos, úmidos, sonoros, surdos, estridulosos, graves, agudos, sibilantes, roncantes, piantes, bolhosos, baixos, finos, muito finos, volumosos, crepitantes, de retorno, em tafetá, cavernulosos, estalidantes, gargarejantes, discretos, disseminados, localizados, constantes, inconstantes, simétricos, assimétricos, ampulares, vesiculares, consonantes; de grossas, médias e finas bolhas; granulosos e mais outros misteriosíssimos — o estertor não classificado e o insonoro de Beau! Durante tempos apliquei-me em vão para distinguir esses sons uns dos outros. Fiquei nessa confusão até o dia em que me caiu nas mãos um estudo de mestre Clementino Fraga que foi verdadeiro *fiat lux*. Ele ensinava que era preciso aprender a distinguir o atrito pleural do estertor crepitante. Depois a diferençar os estertores secos — pios, sibilos e roncos. Isto feito colocar o resto dentro do grupo dos subcrepitantes desde o cirro traqueal aos que estralidam nos finíssimos brônquios. Aliás eram os únicos que eu distinguia. O resto era tapume. *Trop de poteaux indicateurs...*

3. Avenida Mantiqueira

A 5 DE JULHO DE 1924 ESTOURA EM SÃO PAULO um movimento revolucionário chefiado por Isidoro Dias Lopes e Miguel Costa que ia abrir nova fase em nossa história. A impressão causada foi profunda e fez exultar toda minha geração. Tivemos de repente a revelação de que não éramos apenas uma população de cadáveres e sim um povo começando a despertar. Consequência dessa insurreição seria a Coluna Prestes, que de 1924 a 1927 foi, como a rebeldia de Canudos, como as batalhas-relâmpago dos *Brilhantes*, de Antônio Silvino e Virgulino Lampião, uma das grandes provas de nossa vitalidade. Os nomes daqueles dois chefes e mais os de Luís Carlos Prestes, Juarez Távora, Siqueira Campos, João Alberto, Cordeiro de Farias, Djalma Dutra e os relatos de seus combates com as polícias de São Paulo, Minas Gerais e Bahia tornaram-se legendários. Afinal ganhou a máquina do governo mas um sentimento novo tinha nascido — a esperança. Logo nos princípios da Revolução Paulista, seguiu de Belo Horizonte forte contingente da polícia de Minas para ir lutar em São Paulo. O embarque foi à noite, na estação da Central, escura e mal iluminada. Todo o governo do estado estava presente e foi esta a última vez que vi Raul Soares. Ele tinha criado a *Cruzada Republicana* destinada a defender as instituições e estava ali dando sua primeira contribuição. Havia tempos que eu não via o presidente, já estava frequentando as enfermarias da Santa Casa e começando a conhecer os sinais com que o fim da vida se anuncia de modo decisivo, irrefragável, pela depressão das têmporas, por uma espécie de crescimento dos zigomas, pela ausência das gorduras que desnudam certos músculos e alteram a expressão do rosto dos pobres sursitários da morte. Senti um baque no peito, porque, apesar de aborrecer os políticos, simpatizava com Raul Soares porque ele era tio do meu querido amigo Chicão Peixoto. Impressionou-me para sempre seu aspecto e ele entrou como estava, naquela noite na longaleria de defuntados que me visita nas noites de insônia. Vejo-os de frente em atitude e vestes de personagens dos murais de Rivera. São meus avós, meus Pais, meus tios, o irmão Caldeira, o Tifum, parentes sem número a legião dos amigos e conhecidos, Raul Soares. Quando eles me visitam ficam em grupo como se estivessem para uma pose fotográfica. Olhos abertos ou fechados eu os vejo. A mim não sei se eles veem sequer, nem sei se me olham. Apenas *estão*. Não chamam, não têm outra mensagem senão sua presença que me trucida aos poucos. Eles são na bruta violência do passado — que só ele existe e que nós vamos aumentando e povoando com os planos dos presentes infinitos e sucessivos que nos possuem instante a instante nos mergulhando mais e mais no pretérito. De pavor atropelamos as rezas. *PadrenossoquistaisnocéusantificadosejuvossoNome*... Fascinado eu olhava a cara do presidente. Estava não só abatida, envelhecida, mas desvanecida como fotografia que se descora. Dentro de uma capa Cavour de reversos de seda preta, o pescoço enrolado no seu clássico cachenê branco, ele brilhava duma lividez luminosa como a da lua. Era um cadáver em pé sustentado pela vontade de aço. Esse embarque de tropas foi no meio ou fins de julho. Dias depois, a 4 de agosto, Raul Soares Peixoto de Moura estava morto. No dia seguinte seria seu enterro e a morte de Joseph Conrad.

Belo Horizonte inteira saiu de casa para ver o funeral. Logo que começou a tarde eu estava com João Gomes Teixeira no adro de São José, lado direito de quem olha o templo, na primeira fila fora do cordão de isolamento. Seriam suas três horas, um pouco menos, um pouco mais, quando o coche fúnebre entrou pelo lado de Espírito Santo. O dia estava dum azul poderoso e aquela carruagem toda negra incisava-se brutalmente na paisagem como se fosse a colagem de uma gravura de Daumier sobre as cores luminosas de um Sisley. Um silêncio de chumbo pesou sobre a multidão na porta da igreja, nas escadarias, caminhos laterais, no gramado, nas ruas vizinhas e na avenida Afonso Pena. O carro ficou esperando com o caixão até que descessem, dos de acompanhamento, os homens importantes, todos de cenho cerrado, cada qual afetando uma mágoa competitiva, cada um querendo se mostrar ao povo e uns aos outros mais sucumbido. Havia cartolas, claques, *cronstads*, cocos e lebres; sobrecasacas, fraques e jaquetões. Impressionou-nos pela elegância a figura de Virgilinho de Melo Franco — um dos que seguraram numa alça para tirar o ataúde e levá-lo para a encomendação dentro da nave. Quando o grupo de políticos e da família entrou em São José, o Teixeirão e eu rompemos a custo a multidão para ir desde cedo tomar lugar na rua ladeirenta que conduzia ao Bonfim. Outros, sem número, faziam o mesmo e era uma multidão impressionante a que seguia para colocar-se nas vizinhanças do Mercado e dali para as subidas que conduziam a Arari, Abaeté e Caparaó. Não era multidão única, mas magotes separados que subiam devagar ou correndo, figuras isoladas, pares conversando ou grupos rindo, galhofando e comendo dos tabuleiros de quitanda e dos sorveteiros que enchiam todas as esquinas. Bebia-se nos botequins de passagem. Parecia uma quermesse de homens, mulheres vestidas de todas as cores, de crianças policrômicas. Passou primeiro um piquete de cavalaria, depois o povo intercalou-se na marcha da tropa, esgueirou-se no meio dos pelotões de infantaria e o cortejo foi perdendo gradualmente a ordem. Seguiu-se a banda da polícia, a cavalo, e tirando dos instrumentos reluzentes acordes da Marcha Fúnebre. Depois mais gente numa gritaria, numa correria, logo uma pausa de silêncio enquanto o churrião subia ao passo contido das alimárias. Outros magotes, caminhões de coroas, empurrões de mais tropa, o cortejo intercalado dos automóveis dos políticos gravíssimos, um vinco de dor na testa e já calculando a próxima visita e a próxima adesão. A Pena? a Melo Viana? a quem? Santo Nome de Deus... Só a *tarasca* di-lo-ia. O Teixeira e eu subíamos comprimidos pela multidão compacta que às vezes se abria, rareava, deixava passar mais automóveis carregados da família, de mais políticos, tornava a se embolar, ganhando penosamente os fins da ladeira. Parecia ter acabado mas de repente outro grupo desordenado desembocava, outros automóveis interrompidos na sua marcha. Só vi ajuntamentos fantásticos como o do enterro de Raul Soares, no de Pedro Ernesto, no dia da saída deste de sua prisão-internamento no Hospital da Penitência, na tarde da chegada da FEB depois da Segunda Grande Guerra. Havia momentos em que ninguém se entendia na rua estreita demais para tanto carro e tanta gente. Surgiam empurrões, trocas de invectivas, aqui e ali uma altercação, princípios de pugilato, depois novamente o cortejo ordenado. Na porta do cemitério o populacho se comprimia para entrar — silenciado e vergando os ombros à advertência composta por Aurélio Pires para o frontão do portão. *Morituri Mortui*. Aos mortos, os que vão morrer. Por um instante a consciência disto invadia mas logo era lavada pelo sol da tarde prodigiosa. No meio duma migração, duma coorte, seguimos o bolo humano até ao descampado do cemitério que tinham escolhido para o sepultamento dos presidentes. No centro de uma vasta área estava cavada de fresco a cova do que ia inaugurar aquele setor da necrópole. A massa humana foi se apertando e no fim milhares se comprimiam — todos querendo ver. Impossível. No meio do vozerio, das reclamações, dos não empurra, porra!, das conversas, chegavam as frases de Juscelino Barbosa fazendo seu discurso de despedida de que o ritornelo era — Bayard mineiro, sem medo e sem mácula! Logo o falatório abafava a oratória, havia rajadas de choro histérico de mulheres que nunca tinham visto o presidente, a voz do orador subia de novo — Bayard mineiro, sem medo e sem mácula! Havia crescendos de murmúrio, silêncios súbitos e inexplicáveis dentro dos quais reboava sempre aquele continuado, repetido, eterno — Bayard mineiro, sem medo e sem mácula! De repente tudo se calou e ouviu-se alto como nota de canto em teto de teatro as palavras da absolvição e logo límpido, vibrante, solene — o toque de silêncio. Ele cavou-se fundo e súbito. Os que não viam, adivinhavam a descida lenta do corpo enquanto a banda tocava em surdina os compassos mais pesados da Marcha Fúnebre. Houve espera e de repente uma espécie de movimentação no populacho se alargando. As primeiras autoridades foram saindo. Depois outros vieram se esgueirando, logo os grupos podendo começar a mover-se no espaço se ampliando e o refluxo para fora do cemitério. O Teixeirão e eu esperávamos e contemplávamos o crepúsculo prodigioso em que lanços de luz vermelha pareciam passar esguichos de sangue entre nuvens escuras e como que de crepe. Deixamos sair os outros e fomos dos últimos a desfilar diante do montão de coroas embaixo do qual estavam no escuro absoluto os simples restos de um ser humano que tinha desejado, querido, podido, mandado, dominado e que repousava agora do mundo vão. Tornamos a descer a pé, como tínhamos subido e chegados aos princípios de Bahia, galgamos a escada do *Clube Belo Horizonte*. Sentamos para o nosso café e ouvimos o Plínio Mendonça declarando com ênfase — Homem igual a esse não se acha tão cedo! Começava a legenda...

Desde fins de 1922 eu era sócio do *Clube Belo Horizonte*, frequentava seus bailes mas, principalmente, passava as horas disponíveis do dia e da noite na sua sala do café. Constituíra-se ali um grupo de rapazes alegres, ruidosos, livres de convencionalismos e escandalizando Belo Horizonte com sua falta de respeito e jovialidade. Todos estávamos na faixa dos dezoito a vinte e dois anos. O mais jovem era o Gilberto Marques Lisboa, filho do querido professor da faculdade. O mais velho, César Damasceno. Era um indivíduo hercúleo, duma qualidade de inteligência extremamente esperta, capaz de captar qualquer assunto num átimo, discorrer logo sobre ele horas, como se nunca tivesse cuidado de outra coisa na vida. Estudara assim o alfabeto grego, umas regras da gramática dessa língua, noções da história do país, sabia o nome de seus filósofos, poetas, os resumos dados pelo Larousse das suas obras e tragédias, citava nomes, locais e com isto se fizera sólida fama de helenista. Era estudante crônico de engenharia e não se rematriculava há anos. Rico e descuidado, não tinha pressa de se formar. Muito reservado sobre sua pessoa, era morbidamente curioso da vida alheia, muito perguntador, mesmo indiscreto — estava permanentemente a par do que sabiam seus amigos uns dos outros. Tinha sempre o extremo cuidado de, no bar do clube, servir-se só de café. Mesmo com fome abstinha-se nas rodas onde se comiam sanduíches e se consumia cerveja. Pedia o seu copo d'água, sua rubiácea gratuita e não tinha que entrar na vaquinha final. Era antibernardista e ficaram famosos seus entreveros e discussões com o João Gomes Teixeira — este bernardista rubro e amigo pessoal do chefe da Viçosa. O Teixeira pelo tamanho, mais conhecido como Teixeirão, pertencia a uma família de fundadores de Belo Horizonte, procurara-me para ter acesso a uma prima hospedada em nossa casa e nascera daí camaradagem inicial virada em sólida amizade. Eu tinha nele uma confiança cega e não havia segredo que não lhe confiasse. Conselho, orientação, fazer isto ou aquilo, proceder assim ou assado era sempre sua decisão que valia no meu espírito. Os outros da roda leram o José Monteiro de Castro, futuro político; o Francisco Lopes Martins, futuro jornalista e administrador; José Pinto de Moura, meu amigo da rua Direita em Juiz de Fora, que estava estudando medicina e continuando a cultivar o talento da família ao violão — tocava e compunha como ninguém. Outros eram conhecidos da faculdade como o Zegão, sempre moleque e desrespeitoso; o Cavalcanti e seu primo Isador; o Chico Pires e seu parente Cisalpino. Um irmão do José — Francisco Pinto de Moura Filho, aliás Francisquinho, grande companheiro e sempre disposto a se deixar arrastar para o piano da sala onde executava os charlestons e *shimmies* da moda para treino do Cavalcanti e do Antônio Viana de Sousa — os melhores dançarinos da roda. Esse alegre bando perdia horas no clube, palestrando em torno da mesa central da peça que servia de restaurante e bar — onde se entretinham em rir, conversar, discutir, falar das amadas ou me ver desenhar a cara de uns e outros. Meu modelo preferido era o Teixeirão, de costeletas, cabeleira e monóculo. Discutíamos ferozmente política e acabou vencendo a facção do Chico Martins que, como sabarense, encheu-se de glórias quando o substituto de Raul Soares, o novo presidente Fernando de Melo Viana, tomou posse a 21 de dezembro de 1924. O ano estava acabando. Nesse mesmo mês tinha havido um Congresso Médico Sanitário em Belo Horizonte e nele sido figuras proeminentes meu diretor Samuel Libânio, Carlos Sá e Amauri de Medeiros. Houve baile em homenagem aos congressistas e todos reprovamos a atitude indecorosa do Cisalpino e do Isador dizendo horrores, de propósito, do presidente de Pernambuco Sérgio Loreto, perto da mesa de Amauri de Medeiros que era seu genro. Tinham vindo os exames, fui aprovado e já como quartanista de medicina é que entrei no grande baile de 31 de dezembro para ver raiar o ano de 1925. A preparação para esses bailes por parte das moças e rapazes da cidade exigia um prelúdio cuidadoso e verdadeiros atos sacrificiais. As moças passavam semana inteira sem tomar sol, besuntadas de creme, os cabelos metidos em *frisettes*, repousando em quarto escuro para não enrugarem o rosto e mantê-lo liso e tranquilo. O dia do baile passavam-no deitadas, face e pescoço cobertos de bifes crus para amaciar a pele. Não jantavam e banhavam-se tarde. Isso é que lhes dava o tom romântico e de jaspe com que entravam no salão de baile. Nós não fazíamos a barba durante três dias seguidos, para poupar a pele e só à tardinha íamos para o *Salão Santos* onde éramos escanhoados até à carne viva. Limpeza cutânea, massagem, loção de *narcise blanc* ou *narcise noir* e íamos nos preparar com o *número um*. Lembro que nesse ano o Isador estreou um smoking, que chegou em casa todo enlameado e descosido, dele, depois do baile, ter ido se rebolcar nas margens do córrego Leitão com Vênus vulgívaga e hotentote.

O ano de 1925 foi da maior importância para "aqueles rapazes de Belo Horizonte". Marcou o aparecimento de *A Revista*, o da série de artigos de *A Noite* do Mês Modernista e foi o ano em que Austen Amaro escreveu seu livro *Juiz de Fora/ Poema lyrico*. *A Revista* foi, cronologicamente, a terceira publicação dos novos surgida no Brasil. Só foi antecedida por *Klaxon*, de maio de 1922, e *Estética*, de setembro de 1924. Em Minas foi a primeira e seu aparecimento, em julho de 1925, marca data histórica na nossa literatura. Tanto a do estado como a nacional. Seu interesse é extraordinário não só porque revelou ao Brasil a existência de um grupo característico e atuante, como deu a esse próprio grupo a consciência de sua força e seu valor. Eu não posso dizer exatamente de quem foi sua ideia — provavelmente de Carlos Drummond de Andrade. Sua aparição, fora de dúvida, deve-se à influência da visita da caravana paulista e às sugestões de Mário de Andrade na sua correspondência com Drummond. Várias vezes tenho lido que fui um dos seus fundadores. Não é verdade. Já tomei o bonde andando. Seus verdadeiros criadores foram os dois primeiros diretores — Francisco Martins de Almeida e Carlos Drummond de Andrade e os dois primeiros redatores — Emílio Moura e Gregoriano Canedo. Para esclarecimento de suas origens talvez seja interessante lembrar que o Almeida, o Emílio e o Canedo moravam juntos e que eram, os três, hóspedes da Pensão Lima, à avenida João Pinheiro nº 571. Tomei conhecimento de *A Revista*, como coisa decidida, certa tarde de Café *Estrela*, ouvindo os planos de seus fundadores. Discutia-se o título e entre vários sugeridos prevaleceu o dado pelo Carlos — assim o verdadeiro padrinho de batismo da publicação. Foi quando meti minha colher achando o nome muito seco. Vá por *revista* — dizia eu — mas acrescente-se alguma coisa. Exemplificava. *Revista Modernista, Revis-*

ta de *Arte Moderna*, Revista disso, Revista daquilo. O Carlos foi inflexível. Tinha de ser Revista e só *A Revista*. Foi. E hoje vejo que ele tinha toda a razão. Não havia motivos para dar um programa desde o título — sobretudo, como veremos adiante, porque não tínhamos um programa definido. Tudo era e foi: difuso, nebuloso e às vezes até contraditório.

Assim como houve no Rio a adesão ao modernismo de Graça Aranha, Manuel Bandeira, Ronald de Carvalho e outros — nossa *A Revista* foi a oportunidade mineira para a adesão de Milton Campos, Mário Casassanta e Abgar Renault. O primeiro com seu admirável "Fundo de gaveta" publicado no primeiro número; o segundo com o "Pobres dos pobres que amam" que saiu no terceiro. Abgar, congelando seus *Sonetos antigos* para surgir em *A Revista*, com os versos libérrimos de "Ingenuidade" e "Sabedoria". Não podemos prosseguir sem dizer alguma coisa desse companheiro marcado como um dos primeiros de nossa geração. Abgar Araújo de Castro Renault, filho do educador Léon Renault e de d. Maria José de Castro Renault (filha de mestre Herculano de Castro e irmã do professor Pedro de Castro, ambos músicos de alto valor), nasceu em Barbacena a 15 de abril de 1903. Sua família mudou-se nesse mesmo ano para Belo Horizonte. Seu curso secundário começa em 1914 e foi feito nos colégios Azeredo, Arnaldo e em aulas particulares dos professores Antônio Afonso de Morais, Boaventura Costa e Silvestre Moreira. Cursa a Faculdade de Direito de Belo Horizonte donde sai formado em 1925. Dotado de invencível modéstia e avesso à publicidade o nome de Abgar Renault tem aparecido principalmente como tradutor ou integrante de cerca de oito obras de poesia e de umas quinze de prosa. Fora disto tem tido grande atividade didática e de conferencista destacando-se entre as palestras pronunciadas pelo poeta as realizadas no Colégio Pedro II, na Escola Superior de Guerra e a divulgação em Londres, no ano de 1964 — *Introducing modern Brazilian poetry*. Felizmente houve forças e pressões de amigos e críticos que levaram Abgar Renault à publicação em prosa de *A palavra e a ação*, *Missões da universidade*, *A crise do ensino secundário: aspectos da crise geral do Brasil*, *Cultura e universidade*. Tem inéditos ensaios *De vário tempo*, *Lógica e linguagem afetiva*, *Conta-gotas (Pensamentos cotidianos)*, *Estudos de peculiaridades da língua inglesa*, *Romanticism in English poetry* e *Cláudio Manuel da Costa*. Em 1968 publicou seus *Sonetos antigos* cuja composição vinha da mocidade e *A lápide sob a lua* — uma das mais altas páginas da poesia brasileira. Em 1972 dá-nos um prodigioso poema — "Sofotulafai" que mostra um dos nossos mais fantásticos mestres no manejo do idioma e das possibilidades poéticas que se pode tirar do jogo das palavras. Nesse terreno sua criatividade, invenção e conhecimento da alma da linguagem fazem de Abgar Renault um jogral do gênero de Guimarães Rosa. É incompreensível o sentimento que tolhe o poeta levando-o a publicar tanto dos outros em antologias e traduções e tão pouco de sua grande obra — que segundo sua própria confissão feita a mim, ele calcula em setenta por cento de inéditos.*

Quando penso em Abgar Renault só consigo visualizá-lo nos nossos tempos de rua da Bahia, *Cinema Odeon*, bailes do *Clube Belo Horizonte*. Lembro como ele irradiava mocidade e alegria. Sua capacidade extraordinária de extrair o chiste de tudo, de todos e o não escapar-lhe balda de ninguém. Tudo ele descobria com seus olhinhos extraordinariamente vivos, pequenos, brilhantes, expressivos e sempre prontos para completarem o riso. Eles ficavam dentro de cavidades orbitárias um pouco fundas, sob a testa vertical, lado a lado do nariz repentino que depois de suas sinuosidades ia terminar sobre lábio superior predominante, boca bem desenhada e geralmente aberta no riso que mostrava os melhores dentes da nossa roda. Tinha o queixo voluntarioso e firme com pequena cova central. Mas o que chamava a atenção era sua cor dum rosado igual e daquela turgência especial que configura o material da pele nova em folha. Claro, barba cerrada e sempre cuidadosamente escanhoada. Era muito tratado e elegante, sempre metido em ternos impecáveis. Digo bem *ternos* porque nunca estava sem o colete altíssimo abotoado até quase abaixo do colarinho. Estes também subiam muito e suas pontas eram presas pelo alfinete transversal que ficava sob o laço da gravata parabólica e saliente. Paletós da época, cintados, longos, dum botão só, mangas espremidas sobre os punhos apertadíssimos que desciam até abaixo do pulso cobrindo um pouco o princípio das mãos.

---

* Abgar Renault tem uma belíssima carreira pública iniciada em 1930 como secretário do ministro Francisco Campos. Foi deputado estadual, federal, secretário de Educação em Minas Gerais, ministro da Educação e ministro do Tribunal de Contas. Foi professor por concurso do Colégio Pedro II e pertence à Academia Brasileira de Letras. Casou-se a 19 de junho de 1926 com d. Inês Caldeira Brant.

Calça de boca estreita que terminava exatamente na altura do cano da botina de dois materiais. O verniz e o cano de camurça, pelica ou gabardine. Em resumo silhueta magra e duma elegância seca — aliás a mesma que ele conservou até hoje, andando como andava, sem costas curvas, sem derreamento de ombros e sem a desonra das banhas. Sua palestra era viva e brilhante. Gostava de recitar a nosso pedido e dava-nos Laforgue, Samain, Verlaine à vontade; às vezes poesia inglesa e os clássicos portugueses — os *antiguos* e os então recentes Quental, Antônio Nobre, Cesário Verde. Nosso Alphonsus. Nosso Bilac. E fazia-o com a dicção admirável que caracteriza sua maneira de pronunciar — fossem poemas em luso-brasileiro, em inglês ou no francês ancestral. Ah! É inútil o tempo passar sobre "aqueles rapazes de Belo Horizonte". Vejo-os sempre como eles eram. No caso de Abgar ajudado pela minha memória e por uma velha fotografia que ele tirou ao lado de Gastão Coimbra da Luz, Gabriel de Rezende Passos e Ezequiel de Melo Campos por ocasião de uma excursão de estudantes a São Paulo. Leio a data: junho de 1923. Seus amigos mais íntimos eram Drummond, Gabriel, Capanema, Mário Campos, Casassanta, Hamilton de Paula. Por sua mão eles entraram no que ia ser o *Grupo do Estrela* — como mais tarde aconteceria com Dario Paulo de Almeida Magalhães.

> Somos pela renovação intelectual do Brasil...
> Em *A Revista*, "Para os scepticos"

Mas como ia dizendo, *A Revista* marcou adesões ao modernismo e fez questão de abrir suas colunas à colaboração conservadora de Magalhães Drummond, Alberto Deodato, Iago Pimentel, Godofredo Rangel, Pereira da Silva, Wellington Brandão, Orozimbo Nonato, Carlos Góes e Juscelino Barbosa. Seguíamos nisso nosso próprio espírito e o conselho dado por Mário de Andrade numa carta a Drummond escrita depois de ver o primeiro número: "Faça uma revista como *A Revista*, botem bem misturados o modernismo bonito de vocês com o passadismo dos outros. Misturem o mais possível". A *mistura* foi feita sem resultado sedativo e foi sem pasmo nem a irritação que temos a reação carregada de fel que bolçou contra nós no *Avante* de 20 de agosto de 1925.* O aspecto material de *A Revista* era extremamente sóbrio e discreto, sua diagramação tão perfeita quanto permitiam os recursos de imprimissão das oficinas do *Diário de Minas*, onde foi editada. Desde o primeiro número ela foi garantida por numerosos anúncios e nesse ponto o nosso Canedo desdobrou-se, pois era dele a superintendência comercial do periódico — função que ele dobrava com a do assinador de artigos surtos no primeiro e segundo números. A repercussão fora de Belo Horizonte, na imprensa do interior do estado, foi favorável. Desde o princípio contamos com a colaboração paulista de Mário de Andrade e Guilherme de Almeida e a carioca de Onestaldo de Pennafort, Manuel Bandeira e Ronald de Carvalho.

Mas afinal — que queríamos? nós. Qual? o programa que norteava *A Revista*. Não vamos passar pelo crivo artigo por artigo e dar a orientação que desejava seguir cada colaborador. Vamos encarar a publicação em conjunto e apontar os tópicos principais dos seus artigos considerados em bloco. O nosso periódico era antes de tudo por uma posição nacionalista, de não se dar fé a uma verdade extrapátria, merecendo-nos pouco crédito os valores internacionais. Queríamos obscuramente a nacionalização de nosso espírito, do sentimento brasileiro que, dizíamos, começava a se reduzir a uma unidade perfeita. Essa nacionalização devia tomar, completamente, conta de nossa consciência — e tal ia se fundamentar nas raízes históricas da literatura mineira, louvando-se o espírito brasileiro de Bernardo Guimarães. A esse propósito vale lembrar que *A Revista* preconizava não se atirassem pedras indiscriminadamente no passado mas que, antes, ele fosse cultivado para, assim e com seu auxílio, esculpir-se melhor o futuro. "O passado não é um museu em que o visitante passeia um olhar de vidro. É coisa viva" — escrevia Martins de Almeida. Está nas páginas de *A Revista* um dos primeiros brados pela conservação de nossos tesouros artísticos e cidades históricas. A esse propósito é curioso notar que o órgão de um grupo de oposicionistas e inimigos da política mineira e nacional louva a atuação do governo Melo Viana quando este organiza uma comissão para estudar a defesa do nosso patrimônio — dando satisfação ao que lhe sugeria o Grupo Paulista

---

* Ver anexo III.

que nos visitara em 1924. Se são emitidos juízos a favor do nacionalismo, já os que aparecem, ao regionalismo, são sempre severos. Aqui e ali aponta a palavra pouco simpática — brasilidade — de cujo valor só me convencerei quando tiverem curso expressões como francesidade, inglaterridade, estadosunidosidade. O termo *americanidad* é essencialmente moeda falsa hispano-americana. Já se falou em italianidade mas nos tempos cafonas do Duce. Patacoada, patriotismo barato e agressivo. Mas deixemos os atalhos e voltemos ao fio que estávamos seguindo. As relações passado, presente e futuro nós as definíamos pela necessidade de manter uma independência espiritual, "talvez ingenuamente feroz", como a melhor maneira de reatar o fio do classicismo. O que se devia desacatar eram os fantasmas em conserva da tradição tumular — tendo nesse objetivo o direito e o dever do desrespeito. Drummond conceituava que o escritor despreocupado da fôrma do passado é que realiza realmente o verdadeiro tradicionalismo na linha clássica. Assim nacionalistas, brasileiros, ponderados e tradicionalistas é que nos manifestávamos nos editoriais e nos ensaios que refletiam a opinião do periódico. Mas éramos mais autênticos, mais "nós" nos artigos de crítica, no noticiário, na Marginália — onde se metia o porrete nos "espantalhos acadêmicos" e tratava-se severamente Marinetti, Paul Morand, o falecido Anatole, os nacionais Paulo da Silveira, Flexa Ribeiro e até mineiros como Antonino de Matos, Genesco Murta. Louvavam-se os paulistas, Ronald, Manuel, Graça, seu *Malazarte* e Jean-Jacques Brousson era levado às nuvens. A crítica mais iconoclasta era a assinada por D., M. de A., C., E. M., P. N. e I. Quem correr as listas dos colaboradores logo atinará com os donos dessas iniciais. No *retrato de uma geração* que é *A Revista* sente-se transparecendo muito vivo o desejo de participação política. Já vimos os principais tópicos do que se compreendia como *remédio* à situação nacional. Resumindo o que foi resumido, preconizava-se: nacionalismo, tradicionalismo, centralização do poder para evitar a dispersão das forças latentes do país. Ideologicamente a geração ainda era de centro. Do ponto de vista religioso, ao que me lembre, excetuado Mário Casassanta, que era católico praticante, creio que os outros componentes do primeiro grupo modernista de Minas eram, na sua maioria, indiferentes. Talvez cada um pudesse repetir frase de Carlos Drummond de Andrade que aparece no seu artigo "Poesia e religião". Lá se diz: "Confesso que a religião não faz parte de minhas preocupações habituais".

A colaboração em prosa de *A Revista* foi mais numerosa que a poética. Prosa de modernistas — catorze autores e cinquenta e sete produções. Inclui-se aí o que aparece nas seções de crítica, noticiário e Marginália. A maioria dos artigos era de Carlos, Almeida e Emílio. Aparecem sem assinatura cerca de dezena e meia que podemos atribuir também aos três. Prosa de passadistas — nove autores e treze artigos. Poesia moderna — nove poetas e treze poemas. Poesia passadista — um só autor. Entre as produções em prosa sai publicada pela primeira vez "Pesca da baleia", trecho de *Náusea infinita*, o "romance *manqué*" do grande João Alphonsus de Guimaraens. Dele também é o poema "Janeiro". Só isto aparece com sua assinatura mas a qualidade dessas produções dá a esse querido companheiro uma imensa presença no órgão modernista. Caetano, Alvim, Guimarães e Guimaraens — o talento literário era uma fatalidade no seu sangue. Ele era filho do admirável Alphonsus de Guimaraens (Afonso Henriques de Guimaraens na vida civil) e de d. Zenaide Silvina de Guimaraens, tendo nascido a 6 de abril de 1901 na cidade de Conceição do Serro. Iniciou suas humanidades em 1914, no *Seminário de Mariana*, vindo em 1918 para Belo Horizonte, onde vai concluí-las no Ginásio Mineiro. Foi acadêmico de medicina durante os dois primeiros anos do curso, optando depois pelos estudos jurídicos. Matriculou-se na Faculdade de Direito de Belo Horizonte em 1926, tendo se formado em 1930. Orador da turma. Esse poeta, filho de poeta, teve uma das mais brilhantes carreiras literárias de sua geração. É lamentável que sua produção em versos não tenha sido reunida ainda em livro e que esse grande aedo esteja passando aos poucos para as gerações futuras como o contista e o romancista realmente de primeiro plano que ele foi e que aos poucos se vá esquecendo uma contribuição poética — tão importante como a que ele deixou em prosa.* Desde *Galinha cega*,

---

* João Alphonsus deixou os seguintes livros: *Galinha cega* (contos). Belo Horizonte: Os Amigos do Livro, 1931; *Totônio Pacheco* (romance). São Paulo: Companhia Editora Nacional, 1935; *Rola-Moça* (romance). Rio de Janeiro: José Olympio, 1938; *A pesca da baleia* (contos). Belo Horizonte: Bluhm, 1941; *Eis a noite!* (contos). São Paulo: Martins, 1943; *Contos e novelas*. Rio de Janeiro: Editora do Autor, 1965. Todos esses livros têm edições sucedentes às datas citadas que pertencem às primeiras tiragens.

João revelou-se um dos maiores contistas brasileiros — a essa obra-prima tendo se seguido outras de qualidade antológica. Com *Totônio Pacheco* estreou-se romancista com um dos livros mais ricos do nosso modernismo, além do valor que tem de ser uma das crônicas mais fabulosas da vida belorizontina nos anos 1920 — que marcam uma profunda evolução de costumes com a influência do cinema, do automóvel e da remodelação urbana iniciada pelo prefeito Flávio Santos. A linguagem de João Alphonsus é límpida, simples, cheia de equilíbrio, de valores estilísticos, da musicalidade de quem sabia admiravelmente o verso. É um idioma mineiro e erudito, regionalista e nacional, cheio de achados neologísticos e de palavras inventadas de desenho suntuoso e grande força onomatopaica. Exemplo disto — o *esmigalhadoramente* que surge na "Pesca da baleia" e de que eu logo me apropriei porque há *trouvailles* verbais dele, como de Drummond, Mário de Andrade, Oswald e Guimarães Rosa que é como se já nascessem dicionarizadas e todos nós podemos, assim, bicá-las no momento de nossa fome e de acordo com nossas necessidades. Entram na língua assim que criadas e passam a ser de todos. Os motivos de João são os da tragédia corriqueira a um tempo humilde e imensa — um oceano de amargura, lirismo e ternura contidos numa poça d'água. Seus tipos ficcionados — alguns nasceram de sua criatividade mas outros, de sua observação e colheita no cotidiano. De "A noite do conselheiro", por exemplo, tenho a chave, segundo confidência dele próprio. O caso da bebedeira e da pena vermelha sucederam mesmo com nosso companheiro Zegão, cuja figura que ele antevia de futuro grande médico, foi transformada na dum *conselheiro* — grave, adulto, triste e saudoso de sua mocidade boêmia e dum instante que tinha valido mais que o resto de sua vida. A puta caridosa que acolhe o moço porrado era a *Maravilha* — velha catraia conhecidíssima na zona e que exercia ora na Rosa, ora na Carmem. Rolou depois para mais baixo e acabou no *Curral das vacas*. Nada disso vale e sim o que se vê no conto — a grande mulher materna e amante. Usei antes a palavra ternura como sentimento sempre presente no nosso João e com que ele tratava invariavelmente seus personagens — desde os bons aos torpes — que ele igualava numa humanidade toda ela merecedora da pena que ele tinha dos bichos. E não me refiro só à sua galinha cega, ao seu burro *Mansinho*, ao seu gato *Sardanápalo* — a um tempo verdugo e mártir. Mas aos outros. À bicharada que pulula no seu livro com qualificativos e atributos humanos. Refiro-me aos cavalos que ouviam, aos gambás cantando, aos frangos entoados com cebolas, ao passarinho esmigalhado no seio da virgem pelo arroubo louco de Godofredo, aos grilos que povoam silêncios, aos insetos restituídos à noite por pobre humano — um instante usando a mão de são Francisco de Assis, ao entusiasmo lancinante dos casais de gatos nos quintais, às pulgas a quem se faziam perguntas e que morriam como Marias, às formigas varridas com folhas, papéis e cigarros; aos burros metódicos, aos burros que riam, à barata salva pela vassourinha caridosa, aos pernilongos musicando, ao sapo-ferreiro batendo compasso, aos bezerros "dignos de consideração" e capazes de pensamento, ao Mundico que não se sabe se é um galo homem ou um homem virando galo; aos percevejos "de longas barbas multisseculares"; aos ratos assustados e mais aos leitões, touros, bezerros, cachorros, ratazanas, pavões e borboletas, que compõem a paisagem natural e humana dos livros do nosso João, fazendo fundo com árvores águas capins casas quartos à morte de Ciana e à trepada inaugural de Totônio adolescendo e pescando lambaris. Todos esses bichos* que preocupavam seu criador e que ostentavam atributos humanos agiam, falavam, reagiam, pensavam, sofriam como se fossem humanos. Ah! "...uma sombra, um fruto, uma coisa, talvez uma alma, a natureza, o amor, o pirilampo, a mariposa..." Merecia um ensaio a identificação do autor com seus pobres bichinhos grandes como seus pobres homens...

João Alphonsus à época de *A Revista* tinha vinte e quatro anos completos. Era um moço de pouca altura, brevilíneo, mais para gordo. Quem conhece as obras completas de seu pai publicadas por Alphonsus de Guimaraens Filho pode ter uma ideia de como ele era de corpo — olhando a fotografia de seu avô Albino da Costa Guimarães. De cara ele se parecia muito com aquele Hank Mann que foi um dos *boxeurs* de Carlito em *Luzes da cidade* ou, fazendo comparação mais nobre, com o con-

---

* Ver nas primeiras edições: *Galinha cega* — pp. 22, 51, 46, 48, 51, 60, 61, 75, 77, 79, 83, 84, 91; *Pesca da baleia* — pp. 11, 14, 39, 40, 56, 73, 79, 82, 86, 88; *Totônio Pacheco* — pp. 21, 24, 25, 26, 28, 34, 35, 41, 44, 45, 47, 52, 62, 63, 75, 92, 99, 125, 126, 157, 158, 170, 176, 238, 240, 246, 247; *Eis a noite!* — pp. 108, 118, 139; *Rola-Moça* — pp. 39, 49, 50, 51, 94, 95, 96, 97, 110, 120, 121, 122, 168, 171, 174, 224, 225, 228, 244, 246, 247, 248, 250, 251, 252, 253, 254, 257, 261, 262, 263 e outros locais.

de-duque de Olivares nos retratos pintados por Velázquez. Estou aqui a vê-lo de frente numa foto que ele me ofereceu. A testa ampla começando a ser aumentada pela calvície precoce. As sobrancelhas afastadas e levantadas no centro dando-lhe expressão triste e embaixo dela os olhos pequenos, espertos, muito escuros. Tinha a boca apertada e o queixo obstinado. Estou também a mirá-lo de perfil num retrato que lhe desenhei nesses velhos tempos e onde fiz um nariz volumoso de Sileno citadino, o jeito da boca, a predominância do lábio inferior que ele tinha, como o de cima, muito saudável e muito vermelho. Falava sempre baixo, num agradável e discreto tom de voz mas tinha a gargalhada alta, franca, prolongada e dobrada. Ria de tudo que se lhe contava e ria do mesmo jeito dos próprios casos que relatava com a boca meio de lado, muito sério para de repente estourar de rir com o desfecho. Sua convivência era uma delícia — pelo seu cavalheirismo, discrição, a propósito, solidariedade, capacidade de ser amigo, inteligência, bom gosto e graça. Eu era um dos seus mais íntimos dentro da roda e mesmo depois da dispersão do nosso grupo continuamos amigos. Assim com que mágoa! eu, já médico no Rio de Janeiro, soube um dia que ele estava perdido em Belo Horizonte, presa da moléstia de Jaccoud-Osler. Foi quando surgiu a penicilina e eu tive uma esperança. Telefonei para Belo Horizonte dizendo a sua esposa Tita que ia arranjar o remédio e mandar. Ela aceitou. Eu ia diariamente a Manguinhos buscar a que estavam fabricando aqui (que era distribuída já diluída e cor de água de creolina) e em empolas de cinco centímetros cúbicos. Eram umas poucas unidades. Acondicionava-as em garrafas térmicas cheias de gelo, ia despachar diretamente ao aeroporto, disparava a telefonar para Belo Horizonte avisando o número do voo para a família correr à Pampulha e injetá-la o mais rapidamente possível. Como indicavam no Instituto. Tudo inútil. O querido amigo estava nos seus últimos dias e faleceu a 23 de maio de 1944. Tinha exatamente quarenta e três anos, um mês, duas semanas e três dias. Tão pouco...

    Antes de ir encerrando o assunto *A Revista* não posso deixar de lado umas linhas de biografia do nosso Martins de Almeida e um comentário sobre certa produção de Antônio Crispim. Aquele era filho do magistrado dr. Antônio Francisco de Almeida e de d. Georgina Martins de Almeida. Esse *Martins* que está aí não é qualquer — é Martins Ferreira, de uma das mais velhas e tradicionais famílias mineiras. Nasceu em

Leopoldina a 7 de janeiro de 1904 e fez suas humanidades em Juiz de Fora no *O'Granbery*. Transferiu-se para Belo Horizonte em 1922, matriculou-se na Faculdade de Direito e recebeu borla e capelo em dezembro de 1926. Nesse ano deixou definitivamente a capital de Minas, sem perder de vista os amigos mineiros. Suas ideias expandidas em *A Revista* foram desenvolvidas, revisadas e deram como resultado seu excelente ensaio *Brasil errado* publicado em 1933 pela Editora de Augusto Frederico Schmidt. Fez jornalismo bissexto* e parecia ter desertado definitivamente a literatura em benefício da profissão de advogado exercida brilhantemente quando, em 1976, surge-nos com a deleitável peça teatral *O avesso dos maridos enganados ou a sociedade dos cornos livres*, logo traduzida para o francês. Esse fundador do modernismo mineiro, depois grande autoridade jurídica, teria sido, se quisesse, um dos nossos maiores humoristas ou um dos nossos mais agudos críticos. É um conversador admirável e nesse terreno justifica plenamente apelido que lhe dava Emílio Moura de "o nosso Rivarol". Reside no Rio de Janeiro.

A colaboração de Antônio Crispim, não sei por que Carlos Drummond de Andrade a publicou sob este pseudônimo. Talvez não desse a devida importância à página que é "Faze de tua dor um poema". Pois com o tempo essa produção fica cada vez mais típica do insólito, da insolência, do desrespeito e do inesperado da poesia moderna. Eu coloco-a na mesma altura de "As enfibraturas do Ipiranga" com que Mário de Andrade fecha a *Pauliceia desvairada*. Aliás existe entre as duas produções um inegável parentesco literário. Por falar em *parentesco literário* cabem aqui uns comentários sobre a posição dos modernistas em relação aos simbolistas. Não vou dizer que o modernismo tivesse saído dessa escola. Creio, sim, que entre os dois fenômenos literários não havia pontos de atrito e que ambos combatiam inimigo *passadista* comum. No Brasil nunca vi ataques dos modernistas a nenhum simbolista. Ao contrário. Mário de Andrade peregrinou a Mariana para ver, praticar e visitar o nosso Alphonsus. *A Revista* deixa escapar três gritos de simpatia pelos sectários do Manifesto assinado por Moréas a 18 de setembro de

---

* Martins de Almeida colaborou em *A Revista*, *Terra Roxa*, *Revista do Brasil*, *A Noite*, *Correio da Manhã*, *Diário de Notícias*, *O País*, *O Mundo* e mais recentemente no "Suplemento Literário" do *Minas Gerais*.

1886 no suplemento literário do *Figaro*. Realmente, nosso grupo, além de viver enchendo a boca com os nomes do próprio Moréas, de Verlaine, Rimbaud, faz aparecer nas páginas de *A Revista* períodos sugestivos. Um de Martins de Almeida: "Eis aí o resíduo de simbolismo que permaneceu em grande parte dos poetas modernos". Um artigo não assinado (Carlos? Emílio?) sobre a morte de Pierre Louys diz textualmente: "O simbolismo foi um admirável agente purificador — eis o que são forçados a reconhecer mesmo os que reagiram contra ele. Deixou-nos Laforgue e Rimbaud: que mais lhe poderíamos exigir?". A Marginália do segundo número traz um longo louvor a Alphonsus de Guimaraens. Fico nestes três exemplos que o assunto não é pro bico de memorialista e sim dos mestres de crítica e exegese literárias... E que estes tomem conhecimento de uma sentença de Mário de Andrade citada no artigo "Poesia e religião" de Carlos Drummond de Andrade: "Não imitamos Rimbaud. Nós desenvolvemos Rimbaud. Estudamos a lição Rimbaud".

Lendo com atenção a revista dos moços de 1925 e pondo de lado seus aspectos às vezes contraditórios descobrimos nas suas linhas e entrelinhas uma profunda lição ministrada a Minas e ao Brasil. Politicamente queríamos a participação dos moços na nossa vida: na literatura, na arte, na política — "A razão está sempre com a mocidade" — bradava Drummond. Desejávamos influir pelos meios pacíficos cuja existência e liberdade reclamávamos — o jornal, a tribuna, a cátedra. Nosso programa resumia-se numa palavra — ação. No sentido de vibração, luta, esforço construtor, vida. Não queríamos pois a imobilidade, o conformismo e a estagnação que levam à desagregação. Apontávamos nossa obra social incompleta que, "depois de sacudir o jugo colonial e escravagista", tinha ainda que humanizar o Brasil, que construir outro Brasil dentro do Brasil. Proclamávamos textualmente que éramos um órgão político mas isento de politicagem e falávamos obscuramente na originalidade nacional. Que significaria essa antevisão? Macunaíma? Antropofagia? Di? Brecheret? Tarsila? Almeida já no número 3 de *A Revista* chama a atenção para o papel preponderante da poesia de Drummond. Considera o "Nocturno de Bello Horizonte" o início de nova fase em Mário de Andrade e na poesia brasileira. Certo. Em poemas publicados em nosso jornal aparecem audácias de tradução, homofonias, certo fundo social, projeção no elemento cósmico do burgo socialmente decaído, depois das minas esgotadas, exaltação do negrismo, preocupação com nossa mestiçagem. Fala-se na sua organização pela imigração dirigida, protesta-se contra a desportugalização de nossa terra e historicamente, tenta-se a interpretação do desequilíbrio psicológico do forte grupo mestiço colocado entre senhores de engenho e escravos. Tudo isto não daria? material para cogitações atualíssimas.

Com relação ao estrangeiro aparecem os primeiros conceitos, emitidos em Minas, sobre Proust, divulga-se o movimento dada, o suprarrealismo, Erik Satie, Cocteau. Iago Pimentel difunde inauguralmente no nosso estado ensinamentos sobre a psicanálise e Freud. Começa nossa fase piada — máxime nos artigos não assinados ou feitos por pseudônimo — em cujas linhas se sente a presença de Drummond. Desse autor, no número 2, aparece título nunca aproveitado em livro de sua obra — *Minha terra tem palmeiras*.

A 12 de dezembro de 1925 o vespertino A *Noite*, do Rio, publica uma entrevista com Mário de Andrade em que este repudia formalmente a expressão *futurista* por que éramos conhecidos e dá explicações sobre o que vinha a ser o *modernismo*. Toda a entrevista contrasta pelo tom irônico das perguntas do jornalista e a maneira com que responde o entrevistado. No fundo, o jornal desejava fazer uma palhaçada sensacional para divertir os leitores e o resultado terá sido contrário pelo modo como tomaram a sério seu papel, os colaboradores escolhidos para o que foi chamado O *Mês Modernista*. Foram os escritores Carlos Drummond de Andrade e Francisco Martins de Almeida, de Minas Gerais; Sérgio Milliet e Mário de Andrade, de São Paulo; Manuel Bandeira e Prudente de Morais, neto, do Rio de Janeiro.* Os dois primeiros artigos dos mineiros tratam de Oswald de Andrade — Carlos mostrando-se em desacordo com vários pontos de vista do corifeu do *Pau Brasil* enquanto Almeida se mostra mais favorável. O segundo ensaio de Carlos é principalmente uma condenação ao exagero do tradicionalismo e

---

* Os artigos do *Mês Modernista*, desde a entrevista de Mário, saíram em dezembro de 1925, nos dias 11, 12, 14, 15, 16, 17, 18, 19, 21, 22, 23, 24, 26, 28, 29, 30, 31 e em janeiro de 1926, nos dias 1, 2, 4, 5, 6, 7, 8, 9, 12. Couberam a Carlos Drummond de Andrade as colaborações de 14, 21, 29 de dezembro de 1927 e a de 5 de janeiro de 1926; a Francisco Martins de Almeida as de 17 e 24 de dezembro de 1925, as de 1 e 8 de janeiro de 1926.

um elogio do espírito de evolução. Seus outros trabalhos constam da divulgação de poemas. Além do primeiro, Martins de Almeida cuida em seus outros três artigos do que ele chama de "perspectivismo crítico", publica capítulo de novela inacabada, e entra no aspecto histórico-sociológico da fundação de Belo Horizonte como um dos primeiros passos do brasileiro para penetrar seu território oeste e começar a pôr fim à fricção de sertanejos e praieiros — cujos terríveis resultados já tínhamos experimentado com as tragédias de Canudos e do Contestado. Graças à ampla difusão de *A Noite* e à qualidade dos colaboradores escolhidos, o que começou como farsa terminou como excelente ocasião de estudos e divulgações sobre o movimento moderno brasileiro.

O nome de Austen Amaro aparece em *A Revista* assinando "Irarigoan" — prosa que tem muito de racialmente poético e onde há um espírito nacionalista e indianista bem dentro do sentido alencarino. Os acasos da vida levaram aquele poeta a Juiz de Fora no ano de 1925 e ele foi literalmente tomado pela vida industrializada e cheia de força do meu município, da minha cidade e escreveu sobre esta um poema que teria o fado de ser o primeiro livro modernista publicado em Minas Gerais. Tive a honra de colaborar com três desenhos. O da capa mostra uma perspectiva urbana cheia das chaminés de fábricas e vê-se o Morro do Imperador olhado da estação da Central. O segundo representa o "longe Mariano Procópio das paralelas". O terceiro tenta dar uma ideia dos fundos da *Fazenda velha* do tenente Antônio Dias Tostes. Esse livro, hoje raridade bibliográfica, chama-se *Juiz de Fora — poema lírico*. Escrito em outubro de 1925, só foi publicado em meados do ano seguinte. Foi impresso na tipografia Guimarães de Belo Horizonte. Vocês aí, meus conterrâneos — amigos e inimigos — já ouviram? falar nesse volume. Pois se não ouviram tratem de procurá-lo porque é um canto de louvor a nossa terra.

> O semeador que semeou em ti,
> Juiz de Fora!
> semeia para o além!

O poema de Austen Amaro é composto sob a inspiração da força que ele sentiu em Juiz de Fora, em Minas, no Brasil. Tem de Ronald de Carvalho e de Walt Whitman e é ocasião para o poeta varar nosso estado chamando suas igrejas e suas lendas, seus santos e seus monstros; atravessar

Belo Horizonte, Sabará, Congonhas, Ouro Preto, Diamantina. Depois o Brasil das noites mestiças, das morenas, louras e mulatas, das três raças tristes; de saltar do Amazonas ao Pampa e louvar seus cantores, seus obreiros. É Juiz de Fora que lhe inspira palavras de amor ao Rio de Botafogo, da Tijuca, São Cristóvão, cais do Porto e Leblon que ele tira, magicamente, das sugestões do nosso morro do Imperador, do parque Halfeld, do Museu de Mariano, da Tapera, da rua Espírito Santo e da rua de Santo Antônio. Tudo é motivo analógico para levar o poeta a todo o Brasil, a toda a América, ao seu universo. Sente-se sua impotência de frear a poesia irrompendo tão abundante e tumultuosa que exige novas formas e novas palavras para se configurar. Assim ele usa verbos de sua construção e conjuga-os a seu capricho. Arquitetizar. Retrospectivar. Elasticar. Varetar. Reticenciar. Rampar. Barbacenar. Patapiar. Ministurar. Pirilampear. Dono de muita liberdade e originalidade, Austen Amaro evoluiu posteriormente para poesia toda sua onde se encontra o poema à maneira breve do haikai e o soneto em que cada verso dobrado compõe-se de dois decassílabos ou de dois dodecassílabos.

Austen Amaro de Moura Drummond é de Belo Horizonte, onde nasceu a 12 de dezembro de 1901, filho de Austen Drummond e de d. Cecília Amália de Moura Drummond. Fez suas humanidades no Ginásio Mineiro. Casou-se a 8 de janeiro de 1929 com a pintora Stella Hanriot Drummond. Reside na capital de Minas.*

No início de 1925 sucederam quase simultaneamente dois fatos que alteraram completamente nossa vida familiar. Meu ordenado na Higiene passou de 120 para 180$000 e o de minha Mãe nos telégrafos de 120 para 200$000. Nossa renda subia assim de 140$000 mais uns jurinhos que tínhamos no Banco Hipotecário. Minha Mãe que falava muito e

---

* Austen Amaro é autor dos seguintes livros: *Juiz de Fora — poema lírico*. Belo Horizonte: Tipografia Guimarães, 1926; *Ante o mistério do amor e da morte*. Belo Horizonte: 1930; *Poemetos à feição do Oriente*. Rio de Janeiro: José Olympio, 1939; *Imaginário Hélade*. Belo Horizonte: Imprensa Oficial, 1971. Em jornais colaborou na *Folha de Minas*, *Estado de Minas*, *O Jornal* e mais nas seguintes revistas: *Paratodos*, *O Cruzeiro*, *Alterosa* e *Revista Mineira*.

dizia pouco, deu então execução a projeto que deveria ter amadurecido há muito tempo na maior moita e que foi posto em caminho logo no segundo mês desses acréscimos. Deixaríamos a companhia do Major e dos Selmi Dei e iríamos recomeçar vida familiar nossa e autônoma. Digo que o projeto de mudança estava sazonando há muito, pela rapidez e segurança com que d. Diva pô-lo em marcha. Ela alugou por 25$000 uma casinha tipo B das construções da fundação de Belo Horizonte, pequena de fachada, portão lateral de madeira, duas janelas de frente, propriedade do comendador Avelino Fernandes. Ficava à rua Aimorés, 1016 e era absolutamente igual àquela em que moravam a sogra e um cunhado solteirão do nosso senhorio. Essa senhora era de Ouro Preto e lembro dela muito velha, matinê branca engomada, sempre à janela e interpelando cada vizinho que passava. Para onde? se atira. Vou ao Calafate — dizia um. À cidade — outro. À praça da Liberdade, ao Palácio e depois às Finanças — respondia o terceiro. Assim d. Mariquinhas Feu de Carvalho (era o seu nome) ficava a par de todo o movimento do quarteirão. Era mãe de d. Rosalina Feu Fernandes, do historiador Teófilo Feu de Carvalho, do seu Pedrinho Feu de Carvalho e dum mais velho, do primeiro matrimônio, chamado Francisco Aredo. Pois esse último, o seu Chiquinho, morreu de repente um dia de manhã, batendo as nove horas, e seu cunhado Avelino foi de tal eficiência, tomou as providências funerárias tão rapidamente — atestado, cova, pompas fúnebres, padre — que ao meio-dia o nosso velho vizinho já estava sepultado! Essa aforismação indignou minha Mãe que sempre repetia: Coitado! do seu Chiquinho. Não teve tempo nem de ser defunto!

Mas voltemos a nossa mudança. Minha Mãe escreveu ao Pai, avisou os Selmis, separou o que lhe pertencia do mobiliário, bragal, louças e trens de cozinha na rua Caraça e passamo-nos para Aimorés — armas e bagagens — tão depressa como o nosso vizinho seria sepultado meses depois. Apesar da modéstia de nossas novas instalações, todos demos um suspiro aliviado. O mais regalado foi o da heroica d. Diva. Lutara catorze anos de viuvez, mas agora se fizera uma renda, os filhos estavam todos encaminhados nos estudos e ela retomava finalmente a sua casa. Tenho a impressão que a herança biológica faz-se através de fios especiais que a trama do tecido familiar faz aparecer ora aqui ora ali fazendo assim irmandades, às vezes, tão diferentes. Minha Mãe tinha fisicamente de sua avó materna e, pelo que ouço, herdara dela a bondade, a modéstia, a simplicidade dos Pereira da Silva — sem nada do avô Pinto Coelho. Da avó paterna lhe vinha a força de vontade, a inteligência e a obstinação dos Alencar. Do avô Jaguaribe novamente a modéstia, a dignidade, o profundo senso da honradez, da retidão e da correção que punha em tudo que dizia e praticava. De todos uma tolerância completa para os erros dos outros. Isso é que a fazia tão diferente das irmãs: era como se fosse filha de outro pai e de outra mãe. Eram os três fios do trançado familiar nela se enrolando em ponto único. Por isso é que ela pôde ser a um tempo mãe e pai dos filhos. Nossa casinha de Aimorés tinha quatro cômodos. Sala de entrada, de visitas, com o grupo amarelo da Serra, o piano e os dois dunquerques. Sobre estes, o par de vasos (presente de casamento do padrinho José Mariano Pinto Monteiro) de vidro fosco, com ramalhetes coloridos, bordas, alças e pés prateados. O lampião azul do Halfeld, os álbuns de retratos. Na parede o *Sagrado Coração* e ampliação dum retrato de meu Pai. Um outro, de tia Iaiá, de mantilha, braço apoiado a uma coluna, saia de cauda belle époque. Fazendo pendant o ramo de rosas da Cotinha Belchior e sua cópia, sobre vidro, executada pela dita irmã de minha Mãe. Esta sala dava no meu quarto onde havia duas camas de solteiro, quarto que partilhei sucessivamente com meus irmãos Paulo e José. Aí ficavam o guarda-casaca e a escrivaninha de meu Pai — que está conosco até hoje, sua madeira penetrada do ar da *Casa de Saúde Eiras*, onde o doutorando José Nava escreveu sua tese de 1901; de Aristides Lobo, depois da rua Direita em Juiz de Fora; em seguida, sucessivamente, das ruas da Floresta e da Caraça. Sobre ela eu aprendi o cálculo estequiométrico e perpetrei minhas primeiras tentativas literárias. Passou em todas nossas casas de Belo Horizonte. Veio para o Rio e esteve em Laranjeiras. Está agora com minhas irmãs em General Glicério. Serviu de mesa cirúrgica para o dr. Vilaça operar minha prima Alice. Meu quarto era escuro do arvoredo da rua que fazia nele uma sombra verde e triste. Mas alegrava-o pintura impressionista tirada de revista alemã — mostrando banhista braço levantado e largas ondas no fundo. Outros quadros: o retrato de Francisco de Castro que pertencera a meu Pai; as oleografias de são Pedro e são José nas cabeceiras das camas; uma tricromia de Laënnec, também herança paterna e que eu emoldurava com guarnição de papel preto colado; duas gravuras compradas por mim numa viagem ao Rio. Ambas referiam-se à Primeira Grande Guerra. Uma tinha por título —

"1914" e mostrava soldados expressionistas marchando curvados numa avançada; a outra, um campo cheio de mortos, devia representar a passagem do ano de 1917 para o seguinte e chamava-se — *Der Totendanz der Neujahres*. Vantagem enorme desse quarto: dava para a rua, a janela era baixa e fácil de pular para fora nas minhas surtidas noturnas com o Isador, o Cisalpino, o Cavalcanti, o Chico Pires. Eles arranhavam a janela maçonicamente e eu já sabia. Vestia em silêncio, abria, saltava e fosse o que Deus quisesse... Aquelas gravuras alemãs tiveram muita influência numa fase de meus desenhos de que lembro um *boxeur* oferecido a Emílio Moura e uma ilustração feita nos *Poems* de Wilde, da Methuen. Era designada por dois versos de The ballad of Reading Gaol.

> *Something was dead in each of us,*
> *And what was dead was Hope.*

A outra porta da sala de visitas dava para a sala de jantar onde a peça principal era o *buffet-crédence* que acabou no barracão da nossa negra Clemência Ciriaca. Havia ainda uma mesa e o guarda-comidas. Para esta sala dava o quarto de minha Mãe que dormia em cama de casal com uma de minhas irmãs, ao lado da cama da outra. Elas se alternavam noite sim, noite não na companhia materna. Esse quarto era atufalhado ainda por um guarda-roupas, mesa de cabeceira, uma máquina Singer e uma máquina de ponto-à-jour-e-picot com que nossa Mãe aumentava nossa renda. A sala de jantar abria-se numa varanda que era tornada suntuosa pela claridade do dia tardes de Belo Horizonte. Nela ficavam as sobras de móveis que não tinham cabido nos quartos, nas salas e aí se abriam as portas da cozinha e do sanitário com a banca, a pia e sua banheira de cimento. Mas o encanto maior da casa era o vasto quintal cheio de mangueiras, mamoeiros e goiabeiras. O prédio ficava no quarteirão delimitado por Aimorés, Alagoas, Timbiras e Pernambuco. Saindo para a direita e deixando de citar os baldios, éramos vizinhos dum seu Neves que, ao mudar-se, foi substituído pela família Vorcaro. Na esquina de Alagoas, uma pensão de estudantes e, seguindo pela última rua, a oficina do seu Artur Haas, d. Julina Rosa França e o marido seu Lafaiete França. Íamos muito a sua casa — que aquilo era amizade de infância de minha Mãe e d. Julina era filha do mesmo dr. Rosa da Costa de quem trato no meu *Baú de ossos*. Logo vinham os Grimaldi. De Timbiras até a esquina de Pernambuco não conhecíamos ninguém a não ser exatamente na ponta do quarteirão (que dava frentes para Afonso Pena) a família Almeida. Aí, virando em Pernambuco dava-se logo na casa em que tinham morado Maria e Olavo de Sá Pires e onde, com sua mudança, instalara-se a família Meirelles, de que Guiomar era um dos meus pares habituais nas festas do *Clube Belo Horizonte* e o Guilherme, meu contemporâneo da Faculdade de Medicina. Subindo a rua, na esquina de Aimorés, ficavam os Terra. Entrando pela última logo se dava na d. Maria Feu e na nossa casinha. À frente, entre Pernambuco e Alagoas moravam o notário Plínio de Mendonça, casado com uma alta senhora da família Felicíssimo, a Glorieta e o Paulo Cunha — sempre muito em foco como sobrinho do terrível Gastão da Cunha; a família Messeder, d. Lulu e seu Bené, a família Freitas — gente aparentada com o Nilo Bruzzi — casa sempre olhada pelos moços por ser a residência de bela menina chamada Mercedes, cuja irmã mais velha era a esposa do mesmo Columbano Duarte que aparece no meu *Balão cativo*. Finalmente era a esquina de Alagoas com a residência do próprio monsenhor João Martinho. Fora do quadrado em que ficava nossa casa havia ainda figuras com quem sempre cruzávamos ou víamos na Boa Viagem que, em rigor, poderíamos também chamar de vizinhos. Moravam em Timbiras, defronte ao largo da Igreja, Virgínia e Elísio Carvalho Brito, d. Maria Mendonça com sua família, o Eusébio Carvalho Brito. Na rua Alagoas seu Sebastião Xavier, cujo filho Luís (Lulu) tornar-se-ia nosso afim por seu casamento com Nair Pinto Coelho — filha do querido primo Juquita, de Santa Bárbara; quase em frente desta casa, a residência das Leal. Na rua Aimorés a do Juiz de Paz Delfim de Paula Ricardo, mais conhecido como seu Finfim. Mais longe ainda ficavam nossos amigos da família do professor Francisco Brant, em plena avenida Afonso Pena e, na esquina de Aimorés com avenida Brasil, a pensão de d. Marieta Fernandes, prima da Bagadinha e onde tinha quarto meu companheiro de faculdade Sócrates Bezerra de Menezes. Chamamos atrás de *largo da Igreja* ao quarteirão ajardinado delimitado por Alagoas. Timbiras, Sergipe e Aimorés. No seu centro, nessa época, ainda estavam de pé as duas igrejas da Boa Viagem, a velha, do Curral, que era linda e a nova, gótica, que ia se mostrando cada dia mais horrenda e falsificada. Não sei de quem foi a ideia de substituir o monumento do século XVIII pelo mostrengo que lá está hoje. Nessa ocasião a primeira estava sendo demolida e a recente já em funcionamento, posto que ainda por concluir. Vi com meus olhos, esses meus olhos que a terra hade comer, o velho templo já sem telhado e seus arquivos postos fora na sacristia meio derrubada onde o sol e a chuva acabavam com aquela papelada testemunho dos casamentos, batizados e mortes dos curralenses. Passou em minha cabeça resguardar aquilo tudo pura e simplesmente levando para casa. Como poderia ter tirado dali o que estava como lixo lenha para ser removido — o teto pintado da parte correspondente às vizinhanças do altar-mor cada tábua com um pedaço (meia cara, olhos, mãos, pescoço, palmas, chaves, livros, rosários, escapulários, mantos de santo). Até hoje me arrependo de não ter feito essa obra de benemerência. Esse atentado ao nosso passado foi perpetrado à vista de uma população indiferente, de prefeitos insensíveis, sendo vigário da Matriz o referido monsenhor João Martinho e bispo de Belo Horizonte dom Antônio dos Santos Cabral. Eu não tinha nessa época nenhuma instrução sobre o barroco mineiro mas meu instinto dizia que aquilo estava errado e que a igreja esquartejada era muito mais linda que aquele gótico que estava sendo erguido ali. Com o tempo aferrei-me mais ainda a essa ideia, aprendendo o que são os tesouros artísticos representados por nossas igrejas de que uma das principais ameaças são justamente seus padres. Senti como às vezes é preciso defender o catolicismo dos católicos, Cristo dos cristãos e nossos templos dos reverendos. Mais me convenci da verdade de meu instinto quando pude aprender o que era o verdadeiro gótico vendo Saint Michel, Chartres, Amiens, a Notre-Dame, a Sainte-Chapelle em França; Ely e Westminster na Inglaterra. Aí se sente o gótico que só floresce nos climas frios dando o gris das pedras, o capricho luxuoso da pátina, o algodoado da neblina penetrando as igrejas como numa floresta e, dentro dela, aqui mais nítida, lá mais esbatida, a explosão da policromia dos vitrais. E o gótico transcende à impressão visual. Ele nos penetra pelos ouvidos, com o eco especial de quaisquer ruídos, das preces, dos murmúrios, choros, cochichos e dos cânticos no bojo das catedrais — soando e continuando e se sustenindo como nota preciosa no oco acústico dum instrumento de corda. O gótico tem um cheiro que é de incenso impregnado na pedra porosa, cheiro de mofo e cera e do relento dos mortos — mais adivinhado que mesmo sentido. Dá a impressão tátil veludosa das pedras alisadas e se apagando das sepulturas, do desgaste do mármore dos jacentes — escuros nas reentrâncias e polidos como marfim pelo olhar e pelas mãos dos que ainda vão viver mais um pouco. Onde andarão? os restos virados poeira da minha antiga Boa Viagem... A Boa Viagem das festas de barraquinhas e do maio de Maria... A Boa Viagem da velha gameleira da esquina de Sergipe e Aimorés onde dum côncavo do tronco nascera uma palmeira... Que acaso? que ave? que anjo? acertara aquele coquinho na anfractuosidade do outro vegetal e fizera-os misturar suas seivas. A árvore dupla vinha do tempo do Curral. Morreu, depois, como ele.

Quem olhasse de frente o gótico levantado veria a seu lado, encostando quina a quina, mal deixando espaço para esgueirar-se uma pessoa, as fachadas das duas igrejas fazendo ali um ângulo de uns cento e quarenta graus. Depois da derrubada da velha ficou o imutável e indestrutível com seus restos amassados no fundo do solo igualitário das irmandades ao peso e percussão dos soca-defuntos. O jardim e as aleias de hoje deixam caminhar por cima duma poeira de curralenses. Era sobre essa mesma terra de mortos que se davam as festivas barraquinhas. Lembro o adro iluminado com fieiras de lâmpadas, as sortes, as prendas, as pescarias de embrulhinhos cheios de alfinetes cabeça de pérola, brincos de fantasia, botões enfeitados, fivelas, argolas, broches, onduladores e grampos *la donna* — toda a quinquilharia que minha Mãe e d. Julina, festeiras da mesma barraca, tinham ido pedir aos turcos da rua dos Caetés. Lembro o pralá-pracá dos grupos de moças e estudantes namorando de longe. Lembro as alegrias do mês de Maria, com a banda da polícia emprestada pelo coronel Cristo no dia em que suas filhas *coroavam*. As virgens vestido comprido, toucadas de rosas brancas; os anjos de várias idades encarnados nas meninas-moças da gente mais fina de Belo Horizonte. As mães competiam cada qual querendo apresentar sua filha com túnica mais luxuosa, asas mais espalmadas, de penas mais longas e mais alvas. Elas subiam pelas escadas laterais do altar-mor e iam cantar alto nos ouvidos de Nossa Senhora da Boa Viagem que queriam oh! Maria — flores lhe oferecer; e rogando aceitai oh! Virgem Pura o nosso bem-querer. A igreja à cunha, os rapazes olhando as virgens e as anjas mais taludas — tendo o coração para lhes ofertar saindo pelos olhos. Ficavam tão lindas de asas, que depois estranhávamos vê-las passar na rua, entrar no *Odeon*, fazer o footing na praça, dançar no clube — depenadas até maio do ano que vem. Essas alegres festas tinham sempre como figura principal o nosso monsenhor João Martinho com seu talhe elegante e longo pescoço. Quem olhava o garbo do seu porte estranhava vê-lo de batina e sem a farda do oficial de cavalaria de que ele tinha como que a presença. Logo a animação destas festas, as missas e rezas da Boa Viagem iam esbatendo nossa saudade da Serra. Já não tínhamos a nostalgia do bondinho descendo às dez horas. No ponto final entrávamos e já encontrávamos abancados o coronel Gomes Pereira com seus olhos de moço, ora com d. Dodora ora com uma das filhas — Maria, Dodorinha ou Diva; d. Carolina cada dia mais linda e de cabelos mais alvos, às vezes com os filhos às vezes com seus velhos pais; o veículo descia e as entradas eram reguladas como se tivessem sido ensaiadas — primeiro o dr. Estêvão Pinto (quando não descia a pé); depois os Goulart — geralmente o Leleco; na esquina de Bernardo Figueiredo entravam o Greslin, a esposa maquilada *d'une façon* incandescente, mais o severo Alves Branco, sempre vermelhinho e lustroso, pincenê de trancelim equilibrado no naso, fraque duma casimira preta riscadinha de branco — riscos tais que se ajustavam em vvv na costura das costas, na costura das mangas; o desembargador Siriri se desbarretando gravemente para todos os passageiros, os passageiros em vênia para o desembargador Siriri; o pessoal do dr. Cícero; o dr. José Eduardo; o dr. Enoch; o dr. Coelho Júnior. Depois já era o abrigo Ceará e a entrada de passageiros mais ou menos anônimos ou apenas conhecidos de vista. De tarde, era a mesma gente de torna-viagem. O bonde ia-se esvaziando aos poucos. Quando parávamos no ponto final dávamos adeus. Até amanhã, coronel! Até à vista, d. Carolina! Até amanhã, dr. Otávio! e muito obrigado pelo livro emprestado. Vou ler e devolvo logo.

Memento mori.
Divisa dos trapistas

Aquela manhã foi de surpresa para minha Mãe. Ia entrando para a missa na Boa Viagem quando esbarrou de cara com sua amiga de mocidade d. Lilita que há dois anos não via. Seu apelido alado de Lilita escondia nome que ela achava desgracioso e pesadão: Manuela. D. Manuela de Sousa. Era a esposa de um ilustre magistrado, o dr. Joaquim de Sousa — juiz e professor de Direito no Rio de Janeiro, que os pulmões fracos tinham obrigado a mudar-se para Belo Horizonte. Apesar de curado, fora ficando na cidade pois próspera banca de advogado o fixara entre nós. Era um homem excelente, bela cabeça grisalha, rosto sereno, dono de traços especiais que o faziam ficar, em matéria de semelhança, entre Carlito e Osvaldo Cruz. Era simples, modesto, benevolente e tinha sempre uma palavra boa para dizer aos seus interlocutores. Já d. Lilita era o contrário. Bela senhora e elegante — lá isto era. Mas trazia dentro dela como males roazes o orgulho, a inveja e o despeito de tudo de bom que acontecia aos outros. Isso transparecia nos seus olhos eternamente móveis e reparadores e na expressão de má vontade que franzia o seu nariz de cheira-cheira. Tinha o queixo gracioso e saliente. Seu defeito eram as mãos curtas que lhe impediam dar uma oitava no piano. Ela o fazia batendo rapidamente um depois do outro o mindinho e o maior de todos — estropiando assim o trecho que executava. Exatamente o dedão era a coisa feia que ela possuía pois era diferente dos outros — terminava ao jeito dos que o povo chama de "cabeça de cobra". Minha Mãe se afastara dela aos poucos farta de indiretas cruéis e dos elogios espalhafatosos de que ela cobria seu filho único, o Manuelito, cada vez que surgia ocasião de nossa Mãe ter queixa de um de nós. Evidentemente queria nos depreciar e se o fazia era porque alguma qualidade tinha descoberto em mim e nos meus irmãos. Isso era insuportável para ela. Orgulho. Era defeito que minha Mãe não tinha e suportava mal quando o percebia nos outros. Transmitiu-me esse sentimento. Sempre que vejo pobre humano cheio de empáfia lembro que ele vai morrer e repito em sua intenção as palavras da prece dos agonizantes. Teria vontade de explicar a esses meus semelhantes que a natureza nos adverte diariamente contra o orgulho. Basta ficar sem banho e começamos a feder. Somos sacos de mijo e merda e se bexiga e intestino não funcionam o homem perde logo a proa — seja um joão-ninguém ou chame-se Hitler, Stálin, Napoleão, Carlos Magno, César, Alexandre. O Manuelito entrara para a faculdade comigo e esse nivelamento aborrecera muito d. Lilita. Eu não tomava conhecimento desse desaguisado subterrâneo entre ela e minha Mãe e tornei-me muito camarada do moço que tinha exatamente a minha idade. Logo vi que entre nós havia diferenças impedindo a intimidade franca e a liberdade que faz as grandes amizades. Ele era por demais controlado de língua, não dizia uma palavra feia e corava até à raiz dos cabelos ao simples vocábulo merda. Os outros então...

Logo ele com ou sem desculpa largava a roda indecente e ia procurar novo grupo no pátio ou nos corredores da escola. Quando eu tomei bomba em química ele passou com distinção e a d. Lilita mostrara a minha Mãe um júbilo desordenado que se sentia mais pela minha reprovação que pelo brilho do rebento. Essas coisas foram desgostando e a d. Diva e a d. Lilita acabaram não se procurando mais. Assim foi um pasmo para a primeira o abraço afetuoso e magoado recebido da segunda à porta da igreja e o sussurro enunciado com voz de choro. Depois da missa, Diva, você me espere que preciso muito falar com você. Quando a igreja esvaziou as duas se juntaram e a do meu colega, sem preâmbulos e começando a chorar pediu a minha Mãe que se ajoelhasse com ela e que rezassem as duas um rosário inteiro de intenção: que Deus segurasse a mão dos suicidas. Mais não foi dito senão até à vista! na porta da igreja e minha Mãe ficou matutando naquela esquisitice. Seria? alguma coisa com os irmãos da Lilita. Vai ver que era... Nós sabíamos lá em casa que os tais irmãos eram birutas. A mais velha era peculiar, o segundo e o terceiro estavam internados. Só a d. Lilita era perfeita. Minha Mãe falou no caso uns três quatro dias e a coisa foi entrando no esquecimento.

Minha camaradagem e do Manuelito ia num mar de rosas. Ele gostava de me dar conselhos, queria que eu tomasse conhecimento das obras de Smiles de que possuía a coleção completa e chegou a me passar às mãos um dos volumes do moralista da Escola de Manchester. Parei nas vinte primeiras páginas cafardentas e devolvi. Depois foi sua balda para que eu me associasse a suas ideias. Tinha de tornar-me absolutamente casto e compensar aquela autocastração moral como ele o fazia: lendo os autores edificantes e fazendo ginástica. Vendo que eram em vão seus ensinamentos, não me tocou mais no assunto e começou, em vez de Nava, a chamar-me de Pedro Nada. Eu ria, achava graça, até o dia em que sua hostilidade tornou-se franca e patente. Escreveu um pasquim injurioso contra mim e afixou-o na tabuleta de avisos da portaria da faculdade. Eu apenas soube do fato e não tomei conhecimento do tal escrito porque nosso colega Edmundo Burjato tivera a iniciativa de arrancá-lo e rasgá-lo. E desde então o Manuelito passou a ignorar minha pessoa. Passava fechado e sem cumprimentar o imoral. Isso foi em 1922. Ele foi fazendo o curso brilhantemente até seu terceiro ano, 1923, a cujo fim, tomado de escrúpulos e achando que devia se preparar melhor resolveu não fazer provas. Em 1924, idem. Em 1925 eu já estava no quarto e ele continuava no terceiro, sempre fugindo de exames e cada vez sabendo mais anatomia. Ele próprio declarava que só enfrentaria a banca no dia em que estivesse certo de enfiar o Lódi num chinelo. Eu, afastado dele, ignorava essa e outras bizarrices de seu temperamento — que punham os colegas desconfiados. Depois é que eu soube que ele deixara de frequentar as aulas e que passava semanas sem sair do quarto, horas absorto, como seguindo um pensamento escrito nas estrelas da noite ou nas nuvens do dia, ou enchendo cadernos e mais cadernos de prosa vasta e ilegível pelo garranchento das letras. Assim só foi surpresa para mim a manhã em que a notícia chegou à faculdade feit'uma bomba. O Manuelito se matara com um tiro no peito. Esquecido de tudo, corri a sua casa e caí em lágrimas nos braços do dr. Joaquim e da d. Lilita. A moradia era enorme — uma chácara na Floresta — e foi pequena para conter a avalanche dos que acorriam para o velório. Não saí mais de perto do corpo do colega. À noite, por acaso fiquei só na sala onde ele estava exposto. O lustre envolvido em crepe dava uma luz cinza — atiçada aqui e ali pela reverberação vermelha de seis velas crepitando. Cheguei perto, olhei a bela face do arcanjo ali jacente — face para sempre serena e vazia. Seu corpo atlético parecia achatado, empoçado pelo peso de sua água. Imóvel. Coberto de flores, folhagens, rosas vermelhas. Seus olhos entreabertos pareciam me fitar. Como que sua boca se mexia dizendo coisas de lá que não tinham som. Um instante tiritei do grande medo — mas logo vi que era o tremeluzir das velas que movia sombras vivas naquele rosto defunto. Perdão! Manuelito, de chamar-te aqui. Mas quem sabe? rapaz esquecido há cinquenta e dois anos! quem sabe? se meu chamado sacrílego não vai dar-te um instante de vida, também uma prece, em cada leitor que um segundo ver-te-á vivo e incomparável como um deus antigo.

    Lamentei sinceramente a morte daquele atleta moço cuja forma perfeita caía como estátua derrubada brutalmente do soclo. Passei dias na maior agonia, morrendo de pena dos pais doravante sem ninguém que os acompanhasse na vida sem sentido. Dei tudo o que o Manuelito me fizera por conta do raio que lhe atingira o juízo. Suspeitava um pouco que d. Lilita estivesse por dentro da coisa e envenenando o filho contra mim. Tive certeza anos e anos depois. Foi no dia da posse do Milton na governança do estado. Houve baile à noite, no

Automóvel Clube e lá fomos eu e minha mulher de convidados. Divisei de longe d. Lilita. Cheio de ternura pelo passado fui cumprimentá-la. Cheguei rindo, estendi a mão, ela me deu a sua e também sorridente pediu desculpas mas não estava me reconhecendo. Será possível? D. Lilita! Sou o Pedro, filho de sua amiga Diva Jaguaribe Nava, o colega do... Mas já ela fechara a cara, retirara num arranco sua direita da minha e tomando o braço da sobrinha que a acompanhava, virou-me as costas e foi saindo como se eu fosse um pestiferado. Estranho ódio... Por quê?

O ano de 1925 ia correndo. Foi o ano do terceiro número de *Estética*, dos dois primeiros de *A Revista*. O seguinte traz a data de setembro mas só circulou em janeiro de 1926. Foi um tempo importantíssimo para o nosso Grupo do Estrela. Se tínhamos motivo de conversa... Basta dizer das publicações desses ricos trezentos e sessenta e cinco dias. *meu*, de Guilherme de Almeida; *A escrava que não é Isaura*, de Mário de Andrade; *Paulística*, de Paulo Prado. Mais. A segunda edição dos *Epigramas* do Ronald e o estouro das *Memórias sentimentais de João Miramar* de Oswald de Andrade. Acompanhávamos de perto a vida dos modernistas de São Paulo. Sabíamos de tudo pelas cartas do Mário. Conhecíamos Piolim que deixamos de invejar quando Belo Horizonte foi visitado por um circo onde havia palhaço que nós tratamos logo de considerar genial. Era o Chicharrão e seus gags se nos afiguravam cheios de intenções. E eram bons mesmo. O da regência da orquestra de palhaços em que ele fazia de maestro perdendo pelas mangas dezenas de punhos no fogo da execução e que ao último par atirado no público acendia a nariganga de vermelho e a orquestra barafundava-se em dissonâncias finais — era de grande efeito. O circo vinha abaixo. Tempos depois tentamos dar categoria igual ao clown que era a atração de outros cavalinhos armados na beira do Parque. O Maitaca. Mas assistir a esse era muito forte pois o pobre-coitado, sendo maneta — era terrível vê-lo executar suas cabriolas com a manga do paletó vazia...

Ainda neste 1925 nossa roda seria enriquecida pela presença dum poeta jovem. Fizera vestibular na Faculdade de Direito um moço chamado Ascânio Lopes Catorzevoltas — nascido em Ubá a 11 de maio de 1906. Era filho legítimo de Antônio Lopes Catorzevoltas e de d. Maria

Inês Catorzevoltas mas tinha sido levado com cinco meses para Cataguases, onde o criaram seus padrinhos, o Tabelião Cornélio Vieira de Freitas e d. Dulcelina Cruz.

> Vai-te embora! Vai-te embora, rapaz morto!
> [...]
> Minhas lágrimas caem sobre ti e és como um Sol quebrado!
> MÁRIO DE ANDRADE, "Improviso do rapaz morto"

Lembro Ascânio Lopes e pergunto o que teria? esse moço — para impressionar como impressionou tão fundamente seus companheiros de Cataguases e Belo Horizonte durante o pouco tempo que durou sua vida. O que é? que o Ascânio tinha. Tinha inteligência. Tinha. Vivacidade. Tinha. E mais o que dizem os que escreveram sobre ele. Qualidades de sensibilidade, serenidade, mansidão, sinceridade sinceridade sinceridade. Tinha. Humildade, modéstia, a profunda penetração da poesia... Mas esse sofredor de pequena biografia havia de ter mais alguma coisa de imponderável, talvez o halo que não se vê mas se pressente — campo magnético que aureola os *avertis*. Ou a tenuidade dos que estão em desmaterialização. Ou uma tristeza permanente de plano posterior. Dúvidas. Alguma certeza, talvez. O sentimento quem sabe? das fissuras que vão quebrar o sol e apagá-lo no nada. Alguma coisa assim porque ele não inspirava simples simpatia, nem apenas amizade. Também não era amor fraterno. Era maior porque todos nós nos impregnávamos — nós quase de sua idade! — de uma espécie de sentimento paterno como a adivinhar em torno dele o perigo; a querer protegê-lo e ampará-lo contra obscurameaça... Uns descrevem-no como baixo. Outros, alto. Esses, franzino. Eu creio que ficaria melhor defini-lo com precisão médica. Era um longilíneo médio cuja elegância e proporções davam a impressão de rapaz mais alto que realmente foi. Num esforço de memória vejo-o batendo pouco acima do meu queixo de homem alto, o que lhe dá cerca de um metro e setenta. Mais. Menos. Não era cabeçudo mas acentuadamente dolicocéfalo e seu occipital retrodominava. Cabelos muito escuros — castanhos para pretos. Testa ampla e alta. Sobrancelhas espessas, muito negras, cerrando-se na raiz do nariz regular da variedade que os fisiognomistas franceses chamam *busqué*. Olhos muito grandes de comissura externa mais baixa que a interna, o que, com o corte amargo da boca, acentuava a tristeza do seu riso. Lábios finos. Sua aparência era gentil. Não separo sua lembrança da do Teatro Municipal e vejo-o parando um instante à sua esquina, falando e se despedindo rindo. Por que? naquele preciso instante senti que devia gravar esse nosso encontro entre tantos outros que se esbatem ou que não vejo. Como teria sido? sua infância. Ele próprio deixa adivinhar alguma coisa porque a evocação desse período ou a presença de meninos e meninas é quase constante em sua poesia. Não terá sido muito alegre.

> Não tive essa infância moderníssima
> de matinês de cinema e partidas de futebol.
> Eu fui a criança remelenta que as mamães acariciam
> que diverte as visitas com seus modos de homem sensato.

Terá sido mesmo triste.

> Na minha infância vivi exilado da vida.

Dentro desse exílio — sua inveja dos quebradores de vidraças dos vizinhos, dos meninos ousados do futebol, seu ímpeto de se revoltar logo contido pela ameaça do castigo que gerava "a covardia e a submissão". Ele suspeitava a vida como não sendo apenas "as aulas cruéis" e "as ladainhas intermináveis à hora de adormecer". Não. Tinha de ser outra coisa — "desde criança fascinou-me sempre o maravilhoso". E ele começava a descobrir a poesia dos moleques abrindo porteiras, das rondas alegres das garotas, dos soluços baixos — como êxtase, do cotidiano, das salas escuras, das casas velhas. Teria ele sofrido? com sua situação de adotado. É certo. Mas só por esta situação. Porque aos adotivos chama "papai" e "mamãe" nos seus poemas e tem-se do tabelião Cornélio e de d. Dulcelina uma grande impressão de doçura. Não terá sido um menino solitário, parece que tinha irmãos — não sei se de sangue, não sei se de criação, pois assim deixa entender certo plural do poema em que menciona o desaparecimento da que o teve como filho.

> [...] Papai lia o jornal atrasado
> Mamãe cerzia minhas meias rasgadas.
> [...]
> Às vezes Mamãe parava de costurar
> — a vista estava cansada a luz era fraca
> e passava de leve a mão pelos meus cabelos [...]
> [...]
> Quando Mamãe morreu
> o serão ficou triste a sala vazia.
> Papai já não lia os jornais
> e ficava a olhar-nos silencioso.
> A luz do lampião ficou mais fraca
> e havia muito mais sombra pelas paredes.
> E dentro de nós uma sombra infinitamente maior...

A ambiência infantil de Ascânio não terá sido alegre apesar de seus papagaios e "peões zunidores". Há muita sala pobre de roça, muita meia rasgada, vidraças molhadas, revistas velhas, quadros de santos, retratos descorados, cadeiras mancas, palhinhas furadas, teias de aranha, mato de terreiro e "um bordado de sombras na parede" — nos seus poemas. Esse meio interior tristonho e projetado num sertão mineiro cujo desconsolo avulta comparado ao que nele não havia de trigais maduros, riso de vindimieiras, de ceifeiras cantando ao sol poente. Nada dessa alegria de campo lusitano. Desolação pesada de chão de ferro com engenhocas de pau, monjolos, aboios tristes, bois lerdos, negrada bebendo pinga, homens cansados, em fila, seguindo sem conversar. Mas ele amava entre as cidades — Cataguases sua eterna representação lúdica e infantil.

> Nas tuas ruas brinca a inconsciência das cidades
> que nunca foram, que não cuidam de ser.

Entretanto Cataguases seria. Ele, os outros meninos da Verde e Humberto Mauro fizeram da cidade uma pioneira artística de Minas, como o Belo Horizonte do *Grupo do Estrela* e de *A Revista*, como a Juiz de Fora de Edmundo Lys. Foi na cidade do seu coração que Ascânio Lopes fez onze preparatórios. Terminaria seu curso secundário no *Colégio Mineiro* de Belo Horizonte onde a 11 de março de 1925 faz seu exame de inglês. Essa data é importante porque nos dá a época da chegada do poeta à capital de Minas. Provavelmente fins de fevereiro. Aquela nossa deliciosa Belo Horizonte dos 20 deve ter sido um deslumbramento para Ascânio cuja geografia, como se vê no poema Cataguases, era assaz reduzida. Ele fala em Estrela do Sul, Sabará, Ouro Preto, Juiz de Fora e Belo Horizonte. Não dá palavra sobre São Paulo ou Rio. Teria tido? tempo de ter visto as duas últimas. A propósito de Juiz de Fora ele lembra seus ruídos, rumores, apitos, klaxons de "cidade inglesa de céu enfumaçado, cheio de chaminés negras". Cidade inglesa... Certo pelo cognome que tem de "Manchester Mineira" — o que, segundo meu irmão José Nava, não obriga em nada a Manchester de Lancashire sobre o Irwell a se proclamar a "Juiz de Fora da Grã-Bretanha...". A Belo Horizonte chama de europeia e na balada do estudante diz-se "perdido na grande cidade entre gente indiferente". Isso deve ter sido impressão de início porque no meio de nós ele teve um curto período de felicidade: o da época da Pensão Lima — encerrado no da doença declarada. Felicidade e convivência. Naquela casa de morada ele encontrou Emílio Moura, Francisco Martins de Almeida, logo amigos e foi ser companheiro de quarto de José Figueiredo Silva, logo irmão. Estes, num átimo, rastrearam seus versos escondidos e o poeta foi desmascarado e publicado por Emílio Moura no *Diário de Minas*. Ainda entre seus companheiros de pensão estavam Gregoriano Canedo, Heitor Augusto de Sousa (*o Prego*), João Guimarães Chagas e Martins Mendes. Na Faculdade de Direito ele ia encontrar João Alphonsus, logo do peito. Foram esses amigos que o lançaram, levaram-no ao grupo de que ele se tornou inseparável. Creio que nosso aplauso e nossa companhia é que deram a esse poeta delicado, esquivo e tímido a segurança com que ele participaria do Movimento Renovador da *Verde* de Cataguases (de que foi colaborador constante) e do lançamento dos *Poemas cronológicos* com Enrique de Resende e Rosário Fusco. De segunda época em segunda época ele vai levando seu curso até à quarta série em 1928. Nesse ano ele cai doente e é internado no *Sanatório Cavalcanti* que se situava à avenida Carandaí, 938, atrás da matriz do Sagrado Coração — a "igreja dos turcos" — como era conhecida. No sanatório ficou pouco tempo e dele fugiu, aterrado com a visão noturna que surpreendera de doente só e se esvaindo numa hemoptise. Pira para Cataguases. Morrer entre os seus. Em paz. Da curta permanência hospitalizado ficou o testemunho do inferno que deve ter sido o fim de sua vida, num poema admirável e lancinante. Chama-se justamente

"Sanatório" e há dele várias versões. Adoto e transcrevo aqui a parte que João Alphonsus de Guimaraens teve como melhor e que põe no seu romance *Rola-Moça*.

> Logo, quando os corredores ficarem vazios
> E todo o Sanatório adormecer,
> A febre dos tísicos entrará no meu quarto
> Trazida de manso pela mão da noite.
> Então minha testa começará a arder,
> Todo meu corpo magro sofrerá.
> E eu rolarei ansiado no leito,
> Com o peito opresso e a garganta seca.
> Lá fora haverá um vento mau
> E as árvores sacudidas darão medo.
> Oh! os meus olhos brilharão procurando
> A morte que quer entrar no meu quarto.
> Os meus olhos brilharão como os da fera
> Que defende a entrada de seu fojo.

Entrou no dia 10 de janeiro de 1929 — a morte triunfante — e o menino cerrou mansamente os olhos como em seio materno reachado. "Ascânio" — diz seu biógrafo Délson Gonçalves Ferreira — "morreu com vinte e três anos incompletos. Pouco mais velho que Álvares de Azevedo e Casimiro de Abreu e pouco mais novo que Castro Alves." Como os desses outros tuberculosos seus versos viverão porque são inseparáveis do movimento da *Verde* e esta pertence à história do modernismo no Brasil. Está sepultado em Cataguases junto com o moço Alfeu Cruz — irmão da *mamãe* Dulcelina.*

---

* Ascânio deve ter caído doente em 1927 ou 1928. Ou recaído? Suspeito que tenha havido qualquer coisa em 1924 — data do seu "O poeta da noivinha imaginária" — que mostra uma velha preocupação com a tuberculose pulmonar. Os que se interessarem por sua bibliografia encontrarão a mesma discriminada com toda a minúcia no livro *Ascânio Lopes: vida e poesia* de Délson Gonçalves Ferreira. Belo Horizonte: Difusão Pan-Americana do Livro, 1967 (data no colofão). Mário de Andrade também se ocupou dele em *Táxi e crônicas no Diário Nacional*. Introdução e notas de Telê Porto Ancona Lopez. São Paulo: Duas Cidades, 1976.

> *O tempo mágico que se fez nunca mais!*
> JOÃO CARLOS TEIXEIRA GOMES, "Janeiro".

Em 1925 entramos no quarto ano, um dos mais carregados do curso médico. Comportava oito disciplinas e meus colegas e eu tínhamos aulas toda a manhã e tomando grande parte da tarde. Anatomia patológica, com Carlos Pinheiro Chagas, cujo ensino já descrevi. Clínica médica, com Alfredo Balena que íamos encontrar novamente no quinto e no sexto ano. Clínica cirúrgica, com Otaviano Ribeiro de Almeida. Esse ilustre mestre, nascido a 29 de janeiro de 1880, tinha quarenta e cinco anos quando fui seu discípulo. Era diamantinense, filho de Modesto Ribeiro de Almeida e de d. Filomena Cândida de Almeida. Tinha estudado as humanidades em Cachoeira do Campo, farmácia em Ouro Preto e medicina no Rio de Janeiro — onde se doutorou com tese sobre a *Contribuição ao estudo da transposição vésico-uterina ou operação de Schauta-Wertheim*. Em 1917 fora contratado para lecionar anatomia médico-cirúrgica na nossa faculdade. Nesse mesmo ano faz a sua docência livre e, em 1920, concurso para substituto — tendo sido nessa qualidade que o tivemos como professor. O futuro reservava-lhe a cátedra de clínica cirúrgica em 1930 e duas vezes, em 1933 e 1935, seria eleito magnífico reitor da Universidade de Minas Gerais. Foi o primeiro grande operador que vi empunhar o bisturi e guardo de sua pessoa impressão profunda. Sua enfermaria era tudo o que podia haver de mais simples e ficava, nem mais nem menos, numa espécie de porão, embaixo da de Hugo Werneck, na Santa Casa de Belo Horizonte. Seu soalho tinha plano inferior ao terreno e era necessário descer escada de uns cinco degraus para entrar na sala caiada de claro com as duas filas de leitos de metal pintado de verde, debaixo de cujas cobertas saíam os braços e as caras dos operados e dos candidatos a operação. Estes, angustiados e apreensivos aqueles, já tranquilos depois da passagem pela ordália. Otaviano era homem de boa altura, muito magro, rápido, despretensioso no trajar e contudo elegante pela postura e distinção inata. Tinha uma fisionomia plácida e simpática mas uma seriedade de expressão, modos e comportamento que impunham o maior respeito. Era polido, educado, mas reservado e cerimonioso. Inspirava dedicações e amizades mas tinha nele qualquer coisa que impedia intimidade e muito menos a familiaridade. Era assim com os colegas de congregação, com os assistentes e com os alunos.

Nunca o vi dando aula teórica mas acompanhei várias vezes sua visita na enfermaria e as magníficas demonstrações práticas de suas intervenções. Era calmo durante o ato, operava assoviando o tempo todo por baixo da máscara e jamais vi-o perder a tramontana diante dos riscos nem impacientar-se com os anestesistas ou auxiliares. Era hábil e inventivo, improvisando técnicas segundo as emergências e as surpresas com que deparava. Seguro e ágil, foi dos cirurgiões mais elegantes que vi operar. Ele transfigurava aquele porão modesto da Santa Casa, transformando sua enfermaria pobre num grande centro cirúrgico. Seus assistentes, quando frequentei seu serviço, eram Campos Pitangui e Júlio Hauelsen Soares, ou mais simplesmente Júlio Soares, formado em 1923. Tudo gente do norte de Minas que procurava naturalmente juntar-se ao mestre diamantinense. Nossa turma deu-lhe um interno: Juscelino Kubitschek de Oliveira — outro filho do Tijuco. Motivos de saúde impediram que o professor nos levasse até o fim daquele ano e quando ele licenciou-se para tratamento, passamos diretamente às mãos de Eduardo Borges Ribeiro da Costa com quem faríamos nossa cirurgia até 1927.

Outros professores que tivemos no quarto ano. David Correia Rabelo sobre quem já falei e de quem fui cliente. Já descrevi seu físico que comparei ao de um príncipe persa. Dava a cadeira de pediatria cirúrgica e tinha seu serviço no Hospital de São Vicente. Com ele aprendemos a nossa ortopedia e nunca mais esqueci como reduzir uma fratura, reencaixar uma luxação, imobilizar com talas, aplicar um gessado e fazer as pacientes moldagens do tronco ou só dos lombos para sobre elas construir as calhas ou cintas de celuloide que forrávamos com camurça. Isso hoje é aparelhagem do passado... Gostava de dar sua matéria dosando bem a prática e a teoria. Assim não dispensava aulas teóricas. Prelecionava com desenvoltura, gesticulando vivamente e falando tão alto que suas lições reboavam nos corredores e nas enfermarias de toda a casa. Era homem célebre e conhecidíssimo no Brasil pela operação que fizera numa *moça* normalista de Belo Horizonte, transformando-a num macho perfeito. Tratava-se dum caso de pênis incluso com hipospádia e essa abertura dava a impressão de vagina defeituosa e tapada. Pois o nosso David desencastoou a caceta, fez-lhe a plástica, mais a uretral e transformou em homem a *mulher* que se deitara na sua mesa operatória. Homem mesmo — que casou depois e gerou filhos. Outra façanha cirúrgica de nosso mestre: operar em si mesmo, com anestesia local e diante dum espelho, hérnia inguinal. Mas essa recidivou. David foi nosso professor quando tinha quarenta anos. Nossa turma deu-lhe também um interno: Pedro Drummond de Sales e Silva. Dermatologia e sifiligrafia tivemo-la com uma das maiores autoridades brasileiras na especialidade. Era o ouro-pretano Antônio Aleixo então com quarenta e um anos. (Insisto nesse enumerado de idades para mostrar a vantagem que tivemos de aprender de moços — em pleno fogo e paixão profissionais.) Era um homem magro, moreno, cabeleira crescida, topete alto e grandes bigodes negros. Muito míope, mãos longas e bem-feitas, sempre vestido de escuro. Preto, azul-marinho, mais raramente cinza bem fechado. Sua enfermaria era de mulheres e ficava num porão fronteiro ao de Otaviano de Almeida, por baixo do serviço de Samuel Libânio. Aleixo examinava o doente em silêncio diante da roda dos alunos calados, finalmente dava sua sentença e retirava-se deixando-nos entregues ao assistente Olinto Orsini. Esse logo tomava a palavra e, a partir do diagnóstico do professor, prelecionava esganiçado a clínica, a patologia e a terapêutica da entidade. Catolicão conhecido, tinha sempre um ar enojado e reprovador quando examinava as misérias daquele rebutalho da *zondegas* que vinha refazer ali seu instrumento de trabalho — ruisselando o pus das gonorreias, perfurado de *cavalos* como as peneiras, ostentando a cratera única da *bruna lues* ou roído pelas erosões da quarta moléstia de Nicolas e Favre. No ar reinava um cheiro a mulher sem banho, a baixeiros sujos e doentes, a sovaqueira ardida, a curativo velho, a éter, a iodofórmio, pomada de Helmerich, loção de Tleminks, pasta de Una. O Isador cheirava deleitado esse ar — impregnado do que ele chamava *o vulvo-vaginato duplo de etila e sulfur*. Essa hora de aula ficou eternamente gravada na minha lembrança pela morrinha daquele pátio dos milagres dermatológico. O cheiro do iodofórmio denunciava de longe as portadoras de cancro mole, tratado nessa época enchendo-se suas úlceras e fagedenias daquele remédio em pó a que se chegava um bastonete de vidro incandescente. A doente urrava de dor e subia uma fumaça roxa da droga amarela de que a ignição fazia brotar o iodo nascente. Método de Aleixo. Mas o bodum da enfermaria chegou ao auge quando o nosso inventivo Orsini começou a tratar os casos de penfigo besuntando-os com óleo de fígado de bacalhau. Aí era fedor da doença somado ao da droga. As moscas acorriam em enxames. Aprendi ali as lesões da pele e a venereologia que me serviram para a prática. Melhor conheceria mestre Aleixo de nossa convivência na minha repartição e de frequentar também suas consultas no nosso *Posto de Sífilis da Inspetoria da Lepra e das Doenças Venéreas* que funcionava num prédio anexo ao da Higiene, rente à praça da Liberdade, no trecho de Santa Rita Durão chamado depois rua Antônio Aleixo. Oftalmologia tive-a com o livre-docente Joaquim de Santa Cecília, homem agradável, catacego, sempre em luta ferina com o catedrático Lineu Silva a quem ele acusava de nos sonegar o exame do fundo do olho. Eu, não! mostro. E nos demonstrava a *cerebroscopia*, recomendando que não esquecêssemos nunca o nome de Bouchut. Mas as matérias que mais nos empolgariam no quarto ano seriam a patologia geral e a farmacologia e arte de formular respectivamente lecionadas por Henrique Marques Lisboa e Aurélio Egídio dos Santos Pires. Esses eram mais velhos que os outros, pois iam, respectivamente, pelos seus quarenta e nove e sessenta e três anos quando passamos por suas aulas.

> *La pathologie générale représente la synthèse, c'est-à-dire la partie la plus élevée des sciences médicales; elle en est l'introduction, elle en est le couronnement.*
> HENRI ROGER, *Introduction à l'étude de la pathologie générale*

A patologia geral é, em suma, toda a filosofia médica. Ela estuda as regras, os princípios, as leis da ciência e da arte hipocráticas; ensina nossa linguagem especial, a nomenclatura dos sintomas, dos sinais, das entidades; mostra sua divisão, sistematização e classificação; cuida dos princípios da vida e dá morte e estuda o que constitui o estado de moléstia e aqueles comuns a todas ou a quase todas as doenças. Assim esclarece não o contágio da febre tifoide mas o contágio tomado como situação abstrata traçando a fisionomia e o aspeto de como ele aparece nas outras infecções. Assim com a febre, a dor, a convalescença, a cura, a agonia, o coma. Recapitula ou entreabre as portas de toda a medicina — é a própria concepção da medicina. Engrena-se com outras cadeiras abstratas cujo estudo deve sucedê-la, que são a patologia interna e a patologia externa, ou seja, a história natural das situações susceptíveis de tratamento pelas drogas, pela higiene, regimes e manobras físicas e das que só obedecem à terapêutica cruenta. Só depois passamos da

Doença ao Doente nas disciplinas de clínica médica e clínica cirúrgica onde aplicamos ao paciente o que aprendemos de patologia geral, interna, externa e terapêutica. Um curso médico sem o estudo da disciplina de que estamos tratando — é como casa sem alicerces e construída sobre areias movediças. Na nossa era de tecnicismo foi suprimida como coisa inútil e este fato é um dos responsáveis pelo que assistimos atualmente — a babel de internistas que esquecem que lhes compete apenas OBSERVAR e que se metem a EXPERIMENTAR. Exemplifico com a onda atual duma imunologia estudada por clínicos que melhor fariam esperar o que a respeito lhes mandassem dizer aqueles que dentro do nosso corpo de doutrinas são preparados para a pesquisa laboratorial. O que não se pode compreender é Claude Bernard tratando um reumático ou Trousseau descobrindo a doença das vinhas e o soro antirrábico. O seu a seu dono. A César o que é de César e a Deus o que é de Deus. A Pasteur o que é de Pasteur e a Dieulafoy o que é de Dieulafoy.

Abrangendo toda a medicina, a cadeira de patologia geral pode ser dada por qualquer médico, cirurgião, microbiologista, parasitologista, anatomopatologista, observador, experimentador e variará no desenvolvimento de suas partes segundo as preferências e formação do professor. Bom será entretanto que seja ministrada por internista com boa base de laboratorista, que tenha gosto pela história de nossa Arte, que possua dela uma concepção ditada por sólido corpo de princípios filosóficos e que não seja castrado para uma concepção estética e humanística do mundo. Ora, tudo isto encontrava-se na pessoa do titular da cadeira de patologia geral da Faculdade de Medicina de Belo Horizonte. Chamava-se Eurico de Azevedo Vilela e era muito moço, quarenta e dois anos, nesse 1925 em que estamos nos situando. Foi um dos clínicos mais finos de seu tempo, teve suas entradas laboratoriais como colaborador de Carlos Chagas, como diretor da filial de Manguinhos em Belo Horizonte e do hospital do mesmo instituto, no Rio. Além do mais era uma nobre inteligência aberta às larguras da indagação do mundo e da cultura geral. Parece que ele tinha menos gosto pela clínica particular e mais pela do exercício hospitalar e são todos grandes arquiatras os que passaram por suas mãos no *Hospital de São Francisco de Assis*, ao Mangue. Infelizmente ele abria apenas o curso em Belo Horizonte, dava quinze dias, mês de aula e voltava para suas atividades cariocas no nosocômio que acabo de nomear e em Manguinhos. Amigo fanático de Chagas, foi seu colaborador mais importante no desvendamento de certos aspetos clínicos da doença do nome daquele sábio — particularmente no estudo e aprofundamento dos fenômenos circulatórios apontados pelo descobridor e que Vilela individualizou exemplarmente na hoje conhecida como "cardiopatia chagásica". Lembro de suas primeiras aulas de definição da matéria, de sua elocução fácil, de sua frase elegante e didática, do magnífico e convincente registro de sua voz e lembro sua figura. Era um homem magro, tinha a curvatura dos estudiosos, trajava-se sem pretensão mas com decência, gesticulava pouco e adequadamente. Moreno, cabelos muito pretos, lisos e finos caindo aos lados da cabeça e que ele tinha o hábito de recolocar com o pente dos dedos. Dentes magníficos, mostrados na fala e às vezes no meio sorriso discreto. Sua principal força estava no olhar que apesar das sobrancelhas cerradas — era severo sem perder a doçura. Tinha os olhos muito pretos mas que duma certa distância pareciam meio azulados pelo entrecerrado das pálpebras e pelo nevoento e manso que era a característica de sua mirada. Guardei das poucas aulas que lhe ouvi impressão duradoura deixada por sua sabedoria, pelo tempero de mordacidade que ele dava a suas críticas das doutrinas e sobretudo pela posição que mantinha da "dúvida filosófica". Não afirmava coisa alguma fortemente — senão o nada ou o quase nada em que assentam os conhecimentos médicos apesar do esforço milenar e ansioso do homem no seu desvendamento. Apontava nossos heróis, cavaleiros e mártires. Mas apenas abertas nossas aulas ele voltou ao Rio e passou a cadeira, felizmente, a mestre do seu porte e que era o nosso Marques Lisboa — o mesmo do primeiro ano e da parasitologia. Muito mais tarde eu teria ocasião de conviver um pouco com Eurico Vilela. No Rio. Ele era muito fiel à amizade que tivera a Chagas e visitava frequentemente sua viúva, geralmente à hora em que eu ia vê-la como médico. Eu a examinava e pedia sempre que ele a auscultasse também. Depois receitava e perguntava se ele estava de acordo com meus récipes. Como ele aceitasse examiná-la e lesse sempre minha prescrição — eu desconfiei que ele duvidasse de minha propedêutica ou que descresse de minha terapêutica e assim, antes dele aplicar o ouvido ou a mão, eu cantava um pouco do que tinha achado. Eretismo cardíaco. Sopro sistólico curto no foco aórtico. Desdobramento da segunda. *Ictus cordis* abaixo e para fora do seu lugar normal. Pressão máxima 22 e mínima 13. Chuva simétrica de estertores subcrepitantes de finas e médias bolhas nas bases. Depois do dia em que dei minha opinião sobre a irredutibilidade daquela estase e da frequência dos acidentes agudos de edema pulmonar apresentados por d. Íris — explicando tais fenômenos por compressão do ventrículo direito pelo esquerdo extremamente hipertrofiado e configurando o síndromo descrito primeiro por Torres Homem — mestre Vilela olhou-me um instante com dobrada atenção e nunca mais aceitou reexaminar d. Íris depois que eu o tinha feito ou tampouco ler o que eu tinha receitado. Meu trânsito estava livre e o amigo de Chagas tranquilo com o médico levado por Evandro para acompanhar a doença de sua mãe. Mas voltemos a 1925, à hora em que Vilela regressou ao Rio e passou, como fazia todos os anos, sua cadeira a Henrique Marques Lisboa.

Já descrevi esse mestre quando falei de nosso primeiro ano médico e da sua cadeira. Terei algo a acrescentar para completar seu perfil de pessoa, de cientista, professor e cidadão exemplar. No ano de 1925 ele já tinha organizado o Posto Veterinário e dado ao mesmo a elevação de um dos centros pioneiros da pesquisa e da experimentação em Minas; já havia dado a sua cadeira na Faculdade de Medicina a proeminência de um dos setores de seu melhor ensinamento. Suas obrigações funcionais estavam arrematadas e sua máquina científica montada. Íamos justamente pelo meio da década em que Lisboa começou sua grande ação social em Belo Horizonte. Para avaliá-la teremos de viajar um pouco no tempo, indo uns anos para atrás e uns anos para a frente — completando assim sua biografia iniciada no meu *Chão de ferro*. Em 1921 ele tinha criado o *Primeiro Grupo de Escoteiros* da capital de Minas e foi arvorando esse uniforme (do mesmo modo que Afonso Pena Júnior) que Lisboa comandou sua garotada no Rio, na parada do Centenário, em 1922. Já frequentava sua casa e assisti em seguida nascer sua paixão pela radiotransmissão. Estuda-a a fundo, inventa aparelhos; constrói bobinas e instala no seu escritório da residência de Ceará, 1305 a primeira estação de Belo Horizonte. Lembro a confusão de fios no meio dos quais eu e seu filho Flávio debulhávamos a nossa anatomia descritiva e de minha emoção quando minhas orelhas que não queriam acreditar — ouviram! as distâncias do Brasil num aparelhinho de galena. Mal sabia eu, na ocasião, como o mundo encolheria com esse meio de comunicação e que estava assistindo ali os passos inaugurais da vertigem com que todos os fatos da Terra adquiririam simultaneidade auditiva e depois audiovisual. Acontece na China, nos antípodas e logo o escutamos e vemos nas projeções do videoteipe. No porão da mesma casa foi fundada por Lisboa a *Sociedade de radiodifusão* que prosperou e veio a ser a *Rádio Mineira* — PRC-7. Foi dos fundadores do *Rotary Clube de Belo Horizonte* e do *Clube de Regatas de Lagoa Santa*. Que saudade! de suas águas, de seus barcos, dos seus caíques e ioles com minhas braçadas e remadas de moço. Lisboa queria dar à mocidade de Belo Horizonte uma vida esportiva que contrabalançasse nossas únicas diversões até então, quando o estudante mineiro só tinha como válvula de escape as negras da beira do Parque e do córrego Leitão, o álcool e as putas dos cabarés. Desse clube assisti o nascimento, lembro da conversa que tive, a respeito, com d. Alice, esposa de Lisboa. A prudente senhora confiou que só ficara tranquila com a iniciativa do marido, depois que fora a Lagoa Santa e vira com os próprios olhos que o lugar tinha lagoa mesmo. Porque — disse-me ela — o Henrique era bem capaz de construir uma lagoa, para justificar a criação do clube de regatas... Todo o Lisboa empreendedor, otimista, inventivo e criador — está nesta apreciação de d. Alice. Não posso resistir à tentação de dominar o Tempo entrando aqui em desacontecidos à época que estou narrando. Só assim poderei completar o painel de uma grande vida e arrematar os traços que venho tentando da biografia do mestre dos mais estremecidos. Em 1928 ele realiza uma de suas obras mais importantes. Cria a *Vila de Convalescentes do Morro das Pedras*, para tuberculosos pobres. Providencia o terreno. Levanta os imóveis. Procede a seu planejamento técnico. Reúne seu corpo médico. Põe, finalmente, em funcionamento a grande instituição filantrópica que vai prestar os maiores serviços a Belo Horizonte e que logo adquire um privilégio histórico: foi dentro de suas paredes que Otávio Marques Lisboa inaugurou a cirurgia torácica em Minas Gerais. Outra admirável criação do mestre foi a instituição das "lições de coisas". Professava-as a meninos e a professoras do primário, suscitando nos dois grupos o interesse e o amor pela natureza. Mostrava-lhes teórica e praticamente o que é a célula. Descrevia sua vida solitária nos seres unicelulares e sua vida hierarquizada, nos multicelulares. O crescimento dos indivíduos, seu amadurecimento, sua reprodução, seu declínio, sua morte. Dizia dos vegetais, dos esporos e dos grãos. Da germinação, da floração e do fruto. Da raiz, da seiva, do tronco, do galho, da folha. Ensinava a classificar animais e plantas. E, reminiscências de Rousseau, fazia mestras e alunos herborizarem — despertando-lhes a amizade pelos vegetais e fazendo mais amar a terra que os produzia assim úteis e servidores do Homem. Essas "lições de coisas" eram atividade de médico, atividade de professor, mas, sobretudo, atividade de homem bom — transbordando sua experiência em benefício do próximo.

Em 1947 é sua aposentadoria na Faculdade de Medicina e a honraria de professor emérito. Mas Lisboa não para. Anima a fundação da *Associação Médica de Minas Gerais*, de que vem a ser o segundo presidente. Sua administração é das mais dinâmicas: dá a maior relevância aos problemas da defesa da classe e, com a criação das regionais, empresta âmbito estadual ao colegiado que preside. É nessa ocasião que ele consegue do prefeito Otacílio Negrão de Lima o prédio da avenida João Pinheiro nº 161, para instalação do palácio dos médicos de Minas Gerais. Trata-se de imóvel de valor histórico: fora a casa de residência de David Moretzsohn Campista* e nela funcionou, por longos anos, o *Centro de Saúde de Belo Horizonte*, criado quando da reforma sanitária procedida no governo Antônio Carlos. Em lembrança dos serviços que lhe prestou Lisboa, a Associação Médica de Minas Gerais fá-lo seu presidente de honra e pelos seus mais trabalhos, o governo da República concede-lhe, em 1958, a Ordem Nacional do Mérito.

A 19 de fevereiro de 1961 principia o crepúsculo. Nessa data Lisboa perde sua admirável companheira e animadora. Sua vida começa a passar-se ora em Belo Horizonte, onde ainda tinha atividades, ora no Rio, para onde se tinha transferido sua família. Cada vez menos em Belo Horizonte e cada vez mais no Rio — acaba fixando-se definitivamente nesta cidade, onde vive seus últimos anos cercado dos filhos, netos e bisnetos. Morava com sua filha Nair em cuja residência, à rua Gustavo Sampaio nº 669, apartamento 502, faleceu a 4 de março de 1967, aos noventa e um anos e quinze dias de uma existência mais dada ao próximo que vivida para si mesmo. Vida útil de cidadão merecedente — como dizia seu fanático — o Zegão, repetindo a língua diamantinense do Cisalpino.

Mas voltemos dessa viagem no tempo para acompanhar a outra que Lisboa nos levava a fazer dentro da mesma abstração. Nesta íamos

---

* Demolido para a construção do prédio moderno onde funcionam a *Associação Médica de Minas Gerais* e a *Academia Mineira de Medicina*.

para atrás mil anos, dois mil anos, a séculos antes de Cristo para ouvir os vagidos da patologia geral na Coleção Hipocrática. O Pai da Medicina já a entrevira quando esboçou as primeiras noções da etiologia no seu tratado *Dos ares, das águas e dos lugares* e a ideia da prenoção, do prognóstico, da predição, da prorrética, da côaca — habita várias passagens dos seus livros. Mas é Galeno, seiscentos anos depois do Velho de Cós, quem deve ser considerado o pai da patologia geral. Como? — perguntava Lisboa. E ele mesmo respondia. Porque é o mestre de Pérgamo quem deixa entrever a concepção da moléstia como entidade ideal — de acordo com as opiniões expendidas no seu *Differentis Morborum* e outros livros em que cuida dos sinais e sintomas, dos períodos de duração das doenças, do aparecimento das crises, dos dias de declínio ou decremento (*diebus decretoriis*), quando traça as generalidades da semiótica, da terapêutica e estabelece um esboço de classificação das doenças. Acompanhávamos nosso professor através de Celso, dos arabistas, dos medioevos ignaros e víamos o repontar de uma verdadeira patologia geral do século XVI com Fernel e Sennert; no XVII com Riverii, Plempius, Charlton; no XVIII com Dehaen, Gaubius, Ludwig, Testa, Hufeland, com o grande Haller, o imenso Boerhaave e o incomensurável Zimmerman; no XIX com Ludwig, Bayle, Bally, Marandel, Sprengel, Puchet, Rosch, Schönlein, o fecundo Andral e — não se esqueçam — Caillot, o que achou o nome da nossa disciplina quando titulou um dos seus escritos como os *Éléments de pathologie générale et de physiologie pathologique*. Lisboa falava devagar, como que ditando, para não perdermos nenhum dos nomes, nenhuma das datas. Tomava do giz e escrevia na pedra os latinórios e os títulos dos livros citados. Insistia no caráter essencialmente filosófico e profundamente francês da matéria ali ensinada, e recomendava-nos a leitura ou pelo menos o conhecimento, ainda que só de ouças, dos livros menos antigos que ele comentava e resumia na sua essência. Chomel e seus *Éléments de pathologie générale*; Hallopeau e seu *Traité élémentaire de pathologie générale*, Chauffard e seus *Principes de pathologie générale*. E que lêssemos e relêssemos o livro adotado cujo índice ele tinha como programa da cadeira. Era um monstro de 909 páginas no primeiro volume e 1174 no segundo. Nem mais nem menos que o *Nouveau traité de pathologie générale* de Bouchard e Roger. Em letra miúda, tomos enormes da Masson e que — acreditem ou não — li de cabo a rabo. Tomado de paixão pela matéria acompanhava o nosso Lisboa livrões adentro e ali bebi minhas noções indispensáveis para o princípio do estudo da medicina e da clínica. Nosso mestre começava por Vida, Morte, Doença, meios de seu estudo, leis de patologia. Nessa introdução ele fazia alarde de seu materialismo e admiro até hoje como, apesar de tudo que ali ouvi, quando me sondo bem — sinto-me vitalista e mais discípulo de Montpellier que da Escola Paris. Devo isto à leitura de velhos livros de meu Pai — assinados por Bordeu, Barthez e pelos Chauffard. Num destes li e fui fulgurado pela verdade de que a vida antecede à organização (o espermatozoide e o óvulo são vitais sem serem vida enquanto o ovo que deles resulta é vida) e é esse farrapo vitalista que me prende mais fortemente que uma corrente de ferro a uns molambos de crença informe que conservo e de que não consegui me libertar. Vi com Lisboa que a vida e a morte são amálgama inseparável, condição uma da outra e que não podem existir isoladamente. Entrei com o mestre na patologia comparada e compreendi pela moléstia nossa essência de animais submetidos pela lei da natureza à condição de tudo que é vivo, inclusive os vegetais que nascem, crescem, reproduzem-se, caem doentes, morrem como todos nesse baixo mundo. Estudei a compreensível etiologia e a hermética patogenia de que apenas conseguimos abarcar parte do mistério e de que sabemos tanto quanto o ignoraram os médicos de todos os tempos. Aprofundei o que pude a primeira, seguindo Lisboa nas causas determinantes específicas das moléstias com a Teoria Microbiana de Pasteur, as bactérias, os fungos, os filtráveis, os parasitismos. As infecções e a febre. A alergia, a imunidade, a defesa. A constituição mórbida individual, as predisposições, a hereditariedade. O sexo. A idade. O meio ambiente. As causas determinantes comuns para que Lisboa gostava da velha nomenclatura latina. Frio e umidade, por exemplo, estavam em *circumfusa*. O trauma, as doenças do trabalho, nas condições da *aplicata*, que radicam tanto nas diferenças das classes sociais. As situações de cólera, pânico, pavor, paixão inseridas em *percepta*. E mais ingesta, excreta com as toxicoses exógenas e as autointoxicações. A exaustão — pertence a *gesta*. Os processos gerais das doenças e toda a síntese da anatomia patológica com as degenerações, atrofias, hipertrofias, hiperplasias, aplasias, displasias. A inflamação. A demência celular dos cânceres e a festividade do fogo de artifício das metástases. Crise. Convalescença. Cicatrização. Cura. Hesitações do Período de Estado. Piora. Desorganização. MORTE. Lisboa acabava seu curso com as classificações das doenças e nos ensinando a falar direito com a nosologia e a nosografia — cuja posse permite a nós velhos médicos rir dos novos que tanto sabem (provisoriamente) mas ignoram o valor dos nossos termos e que estão começando a dar foros à besteira que é confundir *medicina em geral* com *patologia geral* — como ouvi há pouco tempo (sem poder protestar, amordaçado por presidência de mesa numa reunião reumatológica) a um meninão sabidão besuntado de pretensão, recheado de ciência mal digerida — mas ainda cheirando ao leite azedo recém-mamado e às fraldas borradas de aindagora.

> Na doce tarde burocrática,
> o jardim pontual está cheio do riso das rosas
> e há uma solenidade estática
> o ar que parou...
> Que parou para escutar os passos
> de mestre Aurélio que vem do Arquivo
> e vai descendo para a casa propícia
> na rua onde as placas azuis
> trazem o nome do poeta estrangulado.
>
> PEDRO NAVA,
> "Mestre Aurélio entre as rosas"

Dr. Aurélio Pires... Professor Aurélio Pires... Assim é que ele era conhecido e chamado na Faculdade de Medicina, em Belo Horizonte e toda Minas. Tenho a vaidosa impressão de que *Mestre Aurélio*, como o lembram hoje, foi expressão cunhada por mim no poema muitas vezes transcrito e que Gudesteu de Sá Pires honrou, colocando-o na abertura do livro de memórias de seu pai. Nasceu de impressão tida por Afonso Arinos de Melo Franco e eu — vendo-o passar vindo do trabalho, entre os roseirais da praça da Liberdade. Seu vulto parecia deslizar entre as flores e logo demos legenda àquele quadro mineiro, exclamando simultaneamente — mestre Aurélio entre as rosas... Era um lindo verso e guardei-o dentro de mim. Mais tarde, em Monte Aprazível do oeste paulista, numa tarde em que estava abrasado de saudades de Belo Horizonte resolvi libertar-me simplesmente e maiormente em mestre Aurélio. Parece que essa aceitação de nova apelação para nosso querido lente era uma compreensão inconsciente do que Júlio de Matos pôs em palavras tão certas quando disse que a qualidade do professor era o "saber muito" e do mestre, esse predicado e mais um "vasto amor da mocidade". "Porque" — continua — "se as relações entre o professor e o aluno se interrompem e se suspendem, transpostas as aulas, as do mestre com o discípulo são incessantes e supõem uma afinidade intelectual que a natureza humana dificilmente comporta sem uma larga base afetiva." Era o que sentíamos por Aurélio e o Cavalcanti, sem querer, já estava me encucando do poema futuro quando só o chamava de *Tio Aurélio* ou de *Pai Aurélio*. Em 1925 fui seu aluno na cadeira de farmacologia e arte de formular.

Aurélio Egídio dos Santos Pires, nascido no Serro do Frio a 23 de março de 1862 e falecido no Rio de Janeiro a 25 de fevereiro de 1937, era filho do magistrado dr. Aurélio Pires de Figueiredo Camargo e de d. Maria Josefina dos Santos Pires, filha de Josefino Vieira Machado — barão de Guaicuí. Esse titular do Império foi casado com d. Maria Silvana dos Santos, filha de Antenor José dos Santos e d. Maria Jesuína da Luz. Foram irmãos da baronesa: Antônio Felício dos Santos, o bispo d. João Antônio dos Santos, Silvana Maria dos Santos, Joaquim Felício dos Santos e outro João que faleceu pequeno. Para quem conhece um pouco de genealogia das famílias do norte de Minas basta esta citação dos ascendentes de Aurélio para que se compreendam suas relações de parentesco com esses vastos e poderosos grupos familiares dos Felício dos Santos, Camargo, Pires, Rabelo, Lessa, Machado, Pimenta, Prates, Sás do Brejo e Sás da Diamantina. Todo o seu temperamento, o seu caráter e a sua inteligência se explicam pelo sangue dessa raça dúctil, afirmativa, ascensional e vitoriosa de bispos e colonos, de aventureiros e poetas, de jurisconsultos e fazendeiros, de espadachins e historiadores, de caixeiros e filólogos, de faiscadores e diplomatas, de boêmios e políticos, de intelectuais e caipiras — raça idealista, sensível, inteligente, alegre, valente, prolífica e endogâmica que estendeu da Diamantina ao Serro e dos Montes Claros ao Grão-Mogol, uma rede de agnados e cognados intrincada como textura, unida como unha e carne, indissolúvel como um contrato e solidária como loja maçônica. Sua primeira preparação foi feita em Diamantina, com palmatória, como se usava naqueles tempos orbilianos. Esteve nas "aulas avulsas" de latim e Virgílio foi seu companheiro de infância; no Seminário de Diamantina, com Suetônio e seu irmão Josefino Pires; no Externato de Diamantina, com Tácito e seu primo Francisco Sá — o amigo por excelência, depois seu cunhado e grande influência de sua vida. Os estudos do Tijuco permitem-lhe ir para Ouro Preto, em 1881 e aí fazer concurso para a diretoria da Fazenda Provincial e é depois de empregado que faz seus exames preparatórios, naquele ano e em 1882. As provas foram feitas diante de bancas iradas onde a reprovação em massa era a regra, sob a égide da fera Afonso de Brito, que só era domado pelos alunos de Diamantina, cujo preparo, inteligência e latim eram proverbiais e ficaram celebrados na glosa popular dos estudantes da Vila Rica:

Rabelo, Pires, Mourão:
Plenamente ou distinção!

Sendo seu ideal estudar medicina, Aurélio Pires parte para o Rio, em março de 1882. "Dessa data em diante" — diz ele no seu livro de memórias — "começou para mim uma vida cheia de amarguras, de trabalhos superiores à minha idade e a minhas forças, de sofrimentos ignorados, de sacrifícios inauditos, de humilhações revoltantes, de lutas ásperas, de privações altivamente curtidas." É que Aurélio era pobre e, não contando com mesada paterna para estudar, tem de se empregar, como professor, num colégio onde leciona três horas por dia; tem alunos particulares que lhe consomem outras duas horas; trabalha, de noite, como guarda-livros de uma casa comercial e frequenta as aulas da faculdade. Para economizar nos carris urbanos, palmilha dia e noite as ruas do Rio, da casa dos discípulos privados para a faculdade, da faculdade para o colégio, do colégio para a firma onde escriturava. Dormindo pouco, comendo mal, estudando muito, sua saúde não resiste e em 1884, no seu terceiro ano, vê-se obrigado a desistir de ser médico. Está doente, triste e exausto e é assim que segue com o Pai, para o Maranhão, onde este ia exercer sua judicatura. Em 1885 vamos encontrá-lo retemperado, novamente empregado na diretoria de Fazenda, em Ouro Preto, onde a 28 de agosto realiza o que ele chama "o ato mais acertado de sua vida" — o casamento com d. Maria Olinta de Sá (Sázinha), sua prima e irmã de Francisco Sá. Para viver, além do que tinha de ordenado, procura novos proventos, abrindo com a mulher um colégio particular.

Abolicionista ativo, por essa época arrisca-se numa rede de maquis de que faziam parte intelectuais e estudantes de todo o país, destinada a promover a fuga de escravos e a acoitá-los — o que era crime grave e duramente reprimido. Republicano, toma parte ativa nos acontecimentos de 15 de novembro de 1889, em Ouro Preto, estando presente à deposição do visconde de Ibituruna e à investidura de seu irmão Antônio Olinto dos Santos Pires como primeiro presidente interino de Minas Gerais. A participação nos acontecimentos políticos não interrompe, entretanto, seus trabalhos intelectuais e em 1888 publica, no Rio, em edição da Lombaerts, sua tradução em prosa do poema de Longfellow — *Evangelina*. Mais feliz na República, que marca a ascensão política de sua família, é nomeado, por João Pinheiro, chefe do serviço de estatística, em 1890; por Bias Fortes, professor de português e literatura nacional, em 1891; e por Silviano Brandão, professor de física e química do externato do Ginásio Mineiro, em 1893. Já homem maduro, casado e pai de família, iniciara, em 1892, seu curso de farmácia, na Escola de Ouro Preto, onde cola grau e é orador da turma, em 1894.

Em 1897, Aurélio Pires, que ali já estivera duas vezes em comitivas oficiais, durante a construção, transfere-se para a nova capital de Minas. Vai diretamente para a casa que sempre habitou aqui, à rua Cláudio Manuel, 1075. Chegou à noite, com chuva, chapinhou no barro e por entre atalhos, até sua nova residência, e sua primeira impressão é desoladora. Mas no dia seguinte Belo Horizonte lhe dá uma de suas claras manhãs de ouro e azul e ele, dos altos da praça da Liberdade, contempla suas vertentes, o Rola-Moça, os contrafortes do Curral e a serra da Piedade, ao longe, como ilha suspensa num mar de brumas — e é tomado de amor pela cidade que nascia ao dia nascente e que se lhe oferecia cheia de sol, de poças de lama, do voo das rolinhas e dos passos-pretos. E imediatamente integrou-se na sinfonia de sua vida civil. Foi reitor do Ginásio Mineiro, professor da Escola Normal — mas, principalmente, foi o grande batalhador pela criação de nossa faculdade, onde ingressa em 1913. Foi seu professor de toxicologia e de farmacologia no curso de farmácia e depois interino e catedrático de farmacologia e arte de formular, no curso médico. Aurélio Pires era alto, desempenado, apurado no trajar e de catadura severa. O cenho negro e cerrado, as barbas brancas, a boca fortemente traçada, o nariz *descido* dos Pires (lembrai-vos do seu, dos de seus filhos Gudesteu, Olavo e Aurelinho; dos de seus primos Zoroastro, Epaminondas e Edeltrudo; olhai o do Chico Pires) e a expressão profunda e grave davam-lhe o aspecto do santo Agostinho pintado pelo Greco no *Enterro do conde de Orgaz*. Seu gesto era medido; seu andar, pausado; sua aproximação, cerimoniosa. Entretanto, atrás dessa aparência espanhola de um Freire de Santiago, estavam os desbordamentos revolucionários de um sans-culotte; dentro daquela reserva que era apenas boa educação, o conversador infatigável e cheio de graça; sob aquela máscara austera de professor, escondia-se o mestre paternal e de indulgência pleno; e contido pelo exterior ponderoso e sisudo, o imenso coração deste que Afonso Arinos de Melo Franco chamou "o melhor homem de Minas Gerais".

Para os que conheceram Aurélio Pires na velhice, há de parecer estranho que se o chame revolucionário. Não se coaduna, aparentemente, o qualificativo com o farmacêutico ajuizado e o intelectual afável que passou sua vida, em Belo Horizonte, entre os livros de seu gabinete, o gral do seu laboratório e a papelada do Arquivo Público. Já se disse uma vez que debaixo da circunspeção de cada mineiro se esconde um insensato. A questão é suscitá-lo. E em Aurélio Pires este demônio aparecia sempre que ele via a injustiça, o erro e a rotina. Abolicionista, ele foi amplamente subversivo promovendo a fuga de escravos e acoitando-os. Republicano, ele assina manifestos contrários à ordem constituída e passa à ação quando vai com o povo de Ouro Preto derrubar de Palácio o visconde de Ibituruna. Anticlerical e jacobino, provoca com suas ideias sobre o ensino leigo uma grave crise na Instrução Pública do nosso estado; e é como agitador e demagogo que ele, nas ruas e na imprensa, subleva o povo e excita a opinião, exigindo a criação da Faculdade de Medicina de Belo Horizonte, que, lembremos bem, foi realmente imposta aos governos, antes que deles passasse a receber o auxílio devido.

Para quem o praticava de perto e conseguia atravessar a sua muralha de cerimônia, não havia contato humano variado, imprevisto, jucundo e galhardo como o seu. Sendo o íntimo e o inseparável de seu filho — o meu inimitável Francisco de Sá Pires — tive por intermédio deste entrada na casa propícia da rua Cláudio Manuel e sentei-me no banquete da palestra de Aurélio Pires. A ele se aplica o que disse Jacques Tournebroche do Abbé Coignard: "*Il était d'un commerce agréable, d'un docte entretien, d'un génie élevé, abondait en riants propos et en belles maximes...*". E era um narrador fabuloso e cheio, como ninguém, da arte de surpreender a balda de cada pessoa, o cômico, o grotesco, o patético e o dramático de cada situação e de tudo e todos, a grande lição ensinada no livro da vida. Dotado de memória prodigiosa, revivia com nitidez implacável a geografia de suas caminhadas de infância, mocidade, maturidade e velhice. Fazia desfilar as fazendas, as cidades, os sítios que conhecera e que tinham sido os cenários da sua vida, da de seus parentes e de seus conhecidos. Para seus interlocutores era familiar o cosmorama da Lucurioba, de Lençóis, do Guinda, da Cavalhada, de Salinas, da Fazenda da Matriona, do Brejo das Almas, do S. João de Gorutuba, do Barrocão, do Grão-Mogol, da Diamantina, do Serro, do Ouro Preto e do Rio machadiano que ele vira, estudante de medicina. Nesse palco reviviam, graças à sua capacidade de imitação e talento mímico, os patriarcas Josefino Vieira Machado e Francisco José de Sá; o mendaz Adão Alfaiate e o fiel Lucas dos Infernos; Juca da Botica e o Pichico; Roberto Taioba e o Lilico; o primo Francisco Sá e o irmão Antônio Olinto; Sá Marcolina Cabeça e Bernardo Guimarães; a romântica irmã Vivência e o malsinado Américo Brasílio Mineiro do Serro a quem só faltou um Shakespeare ou um Sófocles para deixar de ser um passional sertanejo e revestir as linhas da delinquência grandiosa de um Otelo ou de um Édipo-Rei. Contava casos da febre amarela no Rio; de teatrinhos de amadores no interior; de d. Pedro II e da imperatriz em Minas; do duque de Caxias em Sete Lagoas; da proclamação da República; do mano Adeodato, de tacape em punho, debandando circos de cavalinhos em Belo Horizonte ou abandonando tudo para ir bater-se em Canudos; de padres do seminário da Diamantina; de professores de Ouro Preto e da Corte; de Bilac expulso de Vila Rica pelas famílias indignadas; do príncipe Arinos, "andeiro e cavaleiro", e dos seus paços da rua Direita; dos tiros de garrucha do *Vicente Voraz-e-Fedorento*; de *judeus* pantagruélicos e bebedeiras memoráveis; de velórios dissolvidos a bordoada, com os defuntos projetados pelas janelas; da assombração do Alto das Cabeças, da noiva fantasma do cemitério do Bonfim. Toda a gama do burlesco ao trágico da vida, armazenada na sua experiência e que alteava de sua memória como uma imensa onda de poesia.

Guardo do seu curso a impressão do professor cheio de exatidão e escrúpulo, fazendo questão de nos dar toda a matéria prevista no programa, prelecionando pontualmente e fiscalizando minuciosamente os nossos trabalhos práticos. Não há um de nós, seus alunos, que não saiba, até hoje, filtrar, tamisar e pulverizar, que não seja capaz de dar o ponto à edulcoração de um xarope, o quantum de goma aos julepos, a proporção do extrato aos electuários. Guardo, além desta, a imagem do mestre de bondade e do mestre do imprevisto. *"L'art d'enseigner n'est que l'art d'éveiller la curiosité des jeunes âmes pour la satisfaire ensuite..."* E suas aulas nos traziam sempre num verdadeiro suspense. Ele tinha a arte de entremear cada ponto da notação histórica, da anedota pertinente, da citação apropriada. E nos transmitia, ao mesmo tempo que o saber da matéria, o conhecimento humanístico (voltaremos ao assunto descrevendo seu curso). Não reprovava. Não precisava reprovar. Era impossível não se aprender com ele e com seu zelo o mínimo necessário para um simplesmente. Não era justo porque era mais e melhor do que isto: era indulgente.

Talvez essa tolerância fosse a contrapartida generosa da revolta que conservava da dureza de seus estudos em Diamantina e das declinações introduzidas pelas mãos por palmatórias em fogo. Aliás, em tudo procurou dar aos moços o que não tivera. Desde a paciência que não encontrara nos seus instrutores, até a possibilidade de terem uma faculdade onde se fazerem médicos — faculdade que ajudou a tirar do nada, para nos dar, ele, que por pobreza não pudera se formar em medicina. Mestre egrégio, mestre de generosidade e benevolência, mestre magnânimo!

O gabinete de farmacologia e a sala de aulas da cadeira ficavam do lado do gabinete de física, isto é, do lado do prédio que dava para o poente. Sendo assim, era claro e fresco pelas manhãs, cheio de reverberações e tindalizações douradas à tarde. Nessas luzes é que mestre Aurélio dava suas aulas práticas e teóricas. Aquelas pela manhã e as últimas à tarde. Quando acumulou as funções de professor com as de diretor do Arquivo Público Mineiro — passou a ministrar todas suas lições em matinas. Nas aulas teóricas o purista começava por explicar o valor, o peso e a significação de certos termos que tinham de entrar corretamente em nossa linguagem corrente. Assim esclarecia que farmácia era a arte de preparar e compor os medicamentos; farmacologia, a história dos medicamentos — que não devia ser confundida com a história da farmácia — sua teoria e seu emprego; fármaco, o mesmo que droga ou medicamento; *farmacodinamia*, o que diz respeito à força ativa dos fármacos; *farmacoquí-*

mica, a arte de preparar os medicamentos levando em conta os princípios da química e, portanto, tendo em vista as propriedades dos símplices de modo a compensar, por suspensão, as misturas não solúveis, a evitar as empastáveis, coagulantes, incompatíveis, detonantes e explosivas; *farmacopeia*, a parte da disciplina que ensina a maneira de compor as fórmulas da farmácia oficinal que estão nos códices dos vários países. Dizia o que era *Códex* e lembrando-se do seu latim, entrava em longas divagações etimológicas. Depois o mestre passava, reprovadoramente, sobre as fórmulas da farmácia industrial e fazia o elogio da *farmácia magistral*, isto é, aquela em que o médico improvisa a fórmula adequada e moldada a cada caso especial e que o farmacêutico executa segundo as regras da arte e obedecendo à injunção do médico no seu FSA — *fac secundum artem*. Quando mestre Aurélio entrava na *farmácia galênica* então tínhamos para peras... (É que ele era autor de excelente livro sobre essa parte, que líamos e relíamos com os outros adotados no seu curso e que eram nossos saudosos *Précis de thérapeutique et de pharmacologie* de Richaud, no volume verde-esperança da Masson e o *Précis de l'art de formuler* de Lyonnet e Boulud, no amarelo-desespero da Doin. Ambos em percalina.) Mas eu estava na farmácia galênica e já ia desviando... Pois bem: isto eram aulas e aulas para aprendermos seu significado. O primeiro, mais antigo e caduco que lhe dava o de emprego empírico das drogas e o segundo, atual, moderno, que era o das regras de preparar os medicamentos sob suas várias formas: xaropes, tisanas, teriagas, pós, pomadas, pastas, cápsulas, pílulas, electuários, solutos, elixires, poções, papéis, óvulos, lápis, misturas, supositórios, tinturas; os lixiviatos ou percolatos ou extratos que podiam ser ordinários, fluidos, firmes, moles e secos; os licores, vinhos, águas, comprimidos, grânulos, tabletes, alcoolaturas ou alcoolatos, melitos, emulsões, infusões, vinagres, colutórios, gargarejos, fumigações, cigarros, inalações, pulverizações, dentifrícios, lavagens, cremes, ceratos, vernizes, gliceratos, colas, loções, óleos medicinais, fricções, linimentos, apózemas, emplastros, espécies, fomentações e mais, e mais, e mais... Uf! E dizer-se que naquele tempo a indústria farmacêutica ainda não tinha dominado a medicina e que era preciso saber tudo isto... E tínhamos de preparar esse arsenal praticamente, pois era na cadeira de farmacologia que se aviavam as receitas destinadas aos hospitais São Vicente e São Geraldo — já que a Santa Casa possuía farmácia própria. Era uma luta. Cada ordenação era lida e relida por nós, as posologias verificadas uma por uma, as incompatibilidades espiolhadas e o mais. Com isso adquiríamos noções das balanças de precisão, dos frascos de farmácia, dos conta-gotas, da dose das colheres de sopa, sobremesa, chá, café. Adestrávamo-nos logo no manejo dos tamisadores, do gral, dos pulverizadores, das piluleiras, das capsuleiras, do *jacaré* e nossos dedos eram habilíssimos nas pregas de madame Berthelot. Não é o que vocês estão pensando não! seus leitores sem-vergonha! As pregas de madame Berthelot vêm do nome da farmacêutica que inventou recobrir a rolha do vidro de remédio com papel impermeável — *dobrado artística e igualmente*, amarrado a linha, as pontas do nó metidas nesse oclusivo e tendo por cima um pingo de lacre ou o timbre da farmácia, bem colado. Isto mostrava que o vidro estava intacto.

Depois de nos ensinar medicamento por medicamento (e eram centenas) — propriedades, ação terapêutica e usos segundo os sintomas e as doenças, depois de nos fazer decorar suas posologias *pro dosis* e *pro diae*, o velho Aurélio nos levava aos detalhes da redação de uma prescrição. Tenho saudade dessa parte do programa porque era a mais poética e favorecedora de evasões. Que lindos nomes os de certas drogas. Nomes de mulher: camomila, valeriana, santonina, tília; de homem: estramônio, talco, xerofórmio, sidonal; de cidades: piramidon, sândalo, tanalbina, quássia da Jamaica; de ilhas longínquas: cróton, jaborandi, cade, magnésio; de estrelas inacessíveis: lobélia, narceína, airol, peletierina... Tinha ficado na redação da prescrição. Volto a ela. Atenção — dizia o mestre. Ouçam bem a advertência de Lyonnet e Boulud: *Les quelques lignes que le practicien laisse après sa visite est la seule chose qui va persister d'un examen souvent long, minutieux, difficile. Ce sont ces lignes que le patient, la famille vont lire et relire.* Portanto — escrever com boa caligrafia, usar papel decente ou bloco de receituário discreto, impresso em letras negras — pois as impressões fantasistas, em cores, não são de boa regra; prescrever sempre a tinta, jamais a lápis; impor silêncio e silenciar enquanto escreve; colocar no topo da receita, por extenso, o autoritário RÉCIPE ou um dos seus símbolos-abreviatura que vou escrever na pedra.Vejam bem. Punha.

Vêm em seguida as fórmulas da prescrição antecedidas da maneira de seu emprego em letras grifadas: *Uso interno*, *Uso externo* — porque os doentes mesmo inteligentes são capazes de comer uma pomada, engolir um supositório, ou de se friccionarem com uma poção. Não riam porque estou falando sério e o médico deve estar prevenido e ser sempre claro. Escrever sem abreviá-los os nomes das substâncias, seguir a ortografia do *Códex*. Grafar duas vezes as doses pequenas para evitar enganos. Exemplo — sulfato de estricnina — 0,001 mg (Um miligrama) e também repetir quando se quer carregar a mão num medicamento mais perigoso. Exemplo — Extrato tebaico — 0,15 cg (*escrevi quinze centigramas* ou *eu digo quinze centigramas*) — porque assim o farmacêutico terá sua responsabilidade coberta. O número de gotas deve ser posto em algarismos romanos para que se evitem as confusões entre G que pode ser gota ou G que pode ser grama. Exemplo, numa receita de tintura de beladona — Tome v gotas em cada refeição. Só usar abreviações no caso das clássicas como FSA — *fac secundum artem* | QSP — *quantum satis para* | PE ou ââ — significando partes iguais. Consignar o horário do uso da fórmula e o número de dias que deve durar a medicação. Quando se quer burlar um doente nervoso, receitar com expressões de convenção entre médico e farmacêutico que não correspondem a remédios, tais como *mica panis, taraxacum deus leonis*, injeções de *antifimose*... E lá seguia mestre Aurélio incansável para outros detalhes. Como escrever o rótulo para o vidro, a caixa, a bisnaga: primeiro o remédio principal ou base, em seguida adjuvante, corretivo, excipiente, intermediário do excipiente. Depois, então, as instruções, a subscrição, a data.

    O próprio mestre Aurélio sabia que sua matéria era das mais áridas e, como bom farmacêutico, dava suas aulas sempre com o corretivo. Esse corretivo eram as anedotas pertinentes, as pilhérias ligadas aos assuntos em discussão, os ensinamentos sobre a história dos medicamentos, as citações médicas dos textos de Hipócrates, Galeno, Celso, Avicena, Averróis correndo paralelas com as de Virgílio, Horácio, Tácito, Ovídio, Propércio. A propósito, por exemplo, do álcool etílico, nunca deixava de citar suas propriedades estimulantes, em pequenas doses, na pneumonia, na febre tifoide, na puerperal, na erisipela; das doses médias do vinho que Galeno permitia aos velhos como consolo de sua alma entristecida. Aproveitava para reprovar o excesso nas bebidas. Dizia que a mocidade sempre tentava afogar suas mágoas nos espíritos.

Mas é — dizia ele — que as dores ali não se afogam e sempre sobrenadam. Aconselhava no uso das bebidas o meio-termo caro a Terêncio — *Ne quid nimis*. Sob pena do homem transformar-se primeiro em macaco, depois em porco. E vinha com os casos de grande bebedor, seu parente, apelidado em Ouro Preto Vicente *Voraz-e-Fedorento* a quem o vício nunca deixava arranjar emprego. Pois um dia seu mano, dele, Aurélio, Antônio Olinto dos Santos Pires, comovido com a miséria do primo, dera-lhe carta calorosa recomendando-o ao velho Bias, Fortes, então presidente do estado. Pois o nosso Voraz, certo da vitória, celebrou de véspera, com porre grandioso. Bebeu cachaça a noite inteira e foi esperar de madrugada a abertura das cocheiras do Palácio dos Governadores. Sabia que Bias, apesar de presidente, gostava, de manhã, de misturar-se aos cavalariços no trato de raspar os cascos e ferrar as alimárias, de alisar-lhes o pelo e pentear suas caudas e crinas. Pois foi o mineirão presidente ele mesmo quem abrira o portão daquelas dependências para receber nos braços, varado de pasmo, um Vicente vomitado, taramelando e brandindo a carta-talismã. O velho barbacenense indignado correu com o visitante que lhe vinha das tascas. E gritara-lhe que não voltasse porque não dava emprego a bêbedo. Doutra feita o *Fedorento* fora escorraçado por Bernardo Monteiro a quem, muito embriagado, solicitara colocação. Mas deste vingou-se em versos quebrados que irritaram profundamente o respeitável político mineiro. Mestre Aurélio recitava-os.

> Seu Pinto Monteiro
> se vens do chiqueiro,
> por que chamas Pinto?
> Das águas dos montes
> tu sujas as fontes:
> montez não Monteiro
> devias chamar-te.

Lembro ainda da aula sobre a estovaína. O cloridrato de éter benzoico do demetilamino-propanol ou mais simplesmente cloridrato de amileína apresenta-se sob a forma de pequenas lâminas brilhantes, muito solúveis na água. Anestésico local de grande futuro em terapêutica. E dava as doses e o modo de emprego. Não deixava de contar que fora descoberta por Dufour e que tinham querido chamá-la, em sua honra, a *dufourine*. O modesto químico não consentira. Só disfarçando o nome. Então traduziram *four* para o inglês *stove* e apareceu o lindo nome *stovaine*. *Humilitas in honore, honor est ipsius honoris* — terminava nosso professor, citando Balduíno. A propósito da necessidade de deixar tudo claro para o doente, recordo outro caso contado por Aurélio. Era uma aula prática sobre a preparação dos supositórios. Depois de elogiar como seu excipiente melhor o ââ cera virgem de abelhas e manteiga de cacau — o professor relatava casos de doentes que os engoliam como a cápsulas ou atochavam-nos pela vagina como óvulos, ou pelos narizes, ou pelos ouvidos. Era sempre necessário esclarecer que era medicação a ser enfiada pelo ânus e ainda certificar-se se sabiam o que era ânus e muitas vezes o médico tinha de descer aos termos chulos de fiofó, rabisteco, cru-cunhum, fundilho, tentado, cu — para se fazer entender. E o professor, seriíssimo, concluía com o caso de um moço de Diamantina que só percebera o seu já meninão, quase homem, tomando banho e passando sabão nas vizinhanças da suã. De repente o dedo entrou e o mancebo aterrado pôs a boca no mundo pela mãe, dizendo que lhe dera um buraco embaixo. Esbarrara assombrado no seu cujo e passou, em lembrança dessa invenção, a ser chamado, no Tijuco, de "O Descobridor". Vejam os senhores! — terminava o mestre — para receitar um remédio às colheradas é preciso saber se o doente tem consciência de ter boca; um supositório, se temos certeza de que o paciente já teve seu instante de *descobridor* e sabe onde introduzir o torpedo aconselhado. Terminava a aula. Aurélio Pires saía a pé e subia para sua casa propícia. Nós acompanhávamos com ternura seu vulto que o sol morrente ia envolvendo imperialmente na sua púrpura. Em bando perdíamo-nos pelas ruas crepusculares de Belo Horizonte…

> La Rue chez-nous? Que fait-on dans la rue, le plus souvent? On rêve. On rêve de choses plus ou moins précises, on se laisse porter par ses ambitions, par ses rancunes, par son passé. C'est un des lieux les plus méditatifs de notre époque, c'est notre sanctuaire moderne, la Rue.
>
> LOUIS-FERDINAND CÉLINE, *Semmelweis*

Ruávamos quase o dia inteiro. Nossa vida era um ir e vir constante nas ruas de Belo Horizonte. E o mais estranho é que hoje elas se esvaíram completamente. Mesmo voltando, mesmo palmilhando os lugares essenciais de nossa mocidade, é impossível captar as velhas ruas como elas eram a não ser refazendo-as imaginariamente ou agarrando fragmentos fornecidos pelo sonho. E para isso não se precisa nem voltar a Belo Horizonte. Um exemplo de retomada imaginária tive certa manhã, toda dourada, passando na esquina da rua dos Araújos e Conde Bonfim. Não sei o que havia de essencial pureza no ar ou de claridade no ar que de respirá-lo, tão doce e tênue, de vê-lo na sua claridade imarcescível, recuperei, subitamente, a esquina de Maranhão e Ceará quando ali passava indo para a faculdade, com meus dezoito anos. O que teria sido? A fresca manhã? sol rompendo as névoas. Certa iridência da luz? tremendo entre folhas. Um pouco de falta de ar do andar depressa? Ou o verde? de uma esquina carioca lembrando os azulejos verdes de uma esquina de Minas. O fato é que reconquistei Belo Horizonte e a mim — focando-me — naquele ponto do tempo e do espaço, tendo tudo nítido como slide posto na distância exata em que as lentes fazem projeção perfeita. O importante então — não foi lembrar-me de Minas mas reintegrá-la num fugitivo logo perdido instante meu eu do velho dia de lá. Só assim vos repalmilho, ruas de ontem. Porque pensar-vos, não vale. O necessário é ter dessas iluminações que vencem a dimensão do tempo e põem relampagalmente os caminhos já idos dentro dos agoras. Quantas vezes, assim, uma parede azul me entrega, num fugitivo instante, a casa dos Giffoni e logo ouço risos de moças; ou então é um velho disco de fox-blues me devolvendo a avenida Cristóvão Colombo com o *Original Clube* e o vulto de Quita Ferraz quando sua presidente... Às vezes um sonho é que me devolve ruas pretéritas. Um deles. Estou em Paris há mais de um mês, os dias passando e eu sem ir ver aquele pedaço de cidade onde se encontra tudo de que gosto — antiquários, sebos, mercadores de gravuras, livrarias, casas especializadas em velhas fotografias e postais da belle époque, bistrôs cheios de *fruits-de-la-mer* e vinho branco, de *pieds-de-porc* e cerveja alsaciana, de *coq-au-vin* e tintos *chambrês*, de queijos eloquentes e dos álcoois do fim das refeições — kirsch de cereja, *mirabelle* de ameixa, *marc* de uvas. Estou para ir embora e preciso passar hora que seja no quarteirão bendito da *rive gauche* onde se encontram essas coisas que raramente se juntam nas outras cidades. Vou já. Estou num alto, talvez Chaillot, talvez Montmartre, talvez Chaumont — sei que descendo rua à minha frente, dentro em pouco estarei no plano e andando a pé naquelas que quero. Mas tomo, compulsoriamente, a do outro oposto e vou entrando no desconhecido. Isso já não é mais Paris. Ou será? Vejo uma placa, corro e leio rua Ceará. Sigo por ela porque agora vejo que estou em Belo Horizonte e tenho vinte anos. Bato palmas no portão do 1305. Pode entrar, Pedro. Acordo no Rio, com setenta e lá vai fumaça... Hoje as mesmas ruas às vezes as mesmas casas estão presentes e inexistentes. As do passado é que existem e aparecem, em onirismo vígil ou sonho que logo nos desperta e lança no irremediável. É assim que retomo às vezes meus calvários. Bahia, por exemplo. Vamos subir? ou descer? Podemos começar nesses altos depois da praça. O pequeno jardim, o pinheiro em cuja folhagem ela se encostava para sorrir de dentro do verde macio e ficar que nem alegoria mito de Dafne árvore mulher, como uma das figuras da direita da *Primavera* de Botticelli — a que morde um ramo ou a de roupas florais se franjando em galhos folhagens ramagens. As duas varandas, a de cima e a de baixo — ambas de arco redondo e aberto. A sala de entrada, o escritório à direita com sua mobília de couro. O sofá de couro onde um dia caí pesado como os cadáveres sabendo-me vivo só pelas lágrimas que meus olhos pariam — como nas figuras de Portinari — cada gota tamanho dumazeitona dum bago de uva. Ah! vaitimbora, moça morta... Esses altos eram planos. As costas das Secretarias, a entrada de Bahia propriamente dita. À esquerda a velha casa pertencente ao senador Virgílio, depois a do Alvimar, a do seu pai e em seguida a esquina da viúva Junqueira. Em frente os latifúndios das sobrinhas do Aldo Borgatti. Chefatura de polícia, Lourdes — cujo gótico de perto, era indigente e falso; de longe e maquilado pelo crepúsculo, pelos fungos, pelos vapores da tarde — assumindo ares de vera catedral. A ladeira começando a despencar. À direita e à esquerda as outras casas. A dos Ribeiro da Luz, a do seu Augusto Halfeld. O palacete do dr. Borges (número 1466) com imenso pé-direito. Consultório no cômodo da frente e espera dos doentes na varanda de colunas gregas. Dentro, a vasta sala iluminada por lustre alto, de alabastro, coando a dureza das lâmpadas e dando tons de vida e pele polida aos raios elétricos que a interposição da pedra abranda e amolece. Depois o quarteirão tão conhecido do tempo da nossa morada em Timbiras. O 1290 de nossa antiga estação noturna — Caixa Econômica. Ainda lá está. A esquina de Guajajaras onde o edifício Rotary esmagou a lembrança de nossas palestras no *Diário de Minas*. O terreno baldio cercado da mureta boa para sentar. Nele o dr. Lisboa levantou o *Jockey Club*. De seus altos, de cima de sua laje de concreto eu diria um dia meu adeus! a Belorizonte. Conselho Deliberativo, Grande Hotel e Bahia cada passo mais conhecida. Bahia da Farmácia Abreu — mais antiga que a cidade pois vinha do Curral e fora aberta no ano de 1894. Consultório do dr. Hugo. Casa Moreno. Restaurante Colosso de sonhos e bebedeiras dos dias gordos. Alves, Estrela, Fotografia Belém com a vitrina cheia de grupos fotográficos da Tradicional Família Mineira. Avulta na minha lembrança a que mostrava a família Machado — de que só sobrou a Lúcia para contar a história. Depois era o quarteirão por excelência. O Bar do Ponto onde tudo era sabido. O Aldo Borgatti veterano da fundação ali esclareceu para mim qual a adúltera dos primórdios da cidade que tinha caído dentro duma cacimba naquela noite em que fora dar no mato. Fora repescada pelo amante que tivera de pedir socorro aos que depois badalaram o caso. Com o tempo não se sabia direito quem era e cada que contasse o caso acrescentava um ponto e dava nome de senhora de corno mais recém. Não senhores! dizia o Aldo — de jeito nenhum, o caso aconteceu mesmo foi com essa de quem falei. A coisa entrava nos anais da tradição oral — para que tudo era importante conhecer e armazenar no seu bico pelicano. Assassino e ladrão de cavalo na família, cornificações, defloramentos, janelas escaladas, moça grávida casando de grinalda de laranjeira, desfalques, veadagens, promissórias protestadas, falências fraudulentas, amigações, bastardias, negociatas, padre e negro nos antepassados — basta olhar aquela gengiva roxa, gente! Além destas notícias de primeira página outras eram arquivadas parecendo sem importância mas de natureza capital em Minas Gerais. Quem é aquele magrelo ali? É o Pedro Drummond de Sales e Silva. Logo interlocutor versado no Pará de Minas adiantava que devia ser algum bisneto do velho Manuel Monteiro Chassim Drummond. Respondia outro, de Itabira, que então o passante era primo do Carlos Drummond, bisneto de Antônio João Drummond — irmão do Chassim. São primos longe, mas são primos. E contando nos dedos — são primos em quinto grau. A notícia era relevante porque todos os mineiros são parentes uns dos outros e é interessante quando se sabe em que grau civil ou canônico. Primos longe? protestava eu — como longe? Pois eu o sou em nono grau do farmacêutico José Luís Pinto Coelho, de Santa Bárbara, e tanto minha gente como a do primo Juquita fazemos absoluta *questã* de nossa consanguinidade, uai!

Bahia e Januária são a mesma rua cortada pelo Arrudas e pelos trilhos da Oeste. Entretanto parece que a segunda começa logo abaixo da estação de bondes pois a primeira, ali, perde o caráter de central e vira via de bairro, vira rua da Floresta. Pela última se sobe até Pouso Alegre toda povoada da lembrança de meu tio Júlio Pinto e de minha prima Marianinha. Toda essa zona está em medicação e vai escapando da picareta não sei como, a casa velha daquele meu tio-avô, em Jacuí — que visitei recentemente com Ângelo Osvaldo. Lá colhemos juntos as provas de que a mesma vem ainda dos tempos do Curral. Nos seus porões se encontraram, como nas escavações das velhas cidades, vários grilhões, correntes, troncos de ferro, viramundos e gargalheiras do tempo do cativeiro. Lá na sua chácara é que as enxurradas devem ter enterrado os teréns da cozinha de campo do velho Halfeld. Toda essa Floresta era dos meus itinerários de menino e depois o foi outra vez, dos de rapaz, quando ia visitar Carlos Drummond ou quando com ele, Emílio Moura e Martins de Almeida subimos os detrás do Colégio Santa Maria e fomos, dentro do mato grosso das Minas e sua noite preta adentro, descobrir o Brasil no presépio do Pipiripau. Tinha pirilampos e capetas no caminho. Descendo de Floresta a pé ou de bonde era difícil não passar na praça da Estação. Para mim como esquecê-la? Que fui? fazer nas margens do Arrudas, assim tão isolado de companhia. Havia o silêncio enorme das noites de Belo Horizonte e só estrelas brilhando longe longe nos céus mais altos é que despencavam invisíveis para ficarem perto e movediças refletidas pelas águas. Eu vagava à toa mas de repente ouvi ruídos de alegre grupo que descia a pé dos altos de Contorno. Algum baile que acabara. O ar quieto favorecia a propagação das vozes amigas, de longe ainda, longe de não se identificar pessoa. Foi por uma delas e seu riso que adivinhei os do grupo — como se estivesse nele. Com cautelas de assassino tocaiando fui girando o toro da árvore grossa de modo a não ser visto — colocando-me sempre oposto ao bando de passagem. Assim... *donna m'apparve*... Ela passou com irmã, irmãos. Suas mãos nas mãos de outro. Foram sumindo e acompanhei-os de longe (caminho de pedra e cacos para mim) até que tomassem Bahia. Era então verdade o que me tinham dito do noivado... Voltei ao jardim da praça da Estação (mesmo caminho de pedra e cacos para meus pés). Fui até ao busto de Anita Garibaldi que se me afigurou enormenorme sobre sua coluna. Esfinge estilita. Não me propôs adivinhações. Arrastei meus passos aos pórticos da avenida do Comércio e entrei no *Éden* para afogar as mágoas bailando com putas. Graças a Deus encontrei um Cisalpino meio bêbedo que me pagou generosamente a cervejamiga. Outra? Outra geladíssima. Outra. Mais outra. Enfim dezenas de pombas... Nessa noite brilhava artista nova que há uma semana vinha fazendo furor em Belo Horizonte. Era uma sevilhana, ou uruguaia, ou panamenha de amplas formas, la risa cristalina, cabelos castanhos: um mulherão egrégio. Chamava-se Maria Pilarica, nome a que o Cisalpino, ao mostrá-la, acrescentou mais apelidos e títulos, designando-a como Maria Pilarica de Borbón y Borbón, imperatriz da zona e arquiputesa d'Áustria. Ela estava, como nos dias anteriores, acompanhada do Cordovil — belo moço e boêmio inveterado que a enfeitiçara desde sua primeira noite mineira. Ele logo a acompanhara à pensão da Olímpia para ficar. Ficar — no argot alegre de Belo Horizonte era dormir com mulher-dama. João Guimarães Alves glosara o rabicho à primeira vista com quadrinha que guardei até hoje.

> Cordovil fica ou não fica?
> Se ficar, já se descobre.
> Pois ela, de Pilarica,
> Passará a Pila pobre!

Saímos dali para o restaurante da Estação da Central. Depois assistimos ao levantar do dia e emendamos o de ontem com o de hoje.

Estação da Central, jardim da praça da Estação... Imagens indissoluvelmente ligadas à do Ribeirão Arrudas. Lembro dele, de minhas andanças nas suas ribas. Quando suas águas passavam sobre o dorso Bahia-Januária, parecia um riacho de roça. Para os lados da estação ele aparecia canalizado, suas margens ligadas por pontes de cimento. Nelas me debrucei muitas vezes em noites de solidão total, deixando pender a cabeça, ficando em pontas de pés, empurrando todo o peso do corpo para a frente, peitoril agora na virilha (só largar, esticar os braços e o equilíbrio será rompido) — vamos, Pedro! coragem! mais um impulso e tudo ficará resolvido lá embaixo apenas um corpo meio mergulhado na água um fio de sangue da cabeça quebrada nos calhaus teus miolos rolando Arrudas Velhas São Franciscoceano... Ficava um instante entre dois abismos as decisões, optava por assentar os calcanhares e seguir olhando as estrelas correndo na onda de nanquim como as flores astros de diamante descendo nas madeixas do óleo de Winterhalter que representa Elizabeth de Wittelsbach antes da fatalidade. Lembro da madrugada em que — morre não morre pula não pula — estava errando desse jeito e que, debruçado no extremo oposto da ponte, divisei outro solitário sorvendo o veneno da noite e hesitando — ele também — entre sofrer *or to take arms against a sea of troubles./ And by opposing end them* [...]. Eu teria apenas passado os olhos e depois refixado o fundo movediço das águas não fosse a impressão de — olhando o vulto, sentir como que estar fitando um espelho. Aquilo era eu e parece que a coisa também teve a ideia de que EU era seu alter, porque veio se aproximando enquanto eu fazia o mesmo que sua sombra — cada uma refletindo os movimentos da outra. Rentes, nos reconhecemos e gritamos nossos nomes. Zegão! Nava! Precisava dizer mais alguma coisa? Ai! não, porque um explicava o outro. Em silêncio estendeu-me a coisa infame em que vinha mordendo. Mordi como ele. Era fedido, punitivo, ardido, picava a boca, a mucosa do nariz e aumentava as lágrimas. Enorme cebola empoeirada de pimenta-do-reino. Cebola de mujique. Os dentes entravam rangendo como em vidro mole ou gelatina congelada. Toma, filho da puta. Toma. Me dá mais. As bocas pediam agora o complemento e do bolso inesgotável do capote do possesso surgiu a garrafa de fogo. Cada tomava sua talagada e passava. Récipe. Um golão de quinze em quinze minutos — como diziam as receitas do tio Aurélio. A chuva de estrelas não parava; elas faziam enxurrada luminosa acompanhada por nós no dorso serpentino do Arrudas que madrugada alta foi engrossado por dois esguichos parabólicos. Os dois russos (dois? um?) aprumaram-se como balões desalestados e tomaram pé na vasta perspectiva do ribeirão caminho dos lados do quartel. O dia subia com eles. O café quente no Pedro Sousa espantou os fantasmas noturnos, exorcizou os dois de Satã, desturvou suas almas, purificou seus hálitos e ambos entraram na Santa Casa para suas obrigações. Bom dia! Irmã Madalena. Bom dia! Louvado seja nosso Senhor Jesus Cristo. Para sempre seja louvado tão bom Senhor.

    Se esse Arrudas noturno parecia miniatura do Tâmisa e do Sena rolando crimes em suas águas, o Arrudas do Parque, mais cheio de marulhos espumas restos jornais velhos — tinha riscos brancos na superfície e afigurava-se Arno d'argento. O Arrudas alargado molinhoso e cheio de sangue do Matadouro descia em rodamoinhos que cunhavam e espalhavam ducados novos e patacos de cobre. Então era Tevere d'oro ao fim da tarde. As margens destas águas do Cercado estavam também nos nossos itinerários. Palmilhávamos seus lungarrudas: Romeu, Florinécio, Cavalcanti, Isador, Chico Pires, Cisalpino, Zegão e eu. Curtíamos nas beiras curtume nossa angústia — tornando-a indestrutível — com a mesma voltagem dos choques que eu receberia mais tarde nos cais do Sena e do Tâmisa, nos lungoteveres lungarnos lungadiges. A dor de nossa crápula era suntuosa e esfarrapada, desabrochava e empestava como rosa de merda. A alguns bastava isto. Outros queriam ir além e enchiam a beira do lago do Parque da zoeira das cigarras e das campainhas. Nuvem gelada elevava de repente os desvairados, imobilizava-os um instante diante da lua mas paraquedas já se abria para a descida fofa e vagarosa na realidade suprimida o tempo dum relâmpago. Então os olhos viam a superfície aluada lactescente e embaçada da água de vez em quando deixando surgir círculos concêntricos. Inseto tocando a lâmina ou bolha subindo do lodo e rebentando. As moitas eram povoadas por sombras que murmuravam, faziam leves ruídos, gemiam mais alto. Depois saíam silenciosas e tristes.

Essas russificações eram do grupo de estudantes de medicina e do pessoal da pensão da *Madame* afeiçoado às noitadas mais pecaminosas e pesadamente populares. Esse grupo, associado a outros personagens — *gens de mauvaise merdaille* — explorava Arrudas, praça da Estação, mercado, parque, córrego Leitão, fazia incursões no Calafate, Carlos Prates, Quartel e teria seu apogeu nos fatos ainda por vir da rua Niquelina. Com propósitos e figurantes diferentes era outro bando que eu frequentava e que se reunia, todas as horas que tinha vagas do dia e da noite, no *Clube Belo Horizonte*. Era palestra política e o trabalho de pôr em dia a vida da cidade. Já dei os nomes dos que ali se encontravam e se enchiam de café. Cerca de cinco horas saíam para dar uma olhada no movimento da rua mas, principalmente, para ir saborear dum alto o espetáculo prodigioso e gratuito dos crepúsculos de Belo Horizonte. Éramos principalmente o João Gomes Teixeira, o Antônio Rego, Fernando Collaço Veras, meu querido Coutinho Cavalcanti, eu. Tínhamos lugares preferidos, as acrópoles de onde se divisavam as variedades oferecidas pelos céus no fogaréu da tarde. Íamos ao Bonfim. No inverno, sol caindo mais cedo, assistíamos à apoteose dentro do próprio cemitério. No verão o sol descia depois de fechado o portão. Nesse caso, subíamos pelas vielas que seriam depois as ruas Jaguari e Mariana e nos postávamos nas ribas onde passariam as futuras Sete Lagoas e Ardósia. No princípio era só luz e como que uma sucessão de metais cortantes — faíscas purpurinas pontas de lanças ensanguentadas, cimitarras de prata gotejando púrpura, cascos de ouro lampejando na carreira, mantos rubros de deuses e heróis arrastados por nuvens se engrossando como ancas, se afinando como focinhos, se levantando como patas, que nem tubas e cornetas. Longe parecia que se ouviam clarins esmaecendo indo-se embora. Viam-se braços no céu, brandindo armas, cabeças voando decepadas e mãos escorrendo vermelho. Mas já mudav'o ar, as cores iam cambiando, tornavam-se mais nítidos certos contornos e as tonalidades escuras de caudas, crinas e couraças disparando sobre bancos de coral. Um instante tudo se configurava e surgiam personagens que duravam um segundo compondo as cores densas, os amarelos, os encarnados, os baios, os marrons e os negros do *Combate das amazonas* de Pedro Paulo Rubens. A tela esplendia um instante e logo desmerecia quanto mais mergulhava o sol. Um vapor pardo ia subindo que a devorava, deixando nas zonas mais claras e onde se arrastava ainda memória do dia, um fundo que empalidecia seu metal logo ocre todo riscado de cirros cor de café, de castanha, casca de árvore. O biochênio das nuvens diminuía sua densidade, ia-se degradando em livores roxos e a lua, agora livre do poder do sol, fazia ressaltar as nuvens cavalos, as nuvens guerreiros, as nuvens guerreiras de há pouco, transformando-as em multidões de fantasmas e corpos despidos esvaziados de todo sangue. Caíam em torvelinhos, multidões puxadas funilarmente, legiões de anatomias nuas em torrente descendo para abismos muito pralá do horizonte. Ainda era Rubens com *Os condenados caindo no inferno*.

  Íamos ao outro extremo da cidade — subindo ao Cruzeiro. Galgávamos o barranco onde terminava a avenida Afonso Pena e ganhávamos o campo de futebol onde está hoje a praça Milton Campos (ele, nesse tempo, não praça, não estátua, às vezes conosco). Do pé da torre de alta voltagem e da cruz de madeira de que vinha o apelido do logradouro — olhávamos a cidade. Víamos Afonso Pena como a Campos Elíseos de cima dum Arco do Triunfo. Estéril, de moledo solferino e terra escarlate, sem calçamento e com as beiradas escavadas pela erosão das grandes chuvas que faziam sulcos caprichosos como negativos de cordas torcidas

— ela ia até ao Abrigo que via-se embaixo, no cruzamento com Paraúna — pequenino, àquela hora dourado, parecendo corpo retilíneo, cubo, dado, jogado na convergência daquelas avenidas e das ruas Ceará e Cláudio Manuel. Daí para baixo começavam os dois renques prodigiosos dos fícus cujas copas de veludo verde tomavam tons preciosos ao sol descambante, metalizavam-se e fervilhavam em cada folha cintilações de esmalte. Além, para a esquerda, a silhueta do Palácio, das Secretarias, das palmeiras da praça; mais longe as do Bonfim se perdendo em contrafortes de colcotar ruivo, hematita e ferrugem. Era principalmente para atrás do Palácio e da praça que ia começar o estardalhaço cósmico de mais um pôr de sol. O astro descia tão violento de luz que seu ouro expandido virava ouro branco e parecia que aquela bola incandescente girava sem parar. Entretanto sem centrifugar, antes atraindo e levando concentricamente no seu arrastão nuvens de todas as formas e tamanhos que rodavam em torno da face esplendente de Deus como das multidões dos anjos de Doré voando em roda, arrebatados pelo amor e asas das cores do rosalgar, do carmesim, da luz de Marte, milmartes. Eram aspirados no torvelinho da revoada e desapareciam subitamente invisíveis tragados derretidos na imensa fornalha que descia. Tocava o horizonte e incendiava todos os contornos que logo fulgiam tornados de consistência metálica a um toque de vara mágica. Mergulhava. Logo a diminuição do espantoso luzeiro fazia as nuvens reaparecerem agora imóveis: onde se viam corpos e asas surgiam as geografias dos cabos, baías e angras de cobre cercando mares de ouro coalhados por galeras de nácar. Olhávamos em direção contrária ao pôr de sol. Todo o casario parecia ter conservado um pouco da luz que o inundara de chapa. As vidraças cintilavam e era como se um incêndio dentro das casas estivesse transformando cada uma num braseiro, logo virando borralho onde a cinza da tarde se acumulava aos poucos sobre as cintilações das brasas morrentes. Para atrás era a montanha, o Cercado, o Curral que, sob um céu que desmaiava, ia perdendo o verde do mato e o vermelho do chão para esticar-se em todo o horizonte duma cor de violeta dum roxo de quaresma que avançava seus dois braços em direção ao último clarão do crepúsculo para apagá-lo enfim e desaparecerem por sua vez, na pulverização azul-marinho e depois negra da noite que se constelava.

Às vezes passávamos a buraqueira de detrás do Cruzeiro, atravessávamos o Pindura-Saia, subíamos à velha Caixa-d'Água cercada de araucárias. Fixávamos um sol inverossímil que aumentava de tamanho à medida que se aproximava da fímbria do horizonte. As densidades e a distância aberravam sua forma, tornavam-no achatado, oval e ele era branco e prata dentro de um fundo garance tão próximo que parecia fazer sequência sem perspectiva com a silhueta das árvores debruadas de zarcão. Estratos finíssimos eram como traços de ouro passados pra cá do astro, nas suas costas e trançando-se com o contorno das folhas implacavelmente visíveis. As formas dir-se-ia aplastavam e ficavam todas num mesmo plano como em mosaico ardente. Durava pouco esse instante de esplendor vermeil. Logo o sol sumia e suas últimas claridades só deixavam uma barra de alaranjado poeirento aos poucos comida pelo azul cinza que começava a enevoar a paisagem apaziguada. Contra essa herança da última claridade tudo era negro, embaixo — massas e silhuetas — até que o Carvalho de Brito desse um ar de sua graça e ligasse as lâmpadas humildes da iluminação pública.

Subíamos Bahia à hora crepuscular. O primeiro deslumbramento era a perspectiva da avenida Álvares Cabral... Galgávamos passo a passo sua ladeira e no meio da rua olhávamos seu fim aberto no céu. Casas simples adquiriam nobreza, singelos esteios de varanda engrossavam em colunas e os vultos de funcionários e beatas agigantavam-se contra o horizonte — descendo Espírito Santo. Assisti a um pôr de sol no Cabo Sounion, olhando o Templo de Posseidon num fundo magenta e dei ali forma helênica ao que eu sentia no ponto onde se observa o mais fantástico morrer do dia em Belo Horizonte: justamente o encontro daqueles logradouros com Timbiras. De todos os poentes que ali me deslumbraram, um ficou, que destrói a lembrança dos outros. Sempre aquela impressão de figuras negras contra fundo fulvo, ou laranja, ou rosa, ou pérola corada dum vaso grego. Eu tinha a impressão de absoluta uniformidade na cor do céu — tornado imutável como se tempo e sol tivessem adquirido permanência e estivessem estacados. As pessoas e as casas, viradas em personagens e arquiteturas extremamente nobres é que, sobre superfície de laca, eram silhuetas de ouro, mutando para cobre, depois para bronze — como se nelas a cor e a luz variassem. Entretanto essa relatividade estava, em verdade, nas alterações das tintas da calota do firmamento: esta é que caleidoscopava as tonalidades dos objetos e sua gradação menos intensa, mais intensa. Tanto isto era verdade que no momento em que o bronze se fixou tornado imutável nas figuras —

o céu começou a passar de opalescente para purpurino na barra da tarde enquanto despencavam cada vez mais obscuras as águas do lago invertido cujas ondas azul-claras, azul-profundas, verde-escuras, violeta e negras apagavam o dia e criavam a noite. Um último urubu fendeu em direção da última luz. Parecia não a ave conhecida e ignóbil mas pássaro ardente gigantesco — conservando no corpo restos de vulcão e lava. Sua silhueta era feita de flechas paralelas de todas as cores, colocadas como num jogo de paciência para fazer avevoando: eram brancas, verdes, douradas, negras e destacavam dentro dum resto de dia que uma pulverulência arroxeada ia virando na escuridão iminente. Vésper palpitou de repente, no ar vazio. Depois choveram as estrelas. Todas.

Quantas vezes tomávamos esse itinerário. Bahia, Álvares Cabral e depois Espírito Santo. Para os lados do Calafate cada transversal nos oferecia o espetáculo de outro horizonte. Aimorés, Bernardo Guimarães, Santa Rita Durão eram verdadeiras bocas de fornalha. Como se o centro da Terra estivesse descoberto e todos os metais e todas as rochas estivessem em fusão derramando-se em ondas oceano ruivo maré montante dos limites mais distantes. Seguíamos olhos cegos parando em cada esquina nos inundando de luz. Subíamos Santa Rita Durão e parávamos no canto, para mim ominoso, da diretoria de Higiene toda fechada àquela hora. Dali olhávamos o farol do posto veterinário e os espetáculos que se desenrolavam no horizonte belo. O sol, alto ainda, não diferenciara a linha do infinito onde se preparava a cuba em que, ele, como Petrônio, morria todas as tardes dentro do banho que sua sangria ia tornando cada vez mais rubicundo. Naquele momento nuvens que pareciam inespessas formavam cortina cheia de ângulos duros e superfícies espelhantes que viravam gigantescos icebergs ou Andes de picos brancos desprendidos de sua base terrestre suspensos ali. Mas durava pouco esse gelo e logo o deus descendo começava sua transmutação plutônica. Suas camadas endureciam em vidro, em cristal de rocha mais apanhado, num quartzo brancento em lascas de basalto, calhaus de cimento e alvo calcário, cinza e alizarina. Já esse giz se cozia mais, queimava, ficava arenoso — dourado como o grés, como o pão no ponto. Depois era um derramar de opalas, pérolas, pedras da lua, ametistas amarelo-mel, cabochões gigantescos de rubi e a invasão do goles e da púrpura logo viradas ferrugem de pórfiro e finalmente em sangue vivo e aceso. O sol com seu contorno roído como moeda velha e gasta descia dentro do tumulto e do terremoto das rochas que sua luz fizera das nuvens — agora de galena cinza e parda, cinza e negro-grafita, negras da areia negra do esmeril. Fora-se toda a luz e descíamos esvaziados as ruas começando a se iluminar. Atravessávamos a praça banalizada, descíamos uma João Pinheiro empobrecida. Em Aimorés eu virava à direita e chegava ao nosso 1016.

Íamos à Floresta, descíamos no fim da linha exatamente na esquina de Januária, onde tínhamos morado embaixo e depois em frente do meu tio Júlio Pinto. Seguíamos a pé até as ribanceiras que terminavam a rua do Pouso Alegre daqueles lados do poente. Olhávamos à esquerda, a cidade tornada suntuosa e começando a luzir das purpurinas da tarde. Adivinhávamos longe a torre de Lourdes, mais embaixo a do Conselho Deliberativo, as duas de São José. Para a direita, a cúpula do Bonfim. Voltávamos os olhos e subíamos o curso do Arrudas que, nos pontos visíveis, parecia de ocra vermelha. Aos nossos pés, passados de esmalte verde, branco e amarelo, os bordéis da Olímpia, da Petronilha, da Leonídia. Esse tinha na platibanda águias de concreto que àquela luz pareciam pássaros de fogo. Mas encarávamos os altos e o ocidente. Uma vibração percorria os céus agitados pelos milhares de cocares multicores das "tribos rubras da tarde" fugindo para mais longe e afinal se perdendo dentro das nuvens do horizonte. Essas se acumulavam fazendo blocos, rochedos, rocas, picos, cristas, anfractuosidades, escarpas. Logo o vento as mudava, os cúmulos se desenrolavam em largas ruas, jardins, avenidas, passagens, becos de burgos pendurados de morro abaixo como Andorra e Rocamadour ou eram metrópoles antigas que ressuscitavam às cambiantes do sol. Sodoma e Gomorra amarelas de enxofre. Atenas, Tiro e Gaza todas de ouro. Nínive, Semíramis e Pasárgada como cobre virando cinábrio. Micenas, Megara e Sidônia feitas de olivinas férricas. Em chama, Roma. Pompeia e Persépolis em chamas rubracundas e sobre todas o sol descendo como o ferro derretido da corrida dos altos-fornos. Um último clarão tira do negro Samarcanda onde muitos terão de chegar antes da noite para encontrar a Imperatriz. *Ce soir à Samarcande...* Todas as cores eram possíveis nos fins de dia do Belo Horizonte. Lembro um que só vi uma vez. Era tarde toda cinzenta céu baixo anunciando borrasca. Só havia ameaças chumbo. Eu estava no Bar do Ponto com o Cavalcanti e o Teixeira depois da sessão do *Clube Belo Horizonte*. Íamos jantar. Entretanto aquele casco de aço que fechava os pontos cardeais tinha aberta a viseira transversal que não víamos e que devia estar longe, olhando o fim de Tupis. Porque foi dessa rua que desceu de repente o roldão que fez tudo dum amarelo baço — chão, casas, os fícus, nossas caras e mãos de repente açafroadas, nossas roupas e chapéus como se tivessem tomado uma chuva de iodofórmio. Olhamo-nos pasmos pelo inesperado e depois compreendemos. Era o sol no seu último instante que se insinuara por fresta aberta nas nuvens de tempestade e que mandava aquela luz que perdia seu ouro em contato do plúmbeo e que despojada de seu brilho dava aquela irradiação de tabatinga. Essa cor se espalhara em todo o zimbório de nuvens que parecia ter sido caiado. Súbito desapareceu e a tarde apertou seus escuros.

> [...]
> Desde a Serra à Pedreira Prado Lopes
> Dir-se-ia a Capital uma só casa.
> Mas lá se foi toda essa humanidade...
> Que ajudou a fazê-la, que era a vida
> Do que se deve bem chamar cidade,
> Que não é para feras, nem de monstros,
> Mas para a gente nela bem sentir-se
> Seguro, agasalhado, tudo irmão:
> O pensamento unido ao coração.
> Mas que ao menos em sonhos ela volte:
> Olha quem nos sorri... [...]
> JOSÉ CLEMENTE (MOACIR ANDRADE),
> "Saudade ingênua em dó maior"

Mas chega de tanto céu, tanta nuvem... Baixemos à terra e vamos ver os passantes das ruas de Belo Horizonte. Aqueles que faziam parte da sua vida. Hoje fazem parte da minha e são fortes na lembrança como os personagens das primeiras ficções que li. Misturo-os na memória e já fico sem saber quais os de verdade quais os dos fingidores. Passando em revista só alguns, terei de cometer anacronismos que perdem a importância porque esses personagens ficam na lembrança como os luzeiros celestes que parecem engastados na mesma altura e dos quais uns são próximos, como Mercúrio, Vênus e outros fogem como Altair para a mais espantosa distância das distâncias. Os figurantes das ruas da Cidade de Minas variavam como elas. Porque não podemos falar, por exemplo, em rua da Bahia tout court. Não era uma só. Havia a Bahia da manhã, a do dia, do entardecer, da noite, da madrugada de voltar da zona ou da madrugada de sair cedo para apanhar o rápido do Rio; a do calor e das mangas, a do frio e seu gosto de laranja, a do tempo da fumaça, a do Carnaval, a da Semana Santa. Assim com cada rua de cada bairro comportando nestes, mais o caráter peculiar de cada um. Serra e Floresta das grandes chácaras; Lagoinha, Calafate e Carlos Prates, proletários; Pernambuco, Paraíba e Santa Rita Durão, aristocráticas e o resto de Funcionários ainda cheio da *Saudade de Ouro Preto*; João Pinheiro e praça da Liberdade dos altos servidores; quartel das prostitutas errantes, dos hospitais e até de militares; Bonfim da gente pobre, dos randevus em roda do cemitério e dos mortos dentro das suas catacumbas. Elas só se igualavam no tempo das grandes chuvas quando a água caía horas, dias, semanas, mês inteiro — ora miúda, ora em cargas — acinzentando e entristecendo enxurrando e barreando. As pessoas perdiam contato com a época e surgiam como que saídas de outras eras, bandeirantes de botas, senhores de vastas capas se esgueirando como inconfidentes, guarda-chuvas imensos do tempo do rapé e dos braseiros das casas de Ouro Preto — escondendo personagens das gravuras de Rugendas e Debret. Lembro particularmente da gente pobre da Serra — adultos e crianças — com seus sacos de aniagem dobrados e descendo da cabeça ao tronco feito capuzes e capas — que davam aos agasalhados com esses panos aspetos de figuras das telas de Bosch. Tudo isso sumia quando voltava o sol e com ele a alegria das ruas cheias de andorinhas no seu voo que parecia... E precisa? descrever o voo das andorinhas se seu desenho sinuoso já está no nome do passarinho, nome inspirado na qualidade do adejo — como acontece em todas as línguas — não vê? Olha *hirondelle, golondrina, rondinela, swallow*, Schwalbe... E ele fica até nos jogos verbais que se queira fazer rabiscando gondolandorinha, hirondrina, androndele... Tudo plana, fende o ar, estaca, mergulha, bate asas, faz tesoura, pousa, sobe e some. Ah! and'andorinha vai volta reviravolta and'assim sem parar atarefada em fazer nada de nada à toa à toa como te viu o bardo Manuel Bandeira.

  Logo de manhã cedo as ruas de Belo Horizonte se enchiam das beatas das missas diárias, depois dos operários seguidos dos estudantes e das caras escavacadas dos que tinham *ficado* e àquela hora voltavam para casa. Passava o bonde especial do Santa Maria cheio de moças em flor fiscalizadas pela Mrs. Dobson. O movimento morria um pouco para retornar mais nutrido quando acabavam as aulas matinais nas faculdades e os moços vinham espairecer entre a praça Sete e o Bar do Ponto e deste à esquina do Narciso. Era o local escolhido pelos funcionários já almoçados e que chegavam para um *bondezinho* nos cafés e à beira das calçadas, peneirando as saias que passavam. Sumiam de repente estudantes para suas moradas e os burocratas para suas repartições. Mas a rua ficava sempre com criaturas em disponibilidade permanente, encostadas às portas dos cafés, fumando, tomando sua cachacinha, cortando no próximo. Rareavam mais um pouco até cerca de duas horas quando apareciam mais desocupados e senhoras e moças indo às compras. De quatro às cinco aumentava a população com os funcionários que desciam Bahia e voltavam àquele umbigo urbano para uma palestrazinha e o aperitivo camuflado no *Balila*, no *Colosso*, no *Estrela*, no *Fioravanti*, no *Trianon*, no *Bar do Ponto*. Mas já os bondes se enchiam e saíam para as duas direções da cidade cheios de pingentes. A Família Mineira ia jantar. Essa era a hora morta das ruas quase vazias e onde a vida restante se concentrava nas brasserias que citamos acima, não abandonadas pelos que se cronificavam cervejando ou traçando sua cachacinha, seu conhaquinho ou — mais prósperos — seu uisquinho servido generosamente a 2$000 a dose (só no cabaré é que era aquela ladroeira de 5$000). Mas já iam começar os cinemas e o centro enchia-se de cavalheiros, senhoras, famílias e estudantes em magote à porta do *Odeon* e até mais longe, nos confins de Afonso Pena, à entrada do Avenida. Essas multidões do dia e da noite, dos bairros ou das estações do ano eu as vejo em conjunto, vultos amalgamados, escuros das vestes masculinas ou bariolados das femininas. Tal qual se percebe um mapa-múndi destes que giram sobre o eixo que sai do seu pé e mostram paralelas ora mais densas ora mais claras segundo a predominância de uma ou outra cor na mesma altura da esfera. Quando ela vai parando distinguimos então os oceanos, os golfos, as ilhas, os continentes, os istmos, os cabos. Assim aquela gente passava aos meus olhos distraídos como um todo. Quando uma diferença, uma originalidade, uma peculiaridade, um cabelo mais ardente ou mais noturno, uma beleza ou uma feiura mais raras, uma altura ou uma baixura, uma velhice a se desfazer ou uma juventude radiosa chamavam minha atenção — eu identificava o personagem posto de repente em relevo. Olha o dr. Hugo vestido de cáqui engraxando as botinas de pelica *mordorrê* no Giácomo. Já se sabe: estava vindo do Sanatório e ia subir para o consultório. Almoçado. Podia-se acertar o relógio: uma e meia da tarde. Cruzava à saída com o fraque do Leandro Moura Costa, apressado, descendo Tupis, subindo Bahia. O senador Camilo de Brito sempre lamentando Ouro Preto e achando Belo Horizonte uma merda [sic], parecia uma barba de prata encastoada num rosto de palissandra. O Chico Leite andava pra lá pra cá com um donaire que dava a seus passos ritmos de tango argentino. O Mingote fazia gestos de demonstrar e pedir a um grupo de que um por um sacudia a cabeça dizendo não. Inútil a conversa fiada porque o Sílvio Romélio, o Camardel, o Calábria, o Lucindo e o Dolabela estavam inflexíveis. Ele acabava desistindo e saía com seu charuto, o olho morteiro e o pé espalhado à procura de roda de coração mais mole. O dr. Castorino descia Bahia braço esquerdo na frente, à Napoleão, braço direito nas costas, a bochecha estourando de sangue — gestos esforçadamente seguros e sempre de poucos cumprimentos. Morava perto do dr. Borges numa casa que devia ter sido construída antes dos aterros da rua pois sua sala de visitas parecia enterrada na ladeira e a janela ficava a poucos palmos do chão. Dela, d. Irênia acompanhava com os olhos o marido até que ele sumisse. O Djalma Andrade (Guilherme Tel, Félix D'Arruda) com o irmão Moacir Andrade (José Clemente) eram centro de roda presa ao que eles diziam, o primeiro sorrindo, o segundo gargalhando. Eram ambos poetas, bons poetas e suas sátiras corriam a cidade recitadas de boca em boca. Orozimbo Nonato passando rápido para o foro ou para a faculdade, pincenê faiscando, fraque voando. O José Eduardo seguindo lento para o foro ou para a faculdade, sempre braço dado a um interlocutor a quem ele dava as joias de sua frase em troca de apoio para os passos difíceis e os pés sensíveis. Muitas vezes era eu quem lhe servia de bengala — pois gostava dele e de sua palestra saborosa. Aquele grandalhão fortíssimo era o *Maciste* (não o do cabaré mas o possante genro do dr. Sperling). Lá vinha ele, juntamente com o sogro, o próprio Von Sperling — um germano-mineiro de origem *junker*, primo de Hindenburg, a quem ele se referia chamando-o intimamente — "o Paul". Para ele é que o Castilho encomendava todos os anos o *Almanaque de Gotha*. Um pálido, olhos fundos, cabelos muito pretos — o Adeodato Pires. Os Horta: o

Roque, ordeiro e caseiro; Manuel, João Batista e Rafael, boêmios e polidos, aureolados pela lendária demora em Paris — e cuja entrada no *Éden* dava logo foros de *Moulin-Rouge* ao cabaré da Olímpia, transfigurando a Alzira Caolha em *Grille d'égout*, a Maria Bango-Bango em *La goulue* e a Emília Mascarenhas em *Casque-d'or*. Quando o Juvenal Martins de Sá e Silva passava eu considerava com prazer silencioso que sabia que ele era primo do Tancredo, do Otávio, Clóvis, Renato, Eurico, Xico, Amílcar Martins e de suas irmãs Berenice, Maria José e Ruth; primo também da Brites e da Ogarita e que era neto do visconde de Assis Martins. De posse desses segredos mineiros — eu folgava por dentro. E aquele? Que trem mais magro... Não era múmia egípcia não — mas o Caio Graco de Sales, descendo Bahia com seus parentes Álvaro, Gabetta e Zé Mariano — cujo pai (a quem eles chamavam carinhosamente de Tatá) era o próprio senador Bernardo Monteiro. Eu conhecia dele, ainda, outros segredos relevantes como, por exemplo, seu cunhadio com o dr. Lagoeiro, que era "advogado formado", e seu sobrinhato com outro Zé Mariano Pinto Monteiro — o de Juiz de Fora e padrinho de casamento de minha Mãe. O José Osvaldo de Araújo sobe correndo para Álvares Cabral — poeta e jornalista, já se sabia que chegaria sua hora política: seria mais tarde o vigésimo segundo prefeito de Belo Horizonte. Por baixo dos fícus vinham o fraque do Aleixo Paraguaçu, o teclado dos dentes do Gamaliel Suaris, a testa curta do Raimundo Mendes e a testa ampla do Luís Leopoldo Coutinho Cavalcanti. Mais: Ferreira de Carvalho, réplica mineira do físico de Alberto de Oliveira. Ar discreto e misterioso, frases breves e reticenciosas, cumprimentos calorosos mas protetores, surge o dr. Manuel Manriques Pereira de Cerqueira, sempre para ser deputado da bitolinha e sempre de chapa soprada por outro mais esperto. Era orador dos mais frementes e dum governismo de dar náuseas ao próprio governo. Lembro a noite de vibração cívica em que ele discursou dos degraus altos do Trianon. Sua chave de ouro provocou tal entusiasmo que o povo em delírio arrebatou-o nos braços querendo levá-lo carregado em direção do Grande Hotel, onde se concentrava a *Tarasca* e onde o inspirado tribuno devia retomar a palavra para aplaudi-la. O bando ia aos urros e não notou que nele se insinuavam dois meliantes *futuristas* — o Zegão e o Estoneive vivando mais alto que todos e que, fazendo de carregar, insinuaram suas mãos até os fundilhos do notável futuro homem público cujas nádegas beliscaram furiosamente. O desgraçado pulava e se retorcia nos ombros do povo e sua agitação redobrava os vivas e o entusiasmo da canalha. Foi quando o par de *nefelibatas*, depois de meia dúzia de *golfinhos* de deixarem qualquer rabo em petição de miséria, empolgou a sacaria e os colhões do patriota para apertá-los com tal força e tamanha maestria que o homem depois de se inteiriçar desesperadamente afrouxou, amoleceu, esvaziou e — como um judas sovado e desossado — acabou deitado sobre a multidão ululante. Foi num meio desmaio do boneco lívido e esvaído em suores que a patuleia o conduziu à Farmácia Abreu para ser socorrido. Os dois canalhas voltaram ao Estrela às gargalhadas. Uma cerveja, Epitacinho. Geladíssima. Não senhor! essa não, pode trocar. Queremos de casco verde.

Mas retomemos nossos passeantes. Havia três que passavam o dia no Bar do Ponto mas tocaiando seus devedores. Eram agiotas de coração de pedra esperando-os de letra vencida, junto a cujos ouvidos sussurravam desaforos, cobranças e ameaças de protesto. O Moreira. O Murta. O Randazzio — que andava mais depressa com as muletas e a perna seca que muito são de pé ligeiro. Acabavam vencendo. Só houve um que perdeu: tanto perseguiu um devedor que chegou um dia a dar-lhe taponas. O emitente perdeu a cabeça e encalcou uma canivetada na barriga do credor. O ferro entrou bem nas banhas moles, foi até ao fígado. Resultado: hemorragia interna e morte. O assassino foi julgado com todas as atenuantes e saiu do tribunal aos vivas da estudantada. Livrara o Bar do Ponto duma sarna. Fora do centro havia também seus passeantes. Seria um nunca acabar lembrá-los todos. Citemos dois do bairro dos Funcionários cuja passagem era regular ao ponto de ser daquelas de se acertar o relógio. Eram o desembargador Rafael de Almeida Magalhães e o dr. Francisco Mendes Pimentel. Amigos íntimos, todas as tardes, às quatro e meia o segundo passava em casa do primeiro e saíam os dois para sua volta e conversa vesperal. Era um mistério o que eles se diziam porque ninguém os viu jamais acompanhados de terceiros. Pimentel saía de sua casa em Paraíba, 1032, subia até o 1190 da mesma rua, batia e esperava na calçada que Rafael descesse. Dali seguiam, no princípio quase não falando, na esquina de Paraúna e Tomé de Sousa viravam à direita e tomavam a subida de Cristóvão Colombo que galgavam lentamente. A essa hora a palestra já pegara e os peripatéticos progrediam vagarosamente. Pimentel, grandes olhos claros sob cenho severo, de coco ou lebre, paletó saco ou fraque, pernadas largas posto que vagarosas, com aquele seu jeito engraçado de andar — cabeça baixa e braços tão cruzados que as mãos lhe iam longe nas costas magras. Já Rafael, de passo mais curto, tinha de trocá-los pouco menos lentamente que seu interlocutor. Também de cabeça baixa, mãos enclavinhadas à frente e com o cacoete muito seu de contrair os risórios a modo parecer esboçar sempre sorriso que era desmentido pela expressão melancólica e sonhadora das pupilas azuladas — mas que mostrava a perfeição dos seus dentes. Era cheio de corpo, tinha um nariz clássico que somado ao bigode e ao cavanhaque curto lhe compunham um perfil de santiaguista de Pantoja, de beato de Cerezo, de fidalgo de Velázquez ou rei de Van Dyck. Ao contrário do companheiro, estava quase sempre de capote e agasalhado por cachenê. Dignos e austeros, os dois eram a figuração da respeitabilidade. Tinham às vezes longos silêncios sucedidos por conversa em cujo aceso paravam frente a frente até chegarem aos termos duma conclusão. Retomavam a marcha. Na esquina do palacete Dantas vingavam praça da Liberdade, desciam João Pinheiro, subiam Afonso Pena e reentravam em Paraíba. Até amanhã, Pimentel. Até amanhã, Rafael.

Mas nem só de calças se enchia o centro de Belo Horizonte. Havia também saias. Aquelas duas? A mais velha, enchapelada e composta como duquesa, sobraçando um maço de folhas escritas; a mais moça, muito loura, olhos pretos e pestanudos, alta, elegante e andando com donaire compassado pelo movimento da sombrinha — longa qual um báculo. Eram as Corrotti. A mãe, d. Adelina, que vinha à cidade para colar nos da rua o seu *Poste* e ulteriormente o seu *Sol* — "nascente revistinha". Eram pasquinos redigidos e manuscritados pela própria onde ela elogiava ou invectivava Belo Horizonte de cima abaixo — segundo a telha que lhe desse. A filha, Estela, era realmente uma estrela e tida como das moças mais lindas da cidade. Apesar do nome estrangeiro a primeira tinha o "dona" porque era nascida no Brasil. Outras senhoras também conhecidas de vista por todo o mundo recebiam o "madame" por terem vindo à luz no estrangeiro. As italianas madame Penelope Pierrucetti e sua irmã madame Ancilla Paladini — origens de troncos ítalo-mineiros que tanto se ilustraram. Já a filha da segunda perdera o "madame" e, mineira, já era d. Eliseta Prata. Outras *madames*, e sempre pela mesma razão, eram as também italianas Balila, Bartolotta e Bellagamba, a parteira alemã madame Alma e a madame Greslin — esposa do veterinário francês Greslin. Já as sírias ricas ou pobres eram imediatamente assimiladas e tinham o "dona" desde o primeiro dia de Minas. Uma lei como as que regem os movimentos de rotação e orbitação dos astros, das constelações, das galáxias é que dava ritmo horário, diário, semanal, mensal à passagem, no Bar do Ponto, da morena Déa Veloso, da loura Palmira, da rósea Nair, da ebúrnea Zilá e de outras moças de meu tempo. Havia as periódicas, anuais, como Laetitia e Doquinha ou as de ritmo variável como as belas Serpa e sua íntima amiga Sinhá Maluff. Elas e mais as Lagoeiro, as Rache, as César, as Borges, as Rocha, as Macedo, as Tamm é que cumprimentávamos de longe e de longe respondiam. As tias opulentas e solteironas dos irmãos Horta passavam devagar, não emparelhadas mas uma na frente da outra como em caminho de roça. Eram duas senhoras provectas, uma alta e gorda, dum estrabismo divergente que lhe dava expressão contínua de vaguidão e bondade; a outra, baixa e seca, dum desvio d'olhos convergente que lhe fazia uma fisionomia tensa e acerada. Moravam em plena Afonso Pena num vasto palacete verde e tinham um sobrenome estrangeiro acabado em *orf*. Alguma coisa como Berensdorf ou Ludendorff. Vestiam sempre cores claras e esvoaçantes. Deixaram aos sobrinhos vastíssimos cabedais. Havia outras que passavam olhando só para a frente e para cima como os faraós do Egito — tão orgulhosas, distantes e intocáveis que parecia se julgarem de essência mais que humana. Essas, o Cavalcanti dizia que eram cheias de titica de galinha. Mais piedosamente eu tinha vontade de adverti-las sobre a morte. Cuidado, moças, cuidado, senhoras. Olha que as madeiras de seus caixões já estão nas árvores, já podem ser tábuas cortadas, os panos de seus velórios vai ver que estão tecidos... Cuidado todas... E eu só não gritava isto bem alto a cada uma (e para todos da rua) para não bancar aquela morte *malapeste* e anunciadora, do príncipe Próspero. E essa? que passa tão rápida e risonha, diariamente, às cinco da tarde, no portão do clube — essa assim tão morena, fresca e adolescente, toda de branco dentro da tarde rosa. Alípede, esbelta e cheia de elance, perfume que perpassa, ave leve, rápida, lépida como um relance. Era como italianinha de Alcântara Machado, do Brás, perdida na rua da Bahia e talvez por essa razão tivéssemos dado a ela apelido que tornou inútil saber-lhe o nome perdido para todo o sempre. Chamávamo-la Farfalla, Farfalleta — inspirados naquela semelhança e na do seu jeito esquivo de borboleta. Ela nos deixava ar cortado coração batendo... Vinha de Afonso Pena, subia Bahia. Onde? terá chegado, até onde? Até quando? Casou? Envelheceu? Morreu? Se está viva não quero ver mais nunca. A outra tão aérea e pálida, que eu gostava de acompanhar e olhar no bonde, era lenta e langue e magra como se fosse morrer a cada instante. Toda ossos e cabelos louros ela deslizava como as heroínas dos romances em que as moças tísicas são amadas desesperadamente. Constança, Ismália — ela era a "morta virgem", a "pálida e loura, muito loura e fria" ou aquela que quando "morreu choravam tanto, chovia tanto naquela madrugada...". Eu a amei num setembro, tempo da fumaça e ela sugeria coisas aéreas, aragens frias, nuvens de incenso, longos lírios, perfume funeral de violetas. Isso até o dia em que a vi de mãos dadas com um brutamontes do futebol. Tudo, menos aquele. Era como ver camélias mastigadas por um porco. E logo quem... Não. Espanquemos essa ilusão... *Je ne voulais pas, je ne voulais pas que ce fut celui-là*. Assim eu tinha aprendido em *Le lys rouge*.

De vez em quando apareciam figuras de fora nas ruas de Belo Horizonte que sacudiam a monotonia provinciana e acordavam entusiasmos adormecidos. Lembro quando chegou para visitar seus parentes Ezequiel Dias uma filha de Osvaldo Cruz. Foi um rebuliço entre os estudantes de medicina. Todos queriam vê-la como se nela pudessem surpreender a figura do mestre e, cada noite, nos aglomerávamos à porta do *Odeon* esperando o acaso de sua vinda. Às vezes ela aparecia com suas primas ou primos Dias ou com pessoas privilegiadas com seu conhecimento como as das famílias Marques Lisboa ou Nominato Couto. Nós nos contentávamos em admirá-la e ela quando passava, mal sabia da sensação nascida de sua presença. Se ela chegasse de carro éramos bem capazes de desatrelar a parelha para puxarmos pelos varais — como os estudantes do Rio tinham feito com Sarah Bernhardt. Se estivéssemos em Coimbra, estenderíamos para seus pés o tapete de nossas capas. Quando Carlos Chagas passou por Belo Horizonte e apareceu de surpresa para assistir a uma prova de concurso na faculdade — nossos sentimentos transbordaram e foi aos vivas, meio carregado e quase sufocado pela estudantada fremente que ele chegou ao automóvel que o trouxera — o de Borges da Costa. Foi ainda no Bar do Ponto e depois na Santa Casa que vi Jean-Louis Faure, o mestre da ginecologia francesa. Era um sexagenário forte, muito vermelho, cabelos, bigode e barbicha de neve, sempre vestido de alpaca preta e chapéu mole da mesma cor. O delicado autor de *L'âme du chirurgien* viera ao Brasil para caçar jacarés a carabina, nas barrancas do São Francisco. Foi pilotado, em Belo Horizonte, por Hugo Werneck em cujo serviço, meio esmagado pela multidão que se comprimia na sala de operações, eu o vi fazer uma histerectomia. O quanto eu podia apreciar na ocasião — senti ali o grande cirurgião. Já Waclaw Radesky vi no Teatro Municipal, entrando com meu chefe Samuel Libânio. Esse polaco meio charlatanesco mas sábio eminentíssimo, parecia um rei assírio com as longas barbas em cujas ondas se percebia o rastro do ferro de frisar. Contrastava com o bronze dos cabelos sua palidez luminosa. A América Latina deve-lhe a fundação dos institutos de psicologia do Rio, Buenos Aires e Montevidéu. Curava sempre os casos que lhe apareciam de impotência psíquica aconselhando aos murchos com todo a propósito. Sempre com a mesma frase. *Regardez un peu moins votre pine et un peu plus la femme qui se pâme dans vos bras*. Além de cientista, Radesky (cuja pronúncia deve ser Radewsky) era um virtuose do violoncelo e conhecedor emérito da música de Bach. Foi na avenida Mantiqueira e depois, no grande anfiteatro da Faculdade de Medicina, que meus olhos e ouvidos embasbacados viram Marie Sklodowska Curie e ouviram a lição com que ela nos honrou. Essa mulher fabulosa ia, nos 20, pelos seus cinquenta para sessenta e já era detentora duas vezes do prêmio Nobel. Era pequena de estatura, andava vestida de negro, saia arrastando, costume sebento. Apresentou-se sempre com a mesma roupa na capital de Minas, mal penteada, mãos vermelhas maltratadas e vi suas botinas de salto baixo tendo abotoadas só o botão de cima. Mas, ensinando, transfigurava-se e a suas palavras nosso anfiteatro iluminou-se mais — como se passassem por suas paredes raios urânicos, centelhas radioativas de tório e faíscas ferromagnéticas. Na rua da Bahia e proximidades do Grande Hotel revi uma tarde João do Rio. No mesmo local, vi Virgílio Maurício, Antônio Parreiras e seu filho também pintor — Dakir Parreiras. Os dois últimos vestiam igual, roupas de pintores franceses de fins do século xix, gravata Lavallière, chapelão muito empurrado para a nuca, descobrindo as testas curtas e cobertas pelos cachos caídos das pastinhas do cabelo aberto ao meio. Sábios, artistas — as ruas de Belo Horizonte, que mostravam de tudo, deram-me também oportunidade de ver realezas. Enxerguei descendo Bahia, num automóvel do Palácio, o príncipe Gastão de Orléans, conde d'Eu. Ele esteve na cidade a 18 de janeiro de 1921. Era um velho corpulento, belo perfil e através de suas rugas e de suas cãs eu distingui na face vermelha os traços que apareciam nos compêndios, do fundador, com nossa princesa Isabel, da Casa Imperial de Orléans e Bragança do Brasil. Vestia linho branco e usava um vasto chapéu do chile. Também em roupas de verão imaculadas vi descerem em nossa estação Eduardo de Windsor, príncipe de Gales, e seu irmão Jorge, o futuro duque de Kent. Trajavam de almirantes da Royal Navy e os patriotas mineiros ficaram melindradíssimos de vê-los arvorando em nossa capital cascos tropicais. Como se essa bosta aqui fosse colônia inglesa — diziam indignados. Vi-os também entrando no Automóvel Clube, já bem altos, quebrando o protocolo, cada qual dum lado e dando o braço ao presidente Olegário Maciel. Pareciam se divertir às pampas com o venerando nativo. Era o grande baile dado em sua honra. Assisti, depois, à entrada dos dois príncipes na Secretaria de Segurança onde foi o banquete oficial. Dizem que fez sensação o caviar apresentado sobre módulos de gelo cor-de-rosa dentro dos quais se tinha posto pilha e lâmpada acesa. Na hora da colocação da iguaria tinham apagado as luzes da sala e príncipes britânicos e políticos mineiros apareceram iluminados só pela irradiação que vinha dos pratos. Impressionou-me a chegada dos membros da Casa Real Inglesa à Secretaria. Eu estava nas suas escadarias de fora, ao lado do Teixeirão. Empurrões de trás fizeram romper os cordões de isolamento e fomos atirados quase em cima dos príncipes. Pude olhá-los duma distância de menos de metro. Eram cor de rosbife, olhos azuis e cabelos de fogo. Não tinham nada do tipo inglês. Pareciam dois alemães e eram, na realidade, dois alemães, da família alemã a que o acaso das mortes e as regras de sucessão tinham dado, de herança, a Grã-Bretanha e seus domínios. Os casamentos alemães tinham mantido o tipo. Durante os minutos em que estiveram impedidos de prosseguir ou recuar, sua guarda de corpo diluída pela multidão em delírio, eles foram impecáveis. Não olharam um instante para os lados e empertigados, virados para a frente, Jorge imóvel e sem responder — como que reconhecendo que toda a manifestação era só para seu irmão mais velho. Este agradecia de meio em meio minuto sacudindo a mão direita em movimentos muito breves. Confesso que tive a vaga tentação de dar um *golfinho*...

Assim eu vagava nas ruas de Belo Horizonte. Ora com o grupo do Estrela. Ora com os nortistas e a turma da casa da *Madame*. Ora com os internos do "Raul Soares" e mais os piores elementos de Santa Efigênia. Cada bando me oferecia aspeto diferente da vida e levava sua ação dramática a palcos diversos da cidade. Assim íamos da companhia impecável de oficiais de gabinete como o Carlos Peixoto Filho à do sargento Vila Velha. Do *Clube Belo Horizonte* às tascas do Quartel. Das casas mais fechadas da Tradicional Família Mineira aos lupanares escancarados — entra simpático! *Nós éramos trezentos, trezentos e cinquenta*... Por falar em casas... Nossas marchas abaixo e acima em Belo Horizonte nos familiarizavam com fachadas companheiras. Serviam de pontos de referência. Sumiram no tempo. Onde está? o caminho da Serra com as janelas e os telhados do dr. Cícero, do desembargador Ciriri, da d. Dudu, do Estevinho, de d. Carolina e do coronel Gomes Pereira. Que foi feito? do quarteirão de Timbiras, Álvares Cabral, Bahia e como recuperar as residências das Gomes de Sousa, do desembargador Campos, do idem Amador, do ibidem Continentino, do senador Bernardo Monteiro, do dr. Bernardino, de dom Leonardo. Onde estais? casas de antanho. Onde estão? vossos donos. Dr. Borges, dr. José Pedro Drummond, dr. Afonsinho Pena. Onde foram parar os tetos da casa do seu Júlio Bueno, dada pelo povo de Minas, onde moraram depois Olinto Ribeiro e onde residiram Brites, Ogarita e Silval de Sá e Silva; onde viviam a clara Beraldina e a luminosa Estela Carrilho. Quem? morará nas casas sucessivas do meu irmão Cavalcanti — que arranha-céus ter-se-ão levantado nas suas localizações de Floresta, Ceará, Maranhão e a última, de Piauí, onde fui ajudar o amigo à hora da morte de seu pai. A praça da Liberdade e os lares de suas cercanias — de Djalma Pinheiro Chagas, mestre Aurélio, dr. Lourenço, viúva Sigaud, Álvaro da Silveira, primo Alexandre Coutinho, Herculano César, Rocha Viana... Zona de João Pinheiro com os Bhering, d. Helena, d. Alice Neves, senador Virgílio... Quando não andávamos a pé íamos de bonde para longos périplos. Ida e volta à Floresta, Calafate, Lagoinha, Bonfim, Carlos Prates, Quartel... Voltas sentimentais de Pernambuco e Ceará — ora via Bahia, ora via Afonso Pena. Itinerários de automóvel à hora, se havia numerário. Lua cheia no Acaba-Mundo, na Lagoa Santa, nos confins da Barroca, no Caminho do Posto Veterinário. Parecia dia e cada um incorporava mais um pouco de sua cidade. Saudade. Voltando às casas companheiras de Belo Horizonte quero me deter em algumas delas. As que pratiquei e onde era recebido com um carinho que me enche de gratidão até hoje. Eram as dos amigos mas que eu frequentava também por causa de minha amizade a suas mães ou avós. Assim as de d. Dodora Gomes Pereira, d. Marieta Machado, d. Alice Neves, Donana de Melo Franco, d. Helena Pinheiro.

D. Dodora era o apelido familiar da excelente d. Salvadora Gay Gomes Pereira, a esposa do coronel Luís Gomes Pereira — um dos pioneiros de Belo Horizonte. Que digo? Pioneiríssimo — pois fora para lá com os trabalhos da construção, em fins de 1891 ou princípios de 1892. Seus filhos mais velhos ainda nasceram no Curral e os mais novos é que eram de Belo Horizonte. Morou primeiro no Menezes, perto do que seria depois o Carlos Prates mas, em 1900, já estava na sua vivenda da Serra, esquina de Ouro e Palmira. Na intersecção destas ruas abriu-se a praça que tem o seu nome. Muito merecidamente, como são merecidas as designações de rua Dona Salvadora e rua Dona Cecília que correm a Serra em terras habitadas por estas antigas moradoras de nosso bairro. Ah! será? que algum dia eu verei mais alto uma — rua Dona Diva. Logo que nos mudamos para a Serra fizemos o conhecimento desses vizinhos e eu gostava de frequentar-lhes a casa — atraído pela companhia de meu amigo Paulo Gomes Pereira, colega do Anglo e depois, da faculdade mas, também, e muito, pela palestra de seus pais. O coronel dava aos meus anos inexperientes conselhos em ar de brincadeira, que eu recebia filialmente e d. Dodora fornecia generosamente às visitas suas mangas (melhores que as do Raul Mendes), o pitoresco de sua conversa de que se não varrera de todo o sotaque gaúcho, a variedade de suas estórias e o imprevisto de seu espírito sempre alegre. Minha Mãe gostava de ir-lhes à chácara e eu empencava, atraído pela afabilidade daqueles talvez primeiros habitantes da Serra.

Outra casa que eu gostava de visitar, mesmo na ausência de meus amigos Afraninho e Afonso, era a da avó dos dois, Donana, esposa do senador Virgílio Martins de Melo Franco. Era e é a de número 19 da praça Afonso Arinos e o casal de velhos tinha o orgulho de morar em logradouro com o nome do filho ilustre. Nas várias vezes que fui a esta habitação, nunca ouvi o som da voz do senador, homem muito calado, muito limpo, muito tratado que passava seu dia numa cadeira de balanço da sala de jantar. Já sua esposa era falante e sempre cheia de casos para relatar e perguntas para fazer. Ele era moreno, cabelos muito brancos, azulados de tão lavados e cortados *en brosse*. Ela, alta e muito clara, conservava, apesar da idade, um louro avermelhado mal riscado dum ou doutro fio branco. Pele de jaspe e cabelos ruços herdados dalgum antepassado comum — dela e desses Álvares da Silva que são a gente mais branca de Minas Gerais. Ela tinha os olhos dum verde água-marinha. Lembro bem sua casa, aos poucos tornada enorme, por acréscimos de obras sucessivas e que ficava na referida praça, esquina de Goiás. Recordo particularmente a sala de visitas onde havia dois espelhos convexos que refletiam o aposento por inteiro, iguais ao que está no quadro de Van Eyck representando *Arnolfini e sua mulher*. Sempre que vejo esses espelhos (e eles estão hoje na casa de João Huniade de Melo Franco) procuro no seu interior o reflexo da sala desaparecida do senador seu pai. Lembro a biblioteca deste, no porão habitável do prédio, que dava para um corredor escuro onde destacava-se, na parede, o baixo-relevo duma cabeça de fauno — trabalho de Armínio de Melo Franco. Mais ainda, a varanda da frente que não sei por que artes do demônio o Afraninho conseguia transpor de parede à grade num pulo de gato — dado sem tomar distância e devido apenas à distensão súbita das molas adestradas de seus tornozelos, joelhos e ancas. Minha amizade com a Donana nasceu do Carnaval que já descrevi e em que o Afonso e eu comparecemos de *Pierrô* ao *Clube Belo Horizonte*. Tínhamos feito, para completar a fantasia, *escarpins* de veludo preto que logo a Donana cobiçou. Pois por mais que ela pedisse ao neto que lhe mandasse fazer uns iguais, ele não se mexia. Afinal ela chamou-me em particular e, depois de invectivar o Afonso, perguntou se eu me importava encarregar-me do obséquio de encomendar-lhe os sapatos. Ora esta! Donana. Com o maior prazer. É só a senhora me entregar o pé esquerdo de um de seus calçados, para medida. Encomendei. Ficaram excelentes. Lembro que custaram 5$000. E com isto ganhei uma boa amiga. Ela chamava-me cerimoniosamente de seu Nava.

Apenas menciono aqui d. Marieta Machado para não esquecer seu nome no rol de minhas amigas. Já a descrevi, a todos os seus e a sua casa hospitaleira da rua Tupis onde eu entrava e saía quase todos os dias pelo Paulo, Lucas, Otávio, Aníbal e também por ela. Ignoro como e por que polícia ela estava permanentemente a par de meus desvarios na cidade e sempre me sermonava com o maior tato e com que carinho. Obrigado, d. Marieta... Outra que não me poupava formidáveis repes era a minha querida amiga d. Alice Neves. Não me lembro de ter ido a sua casa de João Pinheiro. Quando comecei a frequentá-la foi com minha Mãe, na rua Goiás, 74. Ficava perto do sobrado do Bié Prata e lembro que também iam lá o Afonso Arinos, os Pinto de Moura, o Evágrio Rodrigues, gente do *Atlético*. O ambiente era sempre festivo para o que concorria o temperamento de d. Alice e de suas filhas Nena, Tita, Dorinha e Célia. A dona da casa só perdia o bom humor quando o mencionado *Atlético* não estava na ponta ou perdia na cancha. Ela tinha sido uma das fundadoras do clube, em sua casa cosera-se sua bandeira e os primeiros uniformes usados pelos jogadores — entre os quais seu filho — o craque Mário Neves. Lembro com saudades os lanches amistosos dessa casa tão mineira e tão hospitaleira. Nunca vi ambiente de tanta paz familiar, alegria e entendimento entre mãe e filhas. E fora disso jamais encontrei ninguém ali (e eu tinha minhas entradas a qualquer hora do dia) de mãos abanando. Sempre arrumando, bordando, costurando, batendo bolos, preparando biscoitos, doces vidrados, compotas em calda. Todas as abelhas tinham o que fazer naquela colmeia. Essa pioneira de Belo Horizonte morreu muito velha, aos noventa e seis anos, em 16 de julho de 1967. Dias antes de sua morte, uma das filhas a ouviu falando de olhos fechados. Prestou atenção. Era d. Alice monologando: "afinal, eu também tenho de ir... não sou Matusalém...". Estava concordando, coitada! Dizendo que sim — a Nosso Senhor.

A casa da viúva de João Pinheiro ficava na esquina de Timbiras e da avenida que traz o nome desse presidente do nosso Estado. Era uma construção apalacetada cuja entrada se dava por escadaria de dois lances no topo dos quais havia uma espécie de suporte para o busto em bronze daquele político. A varanda era pouco espaçosa mas solene, como aliás as duas fachadas belle époque muito ornadas e em estilo rococó. A edificação fora levantada por subscrição pública, para dar residência condigna à família cujo chefe era venerado pelos mineiros. Lá entrei a primeira vez pela mão de João Pinheiro Filho, um dos componentes de nosso grupo. Aliás eu já o conhecia desde nossa vizinhança, quando o Major passara-se para Timbiras, em 1917. Nessa época o amigo tinha treze anos e era meninão de calças curtas — muito fino e comprido. Mal convivemos nessas férias mas eu revê-lo-ia depois, já rapaz, viajando comigo num rápido do Rio a Belo Horizonte. Quando? Talvez fins de 19. Ele já estava moço feito e dera num latagão muito alto, magérrimo, mas de boa ossatura e espadaúdo. Era muito pálido, tinha o perfil característico da família (ver os retratos do pai), olhos muito vivos e atentos — não isentos dum fundo de tristeza. Seu grande encanto era a voz grave, profunda, harmoniosa — tornando seus interlocutores sempre ouvintes presos e atentos a sua palestra agradável e variada. Logo que me transferi para Belo Horizonte e comecei meu curso médico, encontrei-o na rua e renovamos nossas relações. Ele estava na Faculdade de Direito onde cursava o terceiro ano. Em 1921 levou-me pela primeira vez a sua casa, junto com Afonso Arinos e João Guimarães Alves. Motivo dessa visita: sua mãe ia dar um grande jantar seguido de baile para festejar o noivado de sua filha Virgínia com Elísio Carvalho Brito e pedia-nos que fizéssemos as marcações dos lugares à mesa, com cartão que seria ilustrado por mim e levando uma quadrinha ou sextilha da autoria dos outros dois. Tomando como motivo o ou a ocupante da cadeira. Trabalhamos vários dias no quarto do João, lista de convidados em punho. Cada senhora ou moça recebeu versos galanteadores. Já os barbados nem sempre foram bem tratados. Lembro alguns versos. De João Guimarães, por exemplo. Para o Zinho Fonseca, para Caio Nelson de Sena, para Israel Pinheiro da Silva — recém-chegado da Europa.

> Zinho, eu não falo por mal,
> não andes só, Zinho, assim.
> Olha que o Parc-Royal
> te pega pra manequim...

> Caio Sena na tribuna...
> Comovido o júri chora...
> E enquanto o Caio perora,
> o pessoá de Itaúna
> um por um
> vai dando o fora...

> O Israé é tão viajado,
> é tão viajado o Israé,
> que correu lado a lado,
> Oropa, França, Caeté...

Assim lembro esses versos. Senão na métrica perfeita, ao menos na essência. De Afonso Arinos lembro o fim, três versos, de uma sextilha. Era para João Rezende Costa.

> [...] a barba do João Rezende
> há muito já que se entende
> c'os cabelos do Oscar Neto.

O João Rezende não ficou lá muito satisfeito de ver sua nazarena comparada ao penteado revolto, à *William Farnum*, do Oscar Neto... Quando demos por terminado o trabalho, a mãe do amigo veio agradecer e disse que tínhamos esquecido três cartões. Completássemos. Pra quem? d. Helena. Para vocês três. Façam seus cartões porque vocês são meus convidados... Afonsinho... Pedro Nava... João Guimarães... Lá estivemos no banquete e no baile. Lembro que fiquei na mesa do professor Nélson de Sena o qual durante o jantar contou a sua vizinha Maria do Carmo de Melo Franco toda a história do Caraça, dos padres lazaristas, da Congregação da Missão, do irmão Lourenço, de sua possível origem nos Távora — cujo suplício tivemos à sobremesa, com o relato minucioso da cabeça decepada da marquesa, das rodas-vivas, das aspas, dos garrotes, dos macetes de quebrar os peitos — que esperavam os outros condenados pela sanha do Pombal. Vejo ainda os dois. Maria do Carmo menina-e-moça, Nélson de Sena na força do homem e de sua intensa erudição. Depois tivemos baile, muita chuva nas ruas e foi nessa noite que conheci Jacques Guimarães e sua prodigiosa chalaça.

Começaram assim minhas relações pessoais com d. Helena de Barros Pinheiro. Ela era paulista — melhor, campineira — de nascimento e fizera-se mineira de adoção. Era pessoa alta, cheia de corpo, muito clara, sempre impecavelmente vestida com blusas ou matinês brancas e saia de merinó, tafetá ou casimira pretas. Usava penteado alto que lhe descobria as orelhas, ria pouco, conversava bastante, era a um tempo simples e cheia de dignidade. Tinha os olhos expressivos e muito moços para sua idade. Sua marcha era dificultada por velhos sofrimentos varicosos e para andar, ela tinha de ir se apoiando nos móveis, nas paredes, nos braços ou nos ombros dos filhos e filhas. Saía muito pouco mas tinha seu Belo Horizonte e a política mineira nas palmas das mãos. Sabia tudo. Os cafés de sua casa eram alegres e cheios de palestra. Além dos solteiros, lá estava sempre uma das filhas casadas, um dos genros. Gente. Casa cheia, como gostava sua dona. Quando não era hora de merenda o João nos recebia no quarto ou na sala de visitas. Adorava palestrar e seus amigos eram sempre bem-vindos. Lembro encontrar por lá — Emílio Moura, ou João Guimarães Alves, ou Jacques Guimarães, o Cabrita Teixeira de Sales, o Milton. Conversava-se perdidamente. Recitava-se. Nisso o João era inexcedível. Dizia os versos sem elevar a voz, sem baixá-la, tirando o efeito da rapidez ou lentidão com que soltava as sílabas e as palavras. Sempre tive a ideia de que ele era poeta envergonhado. Isso me foi confirmado há muito pouco tempo por seu filho Paulo Henrique Barbará Pinheiro (Paulo Barbará) que colheu poemas do pai que tinham sido conservados de cor pelo Orózio Belém. Formado em 1923, João Pinheiro vai advogar em Frutal e depois em Barretos — esta, comarca no estado de São Paulo.*

Com nossa mudança para Aimorés e vizinhanças da Boa Viagem não cortei logo o umbigo que me prendia à Serra. Comecei a procurar esse passado tão recente, amiudando meus passeios de bonde até à clássica parada em frente aos portões de d. Carolina. Às vezes, para recuperar esse ontem dindagora, eu subia noturnamente a rua do Chumbo e ia até nossa velha esquina de Caraça, onde parava a iluminação. A propósito destes postes e destas lâmpadas quero contar estória que só vim a saber no Rio, pouco antes da morte de minha Mãe e tudo contado por ela. Esse caso tem muita importância para mim pelo exercício, pelo esforço psicológico que dele resultou. Disse-me d. Diva que logo que começou a trabalhar, quando tinha serviço à noite, a volta para casa era um verdadeiro suplício. O último poste elétrico era em frente à casa do dr. Aleixo e ela tinha de continuar rua acima e depois Caraça abaixo, num escuro de breu. Tinha medo do ladrar dos cães, dos vultos com que cruzava, resmungando, e que às vezes roçavam-na fedendo a cachaça e cambaleando entre as moitas. Tinha medo dos ladrões. Do saci. Do boi-

---

* João Pinheiro da Silva Filho teve como progenitores o presidente João Pinheiro e d. Helena de Barros Pinheiro. Nasceu em Caeté a 14 de outubro de 1904; fez suas humanidades no Colégio Arnaldo e foi bacharel em direito, da Faculdade de Belo Horizonte, em 1923. Fundou nesta cidade, com Romeu de Avelar e Luís Leopoldo Coutinho Cavalcanti, *O Movimento* (segundo nome pois o primeiro tinha sido criado em Ouro Preto por seu pai). Colaborou nos Diários Associados e *Correio da Manhã*. Deixou vários trabalhos, entre os quais *Problemas brasileiros / Análise da evolução econômica do Brasil*. Casou-se a 18 de fevereiro de 1928 com d. Marina Barbará Pinheiro. Deputado à Constituinte de 1934. Representante, na Europa, do Instituto do Café. Faleceu a 20 de junho de 1956.

tatá. Das almas. Dos defuntos que lembrava. Seguia rezando ("*Virgem fiel, mostrai e sobretudo então, que sois nossa Mãe! Sede nossa advogada nesse terrível momento...*"). Coração aos pulos até a esquina de Caraça. Virava à esquerda e aí vinha o pavor da pinguela e de cair dentro do córrego. Parava e gritava até ser ouvida em casa — Luz! luz! — e a Catita ou as meninas iam ao comutador e faziam acender uma lâmpada instalada no tronco do nosso pau-ferro. O caminho saía da treva, nossa Mãe subia a pirambeira do outro lado do riacho e dava no nosso portão. Um dia em que estes pavores eram contados a tia Joaninha, ela deu uma solução. Que minha Mãe procurasse a Zizinha* do Carvalho Brito, pedisse a ela que falasse ao marido para ele prestar atenção às ruas da Serra que careciam de iluminação. Peça porque tenho certeza que você vai ser atendida. Ela é pessoa muito acessível e de mais a mais ainda tem parentesco longe conosco. A mãe dela, mulher do desembargador Albuquerque, ainda era Pinto Coelho. Meio sem fé, minha Mãe telefonou. Recebeu um convite para aparecer nas horas tais em que era certa a presença do marido em casa. Minha Mãe foi, falou ao Carvalho Brito e ele foi logo atendendo. Nem precisou que a mulher reforçasse. Ele, muito gentil, foi acrescentando. E olhe, d. Diva, não pense que fica me devendo favor. Eu é que vou pagar agora o que me fez o major Jaguaribe. Quando meu pai caiu, na rua, para morrer, foi em frente à casa do seu e de d. Gracinha, em Antônio Dias Abaixo. Pois os dois é que ampararam meu velho que foi receber os primeiros socorros na cama deles. Favor devo eu e vou pagá-lo agora. Dito e feito. Em menos de quinze dias uns oitocentos metros de rua foram clareados pela colocação de vários postes de iluminação. Meu avô nunca referira o amparo que dera ao seu vizinho, o coronel Fabriciano, e nem minha Mãe tinha nos contado o favor antigo que lhe fizera o diretor da Companhia de Eletricidade de Belo Horizonte. Quando eu soube dessa estória é que analisei os sentimentos que nutria pelo nosso Manuel Thomaz Carvalho Brito. Não eram favoráveis. Ele tinha a má opinião do povo de Belo Horizonte que lhe atirava aos ombros todos os defeitos dos bondes, seus atrasos, seus enguiços, as faltas de luz, os curtos-circuitos, os fios e postes arrancados pelas enxurradas. Tudo culpa dele. A imprensa não oficial e até a oficiosa não o

---

* D. Elisa Albuquerque Carvalho Brito.

poupavam. Sua posição política era de um meio ostracismo e dizer mal dele não era coisa reprovável pelas situações dominantes. Assim, de alto a baixo, desciam-lhe a ratamba. Falava-se mal de sua companhia por hábito, como no Rio se atacava a Light & Power (hoje, quem? não morre de saudades do "polvo canadense"). Por extensão dizia-se mal dele também. Cresci dentro desse sentimento da cidade. Quando veio a luta política de Antônio Carlos contra Washington Luís, que culminaria na Revolução de 30 e o Carvalho Brito ficou com o segundo e comandando, em Minas, a *Concentração conservadora* — as comportas do ódio rebentaram e era costume dizer sempre o pior desse mineiro que se "voltara contra Minas". Eu seguia a voga e mantinha essas opiniões do Bar do Ponto que jamais discutira e já aqui no Rio, quando passava diante do seu busto em Botafogo, considerava sempre que, nas nossas eras de Belo Horizonte, no apogeu do *Grupo do Estrela* e das depredações — aquilo já teria sido arrancado do pedestal e atirado às profundas da enseada, há que tempos! — meu Deus. Quando minha Mãe contou o favor que devíamos ao Brito é que comecei a analisar meus sentimentos por ele. Escrafunchei a memória e vi que não havia dele ou dos dele nada que pudesse ser motivo de queixa de minha parte. Até que eu tinha sido colega de seus filhos Gastão e Raul no Anglo e só tinha boas lembranças desses meninos. Seus genros, que eu conhecia, Ramiro Berbert de Castro e Otaviano Davis sempre tinham sido delicadíssimos comigo. O último fora também do Anglo. A eletricidade falhava em Belo Horizonte. Sim. Mas falhava tudo na cidade. Calçamento, obras públicas, saúde, instrução. A culpa era de todos, duma época e não do Carvalho Brito. Estudei sua vida, analisei sua ascensão política mais do que normal e depois o seu pouco justificável afastamento do poder. Bem consideradas as coisas eu tinha de mudar completamente meu ponto de vista sobre homem a quem, de repente, soubera que devia favor inestimável porque feito a minha Mãe e da maneira mais gentil. Mas aí é que foram as dificuldades. Não se aborrece uma pessoa anos e anos sem que ela adquira aos nossos olhos essa coisa especial que eu descobri então e a que dei o nome de *serência* — ou seja, o *estado de ser* que achamos que deva ser mantido, deve ser imutável, deve ser compulsório no nosso próximo e que não queremos ver alterado nem queremos consentir que ele dele saia — sem violenta agressão ao símbolo ideal que tínhamos criado, na sua grandeza ou sua baixeza, na sua bondade ou sua maldade. Ele tem de *ser* assim e nem mais nem menos. Faz parte da serência desejar sua perenidade e constância nos nossos amigos e inimigos. Pois eu tive de entrar em luta comigo mesmo. De fazer um esforço enorme para desmanchar opiniões cimentadas de nada e passar a considerar bem e como grande mineiro, o nosso Brito. Consegui, mas não foi fácil. Tive de deslocar muita coisa nas minhas opiniões, de destruir imagem falsa que eu me tinha criado à custa de opiniões de rua — para poder reedificar a figura real do homem útil, trabalhador e prestante de quem, além do mais, eu era devedor. Consegui. E atrás do Brito tenho analisado outras figuras que me aborreciam — só de ter sido emprenhado pelos ouvidos. E elas saem-se bem desses exames de consciência em que os absolvo e em que me culpo. E passei a me culpar mais ainda dessas injustiças quando sofri uma delas e logo por parte de quem? de um dos meus considerados melhores amigos. É o caso de eu ter escrito e continuar a escrever estas minhas pobres memórias. Elas estão longe do que eu desejaria que fossem. Não me considero grande escritor por tê-las rabiscado. Foram produzidas porque eu queria ter — roubando aqui o pensamento de Proust — esse encontro urgente, capital, inadiável comigo mesmo. Esse pensamento, a que tenho obedecido com sinceridade, verdade e risco, é que chamou alguma atenção sobre meus escritos. Não sei se prestam ou não. O que reconheço e posso dizer porque público, é que todos meus livros têm conhecido reedições e que a crítica brasileira ocupou-se deles com a maior generosidade. Ora, essa notoriedade, que de repente me entrou portas adentro, perturbou profundamente um dos meus amigos. O que ele tinha como minha serência era a figura do médico, do professor universitário *que ele teria sido se quisesse*. Estava dentro de suas possibilidades. Eu era assim, merecedor de seu aplauso — porque esse aplauso, como bumerangue, voltava a suas mãos, gratificando-o. Esses livros que escrevi não o agradaram porque ele seria incapaz de escrevê-los, com todos seus defeitos — *mesmo se quisesse*. Logo perdi amigo e adquiri um maldizedor... Não seria? tão melhor se ele fosse capaz de uma revisão mental e viesse dizer a mim os defeitos que achou nos meus livros em vez de ir meter no bestunto alheio o que ele espiolhou em mim durante cinquenta e quatro anos de perfeito companheirismo de minha parte. Sim. Creio que sim.

Uma das convivências que fiquei devendo à nossa nova residência da rua Aimorés foi a de Dario Paulo de Almeida Magalhães. Pertencíamos ambos ao *Grupo do Estrela*, ele mais recentemente e levado pela mão de Abgar Renault. Era muito mais moço que os outros componentes daquele bando, mas logo teve nele a posição, o prestígio e a deferência que sempre tínhamos com inteligências da qualidade da sua. Pela sua penetração, acuidade, força de raciocínio e "serena elegância das ideias" chamávamo-lo, entre brincando e sérios, pelo nome dado ao Argumentador em *L'humaine tragédie* de mestre France. Era o *dr. Sutil*. Eu e ele, além de ficarmos horas esquecidas na cidade, no cinema, no Estrela, rua acima, rua abaixo, na espera dos jornais e nas palestras da esquina do Milton junto com os outros companheiros — tínhamos depois a caminhada noturna que nos levava às nossas casas. Pois fazíamos parte dessa volta lado a lado e discutindo os problemas que nos atormentavam naquela idade e naquela época. Se saíamos da esquina do Artur Haas, depois de providos das folhas chegadas pelo noturno, tomávamos por Afonso Pena, cuja noite era cheia do cheiro das resinas das árvores e das magnólias que se abriam no Parque e cuja escuridão resvalava do negro para o verde e o veludo das folhas dos fícus. Íamos lentamente, olhando os dois renques de luz que eram decepados no Cruzeiro, onde quase se juntavam nas alturas daqueles infinitos de perspectiva. Deixávamos para atrás o Palácio da Justiça, as residências fechadas, subíamos até a esquina de Pernambuco onde entrávamos. Ao fim dum quarteirão eu tomava Aimorés para a direita. Se partíamos da esquina do Milton, ou do *Diário de Minas*, ou do próprio Estrela, fazíamos o mesmo caminho descendo Bahia até o Bar do Ponto ou angulando por Goiás. De qualquer modo dávamos em Afonso Pena e seguíamos até à esquina de Aimorés e Pernambuco. Nos separávamos ali. O Dario subia esta rua, virava em Inconfidentes e chegava a sua Paraíba. Quantas noites fizemos esse itinerário... Conversávamos, como já disse acima, enquanto andávamos — trocando ideias com toda franqueza, na maior intimidade possível. Esse possível devia ser grifado, para se acrescentar que a intimidade de Dario não excluía a reserva e a cerimônia que ele punha no seu trato com todos. Apesar de muito jovem, ele era dotado dum comportamento e dum tato que proibiam qualquer nota de familiaridade ou mau gosto na sua frequentação dos amigos. Mesmo nos momentos de nossas vidas de rapazes em que a reserva quase tinha de desaparecer. Se mantinha na dose necessária à imposição de um decoro que era aliás a tônica de nosso grupo no lidar uns com os outros. Éramos de toda amizade, essa amizade dura até hoje nos sobreviventes, tem raízes fundas e habita nossos corações. Nossos encontros nos devolvem à mocidade e o nosso trato atual é o mesmo daqueles tempos, mas não há meios de se poder imaginar agora como antes a perda de certos resguardos em homens como Abgar Renault, Carlos Drummond, Martins de Almeida, Dario Magalhães, Gustavo Capanema, Hamilton de Paula, Cyro dos Anjos e Guilhermino César. No meio dos desmandos do nosso *modernismo* e das nossas reações à hostilidade do ultraconservadorismo da Belo Horizonte dantanho — não houve um gesto, uma atitude que precisássemos escamotear depois. Em Dario as qualidades inatas dessa *gentlemanhood* eram complementadas pelo exemplo que ele tinha na figura de seu pai, o desembargador Rafael — em cujo sangue confluíam as qualidades de grandes raças de Minas e do estado do Rio. Sua mãe era d. Margarida de Almeida Magalhães. Nascido a 26 de fevereiro de 1908, o nosso Dario ia pelos seus dezessete anos nesse 1925 que estamos contando. Fisicamente parecia-se muito com seu velho de quem tirara o corte das sobrancelhas, a cor dos olhos, o nariz aquilino e o queixo voluntarioso. Agora que ele vai pelos seus sessenta e oito para sessenta e nove — essa semelhança tornou-se verdadeira repetição, bem mais magra, da aparência do desembargador nos seus tempos de passeio a pé com Mendes Pimentel. Já muito moço, Dario demonstrava gosto pela leitura, pelas artes, sobretudo pela música. Tenho para mim que era uma forte vocação literária desviada primeiro, pelo jornalismo, depois pelo direito: ele é um dos mais eminentes juristas brasileiros.* Um dos assuntos de que mais tratávamos nessas conversas de rua e de noite — além das indispensáveis confidências sobre as amadas — era de certo ideal de ensino e edu-

---

* Dario Paulo de Almeida Magalhães era natural de Belo Horizonte, em cuja Faculdade de Direito colou grau em dezembro de 1928. Na imprensa labutou em *O Estado de Minas*, *Diário da Tarde*, *Diário Mercantil* e foi diretor-geral dos Diários Associados. Ensaísta e orador, tem vários livros e discursos publicados. Passou rapidamente pela política e representou Minas na Câmara Federal. Prêmio Rui Barbosa na Ordem dos Advogados do Brasil, em 1975. Casou-se a 8 de setembro de 1929 com d. Elza Hermeto Correia da Costa.

cação superiores comportando uma ciência e uma estética subordinadas a filosofia definida. Pensávamos em nos congregar numa coisa entre os colégios e as universidades. Chamar-se-ia o *Curso Ariel* e teria como professores os rapazes do nosso grupo. Já nos víamos pontificando e tínhamo-nos distribuído as cátedras. Não consigo atinar é por que espécie de aberração deram a mim, analfabeto!, a cadeira de inglês e literatura inglesa e ao Abgar Renault, dono do mais puro idioma shakespeariano, a de português e literatura portuguesa. Ignoro até hoje de quem foi a ideia desse curso. Carlos? Abgar? Alberto? o próprio Dario? Pena é que ele não se tivesse concretizado com sua estruturação de fundo universitário. Teríamos sido de fato (como o foi Aurélio Pires de pregação) dos precursores da gloriosa instituição que o presidente Antônio Carlos criou a 7 de setembro de 1927.

Ai! nem sempre as ruas de Belo Horizonte eram para nós esse regalo de crepúsculo, dias de sol, dias de chuva, palestra, vida disponível, Clube, *Odeon*, Estrela. Havia também nossos dias de barricada e guerrilhas. Tais coisas aconteciam quando os Gomes Nogueira, com filme especial aumentavam o preço da entrada dos cinemas e tornava-se assim necessário depredá-los. As famílias fugiam às pressas e ficávamos às voltas com as bengaladas e os murros trocados com a matula dos beleguins, galfarros, malsins, *fliques*, *vaches*, secretas, esbirros e todas as variantes da tiralhada da polícia comandada por delegados armados de tacapes e três-folhas. Nas noites mais graves de descarrilhamento dos bondes, sua virada de borco e queima — a polícia à paisana era reforçada pela guarda civil e a bordoada comia a valer, engrossada pelos cassetetes. Não demorava e entrava em jogo a cavalaria desembocando ao mesmo tempo por Tupis, Goiás, baixos de Bahia, os dois lados de Afonso Pena, cercando o Bar do Ponto, pisoteando e espaldeirando com toda maestria. Os soldados já saíam dos quartéis chorando de raiva. No dia seguinte a essas fogueiras (lindos espetáculos! de que eram técnicos o Zegão e o Isador — sempre informados onde arranjar os garrafões de combustível usados pelos petroleiros) eram as reuniões dos Centros Acadêmicos em conjunto e a escolha de um orador para apresentar nossas queixas ao presidente do estado. Esse sempre recebia os moços nas escadarias do Palácio, dizia-se ignorante de tudo, que se culpa havia, era de elementos estranhos à classe estudantil, que Minas era *um povo que se levanta* ou *um coração de ouro num peito de ferro* e que ia estudar o que pedíamos. Era sempre a destituição dos delegados e a retirada de Belo Horizonte do tenente Quirino — um especialista, um zaporoga, um cossaco, um verdadeiro Taras Bulba — nas cargas de cavalaria. Odiávamos esse tenente e tínhamos sede do seu sangue. Aliás bela estampa de militar, morenão de barba cerrada, bigode fino, nariz de bico de sapato e que era parecidíssimo com mestre Agenor Porto. Não com o seu retrato, mas com o negativo dum seu retrato. O presidente prometia, prometia, nos mandava em paz, dispersávamos dando-lhe vivas e dias depois lá saía no *Minas Gerais* o elogio dos espancadores ou as promoções dos espaldeiradores. "Tão Brasil..." — como diria Mário de Andrade. Lembro da noite em que levamos nossas doleanças ao presidente Melo Viana. Logo ele nos garantiu a liberdade mas... liberdade sob a lei. Até que usou essa chave de ouro em latim. Lembrássemo-nos da divisa do estado de Sergipe. *Sub lege libertas*.

Dias também agitados eram os de chegada de políticos. Vinham de excursões consagratórias no interior, voltavam de eleições unânimes, chegavam para ler ou depois de ter lido plataformas. Com Bernardes e Melo Viana a vibração cívica chegava a paroxismos. Os dois eram realmente populares. Cada qual, a seu gênero, representando o símbolo fálico e genitor que a psicanálise e o freudismo emprestam à figura dos chefes de estado. Melo Viana era íntimo, dadivoso e paternal. Bernardes era distante, punitivo e paternalista. Uma chegada de Melo Viana era coisa inesquecível. Ele descia do seu trem e cumprimentava os políticos admitidos à plataforma. Seu *tomara-que-chova* esperava na praça e a multidão urrava à distância. De repente era como se o próprio presidente obedecesse a um impulso insopitável. Ele mesmo dispensava o carro oficial, afastava os guardas, passava por cima ou rompia os cordões de isolamento, atirava fora o chapéu e caía em cheio nos braços do povo. E começava para os secretários e oficiais de gabinete aquela maçada de subirem a pé até ao Palácio. Isso, de fraque e ao sol sertanejo. Nestas manifestações a figura de proa era um cartorário muito conhecido na cidade e que tinha o apelido de *Clamor Público*. Apareciam foguetes como por milagre e Melo Viana — alto e elegante — era como um baliza a conduzir aquela massa humana. Já as de Bernardes eram impressionantes. Ele era mantido dentro dum vasto espaço vazio feito por tiras de mãos dadas a seus partidários mais ferozes, como, por exemplo, meu amigo César Damasceno. Esse se descobrira de repente uma vocação política e queria fazer sua carreira sob a copa da árvore frondosa do bernardismo — a que aderira, fazendo curva de cento e oitenta graus, atraído, aliciado, convertido pelo João Gomes Teixeira. Quando o homem vinha da Viçosa ou do Rio, o nosso César, em vez de tomar posição ao lado dos cadetes do oficialato de gabinete, queria mostrar mais dedicação ainda e assim cumpria mandados, encarregava-se não de redigir, mas de levar cartas e telegramas aos Correios, de despachar volumes e de misturar-se aos toma-larguras dos cordões de isolamento humanos que distribuíam os empurrões e coices que mantinham à distância os correligionários mais chegadores que queriam tocar a mão na figura sagrada do chefe. Havia paradas obrigatórias e novos magotes engrossavam a multidão já comprimida. Irrompiam oradores e o cortejo parava para escutar. Impassível e gelado, o grande líder ouvia o discurso, respondia em palavras corretas e breves, sempre mais ou menos as mesmas, em cada estação daquela marcha apoteótica. A última era já no Grande Hotel onde ele assomava à varanda do canto do primeiro andar e hirto, ciprestico — arengava mais uma vez as massas antes de recolher-se. A multidão se dispersava vociferando ameaças contra o lado oposição sempre apresentado: os *inimigos de Minas*, ou seja, tudo que na dita ou no resto do Brasil não aplaudia o político da Viçosa. Estas manifestações e as arruaças dos estudantes eram as únicas coisas que sacudiam a quietude das ruas de Belo Horizonte. Um frêmito passava como o vento que enruga a superfície de um lago. Mas logo a força da gravidade e o próprio peso das águas tornavam-nas quietas e seu espelho estagnado voltava a refletir as mutações dos céus e as nuvens sempre diferentes que neles deslizavam — dando uma impressão de vida. Entretanto os entusiasmos arrefeciam e a mineirada deixava-se de nove-horas e voltava ao seu ramerrão habitual de que uma das coisas mais importantes era o trabalho de se gozarem uns aos outros. De indivíduo a indivíduo em cada bairro, de bairro em bairro em cada cidade, de cidade em cidade em cada zona. Mineiros do Triângulo gozam os do oeste. Os do sul, a Mata. Os do norte, o centro e estes a todos. Minas é o único estado do Brasil capaz do refinamento de rir de si mesmo...

> *Those who ride to the hunt, do they ask —*
> *In truth who are the hunters and who may the hunted be?*
> Tradução do otomano.
> Versos atribuídos ao sultão Selém.
> In: HAROLD LAMB, *Suleiman the magnificent*

Minha luta na Higiene continuava nos mesmos termos. Na faculdade idem. Quando havia horários de aula coincidentes aos de trabalho — e isso era diário — eu tinha de me desdobrar inventando meios e modos de tapear um lado ou outro já que não tinha o dom da ubiquidade. Ultimamente, para enganar os chefes na repartição eu, antes de bater correndo para a faculdade, informava rapidamente que "o dr. Aleixo, ou o dr. Blair, ou o dr. Ramiro tinham mandado me chamar no Posto de Sífilis". Dizia que precisavam de mim para fazer desenhos de degenerados sifilíticos, de localizações de placas anestésicas nas lombadas de morféticos, da topografia de cavalos de crista gigantescos, de localizações inesperadas de cancro duro na língua, nos beiços, nas bochechas, num mamilo de macho, num joelho, na margem do ânus, num umbigo de velha gorda. A coisa pegava bem porque da primeira vez eu tinha sido realmente chamado pelo dr. Aleixo, perguntando se eu podia descer para fazer um desenho para ele. Isso me deu a ideia do álibi. No princípio a mentira foi válida mas depois o acaso fez que precisassem de mim em cima e o Fortunato, que descera a procurar-me, voltou *bredouille* e informou que eu tinha sumido. Houve alerta. Era eu dar a desculpa e dentro de quinze, vinte minutos o Fortunato era mandado a minha cata. Dei para descer e ficar mesmo prestando serviços em curativos e injeções no posto, para amortecer as desconfianças. Inútil. A má vontade contra mim era tenaz e frequentemente eu era apanhado com a boca na botija. Ponto riscado e desconto em folha. Relapso, eu insistia — porque tinha de insistir. Vendo que punição não bastava, o dr. Samuel decidira novo exílio a ser cumprido por mim. Da primeira vez eu tinha sido mandado desenhar o mapa sanitário de Minas no Serviço de estatística. Agora degredavam-me para o almoxarifado que era dirigido pelo seu Jorge Vilela acolitado pelo extraordinário Manuel Libânio — irmão do professor Marcelo e primo do diretor-geral. Não havia dificuldade em fazer isto porque eu podia ser substituído em cima por novos funcionários nomeados depois da posse do Melo Viana. Eram o

Murilo Viana Batista e depois, o que se tornou num caro amigo: José Figueiredo Silva. Voltarei a esses companheiros. No momento toca para o almoxarifado onde me apresentei com um memorandum assinado pelo dr. Pedro Paulo. O seu Vilela recebeu-me amavelmente e apresentou-me ao seu auxiliar — Manuel Libânio. O primeiro era um velhote de bons modos mas nada amigo de entrar em confabulações, que logo deu-me para conferir uma vasta remessa de material feita pela casa Lutz Ferrando e destinada ao hospital regional de Pirapora. Comecei a me enfronhar da coisa com o Manuel Libânio. Ele ficava com o papel na mão e eu ia separando os instrumentos e contando. Pinças de Péan — Três dúzias. Eu apartava pela figura do catálogo e contava. Uma, duas, três, trinta e seis. O Manuel conferia e fazia um sinal na lista. Pinças de Kocher — Cinco dúzias. Separação e contagem até completar as sessenta. Pinças de Tenier, depois as de Museux. O Manuel soleníssimo abaixava seu nariz imenso. Certo. Passávamos aos bisturis. Chegava o café, sempre pela mão do Fortunato. Servíamo-nos, fumávamos nosso cigarrinho e continuávamos. Aos afastadores. Às tesouras. Mais pinças. As de dente-de-rato, as ditas de dissecção. Graças a Deus batiam as quatro e deixávamos para amanhã as curetas e os fórceps. Eu saía. No princípio só. Depois, mais acamaradado, com o Manuel Libânio. Era um homem extremamente alto e magro, de modos soturnos, solteirão de meia-idade, que em pouco tempo tornou-se meu amigo e confidenciou-me para ter todo cuidado com o seu Vilela. Mas parece tão boa pessoa... E é. Mas tem dias que fica impossível. São os dias de enxaqueca. Sinal certo é estar muito vermelhinho e de olhos empapuçados. Nessas ocasiões todo cuidado é pouco porque ele se encoleriza facilmente e é capaz dos maiores desatinos. Fora disto, uma pérola... Mas é preciso cuidado. O senhor veja como eu lido com ele, toda cerimônia e faça o mesmo. E olhe que eu ainda sou contraparente do Jorge... Fiquei alerta: um homem prevenido vale por dois. Passei a cultivar a companhia do Manuel. Um dia convidei-o a uma cerveja. Ele recusou escandalizado. Não bebia e sendo irmão de um professor (o nosso Marcelo) e de um bispo (dom Lafaiete) dava-se muito ao respeito e não frequentava cafés em Belo Horizonte. Convidou-me por sua vez a uma casa de frutas na descida de Bahia para saborearmos, como ele fazia todas as tardes, umas laranjas seletas. Superiores — afiançou. Passei a ser convidado e a convidar o novo amigo para essas orgias cítricas. Assim nosso costume foi aumentando e comecei a ouvir do companheiro coisas consideráveis, inclusive conselho sexual de que nunca mais pude me esquecer. Dizia ele que o homem depois de uma continência de três a quatro dias adquire uma espécie de eletricidade que as mulheres sentem e que as excita. Assim quando se desejava conquistar dona ou donzela devia-se guardar castidade absoluta antes da declaração que se pretendia fazer e nessa oportunidade, ao chegar, devia-se cumprimentar apertando fortemente a mão da eleita e olhando-a fixamente nos olhos, durante esse bom-dia, boa-tarde, ou boa-noite. Quase nenhuma era insensível ao fascínio do macho assim positivo e cercado como de um halo de faíscas durante a espermemia [sic] resultante dos dias de tesão recolhido. Ouvindo meu amigo sussurrar essas lições consideráveis (entre gomo e outro de laranja), seu grande gogó subindo e descendo da deglutição e das palavras pedagógicas murmuradas, lembrei do Colégio Pedro II e das lendas que lá corriam sobre a *Via Láctea* e a concha obstétrica forrada de veludo — referidas no meu *Balão cativo*.

    Os dias fluíam sossegados no almoxarifado e eu estava garantindo bem a assinatura do ponto na repartição e a frequência das aulas na faculdade, sempre graças ao estratagema de retirar-me dizendo meus serviços reclamados no Posto de Sífilis. O que já não pegava mais em cima, era piamente acreditado pelo seu Vilela e pelo Manuel. O fato é que eu estava navegando em mar de rosas quando fui interpelado inesperadamente por um Jorge Vilela vermelho de indignação e os olhinhos furibundos vindo de dentro de pálpebras tumefactas. Seu Nava! o que fazia? o senhor ontem às duas e meia, na avenida Mantiqueira, em plena hora do expediente. Eu? O senhor mesmo e é inútil negar porque quem o viu foi o próprio diretor que passava de automóvel. Perdido por um, perdido por mil e eu disse logo a minha situação. Ou enganava um lado ou embrulhava o outro para garantir um mínimo de ordenado e o necessário de presentes a minhas aulas. Disse e esperei os famosos acessos de cólera para que me tinha prevenido o Manuel Libânio. Fiquei espiando o tinteiro em cima da mesa do seu Vilela e aguardei a chuva de doestos. Como ele se mantivesse calado, olhei para ele. Nenhuma cólera na sua fisionomia. Antes um olhar bondoso, logo composto numa cara de repente retornada severa. Acabou falando. Pois então ficamos nisso por hoje. Simples advertência. E o senhor tome cuidado... Cuidado com ele? Cuidado nas escapulas? Retomei timidamente o expediente de ir ao Posto de Sífilis e sair correndo para a faculdade. Voltava esbaforido quase às quatro e invariavelmente me oferecia para qualquer serviço extraordinário necessário. Mesmo excedendo o horário. Às vezes o seu Vilela aceitava às vezes dizia que não era preciso. Aos poucos fui me convencendo que ele fazia vista gorda às minhas fugas. Ousei confessar tudo ao Manuel e dar conta de minha perplexidade. Será? que o seu Jorge sabe. Estará? fingindo que não vê. O Manuel sibilino aconselhou-me a não aprofundar. Para quê? Se ele não sabe — ótimo! Se ele sabe — melhor procê. Assim cheguei ao fim de 1925. Fui bem nos exames. Boas notas das bancas e promoção folgada nas cadeiras de medicina e cirurgia que só iam ter prova final em 1927. Resolvi dobrar de atividade burocrática nessas férias e assim corresponder à bondade que eu suspeitava no seu Vilela se fazendo de andré. Mas logo o demônio se intrometeu na minha vida... Foi que em janeiro chegou da Imprensa Oficial um fornecimento imenso de papel de correspondência para ser distribuído pelos postos e hospitais do interior. Eram blocos de memorando, papéis de carta, folhas de ofício — tudo num material de primeira ordem, acetinado ao tato, fácil ao deslizar das penas, macio ao correr do lápis. E tudo aquilo para ser enchido das baboseiras dos chefes de posto. Mal empregado. Pensei nos poemas que poderiam ser compostos naqueles velinos e na prosa nobre que deveria estender-se naqueles japões. Aquilo estaria muito melhor nas mãos do Carlos, do Emílio, do Almeida, nas minhas. Eu pensava nisto enquanto conferia pela requisição e separava em montes o que fora requisitado de Pouso Alegre, Bom Despacho, Além-Paraíba, Pirapora. Planejei subtrações, furtos, larcínios... Ao fim do expediente ofereci-me para entrar em horas extras, terminar tudo àquele dia e desentulhar logo nossa sala. O seu Jorge aceitou e às quatro retirou-se com o Manuel. Só terminei a tarefa e às seis da tarde retirei-me — levando comigo dez blocos do Mod. 32 — 1 C e outro tanto do Mod. 55 — 6 K. À noite ministrei dois de cada a cada amigo e guardei o resto para mim, planejando um início de romance com traços realistas diante dos quais os do Romeu pareceriam períodos dos livros da *Bibliothèque de ma fille*. Ai! de mim. No dia seguinte, cedo, o próprio seu Vilela reconferiu e deu por falta dos papéis. Quando cheguei ele me interpelou. Se eu tinha conferido bem. Eu disse que sim e caí das nuvens quando o ouvi dizer que nesse caso ele ia pedir ao dr. Samuel para fazer uma reclamação por escrito à Imprensa Oficial. Vendo o aspecto desagradável que o caso estava tomando e acostumado à benevolência não confessada do seu Vilela com minhas faltas, imaginei que ele poderia muito bem ignorar aquela ausência de vinte blocos de papel se eu confessasse francamente o que fizera. Fi-lo. Ele não disse uma palavra. Sentou-se na sua mesa, cruzou os braços e ficou muito tempo olhando fixamente um ponto em sua pasta. O Fortunato entrou com o café. Servimo-nos em silêncio. Foi logo depois da rubiácea que o seu Vilela deu sua sentença. Seu Nava, o senhor cometeu falta muito grave que eu não posso encobrir e que tenho de levar ao conhecimento do nosso diretor. Sentenciou e subiu. Estou fodido! — disse eu ao Manuel. Esse fez gravemente sim — baixando repetidas vezes a nariganga. Afinal nosso chefe desceu e disse apresentar-me ao dr. Pedro Paulo. Fui escadas acima para encontrá-lo. Recebi dele a notícia de que o próprio dr. Samuel queria falar-me no fim do expediente. Esperei encostado a nossa antiga janela, olhando alternadamente para fora e para dentro. Para o farol do posto veterinário e para o vaivém costumeiro da repartição. Cerca de um quarto para as quatro fui chamado ao gabinete do diretor. Ele olhou-me algum tempo com nojo e depois enumerou os artigos, os parágrafos funcionais e criminais em que eu estava inciso por desvio fraudulento de material. O que eu cometera era, em pequena escala, comparável aos peculatos, às concussões, aos desfalques, às defraudações. Eu lhe dou três saídas: reposição do material, exoneração a pedido ou a demissão a bem do serviço público. É claro que optei pela primeira dica. Humilhadíssimo, arrasado, fui à casa do Carlos, depois à *Pensão Lima* em busca do Emílio e do Almeida. Todos já tinham começado a usar o papel que eu lhes dera e foram blocos incompletos os que juntei aos ainda virgens, guardados em minha escrivaninha e que entreguei no dia seguinte ao seu Vilela. Ele recebeu-os e disse que por determinação expressa do diretor eu tinha de deixar de trabalhar no almoxarifado, que devia voltar à secretaria e apresentar-me ao dr. Pedro Paulo. Fui. Já não me deram minha antiga mesa e fui desterrado para uma sala da frente, entre a de espera e o gabinete do dr. Levi Coelho. O senhor tome conta dessa mesa, seu Nava, e depois eu lhe darei função. Não me deram nada a fazer durante quase um mês em que eu ia à repartição comer mosca. Olhava a janela que dava para o Palácio da Liberdade. Diariamente via numa das varandas circulares o presidente Melo Viana andando para lá para cá, fazendo seu quilo, depois do almoço. Ora só, ora com um correligionário. Com amigos. Às vezes meu mestre Zoroastro. Mais frequentemente com o senador João Lisboa. Andava, parava, ia, vinha, dava tapinhas no ombro do interlocutor que se babava e depois entrava para as audiências e os despachos. Eu admirava seu elance e seu desempeno. Depois ficava olhando lá fora. O Palácio parecia deserto, o dia se eternizar dentro do Tempo parado. Uma nuvem se desfazia nos altos ventos deixando o céu todo azul e todo limpo. Enfarado, eu desenhava a caricatura do Samuel, do Pedro Paulo, do Levi. A primeira toda em olhos, as outras duas em narizes. Ou então ia ao dr. Abílio. A conversa desse amigo mais velho marcou profundamente a direção de meus estudos clínicos e dele aprendi a necessidade de ler os modernos mas comparando sua fervura ao que já fora decantado pelos mais antigos. Confrontar a experiência atual e sempre provisória, com o que ficara de verdade na que vinha detrás. Tenho até hoje os quatro volumes atochados do *Manuel de pathologie interne* de Georges Dieulafoy, na décima quarta edição de 1904, que o dr. Abílio comprara em 1906, como se vê na página de rosto em que me deu de presente em 1925. Foi ali que vi a simplicidade cristalina de estilo que melhor se adapta à exposição de assunto médico e como o grande clínico francês do princípio do século aliava humanismo e medicina. Gosto de reler até hoje a obra-prima que é sua aula inaugural dada a 25 de janeiro de 1887 e retomar outra joia que é sua primeira lição de clínica médica no *Hôtel-Dieu* a 14 de novembro de 1896. Foi o que ele diz ali de seu mestre Trousseau que me fez desempoeirar seus três volumes da *Clinique médicale de l'Hôtel-Dieu* de Paris, que tinham pertencido a meu Pai. Em Dieulafoy li pela primeira vez a descrição clássica da apendicite e em Trousseau a da difteria. Esses degraus me levaram a Bretonneau, a Grisolle, a Andral. Tinha em casa esses mestres nos seus livros imortais e estudei-os a conselho do dr. Abílio. Ainda por sua indicação andei lendo o que tinha de Jaccoud, Graves e Niemeyer. E mais o nosso admirável Torres Homem — ainda inigualado dentro do quadro da Medicina Interna Brasileira. Orientado pelo dr. Abílio, passei a tomar notas de tudo de moderno que se ensinava nas nossas aulas de clínica médica e depois ler o que diziam os clássicos para temperá-los com o atual — sem desprezar sua saborosa substância. Adotei os conselhos do querido amigo da diretoria de Higiene e nunca deixei até hoje de preparar um trabalho médico ou uma lição sem tomar da literatura mais moderna e conter seus entusiasmos, vendo a partir dos clássicos como nosso saber é provisório, como as doutrinas se modificam e se sucedem. Vivemos no engano. O certo hoje é o errado de amanhã... O errado de hoje já foi o certo de ontem... Em cinquenta anos de formado o que eu tenho visto de idas e voltas, de modas e doenças vedetes, do que é atirado nos socavões para reaparecer depois reespanado como última novidade...

Nessa fase humilhante de minha vida na Higiene, quando sob ameaça de demissão tive de ir retomar um pouco de papel de escrever que dera aos meus amigos, foi com o dr. Abílio de Castro que contei para me animar. Ele me absolvia. Você não fez nada demais, Nava. Não se deixe abater por incompreensões. Vá para a frente e espere porque o mundo é uma bola. E é. Eu estou me reportando aos princípios de 1926. Quem poderia imaginar que dentro do período de uma gestação — nove meses — o *Minas Gerais* publicaria a 7 de setembro de 1926 o ato de 6 em que o presidente do estado exonerava, a pedido, o dr. Samuel Libânio do cargo de diretor de Higiene, em que estivera atarrachado desde 1917 (governos Delfim Moreira, Bernardes, Raul Soares, Melo Viana). O dr. Abílio tinha razão. O mundo é uma bola. A gente vê tudo azul na onipotência do seu polo superior, a esfera vai rolando e ao chegarmos nas escarpas dos equadores, perdemos o equilíbrio e somos precipitados de cabeça para baixo nos espaços inferiores. *Those who ride to the hunt...*

Com minha retomada em cima tive contato com dois outros mocinhos que foram meus companheiros no trabalho da Secretaria. Com a entrada do dr. Abílio para diretor interino eu me alçara de repente ao estado de graça e ele mandou me dar função. Retomei o Protocolo e tive permissão para ir às aulas sem ponto trancado. Os jovens companheiros que referi eram as pessoas mais estimáveis possível. Chamavam-se, já o disse, Murilo e Figueiredo. O primeiro, de seu nome todo Murilo (Melo) Viana Gomes Batista, era filho de nossos antigos vizinhos da rua Januária, d. Josefina (Melo) Viana Gomes Batista e seu Dimas Gomes Batista. Era sobrinho materno do presidente Melo Viana mas nem no nome nem nas conversas da repartição jactava-se do parentesco. Era de natural reservado e modesto, muito zeloso no serviço, pontual no trabalho e jamais encorajou o ambiente de bajulação com que se tentou cercá-lo no início. Sua polidez fria e um pouco distante desanimou os engrossadores. E o mais admirável é que essas qualidades e maneira de comportar-se eram apanágio de um menino pois ele, nessa época, não teria mais de quinze ou dezesseis anos. Demorou pouco na Higiene pois o tio nomeou-o para lugar melhor onde sei que ele se encarreirou. Lamento tê-lo perdido de vista porque aquele moço, como o conheci, só pode ter dado num homem muitíssimo de bem. Logo que ele nos deixou foi substituído por outro mocinho — o sabarense José Figueiredo Silva. Escrevi sabarense e devia grifar *sabarense* de tal maneira o Figueiredo é inseparável dessa naturalidade prerrogativa. Seu pai foi o português Manuel José da Silva Patrício, natural de Santa-Comba-Dão onde o seu progenitor era juiz de direito. Aportou no Brasil meio desterrado, depois de arruaças e atos de rebeldia que o incompatibilizaram com as autoridades portuguesas e com a douta Coimbra, onde estudava. Está se vendo que seria rebelião política. O exilado andou pelo Rio, veio para Ouro Preto e depois para o Curral del-Rei — quando começaram as obras da nova capital. Foi morar no Sabará e diariamente vinha à cidade nascente para dirigir seu estabelecimento comercial. Morreu a 18 de setembro de 1909 deixando para a família a sua marca de protestatário, uma antecedência jurídica que repontaria no seu filho e graças a sua bondade e boa-fé — pouquíssimos bens materiais. No seu caminho diário Sabará-Curral conheceu na Fazenda da Roça-Grande sua futura mulher. Esta foi a normalista d. Maria Augusta de Figueiredo (Lima) Silva, senhora inteligente, culta, artista e tolerante que legaria aos descendentes um dos melhores sangues de Minas. Ela vinha dos primeiros povoadores da capitania, de gente parece que anterior aos bandeirantes paulistas e que entrou até o coração de nossa terra subindo o São Francisco e o Rio das Velhas. Eram os Figueiredo, Martins da Costa, Araújo Viana, Pena, Lage, Drummond, Torres e Wanderley que misturar-se-iam uns com os outros de modo indestrinçável e depois com os troncos luso-paulista-mineiros dos Assis Figueiredo Lima, Moreira, Azeredo Coutinho, Oliveira Lage, outra vez Drummond — agora Chassim Drummond, Alvarenga e Pinto Coelho da Cunha. Esse povo e esses nomes estão espalhados em Sabará, Ouro Preto, Itabira, Santa Bárbara, Catas Altas, Cocais e Caeté. De passagem, digamos que aí está claro o parentesco do nosso Figueiredo com os Afonso Celso, os Afonso Pena, os Martins (Tancredo, Otávio, Clóvis, Renato, Eurico, Francisco e Amílcar). Parentesco que deve orgulhar o Figueiredo — o com Carlos Drummond de Andrade, pelos Chassim. Parentesco que me orgulha — o meu com Figueiredo, pelos Pinto Coelho da Cunha.

José Figueiredo Silva nasceu a 18 de novembro de 1908. Fez o curso primário em Sabará, no Grupo Escolar Paula Rocha. Concluiu o primário em 1918. No 1925 em que ele entrou para a repartição, fê-lo com dezesseis para dezessete anos. Já estava nessa época lutando com os preparatórios e ia trabalhar para completá-los a sua própria custa. Realizou essa façanha desordenadamente, aqui e ali, passando para isto na Escola Normal Delfim Moreira, de Sabará; no Aprendizado Agrícola e no Colégio Militar, ambos de Barbacena. Desse último foi expulso a 18 de novembro de 1922 — culpado de motim de pátio e de vivas a Antônio de Siqueira Campos. Começa aí sua vida de rebelde. Fez seus exames finais perante bancas do Ginásio Mineiro, de Belo Horizonte, e do Liceu Mineiro, do Curvelo, entre os anos de 1924 e 1930. Matricula-se na Faculdade de Direito da Universidade de Minas Gerais em 1931 e cola grau de bacharel em direito a 20 de novembro de 1935. Começa então sua carreira de advogado lutando sempre pelos humildes oprimidos pelo poder. Juscelino Kubitschek de Oliveira chamava-o, por isto, de *advogado geral contra o estado* — em cuja defesa funcionava o chamado Advogado Geral do Estado. Um, contraposição do outro. Durante sua vida de estudante labutou no jornalismo tendo pertencido ao corpo redatorial do *Diário de Minas* — ao tempo de Carlos Drummond de Andrade, Emílio Moura e João Alphonsus; do *Correio Mineiro* — ao do de José Guimarães Menegale, Jair Silva, João Dornas Filho e do grande Moacir Andrade; do *Estado de Minas* para onde foi levado pela extraordinária figura do Monzeca. Todos os citados tornados seus amigos e mais os da *Pensão Lima* onde morou com Heitor Augusto de Sousa, João (Guimarães) Chagas, filho, Francisco Martins de Almeida, Gregoriano Canedo e Ascânio Lopes — seu companheiro de quarto. Na repartição ligou-se particularmente a mim e lembra-se que fui eu quem o apresentou a Juscelino Kubitschek e Odilon Behrens — uma tarde em que esses estudantes me procuraram na diretoria de Higiene. Jornalista, grande ledor, vocação de historiador — Figueiredo foi roubado da literatura pela magnífica carreira jurídica que fez na capital de Minas. Sempre foi poeta envergonhado e até hoje publica suas produções disfarçado por pseudônimo. Não sei por quê — já que sua poesia é poesia mesmo. É autor de numerosos trabalhos no campo do direito e tem em preparo uma história de Sabará. Dotado de notável memória, é inestimável a copiosa contribuição que ele me forneceu sobre Ascânio Lopes e nossos companheiros e chefes dos tempos da Saúde Pública. Casado com d. Adília Monteiro de Barros.

> Vita brevis, ars longa, occasio praeceps, experientia fallax, judicium difficile. Oportet autem non modo seipsum exhibere ea, quae decent, facientem, sed et aegrum, et praesentes, et externa.
>
> HIPPOCRATIS, *Aphorismi*, I, 1

Esse aforisma do Pai da Medicina é chamado por Littré "a inscrição monumental posta no frontispício da Arte". Nele está contido todo o comportamento do médico diante do doente e seus circunstantes e por isto escrevo no topo deste subcapítulo — quando vou começar a tratar do quinto ano médico — aquele em que já estamos de casamento consumado com a futura profissão. Antes porém de entrar no nosso período didático quero contar alguma coisa das férias de 25-26 — período de muita transformação em Belo Horizonte. Transformação urbana devida à administração Flávio Santos, aumento da população, incremento da vida social — tudo agindo sobre os costumes. O Carnaval de 1926 pode servir como marco do que afirmo. Ele começou no *Clube Belo Horizonte* com bailes como os dos anos anteriores. Lá estavam as nossas moças com as indefectíveis fantasias de *Noite, Lua, Alsacianas, Tirolesas, Holandesas, Fadas, Castelãs, Mariantonietas, Ciganas, Pierretes, Colombinas* e *Flores* (todas). Com certo escândalo viu-se, ao lado dessas, a multiplicação das *apaches* e *gigoletes*; com surpresa, a Ogarita Sá e Silva com uma linda roupa de colombina, só que metade preta e metade branca, a Ceci Mibieli como odalisca de lamê prateado. Com muita reprovação, a Marianinha Bevilacqua de calções bufantes feitos de tiras de cetim das cores do arco-íris, manto e um colar onde se penduravam as letras que compunham T-E-R-P-S-I-C-H-O-R-E. Era o nome de sua fantasia que uma senhora reprovadora dizia *Terpsicóse* e comentava maligna. Como é? que a família dessa moça consente que ela se vista de semelhante psicose! As danças entretanto eram as mesmas valsas, mazurcas, tangos argentinos, xotes e quadrilhas. À meia-noite do primeiro dia *la fête battait son plein* quando ouviu-se um berreiro e uma tropelia escadas clube acima e irrompeu no salão um grupo enorme, num conjunto alvinegro — de que o branco era representado por senhores e rapazes vestidos de cozinheiros, de gorro engomado, aventais, mangas arregaçadas e fazendo barulheira infernal de bater e esfregar colheres, garfos trinchantes e escumadeiras em caçarolas, frigideiras, ralos, panelas, caldeirões, tábuas de carne e o mais da parafernália dos mestres-cucas. O negro era das roupas das senhoras e moças vestidas de subretes, touquinhas e aventais de renda — todas brandindo vassourinhas, espanadores e esfregões de linho. Logo identificados. Eram parentes de mestre Aurélio e d. Sazinha chegados naqueles dias, para o verão em Belo Horizonte. Com eles e no mesmo bloco entraram os primos da cidade — todos os Lessa, Sá, Pires e Rabelo que moravam na capital de Minas. Meu amigo Chico Pires fazia um *maître queux* fabuloso. Logo o Carlos Sá foi entender-se com o maestro pedindo marchas animadas. Acabaram se decidindo pelo cancã de *A viúva alegre* (fá-sol-mi-ré-mi-dó-fá-lá-dó) e pela marcha portuguesa *Vassourinha* cantada desde 1912. E não se ouviram mais outras músicas àquela noite. E pela primeira vez, em Belo Horizonte, viu-se um bloco desfilando braço dado ou alternando homem-mulher uns com as mãos nos ombros e cinturas dos outros e cantando enquanto dançavam. A tradução da letra da primeira.

> Fica doido varrido quem quer,
> ou quem não quiser ver a Mulher...

Os versos conhecidos da segunda.

> Rica vassoura, ai! quando serás minha?
> P'r'eu deste abano passar a varredor...

Depois do primeiro pasmo os mais audaciosos aderiram. Lembro Amelinha Melo Franco e Múcio. Ela de branco e lenço vermelho na cabeça, ele de dominó preto; Beraldina Ribeiro e Estela Carrilho, as Marcondes, os Jacob; Laurita de avental e lenço verde na cabeça, seu irmão Rui Gentil Gomes Cândido num magnífico pierrô vermelho todo vibrante e sonoro dos guizos cosidos dentro dos babados da veste; Valério Rezende de boné de oficial de Marinha; as Serpas egrégias; Nair Lisboa e suas primas Robichez; Palmira e as suas — as Belisário Pena; Leopoldina e Persombra; Maria Silvana; as Pedro Paulo, uma delas com um pierrô suntuoso de cetim amarelo-ouro cujas amplas mangas e bocas de calças eram feitas de larga renda negra. A alegria contagiante de Diamantina tinha se alagado, embebendo os belorizontinos contidos e o clube parecia que ia explodir de risos cantos gargalhadas gritos de alegria. Logo, mais gritos, agora de pânico, depois de acrescentada alegria: era o Álvaro Pimentel vestido de caubói, um trinta e oito em cada mão e disparando de repente doze tiros de festim para o ar. Aquele cheiro de pólvora seca parece que excitou mais, as prises de lança-perfume começaram a ser tomadas às escâncaras e em doses de anestesia geral. O Cavalcanti, o Cisalpino, o Isador e o Paulo Machado cometiam desatinos. O Teixeirão, o Chico Martins e eu estávamos na farândola e vestidos de tunos. Os verdadeiros, de Coimbra, tinham visitado Belo Horizonte e nós três resolvemos lembrar a passagem dos estudantes portugueses caracterizando-nos como eles andavam vestidos. Fúnebres capas rasgadas, cosidas a linha branca. Sobrecasaca. Colarinho alto, sapatos e calças negras, sobrancelhas aumentadas a linha preta cortada miúdo e esses toquinhos colados até à raiz nasal, queixo escurecido a papel-carbono para fazer barba cerrada, *ulheiras âzuladas pâra fâzere bugalhox entern'chid'x*. O Chico Martins e eu tínhamos comprado guitarras numa casa de brinquedos e de seus bordões pendiam fitas de todas as cores. Custaram 2$500 cada. O Teixeirão achou aquilo caríssimo e arranjou com as sobrinhas que lhe cosessem pedaço de velha saia preta num papelão dobrado. Aquilo fazia pasta e de dentro dela saíam pontas de serpentinas coloridas: comprar fitinhas era pôr dinheiro fora. Como sobrecasacas tínhamos pedido tudo que havia de mais ilustre em Belo Horizonte. Eu arvorava a de Cícero Ferreira, que servira na inauguração da faculdade. O Teixeirão, a de Bernardo Monteiro, veterana dos debates no Senado Federal. O Chico, nada mais nada menos que a que fora envergada por Adalberto Ferraz, a 1 de janeiro de 1897 — quando empossou-se como primeiro prefeito da então chamada Cidade de Minas. Eram relíquias familiares que obtivéramos a custo e prometendo usá-las com o maior cuidado. Com respeito, unção — tinha eu dito quando obtivera a minha com o pistolão do dr. José Eduardo. Mas aquele Carnaval... Aquela alegria que os diamantinenses tinham transfundido fora num crescendo até ao baile de terça-feira gorda. Eu não podia mais de admiração por toda aquela gente parenta do mestre Aurélio. Sentia por eles mais ou menos o que o narrador nutria por Swann. Curiosidade, interesse, preocupação. Tinha a impressão de que eles eram de essência diferente e que também um incógnito os envolvia quando vinham a Belo Horizonte. Ah! sim — mas voltemos à terça-feira e aos últimos acordes da última música tocada no clube. Acabara o baile, acabara o Carnaval. Não era possível! Queríamos mais e corremos desabaladamente avenida Afonso Pena afora. *Descemos*. Fomos ao *Palace*. Era o novo cabaré e cassino da Olímpia. Estava soberbo e só fecharia às quatro da madrugada. Só que lá era ainda um carnaval convencional e cheio de tangos. Havia números. Quando a Carmen del Toboso saiu para castanholar sua flamenca, não resisti. Levantei-me e invadi o número com tal ritmo de palmas secas, tão hábil taconeio, movimentos de espinha tão convulsos que a *artista* riu e aceitou a colaboração. Ah! eu era esquelético nesse tempo... Fomos cobertos de palmas e a espanhola sussurrou-me enquanto agradecia. *No se haga usted raro. Presente-se quando lo quiera.* Apareci na Quaresma. Mas ainda não acabou. Aquele Carnaval teve consequências muito desagradáveis para o Chico Martins, para o Teixeirão e para mim. Aquela profanação das sobrecasacas foi sabida e as famílias recusaram-se a recebê-las de volta. Ficamos imundos. Só muito tempo depois é que consegui que aceitassem a devolução da que eu usara... Tive de bradar contra a infâmia, jurar por tudo que havia de mais sagrado...

Cordis sinistra
— *Ora pro nobis*
Tabes dorsualis
— *Ora pro nobis*
Marasmus phthisis
— *Ora pro nobis*
Delirium tremens
— *Ora pro nobis*
....
Morbus attonitus
— *Ora pro nobis*
Cholera morbus
— *Ora pro nobis*
....
Lepra leontina

> — *Ora pro nobis*
> *Phallorrhoea virulenta*
> — *Ora pro nobis*
> *Lupus vorax*
> — *Ora pro nobis*
> ....
> *Angina pectoris*
> — *Ora pro nobis*
> *Et libera nobis omnia Cancer*
> — *Amen.*
>
> VINICIUS DE MORAES,
"Sob o trópico de Câncer"

> *Ce qu'il y a de beau dans la Nature c'est qu'il n'y a rien de simple.*
> Ouvido pelo autor numa aula de seu mestre Fernand Layani no Hôpital de la Pitié, de Paris.

As cadeiras do quinto ano médico eram anatomia topográfica, com Luís Adelmo Lódi; clínica otorrinolaringológica, com Joaquim Martins Vieira; clínica pediátrica médica, com João de Melo Teixeira; terapêutica, com Olinto Deodato dos Reis Meireles; segunda cadeira de clínica médica, com Alfredo Balena; segunda cadeira de clínica cirúrgica, com Eduardo Borges Ribeiro da Costa. A primeira destas cátedras era dada por Lódi cuja personalidade e ensino já foram descritos. Com o último voltamos ao manuseio dos cadáveres e ao trato do que eu — barbarizando um latinzinho de reminiscência ou de invenção chamava a convivência com o *palor, frigor, rigor, livor, foetor* daqueles bonecos formalizados. Tinha vontade de mandar escrever a frase na porta do anfiteatro. Cabe dizer aqui que o empenho com que estudei a anatomia nos seus aspectos descritivo, topográfico e patológico marearam profundamente meu gosto pelos lados positivos, palpáveis, demonstráveis e visíveis das disciplinas do curso médico. Em clínica, leio com o maior gosto o que já passou pelas mãos dos experimentadores e vejo como verdade para o emprego dos práticos — quer dizer, do cirurgião, do parteiro, do internista cuja função precípua é olhar, ver, enxergar, sentir — em uma palavra *observar*. É por isto que vejo com desconfiança e maus olhos o gosto mostrado pelos meus colegas da geração mais moça pelo que eles chamam pesquisa e sempre dentro do mais raro, do menos frequente, do "sofisticado" (empreguemos a palavra odiosa!) nas moléstias e doenças. Dou como exemplo o que se pesquisa nas enfermarias e ambulatórios de reumatologia sobre as *colagenosas*, entidades de *percentual* mínimo nas nossas estatísticas — enquanto nada se trabalha no terreno das boas moléstias pão nosso cotidiano como as artroses, as bursites, as cérvico-braquialgias, os lumbagos, as ciáticas. É como se não existissem. Assuntos fáceis, pouco sofisticados — dizem os sabichões. Por mim prefiro continuar com eles porque minha medicina é sempre *figurativa* e nunca *abstrata*. Observo, não experimento. Minha observação, sim, é que vem dos experimentadores ou é mandada a eles como hipótese de estudo. As raízes profundas desse meu modo de ver vêm de meus professores nos ramos comportados pela anatomia — portanto de Luís Adelmo Lódi e Carlos Pinheiro Chagas. Obrigado, mestres. E obrigado, cadáveres que dissequei e do que aprendi da umidade captada em vossos restos e vossos corpos anoitecidos do ardume do formol e do negrume da morte.

 A clínica otorrinolaringológica, tivemo-la com o livre-docente Joaquim Martins Vieira. É o mesmo Quincas, nosso vizinho na rua Direita de Juiz de Fora, de quem já tratei no meu *Baú de ossos*. Quando fui seu aluno ele tinha trinta e nove anos e estava se preparando para o concurso de catedrático, apoiado pela fração minoritária da congregação — o seu *côté* Hospital São Vicente, Hospital São Geraldo e pavilhão Carlos Chagas da Santa Casa. Ganhou o outro lado num concurso em que houve a intervenção da gritaria e das vaias dos estudantes cuja opinião estava também dividida. A maioria destes era por Martins Vieira e é por isto que minha turma assistiu com todo afinco as aulas que ele nos dava caprichando para treinar sua prova didática. Foi assim professor zelosíssimo. Sua exposição era fluente e elegante. Apresentava-se sempre em aventais impecáveis e além das suas preleções eu gostava de admirar sua habilidade na cirurgia e nos curativos delicados de sua especialidade. Mais tarde estreitaríamos relações, retomando as de Juiz de Fora, quando convivemos como médicos do Centro de Saúde de Belo Horizonte. Nascido em 1887, morreria idoso, em Belo Horizonte, em 1966. Setenta e nove anos. João de Melo Teixeira foi o professor que nos guiou nos meandros dessa outra clínica médica que é a clínica pediátrica médica. Nascido em 1891, ele tinha trinta e cinco anos quando foi o nosso entusiástico professor. Suas aulas eram pela manhã, no anfiteatro ou nas enfermarias do Hospital São Vicente. Muito eloquente, cultivando a oratória que dele brotava num palavreado fácil, abundante e correntio — via-se que ele preferia as aulas de anfiteatro onde podia mostrar toda sua virtuosidade verbal, às dadas à beira do leito dos doentinhos onde o contrapontado do berreiro da garotada perturbava sua exposição. Ele ficou logo muito popular entre nós e à conclusão do curso foi escolhido paraninfo da turma. Morreu em 1965, aos setenta e quatro anos. Residia então no Rio de Janeiro, à avenida Atlântica, em apartamento dando para o mar — onde fui visitá-lo várias vezes. A ele e à esposa, d. Maninha, filha de velho e benemérito médico de Belo Horizonte, o dr. Benjamim Moss.

Terapêutica tivemo-la com Olinto-Deodato dos Reis Meireles. Nascido em 1864, tinha sessenta e dois anos quando fui seu aluno. Era professor muito zeloso e cheio de consciência. Esgotava religiosamente o programa, dando suas aulas com uma pontualidade implacável. A sequência de suas lições era sempre a mesma. Recordação da doença cuja terapêutica ia ser focalizada. Depois a descrição detalhada do tratamento específico (se o havia), do tratamento de fundo e da medicação dos sintomas. Olinto Meireles era um homem magro, muito claro, olhos esverdeados, cabelos muito lisos abertos do lado e levantados na frente pelo topete de sua época. Foi dos primeiros médicos a chegar à nascente Belo Horizonte, ocupou sua prefeitura e é um dos beneméritos de nossa faculdade. Graças a ele tivemos a doação, pela municipalidade, do terreno onde se ergueram o prédio antigo e o atual. A segunda cadeira de clínica médica foi-nos ministrada por Alfredo Balena. Reencontraremos esse professor quando cuidarmos do ensino da nossa sexta série.

4. Rua Niquelina

MAS A GRANDE VEDETE DO QUINTO ANO foi o nosso querido mestre e diretor Eduardo Borges Ribeiro da Costa. Esse cirurgião notável era autenticamente carioca, da zona mais carioca do Rio que é a machadiana Matacavalos. Ele veio ao mundo a 5 de fevereiro de 1880 na rua do Riachuelo, filho do dr. José Borges Ribeiro da Costa, gaúcho de Pelotas, e de d. Constança Jansen do Paço Borges da Costa, de Paquetá, mas de origem maranhense, entroncando na gente da famosa matriarca e sinhá d. Ana Jansen — que dominou por longos anos a política de sua província. O dr. José pertencia ao magistério como preparador da cadeira de química do professor Manuel Maria de Moraes e Vale. Torres Homem cita muito esse Borges da Costa, que foi um dos inauguradores da associação da clínica ao laboratório no Rio de Janeiro. Sua mulher também estava no ensino — como professora primária particular em Niterói. Desses progenitores terá herdado nosso Borges a sua vocação professoral e o sangue de d. Ana Jansen não estaria ausente daquelas qualidades de inquebrantabilidade, autoridade, vontade de domínio que faziam parte do caráter do nosso mestre. Sua meninice e a juventude foram passadas em Niterói, à rua José Bonifácio, na própria chácara em que morara o Patriarca. Mesmo depois de estudante no Rio, Borges mantinha-se fiel à Praia Grande e foi, até formar-se, remador do Gragoatá. Sua vinda para o município neutro pode ser marcada em 1894 — ano em que ele ingressa como aluno gratuito no internato do Colégio Pedro II. Em 1899 matricula-se na Faculdade de Medicina do Rio de Janeiro e fica morando numa *república* de estudantes desta cidade. Em 1901, está no terceiro ano, é interno adjunto da Santa Casa e uns poucos meses aluno de Francisco de Castro (falecido em outubro). Sua grande influência clínica teria sido, pois, a de Miguel Couto. Já se desenhava sua vocação cirúrgica pois a partir dessa época ele é interno de Domingos de Góes, como seria depois de Marcos Cavalcanti, Pedro Severiano de Magalhães e Augusto Brant Paes Leme — de quem ele tirou o gosto de desenhar detalhes de anatomia e de técnica operatória no quadro-negro, nas suas aulas. Por 1903 entra como auxiliar acadêmico do Serviço de Profilaxia da Febre Amarela. Em 1904 é interno residente da Casa de Saúde do dr. Eiras e auxiliar técnico em Manguinhos — o que decide assunto de microbiologia como tema de sua tese: *Contribuição para o diagnóstico bacteriológico da difteria*, defendida em 1905. Nesse ano vai à Europa acompanhando paciente do dr. Carlos Eiras e, depois desse curado e seus trabalhos terminados, aproveita um resto de tempo para rápida passagem e observação nos serviços de Albarran e de Doyen em Paris (de quem lhe deve ter vindo o gosto pela cirurgia gástrica); Bier e Bergmann em Berlim — aprendendo do último o que se sabia então de transfusões de sangue. Vai ainda a Viena e em 1906 está com consultório aberto na avenida Rio Branco. Isso uns poucos meses porque, em 7 de setembro de 1906, chega a Belo Horizonte para ficar. No dia 8 procura o provedor da Santa Casa e oferece à instituição seus serviços como cirurgião. Tem a sorte de ser aceito e é logo nomeado chefe de clínica cirúrgica. Essas datas têm importância porque por elas vemos que Eduardo Borges Ribeiro da Costa é o fundador da Cirurgia na capital de Minas já que outro grande cirurgião, Hugo Furquim Werneck, chega à cidade em 1907 e só em 1908 inaugura seu exercício na Santa Casa.* Com esses

---

* Datas de Lucas Machado e Pedro Salles. In: Pedro Salles: "Contribuição para a história da medicina em Belo Horizonte", *Revista da Associação Médica de Minas*

dois nomes é que começa uma verdadeira cirurgia em Belo Horizonte. Antes, nem é bom falar. De Levi Coelho da Rocha, assistente de Borges desde o primeiro momento, ouvi a estória de que foi herói um carnifex anterior a esses dois verdadeiros operadores. Caso presenciado por ele. O dum *cirurgião* que entrava para a sala levando além do anestesista e do auxiliar — um *ledor*. Este, tratado de técnica cirúrgica em punho, ia lendo e o cirurgião fazendo como rezava o figurino. O cirurgião incisa — dizia o livro. Corte. O auxiliar enxuga. Compressa. O cirurgião pinça e liga os vasos. Kocher, forcipressura, categute. O auxiliar corta os fios. Tesoura na mão insegura. O cirurgião enxuga, abre o peritônio e coloca os afastadores. *Catch-as-catch-can*. Às vezes embrulhavam tudo, a leitura tinha de ser retomada e não havia ato operatório que durasse menos de três horas soletrado desta maneira. Enquanto isto o clorofórmio correndo em catarata. Pois foi assim, naquele anfiteatro do corredor da Santa Casa (onde se lia no chão o aforisma — *Qui bene diagnoscit bene curat*), que uma paciente passou-se desta para melhor dentro daquilo que Osler chamava "*a peaceful departure by chloroform*". Pânico na sala e só depois que o cirurgião e o auxiliar evacuaram-na por uma providencial escada de pedreiro é que a resoluta Schwester Maxentia foi buscar o marido que media em passadas furiosas de vaivém a distância que ia da portaria à entrada da clausura das irmãs servas do Espírito Santo...

Mas deixemos as eras pré-Borges e pré-Werneck e voltemos ao primeiro. Clinicou intensamente logo que chegou a Belo Horizonte, não só na cidade, num tílburi, como indo a Venda Nova, Sabará, Contagem, Capela Nova, Morro Velho. Nesse caso no lombo de seu piquira *Velhaco*. Teve consultório sempre na rua da Bahia, nos números 1433, 1478 e 1466. O primeiro, na sua residência de solteiro, o último no seu palacete e morada definitiva. A localização desses consultórios era vizinha à da casa do cirurgião-dentista Augusto Halfeld e nas suas idas e vindas é que Borges terá vislumbrado sua futura esposa. Casou-se a 21 de agosto de 1909 com d. Maria José Halfeld, filha do mencionado e de d. Maria José da Rocha Halfeld. O seu Augusto era filho de Guilherme Justino e de d. Maria Cândida Ferreira Halfeld. Guilherme Justino era-o de d.

Gerais, 18 (1): 30-47; e mais Guilherme Halfeld: "Um pouco da vida de Borges da Costa", *Revista da Associação Médica de Minas Gerais*, vol. XXII, n. 3, set. 1971.

Doroteia Augusta Felipina e de Henrique Guilherme Fernando Halfeld — de quem tratei largamente no meu *Baú de ossos*.

A 26 de março de 1911 Borges da Costa é um dos fundadores da Faculdade de Medicina de Belo Horizonte e a 25 de julho do mesmo ano toma posse como seu catedrático de clínica cirúrgica. São dessa época dois grandes sucessos profissionais que firmam sua reputação de grande cirurgião e grande médico. Um deles foi o caso de uma senhora com diagnóstico concordante, de vários arquiatras, de adenite do gânglio de Cloquet contra os quais prevalece a opinião de Borges. A operação de urgência mostrou que o seu é que era o certo: hérnia crural estrangulada. Depois sua dedicação no tratamento de um garoto de onze meses todo queimado de ácido. Mal sabia o mestre que estava salvando ali um futuro grande médico, professor de nossa faculdade e autor duma das mais belas e sentidas páginas sobre ele mesmo — Borges da Costa. Além desses casos houve o de uma d. Miquita Mendonça que ao subir num bonde resvala, cai, bate com o hipocôndrio esquerdo no estribo e estoura o baço. A sua foi a primeira esplenectomia realizada em Belo Horizonte. Leciona anatomia descritiva até a turma entrada na escola em 1911 chegar ao quinto ano quando ele, então, inaugura sua cadeira. Era 1915. Em 1918 parte com a Missão Médica Brasileira para a Europa onde tem um triunfo espetacular no Hospital Lariboisière. Ele ia auxiliar operação difícil de ferimento por projétil de arma de fogo entravado num joelho — quando o figurão que ia operar, seguindo as normas de cortesia que já foram vigentes na nossa profissão e talvez um pouco para embaraçar o cirurgião de *là-bas*, ofereceu-lhe o bisturi. Borges toma-o, muda de lado na mesa de operações e auxiliado pelo chefe do serviço pratica uma das intervenções de maior virtuosidade dentre as executadas em sua vida. Ouvi o caso dele próprio. Logo deram-lhe chefia num dos hospitais de Paris. Terminado o conflito, retoma sua vida trabalhosa de Belo Horizonte e com a morte de Cícero Ferreira é eleito nosso segundo diretor — ocupando o cargo de 1920 a 1926. Em 1922 com a inauguração do *Instituto de Radium* sagra-se como precursor da campanha contra o câncer, em Minas. Vi-o também, desde meus tempos de estudante, pioneirando a cirurgia gástrica em nosso estado. Em 1923 realiza viagem à Europa para tomar parte nos festejos comemorativos do centenário de Pasteur. Aproveita a ocasião para demorar em Strasbourg com Sancert, depois com Nageotte em Paris, para se aprimorar em enxertos e com Fieberger, em Copenhague, para uma recapitulação de anatomia patológica — particularmente da dos tumores. Tudo isto já foi publicado em biografias e necrológicos do querido mestre. Mas agora começo eu — com meu testemunho de aluno.

Tenho para mim que certas viveções análogas afeiçoam os indivíduos com alguma coisa comum que predispõe à simpatia imediata. Mesmo que não se saibam dessas identidades de existência. A minha por Borges da Costa (e parece que ele me retribuía na mesma moeda) deve ter nascido de emoções semelhantes que fabricaram nele e em mim indivíduos com os pontos de contato que preparam a reciprocidade da estima. Ele nasceu na rua do Riachuelo, uma das mais cariocas do Rio, zona que eu estremeço na cidade de meu coração. Tanto que, se eu for cremado, desejo que nela joguem minhas cinzas — pode ser na esquina de Gomes Freire. Fomos, os dois, alunos gratuitos do Internato do Colégio Pedro II — conhecemos, os dois, o inspetor Oliveirinha, fomos, ambos, alunos do Pissilão e do Tifum, cinco anos dormimos nos mesmos dormitórios, comemos no mesmo refeitório, sofremos nas mesmas salas de aula e gramamos privações de recreio e saída exatamente iguais. Nosso foi o campo de São Cristóvão, o morro do Barro Vermelho; tivemos o mesmo sol no recreio e as mesmas sombras do velho tamarindeiro, da grossa jaqueira, dos pés do cajá-mirim, do jambeiro dentro de sua cercadura de pedra lioz. Minhas férias adoráveis em Icaraí me atiravam nas mesmas águas batidas pelas pás dos remos do campeão do Gragoatá. As barcas de Niterói foram as mesmas para os dois. Ambos navegamos na *Terceira*, na *Sétima* — calhambeques históricos. Ele casou-se com gente de Juiz de Fora, meu Pai idem, eu ibidem como estava escrito no futuro. Ele e meu Pai foram internos na velha Casa de Saúde do Mundo Novo, quase à mesma época. Já contei como ele salvou seu colega José Nava da sanha dum galego. Está no meu *Baú de ossos*. E tenho por Borges da Costa e por Levi Coelho a gratidão especial de tê-los ouvido se entreterem comigo, e sempre afetuosamente, sobre meu Pai. Outros professores meus (pelo menos quatro) conheceram-no, um sabia e recitava quadrinhas dele de cor e jamais me abriram o bico a seu respeito. Por quê? Talvez para evitar? que esse conhecimento me desse um título para pedir-lhes alguma coisa. Sei lá. Faz mal não. Eles ignoravam que não peço nem cavo nada. Quem pede, fede — dizia meu bisavô Luís da Cunha. Mas o Borges e o Levi me entraram no coração por estas lembranças comunhão com meu coração.

E como era? o jeitão do Borges. Cabeça grande, herdada com certeza do ramo nortista. Pescoço curto e forte, um pouco metido para dentro dos ombros largos e um quanto levantados. Tórax possante. Corpulento, sem ser barrigudo. Os braços e as pernas condizentes com seu tipo de brevilíneo médio. Mãos de cirurgião — hábeis, expressivas, acompanhando como belo elemento mímico tudo o que dizia. Era pouco corado, pele muito clara. Nariz agudo e breve semelhante a um rosto de ave. Olhos enormes, arregalados, levemente estriados por pequenas veiazinhas nas escleróticas, pupila penetrante castanho-escura. Sua expressão alternava o pensativo com o alegre. Sua boca era bem-feita, dentes conservados, várias vezes à mostra no riso fácil. Usava bigode curto, o redondo do rosto terminando por queixo firme, recolhido e calcando o pescoço, fazendo aparecer seu esboçado *double-menton*. A voz era agradável. Falava geralmente um pouco devagar e na altura em que falam as pessoas bem-educadas. Mesmo irritado, não elevava seu timbre. Lembro dele operando um estômago. Uma arterinha não ligada dava esguicho que assustou o assistente que logo chamou a atenção do professor para aquele jorrinho que parecia esquecido. Borges não respondeu. Nova interrupção do assistente. O mestre continuou, sempre sem ligar o vaso e resmungando: não preciso que me ensinem o que tenho de fazer... sei perfeitamente a hora de cada ato da operação que estou realizando... ensinei anatomia três anos antes de inaugurar esta clínica... Isto assim sem levantar os olhos nem a voz e terminou sua resposta com o gesto firme de espremer a arteríola com pinça de Kocher. Levantou-a um pouco, enquanto o assistente rubro e calado ligava. Borges tirou a pinça, cortou os fios estendidos. Com precisão de livro de técnica, o assistente enxugou. Essa voz que estamos descrevendo só subia e ficava mais aguda quando no desfecho de caso pitoresco que contava ou quando Borges soltava uma daquelas risadas que faziam-no até lacrimejar, chorar de gargalhar. Lembro de uma destas explosões de chiste no exame final do nosso Cisalpino. O moço diamantinense estava meio afobado e quando Borges perguntou, a propósito do caso da prática qual? a operação indicada, o aluno em vez de dizer gastro-êntero-anastomose-transmesocólica — soltou — *gastro-êntero-anastomose-transiberiana posterior a Bilroth*. O examinador estourou, riu de morrer e acabou mandando o Cisalpino com seu dez... O mestre vestia-se bem e decorosamente. Ternos de linho branco ou casimiras discretas indo do cinza ao azul-marinho. Chapéu do chile ou lebre — batido atrás e dum lado, o que lhe dava certo ar mosqueteiro e audacioso. Na enfermaria seus aventais de amarrar nas costas eram impecáveis. Na sala de cirurgia aparecia com os aventais sobrepostos, gorro muito enterrado e sua máscara era de várias espessuras, amarrada bem acima das narinas e cobrindo toda a parte inferior do rosto. Daí descia, para tornar a subir até sua larga costura na linha da pala do avental ao qual estava presa. Assim caída parecia um papo de peru. Quando sem chapéu ou gorro — apareciam os cabelos que lhe conheci primeiro castanhos e depois grisalhando — apartados ao meio.

O ensino de Borges da Costa, na parte prática, constava de sua visita à enfermaria e da execução de atos cirúrgicos acompanhada de esclarecimentos e comentários. Teoricamente, de pequenas lições dadas no anfiteatro de operações e que antecediam às mesmas. O professor expunha sucintamente o caso ou sua observação era lida por um dos internos ou assistentes, vinha a discussão diagnóstica e em seguida passava-se às razões da indicação cirúrgica e aos detalhes de técnica operatória sobre a que ia ser feita. Nessa hora entrava a maca de rodas com o paciente, este era transferido para a mesa, nela imobilizado e começava a tourada da anestesia daqueles tempos. Até que essa fosse dada por completo, a equipe cirúrgica ia se lavar e reentrava mascarada, esterilizada e enluvada. Esperavam mãos postas cobertas por compressas, até que o anestesista desse a luz verde. Geralmente era o meu Cavalcanti — lembro sua pose e o tom firme que assumia para soltar o seu comando: reflexo córneo-conjuntival abolido, respiração normal, pulso carotidiano normal. Podem começar. Poucas vezes vi nosso professor operar com anestesia local ou usando o clorofórmio. Geralmente éter. Lembro suas empolas parecidas com pequenas bolas de futebol, a pontinha que se serrava, o líquido agilíssimo sendo derramado na esponja da máscara de Ombredane, o fechamento desta, sua colocação na cara vaselinada do paciente. O anestesista firmava a máscara com polegares, indicadores e segurava o queixo em boa posição com o mindinho e o anular. O médio socorria ora os dedos *cubitais* ora os *medianos*. Começava a fase de excitação do paciente, suas tentativas de arrancar tudo e arrancar-se dali, a contenção na mesa por internos atracados à pelve e pernas e pés estrebuchantes. Finalmente vinha a resolução. Toda a sala cheirava agudamente ao éter da máscara cuja bola de borracha escura era manobrada também pelo anestesista enquanto a bexiga branca se enchia e esvaziava à respiração do doente. Quando esse dormia profundamente, tinha sua posição corrigida, era descoberto e o cirurgião passava à assepsia larga com tintura de iodo tão concentrada que secava numa cor de aço com reflexos violeta, logo lavada numa larga esfregação de álcool. Campos, *clamps* e o cirurgião incisa. No silêncio começava-se a acompanhar o movimento das mãos sobre a operação, o bailado dos auxiliares e espectadores em torno à mesa, ouvia-se a música estertorosa da respiração e o tinido dos bisturis e pinças e instrumentos nas bandejas, batendo uns nos outros ou caindo no chão. O professor ia explicando as anatomias descobertas, os vasos pinçados, os nomes dos ferros, os tempos da intervenção. Interrompia-se às vezes para advertências ao bode expiatório anestesista. O sangue está escuro demais. Diminua o éter. O doente está acordando. Não posso continuar operando com essas tripas saindo. Aumente o éter. Diminua o éter. Aumente o éter. Preste atenção. Aumente. Diminua. Isto assim está impossível, meu doutor. Atenção no que está fazendo. Aumente o éter...

Anestesia naquele tempo, a mais requintada, era a praticada com esta última palavra instrumental que era a máscara de Ombredane. Os anestesistas eram escolhidos entre os internos. Sua função era considerada lugar de menor importância. Por isso os cirurgiões terríveis, mal-humorados, os berreiros dentro das salas com os assistentes e principalmente com o pobre do anestesista. Depois é que veio a anestesiologia como especialidade, vieram as anestesias que o cirurgião nem olha e em cujos acidentes não intervém, as operações num silêncio de igreja. No meu tempo era como descrevi. Com Borges, muito bem-educado a coisa não passava de certos limites. Já na enfermaria da frente era um berreiro de feira. O nosso Werneck enchia os assistentes: caneladas por baixo da mesa, batidas de tesoura fechada nas costas das mãos. Terminadas as operações, o paciente era retirado da mesa. Nessa hora Borges baixava a máscara, tirava o gorro, vinha ver e explorar o que retirara. Fazia uma pequena preleção de anatomia patológica abrindo um rim, cortando fatias dum tumor, ou desnudando as minúcias das lesões nos pedaços de vísceras ou de membros amputados, dava o seu prognóstico e conduta pós-operatória. Nisto Borges foi dos cirurgiões mais eficientes que recordo. Ele tinha uma forte bagagem de internista, praticava boa policlínica e essas razões tornaram-no muito cuidadoso tanto no preparo do doente a ser operado quanto na sua sequência cirúrgica. Nos meus tempos de seu aluno vi-o praticar não só o grosso da cirurgia, como o que eram as finuras das operações de estômago, duodeno, vesícula, rim, ureter, bexiga. Sistema nervoso também: assisti trepanações feitas por tumor encefálico e por ferimento penetrante do crânio, por bala. Este um dos mais curiosos que assisti. O projétil tinha entrado na testa, já sem força, perdera a direção, fora raspando a calota, deixara o cérebro intacto e mestre Borges foi pescá-lo na região occipital mediante dupla trepanação. Lembro dele nesse dia, ainda dentro da sala, já sem a máscara e o gorro, radiante, dando os detalhes e as dificuldades do que fizera e tendo na mão o trépano de Doyen cujas excelências ele gabava. Vejam os senhores o astucioso engenho desse dispositivo de segurança que vai estacar a *coroa* do instrumento assim que ele vinga a tábua interna, impedindo, assim, sua penetração e afundamento nas meninges e na massa encefálica. E vinham ali suas reminiscências de Doyen. Nestas manhãs de cirurgia havia ainda uma deleitável sessão de palestra em seu gabinete à hora do cafezinho, depois da operação. Era a hora do relax, da conversa fiada e do bom humor. Graças a minha amizade com o Cavalcanti que era seu interno, esgueirei-me um dia numa dessas reuniões. Fui apresentado ao professor e, ao meu nome, ele logo começou a falar de meu Pai. Seus assistentes eram Levi Coelho da Rocha, Blair Ferreira, Guilherme Halfeld e meu parente longe mas amigo de perto — Pedro Jardim Horta. De todos eles sobrevive Blair. Mas como os vejo naquele 1926! O bravo Levi. O elegante Blair. O honrado Pedro. O Guilherme. Todos cercando Borges na hora da visita à enfermaria. Minha recordação da sala é nítida. Guardo seus detalhes. Lembro os curativos. Assisto até hoje à primeira transfusão que vi fazer pelo *patron* em pessoa. Ele, examinando os dois sangues: do doador e do receptor, vendo se se aglutinavam em lâmina, a colheita das trezentas gramas doadas pelo primeiro, numa cápsula de porcelana quase bacia já contendo a solução citratada, a mistura com longo bastão de vidro e depois, tudo derramado num funil com um pouco de soro e tudo passado para a veia do receptor. A enfermaria tinha sempre grande número de doentes das vias urinárias. Não sei se por simples acaso ou por gosto especial de Borges da Costa por tal ramo cirúrgico. Pendo para este pensamento porque lembro o mestre mostrando esses casos sempre com muito detalhe. Recordo particularmente uma intervenção feita para infecção urinosa. O doente na mesa. A sacaria tumefacta estava maior que um queijo do reino. Só que arroxeando e duma cor de gangrena. Essa era também a coloração da caceta que parecia um pão de duzentos réis. Borges fê-lo colocar em posição ginecológica, marcou bem onde deveria estar o meio do períneo e foi abrindo com cuidado até achar a uretra que ele incisou longitudinalmente, fazendo uma abertura de uns oito centímetros. Por ali algaliou a bexiga e ali deixou sua sonda de demora. Depois lanhou com talhos profundos e simétricos o pênis e os escrotos. Corria daquelas carnes estufadas uma aguadilha sanguinolenta. Curativos contínuos por simples colocação e renovação de compressas embebidas com permanganato de potássio em solução fraca. Em uma semana caiu a febre, em quinze dias passou a supurina, com um mês e meio estava o homem pronto para a plástica da uretra. Estremeço até hoje, não quando penso nessa operação, mas na audácia com que eu a repeti em Juiz de Fora, na enfermaria do quartel policial da cidade. Fui chamado por meu colega de faculdade que era o médico da corporação. Ele estava em pânico e, sendo clínico, não sabia o que fazer. Eu disse que conhecia caso igual e sabia como tratar. Só que ele desse a anestesia. Foi feita com clorofórmio. E ousei repetir o que vira. Tive êxito. Só para a plástica, o doente foi mandado para Belo Horizonte e restaurado, a nosso pedido, pelo próprio mestre Borges. Isso passou-se em 1928. Mas retomemos o nosso 1926 e a enfermaria de clínica cirúrgica. Outro caso que não esqueci foi o de velho carcamano que não sei como e em que espécie de acidente tivera o pênis reduzido a molambos. Chegou à Santa Casa sangrando como um boi no matadouro. Os internos fizeram o que podiam. Passaram um fio grosso pela raiz e esperaram por Borges da Costa. Longa e paciente intervenção conservadora, reconstrutora e hemostasiante — imagine-se! naquele novelo dos corpos cavernosos. Supuração durante uns dois meses. Cura. No dia da alta o professor nos mostrou o paciente, chamando a atenção para o aspecto torcicolado e forma de saca-rolhas, em que lhe ficara o que Borges da Costa chamava elegantemente "a verga". E disse que não fazia imediatamente a operação plástica da dita verga — porque esse gênero de cirurgia não admitia infecções e aqueles tecidos ainda estavam "em microbismo latente". Explicou depois tudo ao italiano e disse que ele voltasse dentro de três meses para colocar o órgão em estado de funcionar. *Que? funcó, dottore.* E que assim mesmo estava muito bom, que não precisava endireitar mais nada. Disse a sua idade e que aquilo só servia para urinar. *Assi como está non miggia? entó...*

Uma coisa que creio ter aprendido de Borges da Costa é o profundo sentido dramático que tem a nossa profissão — já que seus motivos são a dor e a morte. Assim ele assumia invariavelmente atitude decorosa diante da desgraça alheia. E oficiava como médico e professor qual grande artista representando um drama. Penso nele quando assisto, hoje, a certas exposições orais ditas em caçanje, língua bunda ou gíria — por colegas que querem descer até a uma linguagem básica de certo, tá, legal para se mostrarem modernos. Já vi um dizendo que a urticária é um fenômeno gozado. Outro, dando seu prognóstico, em vez de dizê-lo sombrio, reservado, fatal ou outra de nossas fórmulas consagradas, usou a expressão de que *aquele cocoréu só podia acabar no jacaré*. Vejo isto com tristeza. Uma de nossas grandezas é a dignidade e falar assim, nem humor negro chega a ser. É alguma coisa como se Hamlet acabasse o solilóquio com um peido. *Certo?*

Novamente vou me adiantar no tempo como fiz atrás indo até 1928. Vou agora a 1930. Revolução. Minas, Paraíba e Rio Grande contra o Barbado. Borges da Costa retirou dos armários seu velho uniforme da Missão Médica na Grande Guerra e apresentou-se fardado na Secretaria de Segurança para oferecer seus serviços. Não logrando seguir com a tropa, mudou-se para a Santa Casa, assumiu o seu serviço, operando de dia e de noite. Lembro muito dele nesse período dramático de nossa cidade. Júlio Soares era o diretor clínico daquele hospital de Belo Horizonte, mas a quantidade de feridos civis que eram trazidos obrigou-o a ocupar-se exclusivamente da sala de cirurgia e dos leitos de emergência colocados até nos corredores. Para não entravar as providências da diretoria e para ficar unicamente com a parte técnica — deu-me poderes para superintender o hospital. Nessa situação mudei-me para a Santa Casa e dormia em colchão posto no assoalho de uma sala de espera recém-construída e que dava no corredor central. Dormíamos — porque vários médicos estavam ali comigo, dando plantão contínuo. Entre estes Borges da Costa, que passava quase a noite toda acordado — só muito tarde se recolhendo ao seu gabinete de chefe de serviço, onde fizera colocar uma cama. A excelência de sua palestra fazia-o cercado de médicos e internos em grupo numeroso. Ele gostava de conversar, tinha a arte disto. Era um conforto ouvi-lo e à sua voz tranquila, enquanto a noite mineira era rasgada sem parar pelas rajadas subentrantes das metralhadoras do Doze. Ele passava em revista seus tempos de estudante, contava anedotas sobre seus colegas tornados ilustres, sobre seus professores e dava-nos a visão daquele Rio de Janeiro prodigioso do fim do xix e inícios do século xx. A cidade ainda sem a avenida Central, sem o cais do Porto e sem a Mem de Sá. A cidade ainda completamente portuguesa e não afrancesada por Passos. A cidade íntima, acolhedora, alegre e cordial. Sua tristeza de abandoná-la. Sua chegada a Belo Horizonte no dia da posse de João Pinheiro, tudo lotado pelos políticos e ele obrigado a dormir sua primeira noite de Minas em cima duma mesa de bilhar do Grande Hotel. Sua impressão melancólica, no dia seguinte, no meio da poeira vermelha e das ladeiras da cidade. O renascimento que lhe trouxera o trabalho, a enfermaria que lhe tinham dado para chefiar, o princípio da clínica, os sucessos inaugurais, a estabilidade da cátedra, o sentir-se crescer dentro da faculdade que crescia, da cidade que crescia. A ectasia de integrar-se num mundo que o adotava e ele a ele — de ver que o destino não o enganara e que sua estrela conduzira-o como sempre — sempre para melhor. A Guerra de 1914, a noite da *tomada* do Colégio Arnaldo, para fechar aquele ninho de espiões de batina. A partida para a Europa com a Missão Médica, a viagem sinistra em transatlântico pesteado pela influenza logo no primeiro porto em que tocara. A carga de senegaleses que tinham recebido. O perigo dos submarinos rondando e o perigo da doença mortal tronando a bordo. Morte dentro e fora do navio. Os mortos jogados ao mar. A chegada enfim. Sua estreia no Lariboisière. Encantava-me o nome desse hospital. Borges não parava de citá-lo. Pelo menos é o que eu vi no Lariboisière... Era exatamente o que se fazia no Lariboisière... Eu ouvia a palavra — fixando-a como num pressentimento. E realmente foi no nosocômio da rue Ambroise Paré que ouvi a aula de Stanislas de Sèze que me tornou seu discípulo e frequentador do Lariboisière. Nunca entrei seus portões sem ter a impressão que o fazia pisando as mesmas pedras palmilhadas pelo meu mestre Borges da Costa. Sorria para mim mesmo quando sentia que eu também podia dizer também o que ele dizia. Pelo menos é o que eu vi no Lariboisière... Era exatamente o que se fazia no Lariboisière... Mas paremos por aqui — que minha entrada pelo tempo trouxe-me a um futuro de 1949. Voltemos a 1930 e mais para trás no 1926 de onde eu tinha partido.

Levado pelo meu mano Cavalcanti, dei para frequentar o serviço de Borges da Costa mesmo em horários fora de suas aulas. Convivi mais de perto com ele e dei início a uma boa amizade de aluno para professor. Tive entrada em sua casa, que era a de seu sogro. Lembro particularmente duma festa em que se dançou na sala de visitas e na sala de jantar. Estavam ali, em flor, as filhas do dono da casa, em flor as Rache, as Lagoeiro, as Libânio, as Lisboa. Em flor, Leopoldina e Persombra... Frequentei, visitando o mestre, seu palacete novo no 1466. Tinha as linhas clássicas do seu gosto e colunas gregas copiadas do *Instituto de Radium* — como Osvaldo Cruz fizera, levando para sua casa da praia de Botafogo as linhas mouriscas de Manguinhos. Esperei a hora de sua consulta na varanda e na saleta de entrada, fui examinado no seu consultório, recebi suas receitas no escritório onde sua mesa ficava de esguelha no canto do fundo e da direita da sala. Como amigo, sentei no grupo de poltronas afeiçoado por Borges e que ficava no fundo do seu hall. E nunca deixei de visitá-lo e lá sentar-me com ele sempre que ia a Belo Horizonte. Nossa conversa girava muito sobre a profissão que eu iniciava e dele ouvia sempre os melhores conselhos de conduta técnica e procedimento ético. Essa parte era particularmente uma espécie de ponto de honra para a Faculdade de Medicina de Belo Horizonte e tenho a satisfação de testemunhar que ali se aprendia, em cada aula, um pouco de medicina e muito de decência.

A atividade exercida por Borges da Costa manter-se-ia imutável até o fim de sua vida. A 5 de fevereiro de 1950 são os setenta anos e a aposentadoria obrigatória. O professorado emérito vem-lhe como último título, a 19 de agosto do mesmo ano. Ele teria essa qualidade só durante dezoito dias pois faleceu no Rio, a 5 de setembro, das consequências de uma intervenção cirúrgica. Velei seu corpo na capela da igreja de Santa Teresinha, onde ele ficou até a hora de ser transportado para Belo Horizonte (senti ali como o mandato de todos seus discípulos). Tinha de ser assim. Esse carioca de Matacavalos, originário de troncos maranhense e gaúcho, criado na Praia Grande — devia-se a Minas Gerais para ser enterrado na "terra de seus filhos". A esse chão de ferro ele tinha dado quarenta e quatro anos fecundos de sua vida de grande médico e grande homem. Agora legava seus restos. Alguma coisa de sua alma habitará sempre seus alunos e os alunos de seus alunos. *Per omnia...*

O biógrafo de Borges conta de sua inquietação em acabar os dias sem ter podido deixar obra escrita que testemunhasse sua atividade e fosse o reflexo de sua experiência. Guilherme Halfeld: "Como a maioria de nossos brilhantes mestres, que pouco ou quase nada deixam, escrito, de suas obras — também Borges da Costa, após atividade médico-cirúrgica tão viva e intensamente vivida, não deixou obra escrita". Mas o livro que Borges não escreveu pode ser escrito por um de seus discípulos — dando a súmula de seu pensamento, cotejando-o com sua época. E creio poder indicar o autor: Alysson de Abreu — cuja evocação do mestre é a mais bela página que existe sobre ele. Vale? o desafio que fica aqui...

Eu era diarista do *Clube Belo Horizonte* e um daqueles moços que o enchiam de ruído e alegria. Todas as tardes ou todas as noites lá nos encontrávamos Antônio Viana de Sousa, Oyama Lagoeiro, César Damasceno, Chico Martins, Isador Coutinho, Edmundo Haas, Lourival de Araújo Cavalcanti, José Monteiro de Castro, o Zozó, o Teixeirão, o Zegão, o Cisalpino, os Pinto de Moura, eu.

Dentro do clube nossa disponibilidade era total. Fazíamos mesmo nada de nada senão sonhar, conversar, tomar café, sapear o xadrez na sala da frente, onde os personagens eram sempre os mesmos: o Carneiro, o Suíço, o Plínio, o dr. Honorato (quando vinha a Belo Horizonte). Não atinávamos com o prazer que eles sentiam de estar ali horas e horas, movendo pedra cada quinze, vinte minutos, resmungando, encarando-se com ódio, fumando como chaminés. Finalmente um punha o outro xeque-mate. O vencido retirava-se indignado e o vencedor ia regalar-se com as batatas — no caso o cafezinho ou a cervejinha. Já nas salas de dentro nem sempre era possível assistir ao pôquer e ao cuncanplei. O Álvaro Pimentel escorraçava os mirones; outro, o belo tabelião, no intervalo das partidas, sobretudo quando perdia, olhava iradamente os assistentes e nunca deixava de rosnar o seu — sapo chupa pica e bebe água — ou se eles eram do gênero de dar palpites, sugerir aquela carta esta não, era o desabafo contra o azarento — há bocas que parecem cuzes. As figuras do pôquer eram, além das variáveis que apareciam vez que outra, as permanentes, as diaristas. Entre estas o nosso Ferreira de Carvalho, saindo do cartório; o Pelicano Frade, descendo da repartição. Aquele, nessa época, era um sessentão que conservava os belos olhos sorridentes e pretos, a cabeleira de poeta com muito poucos fios brancos, os vastos bigodes de pontas finas e enceradas, o tronco ereto e a cabeça de postura militar. Era corpulento e ostentava, sem que fosse gordo, a majestade da massa. Falava sempre alto, andava forte e lepidamente, tinha semelhanças com o poeta Alberto de Oliveira e o apelido coletivo de "Os Três Mosqueteiros". Quanto ao Pelicano, era fino, alto, magro feito um inglês convencional. Tinha físico e roupas sempre bem tratados e era funcionário de categoria muito especial. Realmente, ele, o coronel Cristo, o Raimundo Felicíssimo, o primo Alexandre Coutinho e o dr. Álvaro da Silveira eram os que faziam andar a máquina burocrática do Estado e traziam em dia o expediente do Palácio, Interior, Finanças e Agricultura. Se não fossem eles Minas não seria administrada — já que o tempo de suas excelências era pouco para assinar de cruz o dito expediente, receber os amigos do interior, fuxicar, despachar e perder no bilhar para o senhor presidente do estado. E este, se ocasião se apresentasse, deixar-se-ia bater por sua excelência o senhor presidente da República. E enquanto dando giz no taco — sussurrar suas insinuações…

Quando os do xadrez deixavam a sala da frente, o grupo moço ia cercar o plano do Francisquinho, o charleston do Zozó, do Cisalpino, do Antônio Viana. Às vezes, às sacadas, para assistir de cima a passagem das amadas, ao cair da tarde. Era a hora em que, defronte, o casal Artur Haas debruçava também para janelar um pouco. Esse alsaciano era um dos homens mais simpáticos de Belo Horizonte. Sempre sorridente, bigode, barbicha e o nariz atávico — o conjunto e mais o porte davam-lhe semelhanças (como já disse antes) com Ferdinando da Bulgária. Era sempre visto na rua, indo de empresa a empresa, escritório a escritório, banco a banco, numa atividade sem par. Nunca estava de cara amarrada ou de mau humor, jamais perdia a linha de homem bem-educado. Cumprimentava pontualmente e com a nuance mais perfeita todos os conhecidos — pessoais ou apenas do costume, de vista. Nunca passei por ele sem receber de troca a minha barretada o sorriso e o seu clássico *Bonjour, jeun'homme!* ou, mais afetuosamente, a variante *Ça va aller? jeun'homme*. Foi um dos cidadãos prestantes mais úteis de Belo Horizonte e desde seus primeiros tempos de capital seu nome figurou em todos os empreendimentos industriais, comerciais e nas iniciativas particulares de que se faz o progresso das cidades. Da nossa ele foi um dos beneméritos e a justo título sua família é considerada das nossas pioneiras. Suas boas maneiras facilitaram sempre as tarefas consulares que ele exerceu — primeiro as da Rússia Imperial, depois a dos Países Baixos. Era casado com uma senhora de família Lippman, d. Matilde, mais baixa do que ele e extremamente míope. Eram os pais dos belorizontinos Alberto, Louis, Edmundo, Georges (Geo) e Rose — eles, engenheiro, homem de empresas, médico, bacharel e ela, depois, a sra. Wolff Klabin. Os dois primeiros e a última da lista já faleceram. Estão vivos e morando no Rio — Edmundo e Geo. A Rose — Rosa como a chamávamos na nossa geração tinha sido minha condiscípula no Anglo.

Quando não tínhamos mais nada a fazer distraíamo-nos caricaturando uns aos outros. O José Pinto de Moura, que tinha bom traço, especializara-se em fazer minha cara e a do Zegão. Nós dois tínhamo-nos apurado a mão principalmente, para estilizar e exagerar os traços do Tancredo Martins, do Romeu de Avelar e principalmente do Teixeirão e do Zozó. O penúltimo — como ele era no monóculo, nas costeletas monumentais e na cabeleira precursora das atuais, ou maneirado em Henrique VIII, Inválido, Obeso, Hipotrago e Javardo. O último — como ele era na dentuça, no riso alegre, no exagero da moda das calças larguíssimas, dos paletós curtíssimos (chamávamos isto de colete-de-mangas), dos chapéus quase sem aba. Ou transformado em Garçom, Morto, Criança. Também posto como figurante de todos os atos sexuais possíveis. Fazíamos séries eróticas ou pulando para o lado dos arcanjos, eu desenhava os perfis puríssimos das amadas de cada qual. Um dia Domingos Monsã veio colaborar e traçou a mim e ao Cavalcanti numa caricatura exemplar. Escrevo enquanto olho esses debuxos de um passado tão distante. Voltaram para minhas mãos entregues pelo Teixeirão. Ainda dentro do capítulo pintura há que referir o escandaloso mural que se iterava, reiterava, repetia e tornava à parede da privada — tanto maior quanto mais vezes era apagado. Obra de mão desconhecida e habilíssima. Da primeira vez o artista aproveitara linhas da pintura a óleo das paredes e reunindo daqui e dacolá fizera a silhueta de um alentado priapo. Com lápis comum e assim foi fácil lavá-lo. O segundo, bem maior que o primeiro, apareceu dias depois da manobra de censura e ostentando em letras de imprensa, por baixo, a respectiva designação sexual. Apagado. Um mês depois

surgia outro, enfático, excessivo, seu bom metro de comprimento —
as veias dorsais se enroscando como jararacas no bote, sombras bem
esfumadas e dando nítida impressão de relevo. Esse terceiro era a
lápis-tinta e ao ser lavado deixara marcas de desenho feito primeiro,
com ponta de canivete, cujas linhas tinham sido recobertas com aquele Faber roxo. Foi preciso mandar respaldar a parede e pintar tudo de
novo. Outro mês passou e veio o quarto. Novamente raspado. A divisão foi recomposta e o muralista não dera sinal de vida quase um ano.
Ora, naquele dia, fôramos dos primeiros a chegar ao clube, o Teixeirão, o Pinto de Moura, o Zegão e eu. Abancamo-nos para um café. O
gerente parou um instante conosco e depois seguiu direto à latrina.
Segundos e saía apoplético de raiva e aos berros. Perguntamos o que
era? aquilo. O homem sufocado de indignação gritou que tinha aparecido UM deste tamanho lá dentro. Corremos para ver. Era uma verdadeira
obra-prima. Ocupava a parede lado a lado. Lembrava as esculturas
monumentais dos falos em ereção da ilha de Delos. Tinha proporções
até agora nunca vistas. Ostentava duas gamboas do tamanho de melancias — feitas a capricho e cremaster possantíssimo enrugara e preguera a bolsa descomunal. Emergia de moita espessa que subia como
fogueira em direção ao teto. Tinha um corpo imenso primorosamente
sombreado e ostentando um novelo de vasos da grossura de encanamentos. Dobras fartas circundavam o sulco bálano-prepucial atirando-se para atrás como capucha dum frade e descobrindo aquela macrocefalia. E aí é que estava o caso. Em vez de abrir-se longitudinalmente,
fazia-o transversalmente à maneira de boca sorridente. E exibia óculos
cujas hastes se enganchavam no *anel de Saturno*. Por baixo, em vez da
indicação genital costumeira, tinha escrito o nome do presidente do
clube. O diabo do artista conseguira, num verdadeiro milagre, transportar os traços da fisionomia do estimável cavalheiro àquela verga
empinada. E, além do nome, trazia escrito ainda — voltarei MAIOR se
me apagarem! Quando o presidente chegou e viu aquele desacato,
esgargalou-se de raiva e com isso ainda ficou mais parecido com a
figura greco-pompeana que o imitava. Providências foram tomadas.
Toda a privada e anexos foram descascados e o tijolo revestido de azulejos laváveis aplicados até ao forro. Quando a reforma foi dada como
pronta, o bicho voltou a pixe, no dia seguinte e como prometera —
MAIOR. Aquilo foi motivo de muita conversa, muita indagação. Todos

que sabiam segurar um lápis foram tidos como suspeitos. O Pinto de Moura me considerava culpado. O Zegão, o Pinto de Moura. Eu, o Zegão. Não podia ser outro...

Foi mais ou menos por esta época que o clube começou a ser frequentado por José Baeta Viana, professor da Faculdade de Medicina que eu pegara no primeiro ano como preparador da cadeira de química. Como ele fosse muito dado, conversado e amigo dos moços, nossa roda tratou de acolher a simpática figura. Nesse tempo ele estava às voltas com a fundação de uma biblioteca na Faculdade de Medicina e tinha conseguido espaço para instalá-la no porão, embaixo das salas onde funcionava a microbiologia. Vi suas primeiras estantes, os primeiros livros que por donativo foram começar a enchê-las. Muitos exemplares do Testut, do Gley, do Branca, do Mathias Duval, do Chantemesse e Podwyssotsky — descarregados de suas casas por médicos e professores que queriam se ver livres desses cartapácios veneráveis. Também as primeiras revistas e livros americanos que iam auxiliar o Baeta a trabalhar em favor do pragmatismo que ele conseguiu implantar na mentalidade de seus sequazes. Seus alunos passavam por verdadeira *bourrage de crâne* nas aulas de química, onde se aprendia exemplarmente a matéria e também a execrar a Europa e sua decadência, a admirar superlativamente os Estados Unidos e sua onisciência. Também ele fazia um trabalho de cupim ou de coral às avessas para desmontar nossas concepções sobre a parte prática da medicina — a clínica — que ele mostrava como amontoado de erros para só dar valor ao que podíamos ter da química, da física, da microbiologia e da anatomia patológica. Sob sua orientação se formaram vários cientistas. Ele tentou aliciar-me no princípio e conquistar-me para a pesquisa e a experimentação. Era difícil pois a essa época eu já era interno de Ari Ferreira e estava moldado definitivamente para a observação e para o exercício da clínica. Além disso eu via com olhos suspicazes o apostolado dum homem que dizia horrores da Europa, que achava a latinidade decadente, que não entendia patavina de literatura ou de arte. Nesse último terreno ele só era audível e interessante quando falava de música. Mas nem isso me convenceu pois eu já tinha lido em Afrânio Peixoto como certas qualidades de espírito mostram às vezes surpreendente vocação para esta arte ou para as matemáticas. Não. Passamos a nos cultivar como amigos e depois de algumas esfregas deixamos de conversar medicina. Caso perdido, continuei a admirar a Europa e a fazer o diagnóstico das doenças do estômago sem exame químico do suco gástrico e a julgar perfeitamente das do fígado e da vesícula sem fazer os doentes passarem pelo suplício das tubagens duodenais.

Foi mais ou menos em meados de 1926 que tiveram suas últimas consequências fatos que se tinham passado no ano anterior quando, na renovação da diretoria do *Clube Belo Horizonte*, os homens sisudos da sala de xadrez, que apoiavam a candidatura austera e ponderosa de Daniel Serapião de Carvalho, foram literalmente batidos pelos almofadinhas do bar, que levaram alegremente à presidência do clube o grande Plínio de Mendonça. O triunfo foi festejado com desaforado alarido numa partida que deixou lembrança na crônica citadina. Foram um bailar e um beber sem conta. Um bater de caixas que varou a noite e foi até o raiar do dia. Houve jazz-band, champanha bebida por compoteiras, gente vomitando nas sacadas e efeitos de holofote no salão de baile — imitação das luzes azuis, vermelhas, arroxeadas e versicolores das pistas pouco recomendáveis. Lá de baixo. Em suma: rebolou-se, praticamente no escuro, sobre um chão incerto de espermacete e empadinhas, para indignação, escândalo, consternação da Família Mineira. Aquilo não podia ficar assim! E não ficou, porque os cavalheiros representativos retiraram-se com o seu poder financeiro e foram fundar o *Clube Central* — depois *Automóvel Clube*. Ficaram os beatniks da época com o *Clube Belo Horizonte*, que entrou logo numa decomposição festiva e vertiginosa. Ia fechar, quando um resto de bom senso cria uma espécie de comitê de salvação, que apela para Henrique Marques Lisboa. Ele redime a situação apaziguando alguns sócios antigos, arranjando novos, reestruturando a tradicional sociedade, saneando suas finanças, valorizando suas ações e transformando-a no *Jockey Clube de Belo Horizonte* — com sede própria na esquina de Álvares Cabral e Bahia. Era o prédio que ainda lá está de pé. Tem o número 1201 do último logradouro. Lembro da ascensão desse imóvel sobre terreno baldio, cercado com mureta de tijolos, onde sentavam-se vadios da manhã à tarde e que era transposta à noite por estudantes e crioulas que iam deitar naquele matinho. O *Automóvel Clube* fundado a 19 de dezembro de 1925 só foi inaugurado a 11 de junho de 1926 com um grandioso baile. Despeitados, o Teixeirão, o Chico Martins e eu metemos o Plínio em brios e demos em resposta um escandaloso chá dançante — espécie de baile da ilha Fiscal — que deve ter sido a última grande festa da sede sobre o

Cinema Odeon. Os oposicionistas à candidatura de Daniel não deixam de ter sido os propulsores indiretos da criação da entidade que comemorou há dois anos seu cinquentenário.

Apesar de nossa frequência ao *Clube Belo Horizonte* não deixávamos de ser fiéis também ao porão da Rosa, ao *Radium*, ao *Palace*. Já descrevemos o primeiro antro e terminamos, no terceiro, alegre carnaval. O *Radium* fora, cronologicamente, o último cabaré aberto naqueles tempos. Ficava à avenida do Comércio entre as esquinas de Espírito Santo e Bahia. Era numa loja, com portas de aço que levantadas davam entrada a um vasto salão oculto, a quem passava, por florido biombo. Dentro as mesinhas dispostas em torno à pista de danças. A orquestra, ao fundo. Essa casa era uma espécie de oposição ao Palace e era frequentado principalmente pelo gado da Leonídia, da Petronilha, da Carmem. Havia menos requinte que na Olímpia mas ficou famosa uma passagem ali da grande cantora de tangos *La Soberana*. Não era a primeira vez que vinha a Belo Horizonte e agora trazia repertório sensacional. Tratava-se dum mulherão impressionante. Alta, cadeiruda, elástica, pescoço de girafa e microcéfala — ficava-se espantado de ouvir vindo de lá de cima o vozeirão de contralto tornado um tanto rouco por *el viño y el humo* embriagador. Sua mímica era dramática — tinha gestos de brandir um punhal, de esbofetear com as costas da mão, de encolher-se, fugir, rojar-se, levantar os ombros; tinha avançados, empinados, carreirinhas e terminava sempre inclinando um pouco a cabeça para soltar a nota final sob aplausos frenéticos de senhores comovidos e rascoas em lágrimas. O tango, todos os tangos tinham, com ligeiras variantes, a mesma infindável estória sempre com poucos personagens. No primeiro plano contorciam-se uma doidivanas, um sedutor, um corno bravio ou então um volúvel, uma abandonada (*que llora, o acepta todo, o se venga, o se mata*). Há suicídios, assassinatos e *carcajadas ante las muchedumbres*. Num segundo plano mais esfumado, movem-se como sombras madres paralíticas, padres tísicos, *o borrachos, hermanitos jorobados, o flacos, o cojos, o ciegos*. É uma sensibilidade acessível a todos com larga retaguarda dramática feita de vida cotidiana, pobre e populesca. Tem alguma coisa da tristeza vazia de *A vida do homem* de Leonid Andreiev. Daí a receptividade de todos gerando a aceitação, a universalidade do tango e sua permanência. E tudo em espanhol, a língua luva para as letras da música mais violentamente genital das duas Américas.

Nunca mais pude esquecer do *Radium* pois lá é que o Zegão descobriu e enrabichou-se pela paraibana Genomisa — que explicava sempre seu nome feito dum pedaço materno de Genoveva e doutro paterno de Misael. De lá saíram os dois juntos, depois de uma noite de tangos em que tinham brilhado a citada *La Soberana* e outra artista platina chamada *Soledad del Misterio*. Seguiram enlaçados pela avenida do Comércio e dobraram em São Paulo onde tinha cama a deleitável morena — mistura de índio, negro e sangue branco. Resultara disso aquela perfeição cor de cobre e com reflexos do mesmo metal no cabelo ainda bem mastigado. Quando entraram no quartinho limpo, cheirando a funcho e alfazema, Genomisa perguntou. Você veio pra estar? ou pra ficar. A resposta veio acesa. Vam'estar, bem e depois a gente vê se é pra ficar. Aí ela foi tomando e arrumando as peças de roupa que o moço ia tirando e quando ele espichou sua nudez magra na cama ela foi a uma prateleira, virou de costas as imagens de são Jorge, de são Roque, são Jerônimo, da Virgem e dos santos Cosme e Damião. Então apagou a luz elétrica do alto, deixou acesa só a lâmpada vermelha da cabeceira e começou a despir-se. Pendurou escrupulosamente seu vestido, o corpinho, a saia branca, a camisa, passou um chambre e sumiu em direção aos fundos do bordel. Voltou lavada e ainda toda molhada e fresca do chuveiro, cheirando a sabonete e a dentifrício. Jogou o roupão, pegou uma toalha de rosto, enxugou bem a cabeça, os sovacos, o pente e deitou-se também. Sua cor castanha, morena, quase branca, foi mutada pela luz vermelha num cobre, num coral, num cinábrio — como se toda sua dona tivesse sido passada a realgar ou ao vermelhão de antimônio. Parecia sangrar pela boca escura onde cintilavam rosados claros de dentes, pelas auréolas e bicos pontudos dos seios pequeninos e muito altos. Era enxuta e deitada ao comprido e de costas trançou as duas mãos na nuca. O moço levantou-se num cotovelo e olhou do síncipit aos artelhos aos pés à ponta dos dedos aquela paisagem prodigiosa. Toda ela vibrava e brilhava como estátua de vermeil polido onde apareciam três manchas cor de sassafrás. Duas no alto, onde os axelhos divididos ao meio por separação risca natural mandavam uma asa em direção ao braço e outra em direção ao tronco. Duas borboletas parecendo bater de leve a cada movimento da respiração. A terceira era um triângulo de base larga indo de ponta a ponta ao ponto mais alto de cada dobra da virilha. O vértice perdia-se embaixo, no negativo do triedro coxa ventre coxa. Esta e a outra — as coxas — alteavam-se na parte anterior, bem no encontro tronco e a saliência que faziam neste ponto e o vazado de mais para baixo davam a impressão dos sustentáculos que estilizam em terminação de sereias os torsos das cariátides barrocas como as que aguentam, perto do coro, na matriz do Carmo de Sabará. O Zegão, concentrado nos olhos, devorava com eles a carne que se esticava junto à sua. Mas Genomisa virava a boca, abria a boca, mostrando a ponta da língua como a ponta de uma cabeça de cobra e tudo na boca era escuro exceto os dentes afastados na frente, fazendo uma greta entre os primeiros incisivos. Boca de mulher sem vergonha — pensou meu amigo, estendendo mão sábia que logo emaranhou-se em moita cerrada e basta — macia como seda. Eu era o confidente e por ele soube das proezas que a paraibana em brasa lhe inspirou e de que compartia aos urros — espumando, rangendo dentes, estalando juntas com a bacia levitada corpo arcobotado e fazendo plano inclinado de que ele só não despencara porque — dizia — era bom de montaria. Além do mais ela era dotada da prenda de ter chupeta. O encontro dos dois parecia uma luta, um pugilato, uma peleja, uma violência cheia de regougos e gemidos. Imitava um assassinato. Subitamente ele estacou a fundo e só ela, apenas ela, continuou num tremor no princípio de asa de beija-flor e depois diminuindo e morrendo que nem tatalar de borboleta fincada pelo pontão de aço do colecionador. Mas renasceram em folha, novos e rindo um para o outro contentes de sua juventude e da consciência dos acordes que um poderia tirar do instrumento fantástico do corpo do outro. Lavaram-se sem nenhuma vergonha de muito se olharem até rindo mais e curiosos das posições que tomavam ao som de águas jorrando jarros baldes bacias de ágate batendo tinindo. Sentiram fome de proteínas e foram ao bife com ovos num escuro boteco na esquina de São Paulo e Guaicurus e encolhidos um contra o outro, ouviram porção de tempo a vitrola raspante com a voz de Estefânia Macedo cantando as musguinhas lindas de Haekel Tavares. Purificados voltaram. Abriram o quarto e o cheiro deles como um flagrante deles próprios recolocou-os nus deitados se olhando com seriedade dramática. Um deus desceu e começaram pesquisas de uma doçura tão aguda que doía. Que era ardente e seca como areias nos olhos. Foram até o fim de seus fins, onde acaba o mundo, a carícia se confunde com a sevícia e começam as pedras dos desertos das sesmarias do marquês de Sade e do cavaleiro Sacher-Masoch...

Aquele rabicho envultou o Zegão mês inteiro em que ele largou tudo — emprego e faculdade — para passar o dia e a noite incrustado na zona. Ela acordava-o de manhã, já lavada, um lenço amarrado na cabeça, fresca, olorosa, decente, laboriosa e pudibunda como se não fosse a parceira do que se passara de explorações tácteis e orais na carne cavidades pontas de carne latejante em cima daquela cama. Agora, bem, você espera que vou buscar o café docê. Ia. Ele tomava a xícara, bebia. Levantava-se. Metia o pé na rua. Pensava vagamente nas coisas e no que via porque não conseguia se fixar em nenhum ponto do espaço e do tempo logo invadido por analogias de outras épocas outros lugares. Ubiquava-se. A insegurança total fazia-o desistir das aulas e voltar para a rua São Paulo onde no quarto limpo, mudado e arejado, a puta laboriosa bordava e cosia. De volta? bem. Tava mesmo tesperando. Sabia... Foi assim mês inteiro até que o Zegão um dia, ao retornar, não encontrou mais a Genomisa. Saíra com a mala — disse a dona da casa — parece que foi pra Rosa. O Zegão correu à Rosa. Nada. A paraibana sovertera. De raiva, aquele porre de vomitar lavar tudo e coisa estranha! ao acordar sentia só a ressaca e nenhuma dor de corno. Pensa que pensa e ele concluiu que era mesmo drogado todas as manhãs naquele cafezinho. Foi também a opinião de meu tio, o Nelo, quando lhe repetimos o caso. Ele ouvia as confidências atento, olho invejoso — tratando o Zegão carinhosamente de *mascalzone*, de *furfante*.

Pelos jornais acompanhávamos o mundo daquele 1926 — dos *whirling twenties années* folles em cheio. Morte de Rilke, morte da rainha da Itália, morte de um deus de trinta e um anos chamado Rodolfo Valentino. Seu funeral ponteado do choro de milhares de viúvas, de correrias, desordens, histeria coletiva e cargas de cavalaria na Broadway. Mensagens devoradas de Gide com *Les faux monnayeurs*, de Aragon com *Le paysan de Paris*. Pela primeira vez nosso grupo atentou com espanto na figura do bufão Mussolini. Não era só um palhaço parlapatão e de peito estufado. Agora tinha as mãos cobertas de sangue. O atentado contra ele, infelizmente malogrado, foi ocasião para o quadrado facínora aniquilar a oposição do Parlamento e liquidar seus antagonistas a ferro, cacetada, prisão, fome e óleo de rícino. Estavam abertos os anos terríveis. Mais adiante a rendição de Abd-el-Krim era outra derrota nossa. Descobrimos que tínhamos de tomar partido em nossa terra dependendo também do que nos viesse do resto do mundo. Posso marcar como desse ano minha posição antifascista que seria depois antinazista, antilegião mineira, anti-integralista. E temos de continuar fazendo finca-pé porque as cabeças da hidra não foram reduzidas pelo fogo depois de decepadas...

Uma certa liberdade feminina começava a apontar. Vinha de trás, com os cabelos *à la garçonne*. Exagerava-se agora, as nucas sempre nuas mas, aos lados, os *accroche-coeurs* em ganchos cada vez maiores e colados à bochecha. Sua forma era mantida a cosmético de bigode, gomalina ou mais simplesmente a goma de quiabo. Os chapéus femininos eram pequenos, enterrados até os olhos, cobrindo as orelhas, descendo à nuca — aderentes à cabeça como se fossem camisas de vênus. As saias subiam cada vez mais generosamente — estavam nos joelhos. Tinha passado completamente aquela moda passageira dos 23, dos vestidos de organdi compridos e rodados cheios dos enfeites de grades da mesma fazenda (o amarelo da Mariquinhas Vivacqua era a coisa mais leve deste mundo) e dos coques no alto das cabeças, lisos ou riçados, saindo dos cabelos embutidos atrás e mantidos por grandes pentes como os das espanholas (o da Zita Viana era o mais alto e tinha a prendê-lo peça antiga, autêntica e de tartaruga). Influência do cinema, nos bailes começaram a surgir decotes feitos os das artistas americanas em que a blusa ou o que fazia de — vinha até acima dos seios e segurava-se no arrocho ou por alças estreitas que circulavam os ombros. Vimos assim os primeiros sovacos raspados (que pena!) enquanto as que achavam imodesto tratar as axilas a navalha, usavam, saindo do vestido, um tapinha que cobria a zona cabeluda e que prendia-se no braço com fitinhas. Em ambos os casos, sempre fazendo parte do vestido de baile, echarpes de gaze que disfarçavam aquele excesso de carne à mostra. Começava-se timidamente a conversar nos portões com as amadas ou a abordá-las rapidamente nas ruas. No gesto e no vestir elas imitavam Barbara Lamarr, Pola Negri, Mae Murray e Gloria Swanson. Nós usávamos cabelos colados à Valentino, colarinhos à John Barrymore, ternos à Thomas Meighan, jaquetões à George Walsh. E nesse ano eu revi as operetas que conhecera no Rio com minha tia Candoca — repetidas no Municipal de Belo Horizonte pela Companhia de Lea e Amata Candini. No nosso pequeno mundo da rua Aimorés — grande novidade no meio da rotina da vida de todos. Meu irmão José chegava de sua estadia no Ceará, onde fizera todo o curso secundário, morando primeiro com os Meton e depois em casa de nossa avó paterna. Mesmo assim não estava mais reunida a nossa família. Nosso outro irmão, Paulo, estava em Juiz de Fora, trabalhando na agência local do Hipotecário e Agrícola de Minas Gerais, onde começou sua carreira de bancário. Com a chegada do José coincidiu a passagem por Belo Horizonte de dois cearenses: Antônio Carlos dos Santos Melo Barreto e Vicente Pereira da Silva — que ele apresentou a nossa roda do clube. O último era parente do padre Cícero Romão Batista. Os dois foram vítimas de equívoco e presos por um delegado arbitrário. Conseguimos soltá-los depois de demarches em que eu e o Teixeira fomos destratados de maneira inexplicável pelo chefe de polícia — Arnaldo de Alencar Araripe. Tomamos nossa forra telegrafando ao padim Cirço contando as brutalidades que seu parente tinha passado. Começaram a chover telegramas do Juazeiro para o presidente do estado, o secretário do Interior, o chefe de polícia. Soubemos disso por telegrama do Taumaturgo dirigido ao Vicente e rimos desabaladamente das dificuldades que tínhamos provocado para o governo. Porque éramos do contra e irritava-nos profundamente o ambiente de festiva bajulação que estava reinando no estado. Assim nossa insolência crescia e particularmente o Zegão e o Estoneive carregavam a mão. Num dia de manifestação eles meteram-se na fila dos engrossadores que subia as escadas do Palácio para cumprimentar o chefe do Executivo mineiro. Pois apertaram a mão de sua excelência, desceram e tornaram a entrar na fila para novo *shake-hands*. À terceira passagem dos dois compadres o Melo Viana atentou naquela repetição de caras e recolheu o riso. À quarta teve um movimento de impaciência mas dominou-se e estendeu a sua mão para os moços mais umas seis vezes. Os amigos desceram e aproveitando a confusão feita pelos grupos que esperavam embaixo, para subirem até ao Olimpo e o afastamento momentâneo de um dos porteiros — esgueiraram-se para uma sala onde estavam os chapéus dos manifestantes. Os cabides preenchidos, os supranumerários tinham sido numerados e colocados em ordem sobre o tapete da sala. Pois o Estoneive e o Zegão regalaram-se pisando e quebrando os palhetas, amassando os cocos e os *cronstadts*. No dia seguinte eles vagamente inquietos imaginaram que iam ser presos. Nada aconteceu nesse dia nem depois. Isso aumentou sua audácia. Noites depois eu estava com eles para a compra dos jornais na calçada do seu Artur Haas. Havia várias pessoas esperando os matutinos que se desbarretaram profundamente quando o presidente, saindo a pé, de Afonso Pena, em companhia do deputado João Lisboa e do major Oscar Pascoal, achegou-se e os três adquiriram, democraticamente, cada um seu número do *Correio da Manhã*. Nós compramos os mesmos jornais e verificamos que na primeira página estava o retrato de Melo Viana com declarações suas sobre a situação. Sem projeto nítido do que fazer fomos acompanhando os próceres que subiam Bahia. Da esquina do Poni vimos que eles entravam no *Estrela*. Um teve a ideia. Arrancamos o retrato dos jornais e entramos também no café. Sentamos perto e os três, ao mesmo tempo fazendo o gesto de quem ia ler, abrimos os jornais furados. Através do buraco do mesmo eu vi uma cor subir no rosto do presidente, o pasmo do João Lisboa, o Pascoal começando a se levantar e a levar a mão direita aos copos da espada e o gesto do primeiro segurando o militar pelo braço e obrigando-o a sentar-se de novo. Logo eles pagaram a despesa, levantaram-se e foram seguindo a pé Bahia acima. Como o ajudante de ordens tivesse fixado longamente nossas fisionomias, considerei logo para meus dois amigos que desta vez estamos mesmo é fodidos e mal pagos. Pois não aconteceu absolutamente nada. Os anos foram se passando e eu que conservo intactos os sentimentos que sempre tive a respeito dos políticos — isto é, o da maior hostilidade e má vontade, comecei a descobrir em mim, sempre que se tratava de Melo Viana, pensamentos de simpatia, de saudades dele e do seu tempo. Espantado, aprofundei bem a razão e descobri que eu não podia sentir senão isto por homem que provara a mim e a meus companheiros que era dono de qualidade rara e que sempre respeitei — a tolerância. Anos e anos depois eu estava em Paris quando recebi carta de minha cunhada Beatriz Gastão da Cunha Penido avisando que mandara dinheiro para uma de suas filhas que viajava conosco, por intermédio do amigo de seu pai — Fernando de Melo Viana. Tratasse de procurá-lo no *Plaza-Athenée* onde estava hospedado. Fui. Conversei muito tempo com um homem amável, alegre, inteligente, pitoresco e mineirão até ali. Várias vezes ele me olhou como quem está reconhece, não reconhece... Um momento não resistiu e acabou perguntando se nunca tínhamos nos encontrado. Com o maior caradurismo respondi que não, pessoalmente não. Só agora, senador, é que estou tendo a honra...

Mas retomemos o fio do que eu estava recordando. Isto leva novamente a Belo Horizonte e ao fim do governo Melo Viana. Estava em vésperas de tomar posse o novo presidente — Antônio Carlos Ribeiro de Andrada. Nos meus *Baú de ossos* e *Balão cativo* já falei da divisão que separava Duarte de Abreu, o nosso Bicanca e meu Pai desse político. Fui educado a considerá-lo como inimigo e meu tio Heitor Modesto sempre referia o fato de um parente e partidário do Antônio Carlos, quando dos concursos de meu Pai e sua nomeação para o Rio, na Saúde Pública e no Serviço Médico-Legal, ter procurado o ministro para ver se impedia aqueles provimentos de cargos que a "política de Juiz de Fora via como coisa inamistosa". Não foi logrado esse intento ou talvez nada disso tenha sido verdade. Sendo assim, a eleição e a posse do novo presidente representaram período em que amarguei grande frustração. Eu lembrava do Andrada nos flagrantes que resumi naqueles meus dois livros e também de tê-lo visto muito de perto, à noitinha, passando diante das janelas de minha avó. Esta estava debruçada, com minha Mãe e comigo. As passadas vinham do lado do Pinto de Moura. Uma larga, vagarosa, elegante, desengonçada — rente às paredes; outra, miúda, mais rápida, atarracada e precisa — do lado da sarjeta. Quando os dois passaram à luz das janelas, desbarretando-se, ouvi o comentário doméstico. Minha avó gabando a beleza do Antônio Carlos e minha Mãe gozando o fraque e o coco daquele "caga-baixinho do Labareda... Coitada da Cecinha!". Passaram de relance mas toda minha atenção fixou-se no moço magro e pálido, cabelos escuros rareando — figura que ser-me-ia sempre restituída durante a guerra, pelos retratos do segundo Alfred Krupp: a fisionomia cheia de raça, fina como a cabeça das raposas, os olhos rasgados, entrecerrados, como a esconder num ar de riso as pupilas penetrantes e o olhar certeiro. Tinha nessa época seus quarenta e dois anos e já era o chefe da política de Juiz de Fora. E vinha agora presidente do estado de Minas Gerais! Era aguentar e continuar do contra. Desabafei com o Teixeirão no dia da posse e dissemos horrores do novo chefe do Executivo. Toda essa tarde passei com esse amigo que, sendo de Barbacena, emendou a mão — e como bernardista cobriu de apodos os Andrada de Minas. Na realidade, de Barbacena mesmo, ele representava a primeira geração pois seu pai e homônimo, irmão de José Bonifácio, o moço, era paulista e só viera para a Mantiqueira em busca de clima favorável a sua saúde. Mas seu destino estava na fazenda da Borda do Campo onde ele conheceu e desposou d. Adelaide Lima Duarte. Essa senhora era a irmã mais moça de José Rodrigues Lima Duarte, visconde de Lima Duarte, e filha de Feliciano Coelho Duarte e d. Constança Emygdia Duarte Lima (Nhanhá da Borda), filha de d. Maria Inácia de Oliveira e do inconfidente José Aires Gomes. O referido dr. Antônio Carlos, pai do novo presidente, era filho do primeiro Martim Francisco e de sua sobrinha e esposa d. Gabriela Frederica Ribeiro de Andrada, filha da irlandesa d. Narcisa Emília O'Leary de Andrada que tinha se casado, em Lisboa, com José Bonifácio de Andrada e Silva, o Patriarca da Independência. Até essa ascendência, esmiuçada por mim e pelo Teixeirão, foi motivo de irritação para nós. É que positivamente não havia nada a dizer, familiarmente, dum cidadão que entroncava nos sesmeiros do Caminho Novo, em comprometidos na Inconfidência Mineira e nos pró-homens da Independência, cujo pai, Bonifácio José, ostentava brasões com metais, cores, timbres e paquifes de autêntico fidalgo oriundo das casas dos condes de Bobadela e dos duques de Lafões. Além do mais nem Antônio Carlos, nem os manos tinham mesaliado. Ele era casado com d. Julieta Araújo Lima Guimarães, filha de Domingos Custódio Guimarães, barão do Rio Preto, e de d. Maria Bebiana de Araújo Lima Guimarães (Mariquinhas), filha de d. Luísa Araújo Lima (cujo apelido — *Bambina* — deu nome a uma rua de Botafogo) e de seu marido Joaquim Henrique de Araújo, visconde de Pirassununga. A *Bambina* era filha única do regente Pedro Araújo Lima, marquês de Olinda, e de sua mulher d. Luísa de Figueiredo. O mano José Bonifácio convolara com d. Corina, filha de uma das glórias da política e das letras jurídicas brasileiras — o conselheiro Lafaiete Rodrigues Pereira. O mano Martim Francisco com d. Maria José (Duca), do melhor sangue luso-brasileiro — Horta — e assim prima de minha Mãe. Também pelas alianças, nada a dizer. O Teixeira e eu remoemos nosso mau humor, nossa *déconvenue*, nosso despeito, vendo chispar na tarde radiosa os automóveis abertos do Palácio em que passeavam as senhoras da família do presidente — tomando conhecimento da cidade. Todas de uma elegância estilizada e meio uniforme — cabelos riçados na testa e, nos lados, grandes brincos cujos pingentes desciam até à raiz do pescoço. Eram d. Julieta e suas primas Azevedo e Régis de Oliveira. Outras, de grandes olhos que se alongavam pelas têmporas como os de figuras egípcias ou como o do *Le prince aux fleurs de lys* — do palácio de Minos, em Cnossos. Eram as Lafaiete de Andrada e as

Lafaiete Stockler. Furioso, imaginando atentados, sentindo falta do Bibiu e de seus projetos de dinamitar tudo, fui para casa jantar. Voltei depois ao Bar do Ponto, subi ao clube e finalmente *desci* para espairecer. Fui por Bahia até Oiapoque, virei à esquerda e entrei no *Radium*. Felizmente encontrei o Zegão. Começamos a conspirar e a ingurgitar lenta e consoladora cervejinha. Estávamos já com nossos três cascos cada um, quando rumoroso e festivo grupo deu entrada no cabaré. Eram rapazes esmartíssimos comboiados pelo Cisalpino, pelo Cavalcanti e pelo Chico Pires. Assim que nos viram os três trouxeram o bando para nossa mesa e procederam às apresentações. Nem mais nem menos que Fábio Bonifácio Olinda de Andrada, seus primos João Augusto Maia Penido e Raul Penido Filho — fora outros figurantes. Calhou o Fábio sentar perto de mim, começar logo a conversar com exuberância e tomando-me como interlocutor. Era um moço encantador, muito bem falante, alto, magro, parecidíssimo com o pai, pernilongo, extremamente elegante. Contou logo de Paris, onde estivera pouco antes da posse, das *partouses* organizadas de automóvel em automóvel pelos convites gritados dum para o outro (*partouse aujourd'hui Bois de Boulogne — partouse aujourd'hui Bois de Vincennes*). Os interessados iam, os carros punham-se em círculo com faróis acesos e dentro da pista iluminada, os pares nus em pelo entregavam-se a surubada sensacional e depois, já se sabe — *ni vu, ni connu*. Contou ainda das *maisons de passe* masculinas, onde moços precisando de dinheiro iam se deitar esperando michê com velhas americanas e inglesas que pagavam sem regatear a carne jovem e disposta. Outra civilização... Eu simpatizei muito com o Fábio mas permaneci um tanto fechado em copas — decidido a não me relacionar com coisa alguma que cheirasse a governo. Manter-me-ia fiel à tradição duartista que trouxera de Juiz de Fora. Era só aquele conhecimento do cabaré e depois, como nas suas estórias de Paris — nem visto, nem conhecido. Assim fui para a rua Aimorés bem certo de não encontrar mais o filho do presidente. Acontece que a simpatia que eu tivera por ele — ele tinha sentido por mim e no dia seguinte eu me dispunha a jantar quando bateram à porta. Eram o Fábio e o Chico Pires num vasto carro do Palácio, dirigido pelo primeiro que vinham me buscar para irmos a Sabará. Lá jantaríamos. Impossível recusar. Pois fomos. Nesse tempo a estrada para a cidade vizinha saía dos fins da rua Niquelina e depois ganhando para o leste subia em zigue-zague para o espinhaço da serra do Curral. Voava-se nos ventos daquelas alturas e depois, por novos parafusos, descendo o Taquaril, chegava-se aos trechos mais retos que conduziam à ponte de cimento armado construída por Melo Viana sobre o rio das Velhas e entrava-se na cidade vizinha. O Fábio era um volante de primeira ordem e meteu-se naquela picada de terra batida, sem nenhuma sinalização, fazendo cem quilômetros nas retas, rangendo e derrapando a sessenta nas curvas. Mesmo assim levamos quase hora para chegar. E foi do mesmo jeito pelos dias subsequentes, com correrias de dia ou de noite para a Gameleira, Pampulha, Venda Nova, Gorduras, Lagoa Santa, Acaba-Mundo. Mas era principalmente a velha Itabaraba, Tabará, Sabará-buçu ou Vila Real de Nossa Senhora da Conceição de Sabará — que nos atraía. Ela entrou em minha geografia sentimental de modo indelével. Eu ainda não vira uma só de nossas cidades coloniais e aquela foi para mim verdadeiro impacto. Ali tive meu primeiro contacto com o nosso barroco e descobri a alma de minha Minas nas torres e frontões das igrejas do Carmo e da Matriz, no tisnado sangrento que o ferro põe nas suas paredes e nas da casa dos Quintos, nos Passos das ruas, nos quadrados das construções civis. Vi as imagens com cabeleira de promessa, vestidas de roxo e chorando por seus olhos de vidro. Senti o silêncio fresco e oco das capelas, vi as pinturas e os ex-votos ingênuos do Ó, a gaveta com o corpo de tia Cândida no paredão do cemitério do Carmo e encharquei-me da água do Kakende — boca na fonte, sorvendo aquela linfa do corpo de minha província — que, bebida uma vez, faz sempre voltar a pisar o *pé-de-moleque* daquelas ruas.

A Segunda Enfermaria de Mulheres da Santa Casa de Misericórdia de Belo Horizonte, onde funcionava a cadeira de clínica propedêutica médica, era dirigida pelo professor Samuel Libânio e nos seus impedimentos por seu primo, o também professor Marcelo dos Santos Libânio. Eram seus assistentes em 1926 os drs. Ari Ferreira, Osvaldo de Melo Campos, Eliseu Laborne e Vale; internos, Antônio Caetano de Freitas Mourão, Nícias Continentino, Oscar Versiani dos Anjos, Odilon Behrens, Manuel Tomás Teixeira de Sousa, Luís Castilho e eu. Esses estudantes dividiam-se pelos assistentes a quem auxiliavam na rotina do trabalho. A mim coube ser chefiado pelo primeiro mencionado a quem pertencia também a assistência às tuberculoses, internadas no pavilhão Koch —

anexo à nossa enfermaria. O trabalho de enfermeira era feito pela irmã Salésia auxiliada pela Conceição — antiga paciente, virada em servente. Não posso dizer com certeza o número de leitos da enfermaria. Posso retomá-lo de memória, fazendo o cálculo dos espaços entre as janelas da Segunda — justamente os escolhidos para colocação das camas, de modo a deixá-las abrigadas. Fui proceder a essa avaliação na minha última viagem a Belo Horizonte, pois a minha querida clínica continua de pé. Só a parte à direita, de quem entrava na Santa Casa, foi demolida para dar lugar ao prédio vertical levantado mais tarde e onde funcionam hoje suas instalações. A coisa meio arruinada que eu vi em dezembro de 1977 tinha onze janelas de frente com doze vãos (contando-se os cantos) para doze doentes. Com o outro lado, seriam vinte e quatro que devemos diminuir de dois devido ao espaço criado, numa ala, para a mesa do professor e na outra, para a entrada dos sanitários. Digamos vinte e dois — mas sempre aumentados pelos colchões postos no chão, para atender à demanda de lugares. A secretária do chefe de serviço era de tábua amarela, igual à da giratória. Umas poucas cadeiras austríacas completavam o mobiliário de madeira. O resto, ferro pintado de verde-escuro: mesinhas de cabeceira, suporte para os funis e depois as empolas do soro, mesa central, os leitos. Desses, havia uns poucos de Fowler. Os outros eram comuns e quando se queria dar a referida posição ao doente, seu colchão era levantado e punha-se, do lado da cabeceira, uma cadeira de borco no enxergão. Sua inclinação favorecia e, para o doente não escorregar, recebia, sob os joelhos, um reforço de travesseiros. Nos pés da cama pendurava-se a clássica prancheta prendendo a papeleta clínica, as do receituário, os exames, o quadriculado do PTR (pulso, temperatura, respiração). Porta ao fundo da enfermaria dava passagem para corredorzinho onde abria um pequeno laboratório da clínica e posteriormente à minha chegada como interno *voluntário*, conduzindo ao anfiteatro de aulas construído para Osvaldo de Melo Campos quando de sua ascensão à cátedra. Nesse anfiteatro ele inaugurou um novo e luminoso período no ensino de clínica médica, na Faculdade de Medicina de Belo Horizonte. Era uma dependência muito clara que fazia corpo com uma das alas da maternidade. Seus assentos tinham sido feitos com tijolo recoberto de marmorite e gelavam os traseiros dos alunos, tempo de inverno. Grifei acima meu título de *voluntário* do internato porque os efetivos eram escolhidos entre alunos mais ou menos ligados ao establishment. Entre eles, um ou outro já destinado de cedo à assistência efetiva, à sucessão nas cátedras. Esse ou aquele *voluntário* conseguia, às vezes, transpor o muro — por real valor, por muita habilidade, ou por aliança. Aliás esse quadro é o de todas as faculdades de medicina e está na definição de quase todas as grandes carreiras médicas. É sancionado no "Juramento de Hipócrates" quando se promete ensinar os segredos da Arte só aos próprios filhos, aos dos mestres, aos vinculados por um compromisso mas — a nenhum outro...

Logo que comecei na Segunda, seguindo o conselho que me dera o professor Marcelo, procurei o assistente Ari Ferreira que imediatamente anexou-me ao seu trabalho — na enfermaria e no pavilhão Koch. Era um moço fino e magro, muito sério, extremamente zeloso e cumpridor de suas obrigações. Muito inteligente e muito estudioso — tinha ainda o amor pela profissão que, somado aos dois primeiros atributos, cria os grandes médicos. Nascido a 11 de dezembro de 1896, tinha vinte e nove para trinta anos neste 1926 em que estamos navegando. Era filho do fundador de nossa faculdade — Cícero Ribeiro Ferreira Rodrigues e de sua mulher e prima d. Laura das Chagas Ferreira. Ele, família de Bom Sucesso, ela, gente de Oliveira, a mesma de Carlos Chagas e de Carlos Pinheiro Chagas. Conheci, pois, Ari Ferreira, quando comecei a trabalhar em clínica médica, portanto em 1924. Faz assim cinquenta e quatro anos que recebi desse amigo e mestre os ensinamentos que foram decisivos na minha formação clínica. Em 1926 eu já tinha dois anos de prática com ele e, a essa época, creio que tinha sido feito um bom interno — pelas suas mãos. Quando de minha posse na Academia Nacional de Medicina ressaltei o papel que ele teve para mim e quero transcrever aqui as palavras com que lhe prestei a homenagem de minha gratidão. Disse na ocasião — "[...] dele recebi a influência forte e decisiva dos primeiros ensinamentos da Arte. Com ele aprendi como se aborda um doente. Como se estudam seus sintomas. Como se colhem os sinais. Como se reúnem esses dados. Como se os julga e valoriza do ponto de vista fisiopatológico. Como arranjá-los em conjunto e emitir um diagnóstico, orientar uma terapêutica e enunciar um prognóstico. Com ele aprendi tudo o que tem de saber um clínico, isto é, observar — mas considerando a observação, não como cincho ou esquema — senão erigindo-a em método e sistema. Graças a Ari Ferreira escapei dessa orfandade que é o autodidatismo no terreno médico e por suas mãos adquiri lugar numa escola, numa corrente de pensamento internístico que era a sua, a de seu pai e mestre o grande Cícero Ferreira — que se alinha com Francisco de Castro, Miguel Couto, Almeida Magalhães e Eduardo de Menezes entre os mais preclaros alunos de Torres Homem. Agradeço a Ari Ferreira a outorga que ele me fez, com seus ensinamentos — de uma tão subida linhagem espiritual". O que eu disse há vinte e um anos retomo agora ipsis litteris. Muito bem-educado, Ari Ferreira era convivência extremamente agradável. Gostava de conversar, de ensinar e minhas manhãs na enfermaria, acompanhando seu trabalho, são das melhores recordações que guardo de minha vida de estudante. Desde cedo eu estava nos leitos que nos cabiam e examinava uma a uma as doentes. Das antigas, retomava a observação e anotava a evolução de todos os sintomas importantes, verificava cuidadosamente o PTR, o volume urinário, esmiuçava se tinham evacuado — com cólica? com puxos? sem dor? muito? pouco? quantas vezes? muitos gases? fezes duras? moles? escuras? claras? Se a doente era nova, tratava de redigir sua observação como gostava o Ari: anamnese cuidadosa, detalhada, condições de início da doença, o primeiro sintoma, exame dos aparelhos um por um. Quando ele chegava revia cuidadosamente e corrigia minhas omissões e enganos. Naquelas manhãs do Libânio aprendi nova língua — a interpretativa e pitoresca das pacientes, que eu tinha de traduzir para as papeletas. Ai! doutor, senti como se eu fosse um monte de gelo derretendo, não vi mais nada e caí. A coisa em linguagem médica queria dizer: suores e lipotimia. Assim era feito com a série de figurações verbais que cada um usava para exprimir suas dores, agonias, aflições. Lembro as que guardei para sempre. Tenho o tornozelo cheio de vidro moído. Uma dor como se as carnes estivessem despregando dos meus ossos. Sinto um rebolado no joelho. Meu Deus, doutor! tenho sensação de formigamento que vai da papada à ponta do pé e ao mesmo tempo parece que estão enchendo minha perna e minhas *cadeira* que nem pneumático de automóvel. Meu sangue tem pimenta. Tenho uma canga no pescoço e a cabeça feito mingau. Uma correria dentro de mim. Sofro de fisgadas ardidas. Meu corpo fica feito bacia de saboada quando as bolhas tão rebentando — aí ele arde e chia, bate todo por dentro, e com perdão da má palavra, treme até na via da vagina. Tem estrelinhas de metal debaixo de minha pele. Uma corrente de ar nos ossos da perna afora. Me deu um ronco na cabeça. Isto tudo era preciso fazer repetir, perguntar como era, captar e afinal transcrever na linguagem técnica com que se classificam as dores, as aflições, as sensações falsas do pitiatismo, as parestesias revestidas de comparações fantasistas. Depois da estória pessoal, a da família, do pai, da mãe, dos irmãos, do marido, dos filhos. A das residências sucessivas, onde era, como era a casa ou barracão ou palhoça. Aí era hora de inspecionar a doente. Face, olhos, pupilas, nariz, narinas, boca, língua, dentes, expressão, fácies. Posição, magreza, gordura, corpo todo, braços, mãos, pernas, pés, pele, cabelos, pelos, vasos, edemas, vermelhidões, palores, livores, suores, cicatrizes, manchas, tatuagens. Vinha depois o exame dos aparelhos. Palpação do tórax, aplicação da parte distal dos dedos para captar o frêmito da voz, sua distribuição em pontos onde ele é mais vibrante ou menos intenso. Timbre da voz. Tonalidade. A percussão centímetro por centímetro, feita com virtuosidades de pianista: rapidez e firmeza do dedo que percute, prontidão do percutido em ser retirado assim que sentiu o rechaço do som e, simultaneamente, a captação deste pelos ouvidos. A elegância necessária no colocar e mover das mãos. A posição do médico e do doente. Vinha a ausculta — primeiro só da inspiração, depois só da expiração, em seguida dos dois tempos. Anotação das variedades de ritmo, duração de cada, marcação de número de excursões por minuto. Os ruídos anormais e seu tempo de aparição. Passava-se à repetição dos mesmos recursos para o aparelho circulatório. Palpação dos vasos do pescoço, procura do batimento da ponta, verificação do ronron felino do frêmito catário, delimitação do contorno do coração e vasos da base. Quando o Ari ensinava este capítulo sempre o temperava com anedotas sobre Pedro de Almeida Magalhães — o rei da percussão — que desenhava no tórax a posição do septo interventricular, delimitava o coração pelas costas, com tal aprumo de atitude e tamanha elegância que Potain, vendo-o agir na sua enfermaria, parou seu interlocutor para admirar o brasileiro de longe e dizer depois o decantado — "*Il connait son affaire, celui-là*" — que consagraria o mestre. Ausculta os quatro focos, os desdobramentos, o galope, as arritmias em que parece se ouvir pássaro preso se debatendo dentro da gaiola do peito. As anedotas clássicas. Nuno de Andrade explicando onomatopaicamente os desdobramentos a seus alunos. Meus senhores! ao desdobramento da primeira bulha sentimos como se o coração estivesse falando a palavra prosa cuja sílaba inicial parece dividida quando soa o R. Prosa, prosa. A segunda, como se o coração estivesse chamando um Castro cuja última sílaba fende-se ao R. Castro, Castro. Guardem bem a onomatopeia: prosa, Castro — *Castro, prosa*. E o revide de Francisco de Castro mostrando como se sonorizava o ruído de galope. É como se o coração repetisse — nunuburro, nunuburro, Nuno burro, *Nuno burro*... E vinham mais comparações terminadas no famoso —

Rum-fffft-ta-ta

Passava-se ao abdome. O Ari sempre advertia. Conhece-se o médico que sabe o que quer pela palpação do abdome. Não é amassar como quem amassa pão. No princípio simples aplicação da mão bem espalmada — calor, frio, suor, secura. Depois a palpação superficial — pele, deslizamento, turgência. O sinistro sinal de Andral. Depois os músculos, sua resistência, moleza, renitência. O ventre em tábua. Em seguida as vísceras. Os pontos dolorosos à compressão, à descompressão. Bordo do fígado, ponta do baço, moleza do intestino, útero grávido, bexiga cheia, fecaloma; alça sigmoide contraída correndo sob os dedos como charuto ou rolete ou linguiça. Os gargarejos e borborigmos. Percussão. Macisses de derrame ascítico. Timpanismos. Inspecção. Umbigo, vasos, as circulações colaterais, a cabeça da Medusa. Os lugares de maior atenção, como a região do quadrante inferior direito. O ponto de Mac-Burney. O apêndice e logo os versinhos gozando os operadores.

> *El apendice, señores,*
> *es un organito hueco,*
> *que aunque sólo débil eco*
> *de pasados esplendores,*
> *tiene para los dotores*
> *trascendental importancia,*
> *porque en toda circunstancia,*
> *lo mismo enfermo que sano,*
> *proporciona al cirujano*
> *considerable ganancia.*

Mas fantástico na vida do futuro médico é o que ele vai tirando da experiência adquirida dia a dia na exploração dessa coisa prodigiosa que é o corpo humano. Ele é sempre admirável. Admirável no crescimento, no milagre da adolescência, na saúde plena e na eurritmia da idade madura, da vida em sua pujança, seu transbordamento na reprodução. Igualmente admirável na impotência, nos desequilíbrios da velhice, na senectude, na cacoquimia, na doença, na desagregação e na morte. Tudo isto tem harmonias correlatas e depende de trabalho tão complexo para criar, como para destruir, para fazer a vida e fabricar a morte. Temos de reconhecer essas forças da natureza e delas tirar nossa filosofia médica e nossa lição de modéstia. Cedo compreendi que nós, doutores, podemos, quando muito, alterar e modificar a vida pelo ferro cirúrgico e pelo veneno remédio, procurando que a alteração introduzida esteja no caminho da *vis medicatrix naturae*. Nesse sentido ajudamos e só ajudamos quando remamos a favor da maré. *Je panse, Dieu guérit* — dizia humildemente Ambroise Paré — o Pai da cirurgia. O grande equívoco de todos — doentes e médicos — é julgar que, prolongando a vida por alteração de condições, estamos combatendo a morte. Jamais. Tanto quanto imbatível ela é incombatível. Prova: só ampliamos vida que existe. Em seu lugar não temos o poder de colocar mais nada porque na medida em que ela se retrai, diminui e bate em retirada, cada milímetro é conquistado implacavelmente pela morte triunfante. É inútil pensar o contrário. O que temos é de nos convencer que o homem, de tanto viver, que o doente, de tanto padecer — adquirem o direito à morte, tão respeitável como o direito à vida por parte de quem nasceu. Por mim mesmo eu me penetrava dessas verdades vendo o pátio dos milagres terrível de nossa enfermaria. Velhas megeras que a caquexia terminava de esculpir em forma de esqueletos revestidos de pelanca, corpos monstruosamente alterados pela infecção, pela maré montante dos edemas e dos derrames cavitários ou comidos em vida até sua última migalha pelo trabalho fabuloso dos cânceres. Admiráveis caras azuis de asfixias, gessadas das anemias, rubínicas, flavínicas e verdínicas das icterícias, grenás da hipertensão, balofas das anasarcas hidropisias; olhos incertos de urêmicos, porcelana das escleróticas dos verminóticos, pupilas incandescentes dos febricitantes, envesgamento dos meningíticos, comissuras sardônicas da boca dos tetânicos; peles áridas da subida das febres, molhadas das crises de defervescência... como vos conhecia e como eu pasmava da extrema complexidade, de vossa fabricação. *Ce qu'il y a de beau dans la nature, c'est qu'il n'y a rien de simple* — dizia meu mestre Layani. Aqui e além um resto de beleza como o rastro da passagem dum Deus sugerindo que ali não estavam só doentes mas mulheres também. Lembro da feérica e maldita da cama ao fundo (primeira à direita de quem entrava) bela como as estátuas, cabeça divina, tronco divino, mas ah! figura dupla acabando, embaixo, no monstro pernibambo, pernas paralíticas atrofiadas pelo Heine-Medin. Lembro seus olhos imensos que pediam, na face perfeita, seu olhar fixo que perturbava os internos que iam examiná-la e que mal se aproximavam de seu catre que ela deitava, abria a camisa despindo seios soberbos e empurrava o cós da saia fazendo aparecer o ventre de mármore e o princípio de uma linha negra — base do triângulo de pelos cintilantes. Riscos de nanquim num fundo de alabastro. Ninguém podia examiná-la calmamente e senhor de si de tal maneira ela palpitava, estremecia toda, arfava, encarava e se roçava — a um tempo radiosa e abjeta, inquieta e inquietante, aflita e aflitiva. *Je trouble, parce que je suis troublée...* Logo a irmã Salésia rastreou aquela coisa cheia de furor e sempre que a menina e moça ia ser visitada por médico ou interno ela, irmã, tinha logo alguma coisa a fazer — injeção, curativo, vérmina a combater, temperatura a tomar na doente do leito ao lado.

  Meus sentidos em tensão permanente para surpreender a moléstia desenvolviam-se sempre mais. Para olhar, vendo. Para escutar, ouvindo. Para tocar, adivinhando. Para servir a OBSERVAÇÃO até o nariz adquiria argúcias de faro. Eu era capaz de distinguir sem-número de moléstias só pelo cheiro. Já não falo do bafo de putrefação em vida que subia das miíases e gangrenas e nomas. Mas de pontas que saíam de dentro da morrinha geral da enfermaria: odor de violeta e vinagre dos diabéticos entrando em coma; de coalhada fecaloide dos tifentos; de alho do reumatismo poliarticular agudo. Quantas vezes me destes um diagnóstico de imediato que só tornava o exame necessário para confirmar e ficar dentro da regra do jogo. A regra do jogo... era não perdê-lo e não se deixar enganar pela moléstia que se escondia e desafiava. Olho atento, ouvido agudo, nariz perdigueiro, tato arrombador — eu ficava como que atuado naquelas horas de enfermaria com minha atenção afinada afiada ao fino fio dos violinos levados ao paroxismo. Eu me sentia como um bojo ressoante, uma caixa acústica; um aparelho de captação sensibilíssimo quando me media com a doença hercúlea entaipada no corpo fraco dos doentes. E olhava bem em roda como quem quer tomar posse de terra descoberta e sente-se cercado de embustes. Sentia agudamente as informações que me eram dadas. Pelos aparelhos de pressão cuja seta entrava de repente nas zonas de alarma onde começa o perigo das crises hipertensivas generalizadas e localizadas seguidas de seus sequazes, a morte súbita, o icto cerebral, o *angor pectoris*, o edema agudo do pulmão. Acompanhava a coluna dos termômetros, sua entrada na zona vermelha — 37 — 38,5 — 40 — 41 — 42 e mais e as sereias de alerta contra o bombardeio incendiário. Os estetoscópios que canalizavam para meus ouvidos o ruído de seda do estertor crepitante, as flautas do sopro tubário, o jazz dos galopes — que soavam em mim feito o trovão. Eu sabia o que eles anunciavam. Ouvia e treinava em preparar a melhor cara do mundo para dizer à condenada não é nada, minha filha, em dias você fica boa. Cada coisa era instrumento tocando sua partitura dentro daquele concerto de dores. Seringas, vidros de poção, caixa de cápsulas, camas — tudo me dava seu recado e novos olhos para minhas pobres doentes, para a paisagem da rua entrando pelas janelas da frente, a do pátio florido onde a caixa-d'água preta parecia gigantesco monumento funerário, as janelas do Werneck, e ele, visível, passando na sua sala, além do jardim interno e que fazia simetria com a nossa.

Quando acabávamos a visita na Segunda, o Ari e eu seguíamos corredor afora até em frente da inscrição em cima da porta fechada (sobre fundo marrom-esverdeado, letras amarelas dum gótico espúrio) — IRMÃS SERVAS DO ESPÍRITO SANTO. Era a clausura. Mas antes eram os corredores que davam nos serviços de cirurgia de homens, à direita, e de mulheres à esquerda. Desse lado havia escada externa que tomávamos, ganhando o jardim, passando depois por baixo do próprio corredor do Werneck e em frente ao serviço do Otaviano. Tomávamos a horta, íamos pralá da clausura (com varandas posteriores hermeticamente fechadas com cortinas de lona), víamos à esquerda o *pavilhão Semmelweis*, à extrema direita o necrotério e à nossa frente o *pavilhão Koch*. Entrávamos. Aquilo reluzia de limpeza e do cheiro forte da creolina nas escarradeiras. Nos leitos figuras esquálidas, nas mesas de cabeceira o vidrão do óleo de fígado de bacalhau creosotado, as caixas de papelão com os papéis da mistura dos três cálcios, o conta-gotas da água de louro-cereja com a codeína. O Ari estava começando a transformar aquilo e tínhamos, agora, boa quantidade de Sanocrisina e, recentemente recebido, um aparelho de Küss para o pneumotórax artificial. Aprendi com meu chefe a manipular o aurotio-sulfato de sódio e a manejar o aparelho. Para facilitar a operação e evitar picadas no pulmão, ele criara uma agulha especial de bisel curto e fenestração lateral. Levara uma, de platina, à *Joalheria Diamantina* e encomendara as modificações. Devemos a Ari Ferreira a introdução das terapêuticas pela insulina e pelos sais de ouro em Belo Horizonte e, depois das tentativas de Virgílio Machado e João Viana, a generalização do tratamento pelo pneumotórax. Ele aperfeiçoou sua técnica, fugindo das compressões brutais, fazendo-o unilateral ou com a insuflação controlateral que aguentava no lugar os mediastinos deslocáveis. Quando o Ari saía, eu aproveitava para seguir as visitas de Osvaldo Melo Campos e Eliseu Laborne e Vale. O primeiro já com toda a envergadura do mestre que seria a partir da conquista da cátedra nesse mesmo 1926. Era muito moço, trinta anos — alto, sem gorduras, espigado, cabelos muito pretos e palidez romântica. Lembrava um personagem de Mantegna ou figura de Filippino Lippi. Já o Laborne era corpulento e começava a engordar. Regulava idade com o Osvaldo, vestia-se com todo apuro, era o excelente clínico que a política tentaria e roubaria da medicina. Tendo passado o terceiro ano, não por obrigação mas por atenção, assistia de vez em quando uma aula do Marcelo. Eram cada vez mais angustiantes porque ele, sem querer, fazia a mímica dos doentes e parecia sofrer terrivelmente quando falava das afecções dolorosas. Lembro uma de suas aulas sobre a semiologia da tabes. Sua voz, fisionomia e gestos eram de quem estava ora sob as tenazes de uma crise visceral, ora membros castigados pelos pontaços e cortes lancinantes das crises fulgurantes. São situações *dolorosiiiíssimas* — gemia ele, como santo André na aspa, são Lourenço na grelha ou Cristo na cruz.

Mas a grande sensação da Segunda Enfermaria em 1926 foi o professor Samuel Libânio reassumindo seu serviço. Depois que pedira demissão, em setembro, passados os ataques que sofrera da imprensa do Rio, ele retomara, em fins de outubro ou princípios de novembro, sua enfermaria. Pude então conviver mais de perto com meu antigo chefe na Higiene e agora chefe na Santa Casa. Estava completamente mudado. Muito acessível, extremamente atencioso, seus modos facilitaram muito nosso novo relacionamento. Homem de boa prestance, cheio de charme quando queria — logo dominou a cena. Uma, duas vezes por semana ele fazia sua visita, sempre acompanhado por todo o estafe. Perguntava ao assistente de leito qualquer qual era o caso, fazia comentário rápido e interrogava os estudantes qualquer coisa sobre a doença. Por exemplo — com que mais? esse estado pode se confundir — quais os sintomas? que definem bem o quadro — que tratamento? é mais indicado. Ouvia a resposta com muita atenção, tinha sempre um gesto de mãos, um jeito de ombros, um meneio de cabeça que não era sim nem não. Acrescentava alguma coisa como o diagnóstico de certeza é sempre dificílimo — é preciso muita cautela nos planos terapêuticos — a interpretação dos sintomas é uma verdadeira incógnita. Passava a outro leito, repetia-se a cena e todos ficávamos maravilhados com a prudência, a cautela, a vigilância do mestre. De jeito nenhum ele punha o pé em ramo verde. Minha tendência sempre foi a de me pôr ao lado dos prejudicados e perseguidos. O professor Samuel parecia-me ter sofrido injustiça e agravo do governo. Tanto bastou para que eu enterrasse os vexames por que tinha passado na Higiene e passasse a cultivar cuidadosamente sua amizade.

Aquelas manhãs na Segunda Enfermaria, os doentes, os colegas, os assistentes, os chefes, a irmã Salésia são coisas inesquecíveis para mim. Lembro os cheiros, as peles tocadas, sua aspereza, sua delicadeza, a dureza dos ventres, sua resistência aos trocateres de punção das ascites, a agulha vencendo essa resistência, a sensação de estar no lugar, o jorro quente do derrame, o alívio do doente e depois aquela barriga mole, embolada que ia novamente se esticar e endurecer ao impulso do depósito que se renovava se renovava se renovava até ao fim até à caquexia sorosa. As manhãs manejando os aparelhos de Potain e Dieulafoy e aliviando a falta de ar de pulmões afogados. As sangrias terapêuticas que se usavam nas apoplexias e que talvez fizessem mais mal que bem. O compasso do tempo marcado pelas oscilações da agulha do esquecido Pachon. Eu tinha, tirada não sei de que revista, gravura que enquadrara, reproduzindo *Uma consulta*. Era dum anônimo do século XVI, escola italiana. Representava quatro doutores em torno do leito dum doente. Um dos médicos, urinólogo, examinando o vaso de vidro cheio contra a luz. Outro tomava o pulso. Dois olhavam o do pulso, dedo em riste, pontificando. Eu transportava para nossa Segunda a dramaticidade do quadro e sublimava nas suas figuras nossas visitas matinais. Perdia-a depois. Imagine-se agora a recuperação que eu tive quando recebi os programas dos *Entretiens de Bichat Pitié-Salpetrière* para 1977. Seu ornato da primeira página era a minha mesma gravura. Quando a encontrei no correio — aquele envelope remoçou-me de cinquenta anos e lá vai beirada, a manhã Belo

Horizonte entrou pelas janelas da enfermaria, parei o exame da doente e cheguei-me à mesa dos médicos onde a Conceição acabara de colocar a bandeja reluzente com a cafeteira polida e as xicrinhas brancas. Logo ri para o Laborne e retomei a *scie* que eu usava para persegui-lo. Laborne amigo, você é o criador do labornismo como Theda Bara o foi do tedabarismo. Ele ria e me mandava baixinho. Eu ria e não ia... Em roda à mesa, palestrava-se. O professor Samuel contava as peripécias da fundação da faculdade. Mencionava os fundadores. Fomos treze os signatários da primeira ata: o Cícero, o Cornélio, o Borges, o Meirelles, o Honorato, o Zoroastro Alvarenga, o Aleixo, o Ezequiel, o Balena, o Otávio Machado, o Aurélio, eu e... esse Werneck... Nós a par da inimizade que separava os chefes das duas enfermarias fronteiras valorizávamos a pausa, o ar reticente e o modo como era dito o "esse Werneck".

> [...] *je n'ai pas dénigré mes ennemis, je n'ai pas loué mes amis; j'ai dit leur conduite envers moi.*
>
> EUGÈNE SUE, *Mathilde*

Ora, esse Werneck e eu, nessa ocasião, navegávamos nos mares plácidos de uma grande simpatia dele e, de minha parte, amizade tocando as raias da devoção. Nossas relações começaram uma noite, em casa do Lisboa. Eu estava com o Flávio, numa virada de anatomia topográfica quando passaram, entrando pela varanda, sua tia d. Dora e o marido. Daí a pouco a porta do gabinete do Lisboa abria-se e eu vi aparecer a cara sorridente do Werneck. Olhou-nos e, certificado do que estudávamos, disse — desgraçados! parem um pouco e venham conversar na sala. O Flávio me apresentou. Fomos para a varanda com seu tio e logo depois a roda era completada por mestre Lisboa, pelo Otávio, o Haroldo e o Péricles Pereira que tinham subido também. A palavra ficou com o tio dos amigos que com grande verve contava coisas de nossa medicina, lembrava seu tempo de estudante e de interno no hospital de Jurujuba, de suas viagens para Niterói num batelão, dos mares da baía, ora mansos ora encrespados, da Casa de Saúde dr. Eiras, de seu pai. Ele tinha uma graça enorme para contar, era um narrador exímio e fiquei cativado por sua palestra. Tratei de brilhar um pouco, disse passagens do

Colégio Pedro II, anedotas sobre os professores e a uma o Werneck estourou de rir, olhou-me com atenção e evidente agrado. Uma manhã ousei aparecer no seu gabinete à hora do café e do bonde pós-operatório. Ele recebeu-me alegremente, fez-me repetir a estória d'outro dia, sobre o Laet, riu de novo e pôs-se a falar alegremente. Eu admirava sua sala, os retratos pelas paredes. Seu pai e um mestre austríaco. Seu pai praticando uma das primeiras cesarianas feitas no Rio, cercado de auxiliares entre os quais o estudante Samuel Esnaty que eu teria mais tarde como cliente, no Rio, já quase nonagenário. Robert Lawson Tait com olhos largos e vivos, a longa barba branca, a expressão ainda moça e cheia de majestade. O inaugurador da cirurgia asséptica na prenhez extrauterina, como aparecia naquela fotografia, tinha alguma coisa de mosaico e lembrava a estatuária de Miguel Ângelo. Fui voltando ao café da manhã do serviço do Werneck, tornei-me aos poucos diarista e minhas relações com o chefe fizeram-se progressivamente mais e mais amistosas. Ele achava graça nos meus casos e era claro que minha presença ali, naquelas manhãs, lhe era agradável.

Hugo Furquim Werneck era natural do Rio de Janeiro onde nascera a 28 de setembro de 1878, filho do ilustre médico dr. Francisco Furquim Werneck de Almeida e de sua mulher e prima em segundo grau d. Hortense Furquim Werneck de Almeida. De seus pais ele recebeu um dos sangues mais aristocráticos das províncias de São Paulo, Minas e Rio de Janeiro. O sobrenome Furquim lhe vem do seu oitavo avô, Cláudio Furquim Francês,* loreno transladado para São Paulo no século XVII. Quem conhece um pouco de genealogia brasileira, consultando o resumo de gerações transcrito no rodapé, verá que o nosso Werneck descendia do loreno sempre por linha varonil e que cada geração enriquecia o

---

* Esse Cláudio Furquim Francês casou-se com d. Maria Pedroso. Foram pais de Estêvão Furquim casado com d. Maria da Luz; pais de Cláudio Furquim da Luz casado com d. Isabel Pedroso; pais de Estanislau Furquim Pedroso casado com d. Ana Campos; pais de Caetano Furquim de Campos casado com d. Isabel Sobrinha de Almeida; pais de Manuel Furquim de Almeida casado com d. Francisca Gabriela Teixeira Leite e de Batista Caetano de Almeida casado d. Alexandrina Teixeira Leite. José Caetano foi o pai de d. Hortense Furquim de Almeida. Batista Caetano foi o pai de Francisco de Assis Furquim de Almeida casado com d. Mariana de Lacerda Werneck — pais do dr. Francisco Furquim Werneck de Almeida.

sangue do francês com alianças bandeirantes. Além disso a quinta avó Campos entroncava nos Ortiz e nos Camargo; a quarta avó Almeida trazia um sobrenome que é o mesmo "Almeida" dos Osório de Almeida e dos Almeida Magalhães; uma bisavó é Teixeira Leite; uma avó Lacerda Werneck — dos Werneck luso-brasileiros descendentes do holandês Gaspar Werneck que casou com d. Mariana Magalhães, em Antuérpia, em 1639. Deles procedem os Werneck de Portugal e do Brasil. Hugo Werneck era assim bisneto dos barões do Pati e dos barões de Vassouras, sobrinho paterno da viscondessa de Mayrink e sobrinho-neto da viscondessa de Taunay. Esse *talon-rouge* estudou os secundários com os jesuítas de Itu e Friburgo. Matriculou-se na Faculdade de Medicina do Rio de Janeiro em 1895 e formou-se aos vinte e dois anos com a última turma do século XIX, tendo defendido sua tese — *Da salpingo-ovarite e seu tratamento* — a 25 de outubro de 1900. Logo depois de formado é nomeado médico da maternidade de Laranjeiras e do hospital de Jurujuba — de que fora interno, como estudante. Nessa qualidade tinha começado seu aprendizado e prática cirúrgica com o conselheiro Catta Preta e principalmente com seu pai, que era tido no tempo como o maior ginecologista e obstetra do Rio de Janeiro. Bem situado socialmente, amparado pelo prestígio técnico e político do pai, ele próprio com vocação cirúrgica notável, servida por amor da profissão e por zelo nos estudos — Hugo Werneck começa no Distrito Federal uma carreira que levá-lo-ia fatalmente e muito moço às culminâncias da clínica, ao professorado, às dignidades acadêmicas. Essa ascensão em flecha seria entretanto interrompida pela moléstia. Tem de seguir para a Suíça. Tratado, obtém melhoras, é autorizado a voltar para o Brasil mas com a recomendação de instalar-se em cidade de bom clima e dar-se ao trabalho com todo método. Belo Horizonte é escolhida e seus ares transformam as melhoras obtidas na Europa em cura clínica. Ele chegou à capital de Minas em 1907.* É provido no

---

* Ver nota da página 390. Depois da primeira edição deste livro recebi de Humberto Werneck, neto de Hugo, carta que contradiz essa nota. Diz ele: "1) a morte de meu avô ocorreu a 19 de março e não em fevereiro, como está dito em *Beira-mar*; 2) ele não chegou a Belo Horizonte em 1907, mas pouco antes: exatamente às 'onze e pouco da manhã de 21 de novembro de 1906', conforme carta que escreveu à minha avó e que guardo comigo".

cargo de chefe do Serviço de Cirurgia de Mulheres e Ginecologia da Santa Casa, que ele acaba de organizar em 1908. Antecedido de um ano por Eduardo Borges da Costa, Werneck, se não foi o pioneiro da cirurgia em Belo Horizonte, deve ser considerado como o inaugurador na mesma cidade de uma ginecologia e uma obstetrícia realmente científicas. Apesar de ter sido bem recebido na terra que se tornou a sua e de nela ter começado auspiciosa carreira — é fácil conjecturar a frustração desse cirurgião talhado para tudo, na primeira cidade do país, vendo-se desterrado para uma capital provinciana que era verdadeira aldeia no ano de sua chegada. Esse drama explica muito do temperamento estranho e da personalidade complexa de Werneck. Entretanto, seu destino provinciano foi cheio de brilho e de triunfos. Apesar de ter resistido violentamente à ideia da criação de nossa Faculdade de Medicina, ele entrou para seu corpo docente e foi um dos professores fundadores. Sua clínica foi crescendo e tornou-se enorme. Teve posição invejável e deu em troca os mais relevantes benefícios a Belo Horizonte. Além de chefe de serviço e professor, ele foi diretor e provedor da Santa Casa cuja administração era feita a seu talante — diretamente ou por intermédio de diretores fantasmas. Acrescentou-a com a fundação da *Maternidade Hilda Brandão* e do *Sanatório São Lucas*, destinado ao internamento de doentes particulares e a constituir-se em renda para a Santa Casa. Durante longos anos foi membro do Conselho Deliberativo da cidade tendo ocupado sua presidência. Por aí ele, sem se descurar da profissão, mantinha um pé dentro da política com o desejo talvez de repetir a vida do pai que, além do grande operador, ginecologista e parteiro, foi prefeito do Rio de Janeiro. Chegou a ser eleito deputado à Constituinte mineira não tendo tomado posse — pois esse abacaxi chegou-lhe no fim da vida física e médica. Sua última intervenção realizou-se a 31 de janeiro de 1935: foi a retirada por via vaginal e *morcellement* de um vasto fibroma submucoso do útero, servindo-se dos vazadores de Doyen. Lucas Machado descreve a situação dramática do homem querendo esconder a deficiência motora devida a uma compressão progressiva da medula e que, pela última vez, vencia a própria moléstia graças ao milagre de sua vontade de ferro. Encerrou naquele dia sua vida profissional. Logo depois vai operar-se com Benedito Montenegro e falece em São Paulo, em fevereiro, dias depois de seu último ato cirúrgico. Deixou viúva d. Dora Brandon Eiras Furquim Werneck, irmã da esposa de Henrique Marques Lisboa. Werneck foi diretor da Faculdade de Medicina nos anos de 1926 e 1927 e estava em exercício do cargo quando foi criada a Universidade de Minas Gerais.

Como era? de físico esse cidadão prestante. Retratos de seus primeiros tempos em Belo Horizonte mostravam um homem comprido, magro e elegante. Quando o conheci a cura já o tinha engordado e ele não dava mais a impressão de tanta altura. Andava entretanto de tronco esticado, bedonava um pouco, estava corpulento e tinha a majestade da massa. Vestia-se cuidadosamente mas sem pretensão e era frequente vê-lo de escuro e com botinas de pelica amarela — sempre bem polidas. Diariamente, antes do consultório, ele passava pelas cadeiras de engraxate do Giacomo Aluotto e subia, a pé, Bahia, até sua clínica que ocupava casa inteira entre a *Casa Moreno* e a *Farmácia Abreu*. Era cronométrico. Estava invariavelmente com volumosa pasta debaixo do braço e caminhava a cabeça um pouco inclinada de lado, encarando as pessoas por cima dos óculos de aros grossos de tartaruga — com um ar a um tempo sonso e de desafio. Quando sem chapéu, via-se-lhe a testa alta, os cabelos curtos abertos no meio, a fronte contraída e carrancuda, o rosto cheio, as bochechas um pouco caídas, a boca fortemente talhada como se estivesse esculpida, o nariz qualquer, olhos atentos e castanhos que tinham as comissuras externas prolongadas por dobra da pele superpalpebral. Esse conjunto era inteiramente modificado quando Werneck ria gostosamente de pilhérias que contava ou que ouvia. Era como se o sol nascesse na sua fisionomia. O olhar cintilava, a boca abria-se graciosamente mostrando dentes bem implantados, bonitos, ponteados aqui e ali de mínimas obturações a ouro. Seu bigode aparado rente grisalhou cedo e a cabeça, tarde. Homem muito claro e rigorosamente branco. Mãos muito limpas, picadas de algumas sardas, muito móveis e mímicas que acompanhavam sua conversa. Por um tique profissional sempre que ele falava em pessoa do sexo abria muito o primeiro dedo direito, apontava o indicador e o médio aproximados, dobrava os dois últimos e fazia gestos de um toque vaginal imaginário enquanto a mão esquerda executava contramovimento de pressão na parede de baixo-ventre também pseudo. Falava com voz agradável ao ouvido, cheia, sonora. Sua frase era espontaneamente bem construída e elegante, muito rápida e suas palavras eram disparadas como em rajadas de metralhadora. Essa velocidade verbal tornava-o invencível na invectiva, na discussão, e fazia dele um dos examinadores de concurso mais perigosos da faculdade. Era um pulverizador de teses, um exterminador de candidatos. Seu proverbial atrevimento, sua ironia contundente, tinham-lhe criado não poucos inimigos e é um verdadeiro milagre Hugo Furquim Werneck ter passado incólume e sem pugilato sua vida em Belo Horizonte. Sei pelo menos de dois professores que tiveram a intenção de agredi-lo e o filho de um deles foi retirado a custo da frente do seu consultório onde estava a esperá-lo armado de garrucha. Queria abatê-lo. Quando comecei a frequentá-lo sabia de tudo isto mas, em vez de me desagradarem, essas coisas me gratificavam e enchiam de mais admiração pelo novo amigo. Considerava tudo aquilo como pimenta no cu dos outros e como tal, sem ardor. Ai! de mim.

Eu não podia dispensar o café matinal no seu serviço, nossa palestra era cada vez mais cordial e um dia que estávamos a sós fiz-lhe confidências sobre minha situação na Higiene. Disse do ponto implacavelmente cortado, dos meus ordenados reduzidos, da perseguição miúda, das minhas correrias a pé entre a faculdade e a praça da Liberdade. E por que você não manda? tudo à merda. Tive uma inspiração e respondi de pronto que isto dependia dele. Como? Estamos chegando ao fim do ano — é hora de haver vagas de internos na Santa Casa e se o senhor prometer minha nomeação saio daqui direto para cambronizar o emprego. Ele olhou-me um instante, pensou e disse: está feito. Um dos lugares será seu. Pode mandar. E riu a bandeiras despregadas, dobrando e redobrando aquela gargalhada simpática e muito dele. Assim estumado, resolvi mandar logo tudo àquela parte e largar a repartição ignominiosa da praça da Liberdade. Subi suas escadas à hora do cafezinho do Fortunato. Degustei-o, sentei à minha mesa, tomei dum almaço e em documento curto pedi minha demissão, omitindo propositalmente o "Saúde e Fraternidade" que era de praxe empregar na prática burocrática daquele tempo. Fiz questão de protocolá-lo eu mesmo. Entreguei o papel a um dr. Pedro Paulo pasmo, agradeci suas atenções comigo e dali segui para dizer adeus aos outros amigos. Comecei pelo companheiro Figueiredo. Abracei o Levi, o Moreira e bati para o escritório do dr. Abílio de Castro. Foi uma surpresa para o caro amigo. Apesar de sua reserva ele não pôde deixar de alertar-me quando dei meus motivos e contei da situação que ia me criar o Werneck. Ele olhou-me longamente, com tristeza e falou. Se você me permite, Nava, vou fazer minhas observações. Se eu tivesse sido consultado aconselhava que você entrasse em licença sem vencimentos para *experimentar* a Santa Casa. Mas pelo visto seu papel está protocolado e já deve estar em mãos do Raul. Tenha todo cuidado, toda cautela, abra o olho com o Werneck. É homem de comportamento e atitudes imprevisíveis e tenho medo que sua emenda saia pior que o soneto. Seja como for, você está chegando ao fim do curso. Ano que vem vamos nos encontrar porque fui eleito para reger interinamente a cadeira de Higiene. Vou ser seu professor na sexta série. Até lá e muitas felicidades. Todo meu desejo é de estar enganado... Agradeci muito, na portaria caí nos braços do Fortunato e do Policarpo e desci para fazer o mesmo, no Posto de Sífilis, com o Blair, o dr. Aleixo e no almoxarifado, com o seu Jorge Vilela e o Manuel Libânio. No dia seguinte fui dar parte de tudo ao Werneck. Ele ouviu atentamente, reafirmou que eu seria nomeado o mais breve possível e que logo que passasse para o sexto ano ele me queria como interno no seu serviço. Entusiasmado pedi que ele determinasse se valia a pena ir treinando nas outras clínicas em anestesia ou curativos. Principalmente não! — respondeu — eu gosto de apanhar o burro xucro e amansá-lo a meu modo. Rimos os dois e eu saí dali com o futuro chefe num altar e disposto a trocar, sem hesitação, medicina interna pela externa.

    Minha amizade com o Fábio Andrada estreitava-se cada vez mais. Era rara a semana em que não disparávamos de automóvel para Lagoa Santa ou Sabará. Tínhamos feito roda de inseparáveis ele, o Chico Pires, o Cavalcanti, o Zegão, o Isador, o Cisalpino e eu. Veio um dia em que ele convidou-me para jantar em Palácio, com o presidente e sua família. Era uma situação embaraçosa. Arriscando nossa amizade, expliquei a ele aquela velha divisão da política de Juiz de Fora e a posição de meu Pai intransigentemente ao lado do Paletta, do Duarte de Abreu, contra o pai dele, o João Penido, o Valadares. O Fábio riu de meus escrúpulos, disse que sabia de tudo pelo próprio Antônio Carlos — sim, meu pai me contou essa moxinifada toda quando eu lhe falei dos meus novos amigos e citei seu nome — até tinha acrescentado então que ele e meu Pai não tinham voltado a ser amigos porque a morte se intrometera. Já com o Paletta e com o Duarte a reconciliação se dera há muito tempo. E que eu deixasse de fazer cu-doce e estivesse com o Chico Pires, dia seguinte, às sete e meia, no Palácio da Liberdade. Fomos. Ao nos anunciarmos a cara do porteiro se desanuviou. Estava avisado e logo mandou um dos seus auxiliares nos levar até em cima, ao "dr. Fábio". Subimos pelo velho elevador do Palácio da Liberdade, peça extraordinária da belle époque, cheia de torneados, dourados e dotada até duma pequena banqueta forrada de veludo vermelho. Do mesmo sangue, mais veludo revestindo parte do ferro forjado. Em cima, o Fábio nos esperava na sala do bilhar — à esquerda de quem sobe o último lance de escadas. Logo nos fez sentar num grupo de couro. Conversando observei os três vultos que estavam entretidos em torno a uma secretária que havia ali. Abancados de pena na mão, estavam dois ghost-writers dos discursos governamentais. Em pé, ora rente à mesa, ora dando uns passos até a janela, parando, voltando — estava o presidente. Eu não conhecia um dos escribas. O outro era o dr. Abílio Machado, muito magro, muito pálido, pele duma finura feminina, bigodes muito pretos e olhos vivos, expressivos, risonhos e irônicos. Na face, o sinal de uma pinta escura. Corcovado um pouco e ali curvado sobre a mesa, arredondava mais o dorso. Iam fazer o discurso de agradecimento de uma manifestação de políticos do norte de Minas e o orador era um deputado muito conhecido. O Antônio Carlos ditou sua clássica e invariável *ouverture* — *De todas as manifestações que o vosso presidente tem recebido, nenhuma como esta mais lhe há agradado. Já pela relevância de seu significado político, já pela qualidade do discurso de vosso eminente orador...* Interrupção do dr. Abílio. Presidente, o homem que o senhor está pondo de eminente é uma das mais reverendíssimas bestas do PRM. Resposta — Não me diga! meu caro Abílio. Então vamos modificar. Escreva aí. Onde é que estávamos? ah! sim, escreva aí... *já pela qualidade do discurso de vosso eminentíssimo orador...* Risos dos escribas. O presidente continuou e aí é que atentei na coisa rara e preciosa que era sua voz. Tinha um tom velado, era sem arestas e a fala lhe corria como o som dum instrumento de corda tocando com a surdina colocada. Um violino ou menos agudamente, uma viola de orquestra. Era musical e poderia ser comparada ao bater dos pingentes de cristal de um lustre ouvido através de várias espessuras de cortina de veludo. Era como se ela fosse modulada acima do laringe, na parte alta e posterior do faringe, onde já não há durezas de cartilagens e só vibram os macios de mucosas acolchoadas. Devia ser voz de Lima Duarte pois sua qualidade reproduzia-se, menos nítida, no modo de falar de seus primos José Maria e João Penido. Aquela voz de sereia era um dos charmes do Andrada. Pensei nesse nome terminado em A. Sempre pronunciado acentuando-se a última letra para não confundir com Andrade. Mas era a mesma coisa pois vinha dos condes de Bobadela. Resultara, com certeza, da fixação de sobrenome posto no feminino à moda arcaica portuguesa e usado por alguma antepassada. Porque Andrade dá o feminino Andrada; como Barboso, Barbosa; Barroso, Barrosa; Araújo, Araúja; Botelho, Botelha; Abrunhoso, Abrunhosa; Mostardeiro, Mostardeira; Cardoso, Cardosa; Azambujo, Azambuja e tantos outros. Dos que citei, vários, como Andrada, ficaram fixados na variante feminina.

Além de ouvir sua voz pude observar bem a figura do Andrada. Tinha o rosto comprido, a cabeça não muito alta mas larga — o que triangulava um pouco a face olhada de frente. A calva era disfarçada, com repas tomadas da esquerda, crescidas, indo até o outro lado e cobrindo o alto desguarnecido do crânio. As sobrancelhas conservavam-se escuras e contrastavam com a brancura azulada dos cabelos e do bigode aparado curto. Tinha uns olhos extraordinários, a um tempo cheios de malícia e doçura, sempre entrefechados. Pude reparar que seu rasgado e um leve empapuçado inferior é que lhe davam semelhanças com Alfred Krupp. Era alto, magro, elegante e desengonçado. Sua cabeça, vista de trás, era mais larga que alta. Sua boca, de lábio superior muito fino, parecia cortada num mármore. O lábio inferior é que proeminava um pouco. Saíra aos antepassados da primeira trindade andradina, lembrando sobretudo o Antônio Carlos da gravura de Sisson e o Martim Francisco dum daguerreótipo que eu conheceria depois. O ar inglês vinha por sua avó, d. Gabriela Frederica, de quem vi fotografia em Juiz de Fora, no sobrado dos Penido. Dela vinham também seu desengonçamento, altura, magreza e elegância. Suas mãos, muito móveis, eram secas, longas, juntas um pouco salientes. Seus dedos não terminavam fuselando mas interrompidos de repente. Dava errada impressão de fragilidade mas, como a veria mais tarde, ele tinha a flexibilidade, a possibilidade de curvar-se e voltar à sua verdadeira posição e forma natural, a vibratilidade e a dureza de um fino florete de aço toledano. Pernas longas, passos largos, pausados e uma pisada segura de grão-senhor. Quando acabaram com o discurso e o dr. Abílio e o companheiro se retiraram, ele, que parecera não ter dado por nossa presença, olhou-nos com expressão de entreaberto sorriso, como a chamar. Aproximamo-nos e antes que o Fábio nos apresentasse ele nos chamou pelo nome — então? meu caro Sá Pires... então? meu caro Nava — como se nos conhecesse de toda a vida. Era fácil distinguir-nos como ele o fez. O Chico tinha pronunciadamente o tipo que lhe era familiar da *gens* Aurélio Pires e eu, com minha magreza daquele tempo, meu moreno, meu castanho de cabelos, meu *ar* — devo ter-lhe restituído um instante a figura de meu Pai e seu velho adversário municipal. Seguimos da sala do bilhar para uma espécie de passagem avarandada que fica atrás do salão de banquetes do Palácio da Liberdade e quando d. Julieta e as filhas entraram junto com dois amigos da casa, fomos para uma sala pequena de refeições que servia habitualmente à família. Era simples, pouco ornada, mesa ampla, cadeiras altas e um grande aparador ao fundo. D. Julieta sentou-se à cabeceira tendo à sua direita suas filhas Ilka, Luisinha, o Chico Pires e eu; à esquerda, o marido, um amigo que percebi chamar-se Ninico, outro de que não guardei o nome e um moço que chegou depois de todos abancados e que era o José Bonifácio Olinda de Andrada (Dudé), irmão do Fábio — que ocupava a outra cabeceira. A comida era um trivial dos mais singelos, servido à mineira, as travessas e as sopeiras postas em cima da mesa. Bebida, água pura, de filtro. Sobremesa, nossa sólida goiabada de Ponte Nova com queijo de Minas. Aqueles Andrada e Araújo Lima faziam uma família sem nenhuma sofisticação — vivendo com bons modos e simplicidade.

A d. Julieta era uma senhora de jeitão reservado mas muito simpática. Suas filhas eram meninas que iam nessa época, a Luisinha, nos seus onze anos e a Ilka, nos doze ou treze. O Olinda era um jovem de pele clara, cabelos muito colados à cabeça, modos tímidos de início, mas depois logo muito conversador e de fácil convivência. O chefe da família, muito sorridente, ia pondo todos à vontade, dando a deixa e o mote para a conversa e era evidente seu gosto de descansar o próprio espírito. O primeiro foi seu vizinho da esquerda. Meu querido Ninico, estou achando você um pouco murcho... O quê? que há com você. Nada não, presidente, ao contrário, é que eu sentei e parei de pensar para repousar um pouco a cabeça... A fisionomia do Antônio Carlos iluminou-se como a de quem descobre um filão precioso de mina douro. Um riso acendeu-se como fogueira atrás de seus olhos e brilhou na sua face pálida. Quis logo saber como era que o amigo parava de pensar. Bem que ele precisava de aprender aquilo para relaxar-se de suas preocupações. Queria saber como o amigo fazia para entrar naquele estado beatífico e parecia distrair-se prodigiosamente. Vamos a ver, meu querido Ninico, diga se agora você está pensando ou está parado. Ah! parado, hem? logo vi, desde que você me deu as informações que eu queria de Juiz de Fora. Não se apresse, logo que você começar a pensar vá me dando as novidades. E você? meu caro Sá Pires — explique-me como é seu parentesco com o Francisco Sá e com o Alfredo Sá. Era uma das habilidades do Antônio Carlos fazer pergunta breve, comportando resposta longa e laboriosa. Ele a seguia com um ar vivo e de concentrada atenção mas, para quem era esperto, estava claro que aquilo entrava por um ouvido e saía pelo outro e que as ideias como na modinha brasileira vogavam ao largo ("*Tão longe, de mim distante,/ onde irá? onde irá? teu pensamento...*"). O Chico sabia dessa balda do presidente mas executou-se e deu ali toda a genealogia dos Sá do Brejo e dos Sá da Diamantina. O homônimo era tio e primo segundo, o Alfredo era também primo segundo mas só isto. O presidente ouvia como a um oráculo e ia fazendo com a cabeça que sim e que sim. Quando o Chico acabou foi a minha vez. E você? meu caro Nava, o que me conta? do nosso Paletta. Eu, velhaco, respondi que não havia nada de novo a contar, o senhor sabe, presidente, ele está sempre naquelas coisas que o senhor conhece, naquelas idas ao Fórum e à Creosotagem, nas caçadas de macuco e tal e coisa et cetera e tal... O presidente deu-se por satisfeitíssimo com minhas explicações e acabou declarando que o Paletta era uma das maiores reservas morais de Minas. Foi minha vez de acender nos olhos e na face o brilho que eu vira na do Andrada quando o Ninico tinha se declarado de pensamento parqueado. O lampejo que se me acendera na cara ao toque mágico das ideias *Paletta* + *Reserva Moral* não escapou à argúcia do Andrada. Uma fração inapreciável de tempo ele me olhou com redobrada atenção, eu mantive minha expressão sem perdê-lo também de vista, interpenetramo-nos num tácito acordo sem palavras e eu vi a fisionomia tensa do presidente mudar na sua bela face e uma naturalidade espalhar-se nos seus traços. Logo seus olhos se abriram mais, ele fitou-me num mundo real pão-pão queijo-queijo onde tinha sido abolida toda coisa fictícia ou raciocínio que palavra oculta. Ouvi sua voz em surdina perguntando-me coisas cotidianas. Que ano da faculdade você está cursando? Está trabalhando? Disse que estava no quinto e largando a Higiene para ser interno da Santa Casa e da equipe do Werneck. E que tal? esse Werneck. Grande figura, presidente, um dos maiores professores da nossa escola. Foi desse ponto da conversa em diante que dei ao interlocutor minha admiração inteira e a abertura franca para minha amizade. Antônio Carlos Ribeiro de Andrada. Pela primeira vez tive a sensação de ter um amigo no governo e dei graças a Deus pelos fados que o tinham conduzido ao Palácio da Liberdade. Diziam que ele, malvisto pelo Bernardes e malvisto pelo Raul, estivera com seus dias políticos contados e que a guilhotina já estava armada para cortar-lhe a cabeça e atirar tudo que fora dele nos limbos gelados do ostracismo. Mas veio a doença engravescente do então presidente de Minas e em torno de sua próxima agonia começaram a rondar as aves negras da cobiça. Houve prévias articulações políticas, esboços de combinações de que não estava ausente o presidente da República. Eis senão quando Melo Viana meteu tudo isto nos ouvidos do Raul que, furioso com esse corvejar, teria dito a seus íntimos, na hora de renovar a liderança de Minas — que ia indicar o nome que ele sabia mais contrariar Bernardes, o de Antônio Carlos. O homem da Viçosa não tugiu nem mugiu — antes respondeu, bem mineiro-florentinamente, indicando também o Andrada para líder do governo. Ora, numa posição destas, tendo recebido de Raul o queijo e de Artur a faca, pessoa da astúcia e do senso político do neto de Martim Francisco — faria como fez uma garfada dos seus concorrentes, deglutiu-os *d'une seule bouchée* e foi ele quem a *Tarasca* indicou para sucessor de Melo Viana. Não sei até que ponto isto é verdade ou fantasia. Era a voz do Bar do Ponto e essa era a de Deus... Mas o jantar estava acabando e o presidente já se tinha virado para conversar na sua posição costumeira de fim de refeição. Sentava de lado, apoiava o braço direito na mesa, o esquerdo no espaldar da cadeira e com essa mão ficava batendo no alto da cabeça pancadinhas que lhe ajeitavam os cabelos tirados de longe, para disfarce da calva.

Depois do jantar ele foi para o salão da frente, a receber políticos, os amigos de Juiz de Fora desceram, d. Julieta e as filhas também tomaram rumo mas o Fábio, que tinha sua ideia, prendeu-nos e ao Olinda, conversando na própria sala de jantar. Quando tudo aquietou ele dirigiu-se a um dos enormes bufês do salão de banquetes e dele retirou três botelhaços de *Veuve Clicquot* que mandou um cupincha pôr no carro em que íamos sair. Isso é para beber no alto da serra do Curral — disse ele. Saímos juntos, o Olinda recusando-se, aterrado, a participar de nossa expedição. Vocês estão loucos! Automóvel dirigido pelo Fábio é fratura da espinha em perspectiva. Ventania do alto da Serra é tuberculose certa. Não. Mas nós, sim! e fomos. Chispamos para as portas do quartel, tomamos Niquelina, acabou a cidade e começou a estrada. Fazia uma lua cheia de romance e num mundo azul e prata chegamos ao espinhaço da estrada que ia pelas alturas depois da subida de Belo Horizonte e antes da descida para Sabará. Ali paramos para comunicar com o astro. Libamos daquela champanha quente mas com o gosto seco do terreno de calcário e de greda onde tinham medrado as vinhas de Reims, de que saíra aquele néctar. Uma felicidade nos invadiu total e nirvânica. Nem conversávamos. Simplesmente olhávamos a lua e sentíamos o vento e seu lamento. Era como se vagas invisíveis e imensas se entrechocassem e se batessem num alto de céu que parecia desmoronar e ondear. De repente senti-me transportado e ouvi, como num órgão gigantesco, as notas do *Momento musical* e do *Minueto* que subiam da rua Ceará. E logo a lua nimbou a maravilhosa presença...

Muito antes do fim de 1926 os internos doutorandos do sanatório São Lucas deixaram os lugares. Tinham muito que fazer com as perspectivas de formatura e as providências para começarem a vida e não tinham mais tempo para plantões. Era costume serem promovidos para lá os internos tarimbados no serviço da Santa Casa e realmente subiram os ditos, deixando os lugares vacantes. O Werneck cumpriu a palavra e fez-me nomear residente. Entraram comigo meu primo Zegão e outro nosso colega de turma, o José Maria Figueiró. Dormíamos num quarto, logo à direita, no corredor maior do hospital e exatamente em frente à farmácia. Na porta seguinte, sempre no mesmo corredor, era o toalete. A nossa entrada ficava sob o lance de escadas que fazia subir à capela, salas do provedor e dormitório da irmã Maxência que, além de trabalhar na enfermaria de Borges da Costa, superintendia as urgências noturnas. Fazia essa função porque tinha de dormir separada das outras freiras a que incomodava o sono com seu ronco descomunal. Realmente, até de nosso quarto, ouvíamos os rugidos noturnos que vinham de cima, junto com gemidos, palavras quebradas e sopros simúnicos. Nosso quarto era pintado a óleo, de verde, tinha o soalho lustroso de verniz, bom armário, estante para livros, mesa de estudos e uma linda pia de louça florida de rosas e papoulas vermelhas no meio de folhagens gaias. Quando o Zegão quis transformá-la em mictório, foi severamente advertido pelo "professor" José Maria. Estou entreguilemetando o "professor" porque este era o tratamento que nos dávamos os internos uns aos outros. Nossas manhãs começavam muito cedo porque o Werneck, à hora de sua entrada (que se dava entre seis e sete), abria de arranco a porta do quarto dos internos e se alguém estava dormindo ele acordava — dando pontapés nos ferros das camas. Logo éramos um se barbeando, outro no chuveiro, o terceiro se vestindo. Já entrava nossa bandeja cheia de café com leite, pão fresco e manteiga. Vinha trazida por um ex-doente, promovido a servente, sacristão e criado de quarto dos internos. Saíamos sempre bem calçados, camisa limpa, gravata e aventais imaculados. Havia exigência na apresentação por parte dos chefes de serviço e entrávamos nas enfermarias de ponto em branco. Lembro do espelho de nosso quarto e da imagem que ele me devolvia quando eu ia colocar cuidadosamente o gorro. Onde está? onde ficou? esse moço de olhos tranquilos e ainda confiantes, os dentes brancos no riso fácil, assim magro, alto e moreno, com suas costeletas vaidosas e seu bigodinho petulante. Saíamos os três para nossas enfermarias: eu para a rotina do Libânio e do *pavilhão Koch* com o caríssimo Ari Ferreira; o Figueiró para as manhãs cirúrgicas com o Otaviano; o Zegão, com o Borges. Eu ainda achava tempo para assistir curativo, aparelhagem de gesso, ou intervenções na última mas não deixava de ir também ao Werneck para vê-lo operar, acompanhar o Lucas Machado no Ambulatório, aprender deste a tocar e a meter o espéculo; em suma, toda a arte de *fouiller la femme de l'oeil et du doigt*. Havia coitadas que se constrangiam ao máximo, outras que pareciam gostar, mas todas — até as mais largas — afetavam grande dor para se fazerem de apertadas. Depois íamos para o café no gabinete do Werneck. Era sua hora de brilho na conversa. Ele tinha assistido a uma grande época brasileira e contava homens e fatos com maior graça e capacidade de narrar. Daria um memorialista fabuloso. Referia lembranças do pai querendo ir, quase menino, para a guerra do Paraguai, depois as reminiscências dele próprio que vira a Abolição com dez anos, a República com onze. Enxergara, pois, a princesa imperial regente, o imperador, Ouro Preto. Vira Deodoro, Floriano, Rui, Quintino, Patrocínio. Vivera com quinze anos o Rio da Revolta da Esquadra, o terror da cidade, os tiroteios, a passagem das tropas e de certos voluntários que, depois do trabalho ou nos intervalos deste, iam se colocar nos morros para caçar comodamente os setembristas que se desabrigavam na sua ilha. Esses franco-atiradores sinistros eram consentidos e aplaudidos. Pegara Canudos e o relato de seus horrores já estudante de medicina. "*Farci d'anecdotes*", rememorava a faculdade, os seus professores, a Casa de Saúde do dr. Eiras, a febre amarela, Osvaldo, a Reforma Passos, os governos de Prudente, Campos Sales, Rodrigues Alves, Pena; a viagem à Europa, a vinda para Belo Horizonte. Mencionava sem cessar seu pai por quem tinha culto admirável. E gostava de contar e ouvir casos escabrosos e picantes. Tinha a linguagem desabrida e dava o nome aos bois. Ao meio-dia subíamos para o almoço que era servido no São Lucas. Tomávamos as refeições juntos, os internos das duas casas. Os pratos repetiam-se conforme o dia da semana, a cozinha era boa mas havia apresentações de que não gostávamos e a que dávamos nome porco. Assim uma canja denominada *diarreia riziforme*, uma sopa de *petit-pois* que chamávamos de *empiema*, um bolinho de carne, de *mioma uterino* e certo rosbife, de *bartolinite aguda*. Perto de nossa mesa ficava a de duas senhoras que residiam no sanatório, apesar de não estarem doentes. A mais velha era d. Rita Coelho de Magalhães; a outra, sua filha Laura. Eram a mãe e a irmã de nosso mestre Otávio de Magalhães. Ambas impecáveis. A primeira, de preto, paletó plissado de seda negra, penteado alto. Sua filha muito moça mas já grisalha, habitualmente de saia azul-marinho e blusa de linho branco. Eram muito educadas e gostavam de conversar conosco. Lembro do dia em que, depois de ouvir o Werneck falar longamente sobre o pai, à hora do almoço, ter perguntado a d. Ritinha se o conhecera pessoalmente e se ele era severo como o filho. Como não? Conheci de perto e... ele não era lá muito doce não... Depois do almoço voltávamos para o dia longo na Santa Casa. No quarto estudando, nas enfermarias examinando doentes. Lembro que nessa época eu li linha por linha os tratados de moléstias do coração de Barié e o das afecções pulmonares pelo magistralíssimo Grancher. Lia a descrição dos sopros cardíacos, das arritmias, das hepatizações, dos estertores *ins* e *ex*, dos sopros pulmonares e ia aos doentes das enfermarias confrontar a descrição com o que ouvia e percutia. Via os que estavam com encontro marcado em Samarcanda e ficava de alcateia para não lhes perder a autópsia no Carleto. Assim eu lia no livro, colhia o sintoma e o sinal no doente e verificava sua origem nas lesões do corpo aberto. Como Laënnec — pensava eu — que já conhecia e admirava a vida do fabuloso descobridor da ausculta e do processo anatomoclínico. Durante estes estudos, em nosso quarto, gratificávamo-nos, todos os internos, com um cafezinho de vez em quando. As irmãs mandavam bandeja com bule, açúcar, xícaras. Quando esfriava tínhamos uma lâmpada para esquentar e o respectivo tripé de ferro. Lembro da tarde em que nos faltou álcool. Eu estava abancado à escrivaninha, o Zegão saíra de folga, o Figueiró lia na sua cama. Quando eu quis aquecer meu café, à falta do combustível habitual, lancei mão de uma dose de éter. Enchi o reservatório do bico, recoloquei o fecho no lugar, puxei o pavio, mandei fogo e foi aquela explosão. Instintivamente virei para o companheiro que me contemplava com um olho irônico. Você viu? Vi sim, "professor", vi — não falei nada para ver até onde ia sua ignorância das propriedades do éter sulfúrico — agora você nunca mais esquece da sua inflamabilidade e explosibilidade. Humilhado, agradeci e rearrumei a mesa. Meu Barié estava com várias páginas tostadas.

Curioso é que eu só achava jeito para estudar no quarto, nos livros de clínica. Quando chegava a vez da topográfica, eu subia as escadas que iam à capela e salas de cima e sentava no gabinete que dava vistas para a esquerda e de onde se divisava a esquina da rua Ceará. Ali ficava remoendo e praticamente decorando os dois volumaços do Testut e Jacob, os mesmos que eu ia ler de noite com o Flavinho Lisboa. Assim mesmo nem todas as noites, porque eu tinha as minhas de plantão. Então gemia sozinho.

Pelas quatro da tarde era hora do ofício das irmãs, o relógio da portaria começava a dar as horas, logo se abria a porta do fundo e elas vinham duas a duas corredor afora. Na frente as mais baixas e para o fim as mais altas. Vinham sem o avental branco do trabalho e eram figuras azul (do hábito) e negro (dos véus) e branco (das toucas e palas). Uma nota de róseo era dada por suas caras e mãos de alemoas, austríacas e húngaras. Havia as atarracadas, as médias, as altas e as longilíneas elegantíssimas. Umas feias, outras quaisquer, três de uma radiosa beleza que já tinham feito pulsar os corações de vários internos. Com pouco tempo eu as conhecia todas e tinha aprendido a identificar cada uma pelo andar, pelo vulto, até pelas costas. Eu gostava de subir e assistir suas rezas da tarde. Eram ditas em latim e começadas pela irmã Maximiliana — que era a superiora. Ouvia-se primeiro sua voz, ao fim de poucas palavras mais outras duas juntavam-se, depois mais três, cinco, todas continuando as orações e as longas ladainhas. Tudo era dito ora estendendo as sílabas, ora elevando-as como se aquilo fosse um canto gregoriano sem música. Era só a voz sinuosa e medida — plena de ritmos quase música, com longas repetições de palavras cheias de significado e adoração que elas faziam soar longamente — todas braços abertos, crucificadas no ar, ou ajoelhadas ou de pé curvando-se profundamente. Parecia recitativo flexuoso dos jograis. Uma das irmãs acompanhava aquele fluxo de orações e com o estalo de uma caixa de óculos marcava as interrupções, as pausas de silêncio e logo com outro estalo soltava de novo as vozes orando alto. Eu seguia longos meneios de latim que não entendia e paradas batidas, de repetições, em que uma palavra saltava várias vezes, palavra que eu conhecia — *Jesu Jesu Jesu* — *Ave Ave Ave* — *Dómini Dómini Dómini*. Às vezes um risco luminoso de frase inteira que eu entendia — *Libera me de óre leónis: et a córnibus unicórnium humilitátem meam.* Outra irmã ficava de frente e manejava um turíbulo que, a cada extremo do movimento de báscula que lhe era imprimido, parecia esticar as correntes e soltava à direita, depois à esquerda, pequenos rolos de incenso. *Orémus.* Depois desciam e iam duas a duas em direção à clausura, couraçadas nos hábitos que lhes davam formas de tábuas e seguidas das doentes das enfermarias de mulheres que podiam andar. Quase todas descarnadas e hediondas. Uma ou outra moça e radiosa — melhorada de sua pan-genitalite gonocócica — olhando para os lados e começando a querer perturbar com as formas soltas dentro do paninho da camisa e da saia de regra nas enfermarias.

A essa hora eu saía mesmo de avental e gorro e ia até o São Vicente. Lá eram internos José Ferolla e Pedro Salles. Fazíamos pequeno bonde no quarto e depois saíamos, o xará e eu, para longos passeios. Nesses peripateticismos nasceu amizade que dura até hoje, cada dia mais forte, cada um aperfeiçoando para o outro o símbolo que representa de um passado comum vivido conversado sonhado. A hora era de ouro, sangue, depois de violeta e cinza. O lento crepúsculo nos envolvia e nos coloria sucessivamente de electrum, púrpura, depois de roxo e gris enquanto íamos pela avenida da Mantiqueira, até defronte da faculdade e voltávamos entrando pelos descampados da praça Quinze de Novembro, até as escadarias da Santa Casa e os portões do São Lucas (no bico de Ceará e Francisco Sales). Pedro Drummond de Sales e Silva era natural do Pará de Minas e tinha nascido na data cívica de 15 de novembro de 1904. Seu pai era o rio-grandense-do-norte dr. Pedro Nestor de Sales e Silva* e sua mãe d. Maria Felizarda — Drummond pelo lado paterno e Alves Castilho pelo materno. O nosso Pedro, chamado na turma Pedroca, era o quinto filho do casal. Órfão de mãe aos três anos, foi criado por sua avó materna d. Adélia, que muito o influenciou pela sua inteligência e bondade. Fez seu curso primário no Pará de Minas e o secundário em Belo Horizonte, no Ginásio Mineiro — sendo aí seus colegas e amigos mais íntimos, jovens que se destacariam depois nas profissões liberais, na política e no magistério como Adauto Lúcio Cardoso, Francisco Magalhães Gomes (filho), Francisco de Assis Brandão, Jair Negrão de Lima e Afonso Loureiro. Cursou a Faculdade de Medicina de Belo Horizonte de 1922 a 1927, formando-se já sob o regime universitário. Durante o curso ligou-se mais particularmente a Artur Carneiro Guimarães, Juscelino Kubitschek de Oliveira, Odilon Behrens e a mim. Quando o Pedroca tinha quinze anos assistiu ao carinho e ao êxito com que David Rabelo tratou um seu irmão. Guardou viva a recordação do altar em que a gratidão familiar colocara o nosso mestre e quando chegou a hora de decidir o serviço a que ia se fixar, era natural que ele procurasse o Hospital São Vicente e o serviço daquele professor. Assim, como estudante, foi interno de clínica ortopédica e cirurgia infantil** e era essa sua qualidade à época que tento

---

* Promotor de Itabira do Mato Dentro de 1893 a 1898; juiz de Direito da comarca do Pará de 1898 a 1935; desembargador do Tribunal da Relação de 1935 a 1942 quando se aposentou pela compulsória. Voltou então ao Pará de Minas onde faleceu em 1949.
** Formado, seria assistente da cadeira de Davi Rabelo. Em 1937 faz a livre-docência e no mesmo ano assume interinamente a cátedra. Preparava-se para o concurso que o efetivaria, quando o esforço que despendia para isso, para o exercício do magistério, a chefia do serviço e para atender clínica cada dia mais numerosa, alteraram sua saúde e ele suspende seus projetos. Recuperado, deixa de lado a ortopedia e dedica-se à reumatologia e à história da medicina. É um dos pioneiros da primeira em Minas e grande autoridade na segunda. Seus estudos sobre história da medicina no Pará de Minas, em Belo Horizonte e no Brasil são hoje obras indispensáveis a quem quer que precise conhecer o assunto. Casou-se em 1932 com d. Neneca Chelini (de Sales e Silva). Uma das minhas obrigações quando vou a Belo Horizonte é desfrutar a hospedagem desse casal feliz e continuar com o Pedro interminável conversa que começamos na terra vermelha da nossa querida faculdade.

reviver. Nas nossas andanças íamos e vínhamos do São Vicente à frente da faculdade. Contemplávamos sua fachada azulada e suja da poeira vermelha. Olhávamos um instante a face de bronze do busto de Cícero Ferreira. Pegávamos o passo outra vez e caminhávamos em direção à Santa Casa. Parávamos no meio da praça Quinze e olhávamos o frontispício marrom da construção central com os nove degraus da sua escadaria de granito, a larga porta ogival com pseudovitrais nas bandeiras e as duas janelas do andar de cima também dum gótico indigente. Mais recuadas e para dentro do jardinzinho anterior, os renques de janelas à esquerda, da Clínica Médica de Mulheres que acabava confrontando com as construções nunca concluídas e sempre no tijolo, de nova ala da Maternidade Hilda Brandão; à direita, da Clínica Médica de Homens, emparedando com o pavilhão Carlos Chagas (onde ficava o anfiteatro de aulas do Balena) e dependências do seu ambulatório. Íamos até o portão do São Lucas e apreciávamos ao fundo e ao longe o risco nítido e metálico da serra do Curral incisando-se no céu de onde, em pouco, a noite começaria a subir. Do outro lado restos de azul e ouro e grandes nuvens como manada de monstros fossilizados subitamente incandescentes. Ou acumulavam-se, no fim do dia, como cidades mortas incaicas, méxicas e peruanas. As árvores dos dois jardinetes da Santa Casa arfavam de leve, à brisa. As folhas das palmeiras defronte, na rua, abanavam duramente, exibiam folíolos nítidos como punhais. Trocávamos passos, o Pedroca e eu. E nossa conversa era espontânea, sem reservas com o pensamento solto e sem censura. Passávamos em revista nossa erudição em anedotas pornográficas. Fazíamos um ao outro confidências eróticas. Mas sempre éramos vencidos pela dignidade da hora e a altivez daqueles céus crepusculares. Então falávamos das amadas e era um estadear de delicadezas e dos sentimentos mais puros. Discordávamos à hora dos projetos do futuro. Meu companheiro queria subir as etapas de uma carreira segura, ali mesmo em Belo Horizonte, sem deixar nunca o seu São Vicente. Eu aspirava à aventura da capital e sonhava com aquele Rio de Janeiro da minha infância — como se eu pudesse retomá-la. Era inconscientemente o desejo de recomeçar a vida de meu Pai onde ele a interrompera. O amigo me advertia contra as adversidades dos grandes centros, a concorrência, as dificuldades. Para morrer afogado basta um poço — dizia ele — não é preciso sofrer isto em grandes águas. Eu respondia que vitória ou fracasso, respiração livre ou afogamento — eu o preferia à beira-mar. E repetia para ele, para mim mesmo — beira-mar, beira-mar. Beira-mar. Separávamo-nos quando caía a noite. Era hora do jantar, como o almoço, no São Lucas. O Pedro afastava-se devagar, fino, aéreo, duma elegância espectral. Era magérrimo, rosto seco esculpido, longas mãos ossudas. Sua inteligência era e é poderosa. Raro bom gosto, vocação inata para as ciências, as humanidades. Suas observações eram cheias de graça e chiste — de que hoje se arrepende, explica — porque lhe tiravam a circunspecção que devem afetar os médicos.

Pelas oito da noite os internos de perto eram aumentados pelos do Raul Soares e Hospital Militar que acorriam para ver o enxamear dos *bois-da-zona* na praça Quinze. Eram domésticas da vizinhança, crioulas e mulatas de rua. Havia as hediondas, as feias, as passáveis, as poucas bonitas e raras muito boas. Mas eram novas. As beiras do riacho do fundo da Santa Casa, os lados do Desinfetório, os barrancos do Campo do América eram cheios de moitas que se povoavam de pares. Era tudo rápido, sem romance, às vezes quase sem palavras e custava baratíssimo. Dez tostões, dois mil-réis. Até amanhã *chorena*! Vai com Deus, bem! De todos o mais atreito àquelas passeatas noturnas nos arredores do hospital era o nosso Zegão. Ele tinha o demônio no corpo. Ultimamente tivera uma conversa com o dr. Américo de Góes que teria consequências na sua reputação perante as irmãs da Santa Casa. Esse médico era um cunhado do Otaviano de Almeida que estudara na Europa e tivera depois seus estágios em Genebra e Paris. Falando dos hospitais da última cidade, ele descrevera os plantões dos estudantes e dos *médecins internes*, os territórios livres que eram as *salles de garde* onde a monotonia dos plantões era compensada pelas pilhérias, pelas visitas de artistas, pela vinhaça, as músicas ao piano, as famosas canções compostas por instrumentistas e poetas que acorriam, pelas mulheres que eram possuídas em dependências vizinhas. Tudo inconsequente, boêmio, leve, juvenil. E nossos plantões eram aquele verdadeiro velório... Não! era preciso fazer alguma coisa. Estava claro que nunca poderíamos trazer as crioulas da praça Quinze para dentro de nosso quarto. Mas pelo menos uma ceia de vez em quando — queria o Zegão. Eu hesitava com medo das gargalhadas, do berreiro, dos impropérios que iam escandalizar as irmãs. O José Maria repeliu indignado aquele plano de calaçaria. Mas o Zegão não desistia e uma noite trouxe o Cisalpino, o Isador — foram os três comprar meia dúzia de garrafas de Nebiolo Gran Espumante e uma de conhaque e dentro do nosso quarto, começaram a conversar e a libar. Foram se entusiasmando, a palestra subiu de tom, começou a gritaria, espocavam as gargalhadas debochadas e a irmã Maxência veio várias vezes esmurrar nossa porta — a pedir silêncio. O Figueiró em sinal de protesto, deitara-se e cobrira a cabeça com um travesseiro. Tarde da noite o Isador e o Cisalpino saíram para o Raul Soares e desceram cantando, Álvares Maciel. O Zegão deitara mas logo fora levantado pela náusea e vomitou de esguicho no assoalho bem envernizado. Era um vômito escarlate, vômito cheio de pedaços mal mastigados de salame, sardinha frita de venda, queijo de Minas, queijo do reino. Um ramalhete de cores azedas. Quando o socorri, ele gemia. Vomitou mais na pia, pela janela e só pôde voltar a dormir quando esvaziou completamente o estômago. Enquanto ele roncava mais alto que a irmã Maxência eu, com abnegação exemplar, comecei a apagar os traços daquela orgia. Levei as garrafas vazias numa mala e fui espalhá-las na praça. Joguei fora os papéis engordurados do boteco da esquina e fui atirar na latrina restos de vitualhas. Descargas. Lavei os copos. Com um lençol limpei e enxaguei o chão. Ia torcê-lo no nosso banheiro. O diabo é que as madeiras do piso ficaram manchadas como se ali tivesse caído não vinho, mas a tinta indelével que manchara as chaves da mulher do Barba-Azul. Logo pela manhã a Maxência periciou o quarto, levou o caso à superiora, esta ao diretor e a coisa só foi abafada e não teve consequências pela intervenção do José Maria Figueiró junto ao Júlio Soares. Mas o Zegão estava imundo com as irmãs. Pior ficaria quando foi apanhado, boca na botija, inserindo desenhos obscenos entre as páginas do manual do nosso sacristão.

Eu estava plenamente realizado com o lugar de interno da Santa Casa. Ganhava mais que na Higiene. E tinha um interesse profundo pela vida no hospital que atendia ao paroxismo de paixão que eu sentia pela medicina. Pouco ia à cidade, ao cinema. Passava meus dias e minhas noites naqueles corredores e enfermarias. Como se tivesse sido exorcizado, o Zegão aquietara. O José Maria, já o vimos, fora elevado ao internato do São Lucas e sua vaga ocupada pelo excelente Durval Grossi. Eu tinha longas conversas na portaria com a irmã Madalena, nas salas de cirurgia e curativos do corredor com a irmã Filomena, na farmácia com a linda irmã Perforata. Os dias eram consumidos nas enfermarias. Retomando os hábitos do Pedro II, eu só me dava uma saída para ir em casa e à rua, aos domingos. Esse começava com a missa na capela do andar de cima e o Werneck exigira que a frequentássemos. Como eu dissesse que achava tudo aquilo uma patacoada, ele riu e contou a estória de um chefe de serviço que ele conhecera na Bélgica, num hospital servido por irmãs de caridade. Disse que o homem assistia a missa com contrição exemplar e que ele estudando-lhe o tipo achou aquilo estranho. Acercara-se e com ar provocador perguntara se ele não era judeu. Sim, e ortodoxo. Então como é que se punha de joelhos, mãos postas e bebia aquelas missas como a uma ambrosia. *Oui, mon cher confrère, oui, je suis juif mais ici... il me faut faire le pieux*. Era o que ele me aconselhava para agradar as irmãs — *faire le pieux*... Fi-lo com tanto mais gosto quanto ele, Werneck, vinha à missa pontualmente aos domingos — *il faisait aussi le pieux* — e havia depois, para ele, café especial com sequilhos de que compartilhávamos. Era em cima, no escritório perto da capela e era mais uma excelente sessão de palestra. Nessa convivência estreita com Werneck é evidente que não podiam me escapar certos traços de sua personalidade como sua teimosia, impulsividade, facilidade de se encolerizar, sua agressividade e o mais que ele punha nessa última propriedade. Seus assistentes, internos, sua patologista alemã, as irmãs, viam o diabo nas suas mãos. Além disso ele era duma variabilidade de humor levada ao extremo. Passava da gargalhada ao impropério, mostrando-se de modo oposto com a rapidez que se pode levar para virar uma moeda de cara a coroa. Eu dava a tudo isto outros nomes e dentro de mim punha força de vontade, prontidão, têmpera, combatividade em lugar dos nomes que dei acima. É que eu estava assistindo tudo isto... com os outros e, como eu disse antes, pimenta não arde no cu alheio.

 Justamente por esta época Werneck estava prestando à medicina mineira e a Belo Horizonte mais uma realização assinalada. Instalava na Santa Casa um serviço de radiologia. Não era o primeiro da cidade. Javert de Barros, que estudou a crônica da radiologia mineira, aponta antecessores. Desde 1907 Belo Horizonte tinha aparelhagem de raios X adquirida pela diretoria de Eletricidade da Prefeitura. Essa aparelhagem passou depois para o Serviço de Borges da Costa na Santa Casa, ficando primeiro a cargo do eletricista Frederico Gardini e depois sob a responsabilidade do major-farmacêutico Edgard Albergaria. Na clínica privada os pioneiros haviam sido João Ribeiro Viana e Virgílio Monteiro Machado. O que Werneck estava fazendo agora era a criação de uma radiologia médica entre nós. Comprara aparelhagem para a Santa Casa e pusera o novo departamento em lugar adequado e servindo a todo o hospital. Entregara sua superintendência a Flávio Marques Lisboa, ainda estudante, mas que fora ao Rio preparar-se para estas funções. Flávio era meu colega de turma e amigo dos mais chegados — destinava-se à cirurgia mas o trabalho que lhe deu Werneck na Santa Casa desviá-lo-ia só para a radiologia. Diga-se de passagem e adiantamento no tempo, que essa *chamada de pé* — como se diz em linguagem de esgrima, da Santa Casa, foi respondida pelo Hospital São Vicente com a instalação do seu próprio raio X, serviço que foi confiado a José Ferolla, que também se preparara no Rio. Flávio e Ferola tiveram a inteligência, a grandeza de não se hostilizarem. Fizeram mais do que isto — uniram-se exemplarmente na clínica privada e a isto devem os dois a honra que lhes aureola por igual os nomes, como os dos verdadeiros criadores de uma radiologia médica em Belo Horizonte. Tudo que hoje existe nessa cidade, dentro dessa especialidade, defluiu do aperto de mãos confraternal que se deram aqueles admiráveis colegas. Amigo íntimo e companheiro de estudos de Flávio Marques Lisboa, todo tempo que eu tinha vago na manhã da Santa Casa ia passá-lo no serviço de radiologia, que ficava em sala que antecedia a passagem para a cozinha, vis-à-vis da sala de cirurgia do outro lado do corredor central — a mesma que tinha incrustadas no piso as letras do aforisma que jamais esqueci — *Qui bene diagnoscit bene curat*. Naquelas instalações, pela mão do Flávio, penetrei no mundo lunar e submarino das radiografias e radioscopias. Estas me davam a impressão de que luz azul astral e poderosa penetrava o compacto do corpo humano, iluminando-o daqueles claro-escuros que eu ia aprendendo a ler. Que prodígio! ver o que tão mal captávamos percutindo e auscultando! Ver a forma exata do coração batendo, suas dilatações, hipertrofias, sua harmonia ou incoerência de movimentos. Ver os pulmões se enchendo e saber certo se os fundos de saco pleurais estavam normais! Ver o tamanho, a forma da aorta com sua crossa e de todo o pedículo vascular que paraboliza coração acima e afora! Ou a artéria magna era como tromba de um bicho saindo do coração latejando como coisa matrepórica, como anêmona presa ao diafragma-fundo do mar e fechando e abrindo à impulsão das águas-sangue-oceano. Ver um gole opaco descer e desenhar o invisível esôfago como uma queda de lava! Os clisteres intransponíveis aos raios Roentgen mostrando as alças da tripa como cúmulus-cogumelos que os atômicos imitariam na forma! Ver concretizar-se de repente uma árvore delicada e construída como as mangueiras as cajazeiras jaqueiras jambeiros tamarindeiros dos meus sonhos nos recreios do Pedro II — nas broncografias. Aquilo era mais uma visão do corpo humano, senão na sua permanente beleza, ao menos no seu permanente prodígio... Desde essa época quantas vezes uma radiografia não se desvia e suas formas exorbitam do puro interesse clínico para sugerirem módulos plásticos que só encontram símile nas obras-primas da escultura e da arquitetura. Ah! fabulosa fábrica do esqueleto. Sobre o esteio dos fêmures a sustentação da bacia barroca, a haste vertebral levantando o tórax gótico e mais alto, o crânio românico. Superposição de estilos como na catedral de Milão. A beleza morfológica da caveira nas suturas simétricas, nas marcas homólogas dos vasos pares, desenho dos seios frontais como o de uma folha de carvalho. Os dentes reproduzindo em positivo os ocos negativos de entre as pilastras, desenhados em são Pedro pela colunata de Bernini. E tudo se resolvendo em suspensões e aguentamentos de ogivas, arcobotantes, arquitraves, zimbórios e volutas... Felizes os médicos que podem temperar a tristeza sem fim de nossa profissão com esse bálsamo de sugestão estética. Mas somos tão poucos... Há um mundo que continuará sempre invisível para a maioria dos meus caros colegas. Quietinhos! Continuem nos seus esquemas. Dor? Aspirina...

Logo nos primeiros dias de minha entrada como residente da Santa Casa, num dos plantões da noite, resolvi dar uma volta nas enfermarias por simples curiosidade de ver como era o hospital àquela hora. Comecei pelas mais afastadas, o lado das três clínicas cirúrgicas. As enfermarias do Borges, do Werneck, do Otaviano. Depois vi as de clínica — Balena, Libânio. Terminei pela dermatologia, do Aleixo. Eu tinha ideia de surpreender de noite a mesma diferença que as caracterizava, separando o *gênero* das de medicina interna, da externa; as de mulheres, das de homens. Isto tinha valor de manhã, à hora da visita alegre dos médicos saudáveis, quando os doentes perdem seu lado trágico e são só os belos casos a serem ensinados e discutidos. A febre deixa de ser o pesadelo para virar só um número seguido de décimos. A dor não é mais o martírio (razão de ser de tudo) e é avaliada apenas segundo uma classificação.

Também os vômitos, as evacuações, as micções. Tudo são sintomas, sinais, diagnósticos de que se ausentaram as criaturas e que vivem vida independente delas. Comecei pelo Borges. Andei até ao fundo da enfermaria mergulhada em meia treva, quando fui chamado por um doente. Era um japonês que respondia pelo nome de Isamim Ibataro e que lembro na face e na voz como nas letras do nome. O chefe do serviço tinha operado o nosso nipônico de uma infecção urinária. Havia zonas de gangrena nos seus tecidos da pelve e escrotos. Tinha de ficar sondado pois uma fístula se constituíra que estava ainda por ser operada. Estranha perversão da sensibilidade fazia que ele não sentisse nenhuma outra dor senão a lancinante que localizava na uretra. Eu o conhecia de acompanhar seus curativos feitos pelo mano Cavalcanti. Quando passei ele me chamou pelo nome. Disse o que nos dizia todas as manhãs — queixa que me entrava por um ouvido saía pelo outro. *Dotoooro aaah! Tá doendo canaaal... aaaaah!* Pois àquela hora, na solidão de cada doente um por si Deus por todos — aquele gemido do estrangeiro me estacou como um alto! clarinado por todas as cornetas. Cheguei perto da coisa suada e gemente que me olhava pedindo alívio, consolo, companhia. Como náufrago ele atracou a mão que eu lhe pusera no braço. Não queria largar. Tive de pedir. Ibataro, me solte para eu ir buscar seu remédio. Era a morfina que lhe negavam para o homem não pegar vício. Fui buscá-la no consultório do corredor — onde os injetáveis de urgência ficavam não em ampolas mas em vidros de tampa esmerilhada. Li o rótulo. Cloridrato de morfina — um centigrama por centímetro cúbico. Preparei uma seringa generosa de dois e injetei-a no pobre braço descarnado. A mão outra vez me atracou e só afrouxou no momento em que o consciente, enrolado pela droga, se retira do corpo e sobe para as alturas de onde continua a assistir à dor daquele corpo que agora parece doutro. Consignei na papeleta sabendo que no dia seguinte teria um teco do Blair. Vendo minha participação a úlcera de estômago também me chamou. Depois o Pirogoff. Depois o menino do noma que ia se salvando contra todas as regras mas de quem uma bochecha caíra deixando meia cara de criança e meia de caveira. Depois foram a desarticulação coxofemoral, a apendicite supurada fedendo pela drenagem, o tumor de crânio trepanado, a hérnia estrangulada e o diabético que ia perder os pés gangrenados na manhã seguinte. Levei quase meia hora batendo em ombros, dizendo que isto não é nada, passa já meu filho, então? um homem deste tamanho chorando! Decidi atravessar e entrar no Werneck. Foi quando vi que não estava só e que duas sombras — uma toda de negro e a outra vestida de amarelo me esperavam no corredor. Mais que o Dante descendo aos Infernos eu ia ser guiado dali por diante por dois virgílios — a morte e a doença rindo de mim e zombando de todos os esforços. Eu entro quando a vida saiu e assim vocês não têm nenhum poder sobre mim — ouvi da primeira. Olha minha complexidade e a minha perfeição só semelhantes às da Saúde, convence-te de que eu também sou fenômeno de comissão e não de omissão, pertenço à Natureza. Agora toca em mim — disse a outra — trata, mas lembra-te de Lucas que também era médico — *Medice, cura te ipsum*... Fechei os olhos encandeado de tanta verdade e quando os abri não vi mais nada. Mas tinha a sensação de duas companhias — corvos que me deixariam nunca mais. Foi com elas que eu sentia sem ver, como percebemos o ladrão no escuro de breu — que entrei na clínica cirúrgica de mulheres. Consolei como pude o desespero que fedia da bartolinite aguda, da peri-metro-ooforo-salpingite, do câncer do colo, do ruptus vesical que mijava uma mistura de sangue, pus e um gás que empestava, da oclusão intestinal, do Wertheim, do prolapso cujo útero protundia como um vasto marzapo necrosado e envolto em compressas de permanganato. No corredor retomei a realidade e desci até ao Balena, depois ao Libânio, depois ao Aleixo para me dar também um pouco às pneumonias, aos enfisemas, aos aneurismas, aos aórticos, aos mitrais, aos tábidos, aos hemiplégicos, às ascites, às anasarcas, às sarnas, à psoriasis, à avaria, ao Nicolas-e-Favre. Demorei nessa ronda noturna e quando entrei no quarto, o José Maria suspendeu os olhos do Testut-e-Jacob para perguntar — onde é qu'estava? "professor". Por aí, aprendendo. E o Zegão? na rua'inda? Foi assim que primeiro por curiosidade e depois pela obrigação que dei a mim mesmo, passei a fazer todas as noites essa descida aos círculos da corrupção e da morte que era minha visita da noite aos doentes de todo o hospital. Aprendi ali mais que com os livros — naqueles cheiros terríveis de suor, hemorragia, pus, urina, fezes e de todos os corrimentos imagináveis; nos gemidos e gritos de todos os registros; parava um pouco quando via o padre e a irmã na sua ilusão, vendo se salvavam alguma coisa que ia sair do corpo que não pudéramos salvar (sair do? ou acabar no?). Quando eu via que não podia fazer nada — dava um instante minha mão e sem nojo amparava as testas molhadas durante os arrancos do vômito que me batizava: Tu és médico. Havia olhos estatelados nas camas, nas paredes, como estrelas subindo as paredes, constelados em todo o teto de olhos no teto. Depois dessas visitas, quando não ia ler ou estudar no quarto, ia me alegrar um pouco conversando com a irmã da noite. Ela também tinha dado sua volta e depois sentava numa mesinha ali colocada, no cruzamento do corredor grande com o que ia de Balena a Libânio. Um abajur ligado a uma tomada iluminava seu trabalho, sua escrita de febre, respiração e pulso nos PTRs. Conversava-se com elas mais de perto e a hora favorecia surpreendê-las num aspeto humano que transparecia facilitado pelo cansaço que enfraquecia a vigilância, o policiamento e a hipocrisia do estado. A impressão que davam a quem sabia observar é que estavam fartas daquela vida sem horizontes e daquele hábito que as imobilizava e prendia como bandeletas de múmia, como o "grande gessado" a um multifraturado. Soltavam palavras de saudade de pais, irmãos, sobrinhos deixados na Renânia, no Palatinado, no Saxe. Saudade de cidades grandes ou de pequenos povoados que tinham ficado nas margens do Elba, Ôder, Reno, Danúbio ou nas encostas e escarpas dos Cárpatos, dos Pré-Alpes d'Áustria, maciços da Boêmia, do Gross Glockner. Às vezes elas soltavam palavras duma beleza intrínseca que as tornava luminosas. Estíria. Morávia. Caríntia. Pela corpulência, resistência, modo de falar percebia-se que sua maioria era de camponesas tiradas das segas, das ordenhas, dos pastoreios e ensinadas em fôrmas de convento. Outras, não. Sentia-se a aristocracia e a raça na segurança, no modo de olhar, na autoridade inata da irmã Rosnata, ou da irmã Perforata, ou da superiora irmã Maximiliana. Quase todas olhos cinzentos ou azuis em caras vermelhosas quaisquer ou nas faces de estatuária das três religiosas de quem dei o nome. Eram belíssimas, como também era linda uma outra de olhos muito abertos (mas estes, escuros) que eu gostava de entreter nas longas horas dos plantões noturnos. Ela era jovem, jovem... Quando eu chegava perto de sua mesa ela logo levantava, fechava uma janela, tornava a abrir, deixava cair suas linhas, seus bordados, seus papéis — eu apanhava para ela, demorava um pouco para devolver, ela sentava, punha-se de pé, ia à porta duma clínica médica, depois à outra, não parava e se eu me aproximava ela logo se erguia e falava de longe. Abria olhos enormes de espanto e fluxos de sangue repentinos e intermitentes faziam sua face de rosa virar numa flor escarlate depois numa *eglantina* e outra vez num *coquelicô*. Era evidente que eu a perturbava e uma curiosidade me impelia para ver até que ponto aquilo chegava. Não chegou. Sua agitação constava da execução de movimentos de fuga e a noite em que mais caminhamos foi aquela em que eu disse a ela que estava com fome e se não haveria? na copa uns restos de pão e manteiga. Logo ela ficou rubra, seus olhos cintilaram, riu e mandou esperar. Veio depois com um pires onde havia como a brancura de um fino linho dobrado e redobrado. Em cima, um dourado que luzia e escorria. Era uma folha inteira que ela tirara da prensa de fazer hóstias, já comprimida e impressa com relevos — que ela transformara naquele rocambole de trigo e mel. *Pode comerrr, Pedrrro, que não está consagrrrads*. Matei uma de minhas fomes e agradeci chamando-a de minha irmã Borboleta — dizendo na sua língua — Schwester Schmetterling. À palavra movediça e adejante suas maçãs pegaram fogo. Foi a última vez que a vi e guardo dela essa lembrança incandescente. Dia seguinte, na hora da reza ela não passou formada com as outras. Nos outros dias também. Ao fim de duas semanas, num plantão, interroguei a irmã Maxência. Tive a informação. *Ela foi parrra nossa casa no Rrrrio. Sua culpa, Pedrrro...* Encarei e espantei porque a Maxência sempre tão severa e tão brava — disse-me aquilo com voz serena e meio triste. Quis aprofundar mas já encontrei me olhando a cara fechada de sempre que se abaixou logo sobre o trabalho que fazia: um rosário de lágrimas-de-nossa-senhora...

Foi mais ou menos nessa época que umas pequenas nuvens começaram a turvar o céu azul de minha amizade com o Werneck. Primeiro uma festa que ele deu em sua residência para que convidou os internos da Santa Casa e do São Lucas. Estávamos presos a sua prosa e desfrutando sua hospitalidade e graça quando as escadas foram galgadas por um sujeito coberto de sangue que outro amparava. O que sangrava tomou a palavra. Vim buscar um dos estudantes porque precisei socorro e fui informado no hospital que os internos estavam todos aqui. Isso é um desmazelo e amanhã vou aos jornais. A essa velha ameaça, o estopim curto do Werneck ardeu e a bomba estourou. Ponha-se já daqui pra fora, vá aos jornais e ao diabo que o carregue — vamos! Quando o cabeça quebrada retirou-se o nosso mestre nos deu uma espécie de explicação. Tenho agulhas e fios em casa e se ele pedisse com bons modos eu mandava um de vocês fazer uma sutura *in anima vili*. Rimos com ele e a festa continuou. Saímos encantados. Pois na manhã seguinte o Werneck mandou chamar os estudantes de serviço e comunicou que cada um teria um desconto de cinco dias no fim do mês — por abandono de plantão. Ousei uma observação. Mas dr. Hugo, foi o senhor mesmo quem nos convidou! E então? Dei uma festa e procedi como homem educado chamando vocês. Competia a vocês desculparem-se e recusar alegando que estavam impedidos pelo trabalho.

O segundo caso foi com doente que chegou durante a tarde para seu serviço. Era uma menina de seus doze anos que tangia um burro que fazia mover-se a engenhoca de uma fazenda. Ela atiçava a alimária com um longo chicote de que passara o prendedor de couro no pulso direito. Ela não sabia como, ao dar uma, a ponta da peia entrara entre os roletes da moenda e ela em vez de ter calma e desprender, resistira e esticara a tira de couro, fora puxada e sua mão esmagada. Quando detiveram o maquinismo e deram atrás, o que saíra fora aquela pasta de ossos, carnes laceradas e sangue esguichando. Havia quatro dias daquilo e ao atendê-la descobri coisa mortificada e inaproveitável. Tinha de desarticular tudo ao nível do punho. Auxiliado pelo Grossi e tendo a irmã Rosnata como anestesista, fiz a operação. Foi perfeita. Deixei bastante carne para cobrir, regularizei as extremidades do rádio e do cúbito com o saca-bocados e a rugina, liguei vaso por vaso, drenei com um chumaço de crina que saía de cada lado e fiz sutura de aproximação bem frouxa, que não apertasse aqueles tecidos suspeitos. No dia seguinte eu estava em brasa esperando a visita do Werneck e os elogios que ele não me regatearia. E não regateou. Pediu-me detalhes sobre a intervenção, como ela fora feita, quanto tempo eu demorara. Interrogou. Qual é a posição do operador nessa cirurgia? Do auxiliar? Respondi. Pois está muito bem! A doente foi habilmente operada, a indicação foi perfeita, a medicação prevista para a noite completamente adequada. Mas há uma coisa... Nessa hora encarou-me carrancudo e começou a me chamar de *senhor*. Só que o senhor praticou *um ato médico*, sendo estudante. Sua obrigação era ligar os vasos, debridar e limpar a ferida, dar o soro antitetânico e mandar chamar um assistente para executar a intervenção. Em resumo, operação elogiável, procedimento reprovável e vou abaixar seu *priapismo cirúrgico* [sic] com o desconto de uma semana no ordenado. Como ele risse, todos riram, eu também. Mas ficou dentro de mim um vago travo. Achava as duas situações, a da festa e a da doente, muito requintadas, muito *montadas*, parecendo aquela estória do general que primeiro condecorava e depois mandava fuzilar o soldado que fizera ação heroica mas que contrariava ordens dadas. Não compreendo esses sentimentos. Eu sou oito ou oitenta e nunca oito junto com oitenta... Pão ou pau e jamais pão de mistura com pau... Aquilo tudo seria muito bonito num livro de instrução moral e cívica. Minha tolerância sem limites e meu espírito largamente aberto repeliam o gênero. Muito boche demais. E pela primeira vez eu valorizei dentro de mim o fato do Werneck ter sido germanófilo durante a Grande Guerra, germanófilo durante nossa beligerância contra a Alemanha e ter continuado germanófilo depois do conflito mundial.

> Aquele amor
> Nem me fale
> OSWALD DE ANDRADE, "Adolescência". In:
> *Primeiro caderno do aluno de poesia Oswald de Andrade*

> Mais s'apparenter par le coeur, et non par le sang, voilà ce dont l'homme seul est capable.
> NICOLAS GÓGOL, *Taras Boulba* — trad. francesa de Michel Aucouturier

Gógol escreveu o *homem*, dando sentido geral ao que é apanágio de poucos homens, raríssimos homens. Aparentar-se pelo coração é ser amigo. E essa qualidade está em muito poucos. É preciso dons inatos de solidariedade, bondade, compreensão, a que se juntam também o momento especial de superposição e coincidência de interesses, opiniões, princípios, regras, desregras — momento que pode ser fugaz ou transformar-se em duração de vida inteira. Esse momento foi vivido pelo Cavalcanti, Isador, Xico Pires, Cisalpino, Zegão e por mim naqueles anos do curso, culminando em 1926, em que para lá de parentes, num extraordinário altereguismo, fomos mais que irmãos, éramos uns, os outros, cada eu, o eu do outro. Que queríamos nós? Nada senão morder o momento presente. Nossa disponibilidade era total. Descuidados, boêmios, um tanto artistas, gostando da nossa medicina (todos éramos bons alunos) porque ela nos dava certo violento material estético e mostrando a morte mas nos fazia amar a vida, sujeitos à alegria ruidosa logo mudada na mais cascuda dor de corno; independentes, revoltados, insolentes, iconoclastas, generosos, donos do dia e da noite, impecuniosos, encalacrados com os agiotas mas duma prodigalidade de nababos, devendo aos donos dos botequins para dar gorjetas de rei aos garçons, longânimos, prestimosos, cavalheirescos — valorizando uns nos outros essas qualidades e defeitos — amorosos, apaixonados, sexomaníacos, imorais, pornográficos — éramos inseparáveis naqueles anos do fim de curso e descobrimos o bairro do Quartel com todos seus encantos recantos e proclamamos a independência da sua rua Niquelina. E tínhamos varrido de nossa vida a hipocrisia: fazíamos às claras aquilo que todos os outros estudantes praticavam espavoridos e se vermesgueirando na sombra. Naquele fim de 26 era difícil nos apanhar nos cafés da cidade, nos cinemas. Quem quisesse nos encontrar fosse ao Pedro Sousa, cujo boteco ficava no bico da intersecção das ruas Álvares Maciel, Grão Pará e avenida Brasil. Eu ainda tinha o internato, a enfermaria do Libânio, o pavilhão Koch; o Cavalcanti, o Serviço do Borges da Costa; o Chico Pires, a residência no *Instituto Raul Soares*. Já o Zegão, o Isador e o Cisalpino — davam full time no referido Pedro Sousa, no barracão da *Menor Teodora*, numa tasca lazarenta mantida por velha italiana a quem tinham enucleado um olho e que ficava — não posso dizer nome de rua que não havia — num caminho de roça nos fins de Niquelina, talvez onde hoje passa Cardoso, cortando Guandu, Soledade ou Maracanã. Nesses lugares, a integridade física dos três compadres era garantida por conhecido valentão, o sargento Vila Velha. Era um bravo meganha que, inquirido pelo Isador sobre o número de mortes que tinha no ativo, começara dizendo que não, ora essa, doutores! sou incapaz de fazer mal a uma formiga. Deus me livre! mas que, reinquirido depois de lhe terem pago doses e redoses de pinga, acabara soltando que aquilo era assunto de que não gostava de falar mas que ficassem sabendo que ele tinha em casa um boião com cinco orelhas. Mais não disse e o Isador deu-se por atendido.

  Eu vim a saber de todo um romance que se armava, certa tarde, na Santa Casa. Estava no andar de cima lendo a minha topográfica quando surgiu o Zegão. Não, não tinha subido para estudar comigo. Queria só olhar um negócio pela janela. Debruçou e fitou avidamente a rua. Eu fui lendo, mas olho nele até que o vi respirar aliviado e dar adeus em direção à esquina de Ceará. Fui olhar e vi se afastando os vultos de uma cabocla escura e de uma loura. O meu primo estava rubro, trêmulo, acendeu um cigarro e mal eu perguntei quem eram que ele soltou tudo porque era evidente a sua necessidade de falar. Eram duas doentes da enfermaria do Werneck. A primeira, a escura, chamava-se Maria Rosa e estava vivendo há dez dias com o Cisalpino, para os lados do Carlos Prates. A clara chamava-se Biluca, viera de Sete Lagoas, apenas começara de puta em Belo Horizonte que uma carga daquelas dera com ela na Santa Casa. E ele, Zegão, estava doido pela brancarrona. Ela tivera alta, agora, a Maria Rosa viera buscá-la e que eu tivesse a santa paciência, fizesse o serviço dele, porque ele ia dali apanhar o Cisalpino para irem encontrar as fêmeas no Carlos Prates. Eu tentei pregar moral e dizer que aquilo dele e do Cisalpino estarem comendo doentes da Santa Casa não era lá coisa muito recomendável. Ele tapou-me a boca citando dois respeitáveis médicos de Belo Horizonte que se tinham casado com clientes. Que mal havia? nenhum. Pois eu estou em situação idêntica, só que irregular e com gente baixa. Mas até amanhã. Não, durmo fora, não sei a que horas entro amanhã. Você me garanta o plantão. E olhe: peço reserva para o Grossi e o Zé Maria. Depois você vai saber de tudo...

O Zegão sumiu de vez. Eu fiquei a substituí-lo nas suas horas de trabalho e com isto não tinha nenhuma livre. Disse ao nosso diretor, o Júlio Soares, que o primo tinha gente doente em casa. Ao quinto dia ele apareceu com o Cisalpino. Estavam radiosos. Tinham deixado o barracão do Carlos Prates e a *Menor Teodora* arranjara-lhes outro na rua Niquelina. O Isador aderira, resolvera se instalar com eles, trazendo a tiracolo uma grande mulata chamada Carmem. Eu queria saber quando é que o Zegão pretendia reassumir suas obrigações mas ele disse que não reassumia nada, quando muito assumia sua felicidade e que eu dissesse o que entendesse ao nosso diretor, porra! E olhe — você apareça, vá nos ver em Niquelina. Não, não, bem para abaixo da praça do Quartel. É o número 264 — janelinha verde de frente. Dois dias depois o Zegão apareceu, correndo, no hospital, para fazer um plantão impaciente e abalar logo em seguida. Nessa mesma noite o Sá Pires, o Cavalcanti e eu fomos ver os amigos de casa e pucarinho. Instaladíssimos, mangas de camisa, chinelório, copo de cerveja na mão, eles nos receberam na crápula. Começamos com o *tour du propriétaire*. Não era bem um barracão, mas casinha ao rés do chão, dois quartos, sala de jantar, cozinha. As comodidades ficavam fora. Eram uma bica d'água solitária e a fossa. O quarto da frente fora ocupado pelo Zegão e pela Biluca. Mobiliário: um tamborete, pregos na parede, uma porta sobre quatro tijolos, colchão de palha, travesseirinho, lençol, um cobertor arroxeado parecendo um pano de dó. No canto, uma bacia e uma lata de querosene cheia d'água. Penico. Num pires, o sabonete Araxá. O Zegão gabou o cômodo e sua propriedade de funcionar como câmara escura. De manhã ele e a amada ainda deitados viam todo o movimento da rua de cabeça para baixo, já que as imagens se refletiam na parede como dentro duma máquina fotográfica. Era um breu e só entrava luz por pertuito na janela que se fechava hermética e aquilo era um verdadeiro cinema para eles. O quarto do Cisalpino e da Maria Rosa dava na sala de jantar. Instalação idêntica. O Isador e a Carmem dormiam e faziam suas letras na salinha de jantar, num colchão de casado que de dia ficava enrolado. Aí havia mesa de pinho sem toalha e as cadeiras onde todos nos abancamos. O Zegão saiu com a Biluca para comprar cerveja e os elementos de uma ceia. Voltaram com uma cesta cheia de garrafas, dois pães de duzentos réis e vários embrulhos engordurados. Um de salame, um de peixe frito, um de queijo, um com bifes à milanesa. Os quartos eram iluminados a vela e lampiões de querosene. Só a sala tinha uma lâmpada elétrica. Seu fio vinha da casa da vizinha que deixara puxar aquela instalação precária. O Cisalpino entusiasmado contava a estreia do Zegão no Carlos Prates. Que noite! Tinha chovido, depois o céu abrira de repente, na mais fantástica lua cheia. O Zegão ficara horas pra lá pra cá, Biluca ao colo, fazendo romance à luz do astro tamanho de roda de carro. Depois tinham se recolhido, famintos um do outro e aquilo acabara pela madrugada — quando a agitação erudita dos dois demolira a cama e dera no chão com o casal sempre engatado. Daí todos os demolidores terem decidido dormir em cima de portas. Mais resistente. Abancados em torno da mesa de pinho pude olhar detalhadamente as três mulheres. A Carmem era uma mulata diluída, alta, fina, seios pequenos, amplas cadeiras. Tinha olhos e dentes fabulosos. Um pouco pálida, sua pele muito lisa e muito igual era um cetim sépia clara. Tocava violão e cantava. Tinha alguma coisa da flexibilidade gatesca de Josephine Baker. A Maria Rosa representava a cabocla em sua glória. Um restinho de sangue negro também entrara, para alargar seus olhos, aumentar-lhe as redondezas calipígias. Na boca roxa os dentes cintilavam mantidos claros e separados em riscos nítidos — pelo hábito do fumo mascado. Era de Pernambuco, subira o São Francisco num gaiola. Exercera no norte de Minas e viera para Belo Horizonte operar um fibroma. Conhecera o Cisalpino no ambulatório e ele é que arranjara para ela internar. As três raças tristes completavam-se com a Biluca. Essa, ariana pura. Era do Curvelo, filha de alemães, desencaminhada cedo, fugira para Sete Lagoas, depois descera pro Belo Horizonte. Sua pele era duma brancura luminosa de polpa de biribá, de fruta-de-conde. Olhos muito pretos, cabelos finos, dum louro quente, uma perfeição de dentes. Mãos sempre mornas, às vezes duas rosetas de febre no rosto. Nem muito alta, nem baixa e admiravelmente torneada. Todo o material de que ela tinha sido feita mostrava-se de primeira qualidade — era uma rara joia biológica e um espantoso milagre anatômico. Ela vinha daquele gênero que já tinha dado Greta Garbo e que prolongar-se-ia no tempo soltando, primeiro, Ingrid Bergman, depois, Catherine Deneuve. Possuía distinção inata, modos de noiva e o Zegão nos confidenciara que ela era... Aliás o mesmo elogio todas já tinham tido. Eram formidáveis de cama. No caso, de chão... Às onze horas houve necessidade de renovar o estoque de bebidas e a Carmem empunhou o pinho. Cantou, primeiro, a Maria Rosa.

> O trem de ferro
> quando vem do Pernambuco,
> vem fazendo fuco fuco,
> com vontade de chegá.
> Dá no coco — tá — tá
> Vir'o bico poet'eitira
> a volta da pá...
> Sobe no coqueiro apanha coco,
> sobe no coqueiro prapanhá...

O Cisalpino para fazer honra a nossa visita começou a cantar a todo pano as *chansons à boire* de Diamantina. Desfiou primeiro a dos belos companheiros, depois a das sessenta pipas e terminou com a do seu Lombardo.

> Ó que belos companheiros,
> como bebem tão ligeiros!
> Se és covarde, saias da mesa,
> que a noss'empresa
> requer valor...

Então saudava-se o primeiro que tinha a obrigação de virar, à russa, o conteúdo do seu copo ao som do vira-vira-vira entoado por todos que também urravam o virou! em coro, quando o copo vazio era posto na mesa. Cada um virava e passava-se para o segundo. Se a roda era grande, ao nono ou décimo saudado — a bela companhia já estava toda língua taramelando e os cantores se abraçando pastosamente. Logo se entoava a das pipas.

> Ai! quem me dera
> conter nas tripas
> sessenta pipas
> desse licor...

A do seu Lombardo era a mais carinhosa e de cada vez que se cantava, o nome Lombardo era substituído pelo de um dos que se queria homenagear.

> Seu Lombardo tinh'uma flauta,
> a flauta de seu Lombardo!
> Sua mãe sempre dizia:
> Toc'a flauta seu Lombardo!

Saímos da casa dos amigos invejando a capacidade dos três de serem tão felizes dentro de tamanha sordidez. Aquela casa não tinha móveis, nem roupa que chegasse e aquelas três pobres mulheres tinham de se virar lavando e passando para poderem comer e fazer a felicidade dos amantes que, mal caía a noite, vinham entrando e querendo. Parecia que aquilo ia ser eterno... Pois a tolerância das coitadas teve fim exatamente num dia de vacas gordas do Zegão. Ele tinha socorrido, num de seus plantões, cidadão rico com o fêmur partido no terço superior. Pois ele instalou um aparelho de extensão, o nosso velho Tillaux, com seus esparadrapos, cordas, roldana, contrapeso e os coxins de areia para apoio do membro fraturado em boa posição. Internara num quarto particular do corredor e entregara o caso a um assistente do Otaviano a quem continuou a auxiliar no tratamento. No dia da alta o médico cobrou 500$000 e deu notícia disso ao Zegão que esperou sua parte — que ele calculou logo em pelo menos cinquentão. Pois ganhou tudo e mais palavras de estímulo do cirurgião que era o próprio diretor da Santa Casa — Júlio Soares. Não, Egon, o trabalho foi todo seu e você tem de ficar com o pagamento inteiro... O Zegão pensou que estivesse sonhando, logo comunicou-se com os companheiros de casa, convocou-nos a mim, ao Cavalcanti e ao Sá Pires para um encontro, às oito, no *Trianon*. Lá ele nos deu conhecimento de tudo e disse o que tinha planejado. Grande ceia hoje e amanhã dou cinquenta pilas a cada uma das nossas garotas — coitadinhas! para elas se enrouparem. As libações começaram ali mesmo. Foram feitas as encomendas ao Mário. Latas de atum, sardinha e patê. Torradas. Queijo de roquefort. Uma cesta com três do branco e três do tinto, outra com botelhaços de espumante cerveja. Um presunto. Pão de fôrma, pão francês, manteiga. Fomos buscar o Mata-Feio e no seu vasto carro paramos no *Trianon* para pegar a bagagem. Para a rua Niquelina, nego. Lá chegando, amarga surpresa. A Biluca fora se instalar aquela tarde no bordel da Rosa Maciela. A Carmem idem, deixando bilhete: *Isadorado parei cumtigo num póço morrêr de fome*. A Maria Rosa ficara para dar a má notícia e quanto a ela, também estava de partida. Ia para a mesma pensão das companheiras. Quando? Agora. Saiu rua afora e foi tomar seu bonde na praça do Quartel. Ludibriados, os três amantes viraram-se para o Sá Pires, para o Cavalcanti, para mim. Dei o único conselho viável na ocasião. Vocês fechem a casa, vamos pegar esse material e tratar de ir devorar e beber tudo na *Menor Teodora*. Fomos festivamente recebidos por ela e suas negrinhas. Os cornudos tomaram um porre caro e soturno. No dia seguinte um Zegão bislenco e magoado reassumiu a Santa Casa e deu seu plantão — ainda de ressaca.

O nosso *Grupo do Estrela* continuava, apesar de muito desfalcado nesse ano de 1926. Drummond em Itabira, João Pinheiro em Frutal, João Guimarães Alves em São Paulo, Capanema em Pitangui, Gabriel Passos em Oliveira. O fogo sagrado era mantido pelos restantes que a vida e os casamentos ainda não dispersara. Nessa época convivi ainda mais de perto com Cyro dos Anjos, Emílio Moura, Martins de Almeida e sobretudo com João Alphonsus de Guimaraens. Esse fascinava pela sua prodigiosa graça e fantasia. Já falei da sua maneira de integrar os bichos na sua prosa e no drama humano. Mais perto dele fui descobrindo que a humanização de seus animais lembrava a preocupação idêntica de Carlito. Quem poderá esquecer? o cão de *Vida de cachorro*, os elefantes de *Luzes da cidade*, as pulgas de *Luzes da ribalta*, o burro, os macacos e o leão de *O circo*, o urso de *A busca do ouro* e, ainda nesse filme, a transfiguração do herói num galináceo gigantesco. Um dos motivos de conversa dos remanescentes era falar e dar notícias dos amigos ausentes — muito dos quais 1927 nos restituiria. Dois sempre muito presentes na nossa lembrança eram Gabriel de Rezende Passos e Gustavo Capanema Filho.

O nosso Gabriel era de Itapecirica, onde nasceu na localidade de Gonçalves Ferreira a 17 de março de 1901, filho de Inácio de Rezende Passos e d. Laudelina de Rezende Passos. Veio para Belo Horizonte aos quinze anos, em 1916, quando se matriculou no Colégio Arnaldo, onde fez todo seu curso secundário. Em 1920 ingressa na Faculdade de Direito e cola grau em 1924. Vai advogar em Oliveira. Volta a Belo Horizonte para casar-se a 25 de dezembro de 1925 com d. Amélia Luísa Gomes (de Lemos) de Rezende Passos. Sua volta definitiva para a capital de Minas dar-se-ia em 1927. Gabriel era um moço extremamente comedido que acompanhava sorrindo nossos desvarios, testemunhando-os mas deles não participando. Madrugou nele a circunspecção e talvez fosse o elemento mais ajuizado de nossa roda. Era muito alegre, cerimonioso, duma cortesia exemplar, dono de agudo senso de humour e duma das mais poderosas inteligências com que tenho tido convivência, servida por aplicação natural nos estudos e por notável cultura. Gabriel era de incomparável bom gosto nas suas leituras e insisto em dizer que foi uma vocação literária que nos roubaram, primeiro, o Direito e depois, a Política. É de propósito que escrevo aqui Política com P maiúsculo pelo brio e dignidade com que ele engrandeceu a de sua terra nas fases estadual e nacional de sua grande carreira.* Esse homem exemplar tinha

---

* Gabriel Passos foi chefe do gabinete de Cristiano Machado em 1930, quando tomou parte na conspiração para o movimento revolucionário de Minas, Rio

como amigos mais chegados Gustavo Capanema (seu colega do Arnaldo e companheiro de casa na pensão de d. Marieta Fernandes, prima da Bagadinha), Abgar Renault, Mário Casassanta, Milton Campos e rio até hoje lembrando os cinco fazendo exercícios de memória e recitando em coro, sotaque especial, os nomes estapafúrdios de autores de Direito alemães. Fisicamente era um moço claro, cabelos louros levemente ondeados, olhos de um azul de aço, tornados cintilantes pelos vidros de míope usados primeiro em pincenê de trancelim e depois em óculos de aro grosso. Um de seus grandes encantos era a voz cheia, bem timbrada que tanto o servia na frase sempre convincente. Sua elocução era perfeita e apesar de ter o sotaque de nossa terra, não escamoteava como geralmente fazemos — certas letras das sílabas, nem algumas sílabas das palavras. Tinha bons dentes frequentemente mostrados no riso franco e aberto. Era desempenado, pisava bem. Mais para forte, tinha boa estatura, entre mediana e alta. Era muito caprichoso no trajar-se.

Capanema era filho de Gustavo Capanema e de d. Marcelina Júlia de Freitas Capanema. Nasceu a 10 de agosto de 1900 no arraial de Sant'Ana do Onça, município de Pitangui. A 4 de março de 1914 veio para Belo Horizonte matriculado no Colégio Azeredo. Em 1916 e 1917 foi aluno do Colégio Arnaldo. Esse foi fechado na ocasião, depois de invadido por professores e estudantes da Faculdade de Medicina — dando caça aos padrecos alemães. Era na Primeira Grande Guerra e havia uma espécie de neurose coletiva descobrindo por todo lado espiões. Bastava ser louro e estrangeiro para ser suspeito. Com esse fechamento do Arnaldo, Capanema vai frequentar o Ginásio Mineiro, onde conclui o secundário em 1919. Matriculou-se em 1920 na Faculdade de Direito e nela se diplomou a 24 de dezembro de 1924. Vai para a Pitangui natal onde advoga, é professor da Escola Normal e ingressa na política como

---

Grande e Paraíba. Foi assessor do presidente Olegário Maciel, deputado federal em 1933, 1935, 1945, 1951 e 1958. Duas vezes constituinte, em 1944 e 1946. Procurador-geral da República de 1936 a 1945. Teve notável e patriótica atuação como ministro de Minas e Energia no governo João Goulart. Colaborou no *Estado de Minas*, na *Revista Forense*, na *Revista de Direito Administrativo*, *Arquivo Judiciário* e *Revista dos Tribunais*. Escreveu: *Nacionalismo, Estudo sobre o Acordo de Roboré* e *Temas nacionalistas*. São Paulo: Fulgor, 1959, 1960, 1961 (respectivamente). Deixou numerosos discursos parlamentares. Faleceu no Rio de Janeiro, em 1962.

vereador à Câmara Municipal.* Dentre os numerosos serviços que Capanema ia prestar, no futuro, a Minas e ao Brasil, sobrelevaria sua atuação à frente do Ministério da Educação. Seria o reformador do nosso ensino, o criador de faculdades mas, principalmente, o portador da mensagem modernista de sua geração quando chamou Carlos Drummond de Andrade para a chefia do seu gabinete e fez-se assessorar por Mário de Andrade, Rodrigo Melo Franco de Andrade, Lúcio Costa, Oscar Niemeyer e Cândido Portinari. Ergueu o edifício do Ministério da Educação, audácia que foi o início da nossa revolução em matéria de arquitetura e pintura e da associação das duas numa obra de arte de construção. Esse prédio foi cantado por Vinicius de Moraes num poema chamado "Azul e branco" tendo o poeta me dado a honra de tomar como seu mote a definição "Concha e cavalo-marinho" com que saudei o módulo. Assim como na pintura italiana o Rafael não seria possível sem a anterioridade de Sandro Botticelli nem este sem a precedência do Giotto di Bondone — sem o edifício do Ministério da Educação não seria possível o conjunto monumental da Pampulha e tampouco sem este o prodígio do cerrado que é a Brasília do Nonô Kubitschek. A penetração aguda de Capanema dos postulados do direito, a compreensão de sua filosofia, seu profundo conhecimento dos problemas dessa profissão fizeram que sua preocupação de estudante fosse a preparação do estofo de um futuro grande advogado. Seu bom gosto inato, seu espírito de artista, a enorme capacidade de ler, seu conhecimento da literatura indicavam, também, em sua fase de formação, um porvindouro homem de letras: poeta, ou romancista, ou crítico, ou ensaísta. Não foi uma coisa nem outra. Mas levou, dessas atividades que podia ter escolhido, a marca de superioridade que o distinguiu dos demais na que o dominou: a paixão política. Nela ele atravessou sua vida exemplar e sempre deixando em tudo o

---

* Em 1930 é chefe de gabinete do presidente Olegário Maciel e em novembro é nomeado secretário do Interior de Minas Gerais. Ingressou na política como vereador no seu município, tendo sido depois secretário do Interior e interventor federal no estado de Minas Gerais. Em 1934 é nomeado ministro da Educação, permanecendo nesse cargo até 1945. Foi ainda deputado federal em várias legislaturas, Constituinte em 1946, ministro do Tribunal Federal de Contas, senador. Casou-se a 8 de julho de 1931 com d. Maria de Alencastro Massot, que passou a assinar-se Maria de Alencastro Massot Capanema.

toque original de nossa geração e a profunda vinculação que ele, Capanema, teve com os movimentos de renovação dos anos 20.

    Para falar de Gabriel e Capanema, adiantei-me sobre o futuro. Voltemos à nossa roda desfalcada de 1926 e às gratificações que esse ano nos trouxe. Tivemos em Belo Horizonte a visita de Manuel Bandeira a quem comboiamos duas noites inteiras nas ruas e bares da capital de Minas. Cervejávamos, calados, ao ouvi-lo. Ele tomava sua água mineral de abstêmio. Estou a vê-lo, magro, cabelo aberto ao meio, terno de brim, o ar delicado e prestando-se a tudo que queríamos: informações sobre ele, sua vida, sua doença, sua arte poética. Pedimos que recitasse. Ele acedeu de bom grado e era sem ênfase que dizia o "Alumbramento", o "Sonho de uma terça-feira gorda", a "A dama branca". Tínhamos notícias, por carta, de Mário de Andrade escrevendo *Macunaíma*. Líamos e relíamos o que o modernismo nos dera de importante no ano: *Jogos pueris* de Ronald, *Um homem na multidão* de Ribeiro Couto, a fabulosa mensagem do *Losango cáqui* de Mário de Andrade. Conversávamos horas sobre estes e os livros estrangeiros que nos inculcava ou mandava esse poeta. Comentávamos a chuva dos manifestos — que apontavam as divergências e as tendências diferentes do modernismo, desde o *Manifesto Pau Brasil*, publicado no *Correio da Manhã* de 18 de março de 1924, por Oswald. Vieram depois os do Verde-Amarelismo, da Revolução da Anta, o de Antropofagia. Em Minas tivemos os do grupo Verde, de Cataguases e o do Leite Crioulo de João Dornas. Creio que foi um ano antes do que estou relatando, em 1925, que em casa do Carlos, o poeta, Emílio Moura e eu programamos também nossas intenções num manifesto que chamar-se-ia o do Queijo de Minas. Nunca foi publicado. Será que o Carlos, que os guardou na época, ainda tem? seus originais. Sensacional para nós, em 1926, foi o aparecimento a 15 de setembro do primeiro número da nova fase da *Revista do Brasil*. Suas colunas estavam abertas a passadistas e modernistas. Estes logo acorreram e deram ao periódico feição que o coloca na lista dos outros jornais renovadores saídos antes. Era dirigida por Pandiá Calógeras, Afrânio Peixoto, Alfredo Pujol e Plínio Barreto. Seu redator-chefe foi Rodrigo Melo Franco de Andrade e ele é que abriu as portas da revista aos novos que fizeram sua feição. Saíram com regularidade seus números quinzenais de 1 a 8 em 1926 e os de 1927.

Dois profundos desgostos marcaram minha vida na faculdade nos fins de 1926. Prendem-se a dois fatos — o primeiro sem consequências e o segundo cheio delas, a transbordar. Aquele me foi relatado pelo meu mano Cavalcanti. Era o caso de uma démarche feita junto a seus pais pelo dr. Olinto Orsini de Castro. Esse futuro professor de nossa faculdade não me conhecia senão de vista, das aulas do dr. Aleixo. Eu também nunca me aproximara dele devido à expressão amarga de sua catadura pouco convidativa. Assim, jamais trocáramos palavra que fosse. Por que então? esse médico foi procurar a d. Maria Augusta e ao seu José Peregrino Cavalcanti — pedindo a eles que impedissem a amizade de seu filho comigo que era "um perdido e pessoa das mais ordinárias de Belo Horizonte" [sic]. A resposta lhe foi dada pelo nosso Peregrino. Nem mais nem menos de que não podia se meter nisto porque seu filho Zozó já estava bastante crescido para escolher ele próprio as companhias que lhe conviessem ou não. O Zozó que estava presente contou-me ainda que o pai fechara-se depois em copas e assumira cara tão pouco aberta que o homem zeloso deu mais umas palavras e despediu-se. Eu já frequentava a casa dos Cavalcanti e a atitude do seu Peregrino impedindo que se prosseguisse na minha demolição era a do gentil-homem que em tudo se mostrava esse Wanderley e Cavalcante dei Cavalcanti. Tenho sofrido vários desses ataques gratuitos de antipatia pela vida afora. Aquele foi o primeiro e entristeceu-me profundamente. Depois, sua ruminação encolerizou-me. Com minha prática das guerrilhas de rua em Belo Horizonte e mais minha técnica perfeita de depredação da propriedade alheia, planejei pichar a fachada da casa do meu inimigo gratuito. (Conhecem a técnica? Toma-se de meia dúzia de ovos, fura-se cada um nos polos e escorre-se o conteúdo, substituindo-o por piche líquido; fecha-se com cera; usam-se na calada da noite, projetando-se com força. A casca estoura e o piche faz no alvo silhuetas de copas de árvores, pássaros asas abertas. Indeléveis.) Depois desisti e resolvi passar a ignorá-lo. Fiz isso sempre e onde ele e eu estávamos eu timbrava em não deixá-lo me surpreender olhando para ele. Fiz isso anos e anos, até a última vez que o percebi, na manhã em que, em nome dos ex-alunos, saudei a congregação da faculdade por motivo do cinquentenário dessa instituição. Lembro que alguém nos quis apresentar e que eu mostrando grande interesse por interlocutor qualquer que me falava, fingi não ouvir o apresentador e fui me afastando. Eu não quero aqui classificar o ato sem motivo do dr. Orsini cujas palavras, se caíssem nos ouvidos de homem diferente do seu Peregrino, talvez me tivessem privado e ao meu mano Cavalcanti, de uma das mais bem realizadas amizades de nossas vidas. Não quero classificar nada nem dar qualificativos de qualquer espécie ao meu feridor. Apenas pergunto a quem me lê que juízo? eu posso fazer de pessoa assim, capaz dum ódio assim. E respondo: o mesmo que você, leitor...

Ao contrário do que me cominava o dr. Orsini, o segundo desgosto que amarguei em 1926 e nos princípios de 1927 deixou-me ferimentos que, mesmo cicatrizados, doem em mim há cinquenta e dois anos e quando neles penso sinto sua pungência como se estivesse sendo cortado agora. Para ser bem entendido temos de voltar no tempo e contar de velha rivalidade de grupos entre os alunos do sexto ano do dito 1926. Pela sua quarta série começara essa questão, oriunda de luta eleitoral no nosso Centro Acadêmico, entre uns rapazes de São João del Rei, dois irmãos, dois primos deles e um conterrâneo, todos fortíssimos, belicosíssimos, valentérrimos e extracoléricos — contra outros dois irmãos só que de físico normal, pacíficos, sem jactância e muito calmos. Esses dois eram provocados diariamente não só pelos seus primeiros contrincantes como por grande maioria da turma que aderiu ao lado mais numeroso. Aquele negócio já vinha durando há dois anos e tinha chegado à sua fase nó górdio. Os dois irmãos mais tranquilos armaram-se e dispuseram-se a reagir a bala se chegassem ao ponto de precisarem se defender de agressão física. As coisas estavam nesse pé de suspense naquela malvada manhã em que me bati, como sempre, para a prosa matinal e o cafezinho no gabinete de Hugo Werneck. Entrei no seu serviço junto com o Sá Pires, soubemos que o chefe estava operando e, para esperá-lo, viemos andando até uma sala de comunicação entre a enfermaria de mulheres da *Santa Casa* e a *Maternidade Hilda Brandão*. Nessa sala havia uma mesa de madeira clara encimada por um sem-número de gavetinhas, contendo cada uma ficha relativa a doente ali passada. Na parede, pequeno quadro-negro onde se escrevia diariamente, a giz, o número da operação programada e qual era a mesma. Lá estava algo como doze mil e qualquer coisa e mais um enunciado gênero "ligamento-pexia, colporrafia anterior, colporrafia posterior, perineorrafia". Era o que Werneck chamava às gargalhadas a construção de uma "bitola estreita". E era mesmo. Ficava um negócio...

Nunca nos momentos de maior êxito de minha vida de médico — conquista de várias chefias de serviço, livre-docência, duas cátedras, professorado emérito e honoris causa, três academias, sociedades estrangeiras, presidência de sociedade continental — nunca na minha vida de médico tive a ectasia, o orgulho e a sensação de plenitude que sentia naquele 1926. Quintanista de medicina! Interno residente da Santa Casa! Quase interno de clínica ginecológica e cirurgia de mulheres! Amigo íntimo e favorito! de professor dos mais temidos e ainda por cima diretor da faculdade! Um altar que eu tivesse para Hugo Furquim Werneck ainda seria pouco. Eu testemunhava, frequentando seu serviço acompanhando suas visitas e assistindo a suas intervenções — os rodamoinhos de suas cóleras, as explosões de seus atos irresistíveis, da sua inapreciação exata dos gestos que praticava e dos juízos que emitia; percebia a instabilidade de seu humor, a versatilidade e a facilidade com que ele passava da galhofa ao azedume, à imponderação, à raiva mais paroxísmica; acompanhava os movimentos da hipersensibilidade — que lhe falseava o juízo, enganava e levava a interpretações as mais errôneas... Sim senhores — testemunhava, assistia, percebia, acompanhava tudo isto. Mas como eu realizava o milagre de viver dentro da trajetória de balas que eu ouvia sibilando e que não me feriam — julgava-me a salvo e invulnerável. Aquilo era com os outros; comigo não. A pimenta, a pimenta! no cu alheio... E além do mais eu soterrava essas venialidades sob as camadas espessas das qualidades que realmente eram apanágio de Werneck, modos de ser, simplesmente modos — que me impressionaram ao ponto de terem me influenciado a vida inteira e de eu, até hoje, em certos momentos procurar fazer a mise-en-scène médica indispensável, exatamente como o via fazer em atitudes que me impregnaram com a tinta indelével do aprendizado inaugural. Acompanhei a visita de chefes de serviço como Lucien des Gennes, Pasteur, Valéry-Radot, Florent Coste, Jacques-André Lièvre, Fernand Layani, Stanislas de Sèze, André Lichtwitz, na França; de Pende e Lucherini, na Itália; de Coppeman, na Inglaterra e nenhum deles era *grand-patron* como o era Werneck: este, quando falava, era *magister dixit*, e sua voz passava incontestada e incontestada. Nunca se despia de certa majestade cenográfica dentro do hospital: entrava da rua e saía sempre só mas, quando oficiava e atravessava sua enfermaria ou os corredores, quando penetrava ou deixava sua sala de cirurgia, ou quando procedia a visita das pacientes — fazia-se sistematicamente acompanhar por dois, três, o séquito dos assistentes, o bando dos internos. Assim como nas festas reais da corte inglesa a rainha é a única a vestir-se de branco, também no exercício hospitalar Werneck era o único a envergar um uniforme diferente dos assistentes e estagiários. Uma espécie de calça larga, sem fundos, como as dos cowboys, que ele sobrepunha à do seu terno. Sobre a pele do tronco, apenas um jaleco de mangas curtas e bem aberto. Gorro comum. Desse modo ele distinguia-se logo materialmente, era o único, o exclusivo, o prerrogativo, o eleito, o escolhido, o ungido — o chefe. Cada ordem sua reboava de um por um como o trovão ecoando de quebrada em quebrada de nossas montanhas. Obedecidas cegamente. Era um examinador temível de alunos e um arrasador nos concursos de docência ou de professorado. Davam-lhe a palavra. Descia-lhe o santo. Tremia, empalidecia, elevava a voz, disparava suas frases em rajadas, em salvas, esmagava o concursante ao peso de citações de enfiada de autores cujos nomes ele trazia sempre na ponta da língua. Como diretor era majestático na representação solene das colações de grau. Impunha o anel como bispo o carisma. Não admitia juramentos coletivos e fazia um por um dizer bem claro, alto e vagar o *jus jurandi*, o ορκοΣ — hipocrático e era lentamente, clara e nobremente que ele declamava as palavras do diretor e dava a cada novo doutor o seu *Ite*.

Pois o Sá Pires e eu estávamos na passagem-arquivo do serviço. Não havia cadeiras e nós dois tínhamos nos sentado de meia bunda na beira da mesa e conversávamos quando ouvimos um estrondo seguido de silêncio absoluto. O Chico ainda disse — isto é o Werneck... — quando subiu um clamor dos lados da maternidade. Corremos e vimos um grupo de estudantes cercando outro que lívido quase caía e o Rivadávia de Gusmão com roupas de sala de operação (ainda de máscara e luvas de borracha), desabotoando o moço que desabava. Abriu o paletó, o colete e aí caiu uma bala de revólver que tinha parado sobre a fivela do suspensório. Gritou logo — não foi nada, não há ferimento! Nessa hora eu vi saindo da sala de partos, no fundo do corredor, um dos tais perseguidos pelos colegas com provocações diárias — ainda empunhando seu revólver. Como um louco ele corria de lá para cá no corredor. Logo me puseram ao corrente do que se passara. Ele e o atirado tinham se chocado numa entrada de porta. A esse tranco casual, o segundo agredira o primeiro que sacara da arma e fizera fogo mirando o tórax do adversário. Providencialmente o projétil perdera força atravessando uma bandeira de porta e acertara, furando paletó, colete e sendo estacado pela fivela metálica do suspensório. Dentro da sala o Werneck berrava. O anestesista, irmão do quase homicida, viera correndo para juntar-se a ele. O Rivadávia que auxiliava, precipitara-se para ver do que se tratava. O operador só, continha as tripas da doente que acordava enquanto a irmã Rosnata desmanchava o tredelenburgo. No corredor continuava o corre-corre e o falatório dos alunos. Creio que fui o primeiro a readquirir a cabeça. Corri para o do revólver, fi-lo meter a arma no coldre que lhe pendia do cinto e disse-lhe — desça a escada que dá no Otaviano, atravesse o jardim, suba perto do Libânio e saia pela porta da frente com ar natural; vamos! musque, suma-se, homem! Ele e o irmão fizeram como eu aconselhava. Depois fui de colega em colega pedindo encarecidamente — desapareça, mas já, rapidamente, porque assim não haverá testemunhas e o Werneck não poderá apurar nada! fica tudo por isso mesmo! Faça isto, pelo amor de Deus! rapaz! não houve morte e não há mal em se encobrir semelhante escândalo! Fui bastante persuasivo. Fez-se o deserto nos corredores e não havia sombra de testemunhas quando eu subi para o balcão envidraçado da sala de cirurgia. De cima vi um Werneck já acalmado, que acabava a operação, auxiliado por um Rivadávia trocado de aventais relavado de mãos, mudado de luvas que auxiliava, enquanto a irmã Rosnata dava a anestesia por finda e retirava o ombredanne da cara da doente — a única que não vira bulufas e ali estava nariz e queixo besuntados de vaselina, língua de fora segura por uma pinça. Quando o Werneck acabou o último ponto, deixou o auxiliar fazendo o curativo, tirou o gorro, a máscara, o avental de cima e preparou-se para sair da sala. Desci a escadinha e encontramo-nos no corredor. Quando ele me viu, começou a rir e fazendo alusão à velha anedota do borrado de medo, disse-me: se sangue fede, estou todo fedido. Riu mais e entrou no seu gabinete onde logo penetraram o Rivadávia, o Lucas subindo do ambulatório, a patologista alemã com um laudo de exame, a Rosnata com uma bandeja de café e para onde, empurrado não sei por que demônio, ai de mim! me meti também. Olhei as fotografias da cesariana, a do velho Furquim com o médico estrangeiro, o retrato de Lawson Tait, enquanto se comentava o ocorrido. Eu, moita. O Werneck encerrando o debate dizia que ia abrir inquérito, que não podia deixar passar sem punição uma falta daquelas: tentativa de morte, desacato ao diretor da faculdade, escândalo sem precedentes em dependência escolar. Não podia ficar assim! É caso de suspensão no mínimo de um ano. Foi quando ele saiu um instante até ao corredor. Fiquei conversando com o Lucas Machado e o Rivadávia de Gusmão. Quando o diretor voltou era outro homem. Estava lívido, tremia dos pés à cabeça, gesticulava incoerentemente, tinha olhos exorbitados e desabou sobre mim. Um dedo oscilante me apontava. Ouvi sua gritaria em rajada. *Vou abrir um inquérito rigorosíssimo, apesar de sua tentativa de dispersar as testemunhas. Sei de tudo. O senhor é aluno do quinto ano, não tinha nada que fazer aqui, está no meu gabinete de intrometido. Ponha-se já daqui para fora!* Escorraçado! Passou pela minha memória o relâmpago da lembrança do pau-d'água a quem eu fora pedir trabalho, que me desfeiteara e de cuja casa eu fugira sem reação. Juntei esta não revidada afronta à que eu estava recebendo naquela hora, finquei os pés no ladrilho e berrando também, pus-me taco a taco com o diretor num vaivém de invectivas, numa troca de desaforos, numa insolência que eu mesmo não me conhecia. Era uma de lá e outra de cá — até que o Rivadávia e o Lucas me tiraram da sala. Saí dali aos trambolhões, passei no quarto dos internos, tirei o avental, vesti um paletó e foi correndo que eu tomei a praça Quinze, Mantiqueira, Carandaí, subi Guajajaras, embarafustei por Bahia, invadi a casa do Teixeirão e subi as escadas do mirante onde ele estava instalado. Chorando de raiva, meio desmaiado da carreira, caí numa cadeira e pus tempo até readquirir meu fôlego, beber uma moringa d'água e poder falar. A cabeça me estalava, eu tiritava, minha cara pegava fogo. O Teixeira bestificado perguntava o que era? o que era? Quando eu pude falar desabafei numa torrente de palavras para o amigo bocaberta destupor. Ele vestiu-se, desceu comigo, queria que eu ingurgitasse um bromureto com o Chico da farmácia Abreu. Qual bromureto, nem meio bromureto! O bromureto agora é uma boa cerveja, no Simeão. Foi o que eu fiz, respaldando com dose dupla de *steinhäger*. Um fogo me nasceu do estômago, se me espalhou no sangue, um grande cansaço foi me amolecendo e bati para a rua Aimorés. Não tive coragem de contar nada a minha Mãe. Almocei, deitei no meu quarto e dormi profundamente até ali suas três e meia. A essa hora, já para a casa do Lucas Machado... Quando acabei de esvaziar meu saco o amigo disse que eu estava exagerando, que o Werneck *era assim mesmo*, que dentro de três, cinco dias estaria tudo como dantes no velho quartel de

Abrantes, que eu não fizesse tolices e que fosse incontinenti para meu plantão na Santa Casa. Apesar de eu *não ser assim mesmo* — segui o alvitre do Lucas e fui para a Santa Casa. Meu avental, braços abertos sobre a cama estava como eu o atirara pela manhã. O Grossi que lia, levantou os olhos e com uma calma que acabou de me sossegar perguntou — ond'é quistava? "professor"...

Deixei de aparecer no serviço do Werneck. Uns dez dias depois o Lucas me procurou na enfermaria do Libânio. Levou-me a um canto e como quem oferece um doce disse-me que o Werneck tinha perguntado por mim. Que seria bom eu aparecer. Inteiramente calmo e com a maior clareza respondi ao amigo. Lucas, meu velho: o nosso Werneck pôs-me para fora, desfeiteou-me publicamente diante de você, do Rivadávia e de outros. Sendo assim, eu nunca mais porei meus pés no seu gabinete. Só entrarei no seu serviço para assistir minhas aulas de ginecologia ano que vem ou como residente, para socorrer alguma urgência de suas doentes. Fiz assim. Logo pensei noutras coisas e na terminação da virada de fim de ano. Vieram os exames. Passei folgadamente só tendo tido *plenamente* ou *distinção*. Estava doutorando, o ano acabava, era hora das festas de Natal e do baile de são Silvestre. Antes disso fui a outra solenidade: a colação de grau do meu irmão Joaquim Nunes Coutinho Cavalcanti. Formara-se com vinte anos e não querendo perder tempo já tinha tudo entabulado para ir para o oeste paulista onde ia ficar em Engenheiro Schmidt, distrito de São José do Rio Preto — que não tinha médicos. Nos primeiros dias de 1927 fui levá-lo à estação. Ele embarcava com o Chico Pires que ia para o Rio. Despedimo-nos comovidamente e lá foi ele levando na bagagem um pedaço de nossas vidas. Logo começariam a chegar suas desoladas cartas contando o princípio da clínica, a luta na roça, sua saudade dos amigos, da rua Niquelina. Mal sabia que anos depois eu iria conhecer "as águas, os ares e os lugares" de Schmidt, Rio Preto, Mirassol, Monte Aprazível...

Mas para entrar direito em 1927 tenho de me despedir de 1926 dando pensamento a um moço que nele ficou. Chamava-se Oséas Antônio da Costa Filho. Era goiano e frequentava o segundo ano. Logo que chegara de suas férias, em casa, caiu doente com um febrão e icterícia progressiva. Sua família estava a dias e dias de viagem. Ele não tinha ninguém em Belo Horizonte e nós é que éramos obrigados a assumir tudo. Lembro a dedicação de seus companheiros de república, dos seus colegas de turma e de todos nós mais velhos. Foram de uma fraternidade exemplar Rafael de Paula Sousa e Durval Grossi. Secundei como podia e fomos buscar o moço em sua pensão. Ele ficou internado num salão da *Maternidade Hilda Brandão*, no extremo oposto àquele em que se situava a sala de partos. Providenciamos para vê-lo os nossos professores de clínica médica — Balena, Brás Pellegrino, Melo Campos, Marcelo, Ari Ferreira. Todos se consideravam meio perdidos dentro daquele quadro *anacrônico* de febre, congestão, icterícia, vômito negro, anúria e logo, coma carótico. Lembro que contei o caso ao Lisboa e disse daquela icterícia nunca vista em que o suor açafroava a roupa de cama e a camisola do doente. Mas isto é febre amarela! disse o mestre — amanhã vou verificar. No dia seguinte, na maternidade, Marques Lisboa confirmou seu diagnóstico. Na sua opinião era mesmo o nosso velho mal de Sião, a *chapetonnade*, o *coup de barre* antilhano, a *bicha* de Rocha Pitta, o *causus* de Moseley, a *febris flava americanorum*, a febre marinheira, FEBRE AMARELA — clamava Lisboa dando a sinonímia para se reforçar — ante a galhofa dos outros sábios da cidade. Imaginem! febre amarela! aquilo tinha acabado com Osvaldo, em 1908. Não sei se acabou ou não acabou — concluiu Lisboa — mas isto é febre amarela. Os clínicos não se entendendo, fomos buscar o Baeta Viana que sugeriu uma... tubagem. Foi feita dificilmente, num doente comatoso, mas foi feita. Assisti. No dia seguinte o rapaz estava morto. Foi uma desolação entre os colegas porque ele, como todos os que partem cedo, era uma espécie de *averti*. Era gentil e delicado de modos como airoso e belo de físico. A nosso pedido seu corpo foi velado no grande anfiteatro da faculdade. Nada lhe faltou, como se a família estivesse presente. Sua morte foi a 17 de junho de 1926. Enterrou-se no Bonfim. Não sei se depois seus ossos foram para o Goiás natal. Para encerrar, digamos que os fatos dariam razão ao Lisboa. O nosso Oséas fora uma das primeiras vítimas daquela febre amarela, não marinheira mas silvestre e depois rural, que faria seu caminho urbano — do interior para o Rio. Lá chegou devagar. Quem acabou com ela, nesse seu segundo avatar, foi mestre Clementino Fraga.

    Meu ano de doutorando, como numa preparação para a vida profissional, trouxe-me grandes alegrias e grandes mágoas. Aquelas criadas por mim, para mim, estas, pelo próximo sempre ou quase sempre adversário. Ah! os homens são naturalmente inimigos uns dos outros. Quando amigos — esse estado tem os caracteres da instabilidade dos armistícios. É com melancolia e depois de hesitar muito que entro nesse capítulo. Tive a tentação de pulá-lo. Estaria fazendo o que pode realizar o memorialista — segundo a opinião de Juarez Távora. Memorialista e historiador, dizia ele, são coisas diferentes. O memorialista conta o que quer, o historiador deve contar o que sabe. Não era possível suprimir o que tanto desencanto me trouxe. O máximo que posso fazer é narrar exatamente como foi, sem deixar transparecer meu juízo. O que tem de ser levado em conta é o do leitor que pode julgar — inclusive a mim.

Depois do meu incidente com o Werneck passei a evitá-lo. Se o via vir pelo corredor grande da Santa Casa apressava o passo e batia pique em qualquer dos quartos construídos para doentes particulares, na sala de espera, na sala de curativos, na sala de cirurgia, no serviço de raios X, na copa. Assim evitava o encontro e o que com ele pudesse chegar de aborrecimentos. Mas houve um dia em que foi impossível me esconder. Eu já tinha ultrapassado todos aqueles refúgios quando o diretor surgiu saindo de sua enfermaria e vindo em direção à portaria do hospital. Retroceder? Seria ridículo e perceptível. Segui em frente. Disfarçar, fingir que não via? O caminho de ambos não dava largura para tanto. Cumprimentar e arriscar a não ter resposta? Também não. Foi aí que perdido por um, perdido por mil, resolvi arriscar e fitar o bastante rápido para mostrar que estava vendo mas sem demora para não ter ar de desafio ou impertinência. Assim fiz, o espaço de uns segundos e guardei o que via como a incisão precisa de camafeu. Werneck vinha com seu passo de sempre, a volumosa pasta sob o braço esquerdo, o chapéu balançado pela direita. Vestia escuro mas calçava suas botinas de pelica, avermelhadas e polidas como espelhos. Sua cabeça estava, como de hábito, ligeiramente inclinada para baixo e para sua direita. Por cima dos óculos ele me olhava com um jeitão a um tempo curioso, investigante, provocador e sorrateiro. Isto seria o meio de março de 1927, fim de férias. Uma das maneiras de evitar encontros com o diretor era não ir à missa dominical na capela da Santa Casa. Deixei de frequentá-la e *that did it* a meu respeito com as irmãs e com nosso capelão — um padravaz José, do Colégio Arnaldo. As reclamações da superiora tornaram-se impertinentes — quanto às minhas horas de sair e chegar. Um dia que eu estava no chuveiro do corredor e cantava sob a espadana — ela esmurrou a porta. Repetiu no dia seguinte. Fui procurá-la e disse-lhe com a maior doçura: irmã Maximiliana, quero avisá-la de que quando a senhora bater no banheiro trancado, para não fazer esperar a nossa superiora, abrirei imediatamente a porta. Como estiver. Louvado seja Nosso Senhor Jesus Cristo, irmã...

Essa guerrinha com as *servas do Espírito Santo* já tinha seus vinte dias e três passados do meu encontro com o diretor, quando o Lucas Machado veio procurar-me outra vez, no Libânio. Esse excelente amigo via a situação em que eu estava me atolando e queria a todo custo evitar o pior. Tornou a me dizer que eu voltasse ao cafezinho do gabinete do Werneck. Só comparecer, entrar, sair e com isto ele achava que eu estaria *desculpado* de tudo. Foi quando respondi de queixo duro que não e que não podia pedir desculpas de ter razão. O Lucas foi um dos homens mais bem-educados e cheios de tato com quem tenho lidado. Naquela hora ele percebeu que não adiantava insistir comigo. Logo mudou para outra coisa. Palestrou ali mais um pouco e voltou para sua enfermaria. Passaram-se mais uns dias em que uma espécie de sexto sentido me advertia, fazia-me sentir como se eu estivesse isolado dentro duma campânula de cristal de que bomba possante e silenciosa chupasse o ar disponível. No último dia das férias, última de março, fui chamado a um particular por Júlio Soares, diretor da Santa Casa. Entramos numa espécie de secretaria pegada ao quarto dos internos. Havia ali uma penumbra agradável e nunca mais me esqueci da espécie de carteira alta em que nos encostamos eu e o Júlio, para conversar. Uma oleografia do Sagrado Coração, enfeitada com flores de papel de seda, olhava da parede. Fazia-lhe pendant um retrato cheio das suíças, também floridas, do coronel Germano. Ele foi direto ao assunto e ali ouvi que o Werneck exigia minha demissão. Tenho a impressão que não mudei de cor como não mudei de voz para perguntar — por quê? Parece que você se incompatibilizou com ele. Fiz outra pergunta — mas quem é o diretor do hospital? Como não tivesse resposta guardei silêncio. Logo o Júlio explicou que não havia pressa, queria apenas que eu avisasse quando fosse sair para entrar em plantão e serviço o meu substituto. Quando eu quisesse... Respondi com as palavras do nosso imperador: Quero já! Peço meia hora para arrumar meus livros e minha mala. Essa noite meu substituto já pode dormir no hospital. Fui ao São Lucas dar contas de tudo ao Figueiró, voltei ao quarto e informei o Grossi do que se passava. Juntei meus tarecos e fui campear um táxi para os lados do Arnaldo. Quando voltei, a irmã Madalena choramingando passou-me o envelope com o ordenado do mês. Fui para Aimorés, relatei tudo a uma d. Diva solidária e sem comentários e bati-me para o Raul Soares a procurar o Sá Pires para irmos espairecer com o Fábio, em Sabará. E tive a dose de espírito necessário para nada cobrar do Júlio. Éramos uns pré-reconciliados pelas sessões de vitrola que o Juscelino arrumava no porão habitável de sua casa e onde sonhávamos ouvintes — ele, Nonô e mais o Júlio, Odilon Behrens e eu.

Refletindo hoje, cinquenta e um anos depois destas coisas terem acontecido acho que minha obrigatória solidariedade com o colega do tiro levou-me a praticar ato de sabotagem contra a autoridade do chefe do serviço, do professor e do diretor da faculdade que se encarnavam em Hugo Werneck. Eu tinha toda a culpa até esse ponto dos fatos. Merecia ser enquadrado no inquérito que ia se abrir e ser castigado disciplinarmente, de acordo com os estatutos da escola. Mas o nosso arrebatado diretor ultrapassou, excedeu, extrapolou as lindes de sua autoridade, desfeiteando-me em público e a partir daí a razão passou para o meu lado. E mais leve de culpas se tornou o prato da balança que me tocava — quando o do diretor se carregou da demissão que não podia me cominar. Primeiro, porque não estava em sua alçada; segundo, porque eu deixara a Higiene instigado por ele e engambelado pela compensação do internato. Vendo minha confiança enganada e minha AMIZADE ludibriada — minha decepção foi profunda. Mais terrível foi o de que escapei. Houve o projeto de minha expulsão da faculdade e se ela se concretizasse, a lei me vedava matrícula em outros institutos de ensino superior do país. Quem impediu isto foi Rivadávia Versiani Murta de Gusmão* a quem o Werneck deu parte de seu projeto. O nosso Riva dissera-lhe singelamente que ele não podia fazer isto. Primeiro porque não havia motivo. Segundo porque era simplesmente iníquo — aniquilar-se e ao esforço que eu estava fazendo e exigindo de minha Mãe, para chegar ao fim do curso. O homem trastejou um pouco mas acabou atendendo às ponderações do seu assistente. Não se pense que eu estou tra-

---

* Depois de publicada a primeira edição deste livro, informações fidedignas de dois velhos colegas de Belo Horizonte dizem que nesse episódio tive outro defensor caloroso: Carleto Pinheiro Chagas. Um secreto instinto sempre fez de mim um bendizedor de sua memória.

zendo o testemunho de colega morto (Riva) e que assim não há prova de ser verdade o que conto. É verdade e invoco para aboná-la os nomes de meus pais que abro como Bíblia e sobre a qual ponho minha mão jurando. O que me espanta até hoje é a desproporção das partes dessa luta. Dum lado o parteiro glorioso, o mestre famoso, o professor cheio de força e o diretor cheio de poder — homem prestigioso e persona gratíssima da cidade. Do outro lado, eu, inerme, estudante pelintra, "futurista" suspeito, sem eira nem beira ou ramo de figueira — que ia romper o último ano de seu suado, desajudado e perseguido curso, pendurando-se nas unhas de todos os agiotas de Belo Horizonte.

Nossos professores no sexto ano foram Leontino Cunha, medicina legal; Washington Ferreira Pires, neurologia; Galba Moss Veloso, livre-docente regendo psiquiatria; Eduardo Borges Ribeiro da Costa, primeira clínica cirúrgica; Otto Pires Cirne, obstetrícia; Hugo Furquim Werneck, ginecologia; Alfredo Balena, primeira clínica médica; Abílio José de Castro, substituto interino, higiene. O docente Galba Moss Veloso era apenas um pouco mais velho que seus alunos e vários dentre nós tínhamos a prerrogativa de sermos seus amigos de fora da faculdade. Isto acontecera na turma de 1926 com Francisco de Sá Pires e Joaquim Nunes Coutinho Cavalcanti. Ele frequentava muito o nosso Grupo do Estrela, sempre com seu inseparável Iago Pimentel. Eram ambos particularmente amigos de Alberto e Mário Campos e por intermédio desses dois é que vim conhecer aqueles jovens médicos. Eles se distinguiam pelo fino humanismo e pela cultura geral que eram sua marca. Para mim foi um prazer encontrar entre meus mestres do sexto ano o Galba, como eu o chamava, já que nossa convivência e simpatia tinham permitido que eu lhe tirasse o "doutor" e não precisasse lhe dar agora o "professor". A ele devo essa admirável experiência do mestre próximo e acessível e as vantagens que disso advêm para o aproveitamento de seus alunos. Muito atualizado, o Galba procurou nos dar um conhecimento aproximado da importância da psiquiatria, da classificação das doenças mentais, detendo-se sempre, na prática, quando os pacientes do *Raul Soares* lhe permitiam mostrar quadros ao vivo. Mais do que isto, foi do Galba que ouvimos os primeiros ensinamentos sobre o valor da psicanálise como recurso de indagação psicológica e a profunda revolução que Freud e seus seguidores representavam para a psiquiatria.

Já me ocupei longamente de Borges da Costa nas minhas reminiscências do ano anterior. A frequência de seu serviço no meu sexto ano foi a continuação da sua excelente amizade e ensino. Nosso professor de obstetrícia, Otto Pires Cirne, estava recentemente na faculdade, tendo feito sua livre-docência em 1925 e conquistado a cátedra em 1926. Assim nossa turma foi a primeira lecionada por ele como titular da cadeira. Nascido em 1891, Cirne contava trinta e seis anos quando nos ensinou. A incerteza do destino que tomaríamos depois de formados e as possibilidades do exercício de uma policlínica de interior faziam de sua cadeira uma das seguidas mais afincadamente pelos alunos. Éramos particularmente atentos à parte objetiva ministrada na *Maternidade Hilda Brandão*, onde funcionava a clínica obstétrica. Ali aprendi muito com ele e com uma auxiliar não médica, a conhecida parteira d. Josefina — famosa por sua prática, por sua visão realística do mundo, por sua linguagem desabrida e padronizada. Seus comentários nunca variavam para cada determinada ocorrência nos partos. Era uma delícia vê-la diante duma boa ruptura de períneo, destas que vão até o ânus, murmurar com placidez o seu — "esta rasgou-se até o Porto Artur — está boa para o 'professor' treinar numa sutura — vamos lá". Os "professores" éramos nós e foi com a d. Josefina que eu aprendi a reconstruir o que a parturição dilacerara. Eu tinha, além disso, o Bumm, o Farabeuf & Varnier quase decorados e o desfiladeiro vagino-períneo-vulvar de cor e salteado. Conhecia as posições fetais, sabia diagnosticar as apresentações, acompanhava bem um trabalho, conhecia os segredos de proteger e aumentar a elasticidade perineal e saí da escola, graças ao nosso Cirne, um "aparador" razoável. Quando fui para o interior de São Paulo, isto muito me auxiliou. Eu só me acovardava diante das apresentações de braço, de nádegas e nessas ocasiões pedia socorro de colega mais tarimbado do que eu. No caso de Monte Aprazível, ao meu querido amigo Benjamim Constant de Aquino Bretas — mineiro de minha zona. Fui reencontrar o Werneck numa das aulas práticas que ele gostava de dar no ambulatório da clínica ginecológica, à direita de quem entrava na *Maternidade* Hilda Brandão. Ele falava com pasmosa facilidade e assim nunca entendi por que não gostava de dar aulas de anfiteatro. Sempre ambulatório, enfermaria, sala de cirurgia. No ambulatório, a parte propedêutica. Examinava a doente tocando e olhando pelo espéculo. Não abria a boca e mandava um aluno repetir o exame. Pedia o diagnóstico.

Se estava certo, não elogiava. Se errado, o que sucedia frequentemente, esculhambava muito o pascácio. Lembro da indignação de um dos nossos colegas de turma que, depois de se estrepar num toque, fora gozado pelo professor com um risinho e a observação — se prestasse atenção no que eu digo não cometia esse erro — mas em vez disso fica aí sem pensar, "as mãos cruzadas sobre a larga bunda" [sic]. Era alusão ao poema das antologias e às formas polpudas do companheiro de sexto ano. A visita da enfermaria era sempre feita solenemente e com a dignidade de que o professor sabia se revestir quando necessário. Todos os assistentes e internos acompanhando. Diante de cada leito sua sentença de última instância. No primeiro dia de ambulatório, fui logo chamado. Calce a luva. Toque. O que percebeu? Não era difícil o diagnóstico de neo quando senti como que meus dedos correndo sobre uma couve-flor. Vendo que apesar de nossas relações tensas eu ia ser chamado como os outros, apelei para o Lucas e passei a acompanhá-lo no ambulatório. Ele aconselhou-me a leitura sempre de um tratado só — e no caso ele inculcava o Faure & Siredey, e amarrei minha égua nas suas 1166 páginas. Adestrado pelo Lucas e ilustrado pelos dois ginecologistas franceses, poucas vezes dava fora — nas frequentes em que o Werneck me chamava. Era quase todo dia. Não sei se para provocar um movimento meu que facilitasse nossa reaproximação, não sei se para provocar tout court. Possivelmente as duas coisas, alternada ou conjuntamente. Na incerteza eu me mantinha em posição inflexível de respeitosa frieza durante as aulas e de ignorá-lo nos nossos encontros de rua. Se movimento de entendimento tivesse de haver — partisse dele. De mim, não. Assim turrando fomos até o fim do ano. Saí de Belo Horizonte. Perdi Werneck de vista, mas não o perdi de influência. Tenho como lições inesquecíveis de dignidade profissional e de intransigência áspera e ortodoxa o que ele nos ensinou nas suas aulas sobre segredo médico, aborto e comportamento do profissional, sobretudo do ginecologista, e do parteiro com suas clientes — principalmente as moças e bonitas. Ele prevenia contra possíveis deslizes e profligava violentamente os que não se podiam conter. Ilustrava com exemplos tratando os médicos indignos de "sátiros" e "Lovelaces" [sic]. Lembrava solenemente o Juramento de Hipócrates. "Não darei a nenhuma mulher os abortivos." "Entrarei na casa dos doentes sempre para seu benefício, jamais para a corrupção e a sedução."

A Higiene nos foi dada por Abílio José de Castro, nascido em 1880 e falecido pouco depois de ser nosso professor, em 1929. Tinha quarenta e sete anos quando fomos seus alunos mas seu aspeto envelhecido fazia acreditar que ele andava perto dos sessenta. Já descrevi esse homem suave, inteligente, discreto e afetuoso, mostrando-o na nossa diretoria de Higiene. Era um professor insigne. Prelecionava bem, clara e elegantemente, dando pontualmente a matéria de acordo com o programa que nos traçara. Era eloquente, citando Miguel Pereira e mostrando as necessidades higiênicas de nossa terra apenas começando a ser atendidas naquela época. Era assunto de extraordinária importância, entretanto mal compreendido pelos governos — useiros e vezeiros em fazer cortes no orçamento, nas verbas destinadas à saúde do povo — que este é quem pagava o pato descontado à custa de sua permanência na objeção. Além de magnífico teórico, Abílio de Castro não descuidava da parte prática e toda a química da perícia das fraudes alimentares esteve em nossas mãos. Aprendemos a definir uma carne estragada, a provar essa deterioração; a fiscalizar um leite e detectar seu batismo. Foi a propósito desse produto e de não sei mais que dosagem nele — em cujas reações entrava o álcool amílico, é que manejando esse corpo químico e respirando seu cheiro penetrante — tive, no laboratório, minha primeira e única crise de asma. Na família de meu Pai ela ataca uma geração poupando a outra. Eu era da geração poupada mas vi que essa trégua era apenas aparente pois a dispneia apareceu provocada por droga a que eu era idiossincrásico. Vi com isto que restos persistentes do sangue Costa Barros continuavam a girar nas minhas veias. Logo numa de nossas primeiras aulas tive um particular com o professor e amigo. O senhor tinha razão, dr. Abílio, esborrachei-me com o Werneck. Chutei a Higiene por causa da Santa Casa e depois fui chutado dessa. Nem mel nem cabaça. Agora estou me endividando até o fim do ano e conto com qualquer milagre para pagar. Não sei bem qual mas vou procurá-lo no Rio. Embarco logo depois de formado. (Não embarcaria com a facilidade que projetava. Eu iria para a Beira-Mar, iria. Mas alguns anos passados, depois de passagem por Juiz de Fora, novamente Belo Horizonte e pelo oeste paulista.) Ouvindo meu relato os olhos do Abílio me fitaram muito redondos e tristes dentro dos vidros fosforescentes dos seus óculos e ele sem uma palavra teve o gesto de espalmar as mãos como quem faz a mímica do —

eu não disse? Disse sim dr. Abílio e eu, insensato, é que fiz ouvidos de mercador a suas falas prudentes.

O ensino de clínica médica foi ministrado aos alunos do sexto ano por Alfredo Balena (1882-1949). Era um homem muito baixinho, estatura ainda diminuída pelo afastamento das pernas abaixo de seus joelhos valgos, empertigado, cabelos escuros, de um castanho avermelhado na cabeça e mais ardente nos bigodes. Ambos longos — melenas crescidas e bigodeira caída nos cantos da boca, logo retorcida nas pontas e reluzente da brilhantina. Tinha os olhos muito apertados, um quê de mongólicos, aparência logo desmentida pelas pupilas muito claras, dum verde azulado d'água. Era italiano de nascimento mas sua família viera muito cedo para Ouro Preto e ele, a justo título, podia se considerar mais brasileiro que muitos nascidos aqui e que nada fizeram por sua terra. Devemos serviços a Balena e a cidade pagou-os a preço de montanha, mudando o nome da avenida Mantiqueira para o de avenida Alfredo Balena. Era um grande professor de clínica médica e dividia-se por igual entre as aulas práticas nas enfermarias e as teóricas que ele ministrava no anfiteatro do *pavilhão Carlos Chagas* da *Santa Casa de Misericórdia*. Tinha voz agradável, apresentava-se muito bem dentro de aventais imaculados e falava conjuntamente para os alunos do quinto e sexto ano à mesma hora. Isso enchia mais o anfiteatro — *plein à craquer* — onde se comprimiam também seus assistentes e internos da Primeira Cadeira e onde sempre o doente motivo da preleção ficava exposto numa mesa-maca para quem quisesse verificar nele os sinais e sintomas descritos pelo mestre. Seu raciocínio clínico era muito influenciado pela escola italiana e moravam nas suas citações os nomes de Guido Baccelli, Augusto Murri, Tommasi, Cantani, Bizzozero, Bozzolo, De Giovanni, Grocco e sobretudo do grande Antonio Cardarelli. Os cinco atochados volumes das *Lezioni scelte di clinica medica* do bruxo de Nápoles eram como que livros obrigatórios e devorávamos seus relatos clínicos e a linguagem a um tempo convincente, inesperada, elegante, vangloriosa em que eles eram vazados. Balena imitava com muito êxito a frase do modelo italiano e era frequente vê-lo fazer os mesmos suspenses. Nunca deixava, na hora da sentença ou de *decidere arditamente, spiccare, rilevare* — de fazer uma pausa: senhores! atenção! e soltar sua chave de ouro. Na mesma hora em que o modelo bradava seu: *Badate!* Devo a Balena e a Cardarelli a recordação que me fizeram empreender da língua fabulosa que me fora apresentada no Pedro II pelo Nunes Ferreira — e que graças a eles nunca mais deixei. Sou incapaz de falar o italiano mas posso lê-lo com facilidade. Devo ainda a Cardarelli, via Balena, a frase em que ele nos indica o grande caminho da clínica que é OBSERVAÇÃO. Está no *Proemio e precetti* do quarto volume e diz simplesmente: *Che cosa è la scuola medica napoletana? Non ha creato nessuna dottrina, nessun sistema, niente: è stata ed è la scuola dell'osservazione.* À primeira vista Balena era homem simpático e dava impressão de comunicabilidade fácil. Bem observado, via-se como era escasso o terreno de sua personalidade que ele deixava de plataforma. Tratado, elegante, polido e sorridente — além dum certo limite era impenetrável e parecia todo ele coisa não porosa — como se fosse um homem de alumínio, porcelana, ágata. Essas eram as comparações que me ocorriam quando fui seu aluno. Hoje, pondo em conta a sua leveza eu diria que ele lembrava o celuloide, os plásticos, o isopor.

Nossa turma era muito unida e até hoje os doutorandos de 1927 mantemos contato uns com os outros e anualmente nos reunimos para um jantar de confraternização no aniversário da formatura — sempre promovido por Pedro Salles. Éramos vinte: Afonso Dalle Mascarenhas, Antônio Hélio de Castro, Artur Carneiro Guimarães, Artur Oscar de Macedo, Flávio Marques Lisboa, Ítalo Peccioli, João Batista Gaudêncio, José Augusto dos Santos, José Henrique Pignataro, José Maria Figueiró, José Torres, Juscelino Kubitschek de Oliveira, Mário Gomes Pinheiro, Moacir Cabral, Odilon Behrens, Pedro Drummond de Sales e Silva, Rafael de Paula Sousa, Raimundo Alves Torres e eu. Fomos clínicos, cirurgiões, especialistas, médicos do interior, médicos de cidade e professores. Seria motivo para outro gênero de livro estudar as personalidades de um a um e mostrar o que a todos ficou devendo a medicina do Brasil. Um nome, entretanto, está nesta lista sobre o qual não se passa sem palavra de reverência: o de Nonô Kubitschek. Ele projetou-se mais que os outros como personalidade brasileira e mundial. Fora sua simpatia radiosa, seu espírito sempre alerta, sua alegria sadia, seu zelo pelos estudos, seu prodigioso coração — outros predicados não distinguiam aquele menino vindo da casinha de porta e três janelas da rua do São Francisco, na Diamantina — dos outros meninos de sua turma. Era um moço de talento entre tantos outros bem-dotados daquele grupo de doutores de 1927. Ainda não se tinham produzido as circunstâncias sociais e políticas que iriam transformar esse homem num gênio nacional, que figura em nossa história no rol em que estão o nosso descobridor, os desbravadores, os bandeirantes, os integradores da pátria, os fautores da unidade nacional, os libertários da Inconfidência, do Dezessete e Vinte e quatro, os pró-homens da Independência, Abolição, da proclamação da República, os grandes chefes de Estado. Dos últimos, foi o maior e sua glória excede às de d. João, dos Pedros, de Isabel, de Prudente e dos conselheiros porque nenhum desses governos foi tão cheio de consequências como o seu. A construção de Brasília e a conquista do Oeste desviaram completamente o curso de nossa história e deram-lhe perspectivas até hoje não completamente avaliadas. E o admirável em Juscelino é que ele se conservou na ascensão, na glória, na queda e na adversidade dentro das mesmas qualidades de endurância, brandura, tolerância, alegria e bondade que tinham habitado o menino cuja infância foi magistralmente traçada por Francisco de Assis Barbosa e cujas qualidades — sobretudo a do perdão — foram exaltadas por David Nasser em *O testamento*, artigo que vale um livro. Eu que fui seu companheiro de bancos escolares, que acompanhei toda a trajetória de sua vida, que o quis como amigo, que compreendi sua pessoa e admirei suas qualidades — fico bestificado! de ver o ódio que não desarma duma minoria contra a figura deste Pai da Pátria... Não há o que discutir nisso. É responder com a nossa canção, adaptando-a à circunstância.

> Tim-Tim, Tim-Tim,
> Tim-Tim ô-lá-lá,
> Quem não gosta dele?
> Do que gostará?

Esse ano foi para mim o de grande aproveitamento médico. Não saía do raio X onde massacrava o nosso Flavinho de perguntas. Ele com toda paciência fazia seu serviço, por assim dizer, em voz alta e me pondo a par de todos seus segredos para interpretar aquelas sombras de cinza e prata e com elas fazer um diagnóstico radiológico. Mal sabia eu que estava ali em companhia de uma figura cujos gestos e atuação o colocariam, com José Ferolla, na história da medicina mineira, no capítulo da sua radiologia científica. Pobre Flávio! Seria o primeiro a morrer de nossa turma. Nascido a 22 de março de 1906, tinha quarenta e três anos naquelas vésperas de Natal em que fechou os olhos exatamente no dia que acrescentava mais nove meses à sua idade — 22 de dezembro de 1949.

Desempregado, dia livre, eu passava as manhãs na Segunda Enfermaria, corria a Aimorés para almoçar, voltava e ficava entre as doentes do Libânio e do pavilhão Koch até quatro, cinco horas — quando ia para o *Clube Belo Horizonte*. Eu frequentava aquela miséria da carne sem repugnância, com a piedade mitigada pelo costume e embotada por minha própria saúde. Comprazia-me ali como numa solução de palavras cruzadas ou duma paciência de baralho. A preocupação com o diagnóstico varria sentimentos de pena rudimentares e só deixava lugar para a solidariedade não dramática que sempre tive pelos humanos. O leigo não pode imaginar a contenção do médico, do estudante de medicina, da enfermeira dentro de uma enfermaria. Eles adquirem uma espécie de automatismo de trabalho que tira do hospital todo o drama e todo o lado dos sentimentos choramingantes que vemos nos filmes que querem reproduzir a vida do doente e do médico e que só conseguem ser grotescos. Estou conversando aqui com esse cardíaco. Sei que suas horas estão contadas, seus batimentos estão no ritmo desordenado dos últimos compassos sistólicos, que dentro em pouco seu electro aquietará na reta inexorável do *stand still*, mas brinco com ele, pergunto o que lhe apetece comer — um feijãozinho? carne-seca? — ele ri vagavagamente de dentro da dispneia e vou preparar a sua dose reforçada de morfina. Antes de injetar, para que ele durma confiante, prometo sua alta pra semana que vem e saio dali para tomar providências que me deixem livre a tarde de amanhã, para a autópsia no Carleto. Nem pensar em tristezas. Mas essa vem inflexível como angústia e pânico represados nas noites de insônia em que podemos pensar a fundo na nossa morte — que esta é a que importa. A dos outros...

Já falei de doenças diagnosticadas pelo cheiro. Eu gostava de me adestrar em conhecê-las também num relance de olhos. Não há engano quando ela vem estampada no código dos *fácies* característicos. Fisionomias rubicundas dos pneumônicos de raça branca, sebenta e lustrosa dos pneumônicos da negra. Palidez geral, maçãs vermelhosas e bocazul do Corvisart — insuficiência cardíaca congestiva. "Riso sardônico" — tétano. Projeção expiratória da comissura bucal, "fenômeno do cachimbar" — icto apoplético. Depressão das têmporas, moscas passando no nariz — agonia. Face de espanto colérico — *basedow*. O terrível *fácies hipocrático*... Quando o diagnóstico não vinha na cara, num gesto, numa atitude, numa postura, havia de procurá-lo palpando peles frias ou quentes, secas ou inundadas de suor, lisas ou ásperas, áridas ou besuntadas da seborreia; percutir arrancando todos os sons do tórax, do abdome; auscultar — doçura de brisa do murmúrio vesicular normal, batidas envoltas em veludo dos dois tons cardíacos sãos. Tempestades consonantes dos pombais das broncopneumonias. Sopros tubários longínquos, mais distante ainda, o cavernoso. Sopros ásperos, rudes, rascantes, musicais, audos aos buracos cardíacos. Quanto menos barulho, melhor! porque a fisiologia normal ou é silenciosa ou fala muito baixo. Se grita, *malum* — como diria o Pai da Medicina. E a linguagem colorida de meus irmãos os doentes do povo explicando seus enguiços. A nosologia especial do interior de Minas onde a obstrução intestinal, o vólvulo, o nó na tripa vem com a explicação patogênica admiravelmente certa: é a tripa cagadeira que engavetou ou empenou no cu.

Assunto que apaixonou os estudantes de 1927 foi o assassinato judiciário de Nicola Sacco e Bartolomeu Vanzetti. Presos a 5 de maio de 1920, depois de sete anos de trâmites que foram um verdadeiro calvário para os réus, eles são executados a 23 de agosto de 1927. Hoje não há dúvida de que seu processo foi uma ignomínia, que seu julgamento foi o de uma ideia e não o de dois homens e sua condenação e morte na cadeira elétrica — mais um grande e trágico erro judiciário ou o frio crime perpetrado pelos donos da vida. Inteiramente tomado pelo assunto, estive com o bando de energúmenos que foi apedrejar o *Colégio Isabela Hendrix* — em sinal de protesto. Esse caso teve uma extraordinária importância para mim e para a minha formação. Nessa época configurou-se minha repugnância pela pena de morte, repugnância que não posso deixar de estender também aos rinocerontes seus partidários. Em nenhum caso ela pode ser aplicada. Opinião do que é norteado, como sou, por convicção de que não me afasto um milímetro. A sociedade é responsável pelos criminosos que sua injustiça suscita, quer dizer — tem os delinquentes que merece. A segunda resultante do caso Sacco e Vanzetti foi um antiamericanismo que professei anos, que influiu no meu comportamento intelectual e fez-me procurar a influência médica europeia até 1967 — quando, indo a um congresso de reumatologia processado no México, aproveitei a ocasião para ir conhecer os Estados Unidos. Logo amei a América e o povo americano. Mas era tarde para uma revisão cultural...

No dia 11 de agosto de 1927, data do centenário dos cursos jurídicos, o chefe do Executivo mineiro mandou aos membros do Congresso legislativo do estado a mensagem histórica em que propunha a criação da nossa universidade. Essa mensagem tornou-se o projeto apoiado unanimemente e converteu-se na Lei nº 959 de 7 de setembro de 1927, sancionada pelo presidente Antônio Carlos nessa efeméride aniversária do primeiro ano de seu benemérito governo. Logo que a imprensa divulgou o texto da mensagem presidencial ao Senado e Câmara do estado, o entusiasmo foi enorme e, em reunião coletiva, os alunos das faculdades de direito, engenharia, medicina, odontologia e farmácia resolveram fazer uma grande manifestação ao pai da Universidade de Minas Gerais. Fui eleito intérprete das quatro casas de ensino e a 18 de agosto os estudantes foram recebidos no Palácio da Liberdade e no seu salão nobre saudei Antônio Carlos. Lembro sua figura fina e pálida ouvindo minhas palavras e depois sua atitude oratória característica ao responder. Mão direita segurando um lenço, mão esquerda levantada muito alto e trêmula no ar, uma palidez maior de angio-emotivo se espalhando na sua face, a voz velada. Quando ele falou de mim como do "eloquente orador" dos manifestantes, lembrei-me da preparação do discurso em que o vira empenhado com Abílio Machado e não pude deixar de sorrir.*

O grupo "daqueles rapazes de Belo Horizonte" tinha se reconstituído parcialmente com a volta de Carlos Drummond, Gabriel Passos, João Pinheiro e Mário Álvares da Silva Campos para tempo demorado ou estadia definitiva na capital de Minas. Retomaram seus lugares e posição na rodinha como se dela nunca tivessem estado separados. Mesmas palestras e preocupações, troca de ideias sobre as leituras dos livros aparecidos. Desses tiveram toda importância para nós dois de Mário de Andrade — *Amar, verbo intransitivo* e *Clã do jabuti* — o último saído depois da caravana paulista ao Norte. Tivemos notícias dessa expedição pela correspondência que mantínhamos com Mário. Foi ainda d. Olívia Penteado, a figura de proa que navegou para o setentrião no *Pedro I*, que fundeou a 20 de maio em Belém do Pará. Mário dá suas entrevistas a jornais da terra. A primeira ao *Correio do Pará*, ocupando-se de Paulo

---

* O discurso do presidente e o meu foram publicados na íntegra no *Minas Gerais* de 19 de agosto de 1927.

Prado e seu *Retrato do Brasil*; de Alcântara Machado e de *Braz, Bexiga e Barra Funda*; Oswald e seu *Primeiro caderno de poesia*. A segunda entrevista foi concedida à *Folha do Norte*, cuidando do *Teatro da Paz* em particular e da arquitetura de Belém considerada no seu detalhe e dentro do conjunto urbano. A caravana de d. Olívia era integrada por Mário, Madalena e Helena Nogueira e Dulce Amaral, esta, filha de Tarsila. Ficou no Pará até 28 de maio — data em que seguiram todos para Iquitos e escalas. Para mim, esse ano foi o das leituras também de Lobato e Leo Vaz; de Ramalho, Fialho e sempre Eça — que eu lia escondido, dada sua passageira fase de descrédito durante e logo depois do modernismo e dos anos 1920. Morei no *De profundis* de Wilde e sabia quase de cor *The ballad of the Reading Gaol*. Mas amarrei-me mais nos *Shakespeare's sonnets*. Eu tinha comprado essa reunião numa viagem ao Rio, em 1924. Guardei sem ler. Perdi o livro de vista. Em 1927, minha Mãe, fazendo arrumações numa série de objetos que tinham vindo da Serra numa arca do Bom Jesus, lá descobriu o volume que me entregou. Era uma deliciosa edição, não de luxo, mas feita com arte e capricho. Tinha um estupendo prefácio e vinha com mais um glossário e uma classificação de assuntos baseada na intenção poética, nos argumentos. Logo na entrada a alegoria de Watts — *Love triumphant* — o Amor adolescendo as asas abertas, olhos virados para a luz celeste e deixando na terra obscura as sombras e as escórias do aniquilamento. Em 1927 continuou a sair a *Revista do Brasil* que parou no seu número 10 publicado a 31 de janeiro. Justamente nesse número apareceu um poema de minha autoria — muito ruim e que eu jamais tornaria a assinar — estourando de influências de Mário de Andrade. A única coisa que vale na publicação é sua data que mostra preocupações e descoberta de assuntos que, ao que eu saiba, não tinham sido ainda explorados pela poesia modernista. Hão de me perguntar como? um doutorando em vésperas de colar grau de médico, em vez de só por seus livros de medicina, interessava-se pelos de literatura. Respondo que medicina antes de mais nada é conhecimento humano. E este está tanto nos livros de patologia e clínica como nos da obra de Proust, Flaubert, Balzac, Rabelais, dos poetas de hoje, de ontem, nos modernos como nos antigos.

    A roda pecaminosa da rua Niquelina tinha transportado suas sessões magnas para a casa da *Menor Teodora* e para o boteco que mencionei da velha italiana zarolha que preparava suas ceias pantagruélicas ali pelas alturas onde hoje passam Guandu, Soledade, Maracanã. Apesar da porcaria reinante e daquele olho sempre purgando, gostávamos da velha que fiava com a maior confiança, cozinhava de maneira profunda e tinha, não sei por que milagre, uma enorme reserva de Chianti velho, peninsular e autêntico. A casa ficava numa depressão de terreno que tinha atrás uma espécie de campo de futebol da molecada que, nos tempos de chuva, enchia d'água que ali ficava represada e levava dias para escoar. Todos que iam amar na *Menor Teodora* iam depois refazer suas proteínas com os rossinis, ossobucos, as bistecas, os queijos, os macarrões, os talhateles, os nhoques que os acompanhavam. E o Chianti que transportava fazia-os esquecer a torpeza de momentos antes e porem-se sonhando na saleta, cuja escuridão mal era rompida pelo lampião de querosene. Eu às vezes me juntava ao Zegão, ao Isador e ao Cisalpino nesses devaneios e noites de vinhaça. Aquilo me repugnava um pouco mas ao segundo copo tudo se transformava e passava a fazer muito *Noite na taberna* e Álvares de Azevedo. Essa rebolcação era uma espécie de massacre, autopunição que mais exaltava o pentecostes de sonho e platonismo que invadia a todos depois do seu mergulho na lama. Eu, por meu lado, tinha Persombra em mim — como lâmpada oculta e sempre acesa. E assumira a renúncia como coroa de espinhos, a desistência como um cilício. Mas nada disto suprimia o ciúme que era feito dor contínua de membro amputado. Vinham fases agudas de uma hora, um dia, ou eram semanas ou o mês inteiro de via dolorosa. Depois aquilo amortecia e chegavam os períodos intercríticos que eu enchia de experiências, procuras, caprichos, béguins e rabichos duma materialidade boçal, duma vulgaridade escrotérrima, duma brutalidade de surra — surra em si mesmo — como o "apanha, judeu!" do pecador inocente Jaime Ovalle. Essa intermitência era de todos daquela roda. Era a do Isador que amava certa Alba à qual ele rezava como a Nossa Senhora e que interrompia esses delírios místicos para sair a cata de satisfação ao fetichismo que o afligia e fazia querer mulheres gordas com panturrilhas de mesas de bilhar. Era do Cisalpino. E era principalmente do Zegão. Numa dessas noites da casa da italiana ele, depois de longa sessão na *Menor Teodora*, enojado consigo mesmo, começara a ingurgitar do Chianti. Na segunda garrafa ele chamou o Cisalpino num particular. Aqui não, vamos lá fora para conversar com os anjos que estão passando. Fazia um luar de legenda. O céu dum azul leve e vaporoso parecia destacar a lua que não se justapunha a ele mas levantava-se dele, sobrelevada e alta como moeda superposta e não como astro mais longe do que a cor e o diáfano. O Zegão balbuciava longa e pungente estória em que entravam a rua Ceará, os olhos verdes de sua amada, sua pele de rosa, a indignidade dele Zegão, as infâmias em que rolara antes e... Parou um instante num engulho e retomou o relato entrecortado de soluços da bebida e do choro que lhe cabritava a voz. Agora confidenciava de uns compassos de Beethoven, de frases de Schubert e da sua necessidade de morrer, de morrer, DE MORRER. O Cisalpino paciente fazia-o dar a volta ao barracão para o amigo arejar, respirar. Chegaram às traseiras do terreno. Tinha chovido há dois dias e o campo de futebol dos moleques cheio de enxurrada represada — brilhava como chapa luminosa espelho d'aço polido como a face da lua refletida. O Zegão viu a água, repetiu que precisava morrer e que ia fazê-lo em beleza como Luís II de Wittel — Wittels — Wittels... Bach, ali, no seu lago de Starnberg, ali, onde nadavam ao luar cisnes wagnerianos. O Cisalpino ainda quis segurá-lo mas o envultado escapou e atirou-se em cheio no lençol d'água. O Cisalpino gritou. Ele, o genro da italiana e o Isador pescaram o suicida e foram lavá-lo do lodo numa torneira do cômodo que servia de cozinha. Teve de dormir ali e esperar até chegar, tarde, no dia seguinte, a roupa que lhe tinham ido buscar no quarto dos internos da Santa Casa. Quando ele vestiu-se e ficou pronto o amigo perguntou. E agora? Estou bem, estou bem e tenho o ordenado para receber hoje. Acho que de noite podemos descer. Você topa? Cisalpininho. Claro que o Cisalpino topou. Aquele impulso da crápula ia continuar e só pararia como para bola de bilhar rolando, só pararia quando parasse a força da inércia...

Depois das férias do meio do ano a minha turma começou a pensar nas festas da formatura. Tínhamos de escolher o paraninfo, os homenageados, o orador na solenidade de colação de grau. Eu levantei a candidatura de Marques Lisboa e os colegas que me acompanhavam, a minha para orador. Outro partido entretanto se formava em torno de Juscelino Kubitschek, Pedro Salles e Odilon Behrens, que venceu a parada. Nosso padrinho ficou sendo o professor de clínica pediátrica — João de Melo Teixeira. Orador, o Odilon Behrens. Creio que esta foi a primeira campanha eleitoral em que Kubitschek se meteu e que levou de vencida. A minha derrota e do Lisboa não afetou em coisa alguma a união da turma e tanto eu como o Flávio levamos tudo esportivamente. Foram homenageados o próprio Lisboa, Olinto Meirelles, Balena e, por proposta minha, o professor Samuel Libânio — que, a meu ver e ao da turma unânime, tinha sido tratado com injustiça pelo governo de Minas. O nosso Werneck, como diretor, tinha de figurar no quadro. Uma comissão foi procurá-lo. Foi recebida com quatro pedras na mão. Primeiro ele recusou fotografar-se — que isto de quadro de formatura era coisa inútil. Muito instado, acabou rindo e acedendo mas duma coisa não abria mão: posaria, mas sem beca — negócio que a seu ver era papeata medieval e que precisava acabar. Assim ele fotografou-se num terno claro e este retrato é um dos que melhor o representam. Eu queria um quinto homenageado e indicava o nome de Abílio de Castro. Não logrei tal intento — os colegas queriam apenas quatro. O Abílio continuava nos ministrando um excelente programa na cadeira de Higiene e numa de suas últimas aulas dera notícia detalhada da reforma que se estava planejando na Higiene. Essa diretoria deveria passar a Secretaria, o estado dividir-se-ia em distritos sanitários, seriam criados hospitais e aumentados os quadros de médicos de acordo com as necessidades da população. Essa notícia fez-me pensar. Eu tinha o desejo firme de ir para o Rio depois de formado. Mas como? Matutando bem, cheguei à conclusão de que isto seria impossível de imediato. Eu seria obrigado a ir para o interior, clinicar, juntar um capital e tentar depois a Beira-Mar. Essa reforma da Higiene vinha a calhar porque permitia-me exercício que melhor seria com emprego garantido. Conversei a esse respeito com o Fábio e o José Olinda. Na primeira vez que jantei em Palácio com ele e a família, no fim da refeição, aquele virou-se de chofre para o presidente e disse que eu tinha um pedido a fazer. Então faça, meu caro Nava. Aturdido com a surpresa e pela maneira como era posta a questão, tive a impressão de que o negócio iria por água abaixo mas executei-me, ali mesmo, em público. A resposta foi imediata — Perfeitamente! Você pode se considerar nomeado. Duvidei. Aquilo estava muito fácil demais — *too good to be true*. Em todo caso agradeci e fiquei de candidato. O futuro ia me mostrar que eu não tinha motivos de descrença porque, se havia coisa que o Antônio Carlos levava a sério, eram as amizades de seus filhos e o interesse que eles mostrassem por quem quer que fosse.

Por essa ocasião e depois de ter colado grau de bacharel no Rio, no dia 11 de agosto de 1927 — data do centenário dos cursos jurídicos no Brasil — chegava a Belo Horizonte, nomeado promotor público da capital, o meu querido companheiro do Anglo, do Pedro II, Afonso Arinos de Melo Franco. Já éramos amigos desde 1915, há doze anos! prazo decorrido que nos parecia enorme (hoje estamos unidos sem rusgas nem dúvidas por sessenta e três anos de amizade) e aquela oportunidade de convivência foi para mim uma alegria imensa. Logo formei com outros, no grupo que começou a cercá-lo primeiro no Grande Hotel depois na sua casa da rua da Bahia, no degrau de cujo portão três ladrilhos ostentavam enormes iniciais pretas do nome do proprietário: V M F — Virgílio de Melo Franco. A casa fora de seu avô e era atualmente propriedade de seu pai. Subia-se para uma varanda lateral por escada em curva e dava-se na sala de estar onde logo retomamos nossa conversa que durava há doze anos, a mesma que hoje dura há sessenta e três anos, onde repetimos sem cansar casos dessa idade, anedotas ouvidas um ao outro centenas de vezes e que nos interessam e fazem rir como na sua hora inaugural. Essas conversas de amigo são sempre doces como a repetição de ária antiga que rompe no ar com notas que vibram eternamente com fragrância nascente e matutina. (Duas melodias não me deixam e ouço-as sempre com a emoção conservada da primeira vez que as ouvi. São um *Minueto* de Beethoven e o *Momento musical* de Schubert. Só as ouço como da primeira vez.) Assim os velhos casos recordados com os amigos. Casos do Pedro II com Afonso Arinos e Aluísio Azevedo Sobrinho. Casos de Belo Horizonte com Carlos Drummond e Martins de Almeida. Casos da faculdade com Pedro Salles e Rafael de Paula Sousa. Tão velhos! mas sempre tão de hoje, tão da hora presente cada vez que retomados... Você se lembra? Afonso, do seu poema da Boa Viagem? Foi logo de sua chegada a Belo Horizonte... Dedicado a mim. Logo o ar da sua casa da rua da Bahia nos penetra. Vejo seus móveis, sua estante baixa onde estava o retrato da amada. A sala de estar onde conheci Rodrigo Melo Franco de Andrade e Antônio Leal Costa. A sala de jantar onde a intratável cozinheira Camila punha na mesa às quatro da tarde o jantar que comeríamos frio às sete. Foi o Leal Costa quem acabou com tanta arbitrariedade. E na rua, incorporamos logo Afonso ao Grupo do Estrela — aos remanescentes das mudanças e dos casamentos.

Dezembro chegou correndo e com ele os exames. Distinção e plenamente foi o que me coube. Lembro do último. Saí para fazer as provas preocupado, deixando minha Mãe rolando numa de suas antigas cólicas hepáticas. Quando voltei, ela gemia ainda, cheia de dores. Sentei na beira de sua cama e disse — já sou médico — só falta colar o grau. Ela levantou-se tão vivamente para me abraçar, me beijar, tão cheia de lágrimas quentes que inundavam minha cara colada à sua que temi uma recrudescência. Perguntei se estava doendo muito. Não, meu filho estou chorando é de alegria. Sim, senhor! *seu doutor*... Pois levantou-se, almoçamos juntos, a dor foi abrandando, a cólica sumiu. Faço questão de pôr no seu dedo o anel de seu Pai. E ali ela me casou com a profissão e enfiou no meu anular esquerdo a aliança cujo aro pertencera ao velho dr. Meton, cuja esmeralda fora de meu tio-avô Leonel Jaguaribe e cujos brilhantes meu Pai comprara completando a joia familiar. Já nessa noite fui ao *Odeon* ostentando o chuveiro. Médico. À custa de minha Mãe. À minha custa. Apesar de desajustado. Apesar das perseguições. Médico. Eu era mais um elo na corrente de uma família de médicos.

Logo nessa noite o Fábio Andrada veio com boa notícia. Ele, o Sá Pires e eu estávamos designados para, sob a chefia de Fernando Raja Gabaglia, irmos passar uns dez dias em Juiz de Fora, membros de banca de correção de escritas dos preparatórios de vasta zona de Minas. Era da legislação recente. Bancas oficiais eram designadas pela diretoria do Colégio Pedro II para exercerem essas funções em todo o Brasil. Os estados grandes como Minas eram divididos em setores e minha cidade era justamente para onde deviam ser mandadas as provas da Zona da Mata. A gratificação era boa, eu meteria no bolso uns três contos de réis, o bastante para pagar parte dos papagaios de cem e duzentos mil-réis que eu tinha na unha dos agiotas da terra, depois que me falhara o ordenado de interno da Santa Casa. O Fábio nos hospedou na mansão de seu pai, simpática e vasta construção que ficava à rua Espírito Santo, perto da avenida Rio Branco. Passávamos o dia no hotel do Gabaglia, para onde eram mandadas as provas. Corrigia-se, os erros eram marcados, mas as notas — segundo conselho do próprio Gabaglia — eram dadas com benevolência. Logo quem? recomendando brandura. Aquele mesmo Gabaglia que me dera zero na oral de geografia. O tempo e as brancas tinham-no abrandado. Passamos uns dez dias em Juiz de Fora. Não pude procurar os parentes porque não sobrava tempo. Durante essa minha ausência de Belo Horizonte meus colegas tinham colado grau a 17 de dezembro. Foi o derradeiro ato solene presidido pelo Werneck, como diretor. A 31 de dezembro fora eleito para esse cargo, no biênio 1928-9, o professor da Primeira Cadeira de clínica médica — Alfredo Balena.

No dia 3 de janeiro de 1928 o Olinda chamou-me em Palácio e disse-me que a reforma da Higiene saíra a 31 de dezembro e que minha nomeação seria assinada naquele dia pelo pai. Mas eu só poderia tomar posse depois de colar grau e ter em mãos meu diploma de médico. Mostrou-me o título de nomeação escrito com a letra dele. Confidenciou-me que para minha entrada tinha sido necessário afastar um dos candidatos do diretor Raul d'Almeida Magalhães. Corri à faculdade. Entendi-me com o secretário Omar Franqueira, como eu, amigo do Olinda. Teve a maior boa vontade e deu-me um certificado provisório de médico para servir à minha posse. O resto, a papelada definitiva, dia 10, no gabinete do diretor. No dia 7 de janeiro tomei posse do cargo de médico auxiliar na Secretaria de Segurança Pública, perante seu titular — José Francisco Bias Fortes. Ia ter os vencimentos nababescos de treze contos e duzentos mil-réis por ano.

A 10 de janeiro, um quarto para as nove, estava na secretaria da faculdade. Estava também ali o dr. Gastão Bhering, médico da turma de 1920 que até aquela data não colara grau, nem tirara seu título de médico. Ia fazer isto comigo. Eu estava comovido mas o Omar deitou água na fervura quando disse que o diretor mandara que a colação fosse feita perante ele, Omar. O Balena estava ocupado, acrescentou. Não estava não, porque pela porta entreaberta do seu gabinete via-se sua figura rente ao chão, de palestra com o Zoroastro e o Melo Teixeira. Era pura e simplesmente um gesto de comodismo e grosseria com o Gastão e comigo. Era como se o padre, num batismo, delegasse poderes para celebrar, ao sacristão. Mas o Omar com muita dignidade pôs-se de pé diante de sua mesa, mandou-nos ficar a sua frente e procedeu à cerimônia. Tomou nossos anéis e colocou-os sobre sua pasta. O Gastão leu a adaptação corrente e vagabunda do Juramento de Hipócrates. Passou-me o papel e eu fiz a mesma coisa. Então o secretário colocou-nos os anéis dizendo a um e depois ao outro as palavras do diretor na colação de grau.

> Recebei esse anel como símbolo
> do Grau que vos concedo.
> Lede e meditai as Obras de Hipócrates.
> IDE!
> Podeis exercer e ensinar livremente a
> MEDICINA.

Recebemos o abraço do Omar e outro, apertado, do seu Magalhães. O mesmo que me recebera no dia em que eu fora com o Sá Pires me inscrever na faculdade. Saí. Fui andando até à esquina do Arnaldo. Lá parei e divisei o recorte da serra da Piedade no horizonte. Mas não era esse que eu olhava e via. Era outro. O que passava pelo fim da vida inteira e estendia-se à fímbria da morte.

No dia seguinte, coração em festa, fui apresentar-me ao Raul d'Almeida Magalhães. Minha Mãe não o conhecia mas, por uns recortes de jornal que ela guardava, via-se que seu nome figurara na lista dos presentes à missa de sétimo dia de meu Pai. Comparecera ali só pelo morto já que não tinha relações com sua família. Isso me fazia esperar recepção amável e cordial. Depois de cair nos braços do Policarpo e do Fortunato, esperei uns vinte minutos e fui introduzido no meu velho conhecido o "Gabinete do Diretor". Dei com um homem de envergadura possante, olhar neutro filtrado pelos vidros grossos de míope, mandíbula forte, cabelo grisalhando aberto ao meio, a cara ainda toda vermelha e escalavrada do desastre de automóvel que retardara sua posse. Levantou-se, apertou minha mão, mandou-me sentar e sem nenhuma transição disse polida mas firmemente — que estava muito bem e que ia me mandar trabalhar no Posto ou Centro de Saúde, sei lá! de Teófilo Otoni. Ficou novamente de pé. A audiência estava terminada. Despedi-me agradecendo cinicamente e dizendo que a ordem dele era tanto mais agradável quanto era justamente aquela cidade a que eu tinha como objetivo de trabalho e clínica. Ah! é? pois converse ainda hoje com o dr. Ernâni Agrícola. Pois sim! Talvez te escreva mas não é certo. Atravessei a rua e com minhas grandes e pequenas entradas no Palácio da Liberdade fui direto ao gabinete do Olinda. Conversar sim, mas conversar com ele. O Agrícola ficava para quando a conversa chegasse até lá… Contei o caso. Ele ouviu calado, pensou um instante e disse-me: vamos aqui por dentro. Num intervalo de audiências falamos com papai. Fui atrás dele, entramos pelos aposentos do presidente, passamos por uma sala de vestir, demos num gabinete privado e ele foi olhar pela cortina da sala de despachos. Quando o político que lá estava de nhenhenhem deu o fora, ele entrou comigo. Contou o caso. O Andrada ouviu, começou a rir e falou. Meu caro Nava, eu quando nomeei você foi com a intenção de dar um meio de vida e não um meio de morte. Não há dúvida. Você vai é para sua terra. Preciso de você em Juiz de Fora. E o Dudé vai telefonar agora mesmo para o Raul. Quando acabou eu tive a impressão de surpreender um ar de malícia nos seus olhos de que mais tarde eu teria a explicação. Agradeci, saí com o Olinda e assisti seu telefonema ao meu chefe. Então? Disse que vai providenciar e que assim que o Centro de Saúde de lá estiver organizado você será transferido para Juiz de Fora. Foi quando atravessei novamente a rua, entrei na minha velha repartição e fui direto ao nosso Agrícola. Fiquei anexado à sede e só em maio seguiria para as beiras do Paraibuna. Com os primeiros ordenados recebidos paguei mais dívidas e às vésperas de embarcar arredondei o que precisava para minha instalação, tomando um conto de réis emprestado ao João Teixeira. Apesar de pago ele alegou isto mais de quarenta anos. Desci o Caminho Novo de rápido. Saí de Belo Horizonte de madrugada e fiz às avessas a viagem que fizera com o Major, no Natal de 1913. Cheguei a Juiz de Fora na tarde do mesmo 1º de maio em que saíra da capital. Na estação minha Mãe fez as últimas recomendações. Vê se você procura a Tanzinha e o dr. Paletta ainda hoje. Lembranças à Zezé Macedo. Vai com Deus, meu filho. O trem saiu, eu fiquei na janela do carro até à curva que suprimia a silhueta de minha Mãe. A d. Maria José Macedo era uma sua amiga de mocidade. Neta do barão. Recebia hóspedes e já estava tudo combinado para minha moradia em sua casa. Na estação tomei um carro e bati-me para lá. Era à rua São Sebastião, um sobrado cinzento entre Rio Branco e Santo Antônio. A d. Zezé recebeu-me como se fosse de ontem. Era uma senhora morena, cheia de corpo, muito simpática e falava gritado como geralmente todas as mineiras. O velho hábito de berrar com a negrada. No meu quarto, abri a mala, arrumei o armário, lavei-me e de roupa nova bati-me para a esquina de Imperador e Rio Branco onde morava o Paletta. Olhei com emoção a casa onde residira meu Pai e onde morrera minha prima Alice. Entrei pelo portão de ferro entre pilastras com os dois cães estilitas, meus velhos conhecidos. Subi a escada de pedra. Calquei o botão de louça da campainha elétrica. Senti que vinham, de dentro, e espiavam por buraquinho da porta verde. Depois de demora apareceu uma mulata no fundo da casa disfarçando e bispando. Uma pessoa tornou a vir pé ante pé até o tal orifício do batente da entrada. Depois afastou-se estalando uma tábua do assoalho. Bati de novo. Abriram uma janela pra lá da varandinha e assuntaram pela fresta da veneziana. Olhei um pouco o céu baixo e desbotado e dessa vez fui à campainha com demora. Um passo veio até à porta. Abriu uma greta. Percebi um olhar e um nariz iguais aos de Bergson. Reconheci o Paletta. Disse quem era. Ele mandou entrar para o seu escritório. Sentamo-nos frente a frente e ele ficou esperando fechado e calado como se eu tivesse vindo fazer um pedido.

Rio de Janeiro, Glória, 1.1.1976 — 11.4.1978.

Anexos

Anexo 1

Sete palmos de terra translúcida

O PASSO MILITAR DO FORTUNATO e o tilintar das xícaras que ele trazia na bandeja equilibrada marcaram a quebra do trabalho recurvo e do silêncio da repartição. As cadeiras estalaram à distensão espreguiçada das espinhas e os funcionários descansaram as canetas. A máquina de d. Eugênia estacou. Holofernes levantou a cabeça, foi servido primeiro e começou a saborear o café. Devagar e olhando a sala. Ele mesmo — para fiscalizar melhor os subordinados — é que imaginara aquela disposição de móveis e pessoas. Sua secretária ficava ao fundo, dominando as dos escriturários e a mesa da datilógrafa — todos de costas para ele. Isso permitia uma vigilância sub-reptícia sobre o trabalho de cada um e, ainda por cima, deixava Holofernes inteiramente à vontade para esquadrinhar, sem ser pressentido, as pernas de d. Eugênia, os movimentos que ela fazia com os quadris e com o resto do corpo enquanto ia batendo os ofícios. Porque d. Eugênia datilografava com alma e executava à remington como se estivesse diante de um piano de cauda. Era uma moça morena, lavada e bem-feita, estava nomeada de pouco e fora conduzida à seção logo depois da sua posse — pelo próprio dr. Saul. Tinha sido uma cena perfeita, em que o dr. Saul, a um tempo empresário e ator, estivera como nunca. Entrara sem aviso, fazendo-se preceder pela nova serventuária e ainda Holofernes não se pusera de pé que já ele estava perto da sua escrivaninha — côncavo e amável — iniciando as apresentações.

— Tenha a bondade, d. Eugênia, quero fazê-la conhecer seu futuro chefe, o dr. Holofernes Pinto Coelho... D. Eugênia Teixeira de Vasconcelos Lima, viúva do nosso saudoso Lima... A d. Eugênia vai trabalhar conosco...

A presença do diretor levantara todos os funcionários que se aproximaram fechando um círculo comovido. O dr. Saul, com a solenidade e o modo superlativo que davam à sua simples presença o prestígio de uma apoteose, baixando os graves da voz aos registros de veludo que julgava adequados à evocação que fizera do falecido, foi continuando as apresentações.

— Aqui o nosso primeiro oficial, sr. Lessa... O nosso escriturário, sr. Macedo... Os senhores farão o obséquio de orientar a d. Eugênia no princípio do trabalho... Esse é o nosso zelador, d. Eugênia, o sr. Josefino... O sr. Josefino pode mandar buscar no almoxarifado uma máquina nova para d. Eugênia... A d. Eugênia é a primeira senhora que vem trabalhar conosco e eu espero... não é?... eu quero crer...

O dr. Saul estava procurando um fecho de ouro para encerrar as apresentações. Alguma coisa expressiva, digna dele e do alto cargo que ocupava. Nos limbos de seu entendimento esforçavam para tomar forma ideias ainda em ectoplasma, onde a Mulher Mineira, resumida em d. Eugênia, estaria sob a égide dele, dr. Saul, inaugurando sua colaboração na obra vasta da redenção sanitária do povo montanhês. Como não atinasse logo com a palavra justa e como se fosse achar o Verbo em cima das mesas ou na superfície das paredes, começou a circular a vista pela sala. Deu logo pela costumada ausência e seus olhos esverdeados, habitualmente de uma doçura bovina e imposta, carregaram-se de uma expressão de má vontade, dominante um segundo e logo apagada noutra máscara rapidamente composta de escandalizada lástima. Só a voz é que ficou um pouco dura.

— Não estou vendo o seu Amparo! Ele continua faltando, dr. Holofernes?

O amanuense calou-se embaraçado e olhou para a porta do fundo. A porta dava para uma saleta escura onde, quando da adaptação do prédio, tinham posto a latrina — que Holofernes transformara em arquivo da papelada velha e onde o Fortunato guardava a bandeira nos dias úteis. O dr. Saul acompanhou com o seu, a resposta muda do olhar de Holofernes. E como a completá-la veio lá de dentro o ruído encachoeirado de uma caixa de descarga funcionando a todo pano. Logo a porta abriu-se e surgiu, arrumando as braguilhas e o cinturão, um rapazola alto e desajeitado. Hesitou um instante e com uma cor na face trigueira — do ridículo da situação, da consciência de sua magreza e dos cerzidos de sua camisa — adiantou-se para o grupo que parecia estar a sua espera, mudo e inapelável feito um pelotão de fuzilamento. Um toque de corneta, límpido e vibrante, vindo dos lados do Palácio, cortou o dia que nem um dardo. O dr. Saul, como de cima, de uma nuvem, seguia os quilômetros de constrangimento que o paciente teve de vencer, nos poucos passos que andou para vir cumprimentar o seu diretor-geral. Ficou olhando um tempo para o Amparo, muito à vontade no seu terno de tussor de seda, puxou do lenço, enrolou-o fofamente na mão e começou a passá-lo pelo bigode curto e pelos cantos da boca, devagar, primeiro à esquerda e depois à direita. Saía da cambraia um cheiro fresco de lavanda. Uma aragem soprada do Rola-Moça entrou pelas janelas abertas. Levantou uma folha do livro do Protocolo. Outra tremulou como um pássaro preso. Depois outra e as seguintes foram virando e estalando no ar esticado. Finalmente o dr. Saul afrouxou as cordas retesas e retomou a palavra, agora dirigindo-se a Amparo, só a Amparo — prolongando com um refinamento malicioso e asiático a evidência em que estava o moço e sua permanência no pelourinho. A voz do diretor-geral tornara-se muito pausada, muito mansa, só que um pouco irônica e revestida da entonação e da cadência que tem o homem de juízo são para falar aos obstruídos e aos dementes — já sabendo de antemão que está perdendo tempo e latim, mas assim mesmo resolvido a perder um e outro, compassivo e dadivoso, semeando o grão sobre pedras, dando aos porcos, pérolas.

— Olhe, seu Amparo, eu estava apresentando aqui, ao dr. Holofernes, ao sr. Lessa, ao sr. Macedo e ao sr. Josefino, a d. Eugênia Teixeira de Vasconcelos Lima. Eu estava justamente dizendo que a d. Eugênia é a primeira senhora que vai colaborar no meu serviço e que eu queria crer... ou melhor... que eu esperava... que sendo assim...

Outra vez a ideia querendo se desvencilhar nos limbos. Querendo subir e conformar-se liberta: pequenina borboleta policrômica e ligeira.

Mas cativa, tão irremediavelmente cativa... Mosca azul forcejando para se alçar de dentro do pote de goma mole em que mergulhou seu voo... O dr. Saul procurava agora no teto. Nada. Baixou à terra e ao semicírculo dos funcionários pendentes dos seus lábios e esperando deles o mel para bebê-lo. Foi olhando um por um. Na cara de Holofernes, do Lessa, do Macedo, do Josefino e da própria d. Eugênia a expectativa punha interrogações imobilizadas. Olhou a do Amparo — nela o dr. Saul só pôde ver através da primeira camada de tristeza habitual uma espécie de orgulhosa reserva, uma penetração do ambiente e de sua pessoa, um alheamento ao que ele pudesse dizer ou não dizer — que o irritaram como uma hostilidade, mas que ele sentiu como as ameias dessa defesa intransponível e vitoriosa da personalidade contra a qual nada prevalece e que aquele colaborador a cento e vinte mil-réis por mês ia buscar na consciência da sua qualidade espiritual para opô-la à animadversão do seu diretor. Uma transmissão de parte a parte e um lúcido entendimento um do outro puseram, num fugitivo instante, um ser humano diante de outro apenas ser humano. O dr. Saul Jordão e José do Amparo olharam-se de igual para igual. Equilibraram-se como níveis líquidos em vasos comunicantes. E quando fecharam os comutadores e a antipatia os repeliu de novo para seus mundos opostos — Amparo viu que tinha reaprendido posições habituais para suas mãos, verificou que pouco se lhe dava descobrir àquela hora o bolso do paletó pendurado e todo descosido, sentiu que podia encarar com naturalidade os outros funcionários e entrar ou sair de quantas latrinas houvesse com o testemunho de Saul reinante ou sem o testemunho de Saul. A confusa noção de um triunfo dera jeito ao seu corpo crescido demais e varrera de sua fisionomia toda timidez. E foi com um gozo que nem disfarçou que pôs-se a acompanhar o dr. Saul em luta com a peroração. Mas qual peroração nem nada. O que havia é que ele voltara à estaca zero, retomando a frase dentro da qual se debatia como um Laocoonte nos anéis da serpente. Era sempre a mesma ideia de uma d. Eugênia inaugural e anjo, mulher entre todas primeira que vinha trazer sua colaboração ao trabalho burocrático da repartição... Até aí tudo ia bem e com vasa apenas pelos joelhos. Mas depois era o repentino perder de pé no atoleiro e o chafurdamento na onda espessa e glutinosa — de que o dr. Saul só conseguia escapar retomando ao barranco, para escorrer, tomar novo impulso e atirar-se como um tapir na tentativa seguinte. Afinal ele sentiu a firmeza de um caminho salvador e o lameiro foi vadeado à custa do defunto Lima. Rapaz tão moço... tanto valor... esperança do serviço de saneamento... seu discípulo e orgulho maior dele mesmo, dr. Saul... tão cedo roubado ao carinho do lar... vida apenas desabrochando e logo cortada... O brilho do lugar-comum e o da eterna foice que passou ceifando encerraram a falação.

    O dr. Saul habitualmente sussurrava macio e algodoado mas o esforço levantara sua voz ao que ela era naturalmente: um meio-tom monocórdio e cilíndrico, igual como um lingote, pastoso como um gregoriano. Podia ser fraco no monólogo, o dr. Saul... Mas era forte na pantomima. Falando do falecido seus ombros tinham descaído como se ele suportasse nos braços, herói homérico, o peso do corpo de Pátroclo. O pescoço se vergara aos poucos, a cabeça vacilando sem poder resistir à impulsão dos ventos funerários. Os olhos presos no chão, fascinados e varando o chão... O chão dos cemitérios... E refletindo o horror das sarabandas macabras e do verme na carne e da podridão desmanchando os mortos. Os pobres mortos, que ele, vidente, divisava através de sete palmos de terra translúcida...

    O dr. Saul saiu, dando como um mimo uma palavra agradável a cada um. Menos a Amparo. Todos perceberam que aquilo era um *police verso*. Como compreenderam também, pelo cerimonial da recepção, que d. Eugênia era portadora do viático. Atribuiu-se o favor ao fato de ela ser a viúva de um dos médicos do serviço. Realmente seu marido trabalhara na repartição até à véspera de partir para o sanatório de Palmira, onde viera a falecer. Tinha deixado saudade entre os companheiros, coitado, era um rapaz de boa convivência, muito culto e extremamente honrado — que o dr. Saul aborrecia secretamente. E se alguma sombra protetora se estendia sobre d. Eugênia, não era decerto a sua e sim outra, viva e mais eficaz — a do senador Roquete, tio dela, político influente do Paracatu e membro da *Tarasca*.

    Depois da assunção de d. Eugênia o Amparo desaparecera da repartição uma semana inteira. Naquele dia ele voltara ao trabalho e entrara atrasado na seção, exatamente à hora em que o Fortunato tinha servido o café a Holofernes e em que este o degustava com a lentidão costumeira. Tinha um jeito especial, o Holofernes, de saborear a bebida. Tomava-a aos golinhos, espalhando-os na boca como se fosse bochechar. Demorava um pouco engrossando e depois engolia. Isso era feito com um ar abstrato, muito ausente, os olhos parados, fitando sem fixar pontos vagos à sua frente. Em seguida preparava caprichadamente um palhinha, chupava-o a baforadas fortes e contínuas, tragando todas, sem tirar da boca o cigarro que crepitava da força da aspiração. Depois do café havia sempre uma pausa no trabalho e nesse momento Holofernes ia até à mesa do Lessa ou o Lessa vinha até à mesa do Holofernes para fazerem um *bondezinho*, assim coisa de quinze minutos de palestra. Eram um pouco amigos e tinham em comum a mania dos estudos genealógicos.*

* Terminam aqui as poucas linhas que escrevi em 1949. Como se vê, nem no menos a designação de "romance *manqué*", que João Alphonsus deu a sua *A pesca da baleia*, caberia no meu caso. É antes romance gorado. Mas pelo sim ou pelo não, como nos livros que se prezam, devo esclarecer que qualquer semelhança com pessoas ou fatos representa mera coincidência.

Anexo II

Sou a Sabina...

A PROPÓSITO DO CASO DA SABINA, que descrevi no meu *Baú de ossos*, recebi do querido amigo Aluísio Azevedo Sobrinho carta que demonstra, com o testemunho de Melo Barreto Filho, Hermeto Lima, Ferreira de Araújo, Antenor Nascentes e da data comprovada da subida à cena da revista teatral de seu pai e seu tio que glosava o episódio — que esse tinha sucedido em 1889 e não no princípio dos 1900 onde eu o colocara, baseado em informações de Levi Coelho da Rocha. Vi-me assim acuado, entre a cruz e a caldeirinha — perplexo entre dois grupos de fatos insofismáveis. Dum lado a argumentação irrespondível de Aluísio e do outro a informação de um homem que não se enganava e a veracidade em pessoa — como foi Levi. Este colocava o incidente no período de estudantes dele e de meu Pai, logo, como disse antes, nos fins do passado ou início do nosso século. Como conciliar esses inconciliáveis? Só tenho uma explicação. Houve a primeira Sabina e seu incidente, em 1889. Desaparecida essa negra de tabuleiro, suas laranjas teriam sido substituídas pelas de outra vendedora ambulante, também preta e também designada *sabina* — pelo mesmo mecanismo que levou o lorde da anedota, cujo primeiro criado de quarto fora Williams, a chamar de *williams* os subsequentes. Assim eternizada pelos tabuleiros e pelas laranjas, as *sabinas* ter-se-iam sucedido numa porta de faculdade, onde seriam sempre motivo para brutalidades da polícia e reações dos estudantes. A mim — memorialista, cuja condição é ter um pé na história e outro na ficção — basta esta interpretação que eterniza as *sabinas* e torna arbitrárias as datas de sua inserção no Tempo.

Anexo III

Brotoeja literária

UM DOS CAPÍTULOS MAIS SABOROSOS de *l'eternel* [sic], *universelle, indestructible et omnipotente sottise humaine,* que tanto arreliava o pobre Flaubert, é, sem sombra de dúvida, a incomensurável petulância dos moços.

E essa forma particular da tolice humana tem sua manifestação mais divertida no *páthos* literário que frequentemente acompanha os adolescentes de alguma instrução e temperamento mais ou menos imaginativo e sonhador. Nessa idade e condições a literatura é o acidente inelutável. Aparece e desaparece com o tempo. *Acnes juvenilia.* Rematada estupidez seria o tomá-la a sério.

Claro que assim não pensam esses mocinhos. Chamam arte as suas ejaculações cerebrais, os seus pecadilhos da mente. Do mesmo modo que, ignorando ainda as aventuras verdadeiramente viris, confundem o vício solitário com o amor.

Ilustremos o assunto com um exemplo. Há nesta cidade quatro ou cinco jovens estudantes que cultivam certo subproduto literário, a que o sr. Mário de Andrade [sic] deu o nome de "literatura pau-brasil" para despistar os incautos, mas que todos sabemos ser o longínquo, retardado eco, nestas plagas botocudas, da última *fumisterie* literária de Paris, chegada pelo *dernier bateau*. No fundo ingenuidade de caboclos bovaryzados que tomam a sério as mais descabeladas *boutades* parisienses.

Pois bem; como era natural os ditos rapazolas formaram aqui uma pequena tertúlia de iniciados no objetivismo dinâmico do espírito moderno. Precisava de um órgão. Vem o órgão, isto é, a *Revista*.

A dizer verdade, a insignificância do órgão não correspondeu à largueza da tarefa. Perrengue de físico e de miolo. Feitura gráfica roceira; em Grão-Mogol não se faz nada melhor. Texto humorístico. Completamente.

Imaginem lá. Um dos redatores, o jovem esteta P. banca o crítico de arte e com ares pedagógicos zurze o sr. Flexa Ribeiro. Cospe-lhe tudo o que lhe ficou na cachola do último artigo de Pierre Reverdy. Fala em Cezanne! Fala em Picasso! E exclama excitado: "o *meu* Picasso!" (que lhe aproveite)... "Este menino é um bicho..." — pensará alguém. Esse menino — aqui entre nós — de pintura só conhece os quadros do Xisto Vale, expostos ali na vitrine da "Casa das Meias". Nasceu em Belo Horizonte. Daqui nunca saiu. Mas tem topete, lá isso tem. *Passons*.

O esguio poeta M. escreve, gravemente, sobre a "Renascença do Nacionalismo". Título impróprio. Só há renascença (ou renascimento) de alguma coisa que existiu e desapareceu. No Brasil, país em formação, esse vocábulo, tomado na acepção histórica, quase não encontra emprego útil.

O gênio de Pascal é um abismo. Ah sim? — parece exclamar o M. de A. — Para mim é canja. E vai daí dedica oitenta linhas ao autor das *Provinciales*, com a adorável suficiência de quem está dizendo a última palavra sobre o assunto.

Chefia a *coterie* aquele mocinho esgrouviado, que tem cara de infusório, leitor do *Para Todos* e da "N. R. F.". Mais da metade da *Revista* escorreu-lhe da pena. Espremeu o cérebro. Espremeu mesmo tudo o que em fermentação lhe escaldava o caco, e que não era muito; apenas a borra das últimas, apressadas leituras de revistas francesas. Agora está aliviado. E os leitores também.

O segundo número fica para sair com o terceiro da *Estética*, isto é, para quando os atuais futuristas forem os futuros passadistas.

João Cotó

Índice onomástico

Abd-El-Krim, Mohamed ibn, 411
Abel *ver* Rezende, Abel
Abílio, dr. *ver* Castro, dr. Abílio de
Abreu, Alysson de, 90, 402
Abreu, Casimiro de, 309
Abreu, dr. Duarte de, 161, 415
Açu *ver* Duarte, Salatiel Firmino
Adão Alfaiate, 326
Adélia, d., 446
Afonsinho, dr. *ver* Pena Júnior, Afonso
Afonso *ver* Melo Franco, Afonso Arinos de
Afraninho *ver* Melo Franco, Afrânio Alvim de
Agrícola, dr. Ernâni, 80, 81, 165, 166, 497
Aita, Zina, 141, 244
Albarran, Joaquin, 390
Albergaria, major-farmacêutico Edgard, 450
Albino, seu (comerciante), 59

Albuquerque, desembargador, 363
Alcântara Machado, Antônio, 249, 352, 490
Aleixo, dr. Antônio, 312, 313
Aleixo, Pedro, 157, 223, 227, 229, 236
Alencar Araripe, Arnaldo de, 413
Alencar, Meton da Franca, 495
Alencar, os, 295
Alevatto, Clélia, 44
Alevatto, família, 44
Alevatto, Hilda, 44
Alevatto, Lina, 44
Alevatto, Marta, 44
Alevatto, seu, 44
Alexandre, o Grande, 301
Alexandrino, Pedro, 250
Alice (prima), 295
Alice, d. *ver* Marques Lisboa, d. Alice Brandon Eiras
Alkmim, José Maria, 150
Alkmim, Maria Antonieta de, 249

Alma, madame (parteira), 351
Almeida Lima, d. Carolina Leopoldina de, 245
Almeida ver Martins de Almeida, Francisco
Almeida, Acácio, 102, 164
Almeida, Antônio Francisco de, 288
Almeida, Antônio Joaquim de, 219
Almeida, Batista Caetano de, 430
Almeida, d. Filomena Cândida de, 310
Almeida, d. Hortense Furquim Werneck de, 430
Almeida, d. Isabel Sobrinha de, 430
Almeida, dr. Francisco Furquim Werneck de, 430
Almeida, família, 297
Almeida, Francisco de Assis Furquim de, 430
Almeida, Guilherme de, 244, 262, 283
Almeida, José Caetano Furquim de, 430
Almeida, Lúcia de, 219
Almeida, Manuel Furquim de, 430
Almeida, Modesto Ribeiro de, 310
Almeida, Otaviano Ribeiro de, 310
Almeida, Renato, 246
Altavila, Jaime de, 130
Alter Marius (pseudônimo de Carlos Drummond de Andrade), 211
Aluotto, Giacomo, 40, 45, 87, 150, 433
Alvarenga, Zoroastro, 68
Álvares de Azevedo, Manuel Antônio, 135, 491
Alves (livreiro), 143
Alves Branco, 43, 300
Alves, Edelweiss, 151
Alves, Efigênia, 151
Alves, Estela, 151
Alves, Jonas, 151
Alves, Margarida, 151
Alvim, 285
Alvim, Fausto, 226
Alvimar, 334
Alzira (meretriz), 187
Alzira Caolha (meretriz), 187, 349
Alzira Loura (meretriz), 187
Amador, desembargador, 356

Amaral, Araci, 141
Amaral, Dulce, 490
Amaral, Jovelino, 138
Amaral, Tarsila do, 17, 18, 141, 244, 245, 246, 247, 249, 250, 251, 253, 290, 490
Amaral, Tibúrcio Valeriano Pecegueiro, 59, 114, 167, 179
Analcima (vizinha), 80
Andira (vizinha), 80
Andrada e Silva, José Bonifácio de, 162, 416
Andrada, Antônio Carlos Ribeiro de, 60, 162, 318, 364, 368, 415, 416, 435, 436, 437, 438, 439, 440, 489, 493
Andrada, Antônio Carlos Ribeiro de (pai do presidente), 416
Andrada, Bonifácio José, 416
Andrada, d. Gabriela Frederica Ribeiro de, 416, 437
Andrada, d. Narcisa Emília O'Leary de, 416
Andrada, Fábio Bonifácio Olinda de, 417, 435, 438, 495
Andrada, Ilka, 438
Andrada, José Bonifácio Olinda de (Dudé), 438, 493, 498
Andrada, José Bonifácio Ribeiro de, 416
Andrada, José Bonifácio, o moço, 415
Andrada, Luisinha, 438
Andrada, Martim Francisco Ribeiro de, 162, 416, 437, 440
Andrada, Zezé, 60
Andrade, Alderico, 210
Andrade, Carlos de Paula, 232
Andrade, Carlos Drummond de ver Drummond de Andrade, Carlos
Andrade, d. Inês Inglês de Sousa de, 247
Andrade, Djalma, 348
Andrade, Fábio, 186
Andrade, Joaquim Pedro, 254
Andrade, José Nogueira de, 247
Andrade, Mário de, 17, 19, 30, 31, 54, 94, 142, 244, 245, 248, 251, 253, 254, 255, 256, 258, 260, 264, 279,

282, 283, 286, 289, 290, 291, 304, 309, 369, 468, 511
Andrade, Moacir, 345, 348, 379
Andrade, Nuno de, 422
Andrade, Oswald de, 17, 30, 141, 239, 244, 245, 246, 247, 248, 249, 250, 251, 262, 286, 291, 304, 458, 468, 490
Andrade, Rodrigo Melo Franco de, 227, 235, 236, 248, 257, 467, 494
Andrade Filho, Oswald de (Noné), 245
Andral, Gabriel, 319, 376, 423
Andreiev, Leonid, 408
Anêmia (vizinha), 80
Ângelo Osvaldo, 233, 336
Anjos, Augusto dos, 134
Anjos, Cyro dos, 19, 29, 30, 137, 236, 367, 465
Anjos, Oscar Versiani dos, 418
Antônio Carlos, presidente *ver* Andrada, Antônio Carlos Ribeiro de
Antônio Crispim (pseudônimo de Drummond de Andrade), 288, 289
Apollinaire, Guillaume, 252
Araci *ver* Jacob, Araci
Aragon, Louis, 249, 411
Araújo Lima, d. Luísa (Bambina), 416
Araújo Lima, Pedro, 416
Araújo, Carlos Alberto, 244
Araújo, Joaquim Henrique de, 416
Araújo, José Osvaldo de, 223, 224, 349
Araújo, Murilo, 104
Ardel, Paul van, 240
Aredo, Francisco, 294
Argemiro, 151
Ariosto, Ludovico, 184
Armond, Honório, 104
Aroeira, Bernardo, 43
Arruda, Dinorá (filha de tia Marout), 160, 161
Arruda, Maria Pamplona de, 160, 161, 267
Assis Chateaubriand, Francisco de, 229
Assis, Machado de *ver* Machado de Assis, Joaquim Maria
Assis Martins, Visconde de, 349
Atenas (meretriz), 187
Avelar, Lucídio de, 210
Avelar, Romeu de *ver* Morais, Luís de Araújo de
Averróis, 330
Avicena, 330
Azambuja, Rangel de, 259
Azarina (vizinha), 80
Azevedo Júnior, 66
Azevedo Sobrinho, Aluísio, 494, 509

Baccelli, Guido, 484
Badaró, Eduardo, 172
Baeta Neves, Baby, 90
Baeta Neves, d. Mariquinhas, 59, 60, 79
Baeta Neves, Evandro, 138
Baeta Neves, Lilinha, 79
Baeta Neves, Lourencinho, 79
Baeta Neves, Lourenço, 60, 79, 261, 356
Baeta Neves, os, 78
Baeta Neves, Roberto, 78, 138
Baeta Viana, Arnaldo, 417
Baeta Viana, José, 406
Baeta Viana, Mariquinhas, 106
Baeta Viana, os, 148
Baeta Viana, Tita, 106
Bagadinha, 297, 466
Baker, Josephine, 461
Balduíno, 332
Balena (sapateiro), 78
Balena, dr. Alfredo, 83, 267, 268, 310, 384, 386, 480, 484, 496
Balila, madame, 351
Bally, Gustav, 319
Balzac, Honoré de, 267, 490
Bandeira, Manuel, 16, 141, 211, 219, 245, 280, 283, 291, 346, 468
Bandinelli, Baccio, 74
Bara, Theda, 152, 429
Barandier, Rizzio Afonso Peixoto, 222
Bárbara Heliodora, 260
Barbará Pinheiro, Paulo Henrique (Paulo Barbará), 362

Barbará, Marina, 151
Barbará, os, 151
Barbosa, Eduardo, 223
Barbosa, Francisco de Assis, 486
Barbosa, Juscelino, 276, 282
Barbosa, Rui, 211
Barcelos Correia, desembargador, 129
Barié, E., 443, 444
Baron, Étienne, 249
Barreto, Abílio, 104
Barreto, Mário, 82
Barreto, Plínio, 468
Barros, Álvaro Ribeiro de, 211
Barros, Javert de, 450
Barrymore, John, 412
Barthez, Paul-Joseph, 320
Bartolotta, madame, 351
Bastos, Wilson de Lima, 49
Batista, Aníbal Teotônio, 55, 56, 58, 179, 180
Batista, pe. Cícero Romão, 413
Batista, Santiago, 129, 130
Baudelaire, Charles, 37
Bayle, Antoine, 319
Bazzoni (garçom), 147, 148
Beaconsfield, Benjamin Disraeli, lorde, 67
Beardsley, Aubrey Vincent, 234
Bebê (filha do dr. Pedro Paulo), 44, 151
Beethoven, Ludwig, 152, 200, 492, 494
Behrens, Odilon, 150, 191, 379, 418, 446, 479, 485, 492
Belchior, Cotinha, 295
Belém, Orózio, 362
Belisário Pena, as, 381
Bella Greka (meretriz), 187
Bellagamba, madame, 351
Bené *ver* Silva, Benedito Raimundo da
Benjaminzinho (advogado), 261
Beraldina *ver* Ribeiro, Beraldina
Berardinelli, 248
Bergman, Ingrid, 462
Bergmann, Carl, 390
Bergson, Henri, 234, 499
Berlioz, Hector, 265
Bernard, Claude, 198, 314
Bernardes, Artur, 65, 67
Bernardino, dr. *ver* Lima, dr. Bernardino de
Bernardo Monteiro, família, 226
Bernhardt, Sarah, 353
Bernini, Gian Lorenzo, 452
Bertha, tia *ver* Paletta, Maria Bertha
Berthelot, madame Nicole, 329
Bertinatti, Francesco, 120
Bevilacqua, as, 159
Bevilacqua, Clóvis, 187
Bevilacqua, Marianinha, 159, 160, 380
Bezerra de Menezes, Sócrates, 138, 297
Bhering, Gastão, 496
Bhering, os, 356
Bias Fortes, Crispim Jacques, 65, 324, 331
Bias Fortes, José Francisco, 496
Bias *ver* Bias Fortes, Crispim Jacques
Bibi, tia *ver* Nava, Maria Euquéria
Bibiu *ver* Baeta Viana, Arnaldo
Bicanca *ver* Paletta, dr. Constantino Luís
Bié Prata, 359
Bier, Otto G., 390
Bilac, Olavo, 249, 282, 326
Biluca (meretriz), 460, 461, 462, 464
Bizzozero, Giulio, 484
Blair, dr. *ver* Ferreira, dr. Blair
Blank, Joanita, 251
Blatty, William Peter, 264
Bocage, Manuel Maria Barbosa du, 93, 256
Boerhaave, Hermann, 319
Bolivar, dr. Arduíno, 169, 241, 261
Bopp, Raul, 249
Borboleta, irmã, 456
Bordeu, Théophile de, 320
Borgatti, Aldo, 103, 211, 334, 335
Borges da Costa, d. Constança Jansen do Paço, 389
Borges, as, 352
Borges, d. Irênia, 348
Borges, dr. *ver* Ribeiro da Costa, dr. Eduardo Borges

Borsetti, Felipo, 211
Bosch, Hyeronimus, 346
Botticelli, Sandro, 213, 334, 467
Bouchard, Charles-Joseph, 319
Bouchardon, Edme, 74
Bouchut, E., 313
Bouin, Paul, 202
Boulud, 328, 329
Bozzolo, Camillo, 484
Braga, Belmiro, 249
Braga, d. Otília, 249
Branca, Giovanna, 143, 144, 202, 406
Brancusi, Constantin, 246
Brandão, família, 103, 148
Brandão, Francisco de Assis, 446
Brandão, Marcelo, 36
Brandão, os, 165
Brandão, Roberto Stonehaven, 103, 105, 159, 349, 413
Brandão, Silviano, 82, 324
Brandão, Wellington, 282
Brandon, Clarisse, 196
Brandon, d. Evelina Luísa, 196, 199
Brandon, Manassá, 196
Brant, Augusto Mário, 246
Brant, d. Inês Caldeira, 281
Brant, Francisco, 297
Brant, Mário, 142
Bráulia, d. (dona da pensão Mauriti), 267
Brecheret, Victor, 244, 246, 248, 290
Brent, Evelin, 152
Bretas, Benjamim Constant de Aquino, 481
Breton, André, 249
Brito, Afonso de, 323
Brito, Camilo de, 348
Brito, coronel Fabriciano, 363
Brito, Floriano de, 21, 85
Brousson, Jean-Jacques, 7, 284
Brueghel, Jan, 128
Brueghel, Pieter ii, 128
Brueghel, Pieter iii, 128
Brueghel, Pieter, o Velho, 128
Brumel, George, 132
Brunatti, Elza (cortesã), 46, 95

Bruzzi, Nilo de Freitas, 144, 145, 159, 297
Buarque de Holanda, Aurélio, 23, 94, 124
Buarque de Holanda, Sérgio, 260, 261
Bueno, seu Júlio, 356
Buonarrotti, Michelangelo, 74, 139, 430
Burjato, Edmundo, 191, 302
Burne-Jones, Edward, 128, 234
Buzzachi, Arigo, 152
Byron, lorde, 132, 135

Cabanis, José, 227
Cabral, d. Antônio dos Santos, 298
Cabral, Moacir, 191, 485
Cadorna, Luigi, 67
Caetano, os, 218
Caillot, Antoine, 319
Calábria, o, 348
Calcar, Esteban, 120
Caldas, baronesa de, 148
Caldeira, irmãos, 39
Calina, d., 101
Calmette, Albert, 266
Calógeras, Pandiá, 468
Camardel, 348
Camargo, Aurélio Pires de Figueiredo, 322
Camilo, Luís, 19, 137, 236
Camões, Luís Vaz de, 163, 212, 256
Campista, David Moretzsohn, 91, 318
Campos Pitangui, 311
Campos Sales, Manuel Ferraz de, 443
Campos, Alberto Álvares da Silva, 19, 20, 137, 215, 216, 217, 218, 232
Campos, Caetano Furquim de, 430
Campos, d. Ana, 430
Campos, d. Azejúlia Alves e Silva, 216
Campos, d. Déa Dantas, 65, 230
Campos, d. Regina Soares, 226
Campos, desembargador, 356
Campos, Ezequiel de Melo, 282
Campos, Francisco, 281
Campos, Francisco Álvares da Silva, 216

Campos, Francisco Luís da Silva, 216, 217
Campos, Francisco Rodrigues, 225
Campos, Jacinto Álvares da Silva, 216
Campos, Mário Álvares da Silva, 19, 137, 236, 489
Campos, Mílton, 153, 206, 303, 366
Campos, Paulo Mendes, 40, 225
Canabrava, Lilo, 150
Câncio, Joaquim *ver* Matos, Joaquim (servente da Faculdade)
Cândida, tia *ver* Pinto de Moura, Maria Cândida
Cândido, Laurita Gomes, 381
Cândido, Rui Gentil Gomes, 381
Candinho (inspetor do Colégio Pedro II), 163
Candoca, tia *ver* Nava, Cândida
Canedo, Gregoriano, 20, 222, 279, 308, 379
Canova, Antonio, 139
Cantani, Arnaldo, 484
Capanema Filho, Gustavo, 236, 465, 466
Capanema, Gustavo, 19, 137, 215, 216, 221, 232, 236, 257, 282, 367, 464, 466, 467, 468
Capanema, Marcelina Júlia de Freitas, 466
Cara de Cavalo (apelido de conhecido), 150
Carcavallo, Fortunato, 62, 63, 67, 68, 69, 70, 73, 77, 80, 164, 165, 371, 372, 375, 434, 435, 497, 505, 507
Cardarelli, Antonio, 484, 485
Cardoso, Adauto Lúcio, 446
Cardoso, Fausto, 217
Carleto *ver* Pinheiro Chagas, Carlos
Carlos Magno, 301
Carlos *ver* Drummond de Andrade, Carlos
Carmem (dona de cabaré) *ver* Del Castillo, Carmem
Carneiro (revisor do jornal), 223, 224
Carneiro de Rezende, os, 78
Carneiro, Justino, 126

Carolina, d. *ver* Figueiredo, d. Carolina Dias
Carrilho, Estela, 356, 381
Carvalho Brito, d. Elisa Albuquerque, 363
Carvalho Brito, Elísio, 297, 360
Carvalho Brito, Eusébio, 297
Carvalho Brito, Gastão, 364
Carvalho Brito, Manuel Thomaz, 169, 363, 364
Carvalho Brito, Raul, 364
Carvalho Brito, Virgínia, 297
Carvalho, Daniel Serapião de, 407
Carvalho, Ferreira de, 349, 402
Carvalho, Flávio de, 253
Carvalho, Guilherme Afonso de, 163, 393
Carvalho, Laurindo de, 210
Carvalho, Mariquinhas Feu de, 294
Carvalho, Ronald de, 141, 212, 246, 280, 283, 292
Carvalho, seu Pedrinho Feu de, 294
Carvalho, Teófilo Feu de, 294
Casassanta, Mário, 19, 83, 137, 167, 236, 280, 282, 284, 466
Castilho Jr., José Alves de, 82
Castilho, Antônio Salvador de, 143
Castilho, Luis, 418
Castorino, dr., 151, 348
Castro Alves, Antônio de, 309
Castro, Aloísio de, 246
Castro, Antônio Hélio de, 191, 485
Castro, dr. Abílio de, 68, 70, 71, 72, 73, 77, 83, 164, 165, 178, 268, 376, 377, 436, 437, 483, 484
Castro, dr. Olinto Orsini de, 312, 469, 470
Castro, Francisco de, 83, 295, 390, 421, 423
Castro, José Herculano de, 152
Castro, José Monteiro de, 278, 402
Castro, Pedro de, 152, 280
Castro, Ramiro Berbert de, 364
Catarina de Médicis, 208
Catita (criada de d. Diva), 363
Catorzevoltas, Antônio Lopes, 304

Catorzevoltas, Ascânio Lopes, 236, 304
Catorzevoltas, d. Maria Inês, 304, 305
Catta Preta, conselheiro, 431
Cavalcanti, Alberto, 244
Cavalcanti, d. Maria Augusta, 469
Cavalcanti, Joaquim Nunes Coutinho, 51, 52, 55, 56, 58, 88, 91, 98, 100, 102, 105, 129, 138, 191, 212, 339, 362, 402, 403, 404, 469, 475, 480
Cavalcanti, José Peregrino Wanderley, 469, 470
Cavalcanti, Lourival de Araújo, 402
Cavalcanti, Luís Leopoldo Coutinho, 349
Cavalcanti, Marcos, 390
Caxias, duque de, 326
Célia (filha do dr. Pedro Paulo), 151
Celso, Aulo Cornélio, 319
Cendrars, Blaise, 17, 234, 245, 251, 252, 262
Cerezo, Ramón, 351
Cerqueira, dr. Manuel Manriques Pereira de, 349
Cerqueira, Ernesto, 141
Cerqueira, Gabriel, 151
César, as, 352
César, Gil, 90
César, Guilhermino, 19, 137, 223, 367
César, Herculano, 158
César, Júlio, 314
Cézanne, Paul, 128
Chagall, Marc, 98
Chagas, Carlos, 67, 177, 209, 314, 353, 420
Chagas, Evandro, 316
Chagas, filho, João (Guimarães), 379
Chagas, João Guimarães, 308
Chantemesse, André, 406
Chapelin, Sérgio, 159
Chaplin, Charles, 153
Chapot-Prévost, Eduardo, 83
Charlton, 319
Chauffard, 319, 320
Chelini (de Sales e Silva), d. Neneca, 446
Chicharrão (palhaço de circo), 304
Chichica ver Oliveira, d. Francisca de

Chico Campos ver Campos, Francisco Luís da Silva
Chico da farmácia Abreu, 474
Chico Martins ver Martins, Francisco
Chico Pires ver Sá Pires, Francisco de
Chiquinho ver Gomes, Francisco de Paula Magalhães
Chomel, 319
Chopin, Frédéric, 152, 200
Churrasco (apelido de conhecido), 150
Cícero, dr. ver Ferreira (Rodrigues), dr. Cícero (Ribeiro)
Cirilo, grão-duque, 185
Ciriri, desembargador, 356
Cirne, Otto Pires, 480, 481
Cisalpino ver Machado, Cisalpino Lessa
Claparède, Eduardo, 209
Claudel, Paul, 217
Clemência Ciriaca (empregada de d. Diva), 296
Clemente, José, 162, 345, 348
Cockrane, lord, 162
Cocteau, Jean, 128, 238, 251, 291
Coelho da Rocha, dr. Levi, 82, 391, 397, 509
Coelho Filho, Joaquim, 138
Coelho Júnior, dr., 300
Coelho Júnior, os, 80
Coelho Lisboa, Francisco de Oliveira Gabizo Pizarro, 163, 167
Coelho Neto, Henrique, 249
Coelho, Holofernes Pinto, 503, 504, 505, 506, 507, 508
Coignard, Abbé, 228, 325
Colaço Veras, os, 150
Compson, Betty, 152
Conceição (servente da Santa Casa), 419, 429
Conceição, Carlos, 130
Conrad, Joseph, 274
Conselheiro, Antônio, 158
Constant, Benjamin, 128
Constantino ver Paletta, dr. Constantino Luís
Continentino, desembargador, 356
Continentino, família, 226

Continentino, Nícias, 418
Continentino, os, 206
Cook, Clyde, 98
Coppeman, 471
Cordeiro de Farias, Osvaldo, 273
Cordovil, 337
Cornélio, dr., 429
Corrêa, Julininha Rosa, 106
Correia, Manuelito Rosa, 106
Correia, Raimundo, 76, 249
Corrieri, Roberto, 41
Corrotti, as, 351
Corrotti, cel. Germano, 478
Corrotti, d. Adelina, 351
Corrotti, Estela, 351
Costa Barros, os, 161, 483
Costa e Silva, Adeodato, 102, 107, 110, 111, 113, 326
Costa e Silva, Aloísio, 111, 113
Costa e Silva, d. Marianinha, 111
Costa e Silva, família, 102, 104
Costa e Silva, Leopoldina Schlüssel, 77, 100, 101, 106, 107, 108, 109, 110, 111, 112, 113, 165, 213, 214, 215, 381, 401
Costa Filho, Oséas Antônio da, 212, 475, 476
Costa, Antônio Leal, 494
Costa, Boaventura, 280
Costa, Cláudio Manuel da, 280
Costa, d. Elza Hermeto Correia da, 151, 367
Costa, Elói de Moura, 218
Costa, Hipólito da, 162
Costa, João Rezende, 360, 361
Costa, Leandro Moura, 348
Costa, Lúcio, 467
Costa, Marocas Rezende, 151
Costa, Miguel, 273
Costa, Odilardo, 89
Costallat, Benjamim, 130
Coste, Florent, 471
Coutinho, Alexandre, 356, 403
Coutinho, família, 79
Coutinho, Isador, 43, 51, 52, 53, 54, 55, 56, 58, 59, 66, 86, 88, 101, 102, 105, 107, 108, 118, 120, 121, 129, 130, 132, 134, 136, 143, 144, 181, 184, 185, 190, 193, 244, 262, 278, 279, 296, 312, 339, 368, 382, 402, 435, 448, 449, 458, 459, 460, 461, 491, 492
Couto de Barros, A. C., 244
Couto e Silva, Luís, 90
Couto, Miguel, 70, 115, 390, 421
Cranach, Lucas, 231
Crawford, Joan, 152
Cristo, coronel, 299, 403
Crosby, Nat, 152
Cross, Henri Edmond, 72
Cruz, Alfeu, 309
Cruz, d. Dulcelina da, 305, 306, 309
Cruz, Osvaldo, 62, 176, 177, 207, 301, 353, 401
Cunha, Euclides da, 126
Cunha, Gastão da, 125, 297
Cunha, Glorieta, 297
Cunha, José Egon de Barros, 43, 59, 66, 86, 101, 121, 130, 132, 134, 136, 143, 144, 149, 150, 159, 162, 163, 181, 184, 185, 190, 191, 193, 243, 262, 278, 286, 318, 338, 339, 349, 368, 402, 404, 405, 406, 409, 410, 411, 413, 417, 435, 441, 442, 444, 448, 449, 454, 458, 459, 460, 461, 462, 463, 464, 491, 492
Cunha, Leontino, 480
Cunha, Luís da, 393
Cunha, Paulo, 297
Cunha, Roberto de Almeida, 263, 265
Curie, Marie Sklodowska, 354
Curinga (servente da Faculdade), 56, 114, 180
Cuvier, Georges, 198
Cymodócea, d., 58, 180

D'Albret, Joana, 208
D'Alençon, Emilienne, 185
D'Annunzio, Gabriele, 184
D'Azzuri, Piereta (prostituta), 187
Da Costa e Silva, Antônio Francisco, 129

Damasceno, César, 370, 402
Dana, Viola, 152
Dantas, Déa *ver* Campos, d. Déa Dantas
Dantas, Júlio, 243
Dante Alighieri, 454
Darwin, Charles, 198
Daudet, Alphonse, 21, 85, 99, 111, 127
Daudet, Lucien, 251
Daumier, Honoré, 128, 275
David, dr. *ver* Rabelo, dr. David Correa
David, Gérard, 138
Davis, cel. Jorge, 261
Davis, Clodoveu, 138, 191
Davis, Otaviano, 364
Dayrell, família, 79
De Giovanni, Achille, 484
Deabreu, Moacir, 159, 228
Debret, Jean-Baptiste, 346
Decat, seu, 261
Dedeta, tia *ver* Jaguaribe, Risoleta Regina
Degas, Edgar de Gas, *dito*, 128, 145
Dehaen, 319
Del Castillo, Carmem, 46, 101, 135, 136, 187, 286, 408, 460, 461, 462, 464
Delly, madame, 240
Delpino (chargista), 219
Deneuve, Catherine, 462
Deodato, Alberto, 282
Deodoro, Marechal, 442
Deolindo, seu *ver* Epaminondas, Deolindo
Desnos, Robert, 249
Di Cavalcanti, Emiliano, 290
Dias Lopes, Isidoro, 273
Dias, Ezequiel Caetano, 176, 207, 209
Dias, Mário da Nóbrega, 82
Dieulafoy, Georges, 314, 376, 428
Diva, d. (mãe) *ver* Nava, Diva Mariana Jaguaribe
Dobson, Mrs., 347
Dodó *ver* Coutinho, Isador
Dodora, d. *ver* Gomes Pereira, d. Salvadora Gay
Dolabela, 348
Dolabela, Ceci, 44

Dolores (meretriz), 187
Domingos, seu (servente da Faculdade), 121, 123, 194, 204
Donana *ver* Melo Franco, Don'Ana de
Doquinha (filha de Augusto de Lima), 352
Dora, d. *ver* Werneck, d. Dora Brandon Eiras Furquim
Doré, Gustave, 341
Dormevil, 43
Dornas Filho, João, 223, 379
Dostoiévski, Fiódor, 218
Doyen, 390, 397, 432
Doyle, Plínio, 30, 131
Drexler, coronel, 92, 96, 98, 224
Drummond de Andrade, Altivo, 232
Drummond de Andrade, Carlos, 16, 19, 20, 21, 22, 23, 29, 30, 85, 104, 129, 147, 152, 153, 159, 211, 215, 216, 220, 221, 222, 223, 225, 228, 229, 231, 232, 233, 234, 235, 236, 238, 245, 259, 279, 280, 284, 289, 290, 291, 335, 336, 367, 374, 375, 379, 467, 489, 494
Drummond de Andrade, dona Julieta Augusta, 232
Drummond, Antônio João, 335
Drummond, Austen Amaro de Moura, 293
Drummond, Cecília Amália de Moura, 293
Drummond, d. Maria Felizarda, 446
Drummond, dr. José Pedro, 78, 356
Drummond, Madalena, 78
Drummond, Manuel Monteiro Chassim, 335
Drummond, Stella Hanriot, 293
Duarte da Silveira, Melchíades, 138
Duarte, Benedito J., 255
Duarte, Columbano, 297
Duarte, Feliciano Coelho, 416
Duarte, João Galdino, 138
Duarte, Paulo, 257, 258
Duarte, Salatiel Firmino, 163
Duce *ver* Mussolini, Benito
Ducrey, Augusto, 265

Dudu, d., 356
Dufour, 331
Duhamel, Georges, 217
Dulcelina, d. *ver* Cruz, d. Dulcelina da
Dumanoir, André, 186
Dürer, Albrecht, 231
Dutra, Djalma, 273
Duval, Mathias, 202, 406

Edeltrudo (primo de mestre Aurélio), 325
Eduardo de Windsor, príncipe de Gales, 355
Ehrlich, Paul, 266
Eiras Lisboa, os, 197
Eiras, dr. Carlos, 390
Elim, 151
Elizabeth de Wittelsbach, 338
Éluard, Paul, 249
Emília (meretriz), 187
Emílio *ver* Moura, Emílio
Enoch, dr., 300
Epaminondas (primo de mestre Aurélio), 325
Epaminondas, seu Deolindo, 27, 64, 68, 69, 70, 71, 72, 73, 74, 75, 77, 160, 163, 164, 165, 166, 167, 170, 172, 261
Epitácio (garçom do Estrela), 110, 147, 148
Ernâni, dr. *ver* Agrícola, dr. Ernâni
Ernesto, Pedro, 257, 276
Ernst, Paul, 249
Escherich, 265
Esculápio, 75
Esnaty, Samuel, 430
Estêvão, dr. *ver* Pinto, dr. Estêvão
Esteves, Albino, 249
Estevinho (filho do dr. Estêvão), 356
Estoneive *ver* Brandão, Roberto Stonehaven
Eugeninha (tia das Lagoeiro), 151
Evelina, d. *ver* Brandon, d. Evelina Luísa

Fagundes, Cecílio, 151
Faraday, Michael, 55

Faria, Ladário de, 82
Faria, Mário Jansen de, 82
Farnum, William, 107, 108, 152, 361
Farrar, Geraldine, 152
Faure, Jean-Louis, 353, 482
Feijó Filho, dr., 83
Felicíssimo, família, 297
Felicíssimo, Raimundo, 403
Felipe IV, rei da Espanha, 260
Felipina, d. Doroteia Augusta, 392
Fernandes Eiras, dr. José Carlos, 196, 199
Fernandes Eiras, Manuel Joaquim, 196
Fernandes Eiras, os, 196
Fernandes, Clemente Medrado, 210
Fernandes, d. Marieta, 297, 466
Fernandes, Rosalina Feu, 294
Fernandes, seu Avelino, 45, 242, 294
Fernel, Jean, 319
Ferolla, José, 445, 451, 486
Ferraz, Adalberto, 382
Ferraz, Juca, 43
Ferraz, Quita, 333
Ferreira (Rodrigues), dr. Cícero (Ribeiro), 80, 82, 83, 175, 211, 212, 300, 356, 382, 392, 421, 447
Ferreira Jr., Camillo Lellis, 82
Ferreira Lage, Frederico, 49
Ferreira Lage, Mariano Procópio, 48, 49
Ferreira Lopes, Zevictor, 211
Ferreira Pinto, Hermínio, 210
Ferreira, d. Laura das Chagas, 420
Ferreira, Délson Gonçalves, 309
Ferreira, dr. Ari, 212, 268, 406, 418, 420, 421, 442, 476
Ferreira, dr. Blair, 371, 397, 435, 453
Feu, d. Maria, 297
Fialho de Almeida, José, 228, 490
Fieberger, 393
Figueira, Joaquim, 253
Figueiredo Lima, Augusto de, 222
Figueiredo, Bernardo, 300
Figueiredo, coronel, 80
Figueiredo, d. Carolina Dias, 207, 300, 356, 362

Figueiredo, d. Luísa de, 416
Figueiredo, Inar Dias de, 177
Figueiró, José Maria, 191, 441, 442, 444, 448, 449, 454, 460, 478, 485
Filomena, irmã, 449
Flaubert, Gustave, 128, 490, 511
Flausino (músico), 152
Fleming, Alexander, 202
Flexa Ribeiro, Carlos, 284, 512
Florentina, d., 151
Flores, maestro, 169
Florinda (avó de Florinécio Filho), 133
Florinécio Filho, 130, 132, 133, 148, 262
Foa, Pio, 202
Fonseca, Caraccioli da, 103
Fonseca, comendador, 86, 91
Fonseca, d. Lulu, 43
Fonseca, Salatiel Peregrino da, 163
Fonseca, Zinho, 36, 360
Forgue, Émile, 267
Fortes, João, 266
Fortunato *ver* Carcavallo, Fortunato
Fouquier-Tinville, Antoine, 56
Frade, Pelicano, 402
Fraenkel, 265
Fraga, Clementino, 270, 476
França, d. Julina Rosa, 49, 296
França, Lafaiete, 49, 148, 296
Franca, pe. Leonel, 51
France, Anatole, 7, 21, 85, 178, 198, 228, 261
Francês, Cláudio Furquim, 430
Francis (dançarino), 185, 188
Francisquinho *ver* Pinto de Moura Filho, Francisco
Franco, coronel, 47
Franco, João, 43
Franco, Raul, 43, 241, 244
Franco, Renato, 210
Franqueira, Omar, 496
Freitas Mourão, Antônio Caetano de, 418
Freitas, Cornélio Vieira de, 305
Freitas, dr. João de, 51, 56
Freitas, família, 297
Freitas, João Batista de, 176
Freitas, Mercedes, 297
Freud, Sigmund, 291, 480
Frontin, Paulo de, 187
Fulgêncio Neto, Manuel, 138
Fulgêncio, coronel, 47
Fulgêncio, os, 48
Furquim, Estêvão, 430
Fusco, Rosário, 308

Gabaglia, Fernando Raja, 495
Gabriel *ver* Passos, Gabriel de Rezende
Gabriela Frederica, d. *ver* Andrada, d. Gabriela Frederica Ribeiro de
Galeno, 319, 330
Galeno, Juvenal, 126
Galvão, Patrícia (Pagu), 249
Gama Filho, 222
Gama, Geraldo, 222
Gama, Sérgio, 222
Gamelin, Jacques, 120
Garbo, Greta, 462
Garcia, Olímpia Vasques, 40, 46, 95, 102, 135, 181, 182, 183, 184, 185, 186, 187, 189, 337, 344, 349, 383, 408
Gardini, Frederico, 450
Garibaldi, Anita, 336
Gastão de Orléans, Conde d'Eu, 354
Gaubius, Hieronymus David, 319
Gaudêncio, João Batista, 191, 485
Gaynor, Janet, 152
Gennes, Lucien des, 471
Genomisa (meretriz), 409, 410, 411
Geralda Bagunça (meretriz), 187
Geralda Jacaré (meretriz), 95, 187
Germano, cel. *ver* Corrotti, cel. Germano
Ghirlandaio, Benedette, 184
Gianbologna, Giovanni da Bolonha, *dito*, 139
Gide, André, 217, 411
Giffoni, os, 333
Gigoli, 74
Gilbert, John, 152
Giorgi, Bruno, 253, 258

Giotto di Bondone, 467
Gleizes, Elbert, 251
Gley, Marcel, 144, 209, 406
Góes, Carlos, 104, 141, 282
Góes, Domingos de, 390
Góes, dr. Américo de, 448
Gógol, Nicolas, 458
Goldoni, Carlo, 184
Gomes (de Lemos), d. Amélia Luísa, 465
Gomes (filho), Francisco Magalhães, 446
Gomes Batista, d. Josefina (Melo) Viana, 377
Gomes Batista, Dimas, 377
Gomes Batista, Murilo (Melo) Viana, 377
Gomes de Sousa, as, 356
Gomes Nogueira, Agenor, 87
Gomes Nogueira, os, 368
Gomes Pereira, coronel Luís, 261, 300, 356, 357
Gomes Pereira, d. Salvadora Gay (Dodora), 300, 357
Gomes Pereira, Diva, 300
Gomes Pereira, Dodorinha, 300
Gomes Pereira, Maria, 300
Gomes Pereira, os, 101
Gomes Pereira, Paulo, 191, 357
Gomes, brigadeiro Eduardo, 239
Gomes, Francisco de Paula Magalhães, 51, 52, 55, 57, 58, 113, 134, 179, 180, 209, 216, 217, 294
Gomes, João Carlos Teixeira, 7, 310
Gomes, José Aires, 416
Gomes, Roberto, 145
Gonçalves Ledo, Joaquim, 162
Gonçalves, dr. Guilherme, 176, 211
Gonçalves, Gualter, 150
Goncourt, os, 21, 85
Gonzales, Esperanzita (prostituta), 187
Goulart, Leleco, 300
Goulart, os, 300
Gourmont, Rémy de, 21, 85, 228
Goya, Francisco de, 128
Graça Aranha, José, 246, 280
Gracinha (prima), 46
Gracinha, d., 363

Grancher, 443
Grasset, Joseph, 209
Graves, Robert James, 376
Greco, El, 255, 325
Greslin (veterinário), 300
Greslin, madame (parteira), 351
Grimaldi, os, 296
Grocco, Pietro, 484
Grossi, Durval, 449, 457, 460, 475, 476, 478
Gudesteu ver Sá Pires, Gudesteu de
Gudin, Eugênio, 228
Guedes, os, 252
Guerra Junqueiro, Abílio, 267
Guimaraens Filho, Alphonsus de, 9, 30, 40, 287
Guimaraens, Alphonsus de, 137, 142, 218, 225, 290
Guimaraens, João Alphonsus de, 19, 105, 211, 215, 218, 222, 223, 224, 235, 236, 285, 286, 287, 308, 309, 379, 465, 508
Guimaraens, Zenaide Silvina de, 285
Guimarães Alves, João, 19, 45, 104, 137, 211, 215, 218, 236, 337, 360, 362, 464
Guimarães Rosa, João, 281, 286
Guimarães, Albino da Costa, 287
Guimarães, Artur Carneiro, 191, 446, 485
Guimarães, Bernardo, 66, 82, 169, 218, 283, 326, 343
Guimarães, Constança, 218
Guimarães, d. Julieta Araújo Lima, 416
Guimarães, d. Maria Bebiana de Araújo Lima (Mariquinhas), 416
Guimarães, Domingos Custódio, 416
Guimarães, dr. Modesto, 147
Guimarães, Horácio, 82, 223
Guimarães, Jacques, 361, 362
Gusmão, os, 48
Gusmão, Rivadávia Versiani Murta de, 472, 473, 474, 475, 479

Haas, Alberto, 404
Haas, Edmundo, 404

Haas, Georges (Geo), 404
Haas, Louis, 404
Haas, Rose, 404
Haas, seu Artur, 37, 41, 42, 136, 142, 153, 168, 296, 414
Haberfeld, dr., 39
Haendel, Georg Friedrich, 152
Halfeld, Altivo, 46
Halfeld, d. Maria Cândida Ferreira, 391
Halfeld, d. Maria José da Rocha, 391
Halfeld, Guilherme, 391, 397, 402
Halfeld, Guilherme Justino, 391
Halfeld, Henrique Guilherme Fernando, 392
Halfeld, seu Augusto, 78, 334, 391
Haller, Albrecht von, 319
Hallopeau, Henry, 319
Hansen, Gerhard Armauer, 265
Heitor da farmácia *ver* Santos, Heitor Gomes dos
Henriqueta (esposa do dr. Pedro Paulo), 151
Hermann, Ludimar, 202
Hermeto, Abdon, 90
Hermeto, d. Ladinha, 151
Hetch, 265
Hindenburg, marechal, 348
Hipócrates, 319, 330, 420, 482, 496, 497
Hitler, Adolf, 301
Hogarth, William, 120
Holmes, Stuart, 152
Holt, Jack, 152
Honorato, dr., 402, 429
Horácio, 330
Horta, Antônio Carlos de Andrade, 51, 73
Horta, Bartolomeu, 98
Horta, d. Maria José (Duca), 391, 416
Horta, Gustavo, 75
Horta, João Batista, 349, 352
Horta, José, 105, 349
Horta, Manuel, 352
Horta, Maria Adelaide, 49
Horta, Rafael, 349, 352
Horta, Roque, 349, 352
Hostílio, dr. Túlio, 48
Houdon, Jean-Antoine, 74
Hufeland, Christoph Wilhelm, 319
Hugo, dr. *ver* Werneck, dr. Hugo Furquim
Hugo, Valentine, 251
Hugo, Victor, 210
Huysmans, Joris-Karl, 22, 238

Iaiá, tia *ver* Jaguaribe, Hortênsia Natalina
Ibataro, Isamim, 453
Ibituruna, visconde de, 324, 325
Ibsen, Henrik, 234
Inhá Luísa *ver* Jaguaribe, Maria Luísa da Cunha Pinto
Iracema (prostituta), 187
Íris, d. (esposa de Samuel Libânio), 67, 316
Isabel, princesa, 89, 355
Isador *ver* Coutinho, Isador
Itacu, Florinécio, 133
Itacu, Indalécio, 133

Jaccoud, François-Sigismond, 376
Jacob, Araci, 84
Jacob, dr. Rodolfo, 169
Jacob, François, 444, 454
Jacob, Guy, 191
Jacob, os, 381
Jaguaribe, Hortênsia Natalina, 295
Jaguaribe, Joaquim José Nogueir, 46, 47, 48, 50, 53, 100, 294, 359, 363, 498
Jaguaribe, Leonel (tio-avô), 495
Jaguaribe, Maria Luísa da Cunha Pinto, 47, 49, 50, 60, 99
Jaguaribe, Risoleta Regina, 47
Jansen, Ana, 389
Januário, Cônego, 162
Jardim Horta, Pedro, 397
Jardim, Luís, 253
Jardim, os, 48
Jenner, Edward, 266
Jesus, Otaviano de, 23, 94, 121, 123
Joaninha, tia *ver* Pinto Coelho, Joaninha

João Alphonsus *ver* Guimaraens, João Alphonsus de
João Cotó, 211, 512
João do Rio, 107, 354
João v, dom, 74
João vi, dom, 486
Joaquim (servente da Faculdade) *ver* Matos, Joaquim
Joaquim Pedro *ver* Andrade, Joaquim Pedro
Jones, Buck, 152
Jorge de Windsor, 355
José Eduardo, dr., 382
José i, dom, 74
José Maria *ver* Figueiró, José Maria
José Olinda *ver* Andrada, José Bonifácio Olinda de
José Patrício (pseudônimo de José Figueiredo da Silva), 222
Josefina, d. (parteira), 481
Juca da Botica, 326
Julieta Bárbara (esposa de Oswald de Andrade), 249
Junqueira, os, 78
Junqueira, viúva, 334
Juquinha, dr. *ver* Fernandes Eiras, dr. José Carlos
Juquita (primo) *ver* Pinto Coelho, José Luís
Jurandir (servente da Faculdade), 114, 179

Kascher, José Martinho, 138
Keiser, 71
Kitasato, Shibasaburo, 265
Klabin, sra. Wolff *ver* Haas, Rose
Kneipp (caixeiro do livreiro Alves), 143, 144
Koch, Robert, 265, 266
Kohle, 265
Krupp, Alfred, 415, 437
Kubitschek, Juscelino, 191, 229, 311, 379, 446, 467, 485, 492, 493
Kuhl, Frau (dona de pensão), 160

La Birichina (meretriz), 187

La Faraona (meretriz), 187
La Soberana (cantora), 408, 409
La Sylbia (meretriz), 187
Labarrère, os, 78
Labatut, Pierre, 162
Lacerda, Carlos, 159
Laclette, René, 115
Laënnec, René, 295, 443
Laet, Carlos de, 430
Laetitia (filha de Augusto de Lima), 352
Lafaiete *ver* Pereira, Lafaiete Rodrigues
Laforgue, Jules, 128, 228, 282, 290
Lage, Alice, 48
Lage, Roberto, 49
Lagoeiro, as, 151, 352, 401
Lagoeiro, dr., 242, 349
Lagoeiro, Oyama, 402
Laliza *ver* Paletta, Maria Luísa
Lamarr, Barbara, 152, 412
Lampião, Virgulino, 273
Lara Resende, Oto, 40, 225
Las Casas, João Sabino de, 43, 150
Laurita *ver* Cândido, Laurita Gomes
Layani, Fernand, 384, 425, 471
Leal, as, 297
Léautaud, Paul, 228
Ledo *ver* Gonçalves Ledo, Joaquim
Leeuwenhoek, Antonie von, 198
Lefas, dr., 202
Léger, Fernand, 246, 251
Leite, Chico, 43, 150, 348
Leleco *ver* Goulart, Leleco
Lemaitre, Jules, 228
Leonardo, d., 356
Leonídia (dona de bordel), 46, 95, 186, 344, 408
Leopoldina *ver* Costa e Silva, Leopoldina Schlüssel
Leopoldo Neto, 104
Lhote, André, 251
Libânio, as, 401
Libânio, dr. Samuel, 27, 62, 63, 64, 66, 67, 68, 161, 164, 166, 261, 278, 312, 354, 374, 377, 418, 427, 493

Libânio, Ismael, 37, 44
Libânio, Manuel, 83, 371, 372, 373, 435
Libânio, Marcelo, 263, 268, 269, 418
Lichtwitz, André, 471
Lieberkün, Johann Nathanael, 202
Lièvre, Jacques-André, 471
Lilico, 326
Lilita, d. *ver* Sousa, d. Manuela de
Lima Duarte, d. Adelaide, 416
Lima Duarte, José Rodrigues, 416
Lima, d. Constança Emygdia Duarte (Nhanhá da Borda), 416
Lima, dr. Bernardino de, 78, 356
Lima, Ida Rocha, 222
Lima, Jorge de, 252
Lima, Noraldino, 246, 259
Lindolfo, dr., 249
Lineu, Carlos, 174
Linhares, Moacir, 210
Lino (inspetor do colégio pedro ii) *ver* Lopes Ribeiro, Antônio Lino
Lins do Rego, José, 65
Lió (cortesã), 135
Lippi, Filippino, 427
Lippman, d. Matilde, 404
Lisboa, as, 151
Lisboa, dr. *ver* Marques Lisboa, prof. Henrique
Lisboa, João, 376, 414
Lisboa, os, 150, 196, 197, 200
Littré, Émile, 380
Lobato *ver* Monteiro Lobato, José Bento
Lobo Leite Pereira, os, 165
Lobo, Carlos, 159
Lódi, Jurandir, 56
Lódi, Luís Adelmo, 56, 114, 117, 118, 119, 120, 121, 123, 134, 137, 140, 195, 197, 203, 303, 384, 385
Loeffler, Friedrich, 265
Lombard, Carole, 213
Longfellow, Henry, 324
Lopes Ribeiro, Antônio Lino, 163
Lopes, Hortêncio, 151
Lopes, Telê Porto Ancona, 309
Loreto, Sérgio, 278

Lorrain, Jean, 22, 238
Loureiro, Afonso, 144, 446
Loureiro, Osman, 130
Loureiro, Serafim, 36
Loureiro, Valdemar, 226, 242
Lourencinho *ver* Baeta Neves, Lourencinho
Lourenço, dr. *ver* Baeta Neves, Lourenço
Lourenço, o Magnífico, 184
Louys, Pierre, 290
Lovat, Lord, 158
Lucas dos Infernos, 326
Lucas *ver* Machado, Lucas
Lucherini, 471
Lucindo, 348
Lúcio, João, 141
Ludwig, Carl, 319
Lula *ver* Morais, Luís de Araújo
Lutz, Adolfo, 209
Luz, Cláudio Furquim da, 430
Luz, d. Maria da, 430
Luz, d. Maria Jesuína da, 322
Luz, Gastão Coimbra da, 282
Lyonnet, 328, 329
Lys, Edmundo, 307

Mac Donald, Katherine, 152
Mac-Callum, William, 203
Mac-Collum, Elmer, 203
Macedo, Alexandre, 150
Macedo, Artur Oscar de, 485
Macedo, as, 352
Macedo, d. Maria José (Zezé), 498
Macedo, dr. Américo de, 151
Macedo, Estefânia, 410
Macedo, Luís Cândido Paranhos de, 163, 274, 393
Macedo, Nero, 102
Macedo, viúva, 151
Machado de Assis, Joaquim Maria, 249, 256
Machado, Abílio, 223, 489
Machado, Aníbal, 21, 22, 87, 100, 128, 136, 141, 142, 215, 223, 228, 230, 236, 262

Machado, Anita, 84, 107
Machado, cel. Virgílio, 21, 41, 85, 107, 427
Machado, Cisalpino Lessa, 43, 52, 54, 66, 86, 88, 101, 107, 108, 134, 136, 150, 164, 193, 244, 278, 296, 318, 337, 339, 382, 394, 402, 403, 417, 435, 448, 449, 458, 459, 460, 461, 462, 491, 492
Machado, Cristiano, 126, 465
Machado, d. Hilda, 243
Machado, d. Marieta, 357, 358
Machado, Josefino Vieira, 322, 326
Machado, Lucas, 41, 85, 87, 127, 358, 390, 432, 442, 473, 474, 475, 478, 482
Machado, Maria Celina, 84
Machado, Maria Clara, 84
Machado, Maria Ethel, 84
Machado, Mário, 87
Machado, Massilon, 210
Machado, os, 21, 84, 85, 87, 136, 243
Machado, Otávio, 87, 127, 429
Machado, Paulo, 84, 87, 101, 107, 127, 129, 382
Machado, Virgílio Monteiro, 450
Machado, Zoé, 87
Maciel, Olegário, 355, 466, 467
Maciel, Rosa (cortesã), 96, 100
Maciela (dono de cabaré), 95, 190, 464
Maciste, 182, 348
Madalena, irmã, 449, 478
Madame (dona de cabaré), 19, 129, 130, 131, 132, 136, 137, 145, 148, 153, 184, 185, 189, 222, 241, 339, 355
Maeterlinck, Maurice, 228, 234
Magalhães Drummond, 282
Magalhães *ver* Gomes, Francisco de Paula Magalhães
Magalhães, d. Margarida de Almeida, 367
Magalhães, d. Mariana, 431
Magalhães, d. Rita Coelho de, 443
Magalhães, Dario Paulo de Almeida, 282, 366, 367

Magalhães, dr. Otávio Coelho de, 114, 141, 173, 174, 176, 178, 207, 208, 300
Magalhães, Laura, 443
Magalhães, Mário, 58, 180
Magalhães, Noemi, 58, 180
Magalhães, Pedro de Almeida, 422
Magalhães, Pedro Severiano de, 390
Magalhães, Rafael de Almeida, 350
Magalhães, Raul d'Almeida, 496
Magalhães, seu (porteiro da Faculdade), 497
Maillol, Aristide, 139
Maitaca (palhaço de circo), 304
Major *ver* Jaguaribe, Joaquim José Nogueira
Malfatti, Anita, 141, 248, 253
Mallard, os, 79
Mallarmé, Stéphane, 21, 85
Malpighi, Marcello, 198
Maluff, Sinhá, 352
Manet, Edouard, 128
Manso *ver* Pereira, João Manso
Mantegna, Andrea, 427
Manuelito *ver* Sousa, Manuel de
Manzoni, Alessandro, 184
Marandel, 319
Marchand, Félix, 203
Marchi, Vittorio, 202
Marçola, seu, 80
Marcolina Cabeça, Sá, 326
Marcondes, as, 381
Mares Guia, João Batista dos, 267
Maria Bango-Bango (prostituta), 95, 187, 349
Maria Geralda, 151
Maria Luísa (avó) *ver* Jaguaribe, Maria Luísa da Cunha Pinto
Maria Pilarica (prostituta), 337
Maria Rosa (prostituta), 460, 461, 462, 464
Maria Silvana, 381
Maria Turca (prostituta), 187
Maria-das-Madeixas (prostituta), 187
Maria-dos-Olhos-Grandes (prostituta), 96, 97, 185, 187, 189

Marianinha (prima) *ver* Pinto Coelho, Mariana
Mariano Procópio *ver* Ferreira Lage, Mariano Procópio
Maria-sem-Cu (prostituta), 187
Marinetti, Filippo Tommaso, 284
Mário (gerente do Bar Trianon), 42
Mário Sobral (pseudônimo de Mário de Andrade), 256
Mariquinhas, d. *ver* Baeta Neves, d. Mariquinhas
Marny, Poupée de, 187
Marout, tia *ver* Arruda, Maria Pamplona de
Marques e Silva, Lauro de Alencar, 106
Marques Lisboa, d. Alice Brandon Eiras, 151, 196, 198, 200, 317
Marques Lisboa, família, 353
Marques Lisboa, Flávio (Flavinho), 191, 195, 196, 197, 199, 444, 451, 485, 486
Marques Lisboa, Gilberto, 277
Marques Lisboa, Heloísa, 197
Marques Lisboa, Nair, 197
Marques Lisboa, os, 197
Marques Lisboa, Otávio, 138, 191, 317
Marques Lisboa, prof. Henrique, 196, 199, 212, 313, 316, 335, 407, 432
Marques Rebelo, Eli Dias Lopes da Cruz, dito, 107
Marques, Oscar, 261
Martinet, 128, 144
Martinho, monsenhor João, 297, 298
Martins de Almeida, Francisco, 19, 20, 130, 132, 148, 153, 225, 236, 245, 279, 288, 289, 290, 291, 292, 308, 336, 367, 375, 465, 494
Martins de Almeida, Georgina, 288
Martins Vieira, Joaquim (Quincas), 384, 385
Martins, Amílcar, 349, 378
Martins, Berenice, 141, 349
Martins, Clóvis, 349, 378
Martins, Eurico, 150, 349, 378
Martins, Francisco, 42, 43, 150, 173, 278, 349, 378, 382, 383, 402, 407
Martins, Francisco Lopes, 278
Martins, Maria José, 349
Martins, Otávio, 349, 378
Martins, Renato, 43, 378
Martins, Ruth, 349
Martins, Tancredo, 43, 102, 378, 404
Mascarenhas, Afonso Dalle, 485
Mascarenhas, Emília, 349
Masselin, 265
Massot de Messimy, Antero de Leivas La Quintinie, 163
Massot, d. Maria de Alencastro, 467
Mata, Targino da, 152
Mata-Feio (motorista de praça), 40, 464
Mata-Hari, 183, 185
Materna (esposa de Eugênio Sigaud), 79
Matos, Aníbal, 141
Matos, Antonino de, 284
Matos, Joaquim (servente da Faculdade), 116, 121, 122, 123, 138, 192, 204
Matos, Júlio de, 322
Matos, Mário, 223, 241
Matos, Rui Augusto Nogueira de, 109
Maupassant, Guy de, 89, 127
Maurício, Virgílio, 354
Maurilo, 150
Mauro, Humberto, 307
Maxência, irmã, 441, 449, 456
Maximiliana, irmã, 444, 455, 478
Medeiros, Amauri de, 278
Meighan, Thomas, 152, 412
Meira, Ademar de, 138, 211
Meireles, Olinto Deodato dos Reis, 384, 386
Meirelles, Artur de Carvalho, 191
Meirelles, família, 297
Meirelles, Guilherme, 297
Meirelles, Guiomar, 297
Meirelles, Joaquim, 37
Melanchthon, Philipp, 232
Melo Barreto, Antônio Carlos dos Santos, 413
Melo Campos, Osvaldo de, 212, 419
Melo Franco, Adelmar, 125
Melo Franco, Afonso Arinos de, 29, 30, 41, 106, 107, 108, 125, 126, 158, 226,

227, 232, 321, 325, 357, 358, 359, 360, 494
Melo Franco, Afrânio Alvim de, 125, 126, 357, 358
Melo Franco, Amelinha, 381
Melo Franco, Armínio de, 125
Melo Franco, Cesário Alvim de, 227
Melo Franco, Don'Ana de, 124, 357, 358
Melo Franco, João Huniade de, 125, 358
Melo Franco, Maria do Carmo de, 361
Melo Franco, os, 36
Melo Franco, Virgilinho de, 275
Melo Franco, Virgílio Alvim de, 124
Melo Franco, Virgílio Martins de, 106, 334, 356, 357
Melo Teixeira, dr. João, 83, 104, 212, 384, 385, 496
Melo Viana, Fernando de, 246, 259, 275, 369, 371, 375, 377, 413, 414, 415, 418, 440
Melo, Éder Jansen de, 82
Memling, Hans, 128
Mendel, Gregor Johann, 198
Mendes Campos, Mário, 209, 210
Mendes Pimentel, dr. Francisco, 350, 367
Mendes, Martins, 308
Mendes, Raimundo, 349
Mendes, Raul, 242, 357
Mendonça, d. Maria, 106, 297
Mendonça, d. Miquita, 392
Mendonça, Plínio de, 36, 102, 107, 277, 297, 402, 407
Menegale, José Guimarães, 379
Menezes, Eduardo de, 421
Menjou, Adolphe, 152
Menotti del Picchia, Paulo, 244
Messeder, d. Lulu, 297
Messeder, seu Bené, 297
Mestre Aurélio *ver* Pires, dr. Aurélio Egídio dos Santos
Metastásio, Pietro, 184
Meton, dr. *ver* Alencar, Meton da Franca
Meton, os, 413
Mibieli, Ceci, 380

Miguel Ângelo *ver* Buonarrotti, Michelangelo
Milano, Dante, 127
Milliet, Sérgio, 244, 291
Mílton *ver* Campos, Mílton
Mimi Selvagem (prostituta), 185
Mingote, 45, 96, 98, 185, 348
Mirabeau, Honoré-Gabriel, marquês de, 128
Miraglia, Tolentino, 104, 210, 211
Miranda, Custódio Ribeiro de, 82
Mirim (inspetor do Colégio Pedro II) *ver* Fonseca, Salatiel Peregrino da
Misterio, Soledad del, 409
Modesto, Heitor, 160, 415
Modigliani, Amedeo, 231
Monedero, Odette (prostituta), 187
Monet, Claude, 128
Monsã, Domingos, 150, 222, 404
Monteiro de Barros, d. Adília, 380
Monteiro Lobato, José Bento, 248, 490
Monteiro, Álvaro, 150, 349
Monteiro, Bernardo, 78, 206, 331, 349, 356, 382
Monteiro, Gabetta, 349
Monteiro, Zé Mariano, 150, 349
Montenegro, Benedito, 432
Monzeca, 379
Mora, 211
Moraes, Rubens de, 244
Moraes, Vinicius de, 467
Morais Neto, Prudente de, 30, 227, 260, 291
Morais, Antônio Afonso de, 280
Morais, d. Dolores Dutra de, 236
Morais, Delorizano de Araújo, 129, 133, 159
Morais, Luís de Araújo, 103, 105, 129, 130, 131, 132, 133, 134, 136, 148, 222, 362, 404
Morais, Prudente de, 443, 486
Morand, Paul, 284
Moréas, Jean, 289, 290
Moreira (agiota), 46
Moreira, Cid, 159
Moreira, Delfim, 377, 379

Moreira, dr. João Afonso, 83
Moreira, Olímpio, 45
Moreira, Pedrinho, 36
Moreira, Silvestre, 280
Moreno, Conchita, 187
Moreyra, Álvaro, 104, 238, 246
Moreyra, Eugênia, 246
Moseley, Henry, 476
Moss, dr. Benjamim, 386
Moura, d. Cornélia Guimarães, 218
Moura, d. Guanaíra Portugal, 225
Moura, Emílio, 16, 19, 20, 137, 153, 211, 215, 216, 218, 219, 220, 222, 223, 224, 225, 232, 234, 235, 245, 246, 279, 289, 296, 308, 362, 374, 375, 379, 465, 468
Mourão, José Cintra, 73
Mourão, Paulo Krüger Correia, 141
Mozart, Wolfgang Amadeus, 200
Múcio, 381
Múcio, dr. (delegado), 182
Müller, Paul Hermann, 202
Murray, Mae, 152, 412
Murri, Augusto, 484
Murta (agiota), 46
Murta, Genesco, 85, 284
Murta, os, 48
Musset, Alfred de, 135
Mussolini, Benito, 284, 411
Myrbach, 99

Nabuco, Joaquim, 79, 126, 249
Nabuco, Maria do Carmo, 267
Nagel, Conrad, 152
Naninha, d., 151
Napoleão Bonaparte, 128, 190, 301, 348
Narciso, seu, 44
Nasser, David, 486
Nava, Cândida, 412
Nava, Diva Mariana Jaguaribe (mãe), 47, 48, 49, 50, 54, 58, 59, 60, 67, 78, 99, 101, 107, 131, 162, 170, 171, 173, 174, 178, 180, 237, 249, 261, 293, 294, 295, 296, 299, 300, 301, 302, 359, 362, 363, 364, 415, 416, 474, 479, 490, 495, 498
Nava, dr. José (pai), 47, 83, 167, 200, 202, 295, 320, 376, 393, 397, 415, 435, 438, 447, 483, 495, 497, 498, 509
Nava, José (irmão), 141, 143, 295, 308
Nava, Maria Euquéria, 160
Nava, Paulo, 295
Negrão de Lima, Jair, 446
Negrão de Lima, Otacílio, 318
Negrão, Chico, 150
Negrão, Ernâni, 150
Negri, Pola, 152, 412
Neisser, Albert, 265
Nelo *ver* Selmi Dei, Nelo
Neves, Alvinho, 106
Neves, Célia, 106, 151, 359
Neves, d. Alice, 105, 151, 169, 356, 357, 358, 359
Neves, Dorinha, 106, 151, 359
Neves, dr. Levi, 151, 164, 206, 226
Neves, Mário, 359
Neves, Nena, 151, 359
Neves, seu, 296
Neves, Tita, 106, 151, 359
Nicoleta (meretriz), 185, 188, 190
Niemeyer, Oscar, 376, 467
Nilo *ver* Bruzzi, Nilo de Freitas
Ninico (amigo de Antônio Carlos), 438, 439
Nobre, Antônio, 219, 282
Nóbrega, Nelson, 253
Nogueira de Sá, Ethel, 150
Nogueira, Helena, 490
Nominato Couto, família, 353
Nonato, dr. Orozimbo, 169, 261, 282, 348
Noraldino *ver* Lima, Noraldino
Norder, Carlos, 42
Novaes, Policarpo, 62, 63, 64, 68, 70, 164, 435, 497
Novak, Eva, 152
Novarro, Ramon, 152
Nunes Ferreira (professor do Colégio Pedro II), 485
Nunes, Carlos, 210

Ogarita *ver* Sá e Silva, Ogarita de
Olímpia (dona de bordel) *ver* Garcia, Olímpia Vasques
Oliveira e Costa, Antônio Augusto, 89
Oliveira Leitão, cel. Antônio de, 260
Oliveira, Alberto de, 249, 349, 403
Oliveira, Cândido Luís Maria, 89
Oliveira, d. Francisca de, 89, 90, 152
Oliveira, d. Maria Inácia de, 416
Oliveira, d. Nhanhá, 89
Oliveira, Maria do Carmo (Sinhá), 89
Oliveirinha (inspetor do Colégio Pedro II), 393
Omar, 497
Orlando, dr. (delegado), 182
Oropejas, os, 166
Orsini, Olinto *ver* Castro, dr. Olinto Orsini de
Orth, Johannes, 202
Oscar Neto, 361
Osler, William, 288, 391
Osório de Almeida, Miguel, 209
Otaviano (servente da Faculdade) *ver* Jesus, Otaviano de
Otaviano, dr. Júlio, 242
Otávio, dr. *ver* Magalhães, dr. Otávio Coelho de
Otero, Bela, 185
Ourivio, os, 78
Ovalle, Jaime, 219, 491
Ovídio, 330

Pachon, Michel Victor, 428
Paes Leme, Augusto Brant, 390
Pagu *ver* Galvão, Patrícia
Paiva, Ataulfo de, 249
Paixão, Waldemar, 88
Paladini, Ancilla, 351
Paletta, Antônio, 50
Paletta, dr. Constantino Luís, 50, 181, 415
Paletta, Maria Bertha, 50
Paletta, Maria Luísa, 50
Paletta, tio *ver* Paletta, dr. Constantino Luís

Palhares, Carlos, 88
Palmira, 77, 113, 151, 169, 352, 357, 381, 507
Pamplona, os, 161
Pantoja, Oscar, 351
Papini, Giovanni, 184
Paraguaçu, Aleixo, 261, 349
Paré, Ambroise, 400, 424
Parreiras, Antônio, 354
Parreiras, Dakir, 354
Pascal, Blaise, 234, 512
Pascoal, major Oscar, 414
Passig, Antônio Alves, 210
Passos, d. Laudelina de Rezende, 465
Passos, Gabriel de Rezende, 19, 137, 215, 221, 236, 282, 464, 465, 489
Passos, Inácio de Rezende, 465
Passos, prefeito *ver* Pereira Passos, Francisco
Pasteur, Louis de, 67, 266, 314, 320, 392, 471
Patrício, Manuel José da Silva, 378
Patrocínio, José do, 442
Paula Sousa, Rafael de, 56, 150, 191, 212, 267, 476, 485, 494
Paula, Hamilton de, 19, 129, 130, 137, 236, 282, 367
Paulette (prostituta), 187
Paulino, 80
Paulino, os, 48
Peccioli, Ítalo, 485
Pecegueiro *ver* Amaral, Tibúrcio Valeriano Pecegueiro
Pedro I, dom, 84, 162
Pedro II, dom, 79
Pedro Paulo, dr. *ver* Pereira, dr. Pedro Paulo
Pedroca *ver* Salles, Pedro
Pedroso, d. Isabel, 430
Pedroso, d. Maria, 430
Pedroso, Estanislau Furquim, 430
Peixe, coronel, 261
Peixoto Filho, Carlos, 356
Peixoto Filho, Francisco (Chicão), 274
Peixoto, Afrânio, 406, 468
Peixoto, dr. Francisco, 169

Peixoto, Floriano, 442
Pellegrino, Brás, 476
Pellegrino, Hélio, 40, 225
Pena Júnior, Afonso, 62, 63, 65, 356, 361
Pena, Afonso, 23, 35, 36, 37, 39, 41, 58, 64, 66, 80, 92, 94, 105, 124, 143, 150, 151, 167, 168, 169, 181, 213, 226, 243, 244, 252, 255, 275, 297, 316, 340, 347, 351, 352, 356, 366, 368, 383, 414
Pena, d. Mariana, 151
Pena, dr. Gustavo, 242
Pena, Maria, 151
Pende, Nicola, 471
Penido Filho, Raul, 417
Penido, Antônio Nogueira, 49
Penido, Beatriz Gastão da Cunha, 414
Penido, dr., 50
Penido, João Augusto Maia, 417
Penido, os, 437
Penna, Dute, 150
Pennafort, Onestaldo de, 283
Penteado, Carolina, 246
Penteado, d. Olívia Guedes, 245, 246, 251, 254, 258, 259, 489, 490
Penteado, Inácio, 245
Penteado, os, 252
Perácio, 150
Pereira da Silva, os, 295
Pereira da Silva, Vicente, 413
Pereira Passos, Francisco, 400
Pereira, Armando, 210
Pereira, d. Corina Rodrigues, 416
Pereira, dr. Pedro Paulo, 143, 151, 261, 372, 375, 434
Pereira, Haroldo, 198, 429
Pereira, João Manso, 150, 191, 212
Pereira, Lafaiete Rodrigues, 49, 88, 163, 416
Pereira, Lavínia, 60
Pereira, Leopoldo, 104
Pereira, Luís Hermógenes, 176
Pereira, Miguel, 483
Pereira, Péricles, 198, 429
Peret, Amedée, 104

Péret, Benjamin, 249
Perforata, irmã, 449, 455
Pergentina, 162
Perina (filha do Balena), 78
Periquito (motorista de praça), 249
Petró ver Petronilha
Petronilha (dona de bordel), 46, 95, 135, 186, 344, 408
Petrônio, 343
Pfeiffer, Richard, 265
Picabia, Francis, 249
Picasso, Pablo, 246, 249, 251, 269, 512
Pichico, 326
Pierrucetti, Penelope, 351
Pignataro, José Henrique, 485
Pimenta Bueno, dr. Alfredo Leal, 242
Pimenta, Dulce, 60
Pimenta, Silvério, 249
Pimentéis, os, 36, 43
Pimentel, Álvaro, 382, 402
Pimentel, Iago, 282, 291, 480
Pingo de Ouro (prostituta), 187
Pinheiro Chagas, Carlos, 121, 134, 141, 202, 203, 204, 205, 443, 479, 487
Pinheiro Chagas, Carlos (Carleto), 114, 201, 203, 310, 385, 420
Pinheiro Chagas, Djalma, 356
Pinheiro Chagas, Paulo, 203
Pinheiro Chagas, Zilá, 151
Pinheiro da Silva, Israel, 360
Pinheiro, d. Helena, 357
Pinheiro, d. Marina Barbará, 362
Pinheiro, João ver Silva Filho, João Pinheiro da
Pinheiro, Mário Gomes, 485
Pinheiro, Virgínia, 106
Pinheiro, Zezé, 106
Pinto Coelho, Joaninha, 166, 363
Pinto Coelho, José Luís, 297, 335
Pinto Coelho, Luís (bisavô), 295
Pinto Coelho, Mariana, 336
Pinto Coelho, Nair, 297
Pinto de Moura Filho, Francisco (Francisquinho), 106, 278, 403
Pinto de Moura, José, 278, 404

Pinto de Moura, Maria Cândida, 418
Pinto de Moura, os, 359, 402
Pinto Monteiro, José (Zé) Mariano, 295, 331, 349
Pinto, dr. Estêvão, 67, 261, 300
Pinto, Júlio, 336, 344
Pio Sobrinho, Aggeo, 104, 210
Pio, monsenhor João, 63
Piolim, 304
Pirandello, Luigi, 184
Pires, Antônio Olinto dos Santos, 324, 331
Pires, d. Maria Josefina dos Santos, 322
Pires, dr. Adeodato, 348
Pires, dr. Aurélio Egídio dos Santos, 16, 167, 176, 179, 211, 313, 321, 322, 327, 331
Pires, Josefino, 323
Pissarro, Camille, 128
Pissilão (apelido de professor do Colégio Pedro II) ver Carvalho, Guilherme Afonso de
Pitangui, dr., 151
Plempius, 319
Plínio ver Mendonça, Plínio de
Plínio, o Antigo, 104
Podwyssotsky, 406
Poe, Edgard Alan, 177, 263
Policarpo ver Novaes, Policarpo
Pompeu, Joaquina do, 216
Portinari, Candido, 253, 254, 334, 467
Porto, Agenor, 369
Potain, Pierre-Carl-Edouard, 422, 428
Pougy, Liane de, 185
Powell, William, 60, 152
Prado, Almério, 149, 230
Prado, Eduardo, 125, 126
Prado, Guilherme Libânio do, 82
Prado, os, 165
Prado, Paulo, 17, 246, 304
Prata, d. Eliseta, 351
Prates, d. Clélia, 217
Prazeres, Aniro, 141
Prazeres, Laércio, 141, 142
Prazeres, Lívia Guimarães, 141
Prestes, José Antônio Ferreira, 257

Prestes, Luís Carlos, 273
Propércio, 330
Proust, Marcel, 7, 21, 85, 126, 143, 227, 267, 291, 365, 490
Ptótica (prostituta), 187
Puccini, Giacomo, 158
Puchet, 319
Pujol, Alfredo, 468

Queirós, Eça de, 150, 267, 490
Quental, Antero de, 234, 282
Quinca Rolha (vizinho da Serra), 174
Quintino ver Vale, Quintino do
Quirino, tenente, 369

Rabelais, François, 490
Rabelo, d. Amariles, 172
Rabelo, dr. David Correa, 170, 171, 172, 261
Rache, as, 352, 401
Rache, dr., 261
Rache, Guayba, 83
Radesky, Waclaw, 354
Radiguet, Raymond, 251, 252
Rafael ver Sanzio, Raphaelo
Ramiro, dr., 371
Ramos (leão-de-chácara), 186
Randazzio (agiota), 46, 350
Rangel, Godofredo, 282
Rasputin, 184, 190
Rego, Antônio, 339
Rembrandt, 138
Renan, Ernest, 198
Renard, Émile, 250
Renault, Abgar, 16, 19, 137, 153, 211, 215, 236, 280, 281, 366, 367, 368, 466
Renault, Áureo, 150
Renault, d. Maria José de Castro, 280
Renault, Léon, 215, 280
Renaut, 202
Renoir, Auguste, 100, 127, 128
Resende, Enrique de, 308
Revecchio, pe. Luís Donato, 54
Rezende, Abel, 43, 151
Rezende, João, 151

Rezende, Valério, 381
Ribeiro Couto, Rui, 110, 246, 262, 468
Ribeiro da Costa, dr. Eduardo Borges, 78, 211, 242, 261, 311, 334, 348, 356, 384, 389, 480
Ribeiro da Costa, dr. José Borges, 389
Ribeiro da Luz, os, 41, 165, 334
Ribeiro, Aquilino, 228
Ribeiro, Beraldina, 356, 381
Ribeiro, João, 241, 249, 263
Ribeiro, Olinto, 356
Ricardo, Cassiano, 252
Ricardo, Delfim de Paula, 297
Richaud, 328
Rilke, Rainer Maria, 411
Rimbaud, Arthur, 21, 85, 128, 145, 234, 290
Rivera, Diego, 274
Riverii, 319
Robichez, as, 381
Rocha Faria, Antônio de, 83
Rocha Melo, Dolores, 44
Rocha Melo, família, 44
Rocha Pitta, 476
Rocha Viana, 356
Rocha, as, 352
Rodenbach, Georges, 228
Rodin, Auguste, 128
Rodolfão (amigo), 150
Rodolfo (garçom de bar), 58
Rodrigues Alves, Francisco de Paula, 158, 443
Rodrigues, Evágrio, 359
Rodrigues, Roberto, 238
Roger, Henri, 313
Rolland, Romain, 217
Romélio, Sílvio, 348
Rosa da Costa, dr., 49, 296
Rosch, 319
Rosnata, irmã, 455, 457, 473
Rossetti, Dante Gabriel, 234
Rousseau, Jean-Jacques, 317
Roux, Émile, 266
Rubens, Pedro Paulo, 340
Rubião, Murilo, 40, 225

Rugendas, Johann Moritz, 346
Ruskaia, Norka, 262

Sá e Silva, Brites de, 349, 356
Sá e Silva, Juvenal Martins de, 349
Sá e Silva, Ogarita de, 349, 356, 380
Sá e Silva, Silval de, 356
Sá Pires, Francisco de, 42, 43, 51, 79, 86, 88, 91, 107, 108, 150, 167, 214, 262, 278, 296, 325, 339, 381, 417, 435, 438, 458, 459, 475, 480
Sá Pires, Gudesteu de, 167, 321, 324
Sá Pires, Maria de, 297
Sá Pires, Olavo de, 297
Sá, Alfredo, 246, 259, 262, 439
Sá, Carlos, 278, 381
Sá, d. Maria Olinta de (Sázinha), 323
Sá, Francisco José de, 326
Sá, Luís Gregório de, 88
Sabiá *ver* Florinécio Filho
Sabino, Fernando, 40, 225
Sacco, Nicola, 488
Sacher-Masoch, cavaleiro Leopold von, 410
Sade, marquês de, 410
Sadler, Joseph Thomas Wilson, 60, 97
Saint-Hilaire, Auguste de, 198
Sales e Silva, dr. Pedro Nestor de, 446
Sales e Silva, Pedro Drummond de, 191, 312, 335, 445, 485
Sales Rodrigues, Nair Cardoso, 267
Sales, Cabrita Teixeira de, 362
Sales, Caio Graco de, 349
Sales, Glória, 60
Salésia, irmã, 268, 425, 428
Salles, Antônio, 21, 59, 85, 126, 162
Salles, Pedro, 446, 447
Salles, tia Alice, 162, 172
Salles, tio *ver* Salles, Antônio
Salomon, Evaristo, 103, 105
Salvage, 74
Samain, Albert, 21, 85, 128, 145, 228, 282
Sampaio, Albino Forjaz de, 130
Sampaio, frei Francisco de Santa Teresa de Jesus, 162

Samuel, dr. *ver* Libânio, dr. Samuel
Sancert, 392
Santa Cecília, Joaquim de, 313
Santarém, Demetrius, 262
Santiago, Batista, 103, 159
Santos, Antenor José dos, 322
Santos, Antônio Felício dos, 322
Santos, d. João Antônio dos, 322
Santos, d. Maria Silvana dos, 322
Santos, Flávio, 259, 286, 380
Santos, Heitor Gomes dos, 44, 173
Santos, Joaquim Felício dos, 322
Santos, José Augusto dos, 485
Santos, Silvana Maria dos, 322
Santos, Vespasiano dos, 152
Sanzio, Raphaelo, 108, 467
Sarita (prostituta), 187
Satie, Erik, 291
Sauser, Frédéric, 252
Scheele, Carl Wilhelm, 55
Schiller, os, 196
Schiller, Waldemar, 196
Schmidt, Augusto Frederico, 289
Schönlein, Johan Lukas, 319
Schubert, Franz, 152, 200, 492, 494
Segall, Lasar, 253
Selmi Dei, Nelo, 47, 261, 411
Selmi Dei, os, 294
Sena Figueiredo, Antônio de, 138
Sena, Caio Nelson de, 360
Sena, Fábio, 106
Sennert, Daniel, 319
Serafim, d., 48
Serpas, as, 381
Serro, Américo Brasílio Mineiro do, 326
Seurat, Georges, 72
Severiano, Pedro, 83, 390
Severino, pe., 240
Sèze, Stanislas de, 400, 471
Shakespeare, William, 326, 490
Sigaud, Alice Cortes, 79
Sigaud, César Cortes, 79, 80
Sigaud, Eugênio Cortes, 79
Sigaud, José Francisco Xavier, 79
Sigaud, Pedro da Nóbrega, 79

Sigaud, viúva, 356
Signac, Paul, 72
Silva Araújo, os, 165
Silva Filho, João Pinheiro da, 19, 137, 215, 236, 243, 259, 324, 358, 359, 362, 400, 464, 489
Silva Lema, 166
Silva Ramos, José Júlio da, 249
Silva, Benedito Raimundo da, 163
Silva, d. Maria Augusta de Figueiredo (Lima), 378
Silva, Gualter, 126
Silva, Jair, 379
Silva, José Figueiredo, 222, 308, 372, 378, 379
Silva, Lineu, 313
Silveira, dr. Álvaro Astolfo da, 89
Silveira, Paulo da, 284
Silveira, Tasso da, 211
Silveira, Victor da, 231
Sílvia (filha do dr. Pedro Paulo), 151
Silvino, Antônio, 273
Simeão (gerente do bar Estrela), 147, 148, 149
Sinhá, d. (esposa de seu Avelino), 43
Siqueira Campos, Antônio de, 239, 273, 379
Sisley, Alfred, 128, 275
Sisson, Sébastien-Auguste, 437
Smiles, Samuel, 302
Soares, Caio Libano de Noronha, 138, 191
Soares, d. Araci, 159
Soares, Júlio Hauelsen, 212, 311, 399, 449, 460, 464, 478
Soares, Libério, 138
Soares, Otaviano, 42
Soares, Raul, 135, 158, 159, 211, 229, 239, 274, 276, 278, 356, 377, 448, 449, 459, 479, 480
Soares, Vicente, 210
Sófocles, 326
Soupault, Phillippe, 249
Sousa, Antônio Viana de, 402
Sousa, d. Manuela de, 300, 301, 302, 303, 304

Sousa, dr. Joaquim de, 300
Sousa, Ennes de, 168
Sousa, Heitor Augusto de, 19, 137, 222, 236, 308
Sousa, José Guedes de, 245
Sousa, Manuel de, 301
Sousa, Pedro, 241, 338, 459
Sousa, Washington Luís Pereira de, 364
Spallanzani, Lazzaro, 198
Sperling, dr., 348
Sprengel, Christian Conrad, 319
Stálin, Ióssif, 301
Stella (filha de tia Berta), 50
Stendhal, 217
Strauss, Johann, 152
Suaris, Gamaliel, 349
Suetônio, 323
Suíço, 402
Surat, Valeska, 152
Swanson, Gloria, 152, 412

Tácito, 323, 330
Taioba, Roberto, 326
Tait, Robert Lawson, 430, 473
Talamon, 265
Tamm, as, 352
Tamm, os, 78
Tanzinha, 50, 498
Tarsila *ver* Amaral, Tarsila do
Tasso, Torquato, 184
Taumaturgo, 413
Tavares de Almeida, Antônio, 129
Tavares, dr. Casimiro Laborne, 80
Tavares, Haekel, 410
Tavares, os, 80
Távora, Juarez, 273, 477
Teixeira de Freitas, dr., 166
Teixeira de Sales, 102
Teixeira de Sousa, Manuel Tomás, 418
Teixeira Leite, d. Alexandrina, 430
Teixeira Leite, d. Francisca Gabriela, 430
Teixeira, Anísio, 257
Teixeira, d. Maninha Moss, 386
Teixeira, João de Melo, 492

Teixeira, João Gomes, 42, 150, 242, 274, 275, 276, 277, 278, 339, 355, 370, 382, 383, 402, 404, 405, 407, 415, 416, 474
Teixeirão *ver* Teixeira, João Gomes
Teles, Gofredo Teixeira Leite da Silva, 245, 246
Téo Filho, 130, 133
Teotônio, Aníbal *ver* Batista, Aníbal Teotônio
Terêncio, 331
Terra, os, 297
Terry, Alice, 152
Testa, Antonio Giuseppe, 319
Testut, Jean-Léon, 74, 75, 114, 118, 119, 120, 139, 140, 144, 192, 198, 406, 444, 454
Thoinot, 265
Ticolau, 150
Tifum *ver* Macedo, Luís Cândido Paranhos de
Tinoco, desembargador, 197
Tita (esposa de João Alphonsus), 288
Toboso, Carmen del (dançarina), 383
Tommasi, Salvatore, 484
Tormes, Alba de, 166
Torquemada, 55
Torres Homem, João Vicente, 187, 376, 389, 421
Torres, José, 485
Torres, Raimundo Alves, 191, 485
Tostes, tenente Antônio Dias, 292
Tournebroche, Jacques, 325
Trousseau, Armand, 314, 376
Turner, William, 128
Turquinha, 187
Tzara, Tristan, 249

Ulhoa, os, 74
Urbano, 151

Valadares, Cecinha, 249
Vale, Eliseu Laborne e, 418, 427
Vale, Gumercindo, 126
Vale, Manuel Maria de Moraes e, 389
Vale, Quintino do, 72, 97

Valentina, 59
Valentino, Rodolfo, 152, 411
Valéry, Paul, 217
Valéry-Radot, 471
Van der Gracht, Jacob, 120
Van Dyck, Antoon, 351
Van Eyck, Jan, 128, 358
Van Gehuchten-Sauer, 202
Vanzetti, Bartolomeu, 488
Vargas, Getúlio, 183, 249
Vaz, Leo, 490
Velázquez, Diego, 90, 288, 351
Velho de Cós ver Hipócrates
Veloso, Déa, 352
Veloso, Galba Moss, 480
Veloso, José, 130
Veloso, Sila, 44
Veras, Fernando Collaço, 339
Verde, Cesário, 219, 282
Verhaeren, Émile, 228
Veríssimo, José, 249
Verlaine, Paul, 21, 85, 128, 145, 147, 228, 282, 290
Verne, Júlio, 195, 196
Vesalius, Andreas, 120
Vevete, 150
Viana Passos, Zoroastro, 263, 266
Viana, João Ribeiro, 450
Viana, Zita, 412
Vicente, 43
Vigée-Lebrun, madame, 80
Vila Velha, sargento, 459
Vilaça, dr. Hermenegildo, 295
Vilela, Eurico de Azevedo, 314
Vilela, seu Jorge, 43, 83, 371, 373, 435
Villemin, Jean-Antoine, 266
Villiers de L'Isle-Adam, Auguste, conde de, 261
Viltrac, 249
Virgílio, 322, 330
Virgílio, senador ver Melo Franco, Virgílio Martins de
Viroubova, Madame, 184
Viscondes de Oliveira, os, 48
Vivacqua, Aquiles, 222

Vivacqua, Mariquinhas, 412
Vivência, irmã, 326
Vorcaro, família, 296

Waldemar, 206
Waldemar, dr. (delegado), 182
Walsh, George, 152, 412
Warchavchik, Gregori, 254, 255
Washington Luís ver Sousa, Washington Luís Pereira de
Watts, George Frederick, 490
Weichselbaum, Anton, 265
Welch, William Henry, 203
Werneck, d. Dora Brandon Eiras Furquim, 196, 429, 432
Werneck, d. Mariana de Lacerda, 430
Werneck, dr. Hugo Furquim, 45, 78, 86, 196, 310, 335, 348, 354, 390, 430, 431, 434, 457, 470, 471, 479, 480
Werneck, Gaspar, 431
Werneck, Humberto, 431
Whitman, Walt, 292
Wilde, Oscar, 22, 147, 218, 234, 238, 296, 490
Winterhalter, Franz Xaver, 338
Wurtz, Charles-Adolphe, 265

Xavier Jr., José Felicíssimo de Paula, 82
Xavier, Luís (Lulu), 297
Xavier, Rolinha, 106
Xavier, Sebastião, 297
Xico Martins ver Martins, Francisco
Xico Pires ver Sá Pires, Francisco de

Yersin, Alexandre, 265

Zacarias, João (músico), 152
Zasparoni, Zasparone dei, 243
Zé Maria ver Figueiró, José Maria
Zé Osvaldo (dono de bar), 149
Zegão ver Cunha, José Egon de Barros
Zenker, Friedrich Albert von, 202
Zezé Bagunça (prostituta), 95
Zezé Leone, 150
Zezé, d. ver Macedo, d. Maria José

Zica Filho, José Rodrigues, 191
Zilá, 352
Zimmerman, 319
Zizinha *ver* Carvalho Brito, d. Elisa Albuquerque
Zola, Émile, 130, 131, 134
Zoroastro (primo de mestre Aurélio), 325
Zozó *ver* Cavalcanti, Joaquim Nunes Coutinho
Zurbarán, Francisco de, 255

ESTA OBRA FOI COMPOSTA POR OSMANE GARCIA FILHO EM SWIFT E
IMPRESSA PELA GEOGRÁFICA EM OFSETE SOBRE PAPEL PÓLEN SOFT
DA SUZANO PAPEL E CELULOSE PARA A EDITORA SCHWARCZ
EM FEVEREIRO DE 2013